Die Provinz  Brandenburg
in Wort und Bild.

Herausgegeben von dem

Pestalozzi-Verein der Provinz Brandenburg.

Mit vielen Abbildungen.

Berlin W. 9.

Verlag von Julius Klinkhardt

1900.

Unveränderter Nachdruck der 1900 im
Verlag von Julius Klinckhardt, Berlin
erschienenen Ausgabe durch
Verlagsgruppe Weltbild GmbH, Augsburg
Gesamtherstellung: Westermann Druck Zwickau GmbH
Printed in Germany
ISBN 3-86047-209-7

Inhalts-Verzeichnis.

„Wiese, Wasser, Sand,
Das ist des Märkers Land;
Und die grüne Heide,
Das ist seine Freude."

Alter Spruch.

Hie gut Brandenburg allewege.

Scheltet mir nicht mein märkisches Land,
Will es nicht hören und leiden!
Zeigt's nicht schroff gipfelnde, felsige Wand,
Hat's doch an Wäldern gar reichen Bestand,
Strömen und Seeen und Weiden.

Ist auch sein Stammvolk vielleicht nicht ganz echt,
Mischling von Deutschen und Wenden,
Ist's doch ein markiges, stolzes Geschlecht,
Trutzend auf Freiheit, unbeugsam im Recht,
Fleißig mit rastlosen Händen.

Warf ihm Natur auch nicht reich in den Schoß
Fülle der irdischen Gaben,
Ist's doch durch eigene Thatkraft jetzt groß,
Wußte der Schollen dürrsandigem Kloß
Lohnende Frucht zu entgraben.

Einst als des Reiches Sandbüchse verlacht,
Hält in der Marken Gehege
Horstend der Kaiseraar heute die Wacht,
Hier ruht das Scepter, das Siegsschwert der Schlacht;
Drum: Gut Brandenburg hie allewege!

Dr. Otto Franz Gensichen.

Boden und Bewässerung der Mark.

Wer von den flachen Gestaden der Ostsee nach den schlesischen Gebirgen wandert, der schneidet die Mark in nord=südlicher Richtung. Achtet der Wanderer auf Gestalt und Beschaffenheit des Bodens, so muß er drei an Breite sehr verschiedene Gebiete bemerken, deren mittleres fast ganz von der Mark eingenommen wird. Es ist die Moräne der mehr oder weniger oberen Hochfläche, die durch Thäler mit nord= südlicher und ostwestlicher Richtung in viele Stücke zerschnitten wird. Ihre Nord= grenze bildet ungefähr die Linie Berlinchen=Soldin=Oderberg=Templin, während der Südrand beinahe mit der politischen Grenze der Mark gegen Schlesien und Sachsen zusammenfällt. Das Gebiet nördlich der eben begrenzten Zone gehört der jüngsten Moräne an, und der Erdraum zwischen der brandenburgischen Südgrenze und dem Sudetensystem wird als Lößzone bezeichnet. Begleiten wir aber in Gedanken unsern Wanderer!

Märkischen Boden betreten wir am nördlichsten Punkt bei Strasburg. Am westlichen Horizont winkt der 180 m hohe Helpter Berg, der sich jenseits der mecklenburgischen Grenze wie eine Landmarke aus dem Gebiete der jüngsten Moräne erhebt. Wir stehen hier auf der uckermärkischen Seeenplatte, einem Teile jener Bodenwelle, welche die West= und Südküste der Ostsee von Jütland bis nach Ost= preußen begleitet und häufig als baltischer Landrücken bezeichnet wird. Seine Ausläufer nach Süden sind die Höhenländer der Neumark und der Uckermark. Die Ucker zeigt uns den Weg nach 'Süden. An Prenzlau, dem Markt des getreidereichen Gebietes der oberen Ucker vorbei, wandern wir an den reizlosen Uckerseeen das Flußthal aufwärts. Das Gelände ist stark von Kuppen und Ein= senkungen durchsetzt, so daß die Bezeichnung für eine solche Landschaft als „bucklige Welt" sehr treffend ist. Bei Joachimsthal nimmt die Landschaft einen andern Charakter an. Die Ackerpläne hören auf, und die große Schorfheide beginnt. In ihrem nördlichen Teil steigen amphitheatralisch langgestreckte Wälle auf, die an

1*

ihrem Rand häufig von Seeen bespült werden. Es sind die Endmoränen der letzten Vereisung. Sie enthalten mächtige Steinpackungen, und der zwischen den einzelnen Geschiebe liegende Sand und Grand erinnert an den Mörtel in Feldsteinmauern. Über die 20—40 m hohen Endmoränen führt der Weg weiter in ein ebenes sandiges Vorland, das uns in die Finowsenke nach Eberswalde führt. Von ihr nach Süden liegt die Mittelmark, „eine mannigfach zerschnittene Hochfläche darstellend." Der Weg führt über den westlichen Barnim, der den Eindruck einer weiten Ebene macht. Nur da und dort treffen wir auf Senken, die meist lange Rinnen bilden und uns neben den Höhenzahlen der Karte sagen, daß es Hochland ist, das wir durchqueren. So wird der sich allmählich verflachende Südrand erreicht, der unmerklich in das weite Spreethal bei Berlin übergeht. War wirklich die Spree, deren schmale Rinne östlich und westlich von Berlin aufblitzt, fähig, dieses breite Thal auszuwaschen und diese Menge Thalsand anzuschwemmen, auf dem die Friedrichstraße uns quer durch Berlin in ungefähr 34 m Höhe über Normalnull (NN) führt? Zum Kreuzberg steigen wir auf und stehen damit auf dem „Teltow", der Rinderaue, wie man den Namen deutet. Über Rixdorf und Britz führt der Weg weiter. Da und dort fallen rundliche Wasserlöcher auf, Pfühle oder Sölle genannt, die uns an die Uckermark erinnern. Indessen ist der Boden nicht so ergiebig wie in jener Landschaft. Weite Strecken sind sandiger Lehmboden, der weiter nach Süden von einem großen Waldgebiet bedeckt ist, das sich zwischen Dahme, Notte und Nuthe erstreckt. So erreichen wir Sperenberg, neben Rüdersdorf der wichtigste Ort in geologischer Beziehung. Hier befindet sich ein mächtiges Gipslager auf Steinsalz, das ungefähr 1200 m erbohrt ist, ohne seine Sohle zu erreichen. Weiter geht es durch die märkische Heide, die geheimnisvoll rauscht und von mancher verwegenen That erzählt, die Schnapphähne und Stellmeiser in ihr verübten. Da thut sich vor unseren Blicken eine Niederung auf, die von Südosten nach Nordwesten zieht und uns wie ein verlassenes Flußbett erscheint, obgleich nur da und dort schmale Wasserrinnen unsern Weg hemmen. Von Südwesten grüßt ein langgedehnter Landrücken herüber, der im Golmberg bei Baruth zu 180 m ansteigt. Hinter Calau steigt das Gelände an, und wir stehen am Fuße des Niederlausitzer Grenzwalles, einer gewaltigen Aufpressung des Bodens durch das Inlandeis. Armer Boden, bedeckt mit Steinen und Geröll, breitet sich vor uns aus, da und dort mit verkrüppelten Kiefern bestanden. Was die Natur der Oberfläche an Schätzen versagte, speicherte sie aber im Innern auf. Denn nun ragen hohe Schornsteine vor uns auf, nun kreuzen wir Schienenstränge, die aus einem Braunkohlengebiet kommen, dessen Bedeutung sich heute noch nicht absehen läßt. Und wie seltsam! Wo heute auf der Höhe kaum die Kiefer sich entwickelt, da wuchs in der Vorzeit die virginische Sumpfcypresse, deren Stämme die wertvolle Braunkohle liefern und die in der Grube von Groß-Räschen noch heute als Stümpfe betrachtet werden können. Heute „Feuerstein und Sand" und früher ein feuchtes Tropenklima mit üppigster Vegetation, deren Reste den Bewohner der wenig ergiebigen Scholle reichlich entschädigen, das sind doch wohl unerwartete Gegensätze! So nähern wir uns der südlichsten märkischen Stadt, dem Mittelpunkt dieses Kohlenbeckens, nämlich

Senftenberg, das rasch aufblüht. Da steigt aus dem südlichen Zipfel der Mark
ein Berg vor uns auf, der Koschenberg. Er beherrscht den mittleren Süden wie
der Helpter Berg den Norden, liegt mit ihm unter fast gleicher Länge und erreicht
auch dieselbe Höhe. Hier stehen wir an der südlichen Grenze der älteren Moräne.
Jenseits derselben gewinnt die Landschaft nach Osten und Westen einen anderen
Charakter. Es ist die Lößzone, die sich bis zu den Vorbergen der Sudeten
erstreckt. Sie zeichnet sich durch große Fruchtbarkeit aus. Ganz besonders gesegnete
Gegenden in ihr sind die Landschaft um Liegnitz und die Magdeburger Börde.

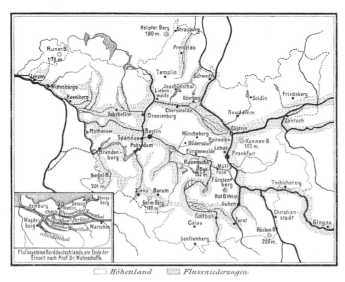

———— Höhenland   ▓▓▓▓ Flussniederungen

Bewässerung der Provinz Brandenburg.   Gez. von Gallee-Berlin.

Könnte man mit einem Blick das Gebiet zwischen dem Helpter Berg und dem
Koschenberg überfliegen, so müßte Brandenburg das Bild einer riesigen Mulde
darbieten, deren Ränder jene beiden Bodenwellen sind, welche die ältere Geographie
so gern als „uralische" bezeichnete. Freilich hinkt der Vergleich insofern etwas,
als der Boden der Mulde nicht gleichmäßig eben ist, sondern drei deutlich wahr-
nehmbare Rinnen zeigt, die durch Streifen von Hochland voneinander geschieden
sind. Sind auch diese horstartig aufragenden Geländeabschnitte selbst häufig durch
nord-südliche Rinnen gegliedert, so sind diese doch nicht im stande, die drei großen
Thäler in ihrer grundlegenden Bedeutung für das Bodenrelief der Mark zu ver-
dunkeln. So betrachtet, erhält Brandenburg eine gewisse Regelmäßigkeit in seiner
Configuration, und es beschäftigt die Geologen jetzt ebenso wie die deutschen Mittelgebirge, wie denn auch die Landschafter unter den Malern mehr und mehr Mo-
tive der Mark entnehmen. Jene drei erwähnten Rinnen, die auch als brandenburgische Hauptthäler bezeichnet werden, wurden auf unserer Wanderung bei
Eberswalde, Berlin und Baruth gekreuzt. Sie sind also nach der Lage ein
nördliches, ein mittleres und ein südliches. Stimmen sie im ganzen in der Richtung

überein, wie ein Blick auf jede Karte lehrt, so verbindet sie auch der Umstand, daß sie sämtlich durch den Urstrom Norddeutschlands, die Oder=Weichsel, verstärkt durch Schmelzwasser, ausgewaschen sind. Die Geologen nennen diese Thäler in der Reihenfolge von Norden nach Süden das Thorn=Eberswalder im Zuge der Brahe, Netze, Warthe, Oder und Finow; das Warschau=Berliner an Weichsel, Bzura, Ner, Warthe, Obra, Oder, Schlaube, Spree; das Glogau=Baruther Thal, ge= bildet durch Weichsel, Pilica, Warthe, Bartsch, Oder, Spree und Plane. Sämtliche Thäler münden in dem weiten Havelland, das in drei Richtungen von dem nord= deutschen Urstrom durchflossen wurde. Sollten nicht der Lauf der Havel von Plaue abwärts, der Große Hauptgraben und endlich der Ruppiner Kanal und der Unterlauf des Rhins Spuren, bezw. Folgen dieser alten Fluß= betten sein?

So unwahrscheinlich manchem eine solche Erklärung der Bodengestalt und des Flußnetzes der Mark erscheinen mag, so wissen die Geologen doch mit dem schweren Geschütz der Wissenschaft diese hartnäckig zu verteidigen. Versuchen wir ihnen zu folgen! Es ist unstreitig, daß gewisse Erdräume große Schwankungen im Klima durchgemacht haben, daß heute da Frost und Eis herrschen, wo früher die üppigste Vegetation und eine reiche, ihr entsprechende Tierwelt zu finden war. Solche „Eiszeiten“ nimmt man auch für Norddeutschland an. Welches die kosmischen Ursachen zu einer solchen Umwälzung waren, vermag die Wissenschaft noch nicht sicher zu sagen. Sind auch die Ursachen heute noch dunkel, so liegen die Wirkungen desto klarer vor uns. Freilich ist es noch nicht lange her, daß die „Fluttheorie“ über die Entstehung der Bodengestalt Norddeutschlands über Bord geworfen wurde. Doch geschah dies fast einstimmig, als der schwedische Forscher Torell am 3. No= vember 1875 in Rüdersdorf Schrammen und Kritzen auf dem vom Abraum ent= blößten Muschelkalk entdeckte, die nach seiner Ansicht nur von Geschieben herrühren können, welche vom Eis fortbewegt wurden. Merkwürdigerweise fand man später noch ein anders gerichtetes System von Schraffen, so daß Platten vorkommen, auf denen Schrammen in der Richtung Nordnordwest nach Südsüdost von solchen aus Westen nach Osten geschnitten werden. Zu diesem Umstande kamen die Ergebnisse der genaueren Durchforschung der Schichten des Bodens, ferner der Nachweis von Gletschertöpfen in Rüdersdorf und von Söllen, die bereits erwähnt wurden, und endlich von einer Störung der Schichten durch Druck, so daß eine Ver= eisung Norddeutschlands und damit der Mark als nachgewiesen erscheint. Die in verschiedener Tiefe abgelagerten Schichten gleicher Bildung berechtigen sogar zu der Annahme von zwei Vereisungen. Mit Rücksicht darauf gliedert man die Periode der Bodenbildung zwischen der Tertiärzeit und der Gegenwart folgendermaßen:

1. Praeglacialzeit,
2. Erste Vereisung,
3. Interglacialzeit,
4. Zweite Vereisung,
5. Zeit des abschmelzenden Eises (Postglacialzeit).

Versuchen wir nun ein Bild der Heimat während der Eiszeit zu entwerfen!

Abgeschlossen war die dritte Bildungsperiode der Erde, die auf märkischem Gebiet vorwiegend als Braunkohlenformation (Mittelmark, Sternberg, Niederlausitz) und Septarienthon (Buckow, Hermsdorf bei Berlin) auftritt. Da erfolgte eine Depression des Klimas, und die Gletscher Skandinaviens rückten nach Süden vor. Konnten sie aber die Mark erreichen und bis zur Südgrenze vordringen? Es trat doch gewiß auch ansteigendes Gelände hindernd in den Weg! Indessen man übersieht neben dem Druck die dem Eise innewohnende Plasticität. Beide Faktoren sind im stande, Eis selbst über die weite Strecke zwischen Skandinavien und dem deutschen Mittelgebirge zu schieben. Hat uns doch auch Nansen berichtet, daß sich grönländisches Inlandeis in 24 Stunden um 16 m fortbewegen kann. Aber die Ostsee hat doch ein Hindernis gebildet und dem Inlandeis ein Halt geboten? Credner, ihr gründlichster Kenner, verlegt ihre Entstehung nach der Eiszeit. Hätte sie aber auch schon bei Beginn bestanden, so würden die vorrückenden Eismassen ihr Wasser verdrängt und sich freie Bahn gemacht haben. Es wird nicht übertrieben sein, wenn man dem Inlandeis 400 bis 500 m Dicke zuschreibt, da in solcher Höhe seine Spuren gefunden werden. Das Eis vernichtete die einheimische Tier= und Pflanzenwelt. Lebte der Mensch bereits in der Tertiärzeit, was immer gewisser wird, so suchte er sein Heil in der Flucht nach Süden. Die heutigen Unterlagen reichen noch nicht aus, um die Dauer der Vereisung richtig zu schätzen. Jahrtausende hat sie gewiß gewährt. Welches waren aber die Wirkungen des Eises?

Jeder Gletscher greift den Boden, auf dem er sich bewegt, an und führt dessen obere Schicht als Blöcke und Schuttmassen, Grundmoräne genannt, mit sich. Sehr festes Gestein der Gleitfläche wird dabei geritzt — bei Rüdersdorf 0,5 cm tief — und geglättet (Gletscherschliff). Die Grundmoräne wird an andern Stellen abgesetzt. So geschah dies auch in der Eiszeit. Die Schuttmassen bildeten den unteren Geschiebelehm, der nur selten bei uns zu Tage steht, aber überall aufgeschlossen werden kann. Dieser meistens bläulich=graue Lehm oder Mergel ist der thonige Bestandteil der durch gegenseitige Reibung zertrümmerten Blöcke, die als Grundmoräne fortgeschoben wurden. Zuweilen weist der untere Geschiebelehm eine Schichtung auf. Neben der Grundmoräne spricht man noch von einer Lokalmoräne. Sie entstand da, wo das Eis auf weiches Gestein traf, das zerbröckelt und über eine ganze Gegend zerstreut wurde. Hatte schon das Wasser während der Vereisung die Grundmoräne stellenweise aufgearbeitet, so übte es seine Hauptwirkung aus, als sich die riesige Eishaube nach und nach in nördlicher Richtung zurückzog und ungeheure Schmelzwassermengen den eben gebildeten Boden in seinen oberen Schichten angriffen. Durch spätere Überflutungen entstanden die Sand= und Grandschichten, die den unteren Geschiebelehm bedecken und die in den Rixdorfer Rollbergen ihren besten Vertreter haben. Gewiß wanderte der Mensch und die mit ihm verdrängte Tierwelt in dies Neuland ein. Die eben genannten Rollberge liefern dafür den besten Beweis. Sind sie doch die klassische Fundstätte für die Interglacialzeit, die inzwischen angebrochen war! Das Museum Koernerianum in Rixdorf zeigt als interessanteste Schaustücke Knochen von drei Arten

Elefanten, von 2 Nashörnern, vom Wildpferd, vom Ur und Wisent, vom Elch und Renntier, vom Riesenhirsch, Moschusochsen und Höhlenbären (siehe S. 12). Knochen des homo sapiens fossilis fehlen noch, obgleich bearbeitete Gegenstände auf sein Dasein schließen lassen.

Eine zweite Vereisung machte dieser Zeit eines neu entstandenen Lebens ein Ende. Sie scheint nicht so nachhaltig wie die erste gewesen zu sein, während die Wirkungen gleichartig waren. Auf dem durch das Wasser der Interglacialzeit zerschnittenen und gestörten Boden lagerte sich eine zweite Grundmoräne ab, die möglicherweise das zweite Schrafensystem auf anstehendem Gestein in wahrhaftem Lapidarstil einritzte. Diese Grundmoräne wird als oberer Ge-

Mammut, Elephas primigenius Bl.

schiebelehm bezeichnet. Derselbe steht fast überall zu Tage, wenn auch die Oberfläche durch Schmelzwasser und Atmosphärilien ausgeschlämmt ist und kleineren oder größeren Sandgehalt aufweist. Dieser Lehm ist gelblich=grau. Wo er auftritt, wird er agronomisch sehr geschätzt. Der Wohlstand ganzer Landstriche (Uckermark, Barnim, Lebus) ist diesem Boden zu verdanken. Die mechanische und physikalische Untersuchung desselben in der Gegend von Buckow hat folgende Bestandteile ergeben:

$$
\begin{array}{rl}
0{,}70\% & \text{Grand (über 2 mm Durchmesser),} \\
37{,}40\ \text{„} & \text{Sand (0,05 bis 2 mm Durchmesser),} \\
\underline{61{,}90\ \text{„}} & \text{Thon} \\
100{,}00\% &
\end{array}
$$

Erwähnt seien hier noch die „Feldsteine", die auf dem oberen Geschiebelehm lagern oder in ihn eingebettet sind. Sie befinden sich durchweg an zweiter

Lagerſtätte. Durch ſorgfältige Unterſuchung iſt ihre ſkandinaviſche oder eſthländiſche Heimat feſtgeſtellt worden. Bekannt weit über die engen Grenzen ihres Gebietes ſind die Rieſen unter ihnen, die erratiſchen Blöcke (Markgrafenſteine bei Rauen, deren einer die prächtige Schale im Luſtgarten zu Berlin lieferte, Näpfchen= und Kanzelſtein bei Frankfurt a. d. Oder).

Wir ſind aber den Thatſachen etwas vorausgeeilt; denn die eben geſchilderte Beſchaffenheit zeigte der Boden erſt nach Ablauf der zweiten Vereiſung. Sie fand auch ihr Ende durch eine Erhöhung der Temperatur, wodurch der Schmelzprozeß eintrat. Ihm verfiel zuerſt der Südrand des Inlandeiſes, der ſich nicht über die märkiſche Südgrenze hinaus erſtreckt haben wird. Das entſtehende Schmelz= waſſer ſammelte ſich in einem gewal= tigen Strom, der ſich parallel mit dem Eisrand nach Weſten wälzte. Er nahm die Oder auf, mit der ſich die Weichſel vereinigte, die in jener Zeit in gleicher Höhe mit der Lyſa Gora nach Weſten abbog, Warthe und Prosna aufnahm, das Bett der Bartſch benutzte und ſo die Oder oberhalb Glogau erreichte. So lange der Lauſitzer Grenzwall und der Fläming noch mit Eis be= deckt waren, ſuchte ſich der Schmelz= waſſerſtrom, der ſchon mehr einem un= geheuren See glich, ſeinen Abfluß ſüdlich von beiden zum heutigen Bett der Elbe und Weſer. Als aber beide Höhenzüge frei waren, warf er ſich an

Rieſenhirſch, Cervus euryceros Adr.

ihre Nordſeite und wuſch das Thal aus, das wir nach ſeinem Anfang bei Glogau und dem auf der Wanderung berührten Baruth als das Glogau=Baruther Haupt= thal bezeichneten. Bober, Neiße und Spree folgten der Verlegung ſeines Bettes und mündeten in ungefähr gleicher geographiſcher Breite bei Chriſtianſtadt bezw. Forſt bezw. Cottbus. Ehe der weitere Abfluß über Baruth nach Nordweſt zur heutigen Plane und damit zur Elbe ermöglicht war, ſtaute ſich das Waſſer in einem Becken an, auf deſſen Sohle heute der Spreewald liegt. Wer eine gute hydrographiſche Karte der Mark zur Hand nimmt, wird deutlich eine Niederung von der Neiße bei Forſt bis Brandenburg an der Havel verfolgen können. Daß das Waſſer der Neiße durch die Malxe in die Spree tritt, iſt mir von Augen= zeugen der großen Überſchwemmung im Sommer 1897 beſtätigt worden. Nur zwiſchen Neiße und Bober iſt die Verbindung unterbrochen, was auf poſtglaciale Niveauveränderungen zurückgeführt wird. So wäre der Zug des ſüdlichen Hauptthals gezeichnet!

Aber der Südrand der Eishaube wich etappenweise weiter nach Norden zurück. Und so ist in der Abschmelzperiode ein zweiter Zeitpunkt anzunehmen, an dem der Eisrand nördlich von der Linie Warschau=Posen=Berlin lag, also der mittlere Teil der Posener Platte und die Höhenländer Sternberg, Lebus und Barnim noch mit Eis bedeckt waren. Das Schmelzwasser floß wieder parallel zum Südrand von Osten nach Westen ab, und die Weichsel grub ihr Bett weiter bis Warschau, bog dort nach Westen ab, benutzte die Thäler der Bzura, des Ner, der Warthe und der Obra und vereinigte sich bei Tschicherzig mit der Oder, die inzwischen auch von Glogau ein Stück nach Nordwesten vorgedrungen war. Von Tschicherzig floß der Schmelzwasserstrom nach Westen über Crossen, Fürsten=berg, Müllrose, Fürstenwalde, Berlin durch das Havelland zur Nordsee. Er nahm den Bober, die Neiße, die Spree und die Dahme auf, die sämtlich dem zurückweichenden Eise nach Norden gefolgt waren, ihren Lauf also verlängert hatten, nachdem das Glogau=Baruther Thal nicht mehr als Abflußrinne diente. Wir sind damit zum zweiten märkischen Hauptthal, dem Warschau=Berliner, ge=kommen, dessen Zug durch die Oder von Tschicherzig bis Fürstenberg, die untere Schlaube, die Spree und den Großen Hauptgraben gekennzeichnet ist. Daß die Spree von der Einmündung des Friedrich=Wilhelms=Kanals im „erborgten Bette" fließt, ist schon früh von den Geologen erkannt worden. Ein so breites Thal, dessen Sohle von Thalsand in ungeheurer Menge angefüllt ist, konnte die Spree unmöglich auswaschen.

Schließlich bedeckte das Eis nur noch den baltischen Landrücken und seine südlichen Ausläufer, die Tucheler Heide, die Höhenländer der Neumark und der Uckermark. Am Südrand des Eises floß das Schmelzwasser ab, das bei Thorn die Weichsel aufnahm, die ihren Lauf inzwischen verlängert hatte und das Warschau=Berliner Hauptthal nicht mehr benutzte. Der Schmelzwasser=strom schlug eine westliche Richtung ein und grub sich ein Thal aus, in dem heute die Betten der Brahe, Netze und Warthe liegen. Damals mündete die Warthe noch bei Zantoch, wo sie sich jetzt mit der Netze vereinigt. Westlich von dem heutigen Cüstrin wusch dieser Schmelzwasserstrom ein großes Becken aus, das Oderbruch, in dem er sich aufstaute. Die Oder hatte inzwischen bei Fürstenberg, wo sie früher nach Nordwesten in das Warschau=Berliner Hauptthal abbog, eine nördliche Richtung angenommen und bahnte sich einen neuen Weg durch die damals eine Hochfläche bildenden Höhenländer Lebus und Sternberg. Dieses schmale Durchbruchsthal, das von steilen Rändern begrenzt ist, zieht sich über Brieskow, Frankfurt und Lebus bis Reitwein, wo es das Oderbruch erreicht. Die ganze kanalartige Thalstrecke gehört mit zu den schönsten Gegenden der Mark. Freunden der Heimat sei der Blick vom Kleistturm bei Frankfurt und von den Reit=weiner Bergen, die gleich einer Bastion in das Hohe Oderbruch vorspringen, warm empfohlen! Von hier bis Oderberg und von Cüstrin im Osten bis nach Alt=Friedland im Westen, das jetzt wegen des Großschiffahrtsweges Berlin=Stettin so oft genannt wird, wogte ein großer See. Der von ihm abgesetzte Marschboden erregte schon die Aufmerksamkeit Friedrichs II., als er während seiner Cüstriner Zeit in Wollup, der bekannten Domäne im mittleren Oderbruch, landwirtschaftliche Studien trieb. Um so eifriger nahm er des Vaters Plan auf, diese Niederung trocken zu legen, wodurch er nach dem Gewinn von Schlesien seiner Monarchie eine neue „Provinz" durch ein wahrhaftes Friedenswerk hinzufügte.

Aus diesem Staubecken suchten sich die zuströmenden Wassermassen einen Aus= fluß. Durch die Finowsenke brachen sie nach Westen durch, flossen an Ebers= walde vorüber nach Liebenwalde und wälzten sich in der Richtung des Ruppiner Kanals und des Rhins durch das Havelland, an dessen Westrand sie sich mit der Elbe vereinigten und der Nordsee zuströmten. Man wird nicht fehlgehen, wenn man das Havelländische Luch auch als den Boden eines weiten Wasser= beckens ansieht, das sich während der Abschmelzperiode nicht leerte, da ihm ein mächtiger Strom auf drei Wegen das gesamte Schmelz= und Niederschlagswasser von Schlesien, Posen, Pommern, Mecklenburg und der Mark zuführte. — Wir hätten nun auch das nördliche märkische Hauptthal, das Thorn=Eberswalder, durchwandert!

Als der baltische Höhenzug eisfrei wurde, mag die Ostsee entstanden sein, die das Sammelbecken des nach Norden abfließenden Schmelzwassers wurde, mit dem sich das Salzwasser der Nordsee vermischte, welche die Landbrücke zwischen Skandinavien und Jütland an drei Stellen durchbrach. Weichsel und Oder, welche wir sprungweise nach Norden vorrücken sahen, brachen sich einen kürzeren Weg zum Meere. Die Weichsel erodierte die Senke in dem ihr vorgelagerten Höhenzug zwischen Thorn und der Montauer Spitze, um zur Danziger Bucht zu kommen, und die Oder benutzte die Rinne zwischen den Höhenländern der Neumark und der Uckermark und bahnte sich an Schwedt vorbei einen Weg zum Stettiner Haff. Und damit stehen wir am Ende der Diluvialzeit, wie man auch die Zeit des Inlandeises nennt, weil die vorstehend beschriebenen Bodenschichten vom unteren Geschiebemergel bis zum oberen Sand als Diluvium bezeichnet werden.

Zwar war die Bildung des Bodens mit dem Beginn der Postglacialzeit nicht abgeschlossen. Wasser und Wind arbeiteten an ihm in den höheren Lagen, während in allen Becken mit schwachem Abfluß (Brücher in den Hauptthälern) neue Schichten entstanden, besonders Torf und Humusboden, die Alluvium ge= nannt werden. Dieses geologische Zeitalter reicht in die Gegenwart hinein.

Die typische Verteilung der Schichten des Diluviums (Quartärbildungen der Tabelle) möge aus einem von Zache veröffentlichten Profil der Münche= berger Gegend ersehen werden:

$$5{,}75 \text{ m oberer Geschiebelehm,}$$
$$40{,}58 \text{ m unterer Sand,}$$
$$0{,}54 \text{ m schwarzer Letten,}$$
$$\underline{24{,}52} \text{ m unterer Geschiebelehm}$$
$$71{,}39 \text{ m Mächtigkeit des Diluviums.}$$

Um zu zeigen, wie sich die Mächtigkeit der quartären Bildungen (Diluvium und Alluvium) in verschiedenen Gegenden der Mark verhält, sei nach Wahnschaffe nachstehende Tabelle hergesetzt:

Nr.	Ort	Lage über N. N. in Metern	Quartär= bildungen in Metern	Vorquartäre Ablagerungen in Metern		Tiefe des Bohr= loches in Metern
1	Berlin Friedrichstraße 8	36,0	126,0	Mitteloligocän Unteroligocän	90,0 34,0	250,0
2	Rüdersdorf am Wege Tasdorf=Grünlinde	51,5	39,5	Tertiär Keuper	6,0 20,3	65,8
3	Hänchen bei Kottbus	?	163,0	Braunkohle Muschelkalk Röth Buntsandstein	9,4 229,6 146,0 303,4	851,4
4	Neudamm	41,6	22,0	Braunkohle	9,5	31,5
5	Marienhöh bei Strasburg	74,0	42,0	Braunkohle Oligocän	8,5 117,0	167,5

Glaciale und fluviale Kräfte haben an dem Aufbau und der Modellierung des Bodens der Mark gearbeitet. Ihre Wirkung ist so verschränkt, daß man nicht gut Boden und Bewässerung trennen kann, wenn man ein richtiges Bild jener Zeit zeichnen will, in der die obern Schichten des heimatlichen Bodens entstanden. Nur in dieser Beleuchtung erhält das Relief der Heimat eine gewisse Gliederung und findet das märkische Flußnetz eine genügende Erklärung, bei der die Wissen= schaft durch die ziemlich häufigen Bifurkationen, welche den Kanalbau erleichtern, kräftig unterstützt wird. M. Pohlandt=Frankfurt a. O.

Das allmähliche Wachsen der Mark Brandenburg.

I. Vor dem Jahre 927.

Die Preußische Provinz Brandenburg führt noch jetzt den Namen „Mark Brandenburg".

Das Land gehört in seiner ganzen Ausdehnung zur norddeutschen Tiefebene und fällt in die Flußgebiete der Elbe und der Oder. Östlich reicht dasselbe an die noch heute von den Polen besetzten Gegenden; südöstlich wird es von Schlesien, südlich von dem Gebiete der Ober- und westlich von dem der Niedersachsen, nördlich aber von Mecklenburg und Pommern, den Küstenländern an der Ostsee, begrenzt.

Vor der Völkerwanderung waren diese Gebiete, wie uns berichtet wird, von dem deutschen Stamme der Semnonen besetzt. Während der allgemeinen Völker= bewegung verließen diese deutschen Stammesbrüder die Gegenden westlich der Elbe und an der Oder und an ihrer Stelle siedelten sich slavische Volksstämme, Wenden genannt, an, unter welchen die Heveller und Liutizen, die Redarier und Wilzen be= sonders bekannt wurden; erstere östlich der Unterhavel und an der Spree, letztere nordwestlich des Ausflusses der Havel und an der Unterelbe ansässig.

Einhard oder Eginhard, der Freund und Vertraute Karls des Großen, berichtet, daß König Karl im Jahre 789 die Wilzen besiegte.

Die deutsche Herrschaft über die slavischen Stämme wurde jedoch unter den schwachen Nachfolgern Karls des Großen nicht aufrecht erhalten, christliche und ger= manische Kultur wurden auf lange Zeit wieder zurückgedrängt.

II. Die Gründung der Mark und die Zeit unter den wechselnden Markgrafen. 927—1134.

Als der weitblickende Heinrich I. deutscher König geworden war, setzte er sich die Aufgabe, die unruhigen und räuberischen Nachbarvölker nicht nur von den deutschen Gauen fernzuhalten, sondern sie zu unterwerfen und zum Christentum zu bringen. Dazu gehörten die Magyaren im Südosten des Reiches und die unmittelbaren Nach= barn der Sachsen, die wendischen Stämme. Im Winter 927/28 rückte er vor die Hauptfeste der Heveller, vor die von Sümpfen umgebene Stadt Brennabor oder auch Brennaburg, wie es der Geschichtsschreiber Widukind — ein Mönch in der Abtei Corvey an der Weser, der uns auch den Sachsenspiegel hinterlassen hat — benennt. Bei hartem Froste wurde die Feste bald eingenommen, und die Heveller mußten sich zur Unterwerfung und zur Annahme des Christentums bereit erklären. 929 wurden die Redarier durch den Sieg der Grafen Bernhard und Tietmar bei Lenzen dauernd unterworfen.

Zur Bewachung der wilden und dem Heidentum ergebenen Nachbarn wurde der Grenz= oder „Mark"graf Bernhard bestellt und ihm ein Gebiet an Elbe und Havel, gewissermaßen eine Militärgrenze, überwiesen. Aus diesem Gebiete ist unsere Mark Brandenburg hervorgegangen.

Heinrichs I. Nachfolger, Otto der Große, suchte die deutsche Herrschaft durch Kultivierung der wendischen Stämme und durch allgemeine Einführung des Christentums zu befestigen. Deshalb begründete er 946 für die Redarier und Wilzen das Bistum Havelberg und 949 für die Heveller und Liutizen das Bistum Brandenburg und ernannte den thatkräftigen Grafen Gero, aus einem anhaltischen Grafengeschlechte stammend, zum Markgrafen. Nach dessen Tode wurde sein Gebiet unter fünf Grafen verteilt; es entstanden so vier neue Marken, die Nordmark, die Ostmark, Mark Lausitz und Meißen.

Mit wechselndem Glücke suchten die eingesetzten Markgrafen dem wogengleich zurück= und vorwärtsdrängenden Slaventume entgegenzutreten. Ihre Erfolge hingen von den Unterstützungen ab, die ihnen die in jenen Zeiten viel zu sehr anderweitig beschäftigte Reichsmacht gewährte. Die Gebiete rechts der Havel und Elbe gingen zumeist wieder verloren, germanische und christliche Kultur wurden wieder vernichtet, und die jeweiligen Markgrafen gewannen als nur zeitweise und wechselnde Grenzwächter des deutschen Königs nicht festen Halt genug, den zahlreichen Slavenstämmen einen wirksamen Damm entgegenzusetzen.

Es mußte die Erwägung nahe treten, ob nicht ein festes deutsches Fürstenhaus erfolgreicher imstande sein würde, die Kulturaufgaben, welche dem Deutschtume hier im Osten des Reiches gestellt waren, zu übernehmen und auch zu lösen. Und dieser Gedanke leitete den Sachsenherzog Lothar, als er zur deutschen Kaiserwürde gelangt war.

III. Unter den Anhaltinern. 1134—1320.

Im Jahre 1134 ernannte Kaiser Lothar den ballenstädtischen oder anhaltinischen Grafen Albrecht — nachmals „der Bär" zubenannt — einen Nachkommen des oben genannten Markgrafen Gero, aus dessen Geschlecht bereits mehrere der Markgrafen hervorgegangen waren, zum erblichen Markgrafen und Fürsten in der Nordmark. Die Wenden waren damals gerade wieder nach Deutschland hereingebrochen. Albrecht ging siegreich gegen sie vor, eroberte die Stadt Brennabor wieder, wählte diese nunmehr zu seinem Sitze, nannte sie selbst und sein ganzes Gebiet „Brandenburg", befestigte 1136 den Besitz der Prignitz und gewann durch gütliche Verhandlungen großen Einfluß auf den Wendenfürsten Pribislav und, da dieser sich selbst dem Christentume zugewendet hatte, das Gebiet der Zauche für seinen Sohn und das Anrecht auf das ganze Havelland. 1142 wurde ihm die Erzkämmererwürde des Reiches verliehen, und dadurch war Brandenburg die Reichsunmittelbarkeit zugesprochen und der Markgraf in die Reihe der ersten Reichsfürsten eingeführt.

Wenn auch Jacze von Köpenick, ein Verwandter des Pribislav, 1157 versuchte, Erbansprüche auf das Havelland geltend zu machen, so gelang es ihm doch nicht, dem unaufhaltsamen Vordringen Albrechts widerstehen zu können; er wurde in der Nähe von Spandau besiegt. Sein Gebiet, der Teltow, südlich der Spree, wurde zur Markgrafschaft hinzugefügt.

Die Markgrafen Johann I. und Otto III. kauften von dem Wendenfürsten Borwin das Land Barnim.

Gegen das Ende des zwölften Jahrhunderts wurden die Ostseeküsten von Mecklenburg und Pommern sehr hart von den Dänen bedrängt. Kaiser Friedrich Barbarossa betraute die Brandenburgischen Markgrafen mit der Aufgabe, den Bedrängten Beistand zu leisten. Dafür wurde ihnen die Lehnshoheit über Mecklenburg und Pommern verliehen und diese auch von späteren Kaisern bestätigt.

Markgraf Otto III. gewann 1231 die Oberlausitz als Heiratsmitgift. Durch einen Ausgleich mit Pommern wurde 1250 die Uckermark gewonnen, und 1253 gegen eine Geldentschädigung das Land Labus von dem Herzoge Boleslav oder Bolko erworben.

Nunmehr drang die brandenburgische Macht über die Oder hinaus. Teils durch Kampf, teils durch gütliche Mittel wurde die heutige Neumark bis Dramburg und Schievelbein und das Land Sternberg erworben. 1291 wurde das Gebiet von Landsberg erkauft.

Im Jahre 1303 kam die Niederlausitz durch Kauf und zum Teil als Pfand vom König Ottokar von Böhmen an die Mark, und 1304 wurden weitere pommerellische Herrschaften durch kluges Eingreifen in die Zwistigkeiten der verschiedenen polnischen Fürsten gewonnen.

IV. Unter den Wittelsbachern und Lützelburgern. 1320—1415.

Unter der weisen Fürsorge der Anhaltiner hatten die Marken nicht nur an Ausdehnung, sondern auch eine innere hohe Blüte gewonnen. Deshalb griffen gierige Hände von allen Seiten nach dieser Erbschaft. Es zog nun ein Zeitraum von fast 100 Jahren unter bayerischem und böhmischem Regimente herauf, in welchem fast nur von Niedergang und Vernichtung des eben erblühten Landes zu berichten ist.

Die Herzöge von Mecklenburg und Pommern wähnten, der brandenburgischen Lehnshoheit entledigt zu sein; außerdem griffen sie in der Prignitz, der Uckermark und Neumark zu; die Deutschritter trachteten nach Teilen der Neumark; die Polen drangen weit in dieselbe ein; Böhmen und Sachsen suchten sich die Lausitz, der Erzbischof von Magdeburg die Altmark anzueignen. Die Herzöge von Sachsen-Wittenberg, welche von dem jüngsten Sohne Albrechts des Bären abstammten, hatten nur geringen Erfolg. Als erledigtes Reichslehen gab Kaiser Ludwig der Bayer 1324 seinem Sohne Ludwig dem Älteren die Mark Brandenburg. Dieser überließ dieselbe 1352, als er vergeblich versucht hatte, die oben genannten Eindringlinge zurückzudrängen, und als ihm durch Heirat gelungen war, das Land Tirol an sich zu

bringen, seinem Bruder Ludwig dem Jüngeren. Letzterer trat sie nach vergeb=
lichen Ordnungsversuchen im Jahre 1365 an den dritten Bruder, Otto den
Faulen, ab. Zu den früheren Gegnern hatte sich der sogenannte falsche Waldemar
gesellt, welchen der neue Kaiser Karl IV. zunächst begünstigte.

Wenn auch Brandenburg 1356 bei Erlaß der goldenen Bulle mit der Kur=
würde bedacht worden war, so konnte das dem Lande nicht helfen, die entrissenen
Gebiete wieder zurück zu erobern und innere Ordnung zu schaffen.

Schon der falsche Waldemar hatte gegen Böhmens Beistand diesem den Besitz
der Lausitz zugesichert. Otto der Faule aber verkaufte dieses Gebiet gleich nach
seinem Antritt 1365 gänzlich an Böhmen, und am 15. August 1373 trat er zu
Fürstenwalde die ganze Mark mit allen Rechten und Gefällen für 500000 Goldgulden
an Karl IV. für dessen Sohn Wenzel ab.

Die bayerischen Fürsten hatten sich den Aufgaben eines Markgrafen von Branden=
burg offenbar nicht gewachsen gezeigt. Nicht rühmlicher gestaltete sich das Walten
der böhmischen Fürsten.

Zunächst allerdings trat Karl IV. mit seinem großen Geschick und seinem An=
sehen für seinen Sohn Wenzel erfolgreich in die Schranken; allein sein schon 1378
zu früh eingetretener Tod führte zu bald wieder eine unglückliche Wendung herbei.
Er hatte in seinem Testamente bestimmt, daß der älteste Sohn, Wenzel, als König
das Land Böhmen, der zweite, Sigismund, als Kurfürst die Mark Brandenburg
und der dritte, Johann, als Markgraf die Lausitz erben sollte.

Sigismund jagte anderen weitergehenden Plänen nach und kümmerte sich wenig
um Brandenburg. Die Mark sollte ihm allenfalls zur Herbeischaffung der not=
wendigen Geldmittel dienen. Deshalb verpfändete er 1385 die Altmark und Prig=
nitz und 1388 die ganze Mark an seinen geizigen Vetter Jobst von Mähren,
unter dessen geldgieriger Verwaltung vollständige Gesetzeslosigkeit einriß. 1396
verkaufte Sigismund die Herrschaft Dramburg für 17500 Gulden, und 1402 ver=
pfändete er die Neumark nebst Schievelbein für 63000 Dukaten an den damals
mächtigen Deutschritterorden. Auch das Wiedereinlösungsrecht gab er später gegen
eine nochmalige Summe von 80000 Goldgulden auf.

Mit dem Tode des Jobst 1411 wurde endlich dem Umsichgreifen der gesetz=
losen Zustände und der weiteren Auflösung ein Ziel gesetzt. Sigismund, nunmehr
Kaiser, war wieder selbst in den Besitz des Restes von seinem Erblande gelangt.
Am 8. Juli 1411 bestellte er den Burggrafen Friedrich VI. von Nürnberg
zum „Obersten Verweser und Hauptmann der Mark." Unter mancherlei An=
strengungen und Opfern gelang es diesem in den Jahren 1411 bis 1415 in der
Mark festen Fuß zu fassen und sich zum Herrn des Landes zu machen.

In Anerkennung seiner Bewährung und der vielfältigen anderen Verdienste
für Kaiser und Reich wurde ihm in der Urkunde vom 30. April 1415 die Mark
Brandenburg mit der Kur= und Erzkämmererwürde verliehen. Eine formelle sehr
feierliche Belehnung erfolgte zu Konstanz am 18. April 1417. Wenn dem Burg=
grafen die Landesverwaltung auch schon mit dem Jahre 1411 übertragen worden war,
so datiert seine fürstliche Gewalt doch erst vom 30. April des Jahres 1415.

V. Unter den Hohenzollern seit 1415.

Als Kurfürst Friedrich I. die Mark übernahm, gehörte die Lausitz zu Böhmen, die Neumark — mit Ausnahme des Landes Sternberg — zu Preußen, die Uckermark nebst Schwedt und Vierraden hatten die Herzöge von Pommern, die Prignitz nebst Lychen und Himmelpfort die Herzöge von Mecklenburg, und Teile der Altmark waren vom Erzbischofe von Magdeburg besetzt; außerdem waren Wälder, Seen, Fischerei=, Zoll= und Steuergerechtigkeiten durch Jobst verpfändet. Es galt also, staatlichen Besitz und landesherrliche Gerechtsame aufs neue zu erwerben und zu ordnen.

Während Friedrich noch mit dem Ordnen innerer Angelegenheiten zu thun hatte, gelang es ihm auf gütlichem Wege einen Ausgleich mit dem Erzbischof von

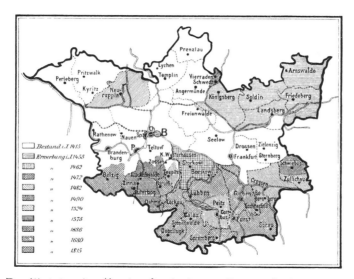

Das Wachstum der Provinz Brandenburg. Gez. von H. Gallee=Berlin.

Magdeburg und den anhaltischen Grafen zu erreichen und sich den Besitzstand in der Altmark zu sichern. Darauf konnte er gegen Pommern und Mecklenburg vorgehen. Nach der Einnahme von Prenzlau 1420 wurde die Uckermark, und nach dem Siege bei Pritzwalk 1425 die Prignitz wiedergewonnen. 1427 mußte Mecklen= burg auch wieder die Lehnshoheit und das Erbrecht Brandenburgs anerkennen. Die Mark umfaßte nun wieder 381 ☐=M.

Nach dem Tode Friedrichs I., 1440, wurden seine Gebiete unter die 4 Söhne derartig geteilt, daß Johann das Fürstentum Bayreuth, Friedrich II. die Mittel= und Uckermark nebst Sternberg mit der Kurwürde, Albrecht das Fürstentum Ansbach, und Friedrich der Jüngere die Altmark und Prignitz erhielt. Die speciell brandenburgischen Teile wurden durch diese Bestimmung in zwei besondere Staats=

gebiete zerrissen. Als aber Friedrich der Jüngere 1463 ohne Erben verstarb, fielen Prignitz und Altmark wieder an Kurbrandenburg zurück.

Friedrich II., „der Eiserne" setzte den unter seinem Vater begonnenen Kampf um den Besitz einzelner Grenzherrschaften mit Mecklenburg fort, und 1442 wurden ihm im Vertrage zu Wittstock die Gebiete von Lychen und Himmelpfort zurück= gegeben.

1445 kaufte er die Herrschaft Cottbus von Reinhard von Cottbus und die Herrschaft Peitz von Johann von Waldow. Der Besitzstand wurde ihm als zur Lausitz gehörige böhmische Lehen übertragen. Im Jahre 1455 nahm Friedrich II. gegen ein Darlehen von 40000 Goldgulden die Neumark als Pfand von dem Deutschritter= orden in Besitz. Die Einlösung konnte der Orden aber später nicht bewerkstelligen; 1517 verzichtete er gegen die Summe von 100 000 Gulden darauf. Damit war das alte Gebiet nördlich der Warthe wieder zur Mark gebracht.

In dem Vertrage zu Guben 1462, der den langjährigen Wirren zwischen Böhmen und der Lausitz ein zeitweises Ziel setzte, erhielt Brandenburg nicht nur den Lehnsbesitz von Cottbus und Peitz bestätigt, sondern auch noch die Herrschaften Teupitz, Wusterhausen, Beerwalde und Großenlübben und die Anwartschaft auf Beeskow und Storkow. So waren auch große Teile der ehemals zur Mark gehörigen Lausitz erworben. Als Friedrich II. nach dem Tode seines einzigen Sohnes und nach einer bei Ückermünde erhaltenen schweren Verwundung 1470 seine Länder seinem Bruder Albrecht Achilles übertrug, umfaßte die Mark 572 ☐=M.

Albrecht brachte im Jahre 1472 zu Prenzlau mit den Herzögen von Pommern einen Vertrag wegen der noch andauernden Erb= und Besitzstreitigkeiten zustande, nach welchem ihm das Erbrecht über ganz Pommern und der Besitz der Herrschaften Schwedt a. O., Löcknitz, Vierraden und Garz zugestanden wurde. Garz ver= tauschte er 1479 gegen die Herrschaft Bernstein in der Neumark.

Um einer späteren Wiederzersplitterung der Mark vorzubeugen, gab Albrecht 1473 das brandenburgische Hausgesetz, die wichtig gewordene „Dispositio Achillea", nach welcher die Mark nicht wieder geteilt werden durfte; nur die Besitzungen in Süddeutschland konnten abgezweigt werden.

1474 hatte Albrecht seine Tochter Barbara mit dem Herzoge Heinrich von Glogau und Crossen vermählt. Als dieser schon nach zweijähriger Ehe verstarb, sollte vertragsmäßig das Fürstentum Crossen als Erbteil der Witwe anheimfallen. Allein der Vetter des Verstorbenen, Herzog Hans von Sagan, verbunden mit dem Könige Matthias von Ungarn, nahm eilig von diesem Gebiete Besitz, da Albrecht zur Zeit in Süddeutschland beschäftigt war. Doch dieser kam und trat siegreich für seine Tochter ein. In dem Vertrage zu Kamenz 1482 mußte man ihm 50 000 Dukaten als Entschädigungssumme für seine Tochter zubilligen und, da diese nicht erlegt werden konnten, die Gebiete Züllichau, Crossen, Sommerfeld und Bobersberg als Pfand überlassen. Da aber die Einlösung unterblieb, so kamen 55 Jahre später diese Landesteile endgiltig als böhmisches Lehen in branden= burgischen Besitz. Bei Albrechts Tode war die Mark 602 ☐=M. groß.

Johann Cicero kaufte 1490 für 16000 Goldgulden die Herrschaft Zossen von Johann von Stein, einem böhmischen Vasallen, und nahm sie selbst als böhmisches Lehen entgegen.

Unter Joachim I. verzichtete der Deutschritterorden auf die Wiedereinlösung der Neumark gegen 100000 Gulden. Nach dem Aussterben der Grafen von Ruppin wurde dieses Gebiet 1524 als erledigtes Lehensland eingezogen und der Mittelmark zugefügt.

Entgegen den Bestimmungen der Dispositio Achillea war die Mark unter Joachim II. vorübergehend geteilt. Die Neumark nebst Sternberg, das Fürstentum Crossen und die böhmischen Lehenslande — Cottbus 2c. — waren dem jüngeren Bruder, dem Markgrafen Johann von Cüstrin vom Vater zugewiesen. Da dieser jedoch 1571 ohne männliche Erben verstarb, so kamen sie wieder zur Mark zurück. Inzwischen hatte Johann durch Kauf die Herrschaften Beeskow und Storkow von Ulrich von Bieberstein erworben, auf welche Brandenburg schon 1462 eine Anwartschaft genommen hatte.

Der Übertritt Joachims II. zur Reformation ist in der Folgezeit von entscheidendem Einflusse geworden. Dem Hohenzollernhause ist nach und nach die Schützer- und Führerrolle der evangelischen Kirche zugefallen. 1548 wurden die weltlichen Besitzungen der Bistümer Brandenburg, Havelberg und Lebus eingezogen. Die Erbverträge, welche Joachim II. mit dem Herzoge von Preußen und dem von Liegnitz abschloß, führten später zu großen Erwerbungen, die aber weit über unsere Mark hinausgingen und deshalb hier nicht näher in Betracht kommen können.

Von den bedeutenden Gebietserweiterungen des Großen Kurfürsten bei dem Abschluß des westfälischen Friedens 1648 können auch nur die zur Mark gekommenen Teile des ehemaligen Erzbistums Magdeburg, die Herrschaft Luckenwalde und das Klosterland Zinna, erwähnt werden. 1686 erhielt der Kurfürst wegen geleisteter Kriegshülfe von Österreich die Herrschaft Schwiebus als böhmisches Lehen, und 1687 von Kursachsen die Herrschaften Jüterbog und Dahme als Austausch für Querfurt. König Friedrich der Große giebt diesem seiner Vorfahren das Zeugnis: „Der hat viel gethan."

Im Jahre 1701 wurde der Hohenzollernstaat zum Königreich Preußen erhoben.

Von den weiteren Erwerbungen des zielbewußten Hohenzollernhauses ward die Provinz Brandenburg nur 1793 gelegentlich der zweiten Teilung Polens durch Einverleibung der Herrschaft Schermeissel berührt. Bei dem Tilsiter Frieden 1807 mußten zwar Cottbus und Peitz an Sachsen abgetreten werden, doch nach Beendigung der Freiheitskriege 1815 wurden diese Teile wieder zurückgegeben und dazu von Sachsen die ganze Niederlausitz nebst den Herrschaften Baruth und Sonnenwalde Brandenburg einverleibt. Bei der damaligen Regulierung wurde die Altmark zur Provinz Sachsen gelegt, und die Provinz Brandenburg erhielt ihre heutige Abrundung.

2*

Ihr jetziger Flächeninhalt beträgt 724 ☐-M. oder 39 900 qkm, und die Aus= dehnung des Preußischen Staates 6400 ☐-M. oder 352 400 qkm. Die beharrlichen Fürsten des Hohenzollernhauses haben gezeigt:

"Was man zusammenhält, das wird groß."

P. Golling=Berlin.

Die Germanisierung der Mark Brandenburg.

Durch die Unterwerfung der Sachsen waren die Grenzen des karolingischen Reiches nach Osten gerückt worden. Die Nachbarn der nun zum Christentum bekehrten Sachsen waren die heidnischen Wenden. Nach wie vor setzten diese ihre Raubzüge in das Sachsenland fort.

Karl der Große unternahm 789 einen Kriegszug gegen die Wilzen, um diese für ihre räuberischen Einfälle zu züchtigen; aber an eine Unterwerfung derselben unter fränkische Hoheit und an ihre Bekehrung zum Christentum dachte er nicht. Ihm lag es nur daran, seine Grenzländer zu schützen und zu sichern. Zu diesem Zwecke legte er längs der Elbe Burgwarten an und besetzte sie mit Mannen.

Das Ziel der deutschen Kaiser aus dem sächsischen Hause war die Unterwerfung und Bekehrung der Slaven zwischen Elbe und Oder. Ihre Maßnahmen, die Errichtung einzelner Burgwartschaften und Bistümer im Slavenlande, hatten sich als unzu= reichend erwiesen. Es war ihnen auch nicht möglich, ihre Politik mit Kraft und Ausdauer zu verfolgen; innere und äußere Wirren hielten sie davon ab. So blieben die Wenden Feinde des Reiches und des Christentums.

Was aber den mächtigen deutschen Kaisern nicht gelang, das vollführten deutsche Fürsten; ihnen verdanken wir die Gewinnung des Slavenlandes zwischen Elbe und Oder und die damit verbundene Ausbreitung des Christentums. Sie wurden Schützer und Mehrer des Reiches, indem sie den neuerworbenen Besitz germanisierten.

Die ruhmreichen Fürsten aus dem askanischen Hause haben unsere Mark Bran= denburg dem Slaventum und Heidentum entrissen und aus ihr einen germanischen und christlichen Staat geschaffen. Gelöst haben sie diese Aufgabe mehr auf friedlichem als auf kriegerischem Wege, und das erhöht den Wert ihrer Thaten. Irrig ist die Auffassung, als ob sie die Wenden aus dem Lande getrieben oder gar getötet hätten, um deutschen Ansiedlern Platz zu machen. Während der ganzen Kolonisationsperiode hören wir nichts von blutigen Kämpfen oder heißen Schlachten, wie aus der Zeit der Grenzkriege. Allmählich und ohne Gewalt schritt das Werk der Kolonisation fort. Was konnte den Markgrafen daran liegen, die Wenden gänzlich aus dem Lande zu treiben? Sie mußten sie ja dadurch zum äußersten Widerstand reizen. Wohin sollten denn die vertriebenen Wenden auch ziehen? Diese barbarische Kriegsführung lag nicht im Sinne der milden Markgrafen; sie waren bemüht, den friedlichen Erwerb der unterworfenen Wenden nicht zu stören, sondern sie zu fleißigen und brauchbaren

Unterthanen zu erziehen. Nicht aus dem Lande, wohl aber von dem besseren Grund und Boden sind sie vertrieben worden; denn die Wenden waren, wie uns Geschichts= schreiber der damaligen Zeit berichten, träge, faul und untüchtig, den schweren Acker zu bearbeiten, Moor= und Sumpfboden zu kultivieren. Wollten die Markgrafen ihr Land besser nutzen und höhere Erträge erzielen, so mußte dieses den Wenden entzogen und deutschen Ansiedlern überwiesen werden. Hierzu waren auch die Mark= grafen berechtigt. Durch die Eroberung traten sie in die Rechte der Wendenfürsten oder Häuptlinge ein, und diese waren in ihrem Staate Besitzer oder Obereigentümer des gesamten Grund und Bodens. Die Wenden wurden gezwungen, mit dem schlech= teren Boden fürlieb zu nehmen und den besseren den deutschen Ansiedlern zu überlassen. So findet man häufig in der Mark die Bezeichnung „Wendeland", „Wendefeld", „Wenddorf" u. s. w. Es läßt sich mit Sicherheit nachweisen, daß diese Orte von Wenden bewohnt waren. Noch häufiger ist der Name „Kietz" zu finden. Fast jede märkische Stadt hatte ihren Kietz; ja, oft hatte sie deren mehrere. Hier bildeten die Wenden als Fischer noch jahrhundertelang selbständige Gemeinden.

Die Besiedelung der Mark ist nicht in wenigen Jahren erfolgt; nein, Jahr= zehnte sind verstrichen, ehe das schwach bevölkerte Wendenland mit deutschen Kolo= nisten besetzt wurde. Besiedelt wurden auch nicht einzelne Landstriche, sondern der Strom der Einwanderer verteilte sich gleichzeitig auf ein sehr ausgedehntes Gebiet. Zunächst besetzte man die militärisch wichtigen Punkte; an den Verkehrsstraßen gründete man Niederlassungen und gab so dem ganzen Kolonisationsgebiet einen festen Halt.

Fragen wir uns: Wie geschah die Begründung der Dörfer? Wir wissen, daß der Wende an seinem Acker kein Eigentumsrecht besaß, sondern ihn gegen Erlegung eines Zinses nutzte. Der deutsche Ansiedler war weit entfernt, in ein solch drückendes Pachtverhältnis zu treten; er wollte seinen Acker erblich, wenn auch gegen Erlegung eines jährlichen Zinses, besitzen. Die Dorfgründung nach deutschem Gepräge übertrug der Markgraf oder sein vertrauter Ritter einem Manne. Dieser erhielt bestimmtes Land zugewiesen, aus dem er die Dorfanlage, den Boden für Haus, Hof, Garten und Wörde, aussonderte. Das übrige Land wurde in Hufen zu 30—60 Morgen aufgeteilt. Die Hufe konnte von einer Familie bewirtschaftet werden; ihr Ertrag reichte aus, dieselbe zu ernähren und Abgaben zu tragen. In der Regel wurde ein Bauernhof mit zwei oder mehreren Hufen ausgestattet. Aufgabe des Unter= nehmers war es nun, für die so geschaffenen Bauernhöfe geeignete Besitzer zu schaffen. Ob die Abtretung der Hufen gegen Geld geschah, ist ungewiß; wohl aber erhielten die Ansiedler Vorschuß an Saatkorn und Reisegeld und blieben 3—5 Jahre von Abgaben befreit. Mußten sie hingegen erst den Wald roden, so erhielten sie Hufen von doppelter Größe und 16 Freijahre. Diese Hufen nannte man Wald= oder Hagen= hufen, weil man die gewonnene Waldlichtung mit einer Umhegung, Hagen genannt, versah. Die so entstandenen Dörfer hießen Hagendörfer; noch heute sind sie durch ihre Namen, die auf „walde" oder „hagen" endigen, kenntlich. Der Unternehmer, welcher den Namen Lehnschulze führte, wurde bei der Hufenverteilung besonders bedacht. Er erhielt ein Gut von 2—4 Hufen. Dieselbe Fläche wurde auch für die zu errichtende Pfarre oder Kirche ausgemessen. Die Abgabe an den Grundherrn hieß Erbzins; dieser betrug jährlich etwa 1—4 Schillinge. Die Kirche empfing den Garben= und Fleischzehnt. In späterer Zeit wurde dieser in eine feste Abgabe an Korn, Vieh oder Geld umgewandelt. Der Lehnschulze war frei von Zins und Zehnt; er war verpflichtet, dem Markgrafen für einen Kriegszug das Lehnpferd zu stellen und selbst als leicht bewaffneter Reiter mit ins Feld zu ziehen. Die Bauern leisteten in diesem Falle Wagendienst; sie konnten auch in Friedenszeiten zum Dienst bei Burg= und Brückenbauten herangezogen werden. Einnahmen erwuchsen dem Lehnschulzen aus der niederen Gerichtsbarkeit, die er als Beamter des Markgrafen ausübte; des= gleichen lag ihm die Dorf= und Flurpolizei und das Einziehen der markgräflichen Einnahmen ob. Die höhere Gerichtsbarkeit, insbesondere das Recht über Leben und Tod, behielt sich der Markgraf selbst vor. Geschah die Dorfgründung durch einen Ritter, so übernahm dieser die Pflichten und Rechte eines Lehnschulzen und ließ das Amt durch einen Bauern, den „Setzschulzen", verwalten.

Fragen wir nun weiter: Woher stammen die Ansiedler, die mit eisernem Fleiß, mit ernster Arbeit den verwilderten Boden kulturfähig machten? Helmold, der Pfarrer zu Bosau am Plöner See, ein Zeitgenosse Heinrichs des Löwen und Albrechts des Bären, hat uns hierüber einen Bericht hinterlassen. Er schreibt über die Kolonisation Albrechts des Bären: „Zuletzt, als die Slaven allmählich verschwanden, schickte er nach Utrecht und den Rheingegenden, ferner zu denen, die vom Meere zu leiden hatten, nämlich an die Holländer, Seeländer und Flanderer, und führte von dort ein großes Volk herbei und ließ es wohnen in den Burgen und Flecken der Slaven. Durch ankommende Fremdlinge aber wurden auch die Bistümer Brandenburg und Havelberg sehr gehoben, weil die Kirchen sich mehrten und die Zehnten zu einem ungeheuren Betrage erwuchsen. Aber auch das südliche Elbufer begannen zu derselben Zeit die Holländer Gäste zu bewohnen; von der Stadt Soltwedel an alles Sumpf= land und alles Ackerland, das Balsamerland und das Marscinerland, viele Städte und Flecken bis zum Böhmerwald hin nahmen die Holländer in Besitz". Die betrieb= samen Holländer machten Wollenweberei und Backsteinbau heimisch und verstanden, Sumpf= und Moorland zu entwässern.

Der Grund ihrer Auswanderung ist einmal in den Naturereignissen zu suchen. Eine ungeheure Überschwemmung im Jahre 1164 zerstörte die Küsten der Nordsee. Von ihr sagt Helmold, daß seit Menschengedenken so etwas Fürchterliches nicht ge= schehen sei; das ganze Friesenland, das Land Hadeln und die gesamte Niederung der Elbe und der Weser seien überflutet und viele Tausend Menschen und unzähliges Vieh seien von den Fluten begraben worden. Zum anderen war es auch die Wander= lust, die die Kreuzzüge erweckten, und die den Einzelnen trieb, das Vaterland zu verlassen, im fernen Land eine neue Heimat zu gründen und dort sein Glück zu suchen.

Viele Ansiedler kamen aus dem Rheinland, aus Westfalen und Sachsen. So= ziale Verhältnisse zwangen sie, ihre Heimat zu verlassen. Die Grundherren versuchten hier, die Gemeinfreiheiten zu beseitigen; auch war es für die nachgeborenen Söhne schwer, Grundbesitz zu erwerben. Deshalb leistete man dem Rufe der Fürsten des Ostens gern Folge.

Die Eroberung des Wendenlandes wäre ohne Ritterheere unmöglich gewesen. Die einzelnen Ritter erhielten in dem neuerworbenen Gebiet Grund und Boden. Aber auch sie besaßen denselben wie die Bauern nicht als volles Eigentum, sondern empfingen ihn vom Markgrafen als Obereigentümer zu Lehen. Selten wurden ihnen geschlossene Dorfmarken überwiesen; sie erhielten Güter in den gegründeten oder noch zu gründenden Dörfern zugewiesen. Wie groß ursprünglich dieselben waren, läßt sich nicht feststellen, wohl aber erfahren wir aus den Bedeverträgen von 1280, 1281 und 1282, die kurz nach Abschluß der Kolonisation stattfanden, daß der Ritter für sich sechs und für seinen Knappen vier Hufen steuerfrei besitzen durfte. Die Pflicht der Ritter war, bei ausbrechenden Kriegen dem Markgrafen als schwer gepanzerte Reiter zu dienen. Sie bildeten den Kern des markgräflichen Heeres. Die Ritter waren meist nachgeborne Söhne von Adligen im westlichen Deutschland, die in ihrer Heimat keinen Rittersitz erwerben konnten. Der Kampf gegen die Ungläubigen war ehrenvoll; zudem lockten Beute und Besitz. Falsch ist es, die märkischen Edelleute wegen ihrer slavischen Namen als Nachkommen vornehmer Wenden anzusehen. Ihre Vorfahren zogen zu einer Zeit in die Mark ein, in der bei dem Adel und Bürger Familiennamen noch nicht gebräuchlich waren. Sie machten später den Namen von dem ihnen zugesprochenen Dorfe zu ihrem Geschlechtsnamen. Gewiß hat es auch unter den Wenden Adlige gegeben, die, wenn sie sich unterwarfen, den Deutschen gleichgestellt wurden.

Städte im deutschen Sinne gab es bei den Wenden nicht. Zwar bestanden Havelberg, Brandenburg, Jüterbog und andere Orte. Sie waren größere, befestigte Plätze und haben den Charakter einer deutschen Stadt erst durch die Askanier erhalten. Von diesen sind auch die meisten märkischen Städte im 13. Jahrhundert gegründet worden. Die Begründung einer Stadt wird sich von der eines Dorfes nicht wesentlich unterschieden haben. Auch hier erhielten die Bürger bestimmte Hufen zugewiesen; auch hier übte, wie auf dem Dorfe der Lehnschulze, der markgräfliche Vogt die niedere Gerichtsbarkeit und die Polizei aus. Aber die Stadt erhielt bei ihrer Gründung bestimmte Rechte durch Privilegien zugesichert. Die Bewohner durften Handel und Gewerbe treiben und sich zu Zünften und Gilden vereinen. Vor allem besaßen die Städte Marktgerechtigkeit. Durch diese Vorrechte war es ihnen möglich, bald zur Blüte, zu Macht und Wohlstand zu gelangen.

Von hoher Bedeutung für die Germanisierung der Mark sind auch die Klöster gewesen. Die Mönche haben den heidnischen Wenden nicht nur das Christentum gepredigt; sie haben ihnen auch die Segnungen desselben vor Augen geführt, indem sie ihnen zeigten, wie man durch Gebet und Arbeit zu einem besseren Dasein gelange. Die ersten Mönche in der Mark waren Prämonstratenser. Sie gründeten 1144 in Havelberg und 1149 in Brandenburg ein Kloster. Bald wurden sie von den Cisterciensern überholt. Während erstere sich in Städten niederließen, gingen letztere in die Wüsteneien, rodeten Wälder und Heiden, trockneten Sümpfe und Brüche aus und schufen daraus fruchtbringende Äcker und Wiesen. Zur Begründung des Klosters schenkte der Markgraf das Land. Waren die Bauten fertiggestellt und die sonstigen Vorbedingungen für den Fortbestand des Klosters gesichert, so sandte das Mutterkloster Abt, Mönche und Laienbrüder dahin. Stieg die Anzahl der Mönche in dem neugegründeten Kloster auf 60, so konnte es wieder ein anderes gründen. Eine der ältesten Niederlassungen der Cistercienser in der Mark ist das Kloster Lehnin, das im Jahre 1183 von Mönchen aus dem Kloster Sittichenbach bei Eisleben gegründet wurde.

So haben alle Stände der damaligen Zeit — Bauer und Bürger, Ritter und Mönche — unter Führung eines glorreichen Fürstengeschlechts dazu beigetragen, aus dem Slavenlande einen germanischen Staat zu schaffen und den heidnischen Wenden das Christentum und seine Segnungen zu bringen.

Friedrich Wienecke=Berlin.

Das märkische Bauernhaus.

Mit 14 Abbildungen.

Grüne Wiesen und goldne Saaten, blaue Seen und gelber Sand und, bald trennend, bald sie wieder verbindend, das dunkle Geäst meilenweiter Wälder: das ist die Mark! Das Geschick hat es gefügt, daß in ihrer Bevölkerung Bruchteile fast aller deutschen Stämme enthalten sind, es hat ihr auch der Himmel mit Ausnahme der Riesen der Gebirgswelt von allem gegeben, was er in Norddeutschland zu vergeben hatte. Und wie die Mark, so auch der Märker. Nicht einförmig, sondern in vielfachen Abwandlungen tönen uns seine Dialekte ans Ohr, und mit seinen untereinander abweichenden Lebensverhältnissen bildeten sich auch abweichende Kultur= und Kunstformen. Das erkennen wir am klarsten an dem bäuerlichen Wohnhause, an dem auf der einen Seite Nachklänge der verschiedenen Stammesursprünge, anderseits die durch die Lebens= und Bodenverhältnisse bedingten Abweichungen sich deutlich voneinander abheben.

Abb. 1. Groß-Woolz.

Wir haben in Deutschland mehrere Gruppen des Bauernhauses, die schon in der germanischen Urzeit eine, durch Lebensgewohnheit, Wirtschaftsformen und klimatische Verhältnisse hervorgerufene, getrennte Entwickelung nahmen, und die wir in

Abb. 2. Mödlich.

großen Zügen als das sächsisch=niederdeutsche, frän=
kisch = mitteldeutsche und alemannisch=oberdeutsche
bezeichnen können, denen sich weitere, aber in ihrer
ethnographischen Unabhängigkeit schwerer zu bestimmende,
wie die gotisch=ostdeutsche Gruppe oder örtliche Ab=
sonderungen, wie das wendische und friesische Haus,
anschließen. In den brandenburger Marken haben wir es
mindestens mit zweien, wahrscheinlich mit dreien, dem
sächsischen, fränkischen und dem ostgermanischen zu
thun, die in lokalen Abgrenzungen die alten Urtypen in
weiteren Umformungen entwickeln. Von dem wirtschaftlichen
Bedürfnis ausgehend, gestaltet dabei der Besitzer das Äußere
in den Zierformen nach seinem persönlichen Geschmack, der
aber, da ihn die Ehrfurcht vor dem Überlieferten von
grundstürzenden Neuerungen zurückhält, nicht aus dem
Rahmen landschaftlicher Zusammengehörigkeit herausfällt. Der ursprüngliche Baustoff,
das Holz, dem der Ziegel in späterer Zeit erst als Beiwerk zugesellt ist, weckt zudem
den Sinn für künstlerische Ausgestaltung nach denselben stilistischen Gesetzen, die die
allgemeine deutsche Zierkunst beherrschen, und die sich am Bauernhaus zu einer
klaren Versinnbildlichung der angestammten Kunstanschauung verdichtet haben. Wo
die Verhältnisse auf den Ziegel geführt haben, tritt letzterer nur zur Ausfüllung
des Fachwerkes auf, wobei dieses selbst durch seinen Verband ein selbständiges
Ziermotiv wird.

Der ernste Sinn des ruhigen Norddeutschen, dem ja die formen= und farben=
reiche Empfänglichkeit des Süddeutschen zum Teil abgeht, hat doch in der
Bauernhaus=Architektur einen Ausdruck gefunden, der mit der umgebenden Natur in
vollster Harmonie steht. Die natürliche Empfindung des Volkes für die meist
melancholisch=trüben Stimmungen der Mark hat das Haus auch in seiner ganzen
Erscheinung nicht aus dem Gesamtcharakter herausnehmen können. Nur in einem
Flachlande konnte sich ein Haus zu der vollen — fast möchte man sagen philister=
haften — Breite entwickeln, welche das sächsische mit seinem bis zur Erde
reichenden Dach auch in der Mark auszeichnet. Es ist das ein richtiges Ebenen=
haus, dem in dem Waldhaus und dem schon in die Städte strebenden Verkehrs=
hause fränkischer Art zwei andere, ebenso aus der Natur des Landes hervorge=
gangene Formen anzureihen sind, die sich wohl hier und da vermischen, im
allgemeinen jedoch ihre typische Eigenart behalten.

Doch betrachten wir einmal das Haus selbst. Bekanntlich vereinigt das sächsische
Haus Menschen, Tiere und Ernte unter demselben Dache;
es macht also den gesonderten Bau von Scheune und
Stall überflüssig. Die für die einzelnen Zwecke be=
stimmten Einzelräume sind derartig gruppiert, daß die
gesamte wirtschaftliche Thätigkeit in die Diele, den
großen Einheitsraum des Hauses, verlegt wird. Zu

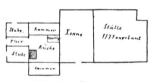

Abb. 3. Herzberg.

beiden Seiten des von der Giebelseite zugänglichen Raumes sind die offenen Ställe, aus denen das Vieh in die Tenne schaut; am Ende wird die Diele von dem „Flet", dem eigentlichen quer= gelegten Herdraum mit dem niedrigen, steinernen Herd, abge= schlossen. Das Flet, ursprünglich auch zum Schlafen benützt, findet sich wohl nirgends mehr in reiner Form, da die Wohnräume jetzt angebaut und so von den anderen Teilen getrennt sind.

Abb. 4. Rohrbeck.

Dieses sächsische Haus hat in der Mark einst bis in die Ucker= mark und südlich bis zur Havel und Spree, vermutlich sogar bis an den Fläming geherrscht; noch heute finden sich auf diesem Gebiete Abwandlungen, die sich mit dem fränkischen Hause mischen. Von der geschilderten altertümlichen Form haben sich sehr alte Häuser im Westen und Norden der Prignitz, namentlich in den Dörfern der sogen. Lenzer Wische, erhalten; doch auch hier hat schon die Wohnlichkeit die Viehställe abseits errichtet, so daß die alten Räume teils zu Wohnzwecken, teils zu Wirtschaftskammern gemacht sind. Noch vor einem Menschenalter waren sie größtenteils unverändert. Schwarzangeblakte Balken und der „Speckwiem" über dem Herde, an dem Würste und Schinken geräuchert wurden, deuten auf jene nicht fernliegenden Tage, da der Rauch, von keiner Polizei= vorschrift in den Schlot gewiesen, noch ungehindert durch's „Ulenloch", das Rauch= loch am Giebelende, entwich, das von den nach außen schauenden Giebelpferden geschützt wurde. Der offene Herd ist bei den märkischen Häusern mit einem runden steinernen Bogen, dem „Schwibbogen" überwölbt worden, der den Rauch in den nachträglich eingebauten Schlot leitet. (Abb. 1 u. 2.)

Eine große Veränderung erlitt der alte Typus durch Unterbringen des Getreides, das einst auf dem Boden über der Diele lagerte, in besonderen Scheunen, denn durch den so gewonnenen Raum löste sich die patriarchalische Geschlossenheit des bäuerlichen Lebens. Die Knechte und Mägde, welche beiderseits der Diele schliefen, erhielten Kammern, die vorhandenen Kammern und Räume wurden größer, und nur der Pferdestall fristete noch vereinzelt sein Dasein unter dem alten Dache. Eine enge und an die alte Zeit erinnernde Schlafkammer hat sich hier und dort noch in dem „Butz", einem finsteren Alkoven, erhalten, der vielfach mit Thüren geschlossen und durch einen Tritt zu ersteigen war.

Von diesem alten Sachsenhause, das einst auch die Straßen Berlins säumte, sind schon recht früh einzelne charak= teristische Züge verloren gegangen. Dadurch ist in der Mark ein besonderer Typus entstanden, der durch den Giebelein= gang mit jenem, durch den Wirtschaftshof mit dem fränkischen Typus zusammenhängt. Wie die Umwandlung vor sich ging, bezeugt ein alter Bau in Herzberg (Ruppiner Kreis) aus dem Ende des 17. oder Anfang des 18. Jahrhunderts. Hier sind 1779 Tenne und Ställe dem älteren Haus angefügt und der letztere zu Wohnzwecken eingerichtet. Aus diesem Übergangsschema löste sich dann die Scheune

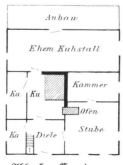

Abb. 5. Genshagen.

und zuletzt auch der Stall, die als selbständige Häuser errichtet wurden. (Abb. 3.)

Bei dieser jüngsten Form des sächsischen Hauses, die vorwiegend in den Dörfern zwischen Havel und Elbe zu finden ist, ist die alte Dreiteilung des Grundrisses in Diele und die beiden seitlichen Ställe noch erkennbar; nur sind die letzteren, indem sie die Diele zu einem engen Gange, der auf die geschlossene Küche zustrebt, zusammendrängen, zu größeren Stuben entwickelt. In dem Dorfe Rohrbeck bei Spandau steht noch heute ein Haus aus dem Jahre 1744, das schon diese Umwandlung zeigt. Sind Stall und Scheune gesondert errichtet, dann stehen diese um den Hof wie bei dem gleich zu erläuternden fränkischen Gehöft. (Abb. 4.)

Es besitzt dasselbe die größte Verbreitung sowohl in Deutschland wie in der Mark und schiebt sich selbst in die Gebiete aller anderen Typen hinein, diese verdrängend und ihren lokalen Zusammenhang unterbrechend. In absehbarer Zeit

Abb. 6. Frankenförde.

wird es vielleicht das allgemein übliche sein, denn auch das wendische ist, wie wir sehen werden, nur eine alte Abart desselben.

Von dem sächsischen Hause unterscheidet sich das fränkische durch zwei hervorragende Eigenarten: den Eingang an der Langseite und den Wirtschaftshof, der von den einzelnen Bauten umschlossen wird. Sicher hat es eine Zeit gegeben, in der auch hier Mensch und Tier unter demselben Dache hausten; die märkischen Häuser jedoch dieser Art sind nicht ursprünglich, sondern nur Verkümmerungen, hervorgerufen durch die Armut des Besitzers. Das ausgebildete fränkische Gehöft kehrt überall in seinen typischen Grundlagen wieder, die aus dem großen, an der Dorfstraße gelegenen Thorhause, der gegenüberliegenden Scheune und den, die beiden übrigen Seiten des Grundvierecks abschließenden Wohn- und Stallgebäuden bestehen. In der Regel steht das Wohnhaus links von dem in den Hof Eintretenden; doch ist es auch vereinzelt, z. B. in Mellen bei Zossen, auf der rechten Seite angeordnet. Der Hauseingang ist stets auf der Längsseite, dem Wirtschaftshofe zugewendet. Das Thorhaus, das häufig einen großen Raum für die Wirtschaftsgegenstände (Wagen, Pflug ꝛc.) enthält, wird auch, besonders nordwärts von Berlin, durch ein einfaches Bretterthor ersetzt. Zu einer eigenartigen Ausbildung ist es auf dem östlichen Ende des Fläming gelangt, wo es den ganzen

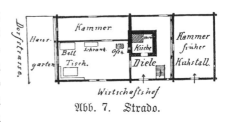

Raum zwischen dem Wohn- und Stallgebäude ausfüllt und selbst mit diesem zusammenwächst, eine Bildung, die lebhaft an das in Dänemark übliche Haus erinnert, ohne daß aber an eine Einwirkung zu denken ist. Eine andere örtliche Abweichung findet man vereinzelt in der Prignitz, indem das eigentliche Wohnhaus fehlt und dafür die Räume beiderseits der großen Durchfahrt in dem Thorgebäude zu Wohnräumen umgeschaffen sind. So in Warnow und Groß-Werzien.

Neben diesen verhältnismäßig großen Bauernhöfen haben die kriegerischen Ereignisse, die in jahrhundertelanger Folge die Mark Brandenburg mehr als andere Länder zerrütteten, vereinfachtere Anlagen geschaffen, die sich auf das fränkische, mit der Langseite der Dorfstraße zugewandte Wohnhaus beschränken, dem sich ein hinterwärts parallel gestelltes Stall- und Scheunenhaus zugesellt. In den Dörfern des Ruppiner Kreises hat man den Häusern durch ein aufgesetztes Stockwerk ein sehr stattliches Aussehen gegeben, während anderwärts, z. B. in der Nuthe-Niederung, durch eine vorgebaute Laube eine höchst malerische Wirkung erzielt ist. (Abb. 5 u. 6.)

Mit besonderer Sorgfalt und die Liebe des Märkers zu seinem Vieh bezeugend, ist vielfach das Stallgebäude ausgeschmückt, dessen Dachraum, um für die Heuvorräte den nötigen Platz zu schaffen, oft um ein halbes oder ganzes Stockwerk erhöht und an der Hofseite bedeutend hervorgekragt ist. Und diese Hervorkragung — an und für sich schon eine malerische Wirkung ausübend — wird häufig zu einer offenen Galerie ausgebildet, die bald mehr, bald weniger künstlerisch verziert ist. Die reizendsten Ausführungen dieser Art sind in einem Winkel zu finden, der, abseits jedes großen Verkehrsweges, sein eigenes landwirtschaftliches Stillleben entwickelt hat: in der Nuthe-Nieplitz-Niederung, die von breiten Sümpfen umzogen und in ihrer Grenze von den Städten Saarmund, Trebbin, Luckenwalde, Jüterbog, Treuenbrietzen, Brück und Belzig bestimmt wird. Hier sind die Gehöfte — wunderbarerweise ist das Wohnhaus dem oben geschilderten sächsischen, aber mit angehängtem Stall, entsprechend — von Ställen mit reichlich verzierten Laufgängen umgrenzt. In der Regel ist der Gang bis zur Mitte mit einer Brustwehr versehen, welche nach zwei oder drei Gefachen von einer ganzen Öffnung unterbrochen ist. Auch bei ganz neuen Bauten hat man den Laufgang nicht fortlassen wollen, sondern ihn, ein gewiß

Abb. 8. Burger-Kaupen.

schätzenswertes Zeugnis für die Tiefe der volkstümlichen Kunstüberlieferung in der Mark, bei massivem Mauerwerk höchstens entsprechend schwerer gestaltet.

Da die fränkischen Wohnhäuser bei uns in der Regel selten älter als 100 Jahre sind — in den meisten Fällen sind sie sogar erst in dem laufenden Jahrhundert entstanden — so ist die ursprünglich sehr einfache Anlage durch die Bedürfnisse der nach Wohnlichkeit und Behaglichkeit verlangenden Zeit verwischt. Die alte Einteilung in zwei Haupträume, die durch den das ganze Haus durch= querenden Gang geschieden sind, ist zwar noch vorhanden, aber beide Räume sind nicht nur zu Stuben umgebildet, sondern auch noch vielfach weiter in Kammern eingeteilt, und der Herdraum, einst den bedeutend erweiterten Flur einnehmend, ist durch eine Querwand von diesem geschieden und zu einer selbständigen Küche ge= worden, in der die Feuerstelle an die Wand gerückt ist, um die benachbarte Wohn= stube mit zu erwärmen. Ein günstiges Geschick [hat uns indessen in dem erst vor einem Jahre abgebrochenen Pfarrhaus zu Dallgow bei Spandau ein Beispiel eines

Abb. 9. Lehde.

alten Bauerngehöftes erhalten, das sich durch die Pfarrrechnungen bis 1671 zurückverfolgen läßt, das aber, weil diese nur Ausbesserungen be= treffen, älter sein muß. Vom breiten Flur aus gelangte man mit wenigen Schritten in die überraschend große Küche, in deren rechten Ecke sich der aufgemauerte breite Herd erhob. Nach der Straße zu führte eine Thür in die beiden Wohnzimmer und nach der anderen Seite in den Stall. Verrät auch diese Einteilung in zwei Stuben und ein durch den Zweck wohl erklär= licher zweiter Stock Neigung zu einer ungewöhn= lichen Wohnlichkeit, so gehörte dieses Haus doch zu den selteneren Überlieferungen, die noch durch die Wertschätzung des großen Herdraumes an die älteste Baugeschichte des Landes gemahnen.

Als eine Spielart des fränkischen Hauses ist auch das der märkischen Wenden zu betrachten, das südöstlich der Linie Jüterbog=Frankfurt=Zielenzig=Friedeberg geschlossen auftritt und in der Niederlausitz mit Einschluß des Spreewaldes am reinsten erscheint. Im Süden hängt es mit der sächsisch=schlesischen Oberlausitz zusammen und verliert sich in noch nicht genügend klar gestelltem Umfange östlich in den ostdeutschen Typus. Obwohl es also keinen selbständigen Typus darstellt, sondern teils von dem fränkischen, teils von dem ostdeutschen beeinflußt ist, so ist es doch zu einer bestimmten künstlerischen Ausprägung gelangt, welche wie keine andere auf die Gestaltung einer volkstümlichen Bauweise in der Mark einge= wirkt hat. (Abb. 7.)

Bestimmt wird diese Ausbildung durch das Material, das, abweichend von dem Fachwerksystem der übrigen Hausarten, aus hölzernen Balken in unverfälschtem Block= verband besteht. Je weiter wir nach Westen kommen, um so mehr verliert sich dieser

Charakter, um durch Fachwerk mit Bretterverschalung erſetzt zu werden. Zuerſt wird noch die ganze Front oder der Giebel damit verkleidet, dann aber nur noch der obere Teil desſelben, der eine für den wendiſchen Urſprung recht bezeichnende Form erhält. Bis zur Mitte des Giebels ſtehen die Bretter ſenkrecht, werden hier von einem wagerechten Schutzbrett beſchattet und ſind dann, parallel den Dachlinien, einander zugekehrt, um in der Mitte in einer ſenkrechten Linie aufeinanderzuſtoßen. Es entſteht ſo ein äußerſt geſchmackvolles Muſter, das durch die den Fugen aufge= nagelten Leiſten wirkungsvoll gehoben wird. Dieſes ſo eigenartig ausgeſtaltete Giebeldreieck findet ſich faſt überall, wo Wenden wohnen oder gewohnt haben, und zeugt dann, nachdem Sprache, Sitte und Tracht längſt vergeſſen ſind, noch immer von ihrem einſtigen Daſein. (Abb. 8 u. 9.) Die Vorliebe der Slaven für eine ge= ſtaltungsreiche Holzornamentik kommt auch an Thüren, Zäunen, Mobiliar und an den Giebelverzierungen zum Ausdruck, was auf einen jahrhundertelangen volks= tümlichen Gebrauch ſchließen läßt. Wie wenig der Landmann von der überlieferten

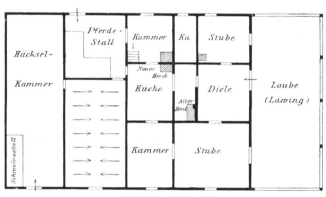

Abb. 10. Bäckerick.

Bretterverkleidung abgeht, bezeugen Häuſer in der Lieberoſer Gegend, bei denen — obwohl voll= ſtändig aus Backſteinen erbaut — noch immer die oberſten Spitzen des Giebel= dreiecks mit Brettern ver= ſchalt ſind.

In der Anlage des Wirtſchaftshofes folgt der Slave genau dem frän= kiſchen Vorbild, von dem er auch das oft übermäch= tige Thorhaus entlehnt hat. Das Wohnhaus iſt ein langgeſtreckter, einſtöckiger Bau, der auf größeren Bauernhöfen heute nur Wohnräume, in kleineren Betrieben aber auch noch die Ställe unter demſelben Dache birgt. Durch den an der Langſeite befindlichen Eingang tritt man in einen großen Flurraum, in deſſen Mitte ein mächtiger, häufig noch aus Holz beſtehender Schlot ſteht, der ſich nur mit einer Seite an die Wand der benachbarten Wohnung lehnt. In ihm befindet ſich der Herd. Vor, hinter und auf der anderen Seite zieht ſich der Flur, die Diele, entlang, von der eine Thür in den, den hinteren Raum des Hauſes einnehmenden, Stall führt. Von der Stube iſt noch eine Kammer abgetrennt, die bisweilen nur einem Alkoven gleicht. (Abb. 7.)

Bei ärmlicheren Anlagen iſt der Flur auf einen kleinen Vorraum eingeſchränkt, hinter deſſen Rückwand die beiden übrigen Räume, Stuben oder eine ſolche und eine Wirtſchaftskammer, mit ihrer Trennungswand direkt aufeinanderſtoßen. Dieſe vereinfachte Anordnung iſt der Verbreitung ſehr günſtig, weil ſie dem Bedürfniſſe des Kleinbauern, der nicht die Mittel für abgeſonderte Wirtſchaftsgebäude beſitzt, sehr entgegenkommt. Wir finden das Haus darum auch in manchen Abschwächungen in der ganzen südlichen und östlichen Mark verbreitet, und wenn auch die innere Einteilung wieder in die reinfränkische aufgegangen ist, zeugt noch das Äußere durch seinen Giebel von dem Ursprunge. Seinen eigenartigsten Schmuck besitzt aber das echte Wendenhaus in der Behandlung der vorderen Giebelseite, die zugleich auf den ursprünglichen Zusammenhang mit anderen Baugruppen hindeutet. Bei vielen älteren Häusern stehen unmittelbar vor der Blockwand 3—4 aufrechte Pfosten, je einer an den beiden äußeren Ecken, der oder die anderen in der Mitte, die einen wagerechten Querbalken tragen, mit dem sie durch schräge Kopfbänder verbunden sind. (Abb. 9.) Diese merkwürdige Giebelausbildung ist nicht auf die slavischen Teile der

Abb. 11. Kemnitz.

Mark beschränkt. Sie ist in Thüringen nicht selten, zieht sich durch Posen nach Westpreußen bis nach den masurischen Walddörfern und taucht auch befremdlicher= weise im äußersten Norden an der dänischen Grenze vereinzelt auf. Noch ist nicht spruchreif, diese oder jene Herkunft des Giebels zu behaupten; es scheint, als ob er mit dem fränkischen Gehöft in die Lausitz gedrungen und hier von den Slaven als ein geschätztes Baumotiv aufgegriffen worden sei, wobei nicht ausgeschlossen ist, daß eine ältere vorhandene Hausart der Einführung vorgearbeitet hat. Jedenfalls haben die Wenden in der Mark ein wesentliches Verdienst an der Erhaltung dieses alten Haustypus.

Von besonderem Reiz ist an den letztgenannten Bauarten die vortreffliche künst= lerische Holzbearbeitung. Die Pfosten und Stützen sind mit einer technischen Sorg=

falt und mit einer Kenntnis der stilistischen Eigenschaften des Materiales bearbeitet, die eine hohe Achtung vor der Kunst der Verfertiger erweckt.

Mit dem wendischen Haus obiger Art ist die Entwickelung indessen nicht abgeschnitten; es giebt noch eine Variante, die — weil sie von Friedrich dem Großen vermutlich häufig angewendet worden ist — nicht übergangen werden soll. Das ist das Haus des Käthners, des Kotsassen (von Chota = Hütte und „sassen" Eingesessenen), welches als Wohnung des ärmeren Teils der Bevölkerung eine größere Verbreitung hat. Es ist häufig in ehemaligen Fischerdörfern, in den Kietzen und in von großen Verkehrswegen abgelegenen Ortschaften zu finden und in den meisten Fällen eine Vereinfachung des fränkischen Hauses, wie oben bereits gesagt. Es beschränkt sich auf die notwendigsten Räume; Ställe befinden sich in kleinen, regellos angehängten Anbauten. Der Eingang ist an der Langseite, ein Gang führt auf

Abb. 12. Bichow.

die Küche, wenn nicht beide in ein und demselben Raume sind, während die Stuben beiderseits dieses Mittelgelasses sich befinden. Mit dem freundlichen Fachwerk, dem bretterbekleideten Giebel, dem moosbewachsenen Rohrdache und der Giebelverzierung machen sie in der That einen recht freundlichen Eindruck, der durch den üppigen, am Spalier sich emporrankenden wilden oder gar echten Wein noch bedeutend gesteigert werden kann.

Den Landbaumeistern Friedrichs des Großen haben ohne Zweifel diese Häuser vorgeschwebt, als sie die trockengelegten Niederungen des Oderbruches und anderer Flüsse mit Kolonistendörfern besetzten. Dieselben sind übereinstimmend als Doppelhäuser erbaut, dergestalt, daß dasselbe Dach immer zwei Häuser vereinigt. Die Flurgänge sind in der Mitte gelegen und durch eine massive Brandmauer getrennt; dahinter sind die Küchenräume. Eine Stube nach der Langseite und eine Kammer nach hinten vervollständigen den Grundriß. Etwaige Wirtschaftsräume sind, soweit sie nicht dem Wohnhaus angehängt werden, als Parallelgebäude auf dem Hof errichtet.

Den besprochenen Hausarten ist in der Mark noch eine andere anzureihen, die weder mit der fränkischen, noch der sächsischen, noch auch mit der wendischen zusammengehört, sondern eine eigene Entwickelung genommen zu haben scheint. Es ist bei derselben die Giebelseite immer der Straße zugekehrt, häufig zweigeschossig, und wird der mächtig vorspringende obere Teil des Giebels derart von Säulen oder Pfosten gestützt, daß hier eine räumlich ganz bedeutende Vorlaube entsteht, unter der sich, bald in der Mitte, bald an der Seite, der Eingang befindet. Letzterer öffnet einen Gang, der geradenwegs zu dem imponierenden Herdraum führt. Die Stuben liegen an den Seiten. Der sich an die Küche schließende Raum ist, ursprünglich für Stallungen bestimmt, in neuerer Zeit jedoch oft zu Wohnräumen umgebaut, während erstere dann in Nebenhäusern sich befinden. Am interessantesten ist der Herdraum, der sich in einen mächtigen Schlot nach oben öffnet. Neuerdings ist derselbe nicht mehr in Gebrauch, weil er zuviel Feuerung verschlingt; man hat eine Kammer zur Küche umgewandelt, ihn selbst aber meistens unverändert gelassen. Der Stall ist für Pferde, Rinder und Schweine bestimmt. Da die Laube häufig abgerissen oder auch zugebaut ist, so ähneln diese Häuser bisweilen denen des sächsischen Typus, und es ist nicht ausgeschlossen, daß in einzelnen Fällen hier der letztere in der That vorliegt. Der lokale Zusammenhang dieser Häuser, die ihre eigentliche Heimat jenseits der Oder zu haben scheinen, gestattet die Vermutung, daß wir hier Nachklänge einer anderen Form vor uns haben, der ostdeutschen, zu der das Hinterland unwillkürlich hinleitet. (Abb. 10—14.)

Auffallend sind die Größenverhältnisse dieser Laubenhäuser, die sich vortrefflich für die in ihnen häufig betriebene Gastwirtschaft eignen. Das mag

Abb. 13. Zichow.

auch darauf hingeführt haben, daß die Landbewohner die Laube als für das Unterfahren des Wagens bestimmt deuten, obwohl die „Läwinge", wie man die Laube im Oderbruch nennt, ebenso häufig zum Trocknen des dort angebauten Tabaks benutzt wird.

Das Verbreitungsgebiet dieser Läwingshäuser ist sehr groß; man erkennt aber sehr bald, daß es sich nach der Neumark hin verengt, wo das Centrum der Bauweise gesucht werden muß. Hier sind sie vertreten in den Dörfern Jädickendorf bei Königsberg, Butterfelde und Groß-Wubiser bei Mohrin, Alt-Rüthnick (aber mit dem Dorf 1849 abgebrannt), Alt-Blessin, Zäckerick, Hohenkränig, Zorndorf u. a. Ferner kommen sie in der benachbarten Uckermark (Zichow bei Prenzlau, Gerswalde, Ahlimsmühle bei Templin, Parstein, Neu-Künkendorf, Brodowin, Lüdersdorf, Lünow) und im südlichen Pommern, (Nahausen, Roderbeck) vor und schieben sich schließlich über den Ruppiner Kreis (Linum, Rüthnick) bis in die Nähe von Berlin vor, wo sie in Schönfließ und Giesendorf festgestellt worden sind, aber vermutlich nur für das in ihnen betriebene Gastwirtsgewerbe berechnet waren.

Wo ist nun die Urform dieses Hauses zu suchen? Mustern wir die in Deutschland vorkommenden Typen darauf hin, so stoßen wir bald auf eine Form, die eine große Übereinstimmung mit dem vorliegenden aufweist, die in den östlichen Hinterländern der Mark, in Pommern, West= und Ostpreußen, Posen und Schlesien vorkommt, und die sich bis nach Polen und Galizien verfolgen läßt. Es ist das sogenannte ostdeutsche, das aber vorwiegend von den slavischen Völkern bewohnt wird. Bei ihm erhält das Äußere durch die mehr oder weniger freie Vorlaube ein durchaus charakteristisches Aussehen, auch bei ihm schließt sich an den Herdraum der Stall, nur daß, je weiter wir nach Osten gelangen, sich die vor dem Stall gelegenen Gemächer an Zahl verringern, um schließlich zu dem vereinigten Herd= und Wohnraum zu werden. Wir können also eine dreifache Entwickelung aus der Grundform verfolgen: im Osten Laube, Herd= bezw. Wohnraum und Stall, im Westen der erstere mehr oder weniger zu geschlossenen Räumen umgewandelt und die offene

Abb. 14. Rädnitz.

Laube und als dritte Phase die Umformung der Laube in Kammern. Je weiter wir nach Westen kommen, um so mehr entfaltet sich die letzte wohnliche Form, aber auch um so mehr entfernt sie sich von ihrem Ursprunge.

Sehr bedeutsam ist die Thatsache, daß bei zweifellos fränkischen Häusern, die mit gleicher Vorlaube vereinzelt in der Nuthe=Nieplitz=Niederung vorkommen, der Giebeleingang fehlt, die Laube also eine wesentlich andere Bedeutung besitzt. Dann schließt sich hier noch eine weitere Beobachtung an. Während bei den westlicheren und den wendischen Gruppen die Giebelverzierung aus zwei gekreuzten und ausgeschnittenen Brettern, den „Windlatten" besteht, ist sie bei den Laubenhäusern und den verwandten Formen der Neumark aus einem aufrechtstehenden und profilierten Brett entwickelt.

Zweifelhaft kann nur sein, ob das Laubenhaus ein einheimischer oder eingewanderter Typus ist; wahrscheinlich ist er vom Osten gekommen, um sich in der Mark zu der merkwürdigen Erscheinung des Laubenhauses zu entwickeln.

Damit sind wir am Ende unserer Umschau. Sie hat wohl den Nachweis erbracht, daß die Mark in ihrer vielgestaltigen Bauweise den anderen Provinzen nicht nachsteht, daß sie vielmehr an der volkstümlichen Kunstanschauung des deutschen Volkes einen wesentlichen Anteil hat. Leider hat die neueste Zeit versäumt, diesen Bahnen zu folgen, sondern sich beschränkt, das städtische Schablonenhaus auf das Land zu tragen. Schon ist das gemauerte, teilweise mit Stuck und Mörtel überladene Haus, das in seiner stereotypen Stubenöde weder Charakter noch Reiz besitzt, auf dem Wege, neben den alten Formen ein gleichberechtigter Typus zu werden; schon sind ganze Dörfer in diesem gleichförmig-langweiligen Geiste entstanden, entstehen noch und erfüllen den Landmann mit Gleichgültigkeit gegen seinen Hof. Kein Baum beschattet diesen, keine freundlichen Fensterladen oder Stiegen schmücken das Haus, keine Laube ladet zum Verweilen ein — alles ist traurig — monoton — nüchtern. Das Haus steht nicht mehr im Zusammenhang mit der Landschaft, der Bewohner nicht mehr mit dem Hause. Und mit der Nüchternheit im Äußeren zieht die Öde ins Innere; die Häuslichkeit verliert ihren Reiz und entfernt sich von dem Ideal, das der Engländer so stolz durch sein „My house is my castle" bewertet. Möge wenigstens durch das Verständnis des Alten auch das Neue mit dem Geiste der Vergangenheit erfüllt werden, und die alten Formen nicht vernichtet, sondern unsern modernen Bedürfnissen gemäß entwickelt werden. Dann werden wir auch in den malerischen Dörfern wieder eine freundliche und zufriedene Bevölkerung sehen, dann wird auch die Poesie wieder eine Stätte auf dem Lande finden.

Robert Mielke-Berlin.

Auf dem Dorffriedhof.

Bei Euch, Ihr Schläfer in friedlich-stiller
Einsamer Landschaft, von denen keiner mich kannte,
Keiner mich je betrübt, gekränkt und geärgert,
Deren Angesicht ich niemals gesehen,
Deren Freuden und Leiden und Menschengeschicke
Mir fremd geblieben — bei Euch möcht' ich schlummern,
Ein müder Wanderer, ein Unbekannter,
Den Schlaf des Gerechten. — Hier muß sich's süß ruhn:
So Hügel an Hügel, ein Grab wie das andere,
Von Epheu umrankt, und dazwischen die Tannen,
Die Fichten und Kiefern. Kein Erbbegräbnis,
Kein Mausoleum, kein Hochmutsdünkel —
Ein Grab wie das andere. — Und die drin schlummern
Sind nicht Excellenzen, Geheime Räte,
Nicht Hoflieferanten und Ordensjäger —
Auch nicht verbitterte Umsturzmänner,

3*

Die, Haß im Herzen, der Tod bezwungen:

Es sind bescheidene Ackerbürger,

Die friedlich schafften auf ihrem Felde,

Die redlich sich plagten und glücklich waren

Und nun sich legten ermattet zum Schlaf

Um ihren Gutsherrn, den Pastor, den Lehrer,

Eine ganze Gemeinde, ein ganzes Geschlecht,

Entschlafen im Tode. —

Und von drüben herüber da klingt es und singt es,

Da tanzt es, und schwingt sich

Nach harter Arbeit im Sonntagsreigen das neue Geschlecht.

Da singen die Geigen, die Bratsche, das Cello:

„Juchheisa, juchheidi! — Das Leben geht weiter;

„Juchheisa, juchheidi! — Der Tod ist noch fern!"

Hugo Kegel=Berlin.

Die Lage der Reichshauptstadt Berlin.

Oberflächlicher Betrachtung erscheint es rätselhaft, wie innerhalb des märkischen Sandes die Millionenstadt Berlin entstehen konnte. Wer mit der Bahn der Reichs= hauptstadt zueilt und etwa Thüringen, Rheinland oder die Alpen seine Heimat nennt, glaubt sich innerhalb der Mark in eine einförmige und langweilige Ebene versetzt, die jedes Anreizes zur Besiedelung entbehrt. Es scheint aber in Berlins Umgebung nicht nur die landschaftliche Schönheit zu fehlen — die wäre beim Entstehen einer großen Stadt ja schließlich noch entbehrlich, wie Beispiele in der Neuen Welt zeigen — aber auch an allen natürlichen Vorteilen, die sonst dem Gedeihen größerer Städte günstig sind, scheint Mangel zu sein. Die Landschaft umher zeichnet sich nicht durch Fruchtbarkeit aus; kein großer Strom wie etwa bei Hamburg, Paris und andern Städten ladet zu Handel und Verkehr ein; das länder= verknüpfende Meer, das London begünstigt, Konstantinopel eine Blütezeit gebracht hat, liegt Berlin gleichfalls fern. Die centrale Lage innerhalb Europas darf in ihrer Bedeutung für die Entwickelung Berlins wohl kaum so hoch eingeschätzt werden, als es von mancher Seite geschieht. So scheinen die recht zu haben, die in Berlin eine Stadt „auf Befehl" sehen.

Es ist richtig, daß Berlin dem persönlichen Einflusse thatkräftiger Herrscher und der großartigen politischen Entwickelung des preußischen Staates zur Vormacht in Deutschland sehr viel zu danken hat, aber ganz abgesehen davon, daß der geschichtliche Verlauf sich nirgends „auf Befehl" vollzieht, ließe sich direkt an Beispielen zeigen, daß dort, wo Fürsten aus Ehrgeiz und Laune große Städtegründungen hervorzaubern wollten, diese Versuche kläglich gescheitert sind. Persönliche Machtmittel reichen nicht aus, Städteschöpfungen auf Jahrhunderte hinaus ein so kräftiges Wachstum, wie wir

es bei Berlin bis in unfere Zeit verfolgen können und berechtigt find, für die Folgezeit
vorauszufagen, mit Sicherheit zu garantieren. Zur Liebe kann man niemand zwingen,
und zum Hervorbringen einer großen Stadt läßt fich auch nicht jedes Land zwingen.
Wenn nicht natürliche Vorzüge bei einer menfchlichen Siedelung von Haufe aus mit=
gegeben find, vermögen die gefchichtlichen Faktoren nicht in volle Wirkfamkeit zu
treten. Unter den vielen Wohnplätzen, die im Laufe der Zeit in einem Lande entftehen,
können freilich nicht alle zu gleich hoher Bedeutung gelangen. Den Vorrang wird
unter fonft gleichen Bedingungen derjenige erreichen, der am günftigften gelegen ift.
Diefe Beobachtung drängt fich jedem auf, der die Entwickelung großer Städte zu
verfolgen fucht. Daß gerade Berlin unter den märkifchen Städten, ja innerhalb
des deutfchen Reiches, ein Wachstum ins Riefenhafte wie keiner andern Stadt be=
fchieden war, hängt ab von der Lage der Reichshauptftadt, hinter der, wie Kohl,

ein gründlicher Kenner der euro=
päifchen Hauptftädte, fagt, „doch
noch etwas mehr als kurfürftliches
Belieben" ftecke, hinter der viel=
mehr „auch viel nicht fogleich in
die Augen fpringende Naturnot=
wendigkeit" verborgen fei.

Diefer Naturnotwendigkeit
oder, wie man mit Berendt auch
fagen könnte, „dem bodenwüchfigen
Grunde" für die allmählich immer
größer gewordene Bedeutung
Berlins an der Hand der geogra=
phifchen und geologifchen Durch=
forfchung der Mark ein wenig
nachzufpüren, ift die Aufgabe der
folgenden Zeilen.

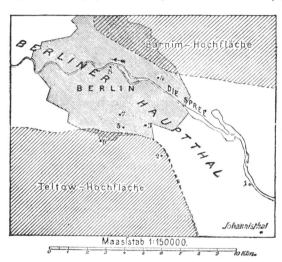

Die Lage Berlins.

Vom Fifcherdorf zur Reichshauptftadt. Das Alter der beiden Schwefterftädte
Berlin=Kölln, die den Grundftock zur heutigen Refidenz abgeben, zu berechnen, ift
gefchichtlicher Forfchung bisher nicht gelungen. Soviel fteht feft, daß die Schwefter=
ftädte Berlin=Kölln mindeftens um zwei Jahrhunderte früher gegründet worden
find, bevor der zweite Hohenzoller der Mark in ihnen dauernd feinen Wohnfitz
nahm. Alt=Kölln erhielt nachweislich 1232 bereits Stadtrecht, und Berlin wird 1244
zum erften Male genannt. Nachdem fich beide Städte 1307 unter einem gemeinfamen
Rat vereinigt hatten, war Berlin ums Jahr 1450 bereits die bedeutendfte und ein=
flußreichfte Stadt der Marken. Sie hat fich bis zum Jahre 1870 mit ihrer Weich=
bildgrenze innerhalb des Spreethals gehalten, erft die gewaltige Ausdehnung, die
fie fpäter erlangte, ließ die Bebauung auf die füdlich und nördlich gelegenen Hoch=
flächen hinauffchreiten. Will man heute, nachdem die natürlichen Grenzen des Spree=
thals vielfach verwifcht find, über die Oberflächenbefchaffenheit des Berliner Bodens
zur Klarheit gelangen, fo muß man planmäßige Wanderungen durch die Stadt unter=

nehmen. Dabei stellt sich heraus, daß man mit gutem Recht von einer Hochstadt und einer Niederstadt reden kann. Zur letzteren gehören alle Teile, die im schon genannten Spreethal liegen, während zur ersteren diejenigen gerechnet werden müssen, die auf dem Plateau des Barnim im Norden und auf dem des Teltow im Süden entstanden sind. Gelingt es, die Ränder des ehemaligen, unter dem Einflusse der Eiszeit gebildeten Spreethals festzustellen, die nichts gemein haben mit den heutigen Spreeufern, so ist mit ihnen die Umgrenzung der Niederstadt gefunden. Diese Plateauränder sind aber trotz der die Höhenunterschiede mit Fleiß ausgleichenden Bau=thätigkeit unschwer aufzufinden. Der Rand des Barnimplateaus im Norden verläuft ungefähr in der Richtung einer Linie, welche die alten Thore miteinander verbindet. Er hält sich vom Landsberger=Thor über das Königs=Thor, Prenzlauer= und Schön=hauser= bis zum Rosenthaler=Thor in der Richtung von Südost nach Nordwest und biegt hier scharf nach Norden um, indem er der Brunnen= und Ackerstraße folgt. Der Südrand des Thales wird gebildet durch die Erhebung des Tempelhofer Feldes mit der Hasenheide und dem Kreuzberge. Das Thal erstreckt sich im allgemeinen in der Richtung von Südost nach Nordwest, das ist aber die nämliche, die wir auch an der Oberspree beobachten können, und die sich auf einer geologischen Karte auch unterhalb Berlins weiter verfolgen läßt durch das Havelluch bis zum Unterlaufe der Elbe, welcher bekanntlich derselben Himmelsrichtung folgt. Ostwärts können wir, wie schon gesagt, die Bodensenke verfolgen den Spreelauf entlang durch den Müllroser Kanal bis zur Oder. Eine gerade Linie von Crossen an der Oder nach Wittenberge an der Elbe gezogen, fällt fast genau mit diesem Thale zusammen, in dem Berlin liegt, und die Senke, in der die Unterelbe ihr Bett hat, ist nichts weiter als eine geradlinige Fortsetzung desselben. Die Geologen bezeichnen es als das] alte Oderthal, weil vordem die Gewässer der [Oder hier abgeflossen sind, oder mit spezieller Beziehung auf Berlin als das Berliner Hauptthal.

Da die Flußsysteme in den Zeiten des abschmelzenden Eises, d. i. im letzten Stadium der als Eiszeit bezeichneten geologischen Epoche, derjenigen, die der Jetztzeit unmittelbar| voraufging, einen völlig anderen Verlauf hatten als heute, wie der Abfluß der Oder bereits erkennen ließ, so wird es nicht weiter wunder nehmen daß auch die Weichsel in jenen entlegenen Zeiten durch Gebiete floß, in denen wir heute ihr Bett von damals nicht mehr ohne weiteres suchen würden. Sie folgte dem Netze= und Warthebruch, benutzte das heutige Oderbett in der Erstreckung des Oderbruchs und floß durch die Senke des Finowkanals und das Rhinluch gleichfalls der unteren Elbe zu. Wenn noch hervorgehoben wird, daß im Süden der Mark der Spreewald einen Überrest des Glogau=Baruther Thales darstellt, das ebenfalls Gewässer nach der Unterelbe führte, so wäre wenigstens kurz angedeutet, daß die Mark durch drei große Thäler, von denen das Berliner das bedeutendste ist, eine für die Lage Berlins wichtige Gliederung erhalten hat. Zeitlich folgen sie so auf=einander, daß das südliche, also das Glogau=Baruther, zuerst der Aufnahme der ungeheuren Schmelzwassermassen diente, erst beim weiteren Zurückweichen des Eis=randes der Gletscher wurde das alte Oderthal oder Berliner Hauptthal frei, um von den Gewässern aufgesucht und weiter ausgebildet zu werden, und erst am

Schluſſe floſſen die Hauptmaſſen der Gewäſſer durchs Weichſelthal, d. i. das Eberswalder Thal, der unteren Elbe zu. Die gewaltigen Waſſermaſſen ſind längſt verſchwunden. Die erſten Fiſcher und Fährleute, die „Berlin" und „Kölln am Waſſer" begründeten, fanden hier außer gewaltigen Sümpfen und Mooren nur noch die Spree vor, die gleich der Havel als unbedeutender Fremdling in dem größten Teile des heute von ihr durchfloſſenen Thales anzuſehen iſt. Nament= lich die Spree nimmt ſich in dem Berliner Hauptthale, das ſich oſtwärts bis über Warſchau hinaus erſtreckt, überaus winzig aus. Ihr Unterlauf nimmt nach Länge und Breite nur einen verſchwindenden Bruchteil dieſer Senke für ſich in Anſpruch; ſie gleicht, wie Berendt treffend ſagt, der Maus im Käfig des entflohenen Löwen.

Was hat nun dieſe Thalbildung in der Mark und darüber hinaus im nord= deutſchen Flachlande mit der Lage Berlins zu thun? Wir wollen ſehen. Auf der ganzen Länge des mittleren der drei Urſtröme von Warſchau bis Hamburg hinab iſt die Gegend von Berlin, wenn nicht gerade die engſte, ſo doch für einen Übergang günſtigſte Stelle über dieſes große Längsthal. Es beträgt zwar vom Rollkruge in Rixdorf bis zur Anhöhe des Petrikirchhofes in der Frieden= ſtraße gemeſſen, noch immer 4,1 km, von Schöneberg bis zum Humboldthain hin= über gar 6,6 km; das bedeutet aber wenig gegenüber der gewaltigen Ausdehnung, die das Thal z. B. bei Spandau oder Köpenick aufweiſt. Die Breite von $\frac{1}{2}$ bis $\frac{3}{4}$ Meilen iſt gegenüber den ſonſtigen Maßverhältniſſen des großen Urſtroms als eine Thalenge aufzufaſſen, die durch das Vorſpringen der eingangs erwähnten Plateaus, des Barnim im Norden und des Teltow im Süden, gebildet wird. Dazu traten Inſelbildungen im Bereich der Thalenge, die ausreichende Erhebungen beſaßen, um bei größeren Überſchwemmungen vor dem Überfluten geſchützt zu ſein. Das ſind die natürlichen Bedingungen, die die Entſtehung einer menſchlichen Sie= delung in der Berliner Gegend bereits hervorrufen mußten, noch ehe an einen be= deutenden Verkehr im großen Flachlande gedacht werden konnte.

Später, als die Deutſchen die Mark wieder erobert hatten und Handel und Verkehr ſich zu entwickeln begannen, mußte der Punkt, an dem Berlin liegt, mit der wahrſcheinlich noch wenig bedeutenden Anſiedelung eine ganz hervorragende Wichtigkeit gewinnen, war er es doch in der Mark ganz allein, der einen günſtigen Übergang zu allen Jahreszeiten möglich machte.

Bei einer Reihe von Städten, und nicht den unbedeutendſten, hat ſich nach= weiſen laſſen, daß ſie ihren Urſprung auf Fährſtellen und Übergangspunkte im Zuge alter Handelsſtraßen zurückführen können. Wir ſind berechtigt, für Berlin-Kölln mit größter Wahrſcheinlichkeit auf eine ähnliche Entſtehung zu ſchließen. Wer vom Fläming herabkommend den Geſtaden der Oſtſee zuſteuerte, mußte die ſeen= und ſumpfreichen Gebiete im Südoſten Berlins zu vermeiden ſuchen, ſelbſt wenn die Gegend von Fürſtenwalde auch ein nicht zu ſchwieriges Überſchreiten zugelaſſen hätte, noch weniger durfte er ſich nach Weſten wenden, um der Landſchaft Zauch= Belzig folgend, den Übergang etwa bei Brandenburg zu bewerkſtelligen, denn das da= hinterliegende havelländiſche Luch hätte ein weiteres Vordringen faſt zur Unmöglichkeit gemacht. Hatte der Wanderer dagegen bei Trebbin die Nuthe überſchritten, ſo befand er sich in der „Aue der Rinderherden", d. h. auf der Fläche des Teltow, der bequeme trockene Wege bis an das Hauptthal bot. Ganz wie von selbst suchte man an die am weitesten vorspringende Stelle des Ufers zu gelangen, wo das jenseitige Land in nicht zu weiter Ferne winkte, das war aber die Thalenge mit ihren Inseln, das Weichbild der heutigen Reichshauptstadt. War das „Waldland" des Barnims im Norden des Hauptthals erreicht, so hatte der Reisende wiederum trockenes, durch Sumpf und See nicht allzusehr unterbrochenes Land unter den Füßen und konnte ohne erhebliche Hindernisse in der Bodengestaltung seinem Ziele zustreben. Auch wer von Magdeburg herkam und etwa die Gebiete von Frankfurt a. d. Oder aufsuchte, hatte die wenigsten Terrainschwierigkeiten zu überwinden, wenn er statt des geraden Weges den etwas weiteren über Berlin wählte. Der westliche Teil der Mark und die dahinter liegenden Gebiete waren geradezu gezwungen, ihre Verbindung mit dem Norden und Osten über den Spreepaß zu suchen. Die Straße von Tempelhof nach dem Kreuzberg ist eine uralte Handelsstraße, die nordwärts der Spree ihre Fortsetzung in der Straße nach Weißensee und der Prenzlauer Chaussee hat.

Daß an einer so viel benutzten Fährstelle sehr bald eine nicht unbedeutende Ansiedelung entstehen mußte, liegt in der Natur der Verhältnisse. Nicht nur die Überfähre und das Stellen von Vorspann veranlaßte Besiedelung der Gegend, sondern auch die sonstigen Bedürfnisse der bei ungünstiger Witterung zu unfreiwilliger Rast genötigten Menschen erzeugten einen immer lebhafteren Verkehr und gaben zahlreichen Ansiedlern Beschäftigung und Verdienst. Um das Eintreten günstiger Witterung bei Eisgang und Hochwasser abwarten zu können, wurden Schutzhäuser nicht nur für die Menschen, sondern auch für die Waren und Lasttiere nötig; die oft wochenlange Rast konnte gut benutzt werden, Schäden an Wagen und Geschirren und sonstigem Material auszubessern. So siedelten sich neben den Fährleuten und Gastwirten allerlei Handwerker an; schließlich entstand auch ein Schanzwerk mit Besatzung, um die Waren zu schützen und den Übergang zu decken, eine Kapelle oder Kirche kam hinzu, mit einem Wort: an dem Übergangspunkt über den Fluß war eine Ortschaft entstanden, deren weiteres Wachstum nur eine Frage der Zeit sein konnte.

Die günstige Lage Berlins für den Verkehr steht außer allem Zweifel. Wer die Spreeinseln inne hatte, beherrschte nicht allein das Thal von Köpenick bis Spandau, sondern er war auch Herr über die von Süd nach Nord führenden Handelsstraßen. Nicht so günstig stand es dagegen mit dem Schutz. Städte wie Brandenburg, Köpenick und Spandau, die von weiten Wasserflächen und Sümpfen umgeben waren, konnten feindlichen Angriffen weitaus besser trotzen. So wird es erklärlich, daß Berlin in den unruhigen und kriegerischen Zeiten des Mittelalters jene Schwesterstädte nicht allzusehr zu überflügeln vermochte. Es war zwar eine mit zahlreichen Privilegien ausgestattete Handelskolonie geworden; es war der vornehmste Markt des Landes und das Haupt des märkischen Städtebundes: aber um die Bedeutung zu erlangen, die den großen Vorzügen seiner Lage entsprachen, mußten erst friedliche Zeiten mit geordneten Verhältnissen ins Land kommen. Diese Zeiten kamen, als Fürsten in die Mark zogen, deren Plan es war, sich hier eine Hausmacht zu gründen. Mit gutem Griff wählten die Hohenzollern nicht eine der alten Hauptstädte des Landes, sondern Berlin zur Residenz. Als später die Kultur sich hob, und der Verkehr aus den engen Schranken heraustrat, welche die feudale Wirtschaftspolitik ihm zog, mußte es sich zeigen, ob Berlin nur so lange Bedeutung haben konnte, als einfache Zustände vorherrschten, oder ob es auch den gesteigerten Verkehrsverhältnissen Raum zur Entwickelung bieten konnte.

Mit zwei schiffbaren Wasseradern, der Spree und der Havel, steht Berlin in direkter Verbindung. Obwohl nicht sehr imposant, sind sie doch beide von hinreichender Tiefe, um größere Fahrzeuge tragen zu können, vor allem aber von ziemlich gleichmäßigem Wasserstande, so daß der Verkehr zwischen Süd und Nord fast ununterbrochen nach Berlin gelenkt werden kann. Erinnern wir uns nun der vorhin geschilderten großen Thäler, die sich Berlin auf nicht zu weite Entfernung nähern, so wird uns klar, daß sie die beste Gelegenheit bieten müssen, um Berlin durch Anlage von Kanälen mit den weitesten Gebieten in Verbindung zu setzen. Thatsächlich wurde es durch die Kanalbauten des 17. und 18. Jahrhunderts zu einem Mittelpunkte der Wasserverbindungen zwischen den Hauptflüssen Norddeutschlands. So wurde, um nur ein Beispiel zu nennen, durch Anlage des Müllroser Kanals, der dem alten Oderlaufe folgt, eine Wasserstraße von fast 150 Meilen Länge geschaffen, deren mittelstes Stück die untere Spree ist, die dadurch weit über die Bedeutung, Nebenfluß eines Nebenflusses zu sein, hinausgehoben wird. Es ist nicht zu viel gesagt, wenn behauptet wird, daß von Berlin aus eine große Anzahl Wasserwege gleich gewaltigen Fangarmen ausstrahlen, die den Verkehr aus Pommern, Schlesien, Preußen, Polen, Sachsen und dem Westen des Vaterlandes heranziehen. Die Vorzüge der geographischen Lage, die dem Ausbau weitausgreifender Wasserwege so günstig waren, haben auch die Anlage künstlicher Verkehrsstraßen auf dem Lande gefördert. Von Berlin gehen vierzehn Chausseen und 13 Eisenbahnen aus; ein großer Teil derselben verläuft in den großen Thälern und den gleichzeitig mit ihnen entstandenen Querverbindungen. Es giebt in Deutschland, wie Kohl mit gutem Grunde ausführt, keine zweite Stadt, von der ein so dichtes, so regelmäßiges, so wohl organisiertes Netz von Wasserwegen, Landstraßen, Chausseen und Eisenbahnen ausstrahlt, wie es bei Berlin infolge der diese Stadt begünstigenden Naturverhältnisse zustande kommen konnte.

Der rastlos vorwärtsschreitende Menschengeist hat durch schöpferische Anwendung von ihm erforschter Naturgesetze gelernt, die Ungunst natürlicher Hemmnisse in einem erstaunlichen Maße zu überwinden. Die Projekte zum Mittelland- und Nordkanal, nach deren Ausführung, die doch nur noch eine Frage der Zeit ist, Berlin in Verbindung mit dem gesamten Westen Deutschlands und in unmittelbare Beziehung zum Verkehr auf der Ostsee treten wird, beweisen vollauf, daß es für die Technik „unüberwindliche Hindernisse" kaum noch giebt. Wenn es sonst einen Zweck hätte, wären wir heute wohl imstande, beispielsweise inmitten der Lüneburger Haide eine Stadt mit allen modernen Verkehrseinrichtungen hervorzuzaubern. Aber unser heutiges Können darf nicht in Rechnung gestellt werden bei der Beurteilung früherer Verhältnisse. Denken wir uns in der Zeit um ein halbes Jahrtausend und länger zurückversetzt und verfolgen wir von da ab den geschichtlichen

Werdegang im Zusammenhange mit den gegebenen Naturnotwendigkeiten und den jeweiligen Kulturzuständen, so kann unserm forschenden Blicke die Thatsache nicht verborgen bleiben, daß die Reichshauptstadt ihre Gründung an dieser Stelle, ihr Aufblühen und ihren Vorsprung in der Entwickelung gegenüber gleichaltrigen oder älteren menschlichen Siedelungen in letzter Linie vorzugsweise ihrer günstigen geographischen Lage verdankt.

K. Fechner-Berlin.

Berolina.

Berolina, groß und mächtig
Stehst im Kronenschmuck Du da
Mit dem Ehrenschilde prächtig,
Gleich wie Frau Germania.
Hat man auch durch manch Jahrhundert
Dich bespöttelt und verkannt,
Stehst Du nun geehrt, bewundert
Doch ob allem deutschen Land.

Wie Brunhild schlägst Du die Glieder
Kampfesfreudig gern in Erz;
Aber unterm Eisenmieder
Schlägt Dein mildes Frauenherz.
Beispielloser Ordnung Walten
Zeigt Dein Haus in jedem Raum,
Blink und blank und schmuck gehalten
Ist selbst Deines Kleides Saum.

Führst das Stachelwort im Munde
Gern in jungfräulichem Trutz;
Dennoch hast Du jede Stunde
Für Bedrängte Trost und Schutz.
Spricht Dein Geist in Witz und Scherzen,
Fließt Dein goldener Humor
Doch aus tiefbewegtem Herzen
Wie ein reiner Quell hervor.

Ernst des Alters, Lust der Jugend,
Milde, rauhem Wort gepaart,
Heldensinn und Bürgertugend,
Das ist Deine Eigenart.
So hast siegreich Du bezwungen
Aller Herzen weit und breit.
Wahre denn, was Du errungen,
Berolina, alle Zeit!

Hermann Jahnke-Berlin.

Die Hauptstadt des  Deutschen Reiches.

Berlin, die Hauptstadt des preußischen Staates und des Deutschen Reiches ist eine der bedeutendsten und schönsten Städte der Welt. Berlin liegt in der Mitte zwischen dem Erzgebirge und dem Meere, der Nord= und Ostsee, zwischen dem Rheine und der Weichsel, zwischen der Elbe und der Oder. Auch bildet die Stadt, von Norden nach Süden gerechnet, beinahe die Mitte des Brandenburger Landes, und ganz nahe diesem Mittelpunkte vereinigen sich bei Spandau die von Norden kommende Havel und die von Süden kommende Spree, die erst nach ihrem Eintritt in die Mark schiffbar wird. Berlin hat also eine centrale Lage in der großen mittel= europäischen Ebene und ist daher ein natürlicher Kreuzungspunkt der Straßen von und nach allen Richtungen der Windrose. Mit den beiden wichtigsten Flußsystemen Deutschlands, denen der Oder und Elbe, ist Berlin durch ein ausgezeichnetes Kanalnetz verbunden; dazu gesellen sich zahlreiche Verkehrswege aller Art, die wie ein plan= mäßig angelegtes Netz von der Stadt auslaufen. Rechnet man die mittlere Stellung zu den beiden deutschen Meeren hinzu, die alle Ost= und Nordseehäfen gleich bequem erreichen läßt, so erscheint die deutsche Kaiserstadt als der natürliche Mittelpunkt der norddeutschen Ebene, als Hauptstadt und Hauptverkehrsplatz des ganzen nördlichen Deutschlands.

Doch auch innerhalb des europäischen Verkehrs läßt sich die centrale Lage Berlins behaupten. Ein Kreis von 259 km Radius um Berlin geschlagen schneidet und berührt die Städte Lübeck, Hamburg, Bremen, Hannover, Breslau und Posen; ein solcher von 500 km trifft Wien, München, Stuttgart, Karlsruhe, Köln, Königs= berg und Warschau; ein Kreis von 850 km Radius verbindet Stockholm, Christiania, Dover, Paris, Genf und Bologna, ein weiterer annähernd Petersburg, Odessa, Bukarest, Neapel, Toulouse und Dublin. Ist diese Lage schon ausreichend, einen großen Teil des europäischen Völkerverkehrs nach Berlin zu lenken, so gewinnt die Stadt noch dadurch, daß sie auch auf der direktesten Verbindungslinie wichtiger Orte belegen ist und zugleich den Kreuzungspunkt der belebtesten mitteleuropäischen Wasserläufe abgiebt. Berlin liegt auf der geraden Linie zwischen Paris und Moskau, zwischen London und Warschau, zwischen Stockholm und Livorno, Bordeaux und Danzig, Königsberg und Metz u. a. O. Diese Umstände und ihre Einflüsse auf den Post= und Telegraphenverkehr tragen dazu bei, in immer steigendem Maße große Geschäftshäuser hierher zu ziehen oder sie zur Einrichtung von Handelsniederlagen zu veranlassen.

Aus einem Fischerdorfe erwuchs die Kaiserstadt. Wo früher der Wenden ärmliche Hütten sich in den Fluten der Spree spiegelten, da trifft man jetzt prächtige Paläste, Stätten der Kunst und Wissenschaft. Um die Mitte des 13. Jahrhunderts finden wir hier zwei verschiedene, durch die Spree getrennte Ortschaften, Berlin und Kölln. Als diese Gegenden in den Besitz der anhaltischen Markgrafen gekommen waren, entwickelten sich durch Zuzug deutscher Kolonisten zwei voneinander unabhängige Städte. Zu Anfang des 14. Jahrhunderts wählten sie jedoch zum erstenmale einen gemeinsamen Rat und bildeten seitdem eine Stadt. Als die Hohenzollern im 15. Jahrhundert ihre Herrschaft in der Mark begründeten, wurde Berlin Hauptstadt des Brandenburger Landes; die Kurfürsten nahmen hier oft längeren Aufenthalt und endlich ihre bleibende Residenz. Wenn auch wohlhabend, so blieb Berlin doch bis zur Regierung des großen Kurfürsten eine unansehnliche Stadt. Erst unter diesem glorreichen Landesherrn erhob sich das markgräfliche zum königlichen Berlin, das sich unter der Fürsorge seiner Nachfolger fortwährend erweiterte und verschönerte. Einen bedeutenden Aufschwung nahm es besonders seit 1815. König Friedrich Wilhelm IV. schmückte die Stadt mit den ansehnlichsten Bauten. Industrie, Handel und Verkehr breiteten sich aus, und die Eisenbahnverbindungen mehrten sich von Jahr zu Jahr. Was aber Berlin auch bisher gewonnen hatte an Ausdehnung, Bevölkerung und Schönheit, dies alles wurde übertroffen durch die Entwickelung, die es unter der ruhmreichen Regierung Wilhelms I. nahm, besonders seit er als Deutscher Kaiser in seine Residenz eingezogen war. Die Ringmauern fielen, und das Gebiet der Stadt erweiterte sich beträchtlich. Neue Stadtteile entstanden, und die Straßen stiegen aus dem Spreethale die Höhen hinan; ältere Häuser wurden eingerissen, um neuen im modernen Baustil Platz zu machen; auch eine Anzahl öffentlicher prachtvoller Gebäude hat sich unter dieser Regierung erhoben, so daß im Laufe weniger Jahre ganze Straßenzüge ein vollständig verändertes Aussehen annahmen.

Das erweiterte Eisenbahnnetz, die Stadtbahn und die Straßenbahnen, zahlreiche Theater, Ausstellungen aller Art, Panoramen, Kunst- und sonstige Sammlungen, Erzeugnisse der Kunstindustrie, die mit denselben geschmückten Schaufenster, die Sauberkeit der Straßen und Häuser, die herrlichen Schmuckplätze — das und noch vieles andere bewirkt, daß die Einwohnerzahl Berlins durch Zuzug alljährlich beträchtlich wächst, und daß jährlich Hunderttausende von Fremden die Stadt besuchen und gern darin verweilen. So hat sich mit dem kaiserlichen die Weltstadt Berlin entwickelt, die jetzt annähernd zwei Millionen Bewohner zählt. Unter den Hauptstädten Europas nimmt es hinsichtlich seiner Größe und Ausdehnung die dritte Stelle ein. Es bedeckt eine Fläche von 63 qkm oder 6300 ha oder 63 Millionen qm.

Aber auch dicht vor den Thoren der Reichshauptstadt wohnt über eine halbe Million Menschen; wenn man nur Rixdorf, Tempelhof, Lankwitz, Südende, Großlichterfelde, Steglitz, Friedenau, Wilmersdorf, Schöneberg, Charlottenburg, Tegel, Pankow, Reinickendorf, Nieder- und Hohen-Schönhausen, Weißensee, Lichtenberg, Stralau-Rummelsburg und Treptow in Berlin einbeziehen wollte, dann würde es 2½ Millionen Einwohner aufweisen.

Die Menge von Fremden, die in Berlin Einkehr hält und vor allem einen äußeren Eindruck von dem Leben und Treiben in der neuen Kaiserstadt gewinnen will, sucht sicherlich zunächst die Straße „Unter den Linden" und die angrenzenden Stadtteile auf; denn hier scheint sich alles vereinigt zu haben, was einer modernen Stadt

Ansehen und Prunk verleiht. Die „Linden" sind in der Erinnerung untrennbar mit dem Wachstum der Stadt verknüpft; sie bilden mit ihrer näheren Umgebung das Herz derselben. Mit einem unverkennbaren Gefühl des Stolzes spricht der geborene Berliner von „seinen Linden", deren Front das Heim Kaiser Wilhelms I. birgt, deren Paläste unsere siegreichen Krieger heimkehren sahen, deren Fassaden an den hervorragenden Fest= und Freudentagen des deutschen Volkes in ein buntfarbiges, wallendes Flaggen= und Fahnenmeer eingehüllt sind.

Auch in dem baulichen Charakter der „Linden" macht sich ihr Einfluß auf die gesamte Stadt so recht bemerkbar. Den Anfang bildet das hoheitvolle Säulenportal des Brandenburger Thores, dessen Viergespann Napoleon I. nach der unglücklichen Schlacht von Jena nach Paris bringen ließ, das aber von den siegreichen Verbündeten 1814 wieder zurückgeführt wurde. Nachdem der Viktoria das „Eiserne Kreuz" in den erzenen Lorbeerkranz geflochten war, fährt sie nun nicht mehr wie früher zum Thore hinaus, sondern zur Stadt hinein. Fast jedes Haus hat sein Stückchen erinnerungsvolle Geschichte. Hier finden wir die Palais fremdstaatlicher Botschafter und Gesandten; hier finden wir die Denkmäler der Männer, die so viel zur Größe ihres engeren preußischen wie weiteren deutschen Vaterlandes beigetragen haben. Das herrlichste und erhabenste dieser Denkmäler ist das eherne Reiterstandbild Friedrichs des Großen von dem berühmten Bildhauer Rauch am Ausgange der Linden. Hoch zu Roß, umgeben von den hervorragendsten Helden seiner siegreichen Schlachten und den bedeutendsten Männern seiner Zeit, schaut der „alte Fritz" im Königsmantel und dreieckigen Hut, den bekannten Krückstock an den Arm gehängt, nach der Hauptwache und dem Zeughause hin. Neben der Hauptwache sieht man die marmornen Standbilder Scharnhorsts und Bülows, ihnen gegenüber die Erzstandbilder von Blücher, Gneisenau und York. Das Zeughaus ist eines der gediegensten öffentlichen Bauwerke Europas. Es wurde unter dem ersten preußischen Könige von dem Baumeister und Bildhauer Schlüter errichtet. In ihm finden wir, schön geordnet, Kriegswaffen aller Zeiten, Ritterrüstungen, Eisenpanzer, Uniformen, erbeutete Kriegsfahnen und andere bluterkämpfte Feldzeichen, die den Heldenruhm des brandenburgisch=preußischen Heeres verkünden. Den Frieden verkörpert die Akademie der Wissenschaften und der Künste, in denen einst ein Leibniz, ein Schadow gelehrt. Und zwischen den beiden massigen Gebäuden streckt sich die Universität hin, häufig genug durchströmt von hinreißender Begeisterung, wenn es die Ehre des Staates, des Volkes galt, von jenen Tagen der Franzosenherrschaft an, in denen Fichte seine mannhaften Reden hielt und so manchen damit auf den Weg der opferfreudigen Pflicht zurückführte. Rechts und links der Eingangspforte haben die Brüder Wilhelm und Alexander von Humboldt Marmordenkmäler erhalten, während der Vorgarten mit dem Standbilde des Physikers Helmholtz geschmückt ist. An viele von Glanz und Frohsinn erfüllte Stunden mahnt uns sodann das Opernhaus, und an wahres Glück, auch auf Königsthronen, das benachbarte Schlößchen, einst das Heim der edlen, vielgeliebten Königin Luise, später von Kaiser Friedrich, dem „königlichen Dulder", als Kronprinz bewohnt. Die begeisterte Liebe und treue Hingebung, welche die Berliner der Königin Luise entgegenbrachten, übertrug sich in späterer Zeit auf das schmucklose Palais

ihres ruhmreichen Sohnes, des greisen Kaisers Wilhelm I. Wer könnte an jenem ein=
fachen Gebäude vorbeigehen, ohne den Blick nach dem historischen Eckfenster zu richten,

Nach einer photograph. Aufnahme von Lautz & Isenbeck=Darmstadt.

Reiterstandbild Friedrichs des Großen.

an dem er erschien, wenn die Wachtparade vorüberzog, durch das oft genug während
der Nacht die Lampe ihren matten Schimmer auf die einsame Straße geworfen,

späten Wanderern verkündend, daß das Oberhaupt des Staates noch ernster Pflicht=
erfüllung nachgehe. Hier an dieser Stelle war es ja auch, wo am 18. Januar 1871
stolz die Kaiserfahne emporrauschte, Berlin verkündend, daß es eine Kaiserstadt
geworden.

Nicht weniger mannigfache Entwickelungsstufen erlebte der Ausgangs= oder wie
man es nehmen will, der Anfangspunkt der ruhmreichen „Linden", dessen Namen noch
heute an seine einstige Bestimmung erinnert: Der Lustgarten. Der Anblick, den

Nach einer photograph. Aufnahme von Lautz & Jsenbeck=Darmstadt.

Königliches Schloß.

er gewährt, etwa von der Terrasse des Schlosses aus, ist ein ganz herrlicher: linker
Hand die breite Schloßbrücke mit ihren glänzenden Marmorgruppen und dahinter
in blauem Duft halb verschwimmend die Linden, rechts der neue glanzvolle Dom
mit seiner hohen, Ehrfurcht gebietenden Kuppel, vor uns prächtige Gartenanlagen
mit lauschigen Gebüschen und samtenen Grasflächen, aus denen das gewaltige Bronze=
reiterbild Friedrich Wilhelms III. aufragt, und dahinter das Museum, sowie
die Nationalgalerie mit ihren wirksamen, an die Blütezeit des klassischen Alter=
tums erinnernden Säulenhallen.

Unberührt vom Wandel der Zeiten ist bisher das majestätische preußische Königs=
schloß mit seinen weiten Höfen, seinen massigen Mauern, seinen prunkenden Sälen

Nationaldenkmal.

Nach einer photograph. Aufnahme von Lauß & Ffentoch-Darmstadt.

und Balkonen geblieben. Feſt, trotzig, gewaltig ragt es empor, und erhaben blickt
es über die angrenzenden Stadtteile hinweg, als wüßte es, daß von hier aus der

Nach einer photograph. Aufnahme von Lautz & Iſenbeck-Darmſtadt.

Reiterſtandbild des Großen Kurfürſten.

Siegesadler ſeinen Flug genommen und den Lorbeer, der die Kaiſerkrone um-
windet, an ſeine Fittiche geheftet. Auf der ehemaligen Schloßfreiheit aber, gegen-

über dem kunstvollen Eosanderschen Portal, erhebt sich das Nationaldenkmal Kaiser Wilhelms des Großen, das dem ersten Träger dieser neuen deutschen Kaiserkrone gewidmet, an seinem 100. Geburtstage, dem 22. März 1897, enthüllt wurde. — Epheu schlingt sich dort um die altersgeschwärzten Mauern des Schlosses, von denen sich der ursprünglichste Teil desselben, der grüne Turm, scharf abhebt; schief und schmal sind die Fenster, verwittert und abgebröckelt das Gestein, verbogen die Zinnen und Erker, und wer hier nachts weilt, wenn der Mond durch zerrissenes Gewölk lugt, wenn seine silbernen Strahlen über die sturmerprobten, Jahrhunderte alten Zinnen und Erker huschen, wenn die Wellen der Spree an die hier zahlreich befindlichen Fischbehälter und Kähne plätschern, und das Reiterstandbild des Großen Kurfürsten von der Kurfürstenbrücke seinen dunklen Schatten über den Wasserspiegel wirft, der kann sich wohl in jenes Berlin zurückversetzen, das einst unter den Hauptstädten Europas die geringste Beachtung fand.

Unmittelbar am Schloß vorüber spannen sich in mächtigen Bogen die gewaltigen Quadern der Kaiser=Wilhelm=Brücke, die uns in die mit bewunderswerten Prachtbauten eingesäumte, als Verlängerung der „Linden“ dienende Kaiser=Wilhelm=Straße führt. Rücksichtslos bohrt sie sich in den ältesten Teil der Stadt als gewaltiger, zerstörungslustiger Keil ein. In Staub und Schutt versanken manche geschichtlich interessanten Gäßchen und Gassen, und auf ihren Trümmern stieg die neue, glänzende Straße empor, die nun den direkten Verkehr vom äußersten Westen der Residenz bis über den Mittelpunkt derselben hinaus ermöglicht und eine Straßenflucht darstellt, wie sie kaum eine andere Hauptstadt Europas aufweisen kann.

Mitten aber aus den noch übriggebliebenen Teilen der alten Stadt erhebt sich an der Königsstraße hoch und gewaltig das Rathaus, das grüßend zu dem benachbarten Königsschlosse hinüberblickt. Ist hier der Schauplatz höfischen Glanzes und fürstlicher Thätigkeit, so ist dort der Raum für unermüdlichen bürgerlichen Fleiß, das Feld, auf dem rastlos an der Größe der Stadt geschaffen wird. Wenn wir von der Plattform seines Turmes auf das meilenweit sich ausbreitende Häusermeer, auf das Gewirr der Straßen und Plätze, auf das nie rastende Leben und Treiben der Weltstadt hinunterblicken, wenn wir uns vergegenwärtigen, daß hier außer den Fremden an zwei Millionen Menschen ihr Dasein fristen, dann werden wir von Bewunderung erfaßt vor der Pflichterfüllung und vor der Arbeit, die Stunde für Stunde, Tag für Tag und Jahr für Jahr von dieser Stelle aus geleistet worden ist.

Der Weg vom Brandenburger Thore bis zum Rathause verkörpert uns mit seinen angrenzenden Teilen, mit den Querstraßen der Friedrichstraße bis zur Leipzigerstraße, mit dem wohlgepflegten Wilhelmsplatze, den die Erzstandbilder der preußischen Heerführer aus dem Siebenjährigen Kriege schmücken, und an dessen Seiten sich still vornehme Paläste erheben, und mit dem ehemaligen Gensdarmenmarkt, dem jetzigen Schillerplatze, der den deutschen und französischen Dom mit den beiden schönsten Türmen Berlins, sowie Schinkels prächtiges Schauspielhaus umschließt, das schönste und bedeutungsvollste Stück der deutschen Kaiserstadt. Von hier aus hat sich in immer größeren Kreisen die Residenz ausgereckt und ausgestreckt; von hier aus schoben sich die Häusermassen nach allen Seiten vor; hier zeigt sich das öffentliche Leben am fieberhaftesten, von hier aus durchzucken die Nachrichten bedeutender Ereignisse die ganze Stadt und veranlassen die Bevölkerung nach diesem Viertel zu strömen.

Nach einer photograph. Aufnahme von Lautz & Jsenbeck-Darmstadt.

Rathaus.

Wie freut sich aber das vom Sehen ermüdete Auge, wie heben sich die vom Staub der Straßen bedrückten Lungen, wenn wir von den „Linden" kommend, das Brandenburger Thor, jenen herrlichen, den Propyläen im alten Athen nachgebildeten Bau, durchschritten haben, und sich nun die lockenden grünen Hallen des Tier= gartens vor uns ausdehnen! Der Tiergarten ist das Paradies des Berliners. In

4*

dichten, gedrängten Scharen wallfahrten Tausende und Abertausende an heiteren Tagen heran und ergießen sich in die grünen Laubhallen des Parkes. Wohl giebt es noch verschiedene andere Parkanlagen in und bei der Stadt, so den Humboldtshain, den Friedrichshain, den Treptower Park, aber keiner steht in gleich hoher Gunst wie der Tiergarten. Durch die Charlottenburger Chaussee wird er in einen kleineren nördlichen und einen größeren südlichen Teil zerschnitten. Vom nördlichen Teile her grüßt uns in der Mitte des Königsplatzes aufragend die hohe Siegessäule, auf deren Spitze die goldschimmernde Borussia als Siegesgöttin in leichter

Nach einer photogr. Aufnahme v. Lautz & Isenbeck-Darmstadt.

Siegessäule.

fliegender Bewegung, scheinbar nur mit einem Fuße aufstehend, gleichsam schwebt. In der Rechten hält sie den Lorbeerkranz, in der Linken das Feldzeichen, einen mit dem Eisernen Kreuze geschmückten Stab; das Haupt ist mit dem Adlerhelm bedeckt. Sie errichtete „das dankbare Vaterland dem siegreichen Heere", wie die Inschrift besagt, zur Erinnerung an die glorreichen Thaten und blutigen Opfer von 1864, 1866, 1870/71. Aus den blutigen Kriegen erwuchs die feste Einigung der deutschen Stämme zum neuen deutschen Kaiserreiche. Als Wahrzeichen dieser Einigkeit, Macht und Stärke ist der Siegessäule gegenüber auf der Ostseite des Platzes das Reichstagsgebäude in mächtigen Sandsteinquadern erbaut worden, dessen vergoldete Kuppel weithin leuchtend die glänzende Kaiserkrone trägt. Nordwärts gewendet, erblickt man das im Ziegelbau aufgeführte Haus des Generalstabes, das ehemalige Heim des Grafen v. Moltke, des Schlachtendenkers. Nach Süden zu führt die herrliche Siegesallee, zu deren beiden Seiten Kaiser

Wilhelm II. die Marmorstandbilder der Fürsten Brandenburgs und Preußens, beginnend mit dem Markgrafen Albrecht dem Bären und schließend mit dem Kaiser und Könige Wilhelm I. errichten läßt. Jede Herrschergestalt wird im Halbrund von einer Marmorbank umgeben, auf deren Rückwand sich die Büsten von je zwei Männern erheben, die sich zu ihrer Zeit entweder im Kriege, als Staatsmann oder als Bürger hervorgethan haben. Diesen bleibenden Ehrenschmuck schenkte der Kaiser durch Erlaß vom 27. Januar 1895 seiner Haupt- und Residenzstadt „als Zeichen Seiner Anerkennung für die Stadt und zur Erinnerung an die ruhmvolle Vergangenheit unseres Vaterlandes." Die ganze Anlage wird in ihrer Vollendung 32 solcher

Gruppen umfassen und gleichsam ein steinernes Geschichtsbuch darstellen, das die Entwickelung der vaterländischen Geschichte von der Begründung der Mark Brandenburg bis zur Wiederaufrichtung des Reiches schildert.

Der südliche Teil des Tiergartens ist reich an stillen Plätzen, Teichen, Inseln und schönen Anlagen. Hier kann der Spaziergänger ungestört dem Gesange der Vögel lauschen und den blauen Himmel durch die belaubten Zweige und schwankenden Wipfel bewundern. Aus dem dichten Grün leuchten die weißen Marmorbilder Friedrich Wilhelms III. und seiner Gemahlin, der Königin Luise, der Dichter Goethe und Lessing hervor. Am schönsten aber ist der Tiergarten in seinem westlichsten Teile, in der Gegend der Rousseau=Insel und dem Seepark, im Winter der beliebteste Tummelplatz der Schlittschuhläufer. In der Südwestecke, da wo der Landwehr=

Nach einer photograph. Aufnahme von Lautz & Isenbeck=Darmstadt.
Reichstagsgebäude.

kanal den Tiergarten schneidet, liegt der Zoologische Garten mit seinen herrlichen Parkanlagen und seinem Reichtum an Tieren aller Art, ein Zielpunkt für viele Tausende von Einheimischen und Fremden.

Im Süden der Stadt zieht sich von der Hasenheide bis Schöneberg eine Bodenschwellung hin, deren höchster Punkt der Kreuzberg ist. Er trägt das Denkmal, durch dessen Errichtung König Friedrich Wilhelm III. wenige Jahre nach den Befreiungskriegen die ruhmreiche Erhebung seines Volkes zur Abschüttelung des fremden Joches ehrte. Es ist nach Schinkels Entwurf in Form eines gotischen Turmes aus 2400 Centner Eisen gegossen worden. Auf der Spitze steht das „Eiserne Kreuz", nach dem der ehemalige Weinberg seinen jetzigen Namen erhielt. Lange blieb die Umgebung des Denkmals schmucklos und öde. Erst in neuerer Zeit stellte man das Monument auf einen festungsartigen Unterbau von Sandstein und machte es zum Mittelpunkte herrlicher Gartenanlagen von reicher Mannigfaltigkeit, die nun den Viktoriapark bilden. Von der Höhe des Denkmals blickt jetzt der Beschauer auf grüne Baumwipfel, verschlungene Promenadenwege und saftige Rasenflächen. Da, wo sich vordem die Berliner Jugend den sandigen Abhang hinunterkollerte, stürzt jetzt ein Wasserfall von Fels zu Fels, eine künstliche Nachbildung des Hainfalles im Riesengebirge. Zwischen den grünen Büschen stehen in geschmackvoller Abwechselung die weißen Marmorbilder der Dichter aus den Befreiungskriegen: Körner, Uhland, H. v. Kleist, v. Schenkendorf, Rückert und Arndt. Unabsehbar erstreckt sich am Fuße des Berges die Hauptstadt des Deutschen Reiches; stolz ragen die Schloßkuppel, die Kuppel des neuen Doms, das Reichstagsgebäude, die Siegessäule und die vielen schlanken Kirchtürme aus dem Häusermeer hervor. Nach Süden dehnt sich das weite Tempelhofer Feld, auf dem die großen Paraden der Berliner Garnison ab= gehalten werden.

Die mit Wald und Wasser reich bedachte Umgegend Berlins bietet manchen hübschen Ausflug. Oberhalb der Stadt entfaltet sich die Spree als breiter, blauer Wasserspiegel, der besonders die Liebhaber von Fischfang und Wasserfahrten anlockt. An ihren teils wiesigen, teils bewaldeten Ufern finden wir viele freundliche Villen und Vergnügungslokale mit baumreichen Gärten. Im Sommer, namentlich Sonntags, herrscht auf dem Flusse die größte Regsamkeit. Dampfer, Segel= und Ruderboote befahren ihn unablässig. Frohsinnige, festlich gekleidete Menschen, die der schwülen Luft der Weltstadt entflohen sind, füllen die Fahrzeuge, und oft erschallt ihr lauter Gesang weithin über die grünen, von Ausflüglern bunt belebten Ufer. Auf dem linken Spreeufer grüßt uns Treptow mit seinem schönen Park, rechts Stralau mit seiner malerischen Kirche. In der Nähe der Stadt verliert der Fluß an land= schaftlicher Schönheit, und seine Wassermenge wird durch die abgezweigten Kanäle verringert. Unterhalb Berlins berührt die Spree noch die freundliche Stadt Char= lottenburg mit dem herrlichen Schloßpark. Hier zieht es uns vor allem nach dem Mausoleum, jener Grabkapelle, unter der die unvergeßliche Königin Luise an der Seite ihres hochherzigen Gemahls ruht. Auch ihr glorreicher Sohn Kaiser Wilhelm I. und seine mildthätige Lebensgefährtin, die Kaiserin Augusta, haben hier die letzte Ruhestätte gefunden. Düstere Tannen und Weimutskiefern verleihen der Grabstätte einen ernsten Charakter und stimmen zur Trauer, und die in der Kapelle aufgestellten Sarkophage mit den meisterhaft ausgeführten Marmorbildern der Verstorbenen bilden in der farbigen, gedämpften Beleuchtung eine Gruppe von ergreifender Wirkung.

Im Südwesten der Hauptstadt dehnt sich auf dem linken Haveluser ein weites, meist aus Kiefern bestehendes Waldrevier aus, gemeinhin der Grunewald genannt. Die reiche Abwechselung, die derselbe durch die Gestaltung seiner Oberfläche, seinen Baumwuchs, seine belebenden Seebecken und Wasserflächen und seine gesunde Luft bietet, macht ihn zu einem Hauptausflugsziele. Hunderttausende der Bewohner der Großstadt suchen hier Erholung und Erfrischung, und mancher findet an einem entlegenen Plätzchen Ruhe und Frieden, die das Hasten und Treiben in der Weltstadt nicht gewähren.   H. Schillmann=Berlin.

Der Kreuzberg und der Viktoriapark.

Von Rixdorf bis Schöneberg begleiten den Südrand des breiten Spreethals die Tempelhofer Berge, welche sich im Osten eng an die durch ihre Mammutreste weltberühmten Rollberge anschließen und im Westen an dem tiefen Terraineinschnitt der Potsdamer Bahn enden. Für die Einwohner Köllns waren diese Hügel, eigentlich nur die etwas erhöhten Ränder des Teltower Plateaus, wegen ihrer Lehmgruben von großer Wichtigkeit; schon im Jahre 1290 befand sich hier eine Ziegelei, die den grauen Mönchen von einem Ritter von Rybade zur Erbauung ihres Klosters geschenkt wurde, und der sogen. dustre Keller, die älteste Lehmgrube, lieferte vielleicht das Material schon zu den ältesten Hütten Alt-Köllns. Auch Weinbau wurde frühzeitig auf diesen Höhen getrieben. Nachdem Albrecht der Bär, wie man annimmt, die ersten Reben in die Mark eingeführt, sollen die Dominikaner schon 1187 hier Weingelände besessen haben. Im 16. Jahrhundert grünten auf den Abhängen die Weinberge des Kurfürsten und Köllnischer Bürger, welche letztere der Gemeinde zu Tempelhof dafür Zins geben mußten. Aber wie der märkische Weinbau in späteren Jahrhunderten mehr und mehr in Verfall geriet, so gingen auch die Köllnischen Rebengärten allmählich ein. Doch behielt der hervorragendste Punkt des Höhenzuges aus jener Zeit her seinen Namen: der heutige Kreuzberg hieß bis zur Aufstellung des Denkmals der runde Weinberg.

Ruhig, ereignislos zogen die Jahrhunderte über den kahlen Scheitel des runden Weinbergs hinweg. Aber einmal sollte auch er seinen großen Tag haben. Es war zur Reformationszeit, und auf dem Throne Brandenburgs saß Joachim I., der treue Sohn der katholischen Kirche, an deren Autorität er festhielt, obwohl rings um ihn und bis in sein eigen Haus die Wogen der neuen Bewegung brandeten. Entsetzt sahen die Anhänger des Alten die unablässig wachsende Gärung der Gemüter; sie glaubten den Umsturz aller Dinge, die Tage des Antichrists nahe. Da fand der berühmte Astrolog Stöffler, der für das Jahr 1524 den Untergang der Welt durch eine große Sündflut prophezeite, viele gläubige Herzen. Ihm jedoch trat Johann Carion, Joachims Lieblingssterndeuter, mit der Behauptung entgegen, das gefürchtete Ereignis werde sich erst am 15. Juli 1525 vollziehen. „Die Sterne lügen nicht", davon war auch Joachim felsenfest überzeugt, und so sah er, nachdem das Jahr 1524 ruhig verstrichen war, mit bangem Gemüte dem Tage des Gerichts entgegen.

Klar und heiter brach der gefürchtete Tag an. Am Himmel zeigte sich kein Wölkchen, und eine Gluthitze sondergleichen brütete über den beiden Schwesterstädten an der Spree. Als die Mittagsstunde vorüber war, stieg ein dunkler Wolkensaum am Horizonte auf und steigerte, sich höher und höher türmend, des Fürsten Besorgnis aufs äußerste. In größter Eile wurden die Hofkaleschen angeschirrt, die Schloßthore öffneten sich, und vor den Augen der erstaunten Bürger, denen die bevorstehende Katastrophe verschwiegen bleiben sollte, donnerten die Vierspänner mit der kurfürstlichen Familie, begleitet von berittenen Offizieren und

Räten, über die Brücken. In scharfem Trabe ging's, gefolgt von der mit ihrer kostbarsten Habe bepackten Dienerschaft, südwärts den Tempelhofer Höhen zu. Auf dem Gipfel des runden Weinbergs wurde Halt gemacht, und nachdem die von Berlin her führenden Wege durch Trabanten abgesperrt waren, wartete man auf den Eintritt des schrecklichen Ereignisses. Doch Stunde auf Stunde verrann, ohne daß sich die Schleusen des Himmels öffneten, und gegen Abend mußte der Kurfürst sich be=

Nach einer photograph. Aufnahme von Max Feiten-Berlin.

Nationaldenkmal auf dem Kreuzberge.

schämt zur Rückkehr entschließen. So kam der Kreuzberg um den Ruhm, der märkische Ararat zu werden.

Aber eine andere Ehre war ihm beschieden: 300 Jahre später sollte er das zum Andenken an die Befreiungskämpfe errichtete Denkmal tragen. Am 19. September 1818 legte König Friedrich Wilhelm III. in Gegenwart des Kaisers Alexander von Rußland den Grundstein zu der von Schinkel entworfenen, mit dem eisernen Kreuz gekrönten, pyramidenförmig aufgebauten gotischen Spitzsäule. Die Enthüllung und Einweihung des Denkmals, das ursprünglich nur auf einem niedrigen, kreuzförmigen Sockel stand, geschah am 30. März 1821, dem Jahrestage der Erstürmung

des Montmartre. Weithin sichtbar erhob es sich in der damals noch ganz unbe=
bauten Gegend. Als jedoch die Häusermassen der wachsenden Großstadt immer
näher an den Kreuzberg — wie er nun hieß — heranrückten, ergab sich die Not=
wendigkeit, dem Denkmal durch Erhöhung des Unterbaues seine beherrschende
Stellung zu wahren: ein schwieriges Unternehmen, da sein Gesamtgewicht ungefähr
20000 kg beträgt, wovon zwei Drittel auf das Eisen und der Rest auf die
steinerne Ausfüllung des Hohlraumes der Säule entfallen. Eine weitere Schwierig=
keit lag in der Aufgabe, das Denkmal mit der Hebung zugleich im Betrage eines
Winkels von fast 21° um seine eigene Achse zu drehen, um es dadurch genau in die
Achse der auf die Säule zu führenden Großbeerenstraße zu stellen. Die Hebung
erfolgte in den Jahren 1878/79 durch zwölf hydraulische Pressen, deren jede bei
einem Wasserdruck von dreißig Atmosphären mit einer Hebekraft von 16000 kg
arbeitete. So wurde das Denkmal um fast 8 m über den alten Standpunkt ge=
hoben, so daß jetzt der ganze Unterbau, ein stolzes, zinnengekröntes Kastell, etwa
eine Höhe von 11 m erreicht. Über ihm erhebt sich die 18,4 m hohe Spitzsäule.

Auf jedem der vier Kreuzarme des Denkmalgrundrisses ist ein hoher Sockel
aufgebaut, der auf seinen drei nach außen gewandten Flächen drei durch Spitz=
bögen geschlossene Nischen trägt. In diesen zwölf Nischen sind zwölf Statuen auf=
gestellt, welche durch Gestalt, Schmuck und Beiwerk die Hauptwaffenthaten der Be=
freiungskriege symbolisch darstellen. Die vier Hauptmomente, Groß=Görschen, Leipzig,
Paris und Belle=Alliance, sind an die Stirnseiten der Kreuzarme gestellt, während
in den Seitennischen die übrigen acht zur Darstellung gelangten Schlachten chrono=
logisch angeordnet wurden. Die Groß=Görschen= (Ost=) Seite trägt zugleich die
Widmungsinschrift:

„Der König dem Volke, das auf seinen Ruf hochherzig Gut und Blut dem
Vaterlande darbrachte. Den Gefallenen zum Gedächtnis, den Lebenden zur An=
erkennung, den künftigen Geschlechtern zur Nacheiferung.“

Die von Rauch, Tieck und Wichmann entworfenen und modellierten Schlachten=
genien sind dadurch besonders interessant, daß die Künstler ihnen die Gesichtszüge
verschiedener, bei den dargestellten Befreiungsthaten hervorragend beteiligter Per=
sonen geliehen haben; doch ist die Deutung der Porträts nicht in allen Fällen un=
bedingt sicher.

Der die Schlacht bei Groß=Görschen personifizierende Genius trägt die
Züge des Prinzen von Homburg, der in diesem Treffen fiel. Der im Kleide eines
Landwehrmannes daherschreitende Genius der Schlacht von Großbeeren trägt das
Antlitz des Kronprinzen, des späteren Königs Friedrich Wilhelm IV. Der Genius
der Schlacht an der Katzbach stellt entweder den jugendlichen Marschall Vorwärts
oder seinen Sohn, den Grafen Franz Blücher von Wahlstatt, dar. Für die Schlacht
bei Culm tritt der König selbst, da er durch sein persönliches Eingreifen wesent=
lichen Anteil an dem Siegesruhm hat, als Genius auf; der bescheidene Herrscher
hatte diese Ehre freilich dem General Kleist von Nollendorf zugedacht und soll über
den Tausch sehr ungehalten gewesen sein; auch entspricht die Einkleidung des
Genius, Keule und Herkulestracht und =Haltung, seinem Charakter durchaus nicht.

Bülow von Dennewitz, in der Tracht eines Landwehrmannes, tritt als Repräsentant des Treffens auf, das ihm Namen und Ehre verlieh. Der Genius der Schlacht bei Wartenburg, den mit blutigen Verlusten errungenen Elbübergang durch Vorschreiten auf einen zur Schiffsbrücke gehörigen Nachen andeutend, zeigt Yorks kühne Züge. Leipzig glorreichen Andenkens soll nach einigen das Angesicht der Siegesgöttin auf dem Brandenburger Thore, nach anderen die Züge des Prinzen Wilhelm, Bruders des Königs, aufweisen. Der Genius von La Rothière stellt entweder den Kaiser Alexander I. von Rußland oder Blücher dar, welch letzterer sich in einem schwierigen Gefechtsmomente selbst an die Spitze der Stürmenden setzte. Bei Bar sur Aube empfing bekanntlich der junge Prinz Wilhelm, der spätere Kaiser Wilhelm I., die Feuertaufe; daher lieh der Künstler dem Schlachtengenius seine Züge. Die Schlacht von Laon wurde durch einen vom Prinzen Wilhelm, dem Bruder des Königs, geführten Sturmangriff entschieden; der Genius erhielt daher seine Gesichtszüge. Der Personifikation des blutigen Ringens vor Paris verlieh Rauch die Gestalt einer Viktoria und das Antlitz der Königin Luise. Auch die Bedeutung des Sieges bei Belle-Alliance ist durch einen weiblichen Genius mit den Zügen der Prinzessin Charlotte, der Schwester Kaiser Wilhelms I. und nachmaligen Kaiserin von Rußland, dargestellt. Auf der Mittelfalte ihres Gewandes sehen wir die übrigen elf Genien des Denkmals in Relief wiederholt.

Zieht das Kreuzbergdenkmal als Kunstwerk und historisches Monument die Aufmerksamkeit des Besuchers häufig nicht in dem verdienten Maße auf sich, so wird die prächtige Aussicht, die man von seiner Plattform genießt, desto mehr gewürdigt. Leider verbietet die Rücksicht auf den Raum, hier näher auf das umfangreiche Panorama, das vom Grunewald und Spandau bis zum Treptower Park reicht, einzugehen. Mehr als fünfzig Gotteshäuser, zwei Schlösser, mehrere Denkmäler und eine große Anzahl öffentlicher Gebäude zeigen sich dem überraschten Auge aus luftiger Höhe.

Schon Schinkel hatte beim Entwerfen der Pläne zum Nationaldenkmal auch eine würdige Gestaltung der Umgebung ins Auge gefaßt. Die Ausführung dieser Absicht unterblieb jedoch, bis sie 70 Jahre später von der Stadt Berlin wieder aufgenommen und in einer Schinkels Plan weit übertreffenden Weise zur That gemacht wurde. So entstand in den Jahren 1888—1894 die unter Leitung des Gartendirektors Mächtig geschaffene, terassenförmig den Nord- und Ostabhang des Berges bedeckende herrliche Parkanlage, der Viktoriapark, trotz seiner Kleinheit (8,50 ha) die Perle unter den städtischen Anlagen. Es war sicher nichts Kleines, den 30 m hohen steilen Abhang so zu gliedern, zu befestigen und zu bepflanzen, daß sich dieses wundervolle, den Anschein größter Natürlichkeit vortäuschende Kunstwerk ergab. Der Berg enthielt in seinem Schoße einen Reichtum an nordischen Geschieben, sogen. erratischen Blöcken oder Findlingen, der dem Werke sehr zu statten kam. Indem man diese zum Teil riesigen Geschiebe an die Oberfläche brachte und passend anordnete, gelang es, ganzen Partien des Parks den Anschein zu geben, als ob sie auf einem Untergrunde festen Gesteins ruhten. Die steilen, durch Wege gegliederten Flanken sind mit üppigem Laub- und Nadelholz bekleidet, unter letzterem besonders Fichten und Eiben; darunter wuchern im Schatten Farnkraut und Epheu. Am Fuße und vor allem auf dem Gipfel des Berges dehnen sich weite Rasenflächen aus, auf welchen Stare und Amseln lustig umhertummeln. Hier stehen aus früherer Zeit viele alte Robinien und zwischen ihnen — als botanische Seltenheit — einige Celtis= oder Zürgelbäume, deren Früchte von den kundigen Berliner Jungen nicht selten „Zirbelnüsse" getauft werden.

Nach einer photograph. Aufnahme von Max Feiten=Berlin.

Wasserfall im Viktoriapark.

Seine größte Anziehungskraft erhält der Viktoriapark jedoch durch die reich= liche Verwendung des flüssigen Elements. Zur Belebung des Ganzen wurde in der Achse der Großbeerenstraße vom Fuße des Denkmals bis zur Kreuzbergstraße eine Schlucht zur Aufnahme eines Wasserfalles hergestellt. Über riesige, moos= bedeckte Felsblöcke braust das Wasser in mehreren Stufen zu Thal, eingerahmt von der an den Ufern und zwischen den Steinen malerisch verteilten, üppigen Vegetation. Der Betrieb des Falles erfolgt durch zwei in dem Maschinenhause an der Kreuz= bergstraße aufgestellte Gasmotoren von je 50 Pferdekräften, die das herabgestürzte

Wasser, etwa 14 Kubikmeter in der Minute, wieder zur Höhe befördern, während ein kleinerer Motor von 20 Pferdekräften aus sechs Tiefbrunnen ebensoviel zuführt, als man, um das Wasser frisch zu erhalten, abfließen läßt. Am Westrande des Parks entspringt einer felsig gehaltenen Stelle des Abhanges ein kleiner Bach, der, durch die Bewässerungsleitung gespeist, den Wasserstand in den natürlich geformten, unter sich und mit der Kanalisation verbundenen Becken am Fuße des Berges in angemessener Höhe erhält. Dieser Reihe kleiner Teiche wird auch das an den Abhängen und auf den Wegen sich sammelnde Regenwasser mittelst steinerner Rinnen zugeführt. Auch im östlichen Teile des Parkes ist am Abhange einer tiefen, durch frühere Sand- und Lehmabgrabungen entstandenen Schlucht mit herrlichem, epheuumranktem Baumbestande, der sogen. Wolfsschlucht, eine kleine Quelle hergestellt, deren Wasser seitwärts im Grunde versickert. Die Kosten der Einrichtung des Parkes, einschließlich des Wassersturzes, betrugen rund 900000 Mark.

An der Verschönerung der Anlagen durch Aufstellung von Bildschmuck wird fortgesetzt gearbeitet. Am Fuße des Wasserfalles, vor dem größten Teich, erhebt sich passend die Gruppe Fischer und Nixe. Während auf der Höhe am Denkmal die Kämpfer der Befreiungskriege verherrlicht werden, sind am Abhange die Sänger der Freiheit in Form von Hermensäulen aufgestellt. Da sehen wir Heinrich von Kleist und Schenkendorf, das in fröhlicher Schalkheit leuchtende Greisenantlitz Ernst Moritz Arndts und die feierlich-ernsten Züge Uhlands, das kühne, lockenumwallte Haupt Rückerts, der seine „Geharnischten Sonette" zu schreiben scheint, und den jugendschönen Theodor Körner, der voll Inbrunst das Schwert an die Brust drückt. Zu ihnen werden sich bald weitere Gruppen gesellen. — Einen eigentümlichen Reiz gewährt die elektrische Durchleuchtung des Wasserfalles in den späten Abendstunden. Aus der Ferne betrachtet, scheint ein Strom bald gelben und roten, bald blauen oder grünen Feuers sich über die Flanken des Berges zu wälzen. In der Nähe bietet das lebendige Spiel der farbigen, schäumenden Massen, die Pracht der vom Lichtkegel getroffenen Sträucher und Blüten und die Bewegung der über den Wellen spielenden vergoldeten Insekten, der Nachtfalter, Mücken und Schnaken, einen geradezu märchenhaften Anblick, der denn auch nie verfehlt, das ungeheuchelte Entzücken der zahlreichen Besucher zu erwecken. Über Einsamkeit braucht der alte Weinberg sich von nun an nicht mehr zu beklagen.

Hermann Berdrow-Berlin.

Am historischen Eckfenster.

In seinem Arbeitszimmer, dicht vor dem alten Fritz,
Held Wilhelm, rastend nimmer, erhebt sich von dem Sitz.
Ans Fenster tritt er wieder, wie er so oft gethan;
Da wogt es auf und nieder, die Wache zieht heran.

Laut schmettern die Trompeten den festlich hellen Gruß,
Posaunen auch und Flöten; da reckt sich Hand und Fuß:
Die schmucken Grenadiere, sie folgen Glied auf Glied,
Mannschaften, Officiere im Schritt ohn' Unterschied.

Helmspitzen und Gewehre von gleichem Abstand all',
Als ob ein Körper wäre der Mannen ganze Zahl.
Und wie sie fürder schreiten, das Herz im Leibe lacht;
Dazu nach beiden Seiten der feste Fußtritt kracht.

Was die Minute tauge, das merkt ein jeder gut,
Wo seines Königs Auge erhebend auf ihm ruht.
Vor Wilhelms Angesichte geht alles nur exakt;
Die neu're Weltgeschichte marschiert nach diesem Takt! —

Sie sind vorbei, die Klänge verhallen allgemach.
Nun drängt des Volkes Menge vieltausendköpfig nach,
Und vor des Königs Schlosse die Wogen machen Halt;
Nicht Fuhrwerk, nicht Karosse dringt ein in diesen Wald.

Ein Bergstrom, dem man Schranken in seinem Lauf errieht't,
Mit Donnerbraus ohn' Wanken, das Hindernis durchbricht,
An Wall und Fels zerschellend: so steigt in vollem Chor
Aus Herzen, überquellend, der Jubelruf empor.

Und alle, wie verbrüdert, eint ein geheimes Band.
Der Heldengreis erwidert den Gruß mit Haupt und Hand.
Dann will er rückwärts kehren, denn kostbar ist die Zeit,
Gilts ihm wohl gar, zu wehren so manchem tiefen Leid.

Sieh, seitlich, doch von ferne, da steht ein Landmann schlicht
Von echtem, deutschem Kerne; das zeigt sein treu' Gesicht.
Der hebt in die Höhe das herzige Enkelein,
Daß es den Kaiser sehe, sein Bild sich präge ein.

Da kann Wilhelm nicht eilen, da macht er kurze Rast
Und grüßet im Verweilen den hocherstaunten Gast.
Der Millionen lenket, der Schlacht und Sieg gewann,
So edle Achtung schenket er dem geringsten Mann.

K. Stage-Ketzin (Havel).

Kaiser Friedrich und das Kunstgewerbe-Museum.

Kaiser Friedrich hatte eine hohe, abgeklärte Meinung von der Bedeutung der Kunst und von ihrer Aufgabe für die Veredelung der Menschheit. Er faßte sie nicht auf nur als ein Vorrecht gewisser bevorzugter Kreise, ausgeübt nur von einzelnen und verstanden und genossen von wenigen; sie war ihm in erster Linie ein heiliges Mittel zu dem heiligen Zwecke, den Schönheitssinn des Volkes zu wecken und die Neigung desselben auf würdige und edle Ziele zu richten. Deswegen galten ihm auch die Künstler als Priester der Schönheit, denen er, wie der Kunst selbst, von der Höhe des Fürstenthrones herab seine Huldigung entgegenbrachte. Seine Begeisterung für die Kunst war hervorgegangen aus dem Innersten seiner Seele, die seit seinen Jugendtagen allem Edlen, Schönen und Erhabenen, allen erstrebenswerten Idealen von ganzem Herzen zugethan war. Sie war dann genährt und liebevoll gepflegt worden durch seinen großen Lehrer Ernst Curtius und seine den Künsten ebenfalls mit Liebe zugewandte Mutter. Seine Reisen nach Italien, Griechenland, England und Ägypten hatten ihn mit den hervorragendsten Kunstschätzen der Welt bekannt gemacht. Mit Andacht hatte er in seinen Mannesjahren auf der Burg von Athen gestanden und, wie er oft und gern erzählte, sich dort heimisch gefühlt. So hatte er den Schein von dem Sein, das Wesentliche von dem Unwesentlichen unterscheiden, das Bleibende in den künstlerischen Leistungen aller Zeiten und Völker kennen und schätzen gelernt. Für ihn war die Beschäftigung mit der Kunst nicht der Ausfluß einer fürstlichen Liebhaberei, sondern das Streben nach dem heißen Ziele, Förderung, Freude, Genuß und Belehrung in die weitesten Kreise des Volkes zu tragen, mit einem Worte, durch die Kunst das Volk geistig und sittlich zu heben. Wie groß er von der zu stiller Sammlung und zur Veredelung aller geistigen Kräfte anregenden Kunst dachte, durch deren Werk das Schönste und Reinste aller Zeiten und Völker zu uns redet, das hat er am 50jährigen Gedenktage der Gründung der Museen in unvergleichlicher Weise ausgesprochen: „Wir wissen", sagte er, „wie in den Tagen unseres größten nationalen Unglücks, als alles zu wanken schien, der Gedanke an die idealen Ziele des Menschen sich schöpferisch, stark und lebendig erwies. Dankbar dürfen wir heute genießen, was die grundlegende Arbeit jener trüben Zeit geschaffen. Aber wir werden dieses Genusses nur froh werden, wenn wir auch der Verpflichtungen eingedenk sind, die er uns auferlegt. Es gilt heute vielleicht mehr denn je, an unsern idealen Gütern festzuhalten und die Erkenntnis ihres Wertes und ihrer rettenden Macht unserem Volke mehr und mehr zu erschließen."

Durchdrungen von der Überzeugung, daß, was wir thun, seinen besten Wert erst dadurch erhält, daß wir es mit Liebe für andere thun, hat er die in diesen Worten ausgesprochenen Anschauungen zur unverbrüchlichen Grundlage seines Wirkens gemacht. Die Kunst dem Volke zugänglich zu machen, das war sein leitender Gedanke. Er sah, daß nichts einem leeren und unfruchtbaren Wohlleben wirksamer entgegenarbeitet als der Genuß, welchen die verständnisvolle Beschäftigung

mit wahrer Kunst und mit ihren Denkmälern bereitet. Aber er sah auch, welche
Schwierigkeiten sich diesem Genuß entgegenstellen, wie die Kunst selbst ohne An=
lehnung an systematisch angelegte und stetig vervollständigte Sammlungen sich nicht
entfalten konnte, und wie unentbehrlich ein gewisses Maß von Vorbildung und be=
scheidenem, gutem Willen ist, um sich jenen Genuß zuzueignen. Darum war es vor
allem die Nutzbarkeit der Sammlungen, deren Förderung ihm am Herzen lag;
„mochte es sich nun um Erleichterungen für den Besuch oder um die Beschaffung und
Verbreitung von Hilfsmitteln des Verständnisses handeln oder um eine Art der
Aufstellung, welche die Wirkung eines Kunstwerkes zu erhöhen und es so dem Ver=
ständnis zugänglicher zu machen versprach, so war ihm jeder dahinzielende Schritt
eine Freude und seiner Unterstützung gewiß."*)

Es ist unmöglich, in dem Rahmen dieses Aufsatzes die segensreiche Wirksam=
keit Kaiser Friedrichs für alle Gebiete der Kunst auch nur annähernd zu erschöpfen.
Was er in seiner Eigenschaft als Protektor der königlichen Museen für die Wieder=
erweckung des künstlerischen Sinnes, zur Belebung eines neuen regen Interesses für
die Antike gethan, welchen fördernden Einfluß, welche thatkräftige Unterstützung er
den Ausgrabungen in Olympia zuteil werden ließ, wie er bei jeder Gelegenheit
voll warmer Anerkennung der Männer gedachte, welche in freier Thätigkeit bereit
waren, ihre Kenntnisse und ihr sachverständiges Urteil der Kunst und ihren An=
stalten nutzbar zu machen, das steht mit goldenen Lettern in den Büchern der
Kunstgeschichte eingeschrieben. So nahmen denn auch die Jünger der Kunst, die
Künstler selbst, in der Wertschätzung des Kronprinzen und seiner gleichgesinnten
Gemahlin eine hohe Stelle ein. „Das kronprinzliche Paar", so schreibt Anton
von Werner in einer dem Verfasser dieser Skizze freundlichst zur Verfügung ge=
stellten Charakteristik, „hatte den schönen Künsten in seinem Herzen und seinem
Heim eine freundliche Stätte und einen weiten Platz eingeräumt, und wenn es dem
Kronprinzen auch versagt blieb, in ähnlicher Weise wie einst König Ludwig I. von
Bayern oder König Friedrich Wilhelm IV. von Preußen für die Kunst sichtbar
thätig zu sein, so war doch die Teilnahme, welche das hohe Paar an den Künstlern
und ihrem Schaffen nahm, gerade in den siebziger Jahren, in welchen die politischen
und parlamentarischen Kämpfe und der innere Ausbau des Deutschen Reiches das
öffentliche Interesse im höchsten Maße in Anspruch nahmen, von nicht zu unter=
schätzendem Einflusse. Das kronprinzliche Paar suchte die Künstler in ihren Ateliers
bei der Arbeit auf und empfing sie im Kronprinzlichen Palais in Berlin und im
Neuen Palais in Potsdam zu anregender Geselligkeit."

War Kaiser Friedrich durch Erziehung, Bildung und Reisen von früher Jugend
an innig mit der Antike vertraut und auch darin ein rechter Deutscher, daß er, wie
seine großen Vorgänger, die deutschen Kaiser, mit inniger Liebe an Italien und
seiner Kultur hing, so galt doch seine Liebe vor allen Dingen der deutschen Kunst,

---

*) Geh. Regierungsrat R. Schöne in seiner Gedächtnisrede bei der Trauerfeier der königl.
Museen, gehalten am 1. Juli 1888 im Lichthofe des Königl. Kunstgewerbe-Museums.

ganz besonders der heimischen Kunstindustrie, mit deren Entwicklungsgeschichte er sich eingehend beschäftigt hatte.

Schon vor einem Jahrhundert, als man einen Niedergang des Kunstgewerbes zu bemerken glaubte, war der Gedanke erwacht, diesem Rückgang durch Ansammlung würdiger Vorbilder, durch Ausstellungen, vor allem aber durch Begründung neuer Lehranstalten wirksam entgegen zu arbeiten. Die schweren Zeiten der politischen und nationalen Erniedrigung unseres Vaterlandes zu Anfang dieses Jahrhunderts, das vollständige Stocken von Handel und Gewerbefleiß hatten aber all diese schönen Anfänge im Keime erstickt. Erst nach den Freiheitskriegen kamen diese Bestrebungen durch Beuth und Schinkel wieder in Fluß, und als ersterer im Jahre 1821 die Gewerbeschule gründete, aus welcher später die technische Hochschule erwuchs, sollte

Kunstgewerbe-Museum.

auch das Kunstgewerbe eine wesentliche Förderung erfahren. Die mit dem Institut verbundene Musterzeichenschule, die Werkstätten für Modelleure, Kunstgießer und Ciseleure, die durch Schinkel angeregte und unter seiner geistigen Führung stehende Herausgabe eines Prachtwerks, welches wertvolle Vorbilder für Fabrikanten und Kunsthandwerke enthielt, seine Förderung der Zinkgußindustrie, der Silberschmiedekunst, der Weberei und Wirkerei, die Hebung des künstlerischen Geschmacks durch die ebenfalls von Schinkel angeregte Verschönerung der inneren Ausstattung der Wohnungen — alles dies waren mächtige Fortschritte auf dem einmal begonnenen Wege. Dem Beispiele der Hauptstadt folgten die Provinzialstädte mit der Gründung von Kunst= und Gewerbeschulen, und als die von dem edlen Prinzen Albert, dem Schwiegervater Kaiser Friedrichs, im Jahre 1851 ins Leben gerufene erste Londoner Weltausstellung die verschiedensten europäischen Nationen zu einem friedlichen Wett=

kampfe auf den Plan rief, begegnete dieses Unternehmen auch in Preußen, vornehm=
lich in Berlin, großem Verständnis in den gewerblichen Kreisen. Freilich, das be=
wies diese und auch noch die im Jahre 1862 in London wiederholte Ausstellung,
daß Preußen in Bezug auf kunstgewerbliche Leistungen erst in dritter und vierter
Reihe marschierte, und es bedurfte noch verschiedener Niederlagen in den friedlichen
Wettkämpfen der Gewerbe, um auch in Preußen die maßgebenden Kreise davon zu
überzeugen, wie wichtig gerade das Kunstgewerbe für den nationalen Wohlstand
ist, indem es, das Rohprodukt veredelnd, unter Beihilfe eines künstlerisch gebildeten
Geschmacks und unter nur geringem Aufwand von Material und finanzieller Unter=
stützung wirtschaftlich die höchsten Werte erzeugt.

Zur Verbreitung dieser Überzeugung in weiteren Kreisen hat namentlich das
kronprinzliche Paar hervorragend beigetragen. Im Auftrage desselben gab Dr. jur.
H. Schwabe im Jahre 1866 eine Denkschrift heraus, welche die Förderung der
Kunstindustrie von der Gründung von Kunstindustrieschulen, wie solche seit langer
Zeit in England bestanden, abhängig machte. Bald nach dem Kriege 1866 bildete
sich ein Komitee, welches die Gründung eines Kunst= und Gewerbmuseums zu
seinem Ziele gemacht hatte. Der am 1. Dezember 1866 erschienene Aufruf zeigte
70 Unterschriften aus den Reihen hervorragender Gewerbetreibender, Mitglieder der
Kaufmannschaft, Künstler, Gelehrter und Zeitungsredakteure. Bereits am 18. De=
zember fand eine öffentliche Versammlung statt, welche über Zweck und Ziel des in
Aussicht genommenen Instituts eingehend beriet. Dasselbe sollte nach einer weiteren
Versammlung des Ausschusses, der am 25. März 1867 die Satzungen vorlegte, den
Namen „Deutsches Gewerbmuseum zu Berlin" führen und den Zweck haben, „den
Gewerbetreibenden die Hilfsmittel der Kunst und Wissenschaft zugänglich zu machen."

Das junge Institut hatte aber zuvörderst mit schweren Sorgen zu kämpfen.
Wenn die königliche Staatsregierung sich auch nicht ablehnend verhielt, so blieb doch
in der Hauptsache die Ausgestaltung und Weiterführung zunächst der Privatthätig=
keit überlassen.

Da griff der Kronprinz, dem die Sache sehr am Herzen lag, mit fester Hand
ein. Wesentlich auf seine Fürsprache wurden dem deutschen Gewerbmuseum unterm
18. August 1867 die Rechte einer juristischen Person verliehen und ihm durch eine
Schenkung von 45000 Mark von seiten der königlichen Staatsregierung die erste
größere finanzielle Unterstützung zu teil, welche wesentlich zu Ankäufen auf der
Pariser Weltausstellung verwendet werden sollte. Nachdem in der Stallstraße ein
Lokal gemietet und die Sammlungen geordnet waren, konnte am 12. Januar 1868
die Anstalt mit 230 Schülern, welche in vier Sonntags=, vier Abend= und zwei
Tageskursen unterrichtet wurden, eröffnet werden. Einige Wochen später fand die
erste öffentliche Vorlesung statt. Bereits am 7. April desselben Jahres wurden
die beiden ersten Sammlungssäle dem Publikum erschlossen.

Um dem jungen Institute auch außerhalb Berlins Freunde und Geltung zu
verschaffen, hielten die verdienstvollen Direktoren Grunow und Dr. Lessing in
Potsdam, Magdeburg, Halberstadt, Hannover, Stettin, Posen ꝛc. Vorträge über die
Zwecke und Ziele des Gewerbmuseums. An diese Vorträge reihten sich Wander=

ausstellungen, wobei solche Stücke der kunstgewerblichen Sammlungen, welche durch den Eisenbahntransport nicht gefährdet wurden, in eigens dazu angefertigten, leicht zerlegbaren Schränken auch weiteren Kreisen zugänglich gemacht wurden. Das Interesse für die junge Anstalt wuchs von Tag zu Tag.

Von grundlegender Bedeutung für die Ausgestaltung und weitere Entwicke= lung des Kunstgewerbemuseums war die im Herbst 1872 veranstaltete Ausstellung älterer kunstgewerblicher Gegenstände im Königlichen Zeughause. Sie war das ureigenste Werk des kunstsinnigen Kronprinzenpaares, welches nicht nur die erste Anregung dazu gegeben, sondern auch durch Gewinnung eines Ausstellungslokals, durch Auswahl und Unterbringung der Ausstellungsobjekte, vor allem aber durch die Beschaffung der Geldmittel das Unternehmen in uneigennützigster Weise unter= stützte. In mehreren Beratungen, welche die Grundzüge des Unternehmens fest= stellen sollten, hatte der Kronprinz selber den Vorsitz geführt. Auf seine und seiner Gemahlin warme Fürsprache war aus dem Allerhöchsten Dispositionsfonds die Summe von 30000 Mark zur Unterstützung des verdienstvollen Werkes gewährt worden; wesentlich ihrem Einflusse verdankte der Ausschuß auch die schnelle Ge= winnung eines Ausstellungslokals; die oberen Räume des Königlichen Zeughauses waren dazu bewilligt worden.

Nachdem der Kronprinz und die Kronprinzessin am 8. Mai das Protektorat der Ausstellung übernommen, leiteten sie persönlich die Auswahl der durch die Gnade des Kaisers bewilligten Kunstwerke aus sämtlichen königlichen Schlössern, stellten auch bereitwilligst ihre eigenen Sammlungen zur Verfügung. Ihr hoch= herziges Beispiel fand bei den Besitzern kunstgewerblicher Gegenstände lebhafte Nach= ahmung. Die Prinzen Karl und Alexander von Preußen, die Herren Oberleutnant von Brandt, Konsul Gärtner, Graf Harrach, A. von Heyden, Banquier Jacques, Stadtrat Löwe, General von Peucker, Graf W. Pourtalès, Bildhauer Sußmann= Hellborn u. a. m. stellten bereitwilligst ihre Besitztümer zur Verfügung; ihnen schlossen sich die königlichen Museen, die königliche Kunstkammer und andere öffent= liche Sammlungen an; die Räume konnten die Kunstgegenstände kaum fassen.

Die am 1. September desselben Jahres durch den Kronprinzen persönlich eröffnete Ausstellung, welche bis zum 17. November währte und von mehr als 60000 Personen besucht wurde, ließ erkennen, welche reichen Schätze an kunstgewerb= lichen Gegenständen aller Stilperioden in der Hauptstadt zerstreut waren und „wie lohnend es sein würde, auf Grundlage und durch möglichste Vereinigung dieses Bestandes ein Kunstgewerbemuseum herzustellen".

Durch die Ausstellung im Zeughause war das Museum zum erstenmal aus der Abgeschiedenheit in der Stallstraße vor ein größeres Publikum getreten. Das Interesse weiterer Kreise für kunstgewerbliche Gegenstände kam natürlich dem In= stitut selbst zu gute. Dabei wurde auch die Aufmerksamkeit auf die ungenügenden Lokalitäten gelenkt, in welchen das Museum bisher sein Dasein hatte fristen müssen; vor allem galt es, den inzwischen von der Königlichen Staatsregierung angekauften sehr wertvollen Minutoli= und Hanemann=Sammlungen ein geeignetes und würdiges Unterkommen zu schaffen. Der neue Bau eines Museums war indessen selbst im günstigsten Falle vor Ablauf einiger Jahre nicht zu erwarten. Da traf es sich glücklich, daß durch die Übersiedelung der Königlichen Porzellanmanufaktur nach Charlottenburg die beiden auf den Grundstücken Leipzigerstraße 4 und Königgrätzerstraße 120 gelegenen, bereits von Friedrich dem Großen errichteten Gebäude frei wurden; in diese Räume, welche schon 100 Jahre früher ebenfalls einem wichtigen Kunstgewerbe gedient hatten, wurde das Museum Ende Mai des Jahres 1873 übergeführt. Fast gleichzeitig mit dieser Übersiedelung erklärte sich die Königliche Staatsregierung bereit, in nicht allzu ferner Zeit ein eigenes Gebäude für das Museum herzustellen, die ihm bisher nur leihweise überlassenen kunstgewerblichen Gegenstände, vor allem die wertvolle Minutoli-Hanemann-Sammlung, als Eigentum zu übertragen und, was das Wichtigste war, das Museum mit einem jährlichen Zuschuß von 54000 Mark zu unterstützen. Nunmehr konnte der Vorstand des Museums seine Hände freier regen.

Sehr wichtig, ja bahnbrechend für die Entwickelung des Kunstgewerbes war der von dem Kronprinzen angeregte Gedanke, die Besitzstücke des Museums im höheren Grade als bisher den weitesten Kreisen zugänglich und nutzbar zu machen. Dies sollte zunächst durch die Veranstaltung jährlich stattfindender kunstgewerblicher Weihnachtsmessen erzielt werden, ein Gedanke, für den auch der bekannte Geheime Regierungsrat Reuleaux lebhaft eintrat, der bekanntlich nach seiner Rückkehr von der Weltausstellung in Philadelphia über das damalige deutsche Gewerbe jene offenherzige, aber scharfe Kritik fällte, welche weiten Kreisen des Gewerbe= und Handelsstandes plötzlich die Augen öffnete. Die sich seit jener Zeit regelmäßig wiederholenden Weihnachtsmessen brachten jedesmal die im abgelaufenen Jahre geleisteten Arbeiten des Kunsthandwerkes weiten Kreisen zur Anschauung und wirkten — durch die geübte Kritik sowohl wie durch die Förderung des Interesses — äußerst belebend und anregend auf die weitere Entwickelung des Kunstgewerbes; sie waren in zweiter Linie dem Museum auch selbst fördernd, das auf Anregung des Kronprinzen am 31. März 1879 den bisherigen Namen „Deutsches Gewerbemuseum" in die treffendere Benennung „Kunstgewerbemuseum" umwandelte und dadurch auch äußerlich andeutete, daß Kunst und Gewerbe Hand in Hand gehen müßten.

Von hervorragender Wichtigkeit war der Umstand, daß einsichtsvolle Pädagogen — wir nennen die Stadtschulräte Professor Dr. Hoffmann und Professor Dr. Bertram — die wichtige Wechselverbindung des Kunstgewerbemuseums mit den Fortbildungs= und Gemeindeschulen hinsichtlich des Zeichenunterrichts erkannten. Sollte das Kunstgewerbemuseum Tüchtiges leisten, so mußten die Schüler desselben bereits mit größeren Vorkenntnissen in die Anstalt treten, damit sie sich schneller höheren kunstgewerblichen Zielen zuwenden konnten. Von bahnbrechendem Werte nach dieser Richtung hin wurde der auf Veranlassung des Stadtschulrats Dr. Bertram im Schuljahre 1875/76 für die städtischen Berliner Gemeindelehrer am Kunstgewerbemuseum eingerichtete Ornamentzeichenkursus, der im ersten Jahre 47, im zweiten 57, im dritten bereits 74 Teilnehmer zählte und bald darauf in zwei Kurse geteilt werden mußte. Der ganze Zeichenunterricht in den städtischen Gemeindeschulen wurde seit jener Zeit auf eine andere Grundlage gestellt. Auch die unter der Leitung des Direktors Jessen sich schnell entwickelnde Handwerkerschule diente denselben Zwecken. Die genannten Anstalten wurden nach und nach in immer engere Beziehung zu den Zielen des Kunstgewerbemuseums gesetzt.

Als einer der unermüdlichsten Förderer all dieser Bestrebungen zeigte sich immer und immer wieder der deutsche Kronprinz. „Nicht für die Schule, sondern für das Leben lernen wir", hatte er bei der Jubelfeier zu Bonn den Studenten zugerufen, und dieser uralten pädagogischen Wahrheit suchte er auch hier wieder gerecht zu werden. Sollten die Schüler dereinst auf den Gebieten der Kunst, des Kunstgewerbes und des Kunsthandwerks etwas Tüchtiges leisten, so mußten sie geeignete Vorbilder haben, Vorbilder, die nicht aus der Theorie entstanden waren, sondern solche, die aus der praktischen Wirklichkeit, aus dem Handwerks= oder Gewerbeleben der warm pulsierenden Gegenwart oder aus demjenigen früherer Gewerbeepochen herausgegriffen wurden.

Und diese Vorbilder fanden sich in den reichen Schätzen des Kunstgewerbemuseums und zahlreicher anderer Sammlungen. Der Besuch derselben war für die Schüler namentlich der Fortbildungsschulen bisher aber ein wenig fruchtbringender gewesen. Planlos, von niemand angeleitet, waren sie in den herrlichen Räumen von einem Gegenstande zum anderen geirrt. Meist war ihnen aber auch nicht einmal dies möglich gewesen. Viele Sammlungen waren ihnen gänzlich verschlossen, oder die Besichtigung lag zu einer Zeit, in welcher es ihnen unmöglich war, diese Schätze eingehend kennen zu lernen. Da war es wieder des Kronprinzen schöpferischer Gedanke, der hier helfend eintrat. Er sorgte dafür, daß den jungen Leuten die Räume im Kunstgewerbemuseum in einer mehr ergiebigen Weise als bisher erschlossen wurden, und ordnete an, daß der Besuch seitens der Schüler in Begleitung kundiger Lehrer erfolgte, damit die Schüler erst die rechte Ausbeute von demselben hatten. Rektor Paulick, der verdienstvolle, langjährige, leider zu früh verstorbene Leiter der X. Fortbildungsschule, welche der Kronprinz mit seiner ganz besonderen Gunst auszeichnete und jedes Jahr besuchte, mußte ihm jedesmal eingehend Bericht darüber erstatten, ob diese Besuche auch fleißig stattfanden. Aber er begnügte sich nicht damit. Wie er die Kunst in erster Reihe nicht als ein Erwerbs=, sondern vielmehr als ein Bildungsmittel auffaßte, so suchte er dementsprechend ihre Erzeugnisse den weitesten Kreisen des Volkes zugänglich zu machen.

Wenn ein Teil dieser herrlichen Ideen sich bisher nicht verwirklicht hat, so lag es eben daran, daß dem fürstlichen Volksfreunde als Kronprinz nicht derjenige Einfluß auf die maßgebenden Faktoren zustand, wie er ihn als Kaiser hätte ausüben können. Seine Hände waren ihm durch zahlreiche Rücksichtnahmen und durch die Unzulänglichkeit seiner Mittel gebunden. Er selber hat einmal diesen Zustand des Gebundenseins mit den Worten bezeichnet, „daß der Kronprinz nur zu wünschen, der Kaiser aber zu befehlen habe". Was er aber in diesem Sinne erstrebt und während der ihm nur noch kurz bemessenen Zeit seines Lebens auch verwirklicht hat, das hat er mit herrlichen Worten bei einer der Prüfungen in der genannten Anstalt gegenüber den städtischen Vertretern und dem Rektor der Anstalt ungefähr in folgenden Worten geäußert: „Wenn der Handwerker den ganzen Tag an die Werkstatt gefesselt ist, so muß ihm durch besondere Einrichtungen, in erster Reihe durch elektrische Beleuchtung des Kunstgewerbemuseums und der übrigen Kunstsammlungen, die Möglichkeit erschlossen werden, in diesen Räumen in nutzbringender Weise auch abends seine Studien zu machen." Diese Äußerung that er speziell in der Bildhauergruppe und versprach, seinen ganzen Einfluß aufzubieten, damit der von ihm ins Auge gefaßten Vergünstigung möglichst schnell entsprochen werde. „Die herrlichen Sammlungen", sagte er weiter, „werden nicht genügend benutzt, namentlich von denjenigen, die den größten Nutzen daraus ziehen könnten. Die Kunst ist nicht für wenige Auserkorene da, sondern um die Masse des Volkes nach jeder Richtung hin zu bilden; darum muß der Staat Einrichtungen treffen, daß diese Schätze dem ganzen Volke erschlossen werden. Unter Führung von Lehrern muß dieser Besuch ein nutzbarer, planmäßiger für sämtliche Fortbildungsanstalten Berlins werden. Dann, so hoffe ich", schloß er, „wird die Zeit nicht mehr fern sein, wo Nord und Süd in Deutschland sich zu diesem Wettstreite innig die Hand reichen und dem Auslande gegenüber erfolgreiche Konkurrenz bieten können."*)

Ein neuer Abschnitt für das Kunstgewerbemuseum begann im Jahre 1881, wo dasselbe aus den provisorischen Räumen der alten Porzellanmanufaktur nach dem neuen, inzwischen fertiggestellten, herrlichen Heim in der Prinz-Albrechtstraße übersiedeln konnte. In der würdigen Umgebung präsentierten sich die Erzeugnisse des Kunstfleißes um so schöner, und das Interesse für die stetig sich vermehrenden Sammlungen wuchs seitdem von Tag zu Tag.

Werfen wir noch einen Blick auf die Entstehung des Monumentalbaues. In der kurzen Zeit von vier Jahren war er vollendet worden. Wie er selbst die Erzeugnisse des Kunstgewerbes in den kostbaren Schätzen seiner Sammlungen barg, so hatten alle Zweige des Kunsthandwerks an seinem Aufbau und an seiner Ausschmückung teilgenommen. Die Fundamentierung des Baues hatte am 23. April 1877 begonnen; die Unterrichtsanstalt konnte bereits am 1. Oktober 1880 in die neuen Räume übersiedeln. Am 20. Juni 1881 folgten die Sammlungen; die letzten Stücke derselben wurden am 1. Oktober 1881 aus dem Interimslokal der alten Porzellanmanufaktur in das neue Haus übergeführt.

Nur durch das freudige Zusammenwirken aller Kräfte, vor allem durch das großmütige und thatkräftige Eingreifen des Kronprinzen und seiner kunstsinnigen Gemahlin, deren liebevolle Teilnahme an dem Gelingen des schönen Werkes nimmer rastete, konnte die Riesenaufgabe in so kurzer Zeit vollendet werden. Kunst und Kunsthandwerk reichten sich dabei zu schönem Bunde die Hand, geführt und geleitet von dem schöpferischen Genie der Baumeister Martin Gropius und Heino Schmieden, welche den herrlichen Bau zwar gemeinschaftlich begannen, aber nicht gemeinschaftlich vollenden sollten; ein allzufrüher Tod berief den erstgenannten Meister vorzeitig aus seinem Wirken ab.

---

*) Nach persönlichen Mitteilungen des Rektors Paulick.

Das Werk der Meister aber wird Generationen und Jahrhunderte überdauern. Entstanden aus den Bedürfnissen der künstlerisch schaffenden Arbeit, unterstützt und gefördert von der liebevollen Huld kunstsinniger Fürsten, bestimmt zu der schönen Aufgabe, die kunstgewerblichen Schätze aller Völker und Jahrhunderte dem gegenwärtigen und zukünftigen Beschauer vor Augen zu führen, steht es da als ein Monument deutschen Kunstfleißes, dem Kunstgeschmack fernerer Geschlechter die Wege weisend, als das Wahrzeichen eines nach den höchsten und idealsten Gütern des Lebens ringenden Volkes.

Hermann Müller=Bohn.

Alte Berliner Wahrzeichen.

1. Die Rippe.

In grauer Vorzeit wurde ein gewaltiger Riese von einem Berliner erschlagen. Sein Leib war so groß, daß er auf den Berliner Kirchhöfen stückweise begraben werden mußte. Ein Schulterblatt und eine Rippe aber kamen an das Haus Molkenmarkt 13, das nach diesem Wahrzeichen noch heute „die Rippe" genannt wird. Die Wissenschaft hat einen Walfisch als den einstigen Besitzer der Knochen erkannt.

2. Das steinerne Kreuz bei der Marienkirche.

Zu der Zeit, da ganz Deutschland noch katholisch war, stand Berlin in geistlicher Hinsicht unter dem Propst von Bernau. Der Propst, der bis 1325 lebte, hatte sich bei den Berlinern verhaßt gemacht. Eines Tages war bei der Marienkirche Markt, und in der Kirche wurde Gottesdienst abgehalten. In seiner Predigt eiferte der Propst wieder gegen die Berliner. Als er heraustrat, kam der Volksunwillen gegen ihn zum Ausdruck. Von Schimpfreden ging man zu Thätlichkeiten über, und zuletzt ward der Propst erschlagen. Da der Papst in Rom davon hörte, that er Berlin in den Bann. Die Berliner mußten viel Lösegeld zahlen und als Zeichen der Buße ein steinernes Kreuz aufrichten da, wo der Propst erschlagen worden war. Dieses Kreuz steht heute noch.

3. Die Löwen an der Parochialkirche.

Die Parochialkirche in der Klosterstraße ist durch die Singuhr bekannt; das ist ein Glockenspiel, welches immer um voll und um halb einen Choral spielt. Über der Uhr sind an den vier Ecken des Turmes Löwen zu sehen, die früher alle Stunden zu dem Glockenspiel gebrüllt haben. Die Uhr ist das Werk eines holländischen Meisters. Damit keine andere Stadt ein ähnliches Kunstwerk bekäme, ließ der Rat

von Berlin dem Meister die Augen ausstechen. Der blinde Meister hat dann ge=
beten, man möge ihn noch einmal auf den Turm führen. Als er oben war, hat
er an einer Schraube gedreht, und seit der Zeit sind die Löwen stumm.

4. Der Neidkopf.

Als der Soldatenkönig Friedrich Wilhelm I. regierte, wohnte in dem Hause
Heiligegeiststraße 38 ein armer Goldschmied. Wenn der König abends spät durch
die Stadt ging, um nach dem Rechten zu sehen, fand er den Meister immer noch
bei der Arbeit. Da der König merkte, daß der Goldschmied auch ein geschickter
Mann war, ließ er mancherlei bei ihm arbeiten. In dem gegenüberliegenden Hause
wohnte ein reicher Goldschmied. Dessen Weib beneidete den armen wegen der hohen
Kundschaft und schnitt alle Tage die schändlichsten Gesichter. Eines Tages sah das
der König, und er beschloß, die Frau zu bestrafen. Er ließ dem armen Goldschmied
statt des alten ein neues, schönes Haus aufbauen und zwischen den Fenstern den
Kopf eines Weibes mit Schlangenhaaren und abgemagertem, verzerrtem Gesicht an=
machen. Von nun an sah das neidische Weib in dem Neidkopf ihr Bild vor sich.

5. Der Simson.

An dem Hause Wallstraße 25 ist ein Mann mit einer Thür auf dem Rücken
dargestellt. In dem Hause, das früher da stand, wohnte ein armer Schuster, der
in der Lotterie spielte. Damit ihm seine Kinder das Los nicht verbrächten, klebte
er es an die Stubenthür. Richtig fiel auf seine Nummer ein namhafter Gewinn.
Da nahm er die Thür auf den Rücken und ging so nach dem Lotteriegebäude. Als
er sich später ein neues Haus baute, ließ er daran sein Bild anbringen. Andere
Leute sagen, die Darstellung soll daran erinnern, daß dort, wo jetzt das Haus steht,
das Köpenicker Thor vom alten Berlin gewesen ist.

6. Das Haus mit den 99 Schafsköpfen.

Friedrich der Große hatte an den Straßenecken gern stattliche Gebäude. Am
Alexanderplatz war damals der Gasthof „Zum goldenen Hirsch". Als der abgerissen
wurde, ließ der König ein neues Haus bauen und oben einen goldenen Hirsch an=
bringen; so wollte er es an einen verdienten Bürger verschenken. Allein der Nimmer=
satt bat den König, noch ein paar Verzierungen anbringen zu lassen. Der alte Fritz
gebot nun dem Baumeister, das Haus mit neunundneunzig Schafsköpfen zu schmücken.
Bestürzt kam der Mann zum König gelaufen und wollte sich beklagen. Der aber
fertigte ihn kurz ab und sagte: „Wenn Ihm die neunundneunzig Schafsköpfe noch
nicht genug Verzierungen sind, so mag Er sich selbst ins Fenster legen; dann ist das
Hundert voll."

G. Kalb nach W. Schwartz.

August Borsig und die Berliner Eisenindustrie.

Ein volles Jahrhundert war im Sommer 1899 seit der Aufstellung der ersten Dampfmaschine in Berlin verflossen. Elf Jahre lang hatten die Verhandlungen gedauert, bis es dem deutschen Erbauer dieser Maschine gelungen war, sein Werk bei der Königlichen Porzellanmanufaktur in Betrieb zu setzen. Unter den vielfachen Bedenken, die dagegen erhoben wurden, fiel ein Widerspruch des damaligen Nachbarn der königlichen Fabrik, des Kammerherrn von der Reck, schwer ins Gewicht, welcher die „Feuermaschine", wie man damals sagte, als im hohen Grade gefährlich für Gesundheit und Leben der Anwohner bezeichnete, und nur den außerordentlichen Anstrengungen des Geheimen Finanzrates Grafen von Reden war es zu danken, daß die Aufstellung der Maschine durchgesetzt wurde.

Unter dem 13. August 1799 erstattete der Oberaufsichtsbeamte der Porzellanmanufaktur, Staatsminister Freiherr von Heinitz, dem Könige also Bericht über das Ereignis:

„Die mit schlesischen Steinkohlen in Gang gebrachte Feuermaschine bei der Porzellanmanufaktur ist nun vollständig errichtet, und es werden dadurch zehn Pferde erspart. Sie bewegt zwölf Stampfen und elf liegende und einen stehenden Mühlstein, dazu eine große kupferne Scheibe für die Porzellanschleiferei. Außerdem hebt sie alles Wasser, dessen sie teils selbst zum Verdampfen und Niederschlagen der Dämpfe, teils die ganze Wasch- und Schlämmereianstalt bedarf, aus einem vierzig Fuß tiefen Brunnen. Sie ist die erste ihrer Art, von kleinem Umfange und großer Wirkung, durchaus ein inländisches Produkt, auf den oberschlesischen Eisenwerken Eurer Majestät durch den sehr geschickten Maschinisten Baildon verfertigt und nun hier errichtet. Sie verdient von Eurer Majestät und Höchstdero Königlichen Frau Gemahlin besehen zu werden, und ich würde bei dieser erwünschten Gelegenheit die nun auch fertigen zur beträchtlichen Holzsparung eingerichteten und zugleich auf Vervollkommnung der Arbeiten und Erleichterung des Ouveriers (Arbeiters) abzweckenden Porzellan-Brenn-, Trocken- und Emaillieröfen unterthänigst vorzeigen.

Geruhen daher Eure Majestät, den Tag und die Stunde hierzu gnädigst zu bestimmen. von Heinitz."

Trotzdem dieser Feuermaschine, die als durchaus einheimisches Produkt in dem Bericht mit einem gewissen Stolz bezeichnet ist, die volle Anerkennung der Königlichen Majestäten bei Gelegenheit der Besichtigung zu teil wurde, hatte der Versuch, den Maschinenbau, der in England schon seit mehr als einem halben Jahrhundert in Blüte stand, auf heimischen Boden zu verpflanzen, zunächst weiter keinen Erfolg. Der Dampfmaschinenbau blieb nach wie vor ein Vorrecht Englands. Erst im Jahre 1816 gelang es einem Berliner, Namens Freund, eine Dampfmaschine zu konstruieren, die sich also bewährte, daß sich Leute fanden, die ihm die Mittel zur Verfügung stellten, die erste deutsche Maschinenfabrik in Berlin zu errichten. Auch die Freundsche Maschine wurde vom Könige besichtigt, und triumphierend soll der Erbauer ausgerufen haben: „Jetzt haben wir den Engländer in der Tasche!"*)

Auch mit den übrigen Zweigen der heutigen Eisenindustrie war es zu Anfang des 19. Jahrhunderts nur schwach bestellt. Die Königliche Eisengießerei, im Jahre 1803 gegründet, erreichte zwar durch die Ausbildung des feineren Kunstgusses, sowie 1821 durch die Ausführung des Siegesdenkmals auf dem Kreuzberge eine Berühmtheit, allein es fehlte ihr an Männern voll Eifer und Thatkraft, die geeignet waren, auf dem Gebiete der neuentstandenen Dampfindustrie bahnbrechend zu wirken. Die Engländer beherrschten auch in Deutschland diesen Industriezweig. Kleinere Unternehmungen eines Spatzier, Pelzer und Hummel vermochten den Einfluß der Briten nicht zu brechen.

Da gründete F. A. Egells, welcher als Kupferschmied in der Königlichen Eisengießerei thätig gewesen war, im Jahre 1825 vor dem Oranienburger Thor seine „Neue Berliner Eisengießerei".**) Und diese Werkstätte, in welcher neben der Eisengießerei auch der Maschinenbau betrieben wurde, war es, von wo aus eine Wendung der Dinge auf dem Gebiete der Berliner Dampf- und Eisenindustrie ihren Ausgang nahm.

Denn in diese Anstalt trat der junge, geniale Breslauer Zimmermann August Borsig, der spätere Begründer der großartigen neuen deutschen Eisenindustrie, mit gründlichen Vorkenntnissen in den Fächern des Zeichnens, der Mathematik, Physik

August Borsig.

und namentlich der für den Maschinenbau so wichtigen Mechanik, und zwar zunächst als Zeichner ein. Die hellglühenden Feuer der Schmiedeessen, der Flammen- und Kupolöfen mit ihren sausenden Gebläsen entfachten in seinem empfänglichen Herzen eine Glut für die neue Industrie, daß er beschloß, sich derselben fortan ganz zu widmen. Seine geniale Kraft hat es vermocht, daß die Macht der Engländer gebrochen wurde, deutscher Fleiß und deutsche Arbeit auf diesem Gebiete den Sieg errangen. Unter seinem Einflusse entwickelte sich im Laufe weniger Jahrzehnte die einheimische Eisenindustrie zu gewaltiger Höhe und Vollkommenheit. Mit vollem

---

*) Nach dem Bericht eines alten Berliners, Schlossermeister Krah, der als junger Mann in der Freundschen, später in der Borsigschen Fabrik gearbeitet hat.

**) Diese Firma war noch bis in die 80er Jahre, zuletzt in altehrwürdigen, schwarzgeräucherten Eisenlettern an dem Gebäude Chausseestraße 2 zu lesen.

Recht hat man August Borsig den stolzen Titel eines deutschen Lokomotivenkönigs beigelegt.

Als Sohn eines schlichten, biederen Zimmermannes ward Borsig 1804 in Breslau geboren. Da er nur eine dürftige Schulbildung empfangen hatte, so suchte er später als Jüngling, während er das Handwerk seines Vaters zu erlernen sich befleißigte, auf der Königlichen Bauschule in Breslau, welche er in seiner arbeitsfreien Zeit besuchte, durch eifrigsten Fleiß das Versäumte nachzuholen. Durch sein reges Vorwärtsstreben und seine außergewöhnliche Befähigung zog er die Aufmerksamkeit seiner Lehrer auf sich, welche sich für ihn verwendeten und es vermittelten, daß er auf Kosten der Regierung behufs seiner Ausbildung zum Baumeister auf das von dem Geheimrat Beuth gegründete Gewerbeinstitut in Berlin geschickt wurde. Es war im Frühjahr 1823, als er auf Schusters Rappen die Reise von Breslau nach Berlin unternahm und die hohe Schule bezog, um dort seine Studien fortzusetzen. Doch seltsamerweise wollte es dem jungen Zimmergesellen nicht gelingen, sich hier die Zufriedenheit seiner Lehrer zu erringen. Ja, durch sein freies, allzuselbständiges Auftreten denselben gegenüber und durch Vernachläßigung eines ihm für das Baufach unwichtig erscheinenden Lehrgegenstandes zu Gunsten seiner Studien in der Mechanik zog er sich das Mißfallen einiger seiner Lehrer zu. Beuth, der Oberleiter des Instituts, entließ ihn infolgedessen im Herbste 1825 ohne Examen, weil er, wie es in dem Entlassungszeugnis hieß, in der Chemie nichts leiste und sich so der ihm von der Königlichen Regierung zu Breslau gewährten Vergünstigung unwert gezeigt habe.

So mußte der schlesische Zimmergeselle Schusters Rappen noch einmal satteln und sich wieder auf die Wanderschaft begeben. Doch daß er, der schimpflich Verwiesene, zurück zur Heimat kehre, ließ seine Selbstachtung nicht zu. Da seltsamerweise die Ersatzkommission ihn trotz seines kräftigen Körperbaues ebensowenig für den Militärdienst, als der Leiter des Gewerbeinstitutes zum Baumeisterexamen tauglich befunden hatte, weil er, wie es in seinem Militärentlassungsschein hieß, „einen zu dicken Hals" habe, so stand seiner Wanderlust auch weiter kein Hindernis entgegen. Offen lag die Welt vor ihm, und ohne viel um sein Mißgeschick bekümmert zu sein, wanderte er zur Hauptstadt hinaus, aber zu einem anderen Thor, als durch welches er hereingekommen war.

Mit frischem Jugendmute durchschritt er das Oranienburger Thor und setzte rüstigen Schrittes seinen Fuß auf die dem deutschen Norden zuführende Chaussee, welche damals auf ihrer Anfangsstrecke nicht wie heute bebaut war, sondern unmittelbar vom Thore ins Freie führte. Doch seltsam! — Jetzt, da er der prächtigen Residenzstadt, in welcher er zwei schöne Jahre seines Lebens verbracht, wo sein strebsamer Geist so viel Anregung und Gelegenheit zur Ausbildung gefunden, den Rücken gewandt hatte, da fiel es ihm doch schwer aufs Herz, von dannen ziehen zu müssen. Unwillkürlich hielt er den Schritt inne, wandte sich um und schaute sinnend die prächtige Friedrichstraße hinab. Lange vermochte er sich von dem Anblicke nicht loszureißen. „Es wäre doch wohl schöner gewesen, wenn du in dem herrlichen Berlin hättest bleiben können!" dachte er, und in der Erregung seines

Gefühles sprangen die Worte laut von seinen Lippen. „Doch nun ist es zu spät umzukehren! — Ade denn! — Es muß geschieden sein! Vorwärts, nicht rückwärts mehr geschaut! Ade Berlin!" — Mutig entschlossen drehte er sich wieder um und wollte weitergehen.

„He, holla — junger Freund! Wird Ihnen der Abschied von Berlin denn wirklich so schwer?" rief ihm ein Mann zu, der an dem Thorwege einer Fabrik= anlage stand und das Selbstgespräch des Wanderburschen mit Wohlgefallen an= gehört hatte.

„In der That, Herr, man sollt's nicht glauben, daß das Herz so festgewachsen ist an einen Ort, in dem man doch nur zwei Jahre gelebt hat, obwohl man ein junger Bursch ist, dem die ganze Welt offen steht", war die Antwort Borsigs, der näher zu dem Fragenden getreten war.

„Was treibt Sie denn in die Fremde, wenn Sie gern hier bleiben möchten?" Borsig erzählte dem Fremden sein Mißgeschick.

Letzterer fand an dem jungen Manne, der seine Antwort mit offener, unbe= fangener Miene gab, immer mehr Gefallen.

„Hm", fuhr er fort, „also ein Baumeister wollten Sie werden, und so ist es Ihnen ergangen? Deshalb also müssen Sie wandern? — Hören Sie, junger Mann, Ihr Wesen gefällt mir. Wollen Sie hierbleiben und doch ein Baumeister werden, nicht in Holz und Stein, aber einer in Erz und Eisen? Ich bin der Fabrikbesitzer Egells, und diese Gebäude bilden, wie die Firma hier zeigt, meine „Neue Berliner Eisengießerei".

„Das ist ein Wink des Schicksals!" rief Borsig, und ohne langes Besinnen streckte er dem Fabrikbesitzer die Hand entgegen und sagte zu ihm: „Topp, ich bleibe hier und trete in Ihre Fabrik ein. Ein Baumeister in Erz und Eisen! Ja, das sagt mir, dem „Dicknackigen", auch noch mehr zu, als das Zimmer= handwerk."

Der junge Borsig trat in die Egellssche Fabrik, wie bereits oben bemerkt, zunächst als Zeichner ein. Neben der Eisengießerei betrieb man in der Fabrik auch den Maschinenbau; und um alle Zweige desselben von Grund auf kennen zu lernen, wurde er ein schlichter Eisenarbeiter. So von der „Pike" auf dienend, machte er alle Grade dieses Gewerbes durch, bis er sich nach einigen Jahren zum Geschäfts= führer emporarbeitete. Unter seiner Leitung nahm das Egellssche Institut großen Aufschwung, so daß ihm der Besitzer Vollmacht erteilte und ihn zum Mitdirektor ernannte. Der Bau von Dampfmaschinen, der bisher nur von einigen Berliner Eisenindustriellen im kleinen Maßstabe versucht worden war, wurde in der Egells= schen Fabrik nun fast ausschließlich und im großen Umfange betrieben. Die Gründung eines eigenen Hausstandes ließ jedoch in unseres Freundes Seele den Plan reifen, selbständig zu werden. Er erwarb in der Nachbarschaft, Chaussee= straße Nr. 1, ein geeignetes Grundstück, und nach elfjähriger Thätigkeit schied er am Weihnachtsabend 1836 aus der Egellsschen Fabrik, um mit dem neuen Jahre die Arbeit in seiner eigenen Maschinenbauanstalt zu beginnen.

Mit einem selbsterarbeiteten Kapital von 5000 Thalern und einer Anleihe von 10000 Thalern, die ein durch Lotteriegewinn wohlhabend gewordener Schneidermeister Freitag hergab, fing Borsig sein Unternehmen in einem Bretterschuppen an, der groß genug für 50 Arbeiter und ein Roßwerk war, das einstweilen eine Dampfmaschine ersetzte. Schon nach einem Jahre mußte die Anstalt erweitert werden. Die ungleichmäßig und mühsam arbeitenden Pferde wichen einer in der Fabrik selbstgefertigten Dampfmaschine, und die Zahl der Arbeiter wurde größer und größer.

Es war anfangs Oktober 1838, als die erste preußische Eisenbahnstrecke, die zwischen Berlin und Potsdam, feierlich eröffnet wurde. Dieses Ereignis erregte das höchste Interesse der Berliner Bevölkerung. Die Anlage der Bahn war englische Arbeit, die Lokomotiven englisches Fabrikat; der Betrieb wurde durch englische Ingenieure geleitet.

Borsig hatte sich bereits viel mit der großartigen Erfindung George Stephensons beschäftigt. Die Eröffnung der neuen Eisenbahn in Preußen spornte ihn an, darauf zu sinnen, wie auch dies Privilegium der anmaßungsvollen Engländer zu brechen und der Bau von Lokomotiven auf deutschen Boden zu verpflanzen sei. Er beschloß, dies Unternehmen in seiner neuen Werkstatt zu versuchen.

Daß die Ausführung dieses Planes keine leichte sei, verhehlte er sich keineswegs. Die Engländer hüteten das Geheimnis ihrer Erfindung, namentlich das der Dampfsteuerung in der Lokomotive, auf das strengste. Dem genialen Berliner Maschinenbauer aber gelang es, das Geheimnis zu ergründen und eine Lokomotive nachzukonstruieren.*)

Das Modell, welches er seinen Ingenieuren und Werkführern vorführte, setzte diese in Staunen. Unverzüglich wurde zur Ausführung desselben in Erz und Eisen geschritten.

Es war noch nicht ein Jahr seit jener Bahneröffnung verstrichen, da stand das neue Dampfroß fertig da; und bei einer Probefahrt auf einem kurzen Geleise im Hofe der Anstalt bewährte es sich aufs beste. Mit Stolz und Freude blickte Borsig auf sein Werk, indem er triumphierend ausrief: „Sie ist eine Lokomotive, sie geht!"

In freudigster Erregung ersuchte er die Direktion der neuen Bahn, seine Lokomotive zu prüfen und, falls dieselbe als brauchbar befunden würde, in Betrieb zu stellen. Doch nun kam die Enttäuschung. In einem kühlen und gemessenen Schreiben lehnte die Direktion das Gesuch ab, da ihr Vertrag mit einer englischen Maschinenbauanstalt ihr die Inbetriebstellung der betreffenden Maschine nicht gestatte und sie auch zu einem hiesigen Fabrikate zu wenig Vertrauen habe. Das alte deutsche Erbübel zeigte sich wieder einmal in seiner ganzen Kläglichkeit. Borsig war wie niedergedonnert nach diesem Bescheide.

---

*) Es wird erzählt, Borsig habe sich während einer Nacht unbemerkt in den Maschinenschuppen auf dem Bahnhofe einschließen lassen, um die Einrichtung der Lokomotive zu studieren, was indessen nicht verbürgt ist.

Aber er sollte dennoch an das Ziel seines Strebens gelangen, wenn auch erst nach dem Verlaufe einiger Jahre. Gleich nach der Eröffnung jener ersten preußischen Eisenbahn war eine Gesellschaft mit dem Bau einer solchen von Berlin nach den anhaltischen Fürstentümern vorgegangen. Im Jahre 1841 wurde die Anhalter Bahn eröffnet; und Borsigs Bemühungen gelang es durchzusetzen, daß die Direktion seine Lokomotive einer Prüfung zu unterwerfen und gegebenen Falles in Betrieb zu stellen versprach. Der 24. Juni 1841 ward zur Probefahrt bestimmt.

Schon am Tage vorher wurde die Lokomotive, welche den Namen „Borsig" trug, nach dem Anhalter Bahnhofe gebracht, dort noch einmal montiert und dann früh am Morgen des bestimmten Tages geheizt. Die ganze Nacht harrte Borsig bei seinen Arbeitern treulich aus, anordnend und arbeitend, tüchtig mit eingreifend. Mit banger Erwartung sah er der Stunde der Entscheidung entgegen. Dieselbe kam.

Eine stattliche Anzahl sich für die Sache interessierender Personen hatte sich außer dem Sachverständigenkollegium eingefunden, auch englische Ingenieure. Im gegebenen Augenblicke schritt Borsig dem Maschinenschuppen zu und bestieg dort den, seiner schon mit feurigem Schnauben harrenden Eisenrenner. Mutig und mit stolzer Sicherheit bewegte sich das erste deutsche Dampfroß vorwärts. Von seinem Erbauer selbst gelenkt, brauste es an dem Bahnsteig vorüber, eine Strecke die Bahn entlang, dann im schnellsten Laufe zurück, und auf einen Wink stand es unter der Halle still. Stürmischer Beifall empfing Borsig und seinen „Borsig". Die Engländer machten lange Gesichter, als der Führer ihnen zurief: „Sehen Sie, meine Herren, sie geht! Sie ist also in Wahrheit eine Lokomotive!"*)

Nun wurde ein offener Wagen angehängt, die Herren stiegen ein, und auf einer Fahrt bis Großbeeren führte Borsig seinen Eisenhengst in allen Gangarten noch einmal vor, wobei sich derselbe vollkommen bewährte. In Großbeeren, wo schon einmal deutsche Kraft über die Fremdherrschaft gesiegt hatte, wurde deutschem Streben, deutschem Fleiße und deutscher Arbeit wiederum der Siegespreis zuerkannt. Das Richterkollegium sprach sich einstimmig dahin aus, daß die Borsigsche Lokomotive als durchaus gelungen anzuerkennen sei.

Borsig, der diesen Tag zu den schönsten seines Lebens zählte, schloß darauf mit der Direktion einen Vertrag ab, wonach sich dieselbe verpflichtete, ferner alle aus seiner Maschinenbauanstalt hervorgehenden Lokomotiven auf der Anhalter Bahn zu verwenden.

So wurde Borsig durch diese That, welche unsere heimische Eisenindustrie von der Herrschaft Englands befreite, der deutsche Stephenson, der nun unter entsprechender Erweiterung seiner Fabrik seine Hauptthätigkeit fortan auf den Bau von Lokomotiven verlegte.

Schon im Jahre 1846 verließ das hundertste und zwei Jahre später das zweihundertste Dampfroß das Borsigsche Gestüt.

---

*) Lokomotive = die sich von der Stelle Bewegende.

Immer größer wurde die Zahl derselben, und immer weiter dehnten sich die Räume der Anstalt. Borsig blieb nicht dabei stehen, den deutschen Eisenbahnen zuerst deutsche Lokomotiven zu liefern. Hatte er bisher Kohlen und Schmiedeeisen aus England beziehen müssen, so suchte er sich jetzt auch davon frei zu machen, indem er in Moabit ein großartiges Eisenwerk anlegte, wo deutsches Roheisen zu künstlichen Fabrikaten, wie er sie für seine Anstalt gebrauchte, bereitet werden sollte. In Königshütte und Ruda in Schlesien erwarb er Steinkohlenbergwerke, die ihm inländisches Brennmaterial lieferten, so daß fortan nicht mehr ein Atom fremdländischen Stoffes für deutsches Geld von ihm erworben oder verwendet zu werden brauchte.

Außer vielen Lokomotiven lieferte die Anstalt eiserne Brücken, Dächer für Bahnhofshallen, Kirchenkuppeln (darunter die mächtigen Kuppeln der Nikolaikirche zu Potsdam und des königlichen Schlosses zu Berlin), großartige Pumpwerke, wie das, welches die Fontäne am Fuße der Freitreppe in Sanssouci bei Potsdam treibt, und dergleichen großartige Eisenbauten mehr.

Doch bei all den Erfolgen seines Strebens hatte sich Borsig ein tiefsinniges, sinniges Gemüt bewahrt. Trotz des großen Reichtums, den er erwarb, lebte er in seinem, von einem herrlichen Garten und Park umgebenen Heim mit seiner Gattin in einfach bürgerlicher Anspruchslosigkeit der Erziehung seines einzigen Sohnes. Hier verbrachte er die Feierstunden seines Lebens im traulichen Umgange mit wenigen bewährten Sinnes- und Geistesgenossen, zu welchen Beuth, den er später für das gewaltsame Eingreifen in sein Schicksal dankbaren Herzens gesegnet hat, und den er den „Weichensteller seiner Lebensbahn" zu nennen pflegte, der Bildhauer Rauch, die Baumeister Stüler und Strack und andere Zierden der Kunst und Wissenschaft gehörten, ohne dabei seiner alten Freunde und Arbeitsgenossen zu vergessen oder sich ihrer gar zu schämen.

Selbst König Friedrich Wilhelm IV. zählte zu den Gästen des deutschen Lokomotivenkönigs, wie Borsig nun bald genannt zu werden pflegte. Als der König einst Borsigs schöne Gärten und sein prächtiges Wohnhaus besichtigte, rief er scherzend aus: „Lieber Kollege, wenn ich doch so wohnen könnte, wie Sie hier wohnen!"

Wie der Lokomotivenkönig zu seinen Arbeitern stand und den Namen „Vater Borsig" rechtfertigte, möge ein Beispiel darthun. Im Frühling 1854 war die fünfhundertste Lokomotive vollendet worden, welches Ereignis Borsig mit all seinen Arbeitern durch ein Fest feierte. Im bunten Flaggenschmuck prangten die Gebäude seiner Werkstätten; ein Festzug von mehr als tausend seiner tapferen Eisenmannen begleitete die blumenumkränzte Jubellokomotive nach der Anhalter Bahn. Später versammelten sich alle mit ihren Frauen im Königssaale des Krollschen Etablissements zu einem Festschmause. „Esset und trinkt, Kinder", rief Borsig seinen Arbeitsgenossen in heiterster Laune zu, „zeigt, daß ihr hier ebenso tapfer dreinhauen könnt wie beim Amboß! Seid lustig und guter Dinge! Bei der tausendsten wollen wir noch vergnügter sein!" Und als ihm darauf der Handelsminister van der Heidt, der bei dem Feste erschienen war, in Gegenwart aller Arbeiter das Diplom der Ernennung zum Königlichen Geheimen Kommerzienrat überreichte, da sagte er, gerührt zu seinen Genossen gewendet: „Kinder, die Ehre gebührt nicht mir allein, ihr alle habt teil daran, und darum, weil es eine Anerkennung meiner, eurer Arbeit und Strebsamkeit ist, nehme ich sie an in eurem Namen! — Ja, durch Arbeit und Fleiß haben wir unter Gottes Segen viel erreicht, laßt uns nun zeigen, daß wir noch Größeres zu erreichen imstande sind!"

Doch diese Hoffnung des Unermüdlichen sollte nicht erfüllt werden. Einige Zeit nach dem erwähnten Feste ging Borsig mit einem seiner Meister durch das Gebiet der Moabiter Werke. Die Pläne zu neuen baulichen Anlagen besprechend, gelangten sie bis an die Grenze des Grundstückes. Borsig fuhr fort in der Auseinandersetzung, wie das vor ihm liegende Gebiet benutzt werden sollte.

„Aber, Herr, Sie stehen ja hier schon an Ihrer Grenze!" sagte der Meister zu ihm.

„Ist nicht noch Raum genug bis Charlottenburg?" entgegnete Borsig.

Aber er stand wirklich an seiner Grenze. In der Nacht vom 1. zum 2. Juli 1854 wurde er von einem heftigen Brustkrampfe befallen. Am nächsten Tage fühlte er sich wieder wohler; doch riet ihm der Arzt Enthaltung von jeder anstrengenden Thätigkeit längere Zeit hindurch, da er das Übel sonst für sehr bedenklich erklären müsse. Einige Tage vermochte es der Kranke wohl ohne Arbeit zu ertragen; allein am sechsten Tage des Monats nicht mehr: den ganzen Tag beschäftigte er sich mit Zeichnen und Konstruieren. Am Abende trat das Übel um so heftiger auf, und um die Mitternachtsstunde machte ein Schlaganfall seinem unermüdlichen Schaffensdrange für immer ein Ende.

Die Lokomotive seiner Lebensfahrt war entgleist, das Feuer erloschen; trauernd umstanden die Seinen die entseelte Hülle seiner Kraft, welche man am 9. Juli unter dem Geleite vieler Tausende von Leidtragenden zur Stätte der ewigen Ruhe führte.

Mochte die Flamme in der Lebenswerkstatt Borsigs erlöschen, das Feuer in den Öfen seiner Fabriken glühte fort. Sein Sohn Albert betrieb die Werke im Sinne des Schöpfers weiter und erhielt die berühmte Firma A. Borsig im alten Glanze. Vier Jahre nach des Vaters Tode feierte Albert Borsig mit seinen Arbeitern das Fest der tausendsten und im März 1862 das der zweitausendsten Lokomotive, welch letztere den Namen „König Wilhelm" trug. Immer gewaltiger wuchsen die Räume und dehnte sich das Haus. Die Zahl drei- und viertausend vollendeter Dampfrosse wurde erreicht, daneben großartige Bauwerke in Eisenkonstruktion ausgeführt.

Doch auch der Sohn wurde früh von seinem Lebenswerk abgerufen; er starb, 49 Jahre alt, am 10. April 1878. Für seine noch unmündigen Söhne und Erben, Arnold, Ernst und Konrad, führte ein Direktorium die Geschäfte weiter bis zur Großjährigkeit des ältesten. Nur kurze Zeit hat Arnold Borsig dann die alte Eisenfirma vertreten. Am 1. April 1897 fand der dritte A. Borsig seinen Tod in den oberschlesischen Bergwerken durch schlagende Wetter; die jetzigen Besitzer der Werke sind Ernst und Konrad Borsig. Das Wachsen des Riesenleibes Berlins hat die Fabriken aus der Chausseestraße wie auch aus Moabit verdrängt; dieselben sind im Jahre 1897 nach Tegel hinaus verlegt worden.*)

August Borsigs Beispiel und Einfluß hat in hohem Maße befruchtend auf die heimische Eisenindustrie eingewirkt. In Berlin allein sind zahlreiche Maschinen= bauanstalten neben denen Borsigs entstanden, von denen sich die von Schwarzkopff auch mit dem Lokomotivenbau befaßte und bereits Tausende von Maschinen in die Welt, namentlich nach Rußland hin, gesandt hat.

Die Macht der Privilegien Englands ist längst gebrochen; Deutschland steht jetzt im Fache der Eisenindustrie mindestens ebenbürtig da, und die Zeit ist wohl nicht fern, daß es den einstmaligen Beherrscher überflügelt hat, so daß auch an englischen Dampfwagen oder elektrischen Maschinen zu lesen steht: „Made in Germany".

Hermann Jahnke=Berlin.

Ein ehemaliges Gelehrtenheim.

Es war einmal — vor noch nicht allzu langer Zeit — ein kleines Fischerdorf, still und abgelegen, unbekannt in der großen Welt, wenig von der Kultur berührt, von Wasser und Wald umschlossen, kurz, recht ein Asyl für weltflüchtende Gelehrte oder träumerische Poetennaturen. Nichts störte die Stille, als jene Stimmen, die nun einmal zur ländlichen Alltagsmusik gehören: aus den strohgedeckten Ställen das Blöken der Schafe und Rinder, das Schnattern der Enten und Gänse am See= ufer oder am Mühlteich, unterbrochen zuweilen vom Ruf eines Hahnes, und zu Zeiten der gleichmäßige Takt des Dreschflegels von den Strohscheunen her. Die Fischerboote, welche über den See fuhren, glitten lautlos auf dem klaren Wasser= spiegel hin, der die waldigen Ufer getreulich auf seiner krystallnen Oberfläche abmalte und der, in der Tiefe verborgen, große Mengen munterer Fische beherbergte und im dichten Schilf des Ufers allerlei Gevögel und Kriechgetier Wohnung gab. Auf den niedrigen Werdern inmitten des Sees nistete der Reiher, und Weih und Falk machten ihm in heißen Kämpfen seine Herrscherrechte streitig. Der hochragende, weitausgedehnte Wald zu Seiten des Sees aber beherbergte hohes und niederes Wild jeder Art in zahlreicher Menge und zeitigte, wo nicht weit schattende Buchen dem Unterholz und bescheideneren Pflänzchen das Wachstum wehrten, auf dichtem Moosteppich allerlei leckere Beerenfrüchte und Pilze. Neben dem Bauern und dem Fischer fand denn auch der Jäger hier seine Nahrung, und zur Herbsteszeit, wenn die Stimmen der sommerlichen Sänger im Waldesgrün verstummt waren, hallte der Forst wieder von fröhlichem Hörnerklang, von Büchsenknall und Hundegebell. — Was aber Tag aus Tag ein seine Stimme hören ließ, das war das Rad der

---

*) Ausführlicheres über A. Borsig und seine Werke findet der Leser in des Verfassers Buch: „August Borsig, der deutsche Lokomotivenkönig." Leipzig.

Wassermühle am See, dessen Speichen von den Wellen des unterhalb der Mühle mündenden Hermsdorfer Fließes unablässig gedreht wurden. Seit ältesten Zeiten war hier stets eine Wassermühle gewesen. Es wird erzählt, daß ein Quitzow mit seinen Scharen bei der Tegeler Mühle ernstlich aufs Haupt geschlagen wurde. Das ist aber auch alles, was hier von historischen Erinnerungen älterer Zeit existiert. Tegels Stolz und Ruf knüpft sich an den Namen zweier Männer, deren Heimat das Schlößchen inmitten des schönen, schattigen Parkes war: an Wilhelm und

Nach einer photograph. Aufnahme von M. Mußlick-Berlin.

Grabstätte der Familien von Humboldt und von Bülow in Tegel.

Alexander von Humboldt. Der Forscher und der Staatsmann, der Gelehrte und der Poet wuchsen hier heran im Schatten der vielhundertjährigen Eiche, die jetzt den Namen „Humboldteiche" trägt, und der damals noch jungen, jetzt ehrwürdigen Lindenallee, und nährten wohl in dem ländlichen Frieden hier die Liebe zu Natur und Poesie. Hierhin flüchteten sie sich, wenn sie nach Ausruhn vom Welttreiben draußen begehrten oder der Muße zu stiller, geistiger Arbeit bedurften. Hier fanden beide — Wilhelm Jahre früher als sein Bruder — die stille Stätte ewiger Ruhe inmitten des Schloßparkes auf einem weihevoll anmutenden, von ernsten, hochragenden Tannen umgebenen Platze, und bei ihnen ruhen ihre Lieben. Eine schlanke Marmorsäule, die auf ihrem Kapitäl eine weibliche Idealgestalt — die Hoffnung versinnlichend — trägt, überragt die würdig-einfache Grabstätte der Familien Humboldt und Bülow. Noch heute gehört Schloß Tegel den Humboldt'schen Erben, die es während der Sommermonate bewohnen. Im Inneren trägt die Einrichtung, Dank einer edlen Pietät der jetzigen Besitzer, noch ganz den gleichen Charakter, wie damals, als seine berühmtesten Insassen noch lebten. Sie ist so einfach, wie es ein Gelehrten= heim damaliger Zeit wohl meist war. Doch zahlreiche Kunstwerke, die zum größten Teil Wilhelm von seinen Reisen heimgebracht, und die hier zu einer Art von kleinem Museum zusammengestellt sind, verleihen dem unscheinbaren Besitz hohen Wert. Die dem Park zugewendete Schloßseite wird von Thorwaldsen'schen Bildwerken geschmückt. Von dieser Seite aus hat man auch einen Blick auf die weiter westlich gelegene Grabstätte. Unweit derselben liegt, auf einem kleinen Hügel, das Grab jenes Mannes, der die berühmten Brüder erzogen und sein Leben in Tegel beschloß, das ihm die schönsten Anpflanzungen seines Parkes verdankt: Johannes Kunth. Den schlichten, epheuumsponnenen Hügel überragt ein einfacher Gedenkstein mit lateinischer Namensinschrift, unter welcher ebenfalls lateinisch, die Worte stehen: „Die dankbaren Anpflanzungen preisen ihren Schöpfer." (Campe, der auch eine Zeit lang Er= zieher der Humboldts war, hat dies Amt nur ein Jahr bekleidet.)

Lange, lange noch, obwohl ein Wallfahrtsort für die gelehrte und studierende Welt Berlins wegen der Humboldtgräber, hat Tegel sich seinen idyllischen Charakter gewahrt. Wohl entstand an der Straße nach dem am entgegengesetzten Seeufer jenseit der den See durchfließenden Havel gelegenen Spandau schon in der ersten Hälfte des 19. Jahrhunderts eine Fabrik, die Kesselschmiede von Egells, nach welcher die Egellsstraße ihren Namen hat. Und später, nach dem Jahre 1870, erhoben sich ver= einzelte Villen, von vermögenden Berlinern erbaut, die in ländlicher Stille und ge= sunder Luft, doch nicht allzufern der Hauptstadt, die Sommermonate zu verleben wünschten. Als dann mit der Zeit eine Pferdebahnlinie den Verkehr mit Berlin erleichterte, ward Tegel eine beliebte Sommerfrische. Denn, während die süd= lichen und westlichen Vororte immer enger von dem seine Arme gierig nach allen Seiten ausstreckenden Polypen Berlin bedrängt wurden und nach und nach ganz das Gepräge der Großstadt annahmen, blieb das entlegenere Tegel immer noch, was es gewesen — ein Ort ländlichen Charakters. Und der Naturfreund kam immer noch zu seinem Rechte, wenn er nach langer Fahrt eine tüchtige Wanderung durch die prächtigen Wälder nicht scheute. Tegel war immer noch in der Nähe des modernen Babel ein Stück Eden, ein Stück unverfälschter Natur, wo man sprechen konnte — wenn auch nicht: „Auf den Bergen" — so doch: „In den Wäldern ist Freiheit!"

Es war einmal — — — Jetzt? Schon streckt sich der Riesenarm gierig gen Norden und zieht die Stätte stiller Beschaulichkeit in seinen immer mehr sich aus= dehnenden Bereich. Bald wird statt der Pferdekraft der elektrische Funke in kurzer Zeit die räumlichen Hemmnisse überwinden. Schon ragt der gewaltige Schornstein der großen Borsigwerke, die seit einem Jahre sich hier erheben, in die Höhe, beständig umschwebt von einer dicken, schwarzen Rauchwolke, mit welcher die weißlichen Wölkchen der niedrigeren Schlote zu seinen Füßen sich fortwährend zu vermischen streben. Aus dem Innern des großartigen Betriebes tönt beständig das Dröhnen der Hämmer, das Klirren des geschlagenen Metalls, lauter noch als aus der „Germania“, wie heute die ehemalige Egells'sche Fabrik, die nun Krupp'scher Besitz ist, heißt. Die Strecken Waldes, die noch zwischen Berlin und Tegel standen, sind gefällt oder schon zur Axt verurteilt. Vor dem Eingang des Orts, der mit dem überaus stattlich

Nach einer photograph. Aufnahme von M. Mußlick-Berlin.

Schloß Tegel.

dreinschauenden Borsigwerk beginnt, erhebt sich das neue Strafgefängnis, wo vor kurzem noch Wald war. Die Felder, die vor wenig Jahren noch goldig wogende Saaten trugen, sind zu Bauplätzen geworden, auf denen in märchenhaft kurzer Zeit moderne, fünfstöckige Mietskasernen mit prahlenden Läden im Erdgeschoß empor= wachsen. Aus dem Walde jenseits der Bahnlinie lugt der kastellartige neue Wasser= turm hervor, und die Bäume in seiner Nähe haben auch den gewissen Tod vor Augen. Kaum, daß der Platz um die kleine Kirche mit den einstöckigen schmucken Häuschen ringsum noch an das Tegel von ehedem gemahnt; ein paar strohgedeckte Lehmscheunen mit hölzernen Pferdeköpfen über dem Giebel sind dort noch zu sehen. Aber das Kaiser=Wilhelm=Denkmal vor der Kirche ist dafür wieder ein Kind der neuesten Zeit. Und wer weiß, wie lange dieser dörfliche Teil noch stehen wird.

6*

Hat doch der moderne Unternehmungsgeist sich bereits in das geheiligte Gebiet des Schloßparks gewagt. Dicht neben demselben, zwischen ihm und dem See, sind die Anlagen zu einem vornehmen Villenviertel vollendet. Die erste Villa steht schon unter Dach — bald werden andre folgen, und wenn sie erst bewohnt werden, so ist der idyllische Friede des Parkes wohl auch während der Wochentage dahin. An den Sonntagen ist ohnedies während der Sommerzeit von Idyll und Friede schon jetzt keine Rede mehr. Tausende geputzter Menschen — meist die naturhungrigen Berliner — die bekanntlich Sonntags immer „ins Irüne" streben, durchwogen lachend und schwatzend die Lindenallee und die schmalen Schattengänge des Parkes, wandeln weiter am Seeufer bei der „dicken Marie", einer mächtigen Eiche, vorüber nach der Landstraße, welche am Forsthaus Tegelsee vorbei nach der Kolonie Tegelort, 1½ Stunde westlich am Seeufer gelegen, führt, zum Teil unter schattigen Buchen, zum Teil durch hochstämmigen Kiefernwald. Von hier fahren sie dann im Boot oder auf schmuckem Dampfer nach der Insel Valentinswerder oder nach dem am entgegengesetzten Seeufer liegenden, aus Restaurants bestehenden Saatwinkel. Oder aber sie biegen nach Norden zu in den wundervollen Waldweg, der nach dem Dorf Heiligensee an der Havel führt, von wo aus wiederum Dampfer sie zurück nach Tegel oder nach Spandau befördern. Ununterbrochen tragen an solchen Tagen Pferdebahnen, Vorortzüge, Kremser und Droschken die Erholungsuchenden, oft Familien mit zahlreichen Kindern jeden Alters, herbei, die den meist harten Kampf um die Heimfahrt abends nicht scheuen, um ein paar Stunden „Natur" zu genießen. Durchschnittlich ist ein sonntäglicher Fremdenverkehr an schönen Tagen — die zahl-reichen Radler nicht einmal gerechnet, auf 15= bis 20000 Menschen zu zählen, welche Tegel und Umgegend besuchen. Das nahegelegene Weidmannslust und Herms=dorf kommen, weil an der Nordbahn gelegen, nicht als Umgegend in Betracht, während Schulzendorf an der Kremmener Chaussee sehr anziehend wirkt. Und dieser sonntägliche „Zug nach dem Norden" wird voraussichtlich eher zunehmen, statt ab-nehmen, trotz des Schwindens des „Idylls". Die Königlichen Forsten nach der Havel zu und nordwärts werden ja hoffentlich vor der Axt und der eindringenden Industrie, die überall hin ihre Fabriken baut, vorläufig noch gesichert sein. Aber auch in dieser Beziehung wird der Zug nach dem Norden immer stärker werden. Denn ein großer Betrieb zieht den andern an. Und noch längere Zeit wird es währen, bis die Scharen der Arbeiter, welche täglich auf verschiedenen Verkehrswegen von Berlin und seinen Vororten nach dem Borsigwerk strömen, hier am Ort eine feste Heimstätte gefunden haben.

Wenn ein Jahrzehnt vergangen sein wird — ob dann das Tegel von heute, das ja auch gegen das vor zehn Jahren ein gewaltig verändertes Bild zeigt, noch zu erkennen sein wird? — Und was wohl die Humboldts sagen möchten, könnten sie heute ihr ehemals stilles, weltfremdes Asyl, nunmehr eine Industriestätte der Zu-kunft, betrachten? — Ob sie mit stiller Wehmut dem Wechsel der Zeiten nachsinnen würden, oder sich dessen freuen, sie, die stets in und über ihrer Zeit gestanden und ihren Pulsschlag verstanden?   Florentine Gebhardt=Tegel.

Charlottenburg.

Charlottenburg, vor einigen Jahrzehnten noch ein westliches Vorstädtchen von Berlin, jetzt eine mächtig emporblühende Großstadt, könnte man mit einer jüngeren Schwester der stolzen Reichshauptstadt vergleichen, die wie jene um 500 Jahre ältere Schwester unserm Herrscherhause wichtige Impulse der Entwickelung verdankt. In den letzten zwei Jahrzehnten von 25000 Einwohnern bis auf die stattliche Zahl von 180000 emporgeschnellt, bildet die Stadt mit ihren vielen Prachtgebäuden, den von lauschigen Gärten umgebenen Villen, dem vornehmen Schloß mit dem schönen Schloß= park, den musterhaften kommunalen Einrichtungen und Anlagen eine der schönsten Perlen im märkischen Städtekranze. Durch das Mausoleum ist Charlottenburgs Name auf ewig mit der preußisch=deutschen Geschichte verbunden. In diesem, allen Deutschen bekannten Begräbnistempel der Hohenzollern, der alljährlich Tausende von Besuchern anlockt, schläft die idealste Frauengestalt der Geschichte, das edelste deutsche Herz, Preußens Königin Luise, und neben anderen ihr zweiter Sohn, Deutschlands Einiger, Kaiser Wilhelm der Große.

Charlottenburgs Wiege ist das ehemals kleine wendische Fischerdorf Lützow, das, hart an der Spree gelegen, einst Eigentum der Nonnen des Klosters „Unsrer lieben Frauen" zu Spandau war. Sophie Charlotte, die zweite Gemahlin König Friedrichs I., lernte zufällig auf einer Spazierfahrt das idyllisch gelegene Dorf kennen. Die Gegend gefiel ihr so, daß sie ihren Gemahl bat, in dieser Gegend ein Lust= schloß zu erbauen. Der geniale Andreas Schlüter mußte den Plan entwerfen, die Leitung des Baues wurde dem Oberbaudirektor Nering übertragen. Am 11. Juli 1699 fand die Einweihung des nach französischer Art ausgestatteten Schlosses statt. Nach den Angaben des berühmten Gartenkünstlers Le Notre aus Paris wurde der anstoßende Wald in einen Park verwandelt. Hier hielt nun Sophie Charlotte ihren Hof. Viele gelehrte Männer und Künstler, wie Leibniz, Kanitz, Otto von Schwerin, Pierre Bayle, Toland u. a. bildeten einen geistreichen Cirkel, dessen lebens= voller Mittelpunkt die „philosophische Königin" war. Theater, Wasserfahrten, Konzerte, Schäferspiele und andere Festlichkeiten wechselten geist= und gemütbildend, unter= haltend und belustigend mit einander ab. Die Königin nannte ihr Schloß die „Lietzenburg", während die Hofleute es scherzweise die „Lustenburg" hießen. Im Jahre 1705 starb die schöne Burgherrin auf der Lietzenburg. Nicht lange nach der

Beisetzung am 5. April 1705 erhob der König, um das „Andenken der heißgeliebten Gemahlin" zu ehren, den Ort zu einer Stadt. In der bezüglichen Kabinettsordre heißt es, daß „Charlottenburg zum Andenken Unserer Hoch- und Herzgeliebten Gemahlin, der Königin Majestät, mit der Stadtgerechtigkeit begnadigt sei und einen besonderen Magistrat erhalten solle". Die in der Nähe des Schlosses gelegenen Häuser nannte man bald die „Unterstadt" und die südlich vom Dorfe Lützow nach und nach erbauten die „Oberstadt". Der König suchte nun Ansiedler herbeizuziehen. Bald strömte, durch die Freigebigkeit Sr. Majestät angelockt, allerlei Volk zusammen. Der König betrachtete sich scherzweise in der ersten Zeit der jungen Stadt als Bürgermeister, zu Senatoren ernannte er die Markgrafen Philipp Albrecht und Ludwig und den Grafen von Wartensleben, während der Oberst von Stenz als Gerichtsdiener und Hofrat Schmeil als Protokollführer fungieren mußten. Zum Stadtverwalter bestellte der König seinen Hofbuchdrucker Andreas Luppius. Derselbe hatte oft Ursache, über die „Roheit und das ungeschlachte Wesen" seiner Bürger Klage zu führen. Ein durch Kauf in der Nähe des Schlosses erworbenes Haus wurde zum Rathaus und eine dahinterliegende Remise zur Kirche eingerichtet. Der Baumeister Eosander von Göthe mußte dem Schlüterbau die Kuppel aufsetzen, später die Seitenflügel und die Orangerie erbauen. Im Jahre 1712 wurde der Grundstein zur Parochialkirche gelegt, der heutigen Luisenkirche, nachdem im Vorjahre 143 Bürger den Eid geleistet hatten. Unter Friedrich II. wurde ein neuer Schloßflügel nach Norden hin, der sogenannte „Friedrichsbau", durch Knobelsdorf aufgeführt. Die Stürme des siebenjährigen Krieges berührten auch Charlottenburg. Im Jahre 1760 plünderten Österreicher und sächsische Dragoner das Schloß in vandalischer Weise. Alle leicht erreichbaren Fensterscheiben wurden eingestoßen, die Bildsäulen der römischen Kaiser und Kaiserinnen im Schloßgarten umgeworfen, Gemälde und Möbel zerstochen, die prachtvollen Vasen aus der Polignacschen Sammlung zerschlagen, die Orgel in der Schloßkapelle wurde arg zerstört, ja selbst die Karpfen aus dem Teiche im Schloßgarten wurden gefangen. Nach dem Frieden von Hubertusburg hielt hier in der Schloßkapelle der große König seinen Dankgottesdienst ab. Der Neffe Friedrichs II., Friedrich Wilhelm II., ließ auf dem heutigen Floragrundstück der Madame Rietz ein Sommerpalais erbauen. Auch wohnte der König hier einer Sitzung der „Rosenkreuzer" bei, die im Belvedere jene von Fontane beschriebene Geistererscheinung in Scene setzten, bei welcher Mark Aurel, der Große Kurfürst und Leibniz erschienen, die durch warnende Worte des Königs Sinn ändern sollten.

Im Jahre 1800 zählte die Stadt bereits 3380 Einwohner. Die meisten Häuser waren einstöckig und hatten höchstens noch Mansardenstübchen. In den ersten Jahren dieses Jahrhunderts wohnte die königliche Familie während des Sommers sechs bis acht Wochen in Charlottenburg. Zu dieser Zeit war es auch, als auf Luisens Anraten der Schloßgarten gänzlich verändert wurde. Noch heute heißt die Gegend nordöstlich vom Mausoleum die Luiseninsel, auf welcher die Büste der Verewigten steht. Am 26. Oktober 1806 zog Napoleon I., von Spandau kommend, in das Stadtschloß, das kurze Zeit vorher von der Königin Luise verlassen war. Am nächsten Tage hielt er von hier seinen Einzug in Berlin. Vier Jahre später wurde die Leiche der hochseligen Königin in dem neuerbauten Mausoleum beigesetzt, und einige Jahre darauf der von Rauch in Rom angefertigte Sarkophag aufgestellt.

Friedrich Wilhelm III. wollte absolut der Stadt den Charakter einer echten Landstadt wahren. Als man einst bei ihm anfragte, ob man nicht die wichtigsten Straßen pflastern dürfe, sagte er in seiner kurzen Art: „Nein, ländlich bleiben!" Vom Anfang bis noch über die Mitte des Jahrhunderts hinaus wohnten allsommerlich viele Berliner in Charlottenburg in der Sommerfrische. Die würzige Luft des Grunewaldes, die schmucken Häuser mit den schönen Gärten, die unverfälschten Nahrungsmittel aus erster Hand — Charlottenburg war noch Ackerstadt — zogen besonders die Großstädter an. Nach Eröffnung des 1850 fertig gewordenen Land= wehrkanals entstanden an ihm, besonders am rechten Ufer, großartige Fabrikanlagen. Der mächtige Aufschwung Berlins nach dem letzten französischen Kriege machte sich auch in Charlottenburg bedeutend bemerkbar. In den ominösen Gründerjahren entstand im Westen der Stadt auf der Höhe des Spandauer Berges die nach englischem Muster angelegte Villen=Kolonie „Westend". Am 1. Januar 1877 schied die Stadt aus dem Teltower Kreise und bildete einen eigenen Stadtkreis. Nach dieser Zeit wuchsen die Häuser förmlich aus dem Boden; es entstanden ganz neue Stadtteile: die Stadt wurde Großstadt. Daß die kommunalen Einrichtungen mit dem schnellen Wachsen Schritt hielten, ja letzteres bedingten, braucht gewiß nur angedeutet zu werden. Die erste Pferdebahn in Deutschland war die, welche von Charlottenburg nach Berlin fuhr; sie wurde 1865 eröffnet. Im Jahre 1879 wurde die Vereinigte Artillerie= und Ingenieur=Schule von Berlin hierher verlegt, drei Jahre später die Stadtbahn er= öffnet. Schon zwei Jahre darauf wurde Charlottenburg Universitätsstadt, insofern als die Polytechnische Hochschule hier ihre Pforten Tausenden von lernbegierigen Jünglingen öffnete. Zu derselben Zeit bezog Se. Hoheit der Erbprinz von Sachsen= Meiningen das hiesige Schloß, nachdem es früher längere Zeit Witwensitz der Königin Elisabeth gewesen war. Bekannt ist, daß der große Dulder Kaiser Friedrich III., „unser Fritz", mit seinem Hofstaat von San Remo aus das Charlottenburger Schloß bezog.

Zur Großstadt im eigentlichen Sinne wurde Charlottenburg durch die Einrichtung der Schwemmkanalisation nach Berliner Muster. In ungeahnter Weise blühte die Stadt nunmehr auf. Das Straßenpflaster wurde bald dem großstädtischen Bedürfnis angepaßt. Wohlhabende Bürger Berlins siedelten sich hier an, Gelehrte, Künstler, Kaufleute und Beamte schlugen ihr Heim in dem stillen Charlottenburg auf. Im Jahre 1890 erhielt die Stadt ein Institut von großer Bedeutung, nämlich die Physikalisch=technische Reichsanstalt. Auch die Königliche Hochschule für Musik ist im Begriff hierher überzusiedeln. So bildet die rapide Entwickelung ein Bild, wie es innerhalb des Rahmens der deutschen Städte einzig in seiner Art dasteht.

Nach diesem kurzen geschichtlichen Rückblick lade ich Dich ein, lieber Leser, mich auf einer Wanderung durch die Stadt zu begleiten.

Zur schönen Sommerzeit fährt man am liebsten vom Kupfergraben oder vom Brandenburger Thor mit der elektrischen Straßenbahn durch den herrlichen „Tier=

garten" bis zur Station gleichen Namens. Von hier gelangen wir rechter Hand durch die Wegelystraße zur Königlichen Porzellanmanufaktur. Diese Anstalt wurde 1761 durch den patriotischen Kaufmann Gotzkowsky in Berlin gegründet, 1763 von Friedrich dem Großen übernommen; seitdem hat sich dieselbe zu einem Kunstinstitut emporgeschwungen, das mehrere Tausend Modelle besitzt. Auf demselben Grundstück, Eingang aber Berlinerstraße 9, befindet sich auch das Königliche Institut für Glasmalerei, in welchem von namhaften Künstlern besonders die Herstellung von Kirchenfenstern gepflegt wird. Wir gelangen von hier durch die mit Säulen geschmückten Häuschen, den sogenannten Chausseehäusern, über den Landwehrkanal linker Hand zur Technischen Hochschule. Der Kolossalbau ist auf dem Terrain des ehemaligen Hippodrom in den Jahren von 1878 bis 1884 nach den Entwürfen von Lucae und Hitzig unter der Leitung von Raschdorff und Stüve mit einem Kostenaufwande von rund 9 Millionen Mark aufgeführt. Das Gebäude besteht aus einem Mittelbau und zwei Seitenflügeln von zusammen 230 m Länge in vier Stockwerken. Die Vorderfront des Mittelbaues wird durch die zwischen zwei Risaliten einspringende Säulenhalle geziert. Zwischen ihren Trägern befinden sich 5 Kolossalbüsten von R. Begas: in der Mitte Schinkel, rechts Gauß und Eitelwein, links Redtenbacher und Liebig. Rechts und links erblickt man in zwei großen Nischen die überlebensgroßen Statuen Schlüters von Hundrieser und Leonardo da Vincis von Eberlein. Am östlichen Seitenflügel haben die Baukünstler Bramante und Erwin von Steinbach und am westlichen die Erfinder Stephenson und James Watt ihren Platz. Im Innern ist besonders der Lichthof sehenswert, ebenso die im ersten Stock liegende Aula mit vier Kolossalgemälden: Griechenland von Spangenberg, Alt-Rom und Alt-Ägypten von Körner und das Mittelalter von Jakob. Wer die Hochschule besichtigen will, bedarf dazu der Erlaubnis des zeitigen Rektors. Dem Mittelbau gegenüber liegt die Heilanstalt für Gemütskranke von Dr. Edel. Wenige Schritte westwärts gelangen wir zur Sophienstraße, in welcher die bedeutende Thonwarenfabrik von E. March Söhne sich befindet. Der Ausstellungshof zeigt eine reichhaltige Sammlung von aus Thon gebrannten Ornamenten, Statuen und Medaillonbildern. Wir kehren von hier zurück nach der Berlinerstraße und erreichen bald das „Knie", von dem wir in der nach Norden sich abzweigenden Marchstraße bald zur Physikalisch-technischen Reichsanstalt kommen. Derselben gegenüber wohnt der einzige Ehrenbürger unsrer Stadt, der gefeierte Geschichtsforscher Professor Th. Mommsen. Wir kehren abermals zur Berlinerstraße zurück und wandern dieselbe nordostwärts weiter. Bald erreichen wir das Haus Nr. 36. Hier wohnte bis zu seinem Tode, der 1892 erfolgte, der berühmte Elektrotechniker Werner von Siemens, der Erfinder der Gesetze vom Gleich- und Wechselstrom. Unser Weg führt uns weiter bis zur Ecke der Cauerstraße. Sofort fällt uns ein altes Gebäude auf, das Kaiserin Augusta-Gymnasium, das nunmehr einem der Zeit entsprechenden Neubau Platz macht, der seine Front nach der Cauerstraße zu hat. Das im friedericianischen Stil erbaute Gebäude soll das größte Gymnasium Preußens werden. Im alten Hause wohnt der langjährige Leiter der Anstalt, der Direktor Dr. F. Schulz, der Verfasser der ersten und einzigen „Chronik der Stadt Charlottenburg". Nach wenigen Schritten erreichen wir die

Rosinenstraße und gelangen durch dieselbe bald zum Lützow=Platz, an welchem noch einige Bauernhäuser des ehemaligen Dorfes stehen. Auf der Ostspitze des schön ge= pflegten Platzes erhebt sich die im gotischen Stil erbaute Lützower Kirche. Die Grundmauern derselben sind alt; wahrscheinlich ließen die Nonnen des Spandauer Jungfrauenklosters die Kirche ihren Kolonisten in der Mitte des 15. Jahrhunderts erbauen. Nach der Reformation wurde dieselbe eine Filiale von Deutsch=Wilmers= dorf. Im dreißigjährigen Kriege zerstörten Schweden das Gotteshaus. Aus dieser Zeit stammt die Sage von dem „Fuß der Prinzessin". Unter der Kanzel ist ein Backstein eingemauert, der deutlich einen Fußabdruck erkennen läßt. Hiermit soll es folgende Bewandnis haben:

Zur Zeit des dreißigjährigen Krieges wurde einst Berlin von den Schweden hart bedrängt. In der Stadt herrschten Not und Elend. Vom Firste des St. Georgen=Hospitals wehte die schwarze Fahne, ein Zeichen, daß die Pest aus= gebrochen war. Der Kurfürst Georg Wilhelm hatte sich nach Königsberg i. P. zurück= gezogen und seinem Minister Adam von Schwarzenberg die Verwaltung und Ver= teidigung der Mark überlassen. Dieser saß mit den kurfürstlichen Söldnern in der Feste Spandau und rührte sich nicht. Der Feind hatte eine lebendige Mauer um Berlin gezogen, so daß niemand aus noch ein konnte. In dieser Not erbot sich Anna Katharina, eine Nichte des Kurfürsten, die allein in Berlin geblieben war, dem Statthalter in Spandau Nachricht von der Bedrängnis der Stadt zu über= mitteln und ihn aufzufordern, der Residenz schleunigst Hilfe zu bringen. Um kein Aufsehen zu erregen, wurde sie ihrem Wunsche gemäß in einer dunklen Nacht in der Nähe des Teltower Thores an der Mauer herniedergelassen. Sie gelangte mittels eines Brettes glücklich über den Laufgraben und schlug rechts von der Land= straße ab einen kleinen Steig ein, den „Weibersteg", der durch den Tiergarten nach dem Dorfe Lützow führte. Hier klopfte sie an das Haus des ihr wohlbekannten Fischers Lietzmann und bat ihn, sie sofort mit seinem Fischerkahn nach Spandau zu fahren. Der alte Lietzmann ließ sich erbitten, und nach einstündiger Fahrt hielten sie am Bollwerk der Festung. Der Name der Prinzessin öffnete ihr sofort das Thor. Sie eilte nach der Breitenstraße, wo ihr gemeldet wurde, daß der Befehls= haber der Marken noch Kriegsrat abhalte. Schwarzenberg, fast sprachlos über den Mut der Prinzessin, versprach schon am folgenden Tage, den Obrist von Rochow zum Entsatze der Stadt zu schicken. Die Prinzessin kehrte befriedigt zum wartenden Fahrzeug zurück. Bald ging es stroman, Lietzmann hatte tüchtig zu ziehen. Schon erblaßten die goldenen Sterne, die Morgenröte stieg allmählich auf. Jetzt schossen sie an der Fährstelle vorüber, als ein schwedischer Posten sie anrief. Mit verdoppelter Kraft ging es vorwärts. Noch sahen sie, daß schwedische Soldaten einen Kahn vom Pflocke lösten und sich zur Verfolgung anschickten. Da bog der schon ermattete Fährmann in der Nähe eines Brennofens an das Ufer. Er sprang ans Land, holte einige frische Lehmsteine, legte sie an den Bord, reichte der Prinzessin die Hand und zog sie ans Land. Diese eilte unbemerkt durch den Tiergarten zum Teltower Thore. Lietzmann verbarg sich in seiner Wohnung. Später aber nahm er den Backstein, der den Abdruck des rechten Fußes der Prinzessin zeigte, an sich, ließ ihn mitbrennen, um ihn darnach in seinem Hause aufzubewahren. Als einige Jahre nach dem westfälischen Frieden die zerstörte Kirche wieder aufgebaut werden sollte, hielt der Ortspfarrer aus Wilmersdorf eine tiefempfundene Rede, in der er diese Geschichte erzählte und mit den Worten schloß: „Den Stein aber lassen wir unter der Kanzel einmauern; er soll die späteren Geschlechter an die trübe schreckliche Zeit des unseligen Krieges erinnern, aber auch erzählen von der Liebe der Märker zu ihrer Heimat und von der Treue zu ihrem Herrscherhause."

Auf der Westseite des Platzes befindet sich das Kriegerdenkmal: ein auf hohem Sockel liegender Löwe, der die Wappen der Reichslande unter den Pranken hält.

Nach einer photograph. Aufnahme von Fischer & Franke-Berlin.

Schloß Charlottenburg.

Auf der Nordseite erblicken wir das schmucke Feuerwehrgebäude und in der Lützow= straße die im neueren gotischen Stil erbaute Katholische Kirche. Von hier gehen wir durch die Kirchhofstraße am Königl. Polizeidirektionsgebäude vorüber wieder zur Berlinerstraße, verfolgen dieselbe westwärts und gelangen zum Rathause, das in nächster Zeit einem großartigen Neubau Platz machen wird. Über den Wilhelms= platz weg durch die Scharrenstraße gehend, erreichen wir bald die Luisenkirche, die schon wegen ihres kostbaren Altarbildes, die Auferstehung Christi darstellend, sehens= wert ist. Die Kirchstraße nordwärts bringt uns wiederum zur Berlinerstraße, wo wir auf den Sommereingang der „Flora" treffen. Dieselbe ist ein großartiges Garten=Etablissement mit einem Park, dessen Bäume ein zum Teil recht hohes Alter haben. Die geschmackvollen Gartenbeete zeigen während der Sommermonate stets

einen eigenartigen reichen Blumenflor, ebenso erntet das Rosenparterre zur Zeit der
Blüte den allgemeinen Beifall der Besucher. Sehenswert ist der Kaisersaal und das
Palmenhaus, dessen Palmen in ihrer geschmackvollen Gruppierung uns ein Stück
tropischer Natur vor die Seele zaubern. Das Grundstück gehörte einst der Madame
Rietz, der späteren Gräfin Lichtenau, die hier zu Ende des achtzehnten Jahrhunderts
ihr plattes Wesen trieb. Der Flora gegenüber liegt der Wartenbergsche Park, ehemals
ein Teil des königlichen Küchengartens. Die Berlinerstraße mündet endlich in den
Luisenplatz, an dessen Ostseite die Friedenseiche steht und an der Südseite der Meilen-
stein sich erhebt, während an der Nordseite sich das Königliche Schloß hin erstreckt.
Die rechtwinklig zum Hauptgebäude angelegten Seitenflügel umschließen mit dem reich-
verzierten schmiedeeisernen Gitter den Ehrenhof. Alle Zimmer der „philosophischen
Königin" sind unberührt geblieben. Höchst sehenswert sind die Porzellankammer und
die angrenzende Schloßkapelle. Auch die Besichtigung der Säle des Friedrichsbaues
ist sehr lohnend; leider sind sie dem großen Publikum nicht mehr zugänglich. Die
Spitze des Schloßturmes ist mit einer auf einer Kugel sich nach dem Winde drehenden
Glücksgöttin geschmückt. Unter den Einwohnern Charlottenburgs geht die Sage,
daß Sophie Charlotte vor ihrem Tode die Zinsen von 75000 Mark zur Erhaltung
von Schloß und Garten bestimmt hat, die so lange gezahlt werden sollen, als die
vergoldete Figur auf dem Schlosse ihren Mantel nach dem Winde drehe.

An der Nordseite des Schlosses liegt der 50 ha große Schloßgarten. Mit
seinem tiefblauen Karpfenteich, seinen prächtigen Durchblicken, den stillen lauschigen
Ruheplätzen und hochgeschwungenen Brücken ist er eine der schönsten Parkanlagen
in der Nähe der Reichshauptstadt. Im nordwestlichen Teile desselben liegt das
Mausoleum, von hohen Tannen, knorrigen Eichen, trauernden Cypressen und baby-
lonischen Weiden umschlossen. Der 1889 nach Norden um $5\frac{1}{2}$ m erweiterte Bau
ist im dorischen Stil gehalten. Sieben Granitstufen führen zu dem alt-dorischen
Peristyl. Seine vier kanelierten Säulen tragen das Fronton mit dem Namens-
monogramm des Erlösers zwischen dem Anfangs- und Endbuchstaben $A \Omega$ des griechischen
Alphabets: eine symbolische Andeutung, daß der Anfang und das Ende in Christo
zu suchen sei. Durch eine Flügelthür von getriebener Bronze gelangt man in die
Vorhalle. Die mächtige Gestalt eines marmornen Erzengels, der sich auf ein ver-
goldetes flammendes Schwert stützt, hält an der Grabespforte stumme Wacht. Der
Hauptraum wird durch vier weiß und dunkelgrün geaderte Marmorsäulen von der
Vorhalle getrennt. Diese Säulen mit ihren roten Marmorsockeln und weißen
Kapitälen haben ein hohes Alter. Früher befanden sich dieselben im Oranienburger
Schloß, wohin sie von Polen durch König Friedrich I. gekommen sind. Die Wand-
pfeiler sind von sizilianischem Jaspis, die Wände mit grau-grünem Stuckmarmor
bekleidet. Durch die blauen Scheiben fällt das gedämpfte Tageslicht und erhellt
den Raum mit einem magischen, dem Mondschein ähnlichen Dämmerlicht. Der Hauptraum wird durch ein mattgelbes, weniger wirkungsvolles Licht erhellt. Hier stehen
die Sarkophage Friedrich Wilhelms III. und der Königin Luise, von Rauch, nördlich
davon diejenigen Kaiser Wilhelms I. und der Kaiserin Augusta, von Encke. Unerreicht,
geschweige je übertroffen ist der Sarkophag der Königin Luise, das größte marmorne

Kunstwerk der Neuzeit. Der Künstler hat die Verklärte in einem Zustand dargestellt, der die Mitte zwischen Tod und Schlaf hält. Ein leichtes Totengewand hüllt die zarten Glieder der Entschlafenen ein, das Bahrtuch ist mit preußischen und mecklenburgischen Wappen geschmückt, während große Adler am Fuß- und Kopfende gleichsam Wache halten. Zwei kunstvoll gearbeitete Kandelaber aus karrarischem Marmor stehen neben den Sarkophagen, rechts der „Leuchter des Lebens" mit den drei Horen von Tiek, links der „Leuchter des Todes" mit den drei Parzen von Meister Rauch. Den Abschluß des Hauptraumes bildet die Apsis mit einem Wandgemälde von Pfannschmidt. Am Himmel derselben thront der segnende Christus, dem Friedrich Wilhelm und Luise ihre Kronen zurückreichen. Zu den Füßen der Eltern wurde einem letzten Wunsche entsprechend das Herz Friedrich Wilhelms IV. eingemauert. Im Gewölbe ruhen: Friedrich Wilhelm III. und Luise, die Fürstin von Liegnitz, Prinz Albrecht, Kaiser Wilhelm I. und Augusta.

Zu dieser allen Deutschen geweihten Stätte eilte einst Friedrich Wilhelm III. aus dem Siegesjubel der Schlacht bei Leipzig; von hier zog sein tapfrer Sohn gegen Frankreich, voller Königssorge und Königsleid; zurückgekehrt, lenkte der mit dem Siegeslorbeer von Sedan geschmückte kaiserliche Held seine ersten Schritte hierher, dem Herrn der Heerscharen für die glänzenden Siege zu danken. Alljährlich an den Geburts- und Sterbetagen der hohen Verewigten erscheint als erster Besucher unser Kaiser Wilhelm, der in stiller Andacht sich hier Kraft und Mut zu seinem schweren verantwortungsvollen Herrscheramte von dem König aller Könige demutsvoll erfleht. Wir nehmen von dem stillen Mausoleum, diesem nationalen Heiligtum, ehrfurchtsvoll Abschied mit den Worter des Dichters:

„O Pantheon der Grabkapelle,
Der Deutschen Wallfahrt wirst du sein!
Der fernsten Zukunft Sonnenhelle
Sei deines Friedens Wiederschein!"

Ich könnte Dich noch zu manchem reizenden Platz führen, zu vielen sehenswerten Gebäuden der Stadt, auch die Villenkolonie Westend mit Dir durchwandern, ebenso unser Industrieviertel am Salzufer, wo Dich besonders das Etablissement für elektrische Anlagen von Siemens & Halske interessieren dürfte. Aber ein Bauwerk in Neu-Charlottenburg muß ich Dir noch zeigen, die Kaiser Wilhelm-Gedächtniskirche. Von der Berlinerstraße biegen wir in die Hauptgeschäftsstraße unsrer Stadt ein, in die Wilmersdorferstraße, verfolgen dieselbe bis zur Kantstraße und gehen durch diese ostwärts über den Savignyplatz hinaus, wo wir linker Hand das von B. Sehring erbaute Goethe-Theater erblicken. Von hier durchschreiten wir den Viadukt der Stadtbahn und stehen bald vor dem höchsten Bauwerk Berlins, der von Schwechten erbauten Kaiser Wilhelm-Gedächtniskirche mit ihrem 113 m hohen Hauptturm an der Westfront. Die Kirche ist aus rheinischem Tuffstein erbaut und das Innere, obwohl noch lange nicht vollendet, doch höchst sehenswert. Die von Sauer in Frankfurt a. O. erbaute Orgel, ein Werk märkischer Kunst, hat 80 Register und 4800 klingende Stimmen. Allerdings muß man 0,50 M opfern, wenn man an Wochentagen das imposante Gotteshaus besichtigen will.

Mausoleum in Charlottenburg.

Unser liebes Charlottenburg ist freilich erst im Aufblühen begriffen; ob es aber die Größe erreichen wird, die ihm der gelehrte Leibniz bei der Geburt geweissagt hat, ist bei den Terrainverhältnissen immerhin zweifelhaft, jedenfalls ist die Entwickelung der Stadt noch lange nicht abgeschlossen. Tausend Kräfte regen sich, um die dritte Residenz zu vergrößern und zu verschönern. Hoffentlich sorgt man auch dafür, daß dem Ort der Charakter der „Gartenstadt" erhalten bleibt.

H. Rücker-Charlottenburg.

Rundfahrt um Potsdam.

Das dritte Glockenzeichen verklingt; die Laufplanke wird eingezogen! „Steuerbord langsam voraus!" klingt das Kommando des Kapitäns in den Maschinenraum hinab. Das Schiff löst sich vom Ufer. „Backbord mit!" schallt das neue Kommando, und ruhig gleitet der stattliche Dampfer der „Stern-Gesellschaft" dahin, um seine Rundfahrt anzutreten. Der aus Sandstein gemeißelte Grenadier auf der Langen Brücke scheint eine halbe Wendung nach rechts machen zu wollen, als sei er überrascht durch das, was hinter ihm vorgeht; Dampferfahrten gab's zur Zeit der Freiheitskriege noch nicht. Rascher drehen sich die Schiffsschrauben; eiliger werden die Bewegungen des Schiffes. Die Nuthemündung zieht den Blick nach rechts, in den Teltow hinein, auf dessen ausgedehnten Ebenen die würzigen Rübchen gedeihen, die den Ruf des Ländchens nach allen Richtungen getragen haben. Auch der Bewohner des Teltow hat seinen Lokalpatriotismus. Das beweist folgende Anekdote: „Eine für Naturschönheit äußerst empfängliche Dame besuchte mit ihrem Manne Burg Stolzenfels, und als sie auf den Thurm hinaustrat und ihren Blick über den herrlichen Rhein bis zur Lahn hinüberschweifen ließ, da rief sie, überwältigt von der wunderbaren Schöne, entzückt und begeistert: „Welch' herrliche Aussicht!" Der Kastellan aber, der das Paar führte, sprach: „Da sollten Sie einmal zu uns nach Teltow kommen, ich kann Ihnen sagen, Aussicht — meilenweit!"

Doch wir sind schon an den Badeanstalten vorüber, und von den lustig im Wasser plätschernden kraftvollen, jugendlichen Gestalten des Ersten Garde-Regiments, von den behenden Husaren, wenden sich aller Blicke nach Babelsberg hinüber. Wie oft mag des greisen Kaisers Blick sinnend auf den vorüberziehenden Schiffen geruht haben, wenn er in den schattigen Gängen seines Tuskulums Erholung suchte! — Vorüber! vorüber!

Wir durchfurchen den „Tiefen See", jene buchtartige Erweiterung der Havel, die von der Gasanstalt bis zu der Enge unweit der Glienicker Brücke reicht. Unwillkürlich richtet sich der Blick in die Tiefe, die nach der Mitteilung eines alten Fischers das Dorado der Havelfische sein soll, da die wellenartige Bodengestalt es ihnen leicht macht, den drohenden Netzen zu entgehen.

Die Schiffsglocke ertönt, und die Zugklappen der Brücke heben sich, dem Schiffe freie Durchfahrt gewährend. Ob die Brücke wohl noch einmal so stattlichen Schmuck angelegt hat wie an dem Tage, an dem sie durch die nachmalige Kaiserin von Rußland eröffnet wurde? Ein Bild in Babelsberg zeigt sie uns in festlicher Beleuchtung und gemahnt uns zugleich daran, wie Kaiser Wilhelm einzelnen Momenten im Leben seiner Familie liebevolle Erinnerung bewahrte.

In schön geschwungenem Bogen wendet sich das Schiff in den Jungfern=See, der wohl einst einem Nonnenkloster gehörte und daher seinen Namen trägt. Er verdient ihn noch heute: in jungfräulichem Schmuck üppigen Grüns umschlingen ihn seine Ufer. Seine Schönheit macht jedoch auf den dreijährigen Knirps, den seine Eltern zur Rundfahrt mitgenommen, nicht den geringsten Eindruck. Mit herrischer

Nach einer photograph. Aufnahme von W. O. Link=Potsdam.

Schloß Glienicke.

Stimme fordert er: „Mutter Kuchen!", und diese öffnet die schwarze Reisetasche und entnimmt aus ihrer Tiefe einen Makronenzwieback, den dritten seit der Abfahrt. Das Problem, wie lange der kleine Kerl jetzt wohl zufrieden sein wird, vermag uns jedoch nicht zu fesseln: uns zieht die Sacrower Heilandskirche an, die der Kunstsinn eines geistvollen Fürsten als einen köstlichen Schmuck hierher gestellt hat. Sacrow selbst entzieht sich dem Blick hinter dichtem Buschwerk, so noch heute seinen Namen verdienend.

Hinter dem lichteren Grün des Laubholzes, das den Uferrand bekränzt, erheben sich die dunkelkronigen Kiefern des schwarzen Berges, in deren Schatten Philipp Galen den Helden eines seiner viel gelesenen Romane weilen läßt.

Der See verengt sich, schwer keuchende Schleppdampfer ziehen an uns vorüber, und an der Nedlitzer Brücke heißt es plötzlich: „Stopp" auf der Kommandobrücke.

Ein langer Zug von beladenen Kähnen sperrt uns den Weg. Uns ist der Aufenthalt sehr willkommen, giebt er doch Gelegenheit, das Auge zu weiden an dem köstlich-idyllischen Bilde, das der Lehnitz-See vor uns ausbreitet. Aber als vor unserem geistigen Auge die alten Wendengestalten heraufsteigen wollten, die einst hier in der „Römerschanze" mit Schwert und Speer feindlichem Angriff zu wehren suchten, da heischt unser Knirps seinen fünften Zwieback, der ihm mit erstaunenswertem Gleich-mut verabfolgt wird. Er betrachtet ihn etwas kritisch, und es blieb mir unklar, ob die Größe ihn erschreckte oder erfreute, jedenfalls ließ er ihn schnell seinen Vor-gängern folgen.

Der Schleppdampfer hat seine Schuldigkeit gethan, die Bahn ist frei, und unser Schiff regt wieder seine Schrauben. Die Brücke dürfte kaum noch dem lebhaften Verkehr genügen können und die Eröffnung eines zweiten aufziehbaren Bogens wohl nur eine Frage der Zeit sein. Das Nedlitzer Brückenhaus, ebenso wie die Brücke, königlicher kunst-sinniger Initiative die Ent-stehung verdankend, hebt sich höchst wirkungsvoll aus dem dichten Grün. Von links her blicken vereinzelte Häuser des Dorfes herüber, den weißen See aber bevölkern große Scharen von Enten, während in einer Bucht gelbe Seerosen geheimnis-voll ihre großen Blätter wiegen, als träumten sie

Nach einer photograph. Aufnahme von W. O. Link-Potsdam.

Havel bei Nedlitz.

von ihren schönen Schwestern, den stolzen Lotosblumen, von denen Heine singt:

Am Ganges duftet's und leuchtet's,
Und Riesenbäume blühn,
Und schöne stille Menschen
Vor Lotosblumen knien.

Und nun schweift der Blick hin über den fast viereckig eingeschnittenen Fahr-länder See bis zum Dorfe, das neben dem Weinberge hervorlugt und dessen An-blick uns unweigerlich zwingt, an Schmidt von Werneuchen zu denken, dessen Wiege hier gestanden hat. Mag auch Goethe es nicht verschmäht haben, den Dichter, der von Kurz als der „vollgiltigste Repräsentant der populären Plattheit" bezeichnet wird, in einem Spottgedicht zu bekämpfen, so wollen wir uns als Märker seiner doch freuen, der so bescheiden war, daß es ihn schon erfreute,

. . . . Verfolgt von Mück' und Wespe
Müd und warm mit Sand in beiden Schuh'n
Hingestreckt auf Kuckucksklee zu ruh'n.

Auch der rauhe Herbst stört ihn nicht:

> Wenn der Herbstwind durch die Brücke saust,
> Wild am Rohr die dürren Büschel zaust,
> Und das Schilf zerknickt, und tiefe Kerben
> In der angeschwollenen Havel zieht, . . .
>   O Natur, auch dann begrüß ich so,
> Wie im Blütenmond, Dich innig froh!
> Wird mir doch, wann ich zum Liebchen eile,
> Bald von ihrem weißen, weichen Arm
> Sanft umschlungen, wieder wohl und warm;
> Schwirre Regen dann! und Sturmwind heule!

Mir war es nicht so ganz gleich, als in diesem Augenblick der Regen zu schwirren begann, nicht, daß ich ihn an sich fürchtete, aber einmal zeugten die schwarz=grau gefärbten Getreide=mandeln der Felder, daß sie vom himmlischen Naß schon ein überreichlich Teil genossen und sich nach der schützenden Scheune sehnten, und fürs Zweite spannte sich vor mir plötzlich ein solcher Wall von Regen=schirmen, daß ich den iro=nischen Stoßseufzer eines Fahrgastes: „Welch kostbare Aussicht!“ seinem ganzen Umfange nach verstehen und würdigen konnte. Indessen, die Weidenbüsche, die den

Nach einer photograph. Aufnahme von W. O. Link=Potsdam.

Nedlitz.

Kanal säumen, konnte ich doch sehen und mich der weißen Blüten freuen, welche die Zaunwinde in den grünen Saum gewirkt hatte. Das höherliegende Ufer des Kanals zierten die lila gefärbten Blütenköpfe der Grasnelke und die zierlichen, rötlich schimmernden Rispen des Sauerampfers, nur ab und zu unterbrochen von dem leuchtenden Gelb einer Lysimachia.

Die Regenwolke war vorüber; die Regenschirme klappten zusammen, allerdings nicht so eilig, daß es nicht bei einigen um ihre Toilette besorgten Damen eines leisen Winkes in Gestalt der freundlichen Mitteilung bedurft hätte: „Meine ver=ehrten Damen, es regnet nicht mehr!“

Es war Zeit; denn schon tauchten die Dächer von Marquardt auf, das seinen Namen dem Minister Marquardt Ludwig von Printzen verdankt, der es 1704 als Geschenk von König Friedrich I. erhielt. Er bekleidete zwar sieben hohe Staats=ämter, aber ob sein Einfluß so groß gewesen, wie der des späteren Besitzers, des Generals von Bischofswerder, ist fraglich. In den schattigen Bäumen des Schloß=parkes raunt und flüstert es noch heute von den Tagen, in denen die Rosenkreuzer, zu denen der General gehörte, hier die Geister citierten und ihren Offenbarungen lauschten, wie heute die Spiritisten.

Über die Wiesen, auf denen zahlreiche Störche gravitätisch, ihrer Würde bewußt, einherschreiten, streift das Auge, bis es an dem Kirchturm von Uetz haften bleibt. Ob Schmidt, der Sohn Fahrlands, recht hatte, als er dichtete:

> „Wie reizend sind, du schönes Dörfchen Uetz,
> Heut deiner Gärten Apfelblütenreiser,
> Dein gotisch Kirchlein, deiner Fischer Kietz,
> Dein Pfarrgehöfte, deine Bauernhäuser . . . .
> Vom Felde treibt der Kuhhirt durch die Gassen, —
> Du schönster Ort im ganzen Havelland,
> Wer könnte je dich ungerührt verlassen?"

Ob er recht hat? Ich konnte es nicht entscheiden, denn ich sah, wie gesagt, nur die Kirchturmspitze, und von ihr es ablesen wollen, daß „Uetz der schönste Ort im ganzen Havelland" sei, würde ein sehr gewagtes Unternehmen gewesen sein.

Die Schlänitz ist durchschifft. Von Leest zeigt sich nur die Windmühle. Ihre Flügel ruhen, als warteten sie auf den Segen der neuen Ernte. An schwer beladenen Kähnen vorüber trägt uns das Schiff. Schon hebt sich aus dunklem Grün Paretz. Durch wessen Seele zieht nicht wehmütiges Erinnern beim Klange dieses Namens! Hier fand Luise, die Unvergeßliche, das, was sie so gern suchte: friedvolle Stille. „Ich muß den Saiten meines Geistes jeden Tag einige Stunden Ruhe gönnen, um sie gleichsam wieder aufzuziehen, damit sie den rechten Ton und Anklang behalten!" Hier, im „Schloß-Still-im-Land" fand sie den „Umgang mit sich selbst". 1796 betrat sie zum erstenmale die Stätte, die ihr so selige Stunden bieten sollte, von der sie am 20. Mai 1810 mit den ahnenden Worten die Sonne scheiden sah: „Die Sonne eines Tages geht dahin, wer weiß, wie bald die Sonne unseres Lebens scheidet!"

Am 19. Juli starb sie. Bedarf es für ein deutsches Herz der Mahnung, welche die graue Marmortafel im Parke trägt: „Gedenke der Abgeschiedenen!"? — Ist sie nicht noch immer der „gute Engel für die gute Sache"?

Langsam wendet sich unser Schiff südwärts in den Göttiner See. Die gleich gewaltigen Ausrufungszeichen in die Luft starrenden Schornsteine der Ketziner Ziegeleien erinnern uns daran, daß wir in die Region der Backsteinfabriken einlaufen. Vom dunklen Grün hebt sich Göttin scharf ab, aber den „Räuberberg" suchten wir auf dem gegenüberliegenden Ufer lange vergeblich, bis uns ein ortskundiger „Rundfahrer" eine kaum nennenswerte, anscheinend ringförmige wallartige Erhebung als das Gesuchte bezeichnete.

Schon laden schwarz-weiß-rote Fähnchen am linken Ufer zur Landung ein: Phöben ist erreicht. An dem spärlich bewaldeten Hügelzuge in seinem Rücken zieht sich das Dorf dahin. „Kaffee!" ist jetzt das Losungswort. Im Schweiße ihres Angesichts schöpft die rüstige Wirtin den braunen Trank in die Bunzlauer Kannen, nach denen hundert Hände sich begehrend ausstrecken. Butterbrote mit Schinken von erstaunlicher Größe erscheinen und verschwinden. Scherz und Lachen an allen Tischen, dazwischen aber plötzlich gellendes Geschrei: ein kleiner Bursche ist von dem

niedrigen Steg ins Waſſer gefallen, wird aber ſofort von einem barfüßigen Ge=
noſſen gerettet und eilt laut heulend nach Hauſe. Ein kleines Fauſtduell zwiſchen
einem neunjährigen Knaben und einem kräftigen Mädchen ſcheint zu Ungunſten des
erſteren auszufallen, bis er von ſeinen Zähnen Gebrauch macht und einen wohl
etwas kräftigen Biß in die Finger derer thut, die ihm gar unſanft das Geſicht ge=
ſtreichelt hat. Nun mahnt die Dampfpfeife mit Geheul, daß es Zeit ſei, an Bord
zu kommen.

An Alt=Töplitz vorüber, deſſen Mühle ſich maleriſch vom Himmel abhebt, eilt
das Schiff weiter. Noch einmal fliegt der Blick zurück nach Paretz, hinter dem eine
dunkle Wolke ſich auftürmt, dann aber wird es angezogen von dem prachtvollen
Gemälde, das Werder bietet. Die ſpitzen Türmchen ſeiner Kirche ſteigen ſchlank empor
über die Dächer des Städtchens, um das ſich die an den Berghängen emporklimmenden
Obſtanlagen wie ein reicher Kranz ſchmiegen, und aus dem ſich Gerlachshöhe, Bismarck=
höhe und Wachtelburg wie Burgen des Mittelalters ſchützend erheben. Wohl ſieht
man hier und da durch das dichte Laubgezelt die weißlich ſchimmernde Erde, den Sand
leuchten, aber er iſt uns nicht mehr Wahrzeichen märkiſcher Öde, ſondern Erinnerungs=
zeichen brandenburgiſcher Zähigkeit, die nicht nachläßt, bis das Ziel erreicht iſt. Auch
hier iſt es erreicht, und der Fleiß der Werderaner trägt reiche Frucht. Die „Werderſchen"
(Kirſchen) ſind ein geſuchter Artikel, mag auch die „Werderſche" (Bier) von ihrem
einſtigen Anſehen verloren haben. Das an ſeinem zwar als „Rutſchbahn" ge=
eigneten, ſonſt aber in ſeiner Kahlheit wenig einladenden Hügel ſich hinziehende
Golm und das nur flüchtig auftauchende Eiche vermögen uns heute nicht zu feſſeln.
Aber auf Alt=Geltow richtet ſich ſinnend der Blick. Faſt bis an das Waſſer tritt
das Kirchlein vor. Wehmütige Trauer durchzittert die Bruſt. Zwar ſchweigt heute
die Orgel; aber es iſt, als ob aus dem Rauſchen der Wellen die Klänge forttönten,
die einſt des totkranken Friedrichs Herz erhoben. Tönt es nicht im Flüſtern des
Schilfes wie leiſe Klage, daß der herrliche Siegfried dem tückiſchen Feinde erliegen
mußte? Und wie ein ſtilles, aber heiliges Gelübde klingt's im Herzen:

> „Weilſt Du auch nicht mehr unter uns hienieden,
> Stiegſt Du uns allzufrüh zum Himmel auf,
> Gingſt Du nach ſchwerem Leiden ein zum Frieden,
> So hört doch unſ're Liebe nimmer auf." —

Raſtlos eilt das Schiff weiter. Baumgartenbrück! Du idylliſches Plätzchen
mit deiner lauſchigen Ruhe! Fern vom haſtenden Getriebe der Großſtadt kann man
bei dir noch Stunden weihevoller Stille genießen. Wir gönnen Dresden ſeine
Brühl'ſche Terraſſe und loben uns unſer Baumgartenbrück.

Und nun hinein in den Schwielowſee! Rings umgürtet von dunklem, ſchattigem
Grün und flüſterndem Röhricht, breitet er ſeine gewaltige Fläche vor uns aus. In
weiter Ferne nur, dem Auge kaum erkennbar, taucht Ferch auf; hohe Schornſteine,
freilich an ſich keine beſondere Zierde der Gegend, führen uns zurück in die betrieb=
ſame Gegenwart, wenn wir uns verlieren wollen in die Zeiten, in denen der Schwielow
entſtanden ſein mag. Breit und behaglich breitet er ſeine Fläche da, wo wohl einſt
mooriges Gebiet ſich dehnte; aber dieſe behagliche Ruhe ſchließt nicht aus, daß er

nicht einmal — allen gutmütigen Naturen gleichend — heftig aufbrausen könnte, und mancher Schiffer vermag wohl von solchen Augenblicken zorniger Erregung zu erzählen, in denen der See ihn und sein Schiff mit Tod und Verderben bedrohte. Heute liegt er friedlich vor uns. Seine leicht auf= und absteigenden Wellen erglühen im Strahle der sinkenden Sonne. Kein Segel ist mehr auf der gewaltigen Fläche zu erblicken, nur einige Schwäne, dieser königliche Schmuck unserer Havelgewässer, ziehen feierlich dahin und zur Wahrheit wird Kleist's Wort:

"Sieh den Schwan,
Umringt von seiner frohen Brut,
Sich in den roten Wiederschein des Himmels tauchen."

Ein Bild abendlichen Friedens ist vor uns ausgespannt. Wie voll Bewunderung schaut der Karlsturm zwischen den mächtigen Baumwipfeln hervor auf das Idyll zu seinen Füßen, und während wir langsam in das "Gemünde" einbiegen, schwebt der Glutball der Sonne über der Petzower Kirche, dann taucht er langsam in die Wolkenschicht, die den Horizont umspannt, ihren Rand mit goldigem Glanze säumend. —

Caputh!

"Wer hat nicht von Caputh (so heißt das Dorf) gehöret,
Das in verwich'ner Zeit die größte Zier besaß,
Als Dorothea sich, die Brandenburg noch ehret,
Das Schloß am Havelstrom zum Witwensitz erlas!"

Bis 1689 gehörte das Schloß der Witwe des Großen Kurfürsten, dann, nach ihrem Tode, ging es in die Hände der gefeierten Sophie Charlotte über. Die Zeiten höfischen Glanzes sind — wohl unwiederbringlich — dahin; eine andere Zeit ist gekommen. Da, wo einst fürstliche Boote die Fluten teilten, ziehen heute Lastkähne tiefe Furchen, und wie in einem Hafen streckt sich Mast neben Mast zum abendlichen Himmel empor, mit leise wallendem Wimpel geschmückt, und von den Berghängen grüßt der fruchtbaren Bäume üppige Hülle.

Kühler wird es auf dem Deck. Des Abends Schatten senken sich allmählich herab; aus dunklem Laube blickt Templins gastliches Dach herüber, und von den waldigen Höhen des Brauhausberges schimmern die Kuppeln der "Sonnenwarte".

Signallichter der Eisenbahn! Langsam geht es unter dem Brückenjoch hindurch. "Stopp!" Das Schiff legt an. Wir gehen an Land. Welch reicher Nachmittag liegt hinter uns, und während wir über die Brücke den heimatlichen Penaten zu= schreiten, klingt es uns durch die Seele:

"Nymphäen, Schwäne, blinkende Segel, —
Ob rote Ziegel, ob steinernes Grau,
Du verklärst es, Havel, mit deinem Blau . . . .
Und an deinen Ufern und an deinen Seen,
Was, stille Havel, sahst all' du gesehn?"

C. F. Janke=Potsdam.

Das militärische Potsdam im vorigen Jahrhundert.*)

Geschichtliche Orte bleiben bis auf die spätesten Zeiten für die kommenden Geschlechter die Stätten heiliger Erinnerung, und gern wallfahrtet der denkende, für den Ruhm seines Landes und Volkes warm fühlende Mensch zurück zu den Orten, wo einst diejenigen Männer lebten und wirkten, welche ihrer Zeit das Gepräge ihres Geistes aufdrückten, ihrem Volke durch Thatkraft und Weisheit sondergleichen einen hervorragenden Platz in der Geschichte verschafft haben. Wenn irgendwo die Geschichte eines Staates und Volkes das Spiegelbild des Wirkens der Landesherren und ihrer Familienglieder ist, so ist dies in unserm Vaterlande der Fall, und diejenigen Orte, in denen Hohenzollerns Söhne gelebt, für ihrer Landeskinder Wachsen und Gedeihen gearbeitet haben, sind gleichsam die Geburtsstätten unseres Glückes, der heimatliche Boden, aus dem der mächtige Baum unseres preußischen und deutschen Vaterlandes erwachsen ist. Gerade in und bei Potsdam aber haben die Fürsten unseres Landes vorzugsweise gern verweilt, hier haben sie die Stunden der Erholung gesucht und gefunden, hier ihre Muße verwendet zum Entwerfen neuer Pläne des Ruhmes und der Ehre. Es giebt keine Stadt in unserem Vaterlande, die ein so treuer Spiegel des Charakters und der Wirksamkeit der preußischen Könige ist, als Potsdam. Auf jedem Schritt in der Stadt und deren Umgebung stoßen wir auf Spuren ihrer Thätigkeit, ihrer Vorliebe für unsere Havelstadt. Überall treten uns im Kleinen die Anfänge und Versuche entgegen, welche später unser Land zu dem machen sollten, was es im Laufe der Zeiten geworden ist. Wohl können wir Potsdam als die Geburtsstätte vieles Wichtigen für unser Vaterland ansehen.

So ist es denn gleichsam ein Gefühl des Heimwehs, welches uns zur Betrachtung Potsdams drängt und uns in der Erforschung seiner Geschichte hohe Genugthuung finden läßt. Wem das Gemeinwesen, dem er angehört, mehr ist als dem wandernden Nomaden die Wohnstätte, die er gegen eine andere vertauscht, wem sein Wohnort Heimat geworden, wem er gar Vaterstadt ist, der nimmt mit derselben Liebe, mit der ein altes Adelsgeschlecht auf seine Vergangenheit zurückblickt, an der Geschichte seiner Stadt Anteil, und wie man einen Stammbaum gern in

---

*) Bearbeitet nach den Mitteilungen des Vereins für die Geschichte Potsdams aus den Jahren 1862 bis 1864. Initial und Schlußvignette von F. Hartmann, Hauptlehrer in Potsdam.

möglichst entlegene Vergangenheit hinaufführt, so pflegt auch der Bürger sich der
Vorzeit seiner Stadt, je weiter dieselbe verfolgt werden kann, desto lieber zu
erinnern.

Zur Betrachtung der Geschichte Potsdams aber regt vor allem ein Umstand
mächtig an. Gerade unsere Stadt nämlich sah die ersten Samenkörner streuen zu
jener kostbaren Frucht, welche die Bewunderung des staunenden Europas, ja der
ganzen Welt erweckt: Unsere Armee! Denn was der große Kurfürst, was König
Friedrich Wilhelm I. schaffend für die Armee gethan haben, Potsdam sah dieser

Nach einem im Besitz von W. O. Link-Potsdam befindlichen Stiche.

Alt-Potsdam.

hohen Ideen erste Verwirklichungen, sah von der Hand Friedrichs des Großen aus
verhältnismäßig geringen Anfängen eine Armee gestalten, mit der er halb Europa
Trotz bieten konnte. In Potsdam fand Friedrich Wilhelm III. nach Jahren schwerer
Trübsal wieder Ruhe im Kreise seiner erlauchten Familie, hier erhielt er die Kunde
von jenem blutigen Weltgerichte, welches auf den Schneefeldern Rußlands sich vollzogen hatte, hier entwarf er die ersten Pläne zu jenen Kämpfen, aus denen unter
seiner Führung sein Volk zu nie gekannter Größe emporstieg. In unserer Stadt
lernen die erlauchten Söhne unseres Herrscherhauses zuerst den Dienst des Soldaten
kennen, und in unserem Ersten Garde-Regiment hat Kaiser Wilhelm I. ruhmvollen

Andenkens die erste Stufe beschritten in seiner militärischen Laufbahn, deren höchste Spitze der Heldenfürst erstiegen hat in einem Kampfe sondergleichen.

So ist denn Potsdam aufs engste verwachsen mit der Ruhmesgeschichte unseres Landes, es ist gleichsam die Wiege der Kriegsglorie seiner Fürsten, und Mitteilungen aus der Geschichte unserer Stadt werden daher von Interesse sein auch über die Grenzen Potsdams hinaus. — Der nachstehende Aufsatz wird eines der interessantesten Kapitel behandeln, nämlich die Verlegung des Leibregimentes Friedrich Wilhelms I. nach Potsdam und infolge dessen den Aufschwung des Potsdamer Gemeindewesens, das sich bis dahin kaum von dem eines Dorfes oder Marktfleckens unterschieden hatte.

In der Vollkraft des jugendlichen Alters von 25 Jahren bestieg Friedrich Wilhelm I. am 25. Februar 1713 den Thron seiner Väter; dem glänzenden, prachtliebenden Vater folgte der unermüdlich thätige, sparsame und praktische Sohn. Der zahlreich besetzte Hofstaat seines Vorgängers, König Friedrichs I., wurde sofort entlassen; die fein galonierten seidenen Röcke wurden mit der knappen Uniform, der Galanteriedegen mit dem Kurzgewehr, das zarte Geflüster mit dem ernsten Kommandoruf vertauscht, und an die Stelle der französischen Tänze im Duft der Salons traten die Übungen auf dem Exerzierplatz. Der Lustgarten vor dem Schlosse zu Potsdam wurde planiert, mit Sand überfahren und zum Exerzierplatz eingerichtet. Die Wasserkünste verschwanden; das bewunderte Orangeriehaus des Großen Kurfürsten wurde einfach nach Süden hin zugemauert und zum Pferdestall bestimmt. Im Innern des Schlosses wurden die kostbaren Tapeten abgenommen und die Wände reinlich weiß angestrichen. Die prächtigen Möbel sah man nach Berlin wandern oder an Generäle verschenkt werden; hölzerne Sessel traten an die Stelle der üppigen Polster, und der König selbst saß bei seiner einfach bürgerlichen Tafel nie anders als auf einem hölzernen Schemel. So sehr war man daran gewöhnt, diesen Schemel als den Ehrensitz anzusehen, daß als König Stanislaus Leszczynski, auf seiner Reise nach Lothringen Potsdam besuchend, von zwei Flügeladjutanten in Abwesenheit des Königs zur Tafel geleitet wurde, er ebenfalls den Schemel als Sitz angewiesen erhielt. Der hohe Herr wußte sich dies nicht zu erklären und verlangte auf einem Sammetstuhle Platz zu nehmen. Aber die diensteifrigen Kavaliere duldeten dies nicht, und weil sie ihm die Bedeutung der ihm zugedachten Ehre weder polnisch noch französisch zu erklären vermochten, weil sie nur deutsch sprachen, so packten sie ihn endlich unter beide Arme und drückten ihn mit Gewalt auf den Ehrenschemel. König Stanislaus blieb nun zwar sitzen, allein in beständigem Zweifel, ob man ihn foppe oder ehre, und eine gewisse Ängstlichkeit vor ähnlichen weiteren Gewaltmaßregeln mag ihn während der Tafel nicht verlassen haben. In dem großen Hauptsaale des Potsdamer Schlosses wurden die pomphaften allegorischen Gemälde abgenommen, und an ihre Stelle traten Darstellungen der Schlachten und Siege bei Warschau und Fehrbellin. Sein Schlafzimmer schmückte der König mit den Bildnissen seiner liebsten Generale; in den Korridoren aber wurden die Portraits der Riesengrenadiere aufgehängt.

Schon als Kronprinz hatte Friedrich Wilhelm eine besondere Vorliebe für möglichst große Soldaten, und im Jahre 1711 erhielt er auf seinen Wunsch das Kommando über das „Regiment Kurprinz", das aus ausgesucht schönen und großen Leuten bestand und sich eines ausgezeichneten Rufes in der Armee erfreute. Das Regiment hatte im spanischen Erbfolgekriege und in den Niederlanden, bei Malplaquet auch unter den Augen des Kronprinzen gefochten, kam 1712 in Garnison nach Berlin, wo es als „Regiment Kronprinz" bis zum Tode König Friedrichs I. verblieb. Wir finden das Regiment zuletzt bei der Trauerparade für die Beisetzung Friedrichs I., um die Ehrensalven, und zwar unter dem persönlichen Kommando des jungen Königs, zu geben. Nicht lange darauf ernannte Friedrich Wilhelm I. dieses Regiment „Kronprinz" zu seinem Leibregimente. Es erhielt Brandenburg zur Garnison angewiesen und marschierte bald darauf dahin ab. Noch vor dem Abmarsche bezeichnete der König selbst alle Leute, welche nach und nach an die anderen Infanterieregimenter abgegeben werden sollten; denn nur die sechs Fuß hohen sollten beim Regimente bleiben und nach Möglichkeit mit gleich großen oder noch größeren verstärkt werden. — Zu diesem Zwecke erging an alle Infanterieregimenter der Armee die Ordre, sofort die größten Leute nach Brandenburg zu schicken; gleichzeitig erhielten sämtliche Werber im Reich den Befehl, sich vorzugsweise nach großen Rekruten umzusehen, und alles, was sechs Fuß und darüber lang, aufzutreiben wäre, nur nach Brandenburg, bei Leibe aber an kein anderes Regiment zu schicken. Lieferten sie besonders große Leute, so sollten sie auch kein Geld zu scheuen brauchen, und werde der König schon dafür sorgen, daß sie gut dafür bezahlt und auch sonst in Gutem dafür angesehen würden. Ebenso erhielten alle preußischen Gesandten und Agenten an auswärtigen Höfen den Befehl, sich nach großen Leuten umzusehen, und wurde ihnen insinuiert, daß sie den Höfen, bei welchen sie beglaubigt waren, zu verstehen geben könnten, wie man dem König von Preußen keine größere Freude und Aufmerksamkeit bereiten könne, als wenn ihm recht große Leute zum Eintritt in das Leibregiment geschickt würden. — Trotzdem man sich nun von allen Seiten bemühte, den Wünschen des Königs zu entsprechen, und von allen Richtungen her lange Menschen nach Brandenburg kamen, teils freiwillig wegen des hohen Handgeldes, teils als Geschenke anderer Fürsten, teils als Geworbene aus dem Reich, so wollte es doch mit der Bildung von drei Bataillonen aus nur ungewöhnlich großen Leuten nicht so rasch gehen, und erst im Jahre 1716 findet sich ein Bataillon, nämlich das dritte, aus sechs Fuß langen Soldaten bestehend, in Brandenburg vor.

Das damals doch nur erst teilweise „Riesenregiment" verließ 1715 im April seine Garnison Brandenburg und marschierte nach Schwedt, wo der König eine große Truppenschau abhielt. Der Vorbeimarsch geschah vor dem Schlosse in Schwedt in Zügen zu sechzehn Rotten mit zehn Fahnen von weißer Seide, die den preußischen zur Sonne fliegenden Adler mit der Inschrift: „Nec soli cedit" führten. — Was das Leibregiment in Pommern und auf Rügen bei verschiedenen Gelegenheiten geleistet, findet sich nicht besonders angegeben; wahrscheinlich hat es der König geschont, weil er eben eine besondere Vorliebe für dasselbe hatte und nach seinem eigenen Ausspruch „es zu schade um so schöne Kerls wäre, wenn sie tot geschossen würden." Man weiß nur, daß das Regiment 1716 bei weitem stärker wieder in Brandenburg einrückte, als es ausgerückt war; denn unter den schwedischen Kriegsgefangenen waren die größten Leute ausgesucht worden, und auch die sächsischen Regimenter beklagten sich, daß ihnen immer nur die größten Leute desertierten, um in dem preußischen Leibregimente hohes Handgeld und bessere Löhnung zu erhalten.

Es begann nun eine Periode ununterbrochenen Friedens für das Regiment, und bis zum Jahre 1721 blieb dasselbe in Brandenburg. Zur Musterung seiner Lieblinge kam der König öfter von Berlin oder Potsdam dorthin; im Jahre 1717 sogar mit dem Zar Peter dem Großen, dem er seine „große Garde" hier zeigen wollte. — Diese Reisen mochten dem Könige wegen des Zeitverlustes beschwerlich werden, er auch seine „blauen Kinder" öfter sehen wollen, kurz, im Jahre 1720 beschloß er die Verlegung des Regimentes nach Berlin und teilte dies dem Magistrat mit. Das Regiment war zu der jährlichen Parade nach Berlin gekommen und sollte nun bei Beendigung derselben gleich dort in Garnison bleiben. Nach damaliger Façon, wo nach einem Ausspruch des Königs „die Souveränité gleich einem Felsen von Erz etabliert" war, wurde ein Hochlöblicher Magistrat nicht erst gefragt, ob der Stadt eine zahlreichere Garnison auch erwünscht sei. Den langen Brandenburgern gegenüber remonstrierte der Magistrat von Berlin aber doch, und zwar aus sehr gewichtigen Gründen. Das in jeder Art bevorzugte Regiment hatte sich während seines in jedem Jahre wiederkehrenden Aufenthaltes in Berlin den Bürgern nicht besonders angenehm gemacht, wozu seine sonderbare Zusammensetzung auch nicht geeignet war. Es dienten in demselben nicht allein Leute aus aller Herren Ländern, fremde, halbwilde Nationalitäten, sondern auch heruntergekommene Edelleute, die in Ausschweifungen aller Art ihr hartes Los zu vergessen suchten. In Brandenburg hatten sie den sogenannten „breiten Stein" behauptet, das heißt, wie die Studenten der damaligen Zeit verlangten sie, daß ihnen jeder Bürger auf der Straße aus dem Wege gehe. Große Steine bildeten nämlich in den größtenteils ungepflasterten Straßen einen Fußweg, auf dem sich bei nassem Wetter allenfalls unbeschmutzt gehen ließ. Das hatten „die Leib=Regimentschen", wie sie im Volke genannt wurden, auch in Berlin beansprucht, und Bürger, Männer wie Frauen, allenfalls in den Straßenschmutz gestoßen, wenn sie nicht auswichen. Vor allen Dingen kam im Magistrat aber das Bedenken zur Sprache, daß größere Menschen auch wohl größere Mägen haben dürften, die Verpflegung also kostspieliger werden möchte als für jedes andere Regiment, und das war wirksam genug, um die Väter der Stadt zu einer unterthänigsten Remonstration zu ermutigen. Sie betonten nicht allein die vermutlich größeren Mägen, sondern auch das Betragen dieser Soldateska, welche in den Wirtshäusern die besten Plätze wegnahmen, mit den hübschesten Mädchen tanzten und an die sich, wegen ihrer übermäßigen Körperlänge und Leibesstärke, niemand herantraue, um ihnen eventuell eine Korrektur nach hierorts üblicher Polizeivorschrift zukommen zu lassen. Es wäre den Berlinern ein anderes Regiment, von welchem dergleichen nicht zu befürchten wäre, lieber, womit sie in tiefster Ehrfurcht zu ersterben sich unterfingen. — Der König war über diese unvermutete Weigerung außerordentlich aufgebracht, und zwar nicht allein wegen des Widerstandes überhaupt, den sein Wille fand, sondern weil derselbe seine Lieblinge betraf. Er befahl sofort den Abmarsch des Regimentes aus Berlin, aber nicht nach Brandenburg zurück, sondern nach Potsdam, ritt auch gleich an der Spitze desselben aus Berlin hinaus, und kam von nun an mehrere Jahre hindurch nur dann nach Berlin zurück, wenn es für die Regierung, zu Staatshandlungen oder für eine kurze Winterresidenz durchaus nötig war. Berlin hatte keine Ursache, sich darüber zu freuen, daß es seinen Willen gegen den König durchgesetzt, denn es bekam nun sofort zwei Feldregimenter als Garnison und verlor die Kantonfreiheit seiner Bewohner, nach welcher aus der Hauptstadt bisher niemand zum Soldaten ausgehoben werden durfte. Potsdam, „det Städeken", aber konnte von dem Tage an, wo es der König zur Garnison für sein Leibregiment bestimmte, seine Entwickelung zu einer wirklichen Stadt datieren; denn es begannen nun die Gunst- und Gnadenbezeigungen durch den Bau neuer Häuser, das Herausrücken der Stadtmauern, überhaupt der Aufschwung des Gemeindewesens.

Bei seiner Verlegung nach Potsdam war das Leibregiment 21 Kompagnien stark; diese zählten 1965 Musketiere, 195 Grenadiere, 5 Feldschere, 15 Pfeifer, 53 Tambours, 165 Unteroffiziere, 60 Offiziere. Später kamen noch 4 Kompagnien sogenannter „Blaukittel" hinzu, bei welchen die Rekruten ausgebildet wurden und nicht eher in das Regiment eintraten, bis ihre Ausbildung vollständig beendigt war. — Weitaus die Hälfte aller Soldaten waren katholischer Konfession, und für diese ernannte Friedrich Wilhelm I. durch Kabinettsordre vom 13. Dezember 1731 den Dominikanerpater Bruns als Seelsorger. — Derselbe schreibt in seinem Tagebuche:

„Im Jahre 1736 und 1737 wuchs die Zahl der katholischen Soldaten, die in Wahrheit die Legion der Giganten genannt werden konnten und aus allen Weltteilen mit immensen Kosten angeworben wurden. Es waren mehr als 4000 Mann, in 4 Kohorten geteilt. Da waren Franzosen, Italiener, Spanier, Portugiesen, Ungarn, Slaven, Kroaten, Polen, Böhmen, Engländer, Russen, Türken, Schweden, Äthiopier und andere aus Asien, Afrika und Amerika. Ich glaube, es giebt fast keine Nation auf der Erde, von der nicht einige in Potsdam bei der Garde standen. Wir hatten dabei Domherren, Priester, Diakonen, Welt- und Ordensgeistliche, Doktoren des Rechts und der Medizin, Fürsten, Grafen und Herren, welche teils freiwillig eingetreten, teils, und zwar die meisten mit Gewalt, List und Versprechungen hierher gebracht worden waren. Daher kam es, daß zu Potsdam fortwährend Verschwörungen unter den Soldaten vorkamen, daß man die Stadt anzünden, den König selbst ermorden und dann entfliehen wollte. Durch Gottes Fügung aber geschah es, daß jedesmal der eine oder andere der Verschworenen, durch Gewissensbisse getrieben, zu mir kam und mir von der Verschwörung Mitteilung machte; und dies geschah nicht bloß von Katholiken, sondern auch von protestantischen Soldaten, die recht wohl wußten, daß sie, wenn die Verschwörung auf andere Weise entdeckt würde, sehr streng bestraft würden, — daß ich aber das mir anvertraute Geheimnis bewahre, wenn ich nur das dem Könige drohende Verderben

abwenden konnte. Und so kam es, daß ich mit Gottes Hilfe die angezettelten Ver=
schwörungen im Keime erstickte und ohne großes Aufsehen im Frieden beilegte.
Dies alles blieb dem Könige keineswegs verborgen, zu dem ich wiederholt selbst
zur Nachtzeit gehen mußte, um ihn zu warnen; denn ich hatte stets freien Zutritt
zu den Gemächern des Königs. — Eines Tages verlangte der König von mir, daß
ich ihm die Schuldigen namentlich angeben sollte. Ich erwiderte ihm, daß ich
dies wegen des natürlichen und sakramentalen Siegels der Verschwiegenheit nicht
thun könnte. Auch würde ich, wenn ich gegen mein Gewissen das Siegel der Ver=
schwiegenheit bräche, alles Vertrauen bei den Soldaten verlieren, so daß sie mir
nichts mehr offenbaren würden, und ich demnach folgerichtig das Unheil nicht mehr
abwenden könnte; so würden Se. Majestät und ich in Gefahr sein. Der
König sah dies sehr gut ein und sagte: „Mein Pater, ich empfehle Ihm meine
Person wie einem Vater!" — Die durch List und Gewalt angeworbenen Soldaten
waren wirklich oft in einer verzweiflungsvollen Lage; entfliehen konnten sie nicht
und frei werden konnten sie auch nicht. Daher stürzten sich viele ins Wasser.
Andere verstümmelten sich, erhängten sich oder töteten sich auf eine andere Weise.
Andere ermordeten einen Kameraden, damit sie hingerichtet würden. Diese letzteren
ließ der König Spießruten laufen und von unten nach oben rädern. Alle diese
Unglücklichen waren Ausländer, und ich kann bezeugen, daß ich nie einen Deutschen
aufs Schafott begleitet habe. Desgleichen muß ich bezeugen, daß ich auch Menschen
von vornehmen Ständen aufs Schafott begleitet habe, unter anderen einen Italiener,
dessen Bruder Bischof in Italien war, und einen Dalmatier, dessen Bruder Erz=
bischof in Albanien war. Keinem von diesen konnte ich helfen; denn sie waren
Mörder, und diesen verzieh der König niemals. Einem nur, der seinen Kapitän
durchbohrt hatte, und der schon zum Tode vorbereitet war, erlangte ich am Tage
vor der Hinrichtung die Begnadigung. — Der König war über diese wiederholten
Verbrechen so entrüstet, daß er mich eines Tages rufen ließ und mir sagte, er habe
bemerkt, daß die Katholiken mit einer gewissen Freude und mit heiterem Gemüte
zum Tode gingen. (Das war wahr, denn sie hatten einen Abscheu vor solchem
Leben.) Es scheine ihm, daß sie im Vertrauen auf die Lossprechung des Priesters
sich nichts daraus machten. Er befehle mir also, daß ich von der Kanzel herab
als Königlichen Befehl verkünde, daß, wer jemals wieder ein solches Verbrechen
begehe, „wie ein Hund krepieren sollte", ohne Sakramente und ohne die Begleitung
eines Priesters. Ich that zwar, wie mir der König befohlen. Es ist aber niemals
zur Ausführung gekommen, da ich dem Könige eine andere Ansicht beibrachte; es
würde sonst sicherlich ein allgemeiner Aufstand erfolgt sein.

Nicht mit Unrecht schrieb der König einen bedeutenden Anteil an dem Vor=
kommen solcher Verbrechen dem Genusse geistiger Getränke zu. Deshalb erließ er
folgende Kabinettsordre:

„Es wird auch ernstlich befohlen, daß jeder **Capitain** in seinem Revier fleißig
acht haben soll, daß weder bey denen Bürgern noch Grenadierern kein Brandt=
wein geschencket wird, und soll denen Bürgern angesaget werden, daß, wann bey
einem Brandtwein gefunden wird, soll er das 1ste mahl nach Spandow in die

Karre, und die Frau ins Spinnhauß gebracht werden, das 2te mahl mit Staup=
besen und Brandtmarck bestraffet werden und das 3te mahl soll er am Galgen
gehangen werden. Die Capitains sollen auch auf denen Paraden die Bursche
sich anhauchen lassen, und so einer gefunden wird, der Brandtwein getruncken,
soll er scharff angehalten werden und melden, wo er den Brandtwein bekommen,
der Grenadier, bey welchem Brandtwein gefunden wird, soll mit Spießruthen
bestraffet und seine Frau ins Spinnhauß gebracht werden.

Potsdam, den 8. Febr. 1738.   Friedrich Wilhelm."

Da unsere Kirche in Potsdam so klein war, daß sie kaum mehr die Soldaten,
viel weniger deren Frauen und Kinder, die Bürger, Gewehrfabrikanten und die
übrigen Katholiken fassen konnte, so bat ich den König um eine neue, größere Kirche.
Der König ging sofort auf mein Gesuch ein und kam noch an demselben Tage in
Begleitung von Architekten in unsere Kirche. Diese letzteren waren meinem Plane,
eine neue Kirche zu bauen, nicht günstig und suchten den König zu überreden, die
alte Kirche, um Kosten zu sparen, nach beiden Seiten erweitern zu lassen. Da
nahm ich den König bei Seite, zeigte ihm einige morsche Säulen und sagte: „Majestät,
wenn eines Tages vielleicht während des Gottesdienstes die Kirche einstürzt und
die Soldaten lebendig begraben werden, so bin ich unschuldig am Blute der Er=
schlagenen!" Sofort wandte sich der König zu den Architekten und sprach: „Ich
will, daß ohne alle weiteren Einwendungen eine neue Kirche gebaut werde!" Und
so geschah es. Im September 1738 war die neue Kirche fertig, und der Bischof
von Hildesheim hatte sich erboten, auf eigene Kosten nach Potsdam zu kommen,
um sie zu weihen. Als ich dies dem Könige vortrug, erwiderte er kurz, daß er
dies nicht erlaube. Und auf meine Vorstellung, daß die Kirche doch geweiht
werden müsse, sagte er: „Weihe Er nur die Kirche nach katholischem Ritus ein!"
und lächelnd fügte er, mich auf die Schultern klopfend, hinzu: „Er ist hier mein
Bischof!" —

Soviel aus dem lateinisch geschriebenen Tagebuch des Paters Bruns. Bei
der Lektüre dieses Buches erscheint Friedrich Wilhelm I. vielfach in anderem und
edlerem Lichte, als er von manchen Geschichtsschreibern dargestellt wird; und wenn
er öfters Strafen verhängte, die nach unseren Begriffen hart, ja grausam erscheinen,
so darf man nicht übersehen, daß Spießrutenlaufen u. s. w. zur damaligen Zeit eine
ganz gewöhnliche Strafe war, und daß damals in Potsdam unter den Grenadieren
neben vielen sicherlich sehr braven Menschen auch mitunter der Auswurf anderer
Nationen vereinigt war, Menschen, die zu Verrat und Empörung stets geneigt,
nur mit der größten Strenge in Zucht gehalten werden konnten. — Als Friedrich
Wilhelm I. Potsdam zur Garnison für sein Leibregiment bestimmte, hatte die Stadt
nur 220 Häuser mit kaum 2000 Einwohnern. Und welch großartigen Aufschwung
hat die Stadt während der Regierung dieses Monarchen genommen. Bei seinem
Tode hatte Potsdam, außer hunderten von Militärgebäuden, 1154 Bürgerhäuser
und 11 708 Civileinwohner, war also um das Sechsfache vergrößert worden. Die
vom Könige ausgeführten Bauten waren, die Kirchen ausgenommen, von Holzfach=

werk, und jedes Haus mußte einen Erker haben. „Das Auge des Königs war durch die beständige Beschäftigung mit seinem Garderegimente, welches aus den größten und schönsten Menschen bestand, dermaßen verwöhnt, daß ihm auch die neu angelegten Straßen nicht anders gefielen, als wenn deren Häuser eine in Reihen stehende Anzahl Soldaten vorstellte, wovon die Dacherker über dem zweiten Stockwerk gleichsam den Grenadiermützen glichen." Wichtiger aber als diese äußere Vergrößerung war für das Leben und die Bedeutung unserer Stadt der Umstand, daß der König dieselbe zur Immediatstadt mit eigener Kämmerei erhob. In der Stiftungsurkunde dieser Kämmerei heißt es zum Schluß:

„Wir wünschen zum Beschluß allergnädigst und landesväterlich, daß Gott, der Wächter Israels, diese Unsere liebe Stadt Potsdam forthin vor allem Unfall kräftig schützen und bewahren, sie mit seinem väterlichen Segen fernerhin über= schütten und in beständigem Flor und Aufnahme bis an das Ende der Welt erhalten möge."

Bei dieser großen Vorliebe des Königs für unsere Stadt war es denn auch erklärlich, ja es ist der rührendste Beweis eben dieser besonderen Zuneigung für die Stadt, daß er, schon die Vorboten des nahen Todes fühlend, hierher eilte, weil, so meinte er, wenn überhaupt, er nur in Potsdam genesen könne. Aber es war im Ratschluß Gottes nicht bestimmt, daß diese Genesung eintreten solle; denn obgleich der unermüdliche König nach seiner Ankunft hier, von Podagra und Wassersucht hart geplagt, noch täglich sich in einem Rollstuhle in den Lustgarten fahren ließ, um den Übungen seiner Soldaten beizuwohnen, so erlag doch endlich auch sein eiserner Wille der Macht der Natur. Am 31. Mai 1740 übergab er selbst die Regierung seinem Sohne, nahm von allen Dienern Abschied und fragte dann seinen Chirurgus Pietsch, wie lange er wohl noch zu leben habe. Pietsch sagte, er glaube, daß das Ende nahe bevorstehe. „Woraus schließt Er das?" „Aus Ihrem Puls, Majestät, denn er bleibt ganz zurück!" Der König hob den Arm und sagte: „Das ist nicht möglich, wenn mein Puls zurückgetreten wäre, könnte ich die Finger nicht so, wie ich thue, bewegen." Er setzte indes, bald fühlend, daß jener Recht habe, hinzu: „Herr Jesu, Dir leb' ich; Herr Jesu, Dir sterb' ich; Du bist im Leben und Tode mein Gewinn!"

Dies waren seine letzten Worte, und wir können das Ende dieses Gerechten nicht würdiger schildern, als mit den Worten seines Nachfolgers, der von ihm sagt: „Er behielt eine bewunderungswürdige Gegenwart des Geistes bis an den letzten Augenblick, brachte seine Sachen in Ordnung als ein Staatsmann, untersuchte den Fortgang seiner Krankheit als ein Naturkundiger und triumphierte über den Tod als ein Held." — Eine Armee von 60 000 Mann hinterließ er seinem Sohne, die Finanzen blühend, im Staatsschatz 8 Millionen 700 000 Thaler und die treff= lichste Ordnung in allen Angelegenheiten des Staates. Die Eigenart dieser kräftigen Regentennatur ist aus den gehässigen Darstellungen der eigenen Tochter, der Mark= gräfin Friederike von Baireuth, kaum zu erkennen. Voltaire und die anderen Spötter mit ihrem boshaften Witz haben das Bild dieses ehernen Königs so ver=

unstaltet, daß fast alle Geschichtschreiber ein befangenes Urteil über ihn abgeben. Doch muß man anerkennen, daß er der Schöpfer des eigentlich kernigen Preußentums gewesen ist, daß, als an den anderen Höfen Verschwendung und Völlerei an der Tagesordnung waren, sein bespöttelter Geiz die gewaltigen Mittel zu den Heldenthaten Friedrichs des Großen schuf, durch welche der vergessene deutsche Name wieder zu Ehren kam. Wohl ziemt es sich, das Andenken dieses Monarchen, der christlichen Sinn und ernste Frömmigkeit wach rief in den Herzen seiner Unterthanen, hoch zu halten und sich von der Überzeugung durchdringen zu lassen, daß die Schwächen und Härten, von denen auch seine Maßregeln nicht frei waren und vielleicht in seiner Zeit nicht frei bleiben konnten, weit übertroffen werden von der Weisheit und Größe seiner Regententugenden.

Als Friedrich II. der irdischen Hülle seines Königlichen Vaters am 22. Juni 1740 zu Potsdam die letzte Ehre durch ein ebenso prächtiges als feierliches Leichenbegängnis erwies, paradierte bei diesem auch die Riesengarde des verstorbenen Monarchen. Es war der letzte Ehrendienst, den dieses Regiment nicht allein seinem Königlichen Chef, sondern auch gleichzeitig als Garde des Königlichen Hauses verrichtete; denn am nächsten Tage erfolgte auf des jungen Königs Befehl die Auflösung dieses Truppenteils und die Stiftung der neuen Garde des jungen Friedrich. Friedrich II. wollte die Armee nicht allein vergrößern, er wollte sie auch in jeder Beziehung vollkommen kriegstüchtig machen, alles aus ihr entfernen, was mehr für den Frieden als für den Krieg geeignet war, und das Riesenregiment war im Grunde doch nur ein freilich sehr kostbares Spielzeug.

Die Unterhaltung der Potsdamer „Riesengarde" belief sich nach Preuß jährlich auf 291 248 Thaler, während jedes der übrigen Infanterieregimenter nur 72 000 Thaler kostete. Auch der Nebenaufwand war sehr groß. Es ist bekannt, wie ungeheure Handgelder von den Werbern für schöne Leute angerechnet wurden. Der Grenadier Joseph Große hatte über 4000 Thaler gekostet, ebensoviel der Grenadier Andreas Capra, und den Irländer James Kirkland, welcher 6 Fuß 11 Zoll maß, hatte der preußische Gesandte in London, Caspar Wilhelm von Borke, für 1266 Pfd. Sterling 10 Schilling, d. h. für beinahe 9000 Thaler angeworben. Da unter den Potsdamer Grenadieren selbst Personen von hohem Stande dienten, so bekamen manche 5, 10, 12 bis 20 Thaler Zulage.

Zur neuen Garde erhob Friedrich das früher in Ruppin stehende Regiment „Kronprinz Nr. 15"; das 1. Bataillon dieses neuen Regimentes erhielt die Bezeichnung „Erstes Bataillon Leibgarde". Die Offiziere des alten Riesenregimentes erhielten zum größten Teil Anstellungen bei der neuen Garde; einige nahmen auch ihren Abschied. Auch wer von den Grenadieren den Abschied haben wollte, erhielt ihn, und noch lange Jahre hindurch zogen Friedrich Wilhelms Riesen durch alle Lande, ließen sich sogar für Geld sehen und erzählten von der Liebe des Königs zu seinen „blauen Kindern". Die übrigen Mannschaften kamen je nach ihrer Felddienstfähigkeit zu einem der neuen Garde-Bataillone.

Das „Erste Bataillon Leibgarde" hatte eine ganz bevorzugte Stellung und

erfreute sich unter eigenen Kommandeuren sehr bedeutender Vorrechte und Aus=
zeichnungen. Hierzu gehörte namentlich die Ehre, daß der König sich zum Chef
des Bataillons ernannt hatte. Dasselbe stand in allen persönlichen Dienstverhält=
nissen unter dem unmittelbaren Befehl des Königs, wandte sich auch in allen
Gesuchen unmittelbar an ihn, und war durchaus nicht verpflichtet, irgend eine
Meldung an den Kommandanten der Garnison Potsdam zu machen. Dagegen
mußte der Feldwebel der Leibkompagnie täglich beim Könige Rapport abstatten.
Die Offiziere des Bataillons rangierten unter sich und hatten gegen die der übrigen
Armee eine, auch zwei Stufen im Range voraus. Die Eigenschaften, die der aus
anderen Truppenteilen an das Bataillon abgegebene Mann haben mußte, waren:
Er durfte nicht unter 5 Fuß 9 Zoll groß, nicht 30 Jahre alt und mußte un=
verheiratet sein, auch nie eine Regimentsstrafe erlitten haben. In späteren Jahren
kam noch die Bedingung hinzu, daß er weder ein Franzose noch ein Pole sein
durfte; das letztere bloß deswegen, weil der König die auf „ky" endigenden Namen
nicht leiden konnte, und die ersteren wollte er darum nicht nehmen, weil sie sich
fast nie an das eingeschränkte Leben gewöhnen konnten und meistens die Urheber
aller groben Ausschreitungen waren. In einem 1790 in Hohenzollern heraus=
gegebenen, von einem ehemaligen preußischen Offizier verfaßten Buche heißt es von
dem Bataillon: Sobald der Mensch in das Bataillon gekommen war, hörten alle
seine Verbindungen, die er mit der übrigen Welt hatte, ganz auf; ebenso als wenn
er in den Orden der Trappisten getreten wäre. Hätte er sollen hundert Jahre alt
werden, so war doch keine Hoffnung für ihn mehr übrig, seine Entlassung jemals
zu bekommen. Konnte er Alters oder Gebrechlichkeit halber nicht mehr im Bataillon
dienen, wozu jedoch der äußerste Grad von Unbrauchbarkeit erfordert wurde, so
veränderte er nur den Rock, nicht aber seine Lage. Er wurde von Potsdam auf
eine kleine Insel der Havel, welche der Werder heißt, versetzt. Da mußte er, mit
Beibehaltung alles dessen, was er als Feldsoldat gehabt hatte, — die reiche Uni=
form ausgenommen — noch immer Dienste thun. Dieser Dienst bestand darin,
daß er das Einbringen geschmuggelter Waren und das Fortkommen Fahnenflüchtiger
aus Potsdam verhindern mußte. Wurde er endlich zu schwach, um auch diesen
Dienst versehen zu können, so schlich er in diesem kleinen Städtchen, vielleicht tief
am Stocke gebeugt, aber noch immer als Soldat, seinem Grabe zu. Wäre ferner
der neu in die Garde getretene Mann auch nur wenige Stunden von Potsdam
zu Hause gewesen, so war er darum nicht minder von seinem Geburtsorte so gut
als zeitlebens entfernt, als wenn derselbe im entferntesten Teile von Afrika gelegen
hätte: denn er bekam nie eine Stunde Urlaub. Nur wenn exerziert ward, kam er
vor das Thor. Er mußte wie eine in Potsdam eingewurzelte Pflanze sein Leben
verblühen sehen. Selbst in die Stadt durfte er nicht ohne Paß aus dem Bataillons=
bezirke gehen, der in einigen und noch dazu den ödesten Straßen der Stadt sich
befand. Er durfte an keinen Versammlungsort der übrigen Garnison kommen;
denn da diese das erste Bataillon mehr haßten, als sie je Russen und Österreicher
gehaßt hatten, so war aus diesem Grunde aller Umgang zwischen diesem Bataillon
und den anderen Regimentern bei Gassenlaufen verboten. Kein Soldat durfte

Handarbeit verrichten, die wenigen Handarbeiter und Künstler ausgenommen, die in den Quartieren arbeiten konnten. Zu ihrer Aufwartung mußten ihnen die Wirte Leute halten, die ihnen alles, was sie brauchten, holen mußten. Ihr Dienst war sehr bequem; sie kamen nur alle zwölf oder dreizehn Tage auf Wache, und auch da quälte sie die schrecklichste Einförmigkeit; denn da sie nur die Schloßwache zu besetzen hatten, und die Schildwachen oft sehr vielerlei beobachten mußten, kamen die Leute fast ihre ganze Lebenszeit durch immer auf den nämlichen Posten. Um ihnen nun aber die einer Art Höllenstrafe ähnliche Langeweile einigermaßen zu mildern, so war ihnen erlaubt und beinahe befohlen, im Sommer auf der Straße Ball zu schlagen und im Winter auf dem Bassin Schlittschuh zu laufen. Sonst wählten sie sich zuweilen ganz sonderbare und außerordentlich sinnreiche Arten von Beschäftigungen. Da es bei einer solchen Auslese aus einer so zahlreichen Armee nicht an Genies und Künstlern aller Art fehlte, so führten sie zuweilen auf der Straße Theaterstücke auf, machten Musik, fochten, tanzten, predigten, stellten Maskeraden an; mit einem Wort, man sah, wie erfinderisch der menschliche Geist ist, um sich nur einigermaßen zu beschäftigen.

Schöner exerzieren konnte man wohl nicht leicht sehen, als es von diesem Bataillon geschah, wenn es der König selbst kommandierte. Zu exerzieren und zu marschieren, war ihnen ein Fest; auf die Tage des Manövers freuten sie sich das ganze Jahr. Wenn sie aber nicht in Reih' und Glied standen, waren sie äußerst ungezogen. Da ihnen schlechterdings niemand als der König und ihre Offiziere etwas befehlen durfte, so achteten sie die anderen Offiziere gar nicht. Ihre Wache ging vor niemandem als vor dem König, den Prinzessinnen des Königlichen Hauses und den Stabsoffizieren ihres Bataillons ins Gewehr. Die Quartiere dieses Bataillons waren gewiß die interessantesten und lehrreichsten Schauplätze. Hier sah man den tiefsten Gram und die ausschweifendste Fröhlichkeit zugleich; hier ein Gesicht, welches zeigte, daß anhaltender Verdruß seine Seele ganz gefühllos gemacht habe, dort Züge, die einen Geist verrieten, der auf nichts als Mittel sann, seine Bande zu zerreißen; man hörte alle in Europa bekannten Sprachen; alle nur erdenklichen Instrumente tönten wirr durch einander, und gewiß nirgends auf der ganzen Oberfläche der Erde hörte man schrecklichere Lästerungen als hier, wo beinahe 800 Menschen in einem etwas erweiterten Kerker nach Freiheit schmachteten.

Bis zum siebenjährigen Kriege beschäftigte sich der König sehr viel mit diesem Bataillon; er kommandierte es, im eigentlichsten Sinne des Wortes, selbst. Der Feldwebel mußte ihm alle Morgen Rapport abstatten, sowie des Abends der Unteroffizier vom Visitieren. Jeder Gemeine konnte unangemeldet zu ihm gehen, wie zu jedem anderen Offizier. Die Verwaltung des Königlichen Privatschatzes wurde jederzeit nur ehemaligen Tambours des Bataillons übertragen. Diese wurden erst sogenannte Kleinlakaien, dann Kammerlakaien, dann wirkliche Verwalter und hatten zuweilen jährlich Tonnen Goldes unter ihren Händen. Der König liebte nämlich das Geld nicht und trug nie welches bei sich. Das, was man sonst bei anderen Fürsten Schatulle oder Kabinettskasse nennt, bestand bei ihm beständig in 1000 Stück Friedrichsd'or, die unverschlossen in Rollen zu 50 und 100 Stück in seinem Zimmer auf dem Tisch lagen. Wenn sie ausgegeben waren, bekam der zeitige Verwalter den Auftrag, neue zu besorgen. Es ist außer Zweifel, daß von jenen 1000 Friedrichsd'or mehr als ein Paket in unrechte Hände kam, ohne daß es der arglose König merkte; und wenn es auch geschah, daß er die gar zu geschwinde Abnahme seiner Börse gewahr wurde, so war alles, was er that, daß er dem Verwalter vielleicht sagte: „Aber Schlingel, wie ist es möglich, daß das Geld schon wieder alle sein kann; schaffe nur geschwinde anderes."

Das Leibbataillon war die einzige Puppe, mit der der große König Friedrich II., je nachdem er Laune hatte, mehr oder weniger spielte. Das steht fest, daß nur er ganz allein diese Versammlung vieler so ungezogener, sich meist un=glücklich fühlender und nach Befreiung seufzender Menschen in Ordnung halten konnte. Wenn man einem Sachverständigen die Augen verbunden hätte, so mußte er an dem ersten Griff, den das Bataillon that, hören können, ob der König gegenwärtig war oder nicht. Bei allen Gelegenheiten, wo es gegen den Feind geführt worden, hat es Wunder der Tapferkeit gethan. Es ließ sich bei Kollin von der einhauenden sächsischen Kavallerie niederhauen und wich doch nicht. Bei Mollwitz feuerte es zwölfmal mit Pelotons in derselben Ordnung, wie auf dem Exerzierplatz. Auch feierte König Friedrich II. das Gedächtnis dieses Tages noch immer dadurch, daß er das Bataillon ausrücken, und weiter nichts machen als zweimal mit Pelotons chargieren ließ, mit der kurzen Anrede: „So machten es Eure Vorfahren bei Mollwitz!" So lange noch Leute in dem Bataillon waren, die in jener Schlacht mitgefochten, wurden sie auf Befehl des Königs an dem Tage an der königlichen Tafel gespeist. — In dem bayerischen Erbfolgekriege, wo die Desertion gleich einer ansteckenden Seuche in der preußischen Armee wütete, hatte dieses Bataillon fast gar keine Deserteurs. Obgleich diese Leute zuweilen die schreck=lichsten Lästerungen sogar gegen den König selbst ausstießen, so wäre doch niemandem zu raten gewesen, in ihrer Gegenwart auch nur ein ungebührliches Wort gegen den König zu sagen. Sie glaubten wirkliche Mitglieder und gleichsam Hausgenossen des Königlichen Hauses zu sein und hielten sich daher auch für berechtigt, zuweilen, freilich nicht in den gewähltesten Ausdrücken, über ihren Hausvater zu murren, litten aber durchaus nicht, daß ein Fremder sich in ihre Familienverdrießlichkeiten mischte. Gewiß, das Bataillon bewies allein, wie weit es jener unvergleichliche Fürst in der Kunst, sich lieben zu lassen, gebracht hatte. Ein Blick, ein Wort aus Friedrichs Munde war hinreichend, sie für alles schadlos zu halten. Sie bissen zuweilen vor Wut in ihre Ketten, bewunderten und liebten aber doch den, der sie ihnen anlegte.

Bei Mollwitz fand, wie schon erwähnt, das 1. Bataillon Garde zum erstenmale die Gelegenheit, sich des Namens Garde würdig zu zeigen; denn es focht hier mit solcher Bravour, daß es nicht allein die Hälfte seiner tapferen Offiziere verlor, sondern von 800 Mann nur noch 180 dienstfähige Soldaten in seinen Reihen zählte. — Im siebenjährigen Kriege bewährte es sich auf eine glänzende Weise, denn auf der blutigen Wahlstatt von Kollin focht es für den Feldherrnruhm seines Königlichen Chefs mit wahrhaft spartanischem Mute und setzte durch seine fast gänzliche Vernichtung dem preußischen Waffenruhme ein Ehrengedächtnis, dessen die Geschichte stets mit tiefer Rührung gedenken wird.

Das zu dieser Zeit 1000 Mann starke Bataillon, aus den schönsten Leuten bestehend, stand an diesem unglücklichen Tage auf dem rechten Flügel. Schon hatte es den Angriff von vier feindlichen Bataillonen und zwei Reiterregimentern, die es umzingeln wollten, standhaft abgeschlagen, als die Siegesgöttin zum erstenmale von der Seite des großen Königs wich. Mit Todesverachtung versuchte es in festgeschlossenen Vierecken den stürmischen Angriffen der österreichischen und sächsischen Reiterei zu widerstehen. Doch vergebens! Mit dem Rache fordernden Losungswort: „Das ist für Striegau!" brachen die sächsischen Reiter die preußischen Karrés und weihten dem Tode, was sich widersetzte. — Diesen furchtbaren Moment beschreibt Archenholz in seiner Geschichte des siebenjährigen Krieges kurz wie folgt:

„Sie fochten, da schon alles um sie her das Feld geräumt hatte, bis sie den Geist aufgaben. Sodann deckten sie mit ihren schönen Leibern, in Reihen und Gliedern gestreckt, den blutigen Schauplatz. So wie Pyrrhus, da er zum erstenmale Roms Legionen bekämpfte, die erschlagenen Römer mit Erstaunen betrachtete, so blickten Theresiens Feldherren auf die preußischen Leichname, deren Gesicht gegen den Feind gewandt, ihm auch im Tode noch trotzte. Nur 250 dieser Leibtrabanten überlebten den Tag."

Das „Regiment Garde" hatte ebenfalls umfangreichen Anteil an den glorreichen Thaten seines erhabenen Stifters. Es erhielt 1742 bei Czaslau die Feuertaufe, focht bei Mollwitz, bei Hohenfriedberg, nahm einen glänzenden Anteil an den Schlachten bei Roßbach und Leuthen und zeigte sich bei dem blutigen Überfall bei Hochkirch des Namens Garde im vollen Sinne des Wortes würdig. — 1778, als der große König beim Ausbruch des bayerischen Erbfolgekrieges noch einmal das Schwert ziehen mußte, befand sich das Regiment bei dem Heere des Monarchen. 1806 marschierte das Regiment ins Feld und focht ruhmvoll bei Auerstädt. Durch die Kapitulation von Prenzlau am 28. Oktober 1806 teilte es jedoch das Schicksal aller als Trümmer aus der unglücklichen Schlacht bei Jena zurückkehrenden Regimenter. Das Regiment löste sich auf. Von sämtlichen drei Bataillonen des Regimentes blieb nur ein Kommando von der Leibkompagnie beisammen, um die königliche Bagage nach Graudenz zu bringen. Dieses Kommando ist der eigentliche Stamm des heutigen „Ersten Garde-Regimentes zu Fuß" geworden, das sich in den Schlachten bei Groß-Görschen, Leipzig, Paris, la Rothière und Arcis sur Aube den alten Ruhm der Garde Friedrichs des Großen von neuem ersiegte und die Trauertage von Jena und Auerstädt rächte. — So können wir denn mit Stolz sagen, daß die Geschichte dieses so mannigfach bevorzugten, aber ausgezeichneten Truppenteiles auch ein Teil der Geschichte Potsdams ist, seiner langjährigen Garnison.

Als Friedrich II. den Thron bestieg, erwachten für Kunst und Wissenschaft neue und große Hoffnungen; man kannte den Schwung und die Energie seines Geistes, die Vielseitigkeit seiner Studien und den Kreis ausgezeichneter Männer, womit er sich in den letzten Jahren zu Rheinsberg umgeben. Man durfte erwarten, auch die Baukunst werde seiner Pflege und Förderung sich zu erfreuen haben, denn unter des jungen Königs Lieblingen war der Architekt Hans Georg Wenzel von Knobelsdorff, welchen er einige Jahre vorher schon auf Reisen geschickt hatte nach England, Holland, Frankreich und Italien. Mit fein gebildetem Sinn und reichen Studien war derselbe zurückgekehrt und sogleich zum Intendanten der Kronprinz= lichen Bauten ernannt worden. — Lebhaft war die Besorgnis der Bewohner Potsdams, des jungen Königs Baulust und Fürsorge werde sich von unserer Stadt ablenken und den Städten Ruppin und Rheinsberg zuwenden, wo zunächst ver= schiedene neue Bauten entstanden. Bald aber schwand diese Furcht, und in der weiteren Entwickelung Potsdams zeigte sich, wie in der des gesamten Staatslebens, daß der große Sohn es trefflich verstand, auf den von des Vaters Hand gelegten Fundamenten in großartigstem Sinne weiter zu bauen. War die Natur König Friedrich Wilhelms I., wie sich aus allem, was er für Potsdam that, bestätigt, durchaus praktisch, so verband sein geistreicher Sohn Friedrich II. mit dieser Eigen= schaft zugleich den Sinn für das Erhabene und Schöne was jener schuf, veredelte dieser. — Mit kindlicher Pietät vollendete Friedrich zuerst den vom Vater begon= nenen Bau ganzer Stadtteile, erweiterte nach dem väterlichen Plane die Stadt durch Hinausrücken der Thore und begann nun, die von Holz und Fachwerk er= bauten Bürgerhäuser, Kasernen und anderen Militärgebäude niederreißen zu lassen, um sie höher, massiv und zum Teil in römischem Baustil wieder aufzuführen. Während seiner ganzen Regierungszeit hat der große König, außer den Schlössern Sanssouci und Neues Palais, folgende Bauten in der Stadt ausführen lassen: die französische Kirche, vier Predigerhäuser, fünf Waisen= und Armenhäuser, vier Stadtthore nebst Mauern, das Rathaus, 119 Kasernen, Ställe und Lazarette, 671 Bürger= und Fabrikgebäude; auf diese Bauten aber war eine Summe von rund 10 Millionen Thalern verwendet worden, welche den hier wohnenden Bau= handwerkern und Gewerbetreibenden fast ausschließlich zu gute kamen. Bei seinem Regierungsantritte zählte die Stadt 1154 Bürgerhäuser und 11 000 Civileinwohner, bei seinem Tode 1575 Bürgerhäuser und 18 500 Civileinwohner. — Wie Friedrich der Große seinen Staat eingereiht hatte in die Zahl der Großmächte, sein Volk geführt hatte zu hoher geistiger Bildung, so hatte er auch sein geliebtes Potsdam zur glänzenden Königlichen Residenz umgeschaffen, würdig eines Königs, dessen Ruhmesglanz den Erdball umstrahlte und bei dessen Tode in fernen Gegenden die Frage laut wurde: „Wer wird nun die Welt regieren?" — Die Stadt Potsdam hat ihm kein Monument gesetzt; aber sie selbst und ihre Umgebung sind ihm für alle Zeiten das unübertrefflichste Denkmal.

Soviel aus der Geschichte unserer teuren Vaterstadt. Es giebt im weiten Vaterlande keine zweite Stadt, die mit dem Fürstenhause in so naher und inniger Beziehung gestanden hat als Potsdam, in deren Mitte unsere Herrscher mit Vor= liebe verweilten, deren Entwickelung nur ermöglicht wurde durch die unerschöpfliche Huld der Könige, welche selbst die bedeutendsten Opfer für das Blühen und Ge= deihen der Stadt nicht scheuten. Wenn nun die Fülle dessen, was die Stadt und

8*

ihre Bürgerschaft unter dem Scepter der Hohenzollern an leiblichen und geistigen
Gütern erlangt haben, so groß ist, so möge auch der Bürger unserer Residenz in
geistiger Gemeinschaft mit den Söhnen und Töchtern unseres Vaterlandes, in Treue
und Hingabe an unser geliebtes Herrscherhaus, hochhalten das Hohenzollernbanner:

Den goldenen Schild mit Scepter, Kreuz
und Schwert, kühn und hochgetragen von
Adlerschwingen und in Diamantenschrift:
Der Unvergänglichkeit geweiht!

C. Hoffmann=Potsdam.

Der Schlüffel von Potsdam.

Der Amtshauptmann will reiten landaus bei finstrer Nacht;
Da ist die Stadt verschlossen mit gutem Vorbedacht.
„In Potsdam liegt der Schlüssel beim Bürgermeister, lauf!
Er hat ihn unterm Kissen, er schläft bei Nacht darauf." —

Nach einer photograph. Aufnahme von W. O. Link=Potsdam.

Potsdam: Nauener Thor.

„„Holla! heraus den Schlüssel, der Amtshauptmann ist hier:
Er will zur Stadt ausreiten; schließ auf, schließ auf die Thür!"" —
„Den Bürgermeister darf ich nicht wecken bei der Nacht;
Drum schleichet still von dannen: er brummt, wenn er erwacht!" —
„„Geh, weck den Bürgermeister! Laß andermal ihn ruhn!
Es hat der edle Hauptmann für Stadt und Land zu thun."" —

Nach einer photograph. Aufnahme von W. O. Link-Potsdam.

Potsdam: Brandenburger Thor.

„Den Bürgermeister darf ich erwecken keinerweis!
Ich trag zu ihm den Schlüssel am Abend hin mit Fleiß."
„„So werd' ich selbst ihn wecken: Herr Bürgermeister, schnell!
Ich muß den Schlüssel haben, den Schlüssel auf der Stell'!"" —
Da wend't der Bürgermeister sich endlich um im Bett:
„Hat Zeit bis an den Morgen, wenn auf die Sonne geht!" —
„„Oho, Herr Bürgermeister, bleibt ruhig liegen hier:
Ich hab' ihn schon gefunden und trag' ihn nun mit mir!
Ihr kriegt ihn niemals wieder, darauf macht Euch gefaßt;
Es nimmt der edle Kurfürst Euch selber ab die Last!"" —
Der Hauptmann kam zum Fürsten, der sprach: „Ich geb' dir Macht:
Du sollst den Schlüssel haben fortan bei Tag und Nacht!
Ein Bürgermeister soll nicht so lieben Schlaf und Ruh:
Und, weckt man ihn, nicht brummen und keifen noch dazu!"

A. Kopisch.

Nach einer photograph. Aufnahme von O. W. Link-Potsdam.

Potsdam: Garnisonkirche.

Die Glockenstimmen zu Potsdam.

Was weckt in der freundlichen Königsstadt
Am Morgen so lieblich vom Schlummer?
Was dringt so ergreifend ins lauschende Ohr
Und hebet die Herzen zu Gott empor
Und lindert wohl heimlichen Kummer?
Es weckt helltönend zu frommem Gesang
Hoch oben der Glocken harmonischer Klang!

Sie mahnen zum Dank für den göttlichen Schutz,
Der gnädig im Schlummer behütet;
Sie mahnen zu preisen mit Herz und mit Mund
Den Schöpfer des Lebens zu jeglicher Stund',
Der liebend dem Weltall gebietet.
Drum tönt's aus der Höh' wie von himmlischen Chören,
„Lobe den Herren, den mächtigen König der Ehren!"

Und ist nun gestärkt an Seele und Leib
Das Tagewerk freudig begonnen,
Dann klingen die Töne, den irdischen Sinn
Zu warnen vor Unrecht und schnödem Gewinn,
Wenn halb jede Stunde verronnen;
Sie mahnen in rührender Einfachheit:
„Üb' immer Treu' und Redlichkeit!"

Wenn bang unser Blick in die Zukunft schwebt,
Kein Sternlein den Pfad uns erhellet,
Wenn Bosheit und Laster sich frevelnd erhebt,
Zum Bösen sich Böses gesellet,
Der Edelsinn trauert, die Unschuld erbebt,
Dann tönt's, uns zu stärken in trüber Zeit:
„Üb' immer Treu' und Redlichkeit!"

Wenn, wie nach Regen die Sonne erglänzt,
Uns Tage der Wonne entzücken,
Wenn lächelnd das Glück unsere Wünsche erfüllt,
Die leicht unsere Herzen berücken:
Dann tönt es, vom Stolz uns zur Demut zu kehren:
„Lobe den Herren, den mächtigen König der Ehren!"

Es schweben die Töne in Freud' und Leid
Wie Stimmen der Engel hernieder;
Sie laden am Abend zum Dankgebet ein,
Sie hallen im Dunkel und Sternenschein
Und wecken am Morgen uns wieder.
O nimmer verhalle im irdischen Drang
Vergebens der Glocken harmonischer Klang.

Dichter: unbekannt.

Das Mausoleum Kaiser Friedrichs III.

Am 18. Juni 1888 war es, als sich ein langer Trauerzug im lichtdurch=
brochenen Schatten von Sanssouci vom Neuen Palais zur Friedenskirche bewegte.
Dumpf klangen die Trommeln, klagend riefen die Glocken; denn der dunkle Sarg
barg Deutschlands herrlichsten Helden, der, noch im Tode groß, seinem Leiden endlich
erlegen war. Ein Schmerzensschrei war die folgende Totenfeier in der Friedens=
kirche, und doch nichts gegen das Ringen der schmerzgebeugten kaiserlichen Witwe,
die einsam in langer Andacht zu Füßen ihres heißgeliebten Gemahls betete. . . Nach
der Feierlichkeit wurde der Sarg still in die Kapelle der Friedenskirche getragen,
wo er bis zur Vollendung des schon damals von der Kaiserin Friedrich geplanten
Mausoleums verblieb.

Das Mausoleum hat seinen Platz neben der Friedenskirche gefunden und lehnt
gegen die Nordmauer des Vorhofes. Ein friedlicherer Ort hätte in dem schönen
Sanssouci wahrlich nicht gefunden werden können! Friede verkündet der segnende
Christus im Vorplatz; Friede atmet der grünende und blühende, westlich gelegene
Marlygarten. Wird der Besucher schon dadurch, daß er sich einer Kirche nähert,
ernst gestimmt, so paart sich ein frommes Gefühl mit einem göttlichen Ahnen beim
wechselnden Beschauen des wundermilden Christus und des lieblichen Paradieses. —
Alles, was wir hier sehen, ist von künstlerischem Werte. „Christus, der Auferstan=
dene" ist eine galvanoplastische Nachbildung der Marmorstatue von Thorwaldsen in
der Frauenkirche zu Kopenhagen. Der Sockel ist vom Künstler als ein Brunnen
gedacht und dementsprechend mit einer griechischen Inschrift versehen, die etwa be=
deutet: Reinige deine Seele, nicht nur dein Antlitz. Der in der Nische der Süd=
wand stehende „Moses", der im anhaltenden Beten um den Sieg des Volkes
Israel über die Amalekiter von Aaron und Hur gestützt wird, ist ein von Rauch
begonnenes und von seinem Schüler Albert Wolff vollendetes Werk. „Haltet an
am Gebet" predigt diese Gruppe, die nunmehr eine schöne Vermittelung zwischen
Kirche und Mausoleum geworden ist. Die westliche Pforte des Vorhofes, die den
Ausblick in den Marlygarten freigiebt, ist ein kunstvolles Thor, das von Feilner in
Berlin dem der Münsterkirche in Heilsbronn in Franken nachgebildet und dem Er=
bauer der Friedenskirche, Friedrich Wilhelm IV., geschenkt worden ist.

Das Mausoleum ist ein vom Geheimrat Raschdorf aus Berlin mit sorgfältiger
Berücksichtigung einer von der Kaiserin Friedrich entworfenen Skizze aufgeführter
Bau, dessen Grundstein am 18. Oktober des Trauerjahres gelegt, und dessen Ein=
weihung ebenfalls am Geburtstage des verewigten Kaisers des Jahres 1890 voll=
zogen wurde. Sein Stil ist dem Kirchlein zu Innichen in Tirol entnommen, das
der heiligen Grabeskirche zu Jerusalem nachgebildet ist. — Als der schwerkranke,
damalige Kronprinz in den herrlichen Tiroler Bergen Erholung und Genesung
suchte, besuchte er bei einem Ausfluge aus Toblach das eben erwähnte kleine
Gotteshaus und äußerte, daß er in einer ähnlichen Kapelle einst ruhen möchte.
Dieser Wunsch ward ihm nun von der Liebe seiner Gemahlin erfüllt. — Der erste

Schritt in das Innere des Mausoleums bestimmt unsere Empfindung: Wir stehen in einem Heiligtume, würdig gewiß, dem besten und edelsten unserer großen Toten zur Ruhestatt zu dienen. Die Kapelle ist ein von neun Säulen aus Labradorstein getragener Rundbau, dessen zehnte fehlt, um einer nach Osten ausspringenden, recht= winkligen Altarnische Raum zu geben. Die Säulen wiederholen sich im oberen Stockwerke und stützen eine figurengeschmückte, von Fenstern durchbrochene Trommel, die mit einer byzantinischen Kuppel gekrönt ist. Mattes, blaues Licht fließt durch die über der Lichtöffnung befindliche Laterne und schafft jene wundervolle Beleuch=

Nach einer photograph. Aufnahme von W. O. Link=Potsdam.

Das Mausoleum Kaiser Friedrichs III.

tung, die im Verein mit der heiligen Stille des Raumes das Herz des Beschauers zur Andacht stimmt. Lange ruht das Auge auf der herrlichen „Pietà" von Rietschel, die einst, dem betenden Moses entsprechend, in der Nische des Vorhofes stand, wo jetzt die reich mit Stahl= und Kupferornamenten geschmückte, eichene Flügelthür den Eingang zum Mausoleum öffnet. Dieser stimmungsvolle Altar giebt dem Ganzen erst recht das Gepräge einer christlichen Betstätte. Im Schoße der Gottesmutter: Christus, der Gestorbene; im Fensterbilde: Christus, der Richtende. Mit majestä= tischer Ruhe schaut das Auge des Heilands auf die beiden prinzlichen Söhne, zur Rechten Waldemar, zur Linken Sigismund, die hier ihre Ruhestätte gefunden haben. Beide Särge sind aus weißem Marmor ebenfalls von Raschdorf kunstvoll hergestellt.

An diesem Altar pflegt die trauernde Kaiserin alljährlich, meist um die Zeit des Todestages des Prinzen Waldemar, das heilige Abendmahl zu empfangen.*) Am meisten selbstverständlich wird das Auge gefesselt durch die heldenhafte, edle Gestalt des Kaisers. Professor Begas' Meisterhand hat den Schlafenden dargestellt in vollem Feldherrnschmuck, mit allen Zeichen der Herrscherwürde. Das schöne Antlitz trägt den Ausdruck des Leidens. Von neuem erwacht der Schmerz der Junitage des Trauerjahres 1888 und verdoppelt sich beim Anblick dieses Edlen in der Erinnerung an die stolzen Hoffnungen, die wohl jeder Sohn des geliebten Vaterlandes damals mit ihm zu Grabe getragen hatte. Die unbeschriebene Granitplatte neben dem Sarge des Allgeliebten deckt die Gruft, die die kaiserliche Witwe für sich selbst herrichten ließ.

In heiliger Andacht, unter dem Gesamteindrucke göttlichen Ernstes, verläßt der Beschauer den stillen, geweihten Raum. Franz Mügge-Potsdam.

Durch den Park von Babelsberg.

„Du schönes Schloß, du sonnbeglänzter Hügel,
Wie ruht sich's sanft auf deinen grünen Matten,
Wie kühl umwehn dich duft'ge Waldesschatten,
Wie lacht herauf der blaue Havelspiegel."
Carl Bornemann.

Sonniger Maientag! Mit leuchtendem Blau spannt sich des Himmels schimmerndes Gezelt über die blumengeschmückte Erde! Wir stehen am Ufer der Havel, die uns des Himmels Bild wie ein glänzender Spiegel entgegenstrahlt. Ein zierliches Boot ladet zur Fahrt. Mit kräftigen Ruderschlägen treibt der Fährmann das leichte Fahrzeug durch die krystallenen Fluten, die in leisem, melodischem Rauschen vorüberziehen.

Schon nach wenigen Minuten landen wir am jenseitigen Ufer und betreten den Park von Babelsberg.

Weitästige Bäume streuen Schatten über die vielfach gewundenen Wege, auf denen wir langsam dahinschreiten. In dem Gezweige jubelt und singt und klingt es in heller Frühlingslust, aus den weitgedehnten, sattgrünen Rasenflächen aber leuchten die gelben Ranunkeln, und um der Butterblumen goldige Sterne gaukeln Schmetterlinge mancherlei Art. Das Auge schwelgt in der tausendfachen Farbenharmonie, und fast ehe wir's denken, stehen wir vor einer halbkreisförmigen Marmorbank, deren Rückseite von üppigem Weingerank umsponnen ist, das auch die über die Lehne aufragenden Säulen umzieht, von deren Höhe die meisterhaft ausgeführten

---

*) Wendlandt, Die Friedenskirche bei Sanssouci.

Bronzebüsten der sieg= und ruhmgekrönten Heerführer Kaiser Wilhelms auf uns
niederschauen: Steinmetz, der wetterharte Löwe von Nachod, der sichertreffende Her=
warth von Bittenfeld, der ernste Roon, des deutschen Reiches Waffenschmied, Werder,
der unerschrockene Sieger von der Lisaine, der sinnige Goeben, der scharfblickende
Manteuffel, der Schlachtendenker Moltke, der tapfere Friedrich Franz von Mecklen=
burg=Schwerin, der schneidige, siegheischende Friedrich Carl, der milde Albert von
Sachsen, und Friedrich, der herrliche Siegfried des neuen deutschen Reiches, um
dessen frühen Heimgang die Klage durch des deutschen Volkes Herz fortzittern wird
durch alle Zeiten.

Dunkle Lorbeerbäume erheben auf schlanken Stämmen ihre glänzende Krone,
als böten sie ihren Blätterschmuck den Siegern
zum überreich verdienten Kranze dar; der
Bank gegenüber aber auf hohem Postament
erhebt sich die Büste des ersten deutschen
Kanzlers, der nun, einer der letzten aus
gewaltiger Zeit, in seinem Sachsenwalde
schlummert. Wenn wir aber, zu stiller
Rast auf der Bank uns niederlassend, die
Großthaten all dieser Männer an unserer
Seele vorüberziehen lassen, dann hebt sich
aus der Fülle der Gedanken auch der eine:
Welch' dankbares Herz schlug doch in Kaiser
Wilhelms Brust, der hier in seinem stillen
Tuskulum, wo er alljährlich ruhte von der
Last der Arbeit, seinen siegvollen Helden
und unermüdlichen Mitstreitern ein ehernes
Denkmal stiftete.

Nach einer photogr. Aufnahme von W. O. Link, Potsdam.

Plateauturm.

Weiter führt uns ein gewundener Pfad
zu einer sanften Höhe, auf deren Scheitel
die Viktoriasäule sich erhebt. Ein mäch=
tiger Säulenschaft aus poliertem Granit mit
künstlerisch gestaltetem Kapitäl trägt die goldstrahlende Siegesgöttin, die aus lichter
Höhe den Ruhmeskranz den Männern spendet, deren bronzene Bilder zu ihren Füßen
aufragen. Das Postament der Säule ist geschmückt mit den Nachbildungen der Ehren=
zeichen, die Kaiser Wilhelm zur Erinnerung an die ruhmreichen Heerzüge der Jahre
1864, 66 und 70/71 gestiftet hat, und die noch heute auf der Brust so manches
wackeren Mannes prangen. Ein halbkreisförmiges, niedriges Lorbeergebüsch grenzt
die Vorderseite der Plattform ab, auf der das Denkmal sich erhebt.

Weithinaus schweift der Blick des Beschauers über die Stadt Potsdam hinweg,
bis am Horizont der schlanke Turm von Werder auftaucht, und über das Dorf
Nowawes und die grünen Wiesen, durch welche der Nuthe silbernes Band sich
windet, bis zu den waldumsäumten Höhen des Brauhausberges, die in bläulichem
Dufte verschwimmen.

Zwischen kräftig aufstrebenden Eichen und Buchen, denen sich Eschen und Birken, Ulmen und Ahorn, Kastanien und Linden gesellen, gelangen wir auf eine zweite Höhe, von welcher der Flatower Turm weit in das Land hinausschaut.

Der Bau, eine Nachbildung des Eschenheimerthorturms in Frankfurt a. M. und von den Ständen des Kreises Flatow errichtet, ist von einem Wasserbecken umgeben, über das eine Zugbrücke zur Turmthür führt, die von einem Landsknecht und einem Standartenträger — beide aus Zinkguß — bewacht wird. Durch die Schießscharten des niedrigen Mauerwerks, das festungsartig den Turm umgiebt, schauen die Rohre kleiner Geschütze, die einst auf den Wällen von Rastatt gestanden.

Gerichtslaube.

Das Innere des Turmes birgt eine kleine, aber auserlesene Sammlung von kunstgewerblichen Gegenständen aus dem Mittelalter und der Renaissancezeit und mancherlei Erinnerungen an die Feldzüge Kaiser Wilhelms.

Auf enger Wendeltreppe steigt man zu einer um die kegelförmige Spitze geführten Galerie empor, von der aus sich ein entzückendes Rundgemälde darbietet. Nach Osten hin gleitet das Auge über die schattigen Laubkronen des Parkes; nach Süden erheben sich die spitzen Kirchtürme von Nowawes und Neuendorf und grenzen sich scharf ab von den weiten Wiesenflächen des Nuthethales; im Westen schimmert das turm- und kuppelreiche Potsdam, blinkt die Havel und leuchten die Bauwerke des astro-physikalischen Observatoriums von den waldgekrönten Höhen des Brauhausberges, nach Norden glänzt jenseits der seenartigen Havel der stille Spiegel des Heiligen Sees, dessen klare Fluten das Bild des Marmorpalais wiederspiegeln; hinter den Laubkronen des Neuen Gartens aber ragt der Doppelturm der von Friedrich Wilhelm IV. auf dem Pfingstberge erbauten italienischen Villa kühn in die Lüfte.

Ungern nur und zögernd reißen wir uns los von dem entzückenden Bilde, um auf sanft gewelltem Pfade nach Osten weiter zu schreiten, bis uns aus dem dichten Laubwerk ein seltsamer Bau lockt.

Es ist die Gerichtslaube. Die alten, ungewöhnlich großen Backsteine, aus denen diese offene gotische Halle errichtet ist, lassen auf den ersten Blick vermuten, daß wir es mit einem alten Zeugen aus längst verklungenen Tagen zu thun haben.

Seit dem 13. Jahrhundert stand die „Gerichtslaube" als Anhängsel des Rathauses an der Ecke der Königs- und der Spandauerstraße zu Berlin. Als die Stadt sich ein neues Rathaus errichtete, sollte der zum Teil 600 Jahre alte Bau verschwinden, da er ein gar zu störendes Hindernis bildete, und doch konnte man sich nicht entschließen, dies alte Wahrzeichen der Stadt zu vernichten. Da trat Kaiser Wilhelm schlichtend in den Streit: das Gebäude wurde abgebrochen und erstand auf der Lennéhöhe in Babelsberg in verjüngter Schöne. Die alten Steine wurden, so weit irgend möglich, wieder verwendet, und weithin erglänzt der luftige Bau im Abendscheine, wenn die schwarzglasierten Ziegel der Sonne strahlendes Bild schimmernd zurückwerfen.

Ein breiter Weg führt mit leichter Neigung abwärts, doch bald steigen wir, einem rechts abbiegenden Pfade folgend, zu einer flachgewölbten Kuppe hinan, die nach Osten zu einen köstlichen Ausblick gewährt zu den blauen Wassern des Griebnitzsees, der aus dem umkränzenden Grün hervorlugt, und zu dem in feierlichernstes Dunkel gekleideten Tannenberge, den das lichte Grün schimmernder Birken umsäumt.

Hier stand einst (1811) der junge Leutnant Prinz Wilhelm und ließ seine Soldaten vom 1. Garderegiment zu Fuß eine Schanze aufwerfen, die später verfiel, aber von dem lorbeergekrönten Sieger wieder hergestellt wurde. Vor der Schanze lehnt unter breitästiger Ulme ein großer Stein, der die Inschrift trägt: „Sadowa, Leibreitpferd Sr. Majestät des Kaisers Wilhelm". Er bezeichnet die Stelle, an der das treue Schlachtroß begraben liegt, welches den Kaiser am Tage von Königgrätz getragen hat.

Welch wunderbares Walten! An der Wende des Jahrhunderts weilte hier auf sandiger Höhe, die spärliches Haidekraut kümmerlich verhüllte, der junge Prinz des niedergeworfenen Preußenlandes, mit dem des korsischen Eroberers Hand nach Willkür schaltete, und hier weidete der siegumwallte kaiserliche Greis sein Auge an der Schönheit, die er selbst geschaffen! —

Von der sonnigen Höhe tauchen wir wieder in des Parkes erquickenden Schatten und schreiten zum Schlosse, dessen Türme und Zinnen grüßend herüberwinken. Bevor wir dasselbe erreichen, überrascht uns in flacher, muldenförmiger Bodensenkung ein kleiner, aber sorgfältig gepflegter Blumengarten. An den begrenzenden Bäumen schwingt sich wilder Wein empor und mischt in luftiger Höhe sein üppiges Laubwerk mit der Blätterfülle der Baumkronen; wenn aber des Herbstes Wehen das Grün des Weines in leuchtendes Rot kleidet, dann funkelt es aus dem Laubdach wie glänzende Flammen.

Wir stehen am Schlosse! Weihevolle, andächtige Stille umfängt uns, und wehmutsvolles Erinnern zittert durch die Seele, wenn wir des Mannes gedenken, der die schimmernde Pracht geschaffen, dessen ganzes Leben der Pflichterfüllung gewidmet war, und der noch im Sterben nicht Zeit hatte, müde zu sein!

Vor dem Schlosse breitet sich eine mit üppigem Rasen bedeckte Fläche aus, die sich allmählich zur Havel hinabsenkt. Die Ränder sind mit vereinzelten Baumgruppen geschmückt, die dem staunenden Blick ungemein liebliche Ansichten bieten.

Das Schloß, nach einem Plane des genialen Schinkel in englisch-normannischem Stile — unter Leitung von Persius und Gebhardt — erbaut, besaß zunächst sehr bescheidene Ausdehnung; erst später (1844—49), als die erweiterte Hofhaltung größere Räume gebieterisch forderte, erfuhr es durch Stüler, Strack und Gottgetreu die nötige Erweiterung.

126

Bevor wir die Innenräume betreten, widmen wir der vor dem Schloſſe lie=
genden Terraſſe einen Blick. Möchte auch das Auge, angezogen von der überaus
lieblichen Fernſicht auf die Haveluſer und den blauen Jungfernſee, von deſſen Nord=
rand die Heilandskirche zum Port herübergrüßt, dorthin ſich wenden, ſo wird es
doch geſeſſelt von den reichen, in Arabeskenform gehaltenen Teppichbeeten und dem
köſtlichen Blumenſchmuck, der unter den Fenſtern des Schloſſes ſich aufbaut. Es iſt,
als ob Flora ihr reichſtes Füllhorn duftender Gaben um den an die Ritterzeit er=
innernden Wohnſitz des ritterlichen Fürſten ausgeſchüttet hätte.

An die Terraſſe lehnt ſich ein etwas tiefer gelegenes Gärtchen. Zwiſchen
dunkellaubigem Lorbeer und mächtigem, neuſeeländiſchem Flachs ſtehen chineſiſche
Gartenſitze und farbenreiche Vaſen; auf den Treppenſtufen und den Baluſtraden
ſind Tiergeſtalten in buntem Wechſel aufgeſtellt, und das alles gruppiert ſich um

Nach einer photograph. Aufnahme von W. O. Link-Potsdam.

Schloß Babelsberg.

einen kunſtvollen, gotiſchen
Brunnen, den die Kölner
Dombauhütte geſchenkt und
mit einer Statuette des
erſten Kölner Dombau=
meiſters, Gerhard von Rile,
geſchmückt hat.

Auf der Rückſeite des
Schloſſes führen einige
Treppenſtufen aufwärts zu
einer hohen, bronzenen
Statue des Erzengels Mi=
chael, die in der Niſche einer
gotiſchen Monumental=
wand ſich erhebt. Es iſt eine
Widmung König Friedrich
Wilhelms IV. „zu Ehren
der ſiegreichen Operationsarmee am Rhein 1849“. Die an den Seiten der Treppe ſtehen=
den Linden ſind von Voltaire gepflanzt und ſpäter mit großen Koſten hierhergeſchafft.

Eine Plattform an der Oſtſeite des Schloſſes trägt eine Statue der Germania
und — ſinnig genug — bei derſelben die Büſten des Großen Kurfürſten, König
Friedrich Wilhelms III. und der geliebten Mutter Kaiſer Wilhelms, ſowie die
des Bruders Friedrich Wilhelm IV. Zu Füßen der Plattform aber iſt ein kleiner
Hühnerhof angelegt, deſſen gefiederte Bewohner an jedem Morgen ihr Frühſtück aus
des greiſen Kaiſers Hand empfingen.

Treten wir in das Innere des Schloſſes!

Der Kaſtellan legt uns ein Fremdenbuch vor, auf deſſen erſter Seite von der
Hand des Kaiſers die Worte eingetragen ſind: „Am 3. Auguſt 1833 erteilte mir
der König die Erlaubnis, meinen Lieblingsplan, auf dem Babelsberge ein Landhaus
mit Garten gründen zu dürfen, in Ausführung zu bringen.“ Die weiteren Auf=
zeichnungen berichten von den Männern, die an der Ausführung des Planes mit=

gearbeitet, und von der Einweihung des Schlosses am 18. Oktober 1835, dem Ge=
burtstage Friedrich Wilhelms, des nachmaligen Kaisers Friedrich.

Als Geburtstag von Schloß und Park ist der 3. August 1828 anzusehen. An
diesem Tage war die königliche Familie zur Feier des Geburtstages Friedrich Wil=
helms III. zum festlichen Mahle bei dem Prinzen Karl in Glienicke versammelt. Im
Hinblick auf seine bevorstehende Vermählung äußerte Prinz Wilhelm dem späteren
General=Garten=Direktor Lenné gegenüber den Wunsch, auch einen so schönen Besitz
zu erwerben, wie Glienicke es war, und meinte, der gegenüberliegende Babelsberg
müßte dazu sehr geeignet sein. Zu seiner Freude erwiderte ihm der kunstsinnige
Mann: „Königliche Hoheit, das war schon längst meine Idee!"

König Friedrich Wilhelm III., dem der Wunsch des Prinzen vorgetragen
wurde, hatte Bedenken, weil er daran zweifelte, daß der sandige Berg zu einer
gärtnerischen Anlage geeignet sei, als aber die junge Prinzessin Wilhelm ein Jahr
nach ihrer Vermählung ihm einen eigenhändigen Plan zu einem kleinen Landhause
für eine der vorspringenden Höhen des Babelsberges vorlegte, gefiel das dem könig=
lichen Vater so sehr, daß er seine Zustimmung gab.

Bald begann nun ein reges Schaffen, und der fürstliche Besitzer bewies das
regste Interesse für die neue Schöpfung, die sich schnell entwickelte und von Jahr
zu Jahr herrlicher entfaltete. Aber der Besitzer gestattete gern auch andern, sich
an der Schönheit von Babelsberg zu erfreuen. Wenn er in seinem offenen, zwei=
spännigen Wagen am Schlosse vorfuhr, so fragte er wohl: „Sind Gäste hier?" und
suchte dann sein Wohnzimmer auf einem Wege zu erreichen, der seine „Gäste" nicht
hinderte. Als einst an einem heißen Sommertage im Arbeitszimmer ein Ministerrat
stattfand, ließ er die offenstehenden Thüren schließen, damit die Fremden in dem
Besuche des Schlosses nicht gestört würden. Er ertrug lieber die drückende Schwüle
des Zimmers, als daß er die Besichtigung des Schlosses verboten hätte, und als er
zu einer andern Zeit im Bibliothekzimmer Anweisungen erteilte für die Aufstellung
neuer Werke, da unterbrach er sich plötzlich, als er Fremde kommen hörte: „Kommen
Sie hinaus auf den Flur, bis die Gäste hier durchgeführt sind."

Das Erdgeschoß, in der Höhe der blumengeschmückten Terrasse gelegen, enthält
die Zimmer der Kaiserin und der Großherzogin von Baden, sowie Gesellschafts=,
Tanz= und Speisesaal. Eine reiche Fülle seltener Kunstschätze bergen diese Räume.
Auf einer bequemen Treppe steigen wir zu den Zimmern auf, die Kaiser Wilhelm
selbst bewohnte. Über dem Hauptende des schlichten Feldbettes, das der Kaiser be=
nutzte, stellt ein von der Kaiserin selbst gemaltes Aquarellbild ein Segelschiff dar,
das einen Ritter mit dem Hohenzollernwappen, dessen Gemahlin und zwei Kinder
trägt. Ein Schutzengel hält das Steuer mit kräftiger Hand und lenkt das Schiff
sicher durch die brandenden Wogen. Das Bild trägt die Unterschrift: „1829 bis
1854. — 25 Jahre ehelichen Lebens unter dem Schutze Gottes." Diesem Gemälde
gegenüber findet sich am Fußende des Bettes ein anderes Aquarell, welches ebenfalls
der kunstfertigen Hand der Kaiserin seine Entstehung verdankt. Es ist eine Mond=
scheinlandschaft, welche ein Pilger als Schutzengel durchwandert und trägt die In=
schrift: „50 Jahre unter dem Schutzengel. 1829—1879. 11. Juni. Augusta."

Von dem am Fenster stehenden Schreibtisch schweift der Blick hinaus über den samtnen Wiesenplan mit seinen malerischen Baumgruppen und die blaue Havel, aus der die Hauptfontäne an festlichen Tagen hoch in die Lüfte steigt und in Millionen Tropfen, welche die Sonne in die Farben des Regenbogens taucht, zum Wasserspiegel zurücksinkt. Hinter der Glienicker Brücke schimmert der herrliche Spiegel des Jungfernsees im Sonnenglanze.

Hier in traulicher Stille weilte der Kaiser alljährlich mehrere Wochen, um in der köstlichen Umgebung neue Kräfte zu seinem schweren Beruf zu sammeln. Für Tausende und Abertausende jedoch ist Schloß Babelsberg ein Wallfahrtsort geworden; wehmutsvolle und doch stolze Erinnerungen durchklingen die Seele an diesem Ort.

Wir verlassen das Schloß und folgen dem breiten Wege nach Nordosten, bis vor uns am Ufer einer Haveleinbuchtung ein im Stile des Schlosses erbautes Maschinenhaus auftaucht, das die zur Speisung der Fontänen erforderlichen Wasser auf eine hinter dem Schlosse gelegene Höhe hebt. Nun wenden wir uns links, dort, wo ein künstlicher Quell murmelnd zwischen großen Steinen hervorsprudelt; sein plätscherndes Wasser schlängelt sich als ein zierliches Bächlein unter dunklen Bäumen zur Havel hinab. Die vielfachen Windungen werden von Wasserpflanzen mancherlei Art begleitet.

Nach einer photograph. Aufnahme von W. O. Link-Potsdam.

Bildstöckl.

Am Ufer der Havel zum Ausgangspunkte zurückwandernd, beachten wir links eine mit berankten Bogen überspannte Treppe, die zur Schloßhöhe wieder hinaufführt, und das „Damenhäuschen", in dem Kaiser Friedrich die Tage seiner Jugend verlebte.

An einem Ufervorsprunge erhebt sich eine alte Steinsäule, „das Bildstöckl". Es ist ein Geschenk des Großherzogs von Baden und stand am 29. Juni 1849 auf einer Höhe bei Bischweiler. Von hier aus leitete der Prinz von Preußen das Gefecht, und mehrfache Kugelspuren an der Säule zeigen, daß der Prinz ebensowenig wie später der König und Kaiser der Gefahr aus dem Wege ging, wenn seine braven Soldaten im Feuer standen. —

Wir haben unsern Rundgang beendet.

Das ehemals sandige Gebiet, dessen Höhen und Senkungen nur vereinzelt mit kümmerlichen Kiefern oder ab und zu mit Eichen bestanden war, ist unter der Hand geschickter Gartenkünstler, wie Lenné und Fürst Pückler, und kunstverständiger Baumeister ein landschaftliches Juwel geworden, das an lockendem Reiz und zierlicher Anmut seinesgleichen sucht.

Zögernd steigen wir in den Kahn. Wieder taucht der Fährmann seine Ruder in die vom Glanze der Abendsonne mit goldiger Pracht übergossenen Fluten. Langsam ziehen die Schwäne durch die klaren Wellen, und aus dem schattigen Grün des Parkes tönt der Nachtigall Abschiedslied zu uns herüber, vor unserm geistigen Auge aber steht die ehrwürdige Gestalt des greisen Kaisers und durch das Herz klingt uns das Dichterwort:

„Es wird die Spur von seinen Erdentagen
Nicht in Äonen untergehn."

C. F. Janke-Potsdam.

Kaiser Wilhelm in Babelsberg.

Am Babelsberg der blaue Strom,
Die Havel, rauscht durch Rohr und Reiser,
Auf Babelsberg in Sinnen steht
Des jungen Deutschlands alter Kaiser.

Den Weg hinauf, den Weg hinab
Blickt er ins blühende Gehege:
„Du Wiesengrün, du Baumespracht,
Ihr seid die Kinder meiner Pflege.

Du Garten, der mich rings umrauscht,
Sinnbild des arbeitsvollen Lebens,
Ich pflanzte, hegte, pflegte Dich,
Gottlob! ich pflanzte nicht vergebens!"

Die Sonne neigt zur Rüste sich.
Der Kaiser blickt von Berg zu Thale;
Zu Füßen liegt ihm Land und See
Wie eine fruchtgefüllte Schale.

Er hört der Herde sanft Geläut',
Die weidesatt zur Heimat schreitet,
Vom Strom herauf des Schiffers Lied,
Der singend sich zur Ruh bereitet.

Hoch über Land und Wasserflut
Zieht es dahin wie tiefes Rauschen,
Der Kaiser neigt sein greises Haupt,
Dem heil'gen Weiheklang zu lauschen.

Er regt die Lippen: „Dir sei Dank,
Allmächt'ger, der Du mir's beschieden,
Ich höre Deutschlands Atemzug
Und sehe meines Volkes frieden."

Und wie das Haupt er wieder hebt,
Sieht er in Glut den Tag ertrinken.
Er blickt ins Licht: „So sah ich einst
Die Sonne bei Sedan versinken!"

Da ist's, als tön' ein Nachhall: „Ja!"
Ihm schwillt das Herz, ihm wächst die Seele,
Vom Postamente grüßen ernst
Den Kaiser seine Generäle.

Und langsam wandelnd Schritt für Schritt,
Von Bilde schreitet er zu Bilde:
„Dich grüß' ich, Dich und alle Euch
Genossen Ihr im Schlachtgefilde."

Der heiße Tag ist nun dahin,
An dem gemeinsam wir gerungen,
Nun kommt die Nacht, und manchen hat
Der tiefe Schlaf bereits bezwungen.

Und manches Auge, das noch wacht,
Läßt müde schon die Wimper sinken;
Der Herbstwind rauscht, von fern, von fern
Seh' ich's mit stummen Händen winken.

Doch was die Stunde bringen mag
Auf nachtumhüllten Zukunftsschwingen:
„Sagt, kann sie uns Vergessen je
Und Ende unf'rer Treue bringen?"

Da geht ein Rauschen durch die Luft,
Ein Nachhall flüstert leis und leiser:
„Dein waren wir, Dein bleiben wir,
Hüben und drüben, Herr und Kaiser!"

Ernst von Wildenbruch.

Die Pfaueninsel.*)

„Pfaueninsel!" Welches Auge floß vor süßer Luft nicht über!
Friedrich Wilhelm hat geladen: „Kommt herbei und freut euch drüber!"
Höpfner, Potsdamer Lieder-Chronik.

Ungefähr eine gute Wegstunde von der schönen Residenz=
stadt Potsdam entfernt, liegt mitten in dem seeartig
erweiterten Havelbecken die Pfaueninsel. Wie ein schwimmender Hain
hebt sich dieselbe vom hellen Scheine der Havel ab. Das Eiland ist
ungefähr 2000 Schritte lang und 500 Schritte breit. Mächtige, uralte
Eichen, allerlei Laub= und Nadelhölzer, sowie schönblühende Sträucher zieren die
Anlagen, aus welchen ein eigenartiges Schlößchen hervorragt. Weit über die Grenzen
der Provinz Brandenburg hinaus ist diese größte aller Havelinseln bekannt. Wer
gedächte bei Nennung ihres Namens nicht der edlen Königin Luise, welche hier an
der Seite ihres geliebten Gemahls und im Kreise ihrer Kinder die glücklichsten Tage
ihres Lebens verbrachte!

Diesem mit allen Reizen der Natur ausgestatteten, durch geschichtliche Er=
innerungen geweihten Plätzchen einen Besuch abzustatten, besteige der freundliche
Leser mit mir eines der zierlichen Dampfschiffe, welches uns schnell über die
von zahlreichen Ruder= und Segelbooten belebte, waldumrahmte Wasserfläche der
Havel unserem Bestimmungsorte zuführt. Es ist Pfingsten, das liebliche Fest,
wo alles grünt und blüht, wo auch das Menschenherz sich wieder neue Kraft und
neuen Mut holt zu frischer Thätigkeit. Die Luft ist so rein, so leicht und er=
frischend, daß man eine wahre Wonne verspürt, zu atmen in Gottes freier, schöner
Welt. Unwillkürlich kommen uns folgende Verse des Schwarzwaldpoeten Scheffel
in den Sinn:

> „Laß unsern Kahn nur treiben!
> Allum ist's fein und schön.
> Hier ist vom Weltenbauherrn
> Ein Meisterwerk gescheh'n!"

Nach längerer Fahrt langen wir an der Dampferstation gegenüber der Insel
an. Ein königlicher Fährmann setzt uns über den Havelarm.

---

*) Quellen: 1. Theodor Fontane, Wanderungen durch die Mark Brandenburg. III. Teil.
2. A. Bethge, Die Hohenzollern=Anlagen Potsdams. 1888. 3. Karl v. Reinhard, Sagen und
Märchen aus Potsdams Vorzeit. 1869. 4. A. R., Geschichte der Königlichen Residenzstadt Pots=
dam. 1883.

In früheren Zeiten zog sich um die Insel ein breiter Gürtel hohen Ufer=
schilfes, in welchem wildes Geflügel in großen Mengen nistete. Nur selten betrat
ein menschlicher Fuß das Eiland, welches bis dahin auch namenlos geblieben war.
Erst gegen Ende seines thatenreichen Lebens ließ der Große Kurfürst auf der Insel
ein Kaninchengehege anlegen und auf der Westspitze derselben ein Hegerhaus er=
bauen. Als „Kaninchenwerder“ tritt nun die Insel in die Geschichte ein. Den
nördlichen Teil der abgelegenen, schwer zugänglichen Insel erhielt im Jahre 1684
der Alchymist Kunkel zur Anlage einer Krystallglashütte und eines geheimen Labora=
toriums angewiesen. Seine Versuche, Gold zu erzeugen, führten denselben hier zur
Erfindung des Phosphors und des Rubinglases. Das Laboratorium Kunkels soll sich

Pfaueninsel: Linde.

in der Gegend des heutigen Schlößchens be=
funden haben. Mit dem Tode seines mächtigen
Schutzherrn schwand Kunkels Ansehen da=
hin. Wegen angeblicher Unterschleife vor
Gericht gestellt, wurde Kunkel zwar frei=
gesprochen, folgte aber doch gern einem
Rufe König Karls XI. von Schweden nach
Stockholm, wurde schwedischer Bergrat und
unter dem Namen Kunkel von Löwen=
stern in den Adelsstand erhoben. Er starb
wahrscheinlich 1702. Die jetzt mit allen
Reizen der Natur ausgestattete Insel wurde
länger als ein Jahrhundert gemieden und
geflohen. Die Lage des Neuen Gartens am
Heiligen= und Jungfernsee bot dem jagd=
lustigen Könige Friedrich Wilhelm II. Ge=
legenheit zu häufigen Wasserfahrten, welche
sich auch nach dem malerisch gelegenen Ka=
ninchenwerder erstreckten. Das im dichten
Röhricht der Ufer nistende Geflügel gab Ver=

anlassung, daß dort öfters königliche Jagden abgehalten wurden. Diese führten den
König auch auf die Insel selbst. Die herrliche Waldeinsamkeit lockte zu weiteren
Ausflügen. An schönen Nachmittagen begab sich der Hof zu Kahne hinüber. Rauschende
Musik wechselte mit graziösen Tänzen und ländlichen Spielen. Erst der Sonnen=
untergang führte die angeregte Gesellschaft nach dem Marmorpalais zurück. Der
König fand an diesen Fahrten solch großes Gefallen, daß er die Insel vom Großen
Militär=Waisenhause zu Potsdam, welchem dieselbe, als zu Bornstedt gehörig, von
Friedrich Wilhelm I. geschenkt worden war, erkaufte. Nunmehr erhielt Gärtner Morsch
den Auftrag, das Eiland mit Gartenanlagen zu schmücken und dieselben mit an=
genehmen Spazierwegen zu durchziehen.

Das im Jahre 1683 auf der Westseite der Insel errichtete Kaninchenheger=
haus wurde abgebrochen und dafür eine Gärtner= und Kastellanswohnung
erbaut. Das obere Stockwerk derselben besteht aus Fachwerk, welches mit Eichen=

borke bekleidet ist. Nördlich hiervon wurde ein ruinenartiges Schlößchen auf=
geführt, zu welchem wir nach kurzer Wanderung durch schöne Laubgänge gelangen.
Die Zeichnung zu diesem Lustschlosse soll von der Gräfin Lichtenau (Frau Rietz)
herstammen. Auf einer Reise durch Italien hatte dieselbe das Vorbild hierzu ge=
sehen, welches einen lebhaften Eindruck hinterließ. Um die Ausführung des Bau=
werkes zu beschleunigen, konstruierte Zimmermeister Brendel dasselbe aus Stiel= und
Riegelwänden, welche mit Fachwerk ausgemauert wurden. Zwei runde, mit verfallenen
Zinnen gekrönte Türme wurden durch eine 33 Fuß lange, hölzerne, später eiserne
Brücke verbunden. Es war die erste derartige Brücke in Preußen. Sie wurde in der
Berliner Königlichen Eisengießerei ausgeführt. Von ihr genießt man einen herrlichen
Ausblick über die Havel bis nach Potsdam

hin. — Zur Belebung der Anlagen wurde
seltenes Federvieh, namentlich viele Pfauen,
angekauft. Der bisherige Name „Kanin=
chenwerder" veränderte sich nach und nach
in die jetzige Bezeichnung „Pfaueninsel".

Ehe jedoch der Bau des Schlößchens
vollendet werden konnte, starb der König.
Friedrich Wilhelm III., sonst in allem gegen=
sätzlich zu seinem Vorgänger und diesen
Gegensatz betonend, machte in Bezug auf
die Pfaueninsel eine Ausnahme, wendete
derselben seine Gunst zu und machte sie zu
seinem Lieblingsaufenthalte. Durch seine
Fürsorge wurde dieselbe zu einem bedeuten=
den Anziehungspunkte für Fremde und Ein=
heimische. Zu den alten, vielhundertjährigen
Eichen gesellten sich Anpflanzungen von
seltenen Sträuchern, Rottannen und Laub=
hölzern. Baumschulen und Felder zu

Nach einer photograph. Aufnahme von W. O. Link,
Potsdam.

Schloß auf der Pfaueninsel.

landwirtschaftlichen Versuchen wurden an=
gelegt, Maultiere aus Sanssouci nach der Insel überführt, welche auch sonst
durch Fasanen und Herden seltener Schafe und Ziegen belebt wurde. Im
Jahre 1814 traf an der Insel eine mit Kupfer beschlagene Fregatte als Ge=
schenk des Prinzregenten, späteren Königs Georg IV. von England, ein und er=
hielt dort ihren Ankerplatz. Als diese Fregatte mit der Zeit unbrauchbar
wurde, kam 1832 eine zweite, die Royal=Luise, als Geschenk König Wilhelms IV.
nach der Pfaueninsel, an deren Südufer ein großer Schuppen zur Überwinterung des
Schiffes errichtet wurde. Diese Fregatte ankert noch jetzt zusammen mit dem Dampf=
boote „Alexandria" bei der Matrosenstation in der Nähe der Glienicker Brücke.

Der Hofgärtner Peter Lenné schuf im Jahre 1816 östlich vom Schlosse neue
Parkanlagen. Die im Jahre 1821 angekaufte, 3000 Stück Rosen in 140 Sorten
umfassende Rosensammlung des Dr. Böhm in Berlin wurde zur Herstellung eines

Rosengartens in der Nähe des Schlosses verwendet. Zur ausreichenden Bewässerung der Gartenanlagen wurde 1822 ein Wasserwerk mit Dampfmaschine in der Mitte des südlichen Inselrandes errichtet. Dasselbe speiste ein 81 Fuß höher gelegenes Reservoir, von welchem aus durch unterirdische Röhren der sandige Teil der Insel bewässert werden konnte. Im Jahre 1824 wurde durch Schinkel das sogenannte Danziger Haus als Kavalierwohnung aufgeführt. Die bemerkenswerte, aus dem 14. Jahrhunderte stammende Fassade dieses Hauses war dem kunstsinnigen Kronprinzen aus Danzig geschenkt worden. Um dieselbe Zeit wurden zur Kurzweil des Hofes zwischen alten Eichen inmitten der Insel russische Schaukeln und ein großer russischer Rollberg aufgestellt. Zum Andenken an die früh vollendete, edle

Nach einer photogr. Aufnahme v. W. O. Link-Potsdam.

Pfaueninsel: Eiche.

Königin Luise erbaute man der Meierei gegenüber eine Säulenhalle, in welcher eine von Rauchs Künstlerhand gemeißelte Büste der holdseligen Königin aufgestellt wurde. Im Jahre 1830 wurde in Paris eine Sammlung großer, seltener Palmen erworben und dieselbe durch weitere Ankäufe in Erfurt, Bonn, Hamburg und aus dem botanischen Garten zu Berlin vermehrt. Zur Bergung dieser Pflanzenschätze erbaute Hofbauinspektor Schadow im Jahre 1830 nordöstlich vom Schlosse in indischem Geschmacke ein Palmenhaus, das jedoch mit allen seinen Pflanzen und architektonischen Herrlichkeiten am 19. Mai 1880 durch Brand völlig zerstört wurde. Bereits im Jahre 1828 war eine reizende, seltene und kostbare Tiere umfassende Menagerie erworben worden. Der verständnisvolle, feinsinnige Lenné war bemüht, den einzelnen Käfigen und Tiergruppen die passendste landschaftliche Staffage zu geben. Bemerkenswert waren der Bärenzwinger, die Voliere mit den Land-, sowie ein Teich mit Wasservögeln, die Fasanerie, ein Biberbau u. s. w. Aus den seidenartig wolligen Haaren der auf der Insel gezüchteten Ziegen aus Nepal ließ König Friedrich Wilhelm III. in Paris drei Shawls weben, welche er an die Kaiserin von Rußland, an die Prinzeß Friedrich der Niederlande und an die Fürstin Liegnitz verschenkte. Auch ein Riese, Karl Licht, zwei Zwerge, Karl und Marie Strackow, und ein Sandwichsinsulaner, Namens Maitey, hatten auf der Pfaueninsel ihren Wohnsitz. Alle diese Sehenswürdigkeiten, deren Besichtigung dem Publikum an zwei Wochentagen, Dienstags und Donnerstags, gestattet war, übten eine große Anziehungskraft aus. So ist es erklärlich, daß öfters an einem Tage sich bis 6000 Besucher auf dem herrlichen Haveleilande einfanden, und die Wagen von Berlin bis zur Pfaueninsel eine fast ununterbrochene Reihe bildeten.

Nach dem Tode Friedrich Wilhelms III. schied die Pfaueninsel aus der Reihe der bevorzugten Lieblingsplätze aus. Pietät und die besondere Vorliebe des kunstsinnigen Königs Friedrich Wilhelm IV. für die Schöpfungen Friedrichs des Großen gaben ersterem Veranlassung, die Bauwerke und Anlagen seines großen Ahnherrn zu erweitern und zu verschönern. Die Pfaueninsel mit ihrem Rokoko-Schlößchen kam außer Mode. Doch liebte es auch dieser feinfühlende Monarch, dort an einem schönen Sommerabende zu landen und seinen Thee einzunehmen. Am 15. Juli 1852 war Kaiser Nikolaus von Rußland zu einem Besuche am preußischen Hofe in Potsdam eingetroffen. Beide Monarchen fuhren nach der Pfaueninsel. Trotz längeren Sträubens hatte sich die berühmte französische Tragödin Rachel bewegen lassen, vor versammeltem Hofe hier im Freien eine Probe ihres glänzenden Talentes zu geben. Sie hatte hierfür eine Stelle aus der Athalie (V. Akt, 5. Scene) gewählt. Alles war hingerissen von ihrem Spiele. Zur Erinnerung an jenen Abend ließ Friedrich Wilhelm IV. ihre Marmorstatuette auf dem Rasenplatze vor dem Schlosse aufstellen.

Auch im Leben des Heldenkaisers Wilhelm I. hat die Pfaueninsel eine Rolle gespielt. Das Jahr 1848 mit seinen Revolutionsstürmen brachte demselben besonders schwere und schmerzliche Erfahrungen. Der ganze Haß des erbitterten Volkes häufte sich damals auf seine Person. Der Kampf in den Straßen Berlins, welchen die Aufrührer durch vorher errichtete Barrikaden selbst vorbereitet hatten, wurde nun auf seinen Befehl zurückgeführt. Nur mit Mühe und Not konnte sein Palais in Berlin durch die Inschrift: „Nationaleigentum" vor gewaltsamen Angriffen geschützt werden. Die immer lauter werdende Erbitterung gegen den Prinzen steigerte sich sogar bis zur Forderung seiner Entsagung auf die Thronfolge. Um den Augen der gegen ihn besonders erregten Volksmassen entzogen zu werden, verließ der Prinz auf den Wunsch des Königs in der Nacht des 19. März in aller Heimlichkeit die Stadt Berlin und begab sich nach der Citadelle von Spandau, um sich mit seiner erlauchten Gemahlin unter den Schutz dieser Festung zu stellen. Da der Aufenthalt in Spandau dem prinzlichen Paare nicht genügende Sicherheit zu bieten schien, verließ dasselbe in der Nacht vom 20. März diese Stadt und fuhr in einer Schaluppe nach der Pfaueninsel. Dort verblieb dasselbe bis zum Abende des 23. März. Der Prinz trat seine Reise nach England an, wo er am Hofe und beim Volke eine ebenso freundliche wie glänzende Aufnahme fand. Seine erlauchte Gemahlin siedelte nach Schloß Babelsberg über, wo dieselbe unbehelligt den Sommer über verblieb. —

Inzwischen ist der Abend hereingebrochen und mahnt uns zur Heimkehr. Nachdem wir im Blockhause unweit der Fähre uns mit Speise und Trank erquickt, treten wir zu Fuß den Rückweg an. Der würzige Hauch des Abendwindes umkost uns. Die Chaussee gewährt prächtige Durchblicke auf den Strom. Gemütlich vorwärtsschreitend, lassen wir noch einmal die wechselnden Bilder des heutigen Tages an uns vorüberziehen.

Franz Hartmann-Potsdam.

Die Wasserkünste im Park von Sanssouci.

Die Parkanlagen von Sanssouci werden mit vollem Rechte von allen Besuchern, einheimischen und fremden, als großartige bezeichnet. Natur, Kunst und Historie bieten hier in kaleidoskopartiger Zusammensetzung ein Ganzes, das in seiner harmonischen Gesamtwirkung jeden Besucher wohlthuend berührt und vollbefriedigt scheiden läßt.

Bedauernswert sind nur alle diejenigen, welche es versuchen, die Sehenswürdigkeiten Potsdams in ein oder zwei Tagen in Augenschein zu nehmen, und die

Nach einer photograph. Aufnahme von W. O. Link-Potsdam.

Schloß Sanssouci.

dann für Sanssouci nur ebensoviel Stunden übrig haben. Dem Einheimischen nötigt es immer ein mitleidiges Lächeln ab, wenn er sieht, wie besonders an den „Fremdentagen" (Sonntag, Dienstag, Donnerstag) Hunderte, meist noch ohne Führer, die ausgedehnten Anlagen durcheilen, um nur ja das festgestellte Tagesprogramm durchzuführen. Diese alle haben nur geringen Nutzen von der „Besichtigung", und ihr Urteil ist ein durchaus unzuverlässiges. Sanssouci will nicht nur besichtigt, es will studiert sein; nur so gelangt man zu einer rechten Beurteilung und wahren Würdigung seines Wertes.

Betreten wir den „Königspark", dann sehen wir nicht nur „rings Bäume, Blumen, Vasen", wir sehen auch, „wie ins Muschelhorn die Steintritonen blasen", wie „die Nymphe spiegelt klar sich in des Beckens Schoß" — und schon bald kommt es dem sinnigen Beschauer zum Bewußtsein: Hier bildet das Wasser das belebende Element. Dort schießt es im mächtigen Strahl zischend in die Höhe und fällt in unzähligen silberglänzenden Tropfen rauschend ins marmorumkleidete Becken hernieder; hier fällt es in breiten Wellen plätschernd von Stufe zu Stufe abwärts und verschwindet gurgelnd und schluchzend in der unterirdischen Leitung, um an anderer Stelle als vielfach geteiltes Strahlenbündel zum Licht emporzusteigen und in Millionen von zarten, buntschillernden Wasserperlen in wirbelndem Reigen herabzutänzeln. In den mannigfachsten wunderlichsten Formen steigt, schwebt und fällt es; überall ein mehr oder minder vernehmbares, oft geheimnisvolles Tröpfeln und Murmeln, ein Plätschern, Klatschen, Sprudeln und Rauschen, ein Gurgeln und Schluchzen, wodurch heute ein Spaziergang durch die Anlagen einen besonderen Reiz gewinnt.

Nicht immer zeigte Sanssouci sich so, wie in der Gegenwart. Friedrich der Große würde heute sein Sanssouci schwerlich wiedererkennen; denn nicht nur die Parkanlagen haben im Laufe der Zeit bedeutende Veränderungen und Erweiterungen erfahren, sondern es sind auch die gesamten Wasserkünste fast 100 Jahre nach der ersten Anlage neu hinzugekommen.

Am 1. Mai 1747 war „Schloß Sanssouci" durch eine Mittagstafel eingeweiht worden, und man schritt nun zur Herstellung der Parkanlagen, denen im nächsten Jahre die Wasserkünste folgen sollten. Der Kastellan Boumann, ein Holländer, erhielt vom Könige den Auftrag, Zeichnungen und Kostenanschläge für die Wasserkünste vorzulegen. Boumann hielt sich dazu nicht befähigt und übertrug diese Aufgabe einem Landsmann mit Namen Heintze, der sich durch einen groben Betrug das Vertrauen und die Zustimmung des Königs zu gewinnen wußte. Den Plan des Engländers Richolls, nach welchem man „mittels Feuer und der durch siedendes Wasser aufgelösten Dämpfe anderes Wasser heben und auf höhere Punkte zu fördern im Stande sei", gab Heintze für seinen eignen aus, konnte aber, da ihm der Plan und die Zeichnungen selber nicht klar waren, dem Könige über einige „unverständliche Künsteleien" keine befriedigende Auskunft geben. Aus diesem Grunde und wegen der großen Kosten für die Holzfeuerung zur Dampferzeugung unterblieb diese Ausführung.

Die beiden Holländer legten nun einen neuen Entwurf vor. Nach demselben sollte ein Kanal von der Oberhavel — dem Jungfernsee — aus an dem heutigen Ruinenberge (der damals Höhneberg hieß) vorbei durch das „Golmer Bruch" bis zur Werderinsel gegraben werden. Auch diese Idee kam nicht zur Durchführung, da man wohl mit Recht der Kanalströmung die erforderliche Kraft nicht zutraute. Die beiden Wasserkünstler kamen nun auf den Gedanken, die Kraft des Windes zu benutzen. Zunächst plante man die etagenförmige Aufstellung von vier Windmühlen, von denen jede das Wasser bis zu einer gewissen Höhe heben und es dann der nächsten auf freiem Gefälle zusenden sollte. Die erste dieser Mühlen sollte an der Havel (Aufschwemme), die vierte am Hochreservoir auf dem Ruinenberge zu stehen kommen. Dieser Plan hatte den gleichmäßigen Gang der vier Mühlen zur Voraussetzung; auf dem ausgedehnten und ungleichmäßigen Gelände war dies aber höchst fraglich und sehr unwahrscheinlich. Daher unterließ man auch die Ausführung dieses

Entwurfes, schritt aber mit Zustimmung des Königs um so energischer zur Durchführung eines neuen Planes. Von der Unterhavel wurde ein breiter Graben, der heutige „Schafgraben," bis in den Park von Sanssouci gezogen. In der Nähe der heutigen „Römischen Bäder" legte man ein Druckpumpwerk mit sechs Pumpenstiefeln an, das durch eine große Windmühle oder auch durch ein Göpelwerk mittels Pferdekraft in Betrieb gesetzt werden konnte. Von dieser Pumpstation aus sollte das Grabenwasser durch ein Steigerohr bis ins Hochreservoir auf dem Ruinenberge getrieben werden. Das Steigerohr wurde aus starken, hölzernen Faßdauben, welche kräftige Eisenringe zusammenhielten, hergestellt; es konnte aber nach Fertigstellung der Leitung bei der angestellten Probe dem gewaltigen Wasserdruck nicht standhalten und zerbarst. Nun nahm man ganze Baumstämme, durchbohrte sie nach Art der Brunnenrohre und erhöhte ihre Haltbarkeit noch durch starke schmiedeeiserne Ringe; doch auch diese Leitung bestand die Probe nicht, und man war nun endlich überzeugt, daß Holz ein unbrauchbares Leitungsmaterial sei. Der König war zwar sehr ungehalten über die „thörichten Holländer", dennoch bewilligte er die Geldmittel zu einer Leitung aus gußeisernen Röhren.[*)]

Nach einer photograph. Aufnahme von O. W. Link-Potsdam.
Schloß Sanssouci: Neptunsgrotte.

Bei den verunglückten Versuchen hatte man auch die Überzeugung gewonnen, daß das vorhandene Pumpwerk eine genügende Wassermenge nicht zu liefern vermöge. Deshalb wurde am Bornstedter See eine zweite „Kunstmühle" mit Druckwerk und Steigerohr zum Hochreservoir angelegt. Mittlerweile waren rings um dieses, das ca. 4700 kbm Wasser fassen konnte, ruinenartige Bauwerke errichtet worden, die dem Berge den heutigen Namen Ruinenberg gaben. Auch das große Fontainenbassin am Fuße der Terrasse in Sanssouci war fertiggestellt und der Weg um dasselbe mit 12 Bildwerken geschmückt. Für das Bassin einer kleineren, östlich von der großen gelegenen Fontaine hatte der König selbst eine Handzeichnung entworfen. Diese kleinere Fontaine sollte nun endlich in Betrieb gesetzt werden. Der König bestimmte

*) Der König rächte sich in seiner Weise: Die beiden Wasserkünstler bewohnten gemeinsam ein Haus in der Yorkstraße. Eine längere Abwesenheit derselben benutzte er, die Vorderseite des Hauses durch einen Maler mit einer schönen Landschaft schmücken zu lassen. Die beiden Geschäftsfreunde wunderten sich bei ihrer Rückkehr sehr über diese unerwartete Aufmerksamkeit des Königs. Die Aufklärung folgte bald; denn nach einem tüchtigen Regen war die Landschaft verschwunden, und an ihrer Stelle erblickten die Vorübergehenden zwei wohlgelungene Esel. Heintze starb bald darauf; die Leute sagten: vor Ärger.

den Karfreitag 1754 dazu und hatte auch die Freude, einen Wasserstrahl ungefähr 15 m hoch steigen zu sehen; aber schon nach einer Stunde waren die mit vieler Mühe verschafften Wasservorräte verbraucht, und das Vergnügen hatte ein Ende. Dennoch war der König über diesen kleinen Erfolg so erfreut, daß er sich zur Bewilligung neuer Geldmittel bereit finden ließ. Als aber zu Anfang des siebenjährigen Krieges ein befriedigendes Resultat noch nicht erzielt war, mochte der König für „vergebliche Zwecke" keine Mittel mehr gewähren und überließ die praktische Durchführung der gefaßten Pläne der Zukunft. Zu seinen Lebzeiten sind die Wasserkünste nicht mehr in Betrieb gesetzt worden. Zwar wurden noch mancherlei Versuche angestellt, bis man von 1780 ab die Sache ganz fallen ließ. Dagegen wurde ununterbrochen an der Verschönerung der Parkanlagen gearbeitet und zu dem Zwecke verschiedene kostbare Bauwerke aufgeführt. Viel Mühe, Zeit und Geld erforderte die Fertigstellung der noch heute vorhandenen (jetzt gründlich renovierten) Neptunsgrotte, rechts vom Obeliskeingange zum Park. Für die Hauptfigur, den Neptun mit Dreizack auf einer Muschel, mit Delphinen zur Seite und den übrigen Attributen, war schon im Jahre 1751 ein großer Marmorblock aus den Steinbrüchen bei Carrara gewonnen worden; er blieb aber im Hafen von Livorno liegen, weil ihn kein Schiff seiner Schwere wegen aufnehmen wollte. Erst 1760 kam der Marmorblock, nachdem er zuvor in Livorno roh bearbeitet worden, nach Potsdam und wurde hier von Benkert ausgemeißelt. Das ganze Bauwerk erforderte einen Kostenaufwand von 32 538 Thalern*); die vielen Wasserkünste an demselben sind aber niemals vom Ruinenberge aus gespeist worden.

Im Jahre 1752 war ein noch imposanteres Bauwerk begonnen worden: die Marmorkolonnade in der Mitte des sogenannten Rehgartens, die erst im Jahre 1764 fertiggestellt wurde. Dieser Kunstbau, dessen Kosten 198 315 Thaler*) betrugen, soll durch seine Größe und kunstvolle Ausführung einen überwältigenden Eindruck auf den Beschauer gemacht haben; auch hier kam die große Zahl der angebrachten Wasserkünste nicht in Thätigkeit.

Ein dritter großgeplanter Kunstbau kam nicht zur vollen Ausführung. Das Westende der Hauptallee sollte durch eine prächtige Grotte abgeschlossen werden. Schon waren die Fundamente gelegt und größere Steine bearbeitet, da befahl der König die Einstellung der Arbeit und den Abbruch der schon ausgeführten. Ein mächtiger Königsbau sollte hier aufgeführt werden, als glanzvolles Gegenstück zu dem bescheidenen Sanssouci. Es entstand hier „das Neue Palais".

Die vorläufig vergeblich ausgeführten Wasserkunstanlagen mit den dazugehörigen Prachtbauten im Park von Sanssouci erforderten die ganz bedeutende Summe von 406 353 Thalern, und wenn der sonst so sparsame König solche Geldopfer brachte, so ist daraus zu ersehen, wie gern er in Wirklichkeit das geschaut hätte, was seinem Geiste ahnungsvoll vorschwebte, und dessen Ausführung lediglich an der noch zu wenig entwickelten Technik der damaligen Zeit scheiterte. Der „alte Fritz" zweifelte aber nicht

---

*) Für die damalige Zeit eine ganz bedeutende Summe; denn für eine gute Kuh zahlte man damals 5 Thaler, heute dagegen 120.

daran, daß schon die nächsten Geschlechter befähigt sein würden, die vergeblich gemachten Versuche zum glücklichen Ausgang zu bringen. Daher wurde große Sorgfalt auf die Erhaltung der vorhandenen Anlagen verwendet, solange der „Philosoph von Sanssouci" lebte. Aber dann blieb der Königspark mit dem Philosophenheim ein halbes Jahrhundert lang ganz vergessen und vernachlässigt, bis der „Baumeister im Hermelin" den schönen Traum seines Ahnen verwirklichte und dessen Pläne zur glänzendsten Ausführung brachte. Nachdem Friedrich Wilhelm IV. schon als Kronprinz die herrlichen Anlagen von Charlottenhof geschaffen und durch Wasserkünste belebt hatte, wurde bereits im Jahre 1841 der Grundstein zum Wasserwerksgebäude

Nach einer photograph. Aufnahme von W. O. Link=Potsdam.

Schloß Sanssouci: Große Fontaine.

an der Havel (Kiewitt) gelegt, von dem aus das Wasser mittels Dampfkraft dem Hochreservoir auf dem Ruinenberge, das vollständig renoviert worden war, zugeführt werden sollte. Wie eifrig an den eigentlichen Zweckbauten der Wasserwerke gearbeitet wurde, ist daraus zu ersehen, daß dieselben schon am 23. Oktober 1842 in Betrieb gesetzt werden konnten, und an diesem Tage die große Fontaine vor der Terrasse, von deren Höhe aus der König, umgeben von seinem ganzen Hofstaate, dem großartigen Schauspiel zusah, zum erstenmal ihren Strahl von $2^1/_2$ Zoll Stärke zu der imposanten Höhe von ca. 40 m emporzuschleudern vermochte. Persius und Borsig waren die Schöpfer der großartigen und praktischen Leitungsanlagen. Diese Namen werden deshalb in der Geschichte von Sanssouci stets an hervorragender Stelle verzeichnet stehen.

Nachdem so der reichlich sprudelnde Wasserquell erschlossen worden war, konnten die vorhandenen Anlagen, nachdem sie gründlich ausgebessert und künstlerisch ausgebaut worden waren, in Betrieb gesetzt werden. Bald rauschte und plätscherte es ringsumher; denn zu den bisherigen schuf der König neben anderen größeren Bauwerken noch eine größere Zahl herrlicher Fontainenanlagen im Park und in der Nähe des Schlosses von Sanssouci. Von der großen Zahl der Fontainen mögen einige der bedeutendsten hier namentlich aufgeführt werden: der Roßbrunnen an der Straße nach Bornstedt (von Friedrich Wilhelm IV. die Viehtränke genannt), jetzt außer Thätigkeit*) — die beiden Doppelschalenfontainen auf der Schloßterrasse; daselbst auch die beiden Löwenbrunnen — die Glockenfontaine im Hauptwege von Park Sanssouci, auch Blumenfontaine genannt — die Pferdefontaine in der Nähe des chinesischen Häuschens springt immer nur kurze Zeit, da sie ungeheure Wassermengen erfordert — die Postament-Springbrunnen der Dresdener Vase östlich vom Hauptwege — die Froschfontaine, ein Anziehungspunkt für Kinder — der Wasserfall mit der Kaskade neben der Talud-Mauer beim eisernen Gitter — die beiden Maskenköpfe (Wasserspeier) in den Halbbassins vor der Hauptfontaine — die Kaskade im Paradiesgarten; ebenda die Impluvium-Cisterne mit der vom Adler verfolgten Gemse; daneben unter der Lindenlaube das Bassin mit der kreisenden Strahlenfontaine und den beiden Glocken — die Glockenfontaine im römischen Bade; ebenda der wasserspeiende Fisch und der sprudelnde Marmortisch — der speiende Faun in der Rosenlaube zu Charlottenhof; auf der Schloßterrasse daselbst die glockenförmige Schalenfontaine; ebendort auch der wasserspeiende Wolfskopf — die eiserne Schalenfontaine im Dichterhain bei Charlottenhof u. s. w., u. s. w.

Und nun, lieber Leser, sollte Dir Gott die Gunst erweisen und Dich nach Potsdam schicken, so versäume beim Besuch des Parkes von Sanssouci nicht, Dein Augenmerk auch auf die einzelnen Wasserkünste zu richten; nur dann wirst Du diese großartige Schöpfung voll und ganz zu würdigen wissen.

H. Maager-Potsdam.

*) Dieser Brunnen erinnert an folgende Anekdote: Eine Bauersfrau, die auf einem Eselskarren von Bornstedt Milch nach Potsdam brachte, tränkte an diesem Brunnen ihr Tier. Als sich dies an dem kühlen Trunk gelabt hatte, weigerte es sich trotz vieler Schläge weiterzugehen. Der König kam hinzu und schalt die Frau in der Meinung, der Esel habe zu schwer zu ziehen. „I", sagte diese, „ick kenne ihm schon; wenn der seine Mucken hat, dann muß ihn einer an den Ohren ziehen und der andere hinten tüchtig prügeln." „Na, denn man zu!" mit diesen Worten faßte der König Grauchen bei den Ohren und munter trabte dieser von dannen. Der König erzählte den Vorfall seiner Gemahlin. Als diese äußerte, so etwas schicke sich für ihn als König doch nicht, erwiderte er unter Lachen: „Laß man, mein Vater hat als König manchem Esel fortgeholfen."

Der steinerne Reiter.

(Zum 17. August 1886.)

Der Park von Sanssouci hält Ruh'
Und deckt mit Mondesglanz sich zu.
Beim großen Springborn schimmert hell
Ein Reiterbild vom Fußgestell.

Doch kaum verkündet Glockenmund
Das erste Viertel der dritten Stund',
Da regt sich der Reiter, er schwingt sich vom Pferd
Und gleitet vom Sockel hernieder zur Erd'!

„Parbleu! man sitzt sich lahm und krumm;
Schau'n wir uns mal im Garten um!"
Er dehnt die Glieder von Marmelstein
Und schreitet fort im Mondenschein.

Sechs Treppen steigt er empor am Hang
Und sieht sein Schloß. Dort lag er einst krank,
Dort kämpfte er den letzten Strauß,
Dort trug man ihn zur Gruft hinaus.

In eins der Fenster blickt er stumm
Und denkt: „'s ist heut' ein Säculum!
Wie schnell im Tode die Zeit vergeht!
Ob wohl mein Staat noch fest besteht?"

„Halt! wer da?" ruft der Grenadier,
Der oben schildert, „was thut Ihr hier?"
Der König lächelt: „Ei, Genoß!
Der alte Fritz besieht sich sein Schloß."

Es wird dem Soldaten, er weiß nicht wie?
Spukt's denn im Parke von Sanssouci?
Er stammelt, indem er präsentiert:
„Parbleu! Die Majestät passiert!"

„Parbleu? . . . Das klingt, bei meiner Ehr',
Ja seltsam! . . . Sag, wo bist Du her?"
„Im Elsaß kam ich auf die Welt!"
„Ah, das erklärt's! . . . Nahmst Werbegeld?"

„Nicht Werbegeld. Ich erfüll' meine Pflicht;
In diesem Rocke reut's mich nicht."
„Deine Pflicht? Besinne Dich!" tönt es streng,
„Unter Preußens Fahne ein Alsacien?"

„Majestät! Das Elsaß ist deutsches Land;
Unser Kaiser schirmt's mit starker Hand."
„Sind Preußens Soldaten denn kaiserlich,
Und wer gewann denn das Elsaß? Sprich!"

„Wilhelm, der Weißbart, vollbrachte das Werk,
Wohnt gerade jetzt drüben auf Babelsberg;
Mit seinem Sohne, dem Kronprinz Fritz,
Schlug er aufs Maul den fränkischen Witz;
Nicht beißt der Feind mehr seit Sedan . . .
Parbleu! il a perdu ses dents."
„Superbe! ma foi!" Der König packt
Des Andern Hand; jeder Finger knackt!
„Hab Dank, mein Junge, für solchen Bericht!
Und nun, mach fort! thu deine Pflicht."
Der Grenadier geht wie im Traum. —
Es lehnt an einem Orangenbaum
Der Geist und schaut ins Havelthal,
Das zauberisch dämmert im Mondenstrahl.
„Dir, ewiges Schicksal, opfr' ich Preis,"
Quillt's über die weißen Lippen leis,
„Daß Du den Hohenzollernstamm
Läßt wachsen so hehr und wundersam!
Bei Fehrbellin wies auf die Bahn
Des Sieges uns der große Ahn;
Ich faßte beim Schopfe das spröde Glück
Und schuf bei Leuthen mein Meisterstück;
Nun hat der Nachfahr mit Elan
Noch übertrumpft mich bei Sedan.
Was ich in meinem Testament
Gewünscht: es möge das Regiment
Des Landes stark, gerecht und klug
Und sparsam sein und sonder Trug;
Es möge sich schützen durch ein Heer,
Dem stets als Höchstes gilt die Ehr', —
Das hast Du, Schicksal, hold gewährt.
Nun sei Erfüllung auch beschert
Meinem letzten Wunsch: in alle Zeit
Blüh' Deutschen Reiches Herrlichkeit!" —
Im Osten glimmt ein Frührotschein.
Schnell huscht der Mann aus Marmelstein
Hinab die Treppen und eilt behend
Zum reiterlosen Monument.
Und unbeweglich im Sonnenblitz
Sitzt wieder im Sattel der alte Fritz.

Dagobert von Gerhardt-Amyntor.

In Paretz (1801—1803).

Noch steht am Havelstrande das Schlößlein in der Mark;
Noch rauschen alte Bäume in seinem schatt'gen Park.
Es lispeln seine Linden, sie flüstern leis Dir zu:
„Hier weilte einst Dein Kaiser, des jetzt gedenkest Du!"

Hier sah er heit're Tage, der Kindheit holdes Glück!
Oft kehrt' des Herrschers Sinnen zum trauten Ort zurück.
Dann hört' er frohes Jauchzen aus der Geschwister Mund,
Dann schaut er muntre Spiele auf dieses Rasens Rund,

Schaut auch den kleinen Hügel, den stürmt die Knabenschar,
Als er im Kriegesspiele einstmals ihr Feldherr war.
Er hört wohl jemand mahnen: „Darf man es heißen recht,
Daß Königskinder spielen mit Bauernkindern schlecht?"

Doch dann die Kön'gin: „Liebe, sind wir nicht alle gleich
Nach diesem Erdenleben im schönen Himmelreich?" —
Er schaut im Geist den König, den Vater, ernst und schlicht,
Der, wie als Fürst im Lande, als Schultheiß thut die Pflicht;

Schaut auch den guten Alten, den biedren Köckeritz!
Wie wußt' der zu erzählen vom großen König Fritz!
Wie wußt' der aufzustellen die Knaben gut zur Schlacht,
Wie oft hat der zum Kampfe den Angriffsplan gemacht!

Er schaut beim Erntefeste umwogt das Königspaar
Vom lieben treuen Landvolk, dem es ja alles war,
Sieht an die Kön'gin drängen sich eifrig Kind an Kind,
Dort an den Jahrmarktsbuden. Wie war sie gut gesinnt!

Sie ließ am Kleid sich zupfen, sich fassen an die Hand,
Und aus der Kleinen Munde tönt es ihm wohlbekannt:
„Mir auch noch was, Frau Kön'gin, vergeßt doch meiner nicht;
Ich habe wirklich heute noch kein Geschenk gekriegt!"

Das haben mir die Bäume beim Schlosse einst gerauscht;
Ich hab' der guten Kunde gar gerne dort gelauscht;
Ich hab' des großen Kaisers gar gerne dort gedacht,
Wo er die gold'nen Tage der Kindheit zugebracht.

H. Sühring.

Die Ofenfabrikation von Velten.*)

„Dorf Velten ist bekannt
Allüberall, wo's Öfen giebt,
Und wo zur Winterszeit
Man warme Stuben liebt."

Gute Freunde hält man warm, und wer uns warm hält, der ist unser Freund. Deshalb ist der altbewährte und richtig aufgebaute Kachelofen als Wärme= spender ein rechter Hausfreund in jedem trauten Heim unserer Mark geworden und geblieben, wenn hier gegen nordische Kälte und rauhe Oststürme die Wintersonne zu machtlos sich erwies. Dann weilt in der wärmenden, wohligen Nähe dieses Freundes jeder gern.

Die volkstümliche Stellung des Kachelofens in unserem Kulturleben bezeugen viele Erzählungen, Volksmärchen, Sprichwörter. Er ist der Mittelpunkt des Hauses, der Familie, um den man sich versammelt, um nach des Tages schwerer Arbeit der behaglichen Ruhe und gemeinsamen Unterhaltung zu pflegen. Von jeher ist man deshalb auch darauf bedacht gewesen, ihn besonders schön auszustatten und zu schmücken. Wohl selten ist ein kunstgewerblicher Gegenstand so ausgebildet, mit so viel Liebe und Hingebung geziert und verschönt worden, als gerade der Kachelofen. Seine allgemeine Verbreitung und alte Beliebtheit verdankt er seinen praktischen Vorteilen gegenüber allen anderen Heizanlagen in unseren Wohnstuben. Voraus= setzung hierbei ist, daß ihn ein Ofensetzer aufbaute, der in seinem Fache, den neu= zeitlichen Anforderungen entsprechend, etwas Vollkommenes zu leisten versteht.

Durch die verbreitete Wertschätzung des Kachelofens wurde die Entwickelung und hohe Blüte der Kachelofen=Industrie veranlaßt, wie wir sie an einigen Plätzen unserer Mark antreffen. Unter diesen nimmt das Töpferdorf Velten die erste Stelle ein.

Dasselbe hat sich seit 50 Jahren aus einem kleinen märkischen Bauerndorfe mit 500 Einwohnern zu einem lebhaften Industrieorte mit 7000 Einwohnern nur durch seine Kachelofenfabrikation entwickelt. Dadurch ist Velten, dessen Öfen jetzt schon weit über Deutschlands Grenzen hinaus versandt werden, der größte Ort im alten Ländchen „Glien" geworden. Die Herstellung der Veltener Fabrikate aus dem reichen Schatz der Thonberge und das Überziehen der Waren mit einer dem Thone genau angepaßten Schmelzglasur hat sich im Laufe der Zeit hierselbst zur Kunst herausgebildet.

Der allerwichtigste Teil für die Ofenfabrikation ist der gute Thon. Zwar ist fast überall im deutschen Lande der Thon leicht zu haben. Selten jedoch ist derjenige, welcher sich zur Ofenfabrikation eignet, weil er haarrißfreie Schmelzglasur trägt und im Brande durch Schwinden und Verkrümmungen nicht sehr leidet. Diese Vorzüge hat der hiesige Thon. Deshalb wurde derselbe nach allen Gegenden ver=

---

*) Näheres siehe Gustav Gericke: „Der Industrieort Velten und seine Umgegend".

sandt. Die Feilnersche und andere Ofenfabriken zu Berlin waren vor ca. 60 Jahren seine ersten größeren Abnehmer.

Die Thonberge im Nordwesten des Ortes erstrecken sich auch auf die Feldmarken der Nachbargemeinden, wie Marwitz, Hennigsdorf, Vehlefanz, in welchen deshalb nach dem Veltener Vorbilde ebenfalls Ofenfabriken entstehen konnten.

Der hiesige Thon, welcher meist gelbe oder blaue Farbe hat, muß für die Ofenfabrikation gründlich geschlämmt werden. Hierbei mischt man verschiedene Thonsorten nach einem bestimmten Verhältnis, das sich jeder Fabrikant durch Versuche und Praxis als das beste und geeignetste feststellt. Die Thonschlämmen arbeiten mit Pferde-, Dampf- oder elektrischer Kraft.

Außer dem Töpferthon liefern die Berge wertvolle Ziegelerde, weshalb hierselbst auch mehrere bedeutende Ziegeleien entstanden. Die hiesige Ziegelerde ist zu öffentlichen Bauten bereits 1656 durch die Kurfürstin Luise Henriette in Oranienburg verwandt worden. Die dortigen Scheiben- und Ofentöpfer bezogen ihren Thonbedarf stets aus Velten. Hierselbst wurde die erste Scheibentöpferei 1828 durch Friedrich Heinrich Andreas Seydlitz eingerichtet. Dieser wurde der Begründer der hiesigen blühenden Industrie, denn er erkannte, daß der Veltener Thon weniger zur Geschirrfabrikation, desto besser aber zur Fabrikation von Ofenkacheln verwendbar ist. Er veranlaßte darum unterm 7. Juli 1835 die Gründung der ersten Ofenfabrik hierselbst, welche er als Töpfermeister leitete. Auf seiner richtigen und wichtigen Erkenntnis beruht Veltens Entwickelung zur heutigen Blüte. Wie aber so mancher Pfadfinder und Wohlthäter der Menschheit, dessen Wirken und Schaffen seiner Mit- und Nachwelt zum größten Segen gereicht, oft selbst keinen persönlichen Nutzen von seinem verdienstvollen Thun hat, so erging es auch jenem alten Seydlitz. Unstät und mittellos beschloß er sein rastloses Leben.

Seit jener Zeit sind die Veltener Öfen allgemein beliebt geworden, Nachfrage und Bedarf wurden immer größer, immer neue Fabriken entstanden, jetzt 36, der Ort vergrößerte sich von Jahr zu Jahr, ähnlich wie die nahen Vororte von Berlin.

Gegenwärtig besitzt Velten 20 Straßen, die fast alle gepflastert und mit wohlgepflegten Bürgersteigen, Baumreihen und Schmuckplätzen versehen und elektrisch beleuchtet sind. Durch ober- wie unterirdische Leitungen kann jedes Grundstück der in diesem Jahre erbauten großen elektrischen Centrale für Licht- und Kraftlieferung angeschlossen werden. Da Bauterrain an geregelten neuen Straßenanlagen noch vielfach vorhanden ist, so erreichen die Bau- und Mietspreise noch nicht die hohen Sätze wie in den meisten Vororten Berlins. Viel Sorgfalt wurde in letzter Zeit auf die Verkehrswege und den Chausseebau verwandt; besonders durch die sehr hohen Opfer gerade unseres Ortes ist der Bau einer Bahnlinie von Berlin über Tegel, Velten, Kremmen 1893 gefördert worden, die eine der verkehrsreichsten Bahnstrecken sein wird, sobald dieselbe für ihre bereits in diesem Jahr privatim erhaltene Verlängerung über Neu-Ruppin nach Wittstock vom Staate noch die erwünschte Fortsetzung bis Kiel erhalten haben wird.

Die schnelle Entwickelung Veltens ergiebt sich auch daraus, daß der Ort jetzt zwei Schulhäuser mit je 12 Klassen, eine evangelische, eine katholische Kirche, eine Baptisten=Kapelle, eine Apotheke, 3 Ärzte, regelmäßigen Wochenmarkt, eine Industrie=bahn zur Ablage an der Havel, eine Ortssparkasse, eine freiwillige Feuerwehr, ca. 20 Vereine, 30 Gastwirtschaften, eine Maschinenbauanstalt, eine Brauerei, eine Buch=druckerei — mit Verlag der „Veltener", sowie der „Osthavelländischen Zeitung" —, drei Baugeschäfte, eine Rohrweberei ꝛc. besitzt. Ein Verschönerungsverein strebt energisch dafür, daß durch Anlagen und Promenaden der Ort und seine Umgegend mehr und mehr verschönt werden.

Diese Stufe der Entwickelung hat der Ort seit jener im Jahre 1835 ge=schehenen Begründung der Ofenfabrikation er=reicht, durch welche er der Hauptort für die Kachelofen=Industrie in Deutschland geworden ist.

Den Hauptzweig in der hiesigen In=dustrie bildet die Fabrikation der feinen weißen Schmelzöfen; außerdem werden in elfenbeingelb, in blau und anderen beliebten Farben Schmelzkacheln, sowie bemalte, ver=goldete und dekorierte Thonwaren geliefert. Zu diesen passend fabriziert man stilvolle Thonornamente, die dem wechselnden, jeweilig maßgebenden Geschmacke entsprechend sind. Besonders die vorzügliche und dabei ver=hältnismäßig billige Herstellung der Schmelz=kacheln erfordert eigene und saubere Arbeit, die nur geleistet werden kann durch eine bis ins kleinste gehende Arbeitsteilung von tüch=tigen und geübten Arbeitskräften, durch An=wendung besonderer Maschinen, durch Be=nutzung langjähriger, praktischer Erfahrungen und bewährter Methoden, durch Anwendung der von der Natur gebotenen besten Roh=materialien. Alle diese Vorbedingungen werden

in unseren zeitgemäß eingerichteten, resp. verbesserten Fabriken vollkommen erfüllt, deren Leistungsfähigkeit von Jahr zu Jahr gesteigert und vervollkommnet wird.

Zur Wahrung gemeinsamer Interessen bei dem Vertrieb der Waren, namentlich zum Schutze gegen den raffinierten Bauschwindel in den Großstädten, durch den unser Ort früher Unsummen eingebüßt hat, bildet die Mehrzahl der Fabrikanten seit drei Jahren eine Vereinigung. Durch die „Verkaufsstelle der Vereinigten Veltener Ofenfabriken, Berlin W., Markgrafenstr. 46" wird der genossenschaftliche Vertrieb der meisten Fabrikate einheitlich bewirkt.

Da in Velten im Jahr durchschnittlich ca. 100000 Öfen fabriziert werden, so ist für deren Absatz eine ausgedehnte Kundschaft nötig, die auf die Städte

10*

Deutschlands — namentlich Berlin nebst Vororten — und auf das Ausland, be=
sonders Rußland, sich verteilt. Zeichnungen und wertvolle Musterbücher mit schönen
Abbildungen geben dem Abnehmer in der Ferne fortlaufend Kenntnis von der
jeweiligen Vielseitigkeit und Geschmacksrichtung in der hiesigen Ofenindustrie.

In der Neuzeit wird auf allen Gebieten des Wissens und der Technik schnell
fortgeschritten. Besonders mit der Verbesserung der Beleuchtung und Heizung,
des Lichtes und der Wärme in unseren Wohnräumen beschäftigen sich heutzutage
viele tüchtige Theoretiker und Praktiker, und große Fortschritte sind auch hierin seit
einem Menschenalter zu verzeichnen. Ein Kampf wie bei der Beleuchtung herrscht
jetzt auch auf dem Gebiete des Heizwesens zwischen dem Alten und dem Neuen.
Dem altbewährten Kachelofen wird Konkurrenz gemacht durch die neuen Central=
heizungen verschiedenartigster Systeme und durch die eisernen Öfen. Der Kachelofen
hat aber seinen Konkurrenten gegenüber sein eigentliches Wirkungsfeld, die gemüt=
liche deutsche Wohnstube, für sich zu behaupten gewußt. Denn wenn derselbe
zweckentsprechend und gut aufgebaut wird, so liefert er unserer Wohnung die an=
genehmste, gesundheitdienlichste, gleichmäßigste und billigste Heizung. Vielfach ist
man darum in den letzten Jahren dort, wo man an seiner Stelle in Wohnräumen
die modernen Heizeinrichtungen versuchte, zum Kachelofen zurückgekehrt, für dessen
Aufbau in den letzten Jahren durch tüchtige Ofensetzmeister solche Verbesserungen
für seine Leistungssteigerung angewendet werden, daß er in jeder Beziehung allen
Anforderungen der Neuzeit an eine gute, gesunde, bequeme und billige Stubenheizung
durchaus genügt. Infolge dieser Reformbestrebungen im Ofenbau findet er neben
den alten Verehrern immer weitere, neue Absatzgebiete.

Wie der Ofenfabrikation die bisherige Entwickelung Veltens zum blühenden
Industrieorte während dieses Jahrhunderts zu danken ist, so ist von derselben auch
zu hoffen und zu erwarten, daß sie unserem Orte im neuen Jahrhundert zu weiterem
Aufschwung und Gedeihen am meisten förderlich sein wird.

Gustav Gericke=Velten.

Schildhorn.

Rauschende Föhren im märkischen Sand,
Lispelndes Schilfrohr am Havelstrand,
Aus eurem heimlichen Säuseln klingt,
Was euch im Mondschein die Nixe singt:
Die graue Sage in Geisterchören.
Lispelndes Schilfrohr, rauschende Föhren! —

Auf dem Werder tobte die Wendenschlacht.
Triglavs Banner trug Jaczko, der Held;
Doch es siegte Markgraf Albrechts Macht,
Und das Kreuz, — es blieb Sieger im Feld. —

Nach einer Aufnahme von C. Schreckenberger, Berlin.
Jaczko-Säule (Schildhorn).

Der letzte zu Roß,
In der Hand Triglavs Fahn',
Brach grimm durch den Troß
Sich der Wendenfürst Bahn.
Er floh aus der Schlacht,
floh durch Busch und durch Dorn.
Da hetzte das Horn
Tausend Krieger zur Jagd

Gleich den Wölfen ihm nach voller Wut,
Und wie Höllengeschrei klang ihr Hussaruf:
Hussa ho! hussa ho! — bis des Rosses Huf
Hielt gebannt an der Havel Flut,
An dem Moor und dem Schilf. —
„Hilf, Triglav! Zu Hilf!"
Und scharf, blutig scharf
Trieb der grausame Sporn
Den Rappen; er warf
In die Wogen sich vorn.
„Hilf, Triglav! Zu Hilf!
„Mein Roß, nun halt' aus!
„Mein Rappe, er sinkt! —
„Weh, Morzana mir winkt! —
„Ha, du armselig Bild! Es grinst wie Spott
„Mich die Fratze des Triglav an! —
„O dann hilf du mir, mächtiger Christengott!
„Gott am Kreuze, ich flehe dich an!" — —
Von sich warf er das Banner mit letzter Kraft,
Hob zum Himmel versinkend die Hand.
Wie von helfenden Geistern emporgerafft,
Trug der Rappe den Reiter ans Land. —
Am schilfigen Saum
Kniete Jaczko fromm.
Was glänzte am Baum,
Als der Abend verglomm? —
Ein Schild und ein Horn
Strahlten funkelnd vom Ast. —
Kein Haß mehr und Zorn,
Und der Kriegsschmuck nur Last.

Rauschende Föhren im märkischen Sand,
Lispelndes Schilfrohr am Havelstrand,
Aus eurem heimlichen Säuseln klingt,
Was euch im Mondschein die Nixe singt:
Die graue Sage in Geisterchören.
Lispelndes Schilfrohr, rauschende Föhren!

Paul Risch-Berlin.

Die Stadt Brandenburg und die Havel.

Brandenburgs landschaftlicher Charakter wird durch drei Elemente bestimmt: durch die Havel, die mittelalterlichen Bauten, den Marienberg.

In zahlreichen Armen, zum Teil von der Natur, zum Teil von Menschen= hand gebildet, durchzieht die Havel die Stadt, die durch den Fluß in drei Teile, den Dom im Nordosten, die Altstadt im Westen und die Neustadt, südwestlich vom Dom und südöstlich von der Altstadt, gegliedert wird. Die Hauptader der

Nach einer Aufnahme von J. Friedlaender, Brandenburg.

Brandenburg.

Havel umfließt, sich trennend, den Dom und scheidet weiter abwärts Alt= und Neu= stadt. Außerdem umzieht die letztere im Süden der Schleusenkanal. Insgesamt bilden sämtliche Flußläufe 14 Inseln, auf denen Gebäude der Stadt stehen, 17 größere Brücken vermitteln den Wagenverkehr innerhalb der Stadt. Überall drängt sich zwischen die Häuser und Gebäude das belebte Wasser. In der Neustadt heißt eine Straße im Volksmunde Venedig, weil die Häuserreihen an derselben unterirdisch von zwei Flußarmen durchquert werden. Im Westen ziehen drei Fluß= läufe so dicht nebeneinander hin, daß die mit herrlichen Bäumen bestandenen An= lagen lebhaft an den Spreewald erinnern.

Wie die Havel mit ihrem sumpfigen Überschwemmungsgebiet in grauer Vor= zeit die feste Burg der Heveller gegen die Deutschen schützte, bis Heinrich I. den Ort mit Hilfe des grimmen Frostes bezwang, so mußte der Fluß auch in den

unruhigen Zeiten des Mittelalters zum Schutz der Stadt hergeben: um Alt- und Neu-
stadt ziehen sich noch jetzt von Havelwasser gespeiste Gräben und begleiten den
Zug der Stadtmauer. Besonders schwierig war die Anlage des Stadtgrabens im
Westen der Altstadt, in die bis zum Markt der Marienberg einen Rücken sendet.
Dieser mußte bis zum Havelspiegel durchstochen werden. Man legte parallel der
Stadtmauer zwei Gräben durch den Rücken und ließ zwischen beiden denselben, der

Nach einer Aufnahme von J. Friedlaender, Brandenburg.

Rathaus zu Brandenburg mit dem Roland.

als Landwehr diente, stehen. Steil fällt dieser „Wall" nach beiden Seiten ab, der
äußere Graben führt noch jetzt Wasser, dessen Spiegel fast 10 m unter dem höchsten
Punkt der Wallkrone liegt, so daß der Graben hier den Eindruck einer tiefen Schlucht
macht. Das ganze Gebiet trägt jetzt den Schmuck hochstämmiger Laubbäume und
bildet wegen seiner Urwüchsigkeit einen anziehenden Punkt der zahlreichen Brandenburger Anlagen.

So reizvoll die vielen Wasserläufe — auf denen sich nicht selten Schwäne
zeigen — in Verbindung mit saftigen Wiesen, wohlgepflegten Gärten und Park-

anlagen wirken, so wichtig sind sie in der Gegenwart für den Großverkehr geworden.

Fast überall wird man innerhalb und außerhalb der Stadt an denselben erinnert: an den Ufern hin finden sich Ausladeplätze; hier erblickst du Krahne, um die Lasten zu heben, dort nehmen Dampfer Steinkohlen ein, an entlegeneren Stellen werden Schiffe ausgebessert und Kähne gebaut. Du willst eilig zum Bahnhof, es ist die höchste Zeit: da geht vor dir die Brücke hoch, und während ein Kahn langsam aber sicher seine Straße durch dieselbe zieht, hast du Muße genug zu überlegen, um wieviel Minuten du den Bahnhof zu spät erreichen wirst. Vor diesen alle Augenblicke in die Höhe gehenden Zugbrücken muß sich jeder, auch der Aufgeregteste, schließlich in Geduld fassen, ob er zur Arbeit, zum Amtszimmer oder zur Schule muß. Wenn die hochbeladenen Heukähne durch die Brücken müssen, dann kommt es nicht selten vor, daß sie sich festfahren; sie gehen dann nicht vor- noch rückwärts. Dann klettern die Entschlossensten, besonders die liebe Schuljugend, den Aufzug herauf über den Heukahn zum andern Aufzug der Brücke und dann abwärts. Inzwischen haben sich die Menschen zu Hunderten auf beiden Seiten aufgestaut. Wenn dann endlich ein Dampfer den festgefahrenen Kahn frei macht, kommt es vor, daß einzelne der Überkletternden den richtigen Anschluß versäumten, und unter allgemeiner Heiterkeit entführt der Heukahn die Bestürzten, die ratlos hin und her rennen, bis ihnen Erlösung wird. — Überall recken sich die schlanken Masten mit ihren lustig im Winde schlängelnden Wimpeln empor; das Qualmen und das Tuten der Dampfer geht vom frühen Morgen bis zum späten Abend. An der Wasserstraße stehen zahlreich die Schieber, die „Sonnenbrüder", die sich dem durchfahrenden Schiffer anbieten, um den Kahn, der innerhalb der Stadt nicht segeln darf, durchschieben zu helfen.

Welchen Umfang der Verkehr auf der Havel angenommen hat, zeigen am besten die Zahlen. Im Jahre 1897 gingen mehr als 3 000 000 t Güter durch.

Die Hälfte des Gütergewichts entfällt auf Kohlen, Mauersteine und Dachziegel, Getreide und Hölzer; es sind Rohstoffe, die hier wie überall der Wasserverkehr hauptsächlich bewältigt.

Folgende Tafel giebt eine Übersicht.

	Insgesamt Mill. t	Havelaufwärts Mill. t	Havelabwärts Mill. t
1. Mauersteine, Dachziegel, Thonröhren u. s. w. . .	0,464	0,452	0,012
2. Getreide, Hülsenfrüchte	0,363	0,294	0,069
3. Holz, roh bearbeitet	0,279	0,039	0,240
4. Braunkohlen	0,266	0,264	0,002
5. Steinkohlen	0,251	0,205	0,046
6. Zucker, Melasse, Sirup	0,211	0,028	0,183
7. Erde, Kies, Lehm, Sand, Kreide, Cement . . .	0,178	—	—
8. Mehl, Mühlenfabrikate	0,101	0,039	0,062
9. Petroleum	0,088	0,088	0,0004

Aus diesen wenigen Zahlen lassen sich immerhin bemerkenswerte Thatsachen ableiten: Berlin wirkt wie ein riesiger Magnet: Ziegeleierzeugnisse, Getreide, Kohlen, Petroleum werden herangezogen. Der holzreiche Osten schickt seinen Überfluß nach dem Westen. Englische Steinkohle kommt fast fünfmal so viel durch, als die ober= schlesische.

Der Wasserverkehr auf der Mittel=Havel konnte so sehr anschwellen, weil sich zwei Straßen bei Plaue vereinigen: die eine kommt von der oberen Elbe (Salz, Braunkohle, Grude) durch den Plauer Kanal, die andere von Hamburg elb= und havelaufwärts über Rathenow.

Nach einer Aufnahme von Direktor Köpke, Brandenburg.

Fischereigeräte und Fischverkauf am Mühlendamm, Brandenburg.

Mehr als 35000 Fahrzeuge, Dampfschiffe und Segelschiffe, gingen 1897 durch die beiden Schleusen.

Ein Vergleich mit den andern Wasserstraßen der Mark sowie des deutschen Vaterlandes ist von zu großem Interesse, als daß er nicht gezogen werden sollte. In der Mark wird die Wasserstraße Brandenburg=Berlin am meisten mit Gütern befahren; auf der belebten Straße Berlin=Stettin (Finowkanal) erreicht die Menge der verfrachteten Güter etwa 1,5 Mill. t, d. i. etwa die Hälfte.

Ferner lehren die Erhebungen, daß der Wasserverkehr im deutschen Binnen= lande nur auf der untern Elbe und dem untern Rhein den bei Branden= burg übertrifft.

Da der Verkehr nicht großen Schwankungen unterworfen ist, so mögen einige

Zahlen, die den Güterumtausch in einigen Haupthäfen Europas 1895 veranschaulichen, hier folgen.

Hamburg 6,3 Mill. t

Liverpool 6,0 „ „

Antwerpen 5,3 „ „

Rotterdam 4,0 „ „

Bremen 2,1 „ „

Seit alters wird das Havelwasser bei Brandenburg aufgestaut, damit dasselbe Mühlen treibe. Die Wasserkraft wird zu verschiedenen Zwecken benutzt; sie verwandelt Getreide in Mehl, Leinsaat in Öl und Leinkuchen, Senf zu Mostrich; sie setzt Webstühle in Bewegung.

Durch die Stauwerke wird der Havelspiegel oberhalb derselben um $^3/_4$ m erhöht. Daher erreicht das durchschnittliche Gefälle von Potsdam bis Brandenburg (48 km) nur den äußerst geringen Betrag von 60 cm.

Bei hohem Wasserstande ist das Schleusengefälle indessen bedeutend geringer als $^3/_4$ m, es kann bis auf $^1/_4$ m herabgehen. So kommt es, daß im Spätwinter und im Frühling die Mühlen nur wenig Kraft liefern.

Das geringe Gefälle und die damit zusammenhängende langsame Wasserbewegung bewirken, daß die im Frühjahr stets überschwemmten Wiesen des Havelthales oft bis zum Juni hinein unter Wasser stehen. Dadurch wird die Ertragfähigkeit derselben nicht gehoben. Die Wiesenbesitzer sind wiederholt zusammengetreten, um Abhilfe zu schaffen, doch ist ein entscheidender Schritt bisher unterblieben. Es ist diese Frage eben sehr schwer zur Zufriedenheit aller Beteiligten zu lösen.

Daß die Frage der Havelregulierung nicht neu ist, lehrt ein Gutachten des Geheimen Oberbaurats Schultz 1791. Darin heißt es: „Die Havel ist infolge ihres geringen Gefälles ein sehr kranker Fluß; die Krankheit ist unheilbar."

Karl Schlottmann=Brandenburg.

Der Marienberg bei Brandenburg.

Man mag sich von Ost, West, Süd oder Nord der Stadt Brandenburg nähern, man mag von einem der höheren Berge, die die Stadt in der Entfernung bis auf 30 km umgeben, Umschau halten: stets grüßen den Beschauer zuerst und vornehmlich zwei Wahrzeichen Brandenburgs: der Marienberg mit seinem turmähnlichen Denkmal und die Katharinenkirche.

Das ist schon seit Jahrhunderten so gewesen, wenn auch den Marienberg früher ein anderes Bauwerk schmückte. Der schlanke Turm und das hohe Dach der Katharinenkirche stehen nun auch ein halbes Jahrtausend. Zwar war der obere Teil des Turmes 1582 infolge eines Orkans mit Erdbeben eingestürzt; allein nur drei Jahre entbehrte die Stadt seinen Anblick, dann war der Schade ausgebessert.

Der Marienberg ist mit der Stadt, mit ihrem Werden und Gedeihen aufs engste verknüpft; als zwei gute Gefährten stehen Stadt und Berg seit alters neben-einander.

Nicht etwa wie zwei Genossen, die der Zufall zusammengestellt, sondern wie zwei Lebensgefährten, die Freud und Leid miteinander teilen, bei denen des einen Wohlergehen des andern Befinden beeinflußt.

Seit uralter Zeit war der Marienberg — früher Harlunger Berg — eine Kultusstätte der alten Deutschen wie der Wenden.

Je größere Berühmtheit — sei es unter den Heiden oder Christen — diese Stätte genoß, um so größer war der Verkehr, um so mehr Nutzen zog der zu seinen Füßen liegende Ort. Dieser schützte andrerseits die Wallfahrer gegen Überfälle; die Mönchsorden in seinen Mauern versahen in späterer christlicher Zeit die Seelsorge.

In der Vorzeit, als die deutschen Semnonen noch hier in unserem Lande lebten, kommen bereits die Namen Brandenburg und Harlunger Berg neben-einander vor; denn beide Namen sind von deutschem Klange und haben sich durch die folgende wendische Zeit erhalten; sie sind die letzten Zeugen deutscher Besiede-lung vor dem Slaveneinbruch und zugleich die ältesten Denkmäler gemeinsamen Be-stehens. Vielleicht war damals schon eine Opferstätte auf dem Berge. Wenn die märkische Sage erzählt, daß die riesenhafte Frigg Steine auf die später erbaute christliche Marienkirche schleudert, um dieses verhaßte Gebäude zu zerstören, so liegt die Annahme nicht gar so fern.

Mag dieselbe nun zutreffend sein oder nicht, es ist nachgewiesen, daß die Wenden des Havelgaues auf dem Harlunger Berge ihren Götzen Triglaff, d. i. Dreikopf, verehrten. Selbst nach der Gründung des Bistums Brandenburg errichteten die aufständischen Wenden 983 nochmals den Triglafftempel. Vermutlich war derselbe aus Holz erbaut.

Fast genau $1\frac{1}{2}$ Jahrhundert verblieb die Stätte oben auf dem Berge dem heidnischen Kultus. Der letzte Wendenfürst Pribislav, der dem Christentume ge-wonnen war, verwandelte 1136 entweder den Triglafftempel in eine christliche Kirche, oder er erbaute eine dem Christentum geweihte Kapelle. Das Götzenbild wurde beiseite gestellt und war noch lange Zeit später zu sehen. Man erzählt, daß es im Dreißigjährigen Kriege 1526 an Christian IV. von Dänemark abgetreten worden ist.

In der Mitte des 13. Jahrhunderts wurde die Marienkirche erbaut, eine Kirche, höchst eigenartig in ihrer Anlage. Der Grundriß war ein nahezu quadra-tisches Rechteck von $31\frac{1}{2}$ m Länge und $26\frac{1}{2}$ m Breite. Die Längsachse lief von Ost nach West. Auf den Ecken ruhten vier Türme, viereckig und von $37\frac{3}{4}$ m Höhe. Zwischen den Türmen sprang an jeder der Seiten eine halbrunde Apsis hervor. Fenster waren im Gebäude und in den Türmen nur wenige vorhanden, sie waren klein und gedrückt.*) 16 Pfeiler trugen das Gewölbe. Erbaut war die Kirche aus Backsteinen, glänzenden Klinkern, auch Sandstein war zum Teil verwandt worden.

Es ist keine Frage, daß damals der Marienberg einen imposanten Anblick geboten haben muß; die vier Türme überragten in einem Umkreise von 40 km alle anderen Erhebungen mit wenigen Ausnahmen. Brandenburg muß in dem halben Jahrtausend, während dessen die Marienkirche den Berg zierte, ein ungemein charak= teristisches Städtebild gewährt haben, wie es ähnlich in der Mark nicht zu finden war; denn der Havelberger Dom, wenn auch weithin sichtbar, liegt nicht so frei auf einem vereinzelten Berge und zeigt auch nicht die eigenartige Bauart der Marienkirche.

Den Gottesdienst versahen die Mönchsorden der Stadt. Feierliche Aufzüge wurden von der Burg und den beiden Städten veranstaltet, „Pilgerfahrten aus

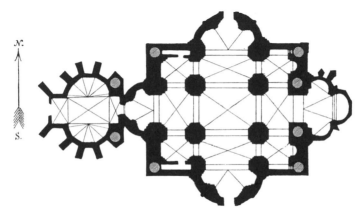

Grundriß der Marienkirche.

weiter Ferne wegen des Ablasses nach der Kirche unternommen; aus den Urkunden geht unzweifelhaft hervor, daß die Marienkirche durch ganz Deutschland be= rühmt und ebenso sehr besucht war". „An den großen Festen, namentlich im Maiengrün des Pfingstfestes und in der Woche vor Mariä Geburt (8. September) wechselten ernste Gottesdienste, andächtige Verehrung des wunderthätigen Marien= bildes, das im Freien ausgestellt, die reichen Opfergaben der Gläubigen erntete, feierliche Prozessionen der Domherren, der Stadträte beider Städte und der Gilden, geistliche Spiele und gewiß auch lustiges Jahrmarktstreiben des von weither zu= sammengeströmten Volkes." (Tschirch.)

Nachdem in den unruhigen Zeiten der Quitzows der Besuch zurückgegangen war, erhielt die Marienkirche durch die beiden ersten Hohenzollernfürsten neuen

---

*) Man vergleiche Jork, Brandenburg in der Vergangenheit und Gegenwart. Brandenburg.

Glanz. Friedrich I. gründete oben ein Prämonstratenser-Kloster, „das Kloster auf dem Berge". Die Gebäude erstanden im Osten der Kirche.

Von größerer Bedeutung war eine Einrichtung Friedrichs II. Er machte die Marienkirche zum Mittelpunkte des am 29. September 1440 gegründeten Schwanen-ordens. Zum Rentmeister wurde der Probst des Klosters auf dem Berge ernannt.

Nach einer Aufnahme von H. Hillger, Verlag, Berlin.

Kriegerdenkmal auf dem Marienberge.

Im Westen der Kirche wurde eine gotische Doppelkapelle erbaut, in der die feier-lichen Ordenssitzungen stattfanden, und die die Wappen der entschlafenen Ritter aufnahm.

Der Orden verbreitete sich weit über die märkischen Grenzen hinaus. Harlunger Berg und Marienkirche erlebten eine zweite Glanzzeit. Aber es war der Glanz der Abendsonne, die nochmals das ehrwürdige Gotteshaus umleuchtete.

Die Zeiten waren andere geworden; der Schwanenorden ging nach vorübergehender Blütezeit zurück, ebenso der Besuch der Wallfahrtskirche. Mit der Reformation wurde das Kloster auf dem Berge eingezogen. Mitte des 16. Jahrhunderts schloß der letzte Schwanenritter seine Augen.

Um die vereinsamte Marienkirche da oben kümmerte sich kaum einer. So kam es, daß nach und nach der Schmuck derselben, die Gerätschaften, also Glasgemälde, Altarbilder, Meßbücher, Chorstühle und Ordensschilder verloren gingen. Am Ende des Jahrhunderts fiel das Dach ein, das stolze Bauwerk war zur Ruine geworden. Trotzdem widerstanden die festgefügten Mauern bis zu Anfang des 18. Jahrhunderts der Zerstörung ziemlich gut.

Nach einer Aufnahme von Selle & Kuntze, Brandenburg.

Der Prämonstratenser Einzug in St. Gotthardt. Brandenburg um 1140. Von Prof. Siemering.
Bischof Wigger (in der Mitte) empfängt die einziehenden Mönche (links). Rechts vom Bischof der letzte Wendenfürst Pribislav, vor Wigger die Gemahlin Pribislavs, Petrussa. Ganz rechts Wendenkrieger. — Die Darstellung nach der Leitzkauer Chronik.

1722 befahl der strenge König Friedrich Wilhelm I. den Abbruch der Kirche; der Magistrat wollte das ehrwürdige Denkmal früherer Zeiten gern erhalten; allein alle Angebote waren nutzlos; 1723 war Brandenburg um eins der interessantesten Bauwerke ärmer.

Wohl ein Jahrtausend hat hier oben auf dem Berge eine Kultusstätte, anfangs als Götzentempel, dann als christliche Kirche, den Platz geschmückt. Unsere Altvorderen lebten in grauer Vorzeit auf ihren Höfen zerstreut, da brauchten sie einen weithin sichtbaren Ort, wo der Gottesdienst sie einte. Später zwangen Not und Neigung die Bewohner, zusammen zu wohnen; sie brachen mit den alten Vorstellungen, daß der Mensch auf freier Höhe seinem Gotte näher sei, sie wollten ihren Gott innerhalb ihrer Mauern anbeten.

Mit dem Emporwachsen der zahlreichen Gotteshäuser in Brandenburg war die Existenzfrage der Marienkirche eigentlich schon zu ihren Ungunsten entschieden. Sie konnte sich nur noch als Wallfahrtskirche halten, es war ein künstliches Weiterleben, verursacht durch die Einrichtungen der katholischen Kirche. Als diese Mittel versagten, setzten die früher erwähnten Maßnahmen der ersten Hohenzollern ein.

Man wird den Entschluß des Soldatenkönigs beklagen, man bedenke aber, daß das Gotteshaus, auf dem Berge allen Unbilden und zerstörenden Wirkungen der Witterung in erhöhtem Maße ausgesetzt, sich wohl kaum anders zu unserer Zeit herübergerettet hätte, als eine ziemlich zerstörte Ruine. Eine Wiederherstellung, wie man sie neuerdings an bemerkenswerten Bauüberresten aus dem Mittelalter vorgenommen, wäre wohl kaum möglich gewesen.

Die neue, herrliche Zeit der Wiedererrichtung des Deutschen Reiches, das mit Eisen und Blut in drei ruhmreichen Kriegen zusammengeschweißt wurde, ließ auch auf dem Marienberge ein neues Wahrzeichen erstehen: das Kriegerdenkmal, das die Kurmark ihren gefallenen Söhnen errichtete.

23 m hoch reckt sich der Turm aus dem Grün wohlgepflegter Anlagen, die den Gipfel zieren und zu demselben heraufführen. Letzterer ist ein Quadrat von 25 m Seitenlänge, dessen Spitzen nach den Haupthimmelsgegenden gerichtet sind. Inmitten des Platzes erhebt sich das Denkmal mit quadratischer Grundlage und Eckpfeilern, die zusammen den Turm mit dem Kegeldach tragen, dasselbe wird durch ein vergoldetes Kreuz abgeschlossen.

> „Golden auf hehrem Bau
> Funkelt der Kranz!
> Weit durch den Havelgau
> Leuchtet sein Glanz!
> Späten Enkeln giebt er Kunde,
> Daß einst in heißer Kampfesstunde
> Herzblut und Leben
> Freudig gegeben
> Märkische Kinder für König und Land."
>
> W. Kreusler
> (gesungen am Tage der Einweihung).

„Wurzelnd in der Vergangenheit und gipfelnd in der Gegenwart, soll das Denkmal die Geschlechter an die weltgeschichtliche Bedeutung dieser Stätte mahnen." Dementsprechend ist der Schmuck des Monumentes gewählt worden.

An den Anfang der deutschen Herrschaft gemahnen das Hochbild auf der Nordostseite, den Einzug der Prämonstratenser darstellend (siehe S. 159), sowie das Standbild Albrechts des Bären an der Ostecke. Dem Gedenken des ersten Hohenzollern dient das Nordwestrelief, die Huldigung der Stadt Brandenburg und die Figur Friedrichs I. links davon. In die Zeit Friedrich Wilhelms I. versetzt uns das Südweststeinbild: die Aufnahme der Salzburger in Berlin (siehe S. 162), links von demselben die Bildsäule des großen Kurfürsten.

Auf der Südostseite hat die Darstellung der Ausrufung des neuen Reiches zu Versailles (siehe S. 163) Platz gefunden, flankiert von der Heldengestalt unseres unvergeßlichen Kaisers Wilhelm I.

Sämtliche Darstellungen stammen von den Professoren Siemering und Ca=
landrelli; die Hochbilder sind aus Kalkstein, die Herrschergestalten aus Sandstein
gemeißelt.

An passenden Stellen sind Wappen und die Namen der Schlachten, an denen
Kurmärker hervorragenden Anteil genommen, eingegraben. Die unteren Teile der
Seiten tragen auf 11 Tafeln von schwarzem Marmor die 3400 Namen derer,
die auf dem Felde der Ehre den Heldentod fürs Vaterland starben.

Die Nordwestseite enthält über der Thür zum Turmeingang die Widmung:

Die Kurmark Brandenburg
dem Ehren=Gedächtnis
ihrer in den Feldzügen
1864, 1866, 1870—1871
ruhmvoll gefallenen Söhne.

Nach einer Aufnahme von Selle & Kuntze, Brandenburg.

10. Juli 1412: Brandenburg huldigt dem Kurfürsten Friedrich I. Von Prof. Calandrelli.

Links Friedrich I., hinter ihm seine fränkischen Begleiter, im Hintergrund der Brandenburger Roland. Rechts
huldigende Geistliche, Domherren und Bürger. Ganz rechts als Vertreter des widerspenstigen Adels Hans von Putlitz,
die Privilegien in der Hand haltend.

Unter der Krone, die das Dach trägt, läuft ein Fries um den Turm mit den
Wappen der vornehmsten Städte der Kurmark: Berlin, Alt= und Neustadt
Brandenburg, Potsdam, Frankfurt, Perleberg, Prenzlau und Neuruppin.

Eine weite Aussicht bietet sich oben vom Turm aus, nirgends nennenswert
von Bergen unterbrochen. Die Eigenart des Rundblicks wird bedingt durch das
Zusammenwirken mannigfaltiger landschaftlicher Elemente: Zu den Füßen eine an=
sehnliche Stadt, deren Reichtum an mittelalterlichen Bauten (sechs größere Kirchen,
vier wohlerhaltene Thortürme) noch jetzt den Gesamtanblick beherrscht, der nicht be=
einträchtigt wird durch die Fabrikschornsteine und gehoben wird durch moderne
Bauten, wie die drei Kasernen und das Postgebäude.

Um die Stadt legen sich die grünen Laubmassen der Promenaden, in weiterer
Entfernung blicken überall aus den tischgleichen Wiesen die Arme der vielverzweigten
Havel herauf, darauf Segel, Dampfer und Schleppkähne.

Dann die glänzenden Seenspiegel, die in ihrer wechselnden, von der Himmels=
bedeckung, von Wind und Licht abhängigen Farbe das Landschaftsbild anmutig ver=
ändern; ferner die Fruchtgefilde des weiteren Havelthales und des hohen Havel=
landes, unterbrochen durch den Kranz der Dörfer. Nach Rathenow, nach Lehnin
hin dunkle Waldhöhen, deren Farben sich nach dem Gesichtskreise hin immer duftiger
und hellblauer abtönen, bis aus weiter Ferne noch einzelne Spitzen kaum erkenn=
bar herübergrüßen.

Am freiesten schweift der Blick nach Westen über das alte Elbthal, in dem die
Elbfluten am Ende der Eiszeit nur vereinzelte Pfeiler des Diluviums stehen ließen,
wie die Vehlener und Milower Berge. In der Altmark reicht der Blick zu
den Städten Tangermünde und Stendal. Nauen, Potsdam, der Fläming
mit dem geschichtlichen Hagelsberge sind sichtbar, im ganzen erblickt man 15 Städte.

Nach einer Aufnahme von Selle & Kuntze, Brandenburg.

9. Juni 1732: Berlin, Aufnahme der vertriebenen Salzburger. Von Prof. Siemering.
Rechts Friedrich Wilhelm I., neben ihm der Kronprinz und die Prinzessin Wilhelmine. Ganz links der die Salz=
burger austreibende Bischof Firmian.

Im Jahre 1874 entstand das Denkmal, am 12. August 1880 wurde es durch
den ersten Kronprinzen des Deutschen Reiches, durch „unsern Fritz" feierlich ein=
geweiht. Es war der Ehrentag der ehrwürdigen Stätte, als der Kaisersohn hier
an der Stelle stand, die vor fast 500 Jahren seine Ahnen mit besonderer Fürsorge
bedacht.

Aus aller Herzen waren die Worte gesprochen, die der Generalsuperintendent
der Kurmark, Dr. Kögel, hier an den Hohenzollernsohn richtete, dessen Vorfahren
von dem Denkmal heruntergrüßen: „Die Bergwacht hält das Denkmal über der
guten Stadt Brandenburg, die nicht nur einer ganzen Provinz den Namen, sondern
auch einer ganzen Landesgeschichte ihren Beinamen gegeben hat. Gottes Segen hat
diese Landschaft reich gemacht an Krondiamanten: an Mannesmut und Opferblut,
an Treue und Pflichterfüllung. Sand und Sumpf haben sich hier in einen Garten
Gottes verwandelt, seit diese Kurmark dem Hohenzollernstamme anvertraut, wie an=

getraut wurde. So oft diese Fürsten gerufen haben, hat es allezeit gerauscht in den Fahnen der Kurmark — — Darum, im Angesicht der Prinzen unseres Hohen=zollernhauses ruft uns ein Chor von unsichtbaren Geistern zu: Kurmärker! erbt die Treue eurer Väter von Geschlecht zu Geschlecht fort!"

Darauf der Kronprinz: „In guten und in bösen Tagen sind wir es gewohnt gewesen, das Vaterland mit den Söhnen dieses Landes zu schützen. Die Geschichte der Kurmark ist so eng mit der meines Hauses verbunden, daß die Treue und Ergebenheit, die sie allzeit ihren Fürsten entgegenbrachte, auch meinem Hause bewahrt bleiben wird. Möge dieses Denkmal die Befestigung dieser Treue darstellen, möge es wie die Treue selbst alle Zeiten über=dauern!" Mit einem Hoch auf die Provinz Brandenburg endete die Feier.

So ist es gekommen, daß der Marienberg den vornehmsten Stolz des Branden=

Nach einer Aufnahme von Selle & Kuntze, Brandenburg.

18. Januar 1871: Versailles, Wiederaufrichtung des deutschen Kaiserreichs. Von Prof. Calandrelli.
In der Mitte Kaiser Wilhelm I., links der Kronprinz, Prinz Karl, Prinz Adalbert, vorn König Ludwig, rechts vom Kaiser der Großherzog von Baden, der Herzog von Sachsen=Meiningen, Fürst Bismarck und Moltke.

burgers bildet, daß er zu ihm zuerst seinen Besuch führt. Der Gang durch schattige Anlagen die 50 m hinauf ist der lohnendste der Umgebung. Jede Jahreszeit bietet neue Reize.

In den Tagen des Spätherbstes, wenn das große Sterben durch die Natur geht, spricht hier oben die Erinnerung am eindringlichsten zu dem Besucher. Wenn der Novembersturm durch das Fliedergesträuch und die Ahornbäume fährt und die letzten Blätter herabzerrt, wenn er sich an den Ecken und Kanten des Denkmals pfeifend und heulend bricht und das Getriebe und Wagengerassel des immer regen Verkehrs da unten in der Stadt übertönt, wenn der Regen herniederrauscht und die heraufziehende Dämmerung erst die dunklen Waldberge, dann näher heranziehend den ganzen Umkreis in verwaschene Schatten hüllt: dann tritt die Gegenwart zurück, und die Vergangenheit steigt auf; wir glauben das Wehen der vorbeirauschenden Zeit zu vernehmen. Die Natur bleibt dieselbe, der Berg ragt seit Jahrtausenden

11*

auf, jahraus jahrein sproßt frisches Grün hervor, die Wolken ziehen in immer wechselnden Gestalten, entstehend und wieder zerfließend, über die Landschaft, wie am Anfang; nur des Menschen Werke vergehen und sinken dahin wie er selbst. Ein Geschlecht schnitzte den Triglaff, ein anderes baute die Marienkirche, das der Gegenwart errichtete das Denkmal. Möge es ungezählte Jahre hinausschauen in das gesegnete märkische Land und auf die Stadt Brandenburg!

Karl Schlottmann=Brandenburg a. H.

Eberhard v. Rochow,

ein märkischer Edelmann, Schulreformator und Wohlfahrtsapostel des 18. Jahrhunderts.

Etwa eine Meile südöstlich von der alten kurmärkischen Hauptstadt Brandenburg liegt das Dörfchen Reckahn mit dem Erbsitz derer von Rochow. Dieser, mit dem umliegenden Gebiet, war kurz nach dem Regierungsantritt Friedrichs II. von Preußen der Schauplatz eines denkwürdigen, folgenreichen Ereignisses. Beim Ausbruch des Ersten schlesischen Krieges ließ der König zur Deckung seiner Länder im ober= und niedersächsischen Kreise in der Gegend von Brandenburg ein Heer zusammenziehen. Dasselbe bezog auf dem Grund'und Boden der unter der Herrschaft Reckahn stehenden Dörfer und Güter ein Feldlager, ein **Campement**, wie es in der verwelschten Sprache jener Zeit hieß. Die Wahl dieses Gebietes erfolgte auf Betreiben des Generals v. Katte, der das Heer befehligte. Während aber später Friedrichs Gerechtigkeitspflege einen wohlbegründeten Weltruf erlangte, war es in dieser Zeit der ersten Regierungsthätigkeit noch möglich, daß der genannte General dort ungestraft eine verruchte Rachethat ausüben konnte, welche der ganzen Gegend in hohem Grade verderblich wurde. Das geschah also:

Der damalige Besitzer und Erbherr von Reckahn, Friedrich Wilhelm v. Rochow, hatte sich als Kriegsminister und Präsident aller Kriegs= und Domänenkammern in den preußisch=westfälischen Ländern während der letzten Lebensjahre Friedrich Wilhelms I. gewissen unrechtmäßigen Verfügungen und Handlungen einer vom König begünstigten Hofpartei, zu der auch der General v. Katte gehörte, widersetzt und sich dadurch den Haß derselben zugezogen. Kattes Feindschaft wurde noch durch eine Grenzstreitigkeit geschürt, die sein Schwiegersohn als Gutsnachbar mit dem Reckahner Rochow führte. Der General kühlte seine Rache dadurch, daß er auf dem Grund und Boden der Reckahner Herrschaft hauste wie ein feindlicher Heerführer. Er wohnte im Schlosse zu Reckahn, und seine Diener verübten allerlei Mutwillen und Schandthaten daselbst, indem sie u. a. auch die Akten in den Amts= und Gerichtszimmern verbrannten; die Soldaten verwüsteten die Felder und Wiesen, schlugen einen großen Teil der als Schutzmauern gegen den Flugsand und Erhalter der Feuchtigkeit doppelt wichtigen Waldungen nieder, zerstörten die Wasserbauten in der Plane, einem Havelnebenflüßchen, das die Wiesen und Gärten des Reckahner Gebietes wässert. Feuersbrünste legten das Dorf Krahne samt der Kirche in Asche. Dazu brach die Ruhr unter den zügellosen Soldaten aus, die sich verheerend auch unter die Landbewohner verbreitete. Zum Glück für die Gegend starb der General

Nach einer photographischen Aufnahme von Fr. Schadow=Berlin.
Schloß zu Reckahn.

nach sieben Monaten; sein Nachfolger Fürst Leopold von Anhalt=Dessau brachte das entartete Heerlager wieder in Ordnung, das bald darauf aufgehoben wurde.

Mit Thränen in den Augen sah Rochow die Greuel der Verwüstung auf seinen Besitzungen. Es wäre wohl nur menschlich gewesen, wenn ein tiefer Groll und das Verlangen nach Vergeltung sein Herz ergriffen hätte, umsomehr als ihm durch neue Ränke der ihm feindlichen Hofpartei der Ersatz des Schadens, welchen eine Kommission auf 50000 Thaler abschätzte, zum größten Teile vorenthalten wurde. Aber Friedrich Wilhelm v. Rochow war ein echter Edelmann und ein rechter Christ. Er übte Vergeltung auf seine Weise, indem er seinen Abschied aus dem Staatsdienste nahm, um sich der Bewirtschaftung seiner Güter fortan ganz zu widmen, wieder aufzubauen, was blinder Haß zerstört hatte, vornehmlich aber im Verein mit seiner ihm an Edelsinn gleichen Gattin die Wunden zu heilen, die seinen armen Dorfbewohnern geschlagen worden waren.

Reicher Segen erblühte aus dem milden, menschenfreundlichen Werk dieser vortrefflichen Menschen. Derselbe war von um so größerer Nachwirkung, als sie ihren Sohn in demselben Geist des wahren Adels und christlicher Gesinnung erzogen, damit er dereinst als ihr Erbe das von ihnen begonnene Rettungswerk fortführe und vollende.

Dieser Sohn und Erbe, Friedrich Eberhard von Rochow, am 11. Oktober 1734 in Berlin geboren, erhielt neben der Erziehung seitens der Eltern seine weitere Ausbildung auf der Ritterakademie zu Brandenburg, um sich dann zunächst dem Militärdienst zu widmen. Beim Beginn des Siebenjährigen Krieges rückte er mit ins Feld und erhielt in der Schlacht bei Lowositz die Besiegelung seiner durch die Gefangennahme des österreichischen Feldmarschalls Fürsten Lobkowitz bewiesenen Tapferkeit in Form einer schweren Verwundung des linken Arms. Zur Heilung wurde der Verwundete ins Winterquartier zu Leipzig gebracht hier lernte er Gellert kennen, mit dem ihn bald eine innige Freundschaft verband. Geheilt, zog Rochow abermals ins Feld und nahm an der Schlacht bei Prag teil. Bald darauf aber wurde er im Zweikampf mit dem Rittmeister Co'u'lmann zum zweitenmal, und zwar jetzt am rechten Arm verwundet, wodurch er für den Waffendienst dauernd untauglich gemacht wurde. Im Jahre 1758 mit ehrenvollem Abschiede entlassen, kehrte er in das väterliche Haus zurück und teilte hier, wie er sich selbst ausdrückt, seine Zeit zwischen den Beschäftigungen des Landlebens, der Ausübung der Jagd und dem Studium der Wissenschaften, welch letzteren er von Jugend an mit Vorliebe ergeben gewesen war. Schon während der Heilung seines rechten Armes hatte er mit der linken Hand die Feder führen gelernt, und die linke Hand kommt von Herzen, wie ein deutsches Wahrwort sagt. Nachdem ihm die Erwerbung großen Kriegsruhmes vereitelt worden war, wurde ihm die Feder zur Waffe des Geistes, mit welcher er die ehrenvollsten Siege auf dem Felde einer wohlthätigen Friedensarbeit erkämpfen sollte.

Ein Jahr nach seiner Rückkehr aus dem Feldzuge führte Eberhard v. Rochow das sächsische Edelfräulein Christiane Luise v. Bose, eine Freundin Gellerts, als Gattin auf die väterliche Herrschaft Reckahn heim, welch letztere ihm die Eltern bald ganz überließen. Von dem edelsten Streben erfüllt, trat der junge Gutsherr das Erbe seines vortrefflichen Vaters an, und seine Gattin wurde ihm nicht nur eine treue Genossin seines Lebens, sondern auch seiner edlen Gesinnung. Wie tief und ernst der neue Herr seine Aufgabe auffaßte, geht aus einem seiner Aussprüche hervor. „Nur der darf von Beruf, ja von göttlichem Beruf reden," schrieb er in einem Briefe an seinen Freund Gellert, „der sich des edlen Zweckes seines Daseins bewußt ist, in gemeinnütziger Beschäftigung seine Zeit verlebt und also, wie es der Apostel nennt, fleißig ist in guten Werken. Denn dazu sind wir alle berufen." — „Ein Edelmann muß," hieß es in einem andern Briefe, „seine Jahreseinnahme nicht in vier, sondern in fünf Quartale teilen und das fünfte Quartal zu Ausgaben verwenden, die er seines Standes wegen, eingedenk der Worte noblesse oblige, für Arme und Unglückliche zu machen hat."

Der Armen und Unglücklichen gab es zu jenen unruhevollen Zeiten im Lande

entsetzlich viele. Der Krieg zehrte das Mark des Volkes auf, und als der lang=
ersehnte Friede endlich gekommen war, da traten Jahre des Mißwachses, der Teuerung
und Seuchen ein, die dem Lande noch tiefere Wunden schlugen, als es der Krieg
gethan. Rochow erzählt in einer seiner Schriften, daß trotz aller seiner Mühe, die
Not zu lindern, die Bettelei in seiner Gegend dennoch zu einer Landplage geworden
war, und oft während eines Wintertages an neunzig Bettler vor seine Thür ge=
kommen seien.

Und nicht minder groß wie die leibliche Not des Volkes war die geistige des=
selben. Ja, je mehr Rochow mit dem Volke verkehrte, desto mehr lernte er erkennen,
daß die Wurzel vieler Übel jener Zeit in den jammervollen Bildungszuständen der
Armen und Unglücklichen zu suchen sei, und daß, wenn hier Wandel geschaffen werden
sollte, man von Grund aus zu bessern anfangen müsse. Sein brieflicher Verkehr mit
dem frommen, mildherzigen Gellert, mit verschiedenen Aposteln der geistigen Auf=
klärung jener Zeit, sowie ferner seine Würden als Domherr zu Halberstadt und
Ritter des Johanniterordens, welche er im Jahre 1762 zugleich mit dem Patent
eines Rittmeisters erlangte, wiesen ihn darauf, seinen Beruf immer tiefer und idealer
aufzufassen. Den Standesgenossen, welche seine menschenfreundlichen Ideen und Be=
strebungen vielfach als Sonderlichkeiten und Schwärmerei bespöttelten, erklärte er:
„Ich bin Domkapitular und Ritter des Johanniterordens. Die Domstifter waren
ihren uralten Einrichtungen zufolge Gemeinschaften von solchen Personen, die den
Beruf hatten, durch Lehre und Beispiel in den ehemaligen dunklen Zeiten die Auf=
klärung zu befördern; der Johanniterorden übte christliches Rittertum, Milde und
Barmherzigkeit an Kranken und Notleidenden. Daß dieser Geist der Stifter und
Orden in unserer Zeit entartet ist, beklage ich, darf mich aber nicht abhalten, meine
Aufgabe als Mitglied derselben streng zu erfüllen und im Sinne der Begründer
zu wirken." Nach diesem Gesichtspunkte richtete der Reckahner Edelmann sein Denken
und Handeln. Der allgemeine Zug der Zeit und die mächtige Anregung, welche
König Friedrich von Preußen nach Beendigung des Siebenjährigen Krieges durch
Wort und Schrift nach dieser Richtung gab, trugen dazu bei, die Pläne und Ideen
des Reckahner Edelmannes zur vollendeten That reifen zu lassen.

Mit dem Blick seines Adlerauges hatte auch König Friedrich erkannt, daß
die Hauptursache aller leiblichen Not der Landbevölkerung in der mangelnden Er=
kenntnis zu suchen sei, und daß eine gründliche Besserung der jammervollen sozialen
Zustände mit einer Besserung der Erziehung und Bildung des Volkes Hand in Hand
gehen müsse. Sieben Tage vor Abschluß des Hubertusburger Friedens bereits schrieb
der König von Leipzig aus dem kurmärkischen Kammerdirektor Großkopp, „daß
bei der bald mit nächstem [herzustellenden öffentlichen Ruhe er sein Augenmerk mit
darauf gerichtet habe, daß die vorhin und bisher so gar schlecht bestellten Schulen
auf dem Lande nach aller Möglichkeit verbessert werden müßten." Und in dem
einige Monate später erlassenen General=Schulreglement hieß es gleich zu Anfang:
„Denn so angelegentlich Wir nach wiederhergestellter Ruhe und allgemeinem Frieden
das wahre Wohlsein Unserer Brüder in allen Ständen Uns zum Augenmerk machen,
so nötig und heilsam erachten Wir es auch zu sein, den guten Grund dazu durch)

eine vernünftige sowohl als christliche Unterweisung der Jugend zur wahren Gottes=
furcht und allen nötigen Dingen in den Schulen legen zu lassen." Trotz aller Pflege
indessen, die der König, unterstützt von seinem trefflichen Minister Freiherrn v. Zedlitz,
dem Unterrichtswesen angedeihen ließ, waren die Erfolge doch nur geringe. Die
Mittel, welche bei der elenden Lage des Landes, das durch den Krieg erschöpft war,
für diese Zwecke zur Verfügung standen, reichten eben nicht weit. Es blieb unter
solchen Verhältnissen bei dem Geschehenen den sozialen Notständen gegenüber noch
lange die Frage offen: „Was ist das unter so viele?"

Ein anderes wäre es gewesen, wenn alle Edelleute in Friedrichs Landen so
gesinnt gewesen wären wie der junge Gutsherr auf Reckahn! — Was sein König
sich als Aufgabe für das ganze Land stellte, brachte er in den Dorfschaften seines
Gebietes zur schönsten Vollendung. Seine Wohlfahrtseinrichtungen und Volksbildungs=
anstalten wurden zum leuchtenden Vorbild, auf das auch bald der Minister v. Zedlitz
aufmerksam wurde, so daß er mit dem Reckahner Edelmann in Verkehr trat, um in
Gemeinschaft mit ihm zum Heil und Segen des ganzen Landes zu wirken.

Die denkwürdigen und für alle Zeit vorbildlichen Vorgänge, welche sich in
jener Zeit auf dem entlegenen Landsitze Reckahn vollzogen, schildert Eberhard v. Rochow
in der „Geschichte seiner Schulen" also: „Als in den Jahren 1771 und 72 sehr
nasse Sommer einfielen, viel Heu und Getreide verdarb, Teurung entstand, auch
tödliche Krankheiten unter Menschen und Vieh wüteten, da that ich nach meiner
Obrigkeitspflicht mein mögliches, den Landleuten auf alle Weise mit Rat und That
beizustehen. Ich nahm einen ordentlichen Arzt für die Einwohner auf meinen Gütern
an, der unentgeltlich von ihrer Seite sie gegen ein jährliches Gehalt von mir mit
freier Medizin versehen und heilen sollte. Sie erhielten schriftliche Anweisungen und
mündlichen Rat, wie durch allerlei Vorkehrungen und Mittel, wobei sie freilich auch
ihrerseits thätig sein mußten, dem Fortgang der Epidemie zu steuern sei. Aber böse
Vorurteile, Verwöhnung und Aberglaube nebst gänzlicher Unwissenheit im Lesen und
Schreiben machten fast alle meine guten Absichten fruchtlos. Sie empfingen zwar
die Mittel, die ich bezahlte, nahmen sie aber nicht ein und scheuten sogar die Mühe,
dem nur eine kleine Meile weit in Brandenburg wohnenden Arzte von dem jedes=
maligen Zustande der Kranken Nachricht zu geben. Die einfachsten Vorkehrungen
und Reinigungsanstalten, die ich ihnen schriftlich und mündlich empfahl, waren ihnen
zu mühsam, teils hatten sie solche vergessen, und das Schriftliche konnten sie nicht
lesen. Dagegen brauchten sie heimlich die verkehrtesten Mittel, liefen zu Quacksalbern,
Wunderdoktoren, sogenannten klugen Frauen, Schäfern und Abdeckern, bezahlten dort
reichlich und starben häufig dahin. —

„In bittern Gram versenkt über diese schrecklichen Folgen der Dummheit und
Unwissenheit saß ich einstmals (es war am 14. Februar 1772) an meinem Schreib=
tische und zeichnete einen Löwen, der in einem Netze verwickelt daliegt. — So, dacht
ich, liegt auch die edle, kräftige Gottesgabe Vernunft, die doch jeder Mensch hat, in
ein Gewebe von Vorurteilen und Unsinn dermaßen verstrickt, daß sie ihre Kräfte so
wenig, wie hier der Löwe die seinigen, brauchen kann. Ach wenn doch eine Maus
käme, die einige Maschen dieses Netzes zernagte, vielleicht würde dann dieser Löwe

seine Kräfte äußern und sich frei machen können. — Und nun zeichnete ich, gleichfalls als Gedankenspiel, auch die Maus hin, die schon einige Maschen des Netzes, worin der Löwe verwickelt lag, zernagt hatte. Wie ein Blitzstrahl fuhr mir der Gedanke durch die Seele: Wie, wenn du die Maus würdest? —

„Und nun enthüllte sich mir die ganze Kette von Ursachen und Wirkungen, warum der Landmann so sei, wie er ist. Er wächst auf als ein Tier unter Tieren. Sein Unterricht kann nichts Gutes wirken. Der gröbste Mechanismus herrscht in seinen Schulen. Sein Prediger spricht hoch=, er plattdeutsch. Beide verstehen sich nicht. Die Predigt ist eine zusammenhängende Rede, die er wie zur Frone hört, weil sie ihn ermüdet, indem er, an Aufmerken und Periodenbau nicht gewöhnt, ihr nicht folgen kann. Niemand bemüht sich, die Seelen seiner Jugend zu veredeln. Ihre Lehrer sind gewöhnlich, wie Christus sie nennt, blinde Leiter, und so leidet denn der Staat bei diesem Zustand der Sachen — nach welchem sein Flor sich in einem beständigen Kriege gegen die verheerende und zerstörende Dummheit befindet — mehr Verlust als in der blutigsten Schlacht.

„Gott, dachte ich, muß denn das so sein? Kann denn der Landmann, diese eigentliche Stärke des Staatskörpers, nicht auch verhältnismäßig gebildet und zu allem guten Werk geschickt gemacht werden? Wie viel tüchtige Menschen hätte ich z. B. in diesen Jahren nicht meinem Vaterlande gerettet, die jetzt ein Raub ihrer entsetzlichen Stupidität geworden sind. Ja, ich will die Maus sein! Gott helfe mir!"

Noch an demselben Morgen und auf der Rückseite desselben Blattes, auf welchem er den Löwen und die Maus gezeichnet, schrieb Rochow die Titel der dreizehn Kapitel, die den Inhalt eines neuen Schulbuches für die Lehrer der Land= leute bilden sollte.

„Zu Mittage," fährt Rochow fort, „zeigte ich meinen Plan meinem neuen verständigen Prediger, Stephan Rudolph, der erst ein Jahr im Amte stand. Er billigte ihn und riet mir, des Theologischen wegen, so darin vorkäme, mit dem Ober= konsistorialrat Teller in Berlin zu korrespondieren. Dieser nannte meine Arbeit gemeinnützig und unterstützte mich edelmütigst mit gutem Rat. So war denn das erste meiner litterarischen Produkte schnell fertig, so daß es schon auf Ostern 1772 unter dem Titel „Versuch eines Schulbuches für Kinder der Landleute oder zum Gebrauch in Dorfschulen, Berlin bei Fr. Nikolai" erschien und das Motto führte: „Difficile est proprie communia dicere. Horatius." — (Schwer ist es, zu Nutz und Frommen aller, zu schreiben.)

Rochow hielt es für notwendig, seinem Schulbuche eine Vorrede beizugeben, worin er seine darin ausgesprochenen Ansichten und Forderungen zu rechtfertigen suchte. Er kannte seine Standesgenossen sehr wohl und wußte, daß er in ihren Kreisen vielfach auf Widerstand stoßen würde. Ein aufgeklärter Berliner Geistlicher jener Zeit, Konsistorialrat Büsching, charakterisiert in seinem Buche „Die Reise nach Reckahn" die bildungsfeindlichen Gesinnungen mancher Edelleute von damals, indem er sagt, dieselben dächten und handelten genau so wie jener russische Edelmann, den er vor kurzem in Berlin kennen gelernt habe. Derselbe habe gesagt, daß man in seinem Vaterlande die Absicht der Kaiserin Katharina II., Provinzialschulen anzulegen, vereiteln würde. Denn es wäre verderblich, wenn der gemeine Bauer, der doch nur ein Halbmensch wäre, mehr lerne als Sergé powedel! Das ist: Der heilige Sergius will das, nämlich, daß du als Unterthan oder Soldat hingehst, wohin man dich schickt. Den etwaigen Einwänden derer, welche in der Verbreitung von Volksbildung Schaden und Gefahren für den Staat und die Gesellschaft erblickten, begegnete Rochow in der Vorrede zu seinem Schulbuche also:

„Auf die Frage, wer mich berufen hat, mich zum Lehrer des Landvolkes auf= zuwerfen, ist meine Antwort kurz diese: Ich lebe unter Landleuten, mich jammert des Volkes." Und nach einer Schilderung des leiblichen und geistigen Elends des gemeinen Volkes fährt er fort: „So fand ich das Landvolk, und nun sah ich mich nach Hilfe um. — Da alle Menschenseelen von gleichem Stoffe sind, so haben auch alle Stände gleiches Recht auf verhältnismäßige Vervollkommnung des menschlichen Ge= schlechts durch Aufklärung über die Sittlichkeit ihrer Zwecke und Mittel. Ich denke doch nicht, daß man die Seele eines Dorfkindes für ein Ding anderer Gattung hält, als die Seele der Kinder höherer Stände. — Klug und verständig werden, heißt bei mir nicht arglistig, treulos, rebellisch, neuerungssüchtig und seines Berufes über= drüssig werden, sondern nur derjenige ist klug, der in jedem Stande sich so ver= hält, daß ihm seine Lebensart kein Hindernis zur Vervollkommnung wird. Was schadet also der Unterricht in der wahren Klugheit dem Staate?" — Dann stellt der Verfasser die Forderung, daß man dafür sorge, statt der unwissenden Invaliden und Handwerker gut vorgebildete Lehrer anzustellen. Diese müßten aber alle wenig= stens über einhundert Reichsthaler bares Geld an festem Gehalt nebst dem Kantor= titel haben, ohne die übrigen Vorteile, als Feuerung, Wohnung, Garten u. s. w., damit sie sich gern und ganz dem Schuldienst weihen könnten; dafür würden aber alle Kinder der Gemeinde unentgeltlich in der Schule unterwiesen. Die Schul= gebäude müßten Vorzüge vor den übrigen haben; die Stuben hell und mit nützlichen und zweckmäßigen Bildern oder Modellen geziert sein. „Ihr großen und vermögenden Herren der Erde," mit diesem Aufruf schließt die Vorrede, „möchtet ihr doch gegen diese Forderungen nichts einzuwenden haben! Hierauf kommt alles an. Und welche Ausgabe wäre edler und würde reichere Zinsen tragen? Sind wir denn blos ge= boren, die Früchte der Erde zu verzehren? — Sind wir nicht Haushalter Gottes? — Möchte doch dieser edle Trieb in allen Seelen entbrennen und allgemeine Menschen= liebe hier keinen Stand ansehen: damit durch Ausbreitung einsichtsvoller Tugend in jedem Ort Glückseligkeit wohnen und Gerechtigkeit und Friede sich überall be= gegnen könne!"

Rochows „Schulbuch" machte sowohl seines Inhaltes als auch seines Ur= hebers wegen großes Aufsehen. Von fern und nah richtete man Anerkennungs= schreiben, Anfragen und dergl. an den Verfasser.

„Daß ein Domherr für Bauernkinder Lehrbücher schreibt, ist selbst in unserem aufgeklärten Jahrhundert eine Seltenheit, die dadurch noch einen höheren Wert er= hält, daß Kühnheit und guter Erfolg bei diesem Unternehmen gleich groß sind. Heil, Lob und Ehre also dem vortrefflichen Manne, den nur die Rücksicht auf die

Allgemeinheit des Nutzens, welcher gestiftet werden kann, zu solchen Unternehmungen antreiben konnte."

So schrieb Friedrichs des Großen Minister v. Zedlitz anerkennend und er= mutigend an Rochow, gab in demselben Briefe aber auch zugleich den Wunsch kund, mit dem Verfasser des „Schulbuchs" in nähere Verbindung zu treten und mit ihm zum Wohle des Vaterlandes zu beraten und zu arbeiten.

„Ew. Hochwürden müssen von mir keinen bestimmten Dank erwarten," schreibt der Minister weiter, „er würde mit einer Sache in keinem Verhältnis stehen, deren Wert ganze künftige Geschlechter preisen müssen. Lassen Sie mich vielmehr Sie von nun an als einen Mann betrachten, der zur Förderung der großen Absichten des besten Königs wie in der Verbesserung des Unterrichts der Landjugend so kräftige Beihilfe leisten kann, und der Patriotismus genug hat, diesen Beistand leisten zu wollen."

Es entspann sich nun zwischen den beiden Männern ein reger Verkehr, der für beide Teile gleich fruchtbringend wurde; er bildete, wie Rochow bekennt, die Grundlage zu allem, was in diesem Fache nachmals geschehen ist. Rochow gründete in Reckahn eine neue Schule, in welcher er seine in dem Schulbuch dargelegten Vorschläge zur Verwirklichung brachte. Als Lehrer für dieselbe gewann er den Halberstädter Kantor Heinrich Julius Bruns, einen jungen kenntnisreichen Mann, der mit Liebe und Begeisterung auf Rochows Ideen einging. Rochow widmete der Sache solche Hingebung, daß er, um für den Unterricht eine zweckmäßige Methode zu finden, mit seinem Lehrer monatelang täglich mehrere Stunden die Kunst des Katechisierens übte, wobei bald dieser, bald jener die Rolle des Lehrers oder des Schülers übernahm. Einen zweiten tüchtigen und thätigen Mitarbeiter hatte Rochow auch an dem Reckahner Geistlichen, dem Prediger Stephan Rudolph. Und unter den gemeinschaftlichen Bemühungen der Gutsherrschaft, des Geistlichen und des Lehrers gedieh das Werk der geistigen Aufklärung vorzüglich. Die Schule von Reckahn, für welche Rochow ein neues, wohleingerichtetes Haus bauen ließ, wurde bald zu einem weithin berühmten Muster und zu einem Wallfahrtsort für „viele dem Gemeinwohl schlagende Herzen". Das noch vorhandene Fremdenbuch der Reckahner Schule weist nach, daß in den ersten zehn Jahren mehr als tausend Personen kamen, unter ihnen Minister, Regierungs=, Konsistorial= und Schulräte, Kirchen= und Schulpatrone, die die Einrichtungen sehen und dem Dorfkantor Bruns seine neue geist= und herzbildende Lehr= und Erziehungsmethode ablauschen wollten. Tausende von andern Schulfreunden, die nicht persönlich kommen konnten, näherten sich dem Reckahner Reformator auf dem Wege des schriftlichen Verkehrs, und so entstand Rochows berühmte „Litterarische Korrespondenz mit seinen Freunden", ein Werk,*) das Zeugnis ablegt von dem lebhaften Interesse, welches für die Hebung des Volksschulwesens entdeckt worden war.

---

*) 1798 von Rochow selbst (bei Nikolai), 1885 von Dr. Jonas (bei L. Oehmigke=Berlin) neu herausgegeben.

Neben seiner Sorge für eine gedeihliche Erziehung der Jugend fuhr Rochow fort in seinen sonstigen Wohlfahrtsbestrebungen, worin ihm seine edle Gattin eine treue, thatkräftige Gehilfin wurde. Sie war die barmherzige Samariterin der Gegend, pflegte Kranke, sorgte für Witwen und Waisen, unterrichtete selbst die Mädchen im Dorfe in weiblichen Handarbeiten, und im Jahre 1774 gründeten beide Ehegatten durch Anlage eines Grundkapitals von 1000 Thalern eine Armen= kasse. Später, als die Kunst des Lesens in den Dörfern mehr verbreitet war, ließ sich der Gutsherr auch die Sorge für eine zweckmäßige und bildende Lektüre der Landleute angelegen sein. Schauer= und schlechte Kolportageromane gab es in jener Zeit zwar noch nicht; wohl aber wurden auf den Jahrmärkten und bei Volksfesten von fliegenden Buchhändlern Flugblätter zotigen, unsinnigen und abergläubischen Inhalts verkauft, die eben nicht die gesundeste Geistesnahrung für die Bauern waren. Um solche Schriften zu verdrängen, verfaßte Rochow kleine lehrhafte und unterhaltende Erzählungen und Aufsätze, ließ dieselben als fliegende Blätter drucken und durch einen Invaliden, der zuvor betteln gegangen, in den Dörfern vertreiben. Eine Sammlung dieser Blätter wurde später unter dem Titel „Der Bauernfreund" als Volksbuch herausgegeben, das in zweiter, neu bearbeiteter Auflage den Titel „Der Kinderfreund" erhielt und als Lesebuch in den Landschulen eingeführt wurde. Rochows Bemühungen, seinen „Kinderfreund" in allen Schulen des Landes ein= geführt zu sehen, stellten sich zuerst große Schwierigkeiten entgegen. Das Berliner Konsistorium schleppte die Genehmigung jahrelang hin, und es kostete harte Kämpfe, ehe dieselbe erteilt wurde. Rochows Gründe für die Notwendigkeit eines welt= lichen Lesebuchs statt der Bibel, die allgemein als Leseübungsbuch in den Schulen mißbraucht wurde, fanden lange bei den geistlichen Herren keine Einsicht. Als endlich die Genehmigung erteilt war, hatte das Buch einen unerhörten Erfolg. Der „Kinderfreund" wurde bei des Verfassers Lebzeiten außer acht bis zehn in Deutsch= land unerlaubt erschienenen Nachdrucken bei dem rechtmäßigen Verleger über 10000 mal in vier verschiedenen Ausgaben neu aufgelegt, zweimal ins Französische, ferner ins Dänische, Polnische, Illyrische u. s. w. übersetzt. Ähnlichen Erfolg hatte auch der „Versuch eines Schulbuches". Immer weiter verbreitete sich das Licht der Volksbildung, das Rochow in Reckahn angezündet hatte. Minister v. Zedlitz ver= besserte das Schulwesen zunächst der Kurmark nach dem Reckahner Muster, schickte junge Lehramtskandidaten zu Bruns, damit sie dessen Lehrweise studierten, und richtete in Berlin in der Nähe seiner Wohnung eine Armenschule ein, in welche er seinen eigenen Sohn schickte, um die Unterrichtsweise des Lehrers zu erproben. Später wurden zu Berlin und Halberstadt durch Rochows Einfluß Lehrer= bildungsanstalten errichtet. Wiederholt beriet der Minister mit dem Reckahner Gutsherrn auch über die allgemeine Einführung anderer Wohlfahrtseinrichtungen, die sich im Reckahner Gebiet bewährt hatten: so die Regelung des Armenwesens und die Steuerung der mehr und mehr um sich greifenden Bettler= und Vaga= bundenplage.

In Schlesien wirkte der Abt J. J. Felbiger im Rochowschen Sinne auf= klärend und reformierend, in Süddeutschland Franz Ludwig v. Erthal, Fürst=Bischof von Bamberg. Ein höherer dänischer Staatsbeamter, welcher die Regierung eines Landkreises auf der Insel Langeland leitete, schrieb an Rochow nach Reckahn: „Dieses Land hat neun Städte, die nach unserer Landesverfassung unter meiner unmittelbaren Aufsicht stehen und von denen die bessere Einrichtung der Schulen der Lieblingsgegenstand meiner Beschäftigung ist. Alle Ihre Schulschriften werden, ins Dänische übersetzt, hier gebraucht. Ew. Hochwohlgeboren stiften in diesem Lande viel Gutes, und viele hundert Menschen segnen Sie."

Als Friedrichs des Großen Geistes= sonne in Preußen untergegangen war, da trübte sich auch das Licht der Aufklärung in Reckahn. Der edle Minister v. Zedlitz mußte bald nach Antritt der Regierung Friedrich Wilhelms II. dem Finsterlinge Wöllner weichen. Unter dessen Regiment hatten Bestrebungen wie die Reckahner keinen Raum. Die Gegner Rochows, die ihn bespöttelt und bekämpft hatten, ge= wannen die Oberhand. Der Reckahner Menschen= und Lichtfreund lebte, von seiner Regierung und von vielen seiner Standesgenossen gänzlich unbeachtet, still und einsam auf seinem Landsitze, sein Ein= fluß erlosch bald ganz. In dieser Zeit war es, als Rochow auf einem Hügel un= weit seines Hauses einen Obelisk erbauen und mit Spiegeln versehen ließ, welche ihm die belebenden Strahlen der Sonne in die Fenster warfen, ehe noch das Tagesgestirn hinter den Waldbäumen aufgegangen und nachdem es auf der andern Seite wieder dahinter verschwunden war.

Nach einer phot. Aufn. v. Fr. Schadow=Berlin.
Bruns-Denkmal im Reckahner Schloßpark.

Im Jahre 1806 kamen die Franzosen ins Land, die das auf den Lorbeeren Friedrichs des Großen ruhende Preußenvolk aus dem Schlummer weckten und unter andern Greueln der Verwüstung auch die Spiegel des sinnigen Lichtleiters auf dem Hügel bei Reckahn zertrümmerten.

Der edle Vaterlandsfreund von Reckahn sah die Schmach nicht mehr. Rochow starb am 16. Mai 1805, sieben Tage nachdem Deutschlands großer Dichter der Volksfreiheit, Friedrich Schiller, in Weimar die Augen für immer geschlossen hatte. Seine Bestattung erfolgte am 18. Mai nach seiner letztwilligen Bestimmung morgens früh mit Anbruch der Dämmerung, als der Morgenstern am Himmel erblich, auf dem neuen Friedhofe in Reckahn unter dem Gefolge seiner trauernden Unterthanen.

Eben als der Sarg in die Gruft gesenkt worden war, ging die Sonne auf, und ihr Licht leuchtete wie ein Sinnbild der Aufklärung, mit deren holdem Schein der Verewigte die Herzen seiner Mitmenschen zu beleben und erwärmen gesucht hatte, während er jetzt noch im Tode an die Genossen seines Volkes eindringliche Mahnung richtete.

Von dem Einfluß, den die Reckahner Schul= und Wohlfahrtseinrichtungen noch jahrzehntelang nach des Begründers Tode in jenem märkischen Dörfchen ausübten, berichtet der Regierungs= und Schulrat von Türk in einer während der zwanziger Jahre dieses Jahrhunderts verfaßten Vorrede zu Rochows „Kinderfreund" folgendes: „Man kann mit Wahrheit behaupten, daß die in diesen Schulen Gebildeten weit verständigere und rechtschaffenere Menschen geworden sind, als sie ohne den erhaltenen Unterricht geworden wären. Ihre Wirtschaft treiben sie mit Fleiß und Umsicht, und es herrscht allgemeiner Wohlstand in den Dörfern. Ihr fleißiger Besuch der Kirche, ihre Stille und Aufmerksamkeit in derselben, ihre andachtsvolle Teilnahme am heiligen Abendmahl beweist, daß ihnen die Religion nicht gleichgiltig ist. Es herrscht weniger Aberglaube unter ihnen als in andern Dörfern. Bei Kollekten sind meistenteils die Beträge aus dieser Parochie die ansehnlichsten; es herrscht allgemeiner Wohlthätigkeitssinn, und man kann dreist behaupten, daß es in diesen Dörfern weniger Trinker, Spieler und Ausschweifende giebt als in andern!" Und heute? Es ist im Laufe der Zeit, unsrer aufgeklärten Zeit, fast jede Spur des Rochowschen Wirkens in jenen Dörfern verloren gegangen. Die Schule von Reckahn, welche der Brennpunkt geistiger Aufklärung vor hundert Jahren war, gehört heute keineswegs zu den besten im preußischen Staate, obwohl noch heute das von Rochow erbaute Schulhaus mit seiner Inschrift über der Thür: „Lasset die Kindlein zu mir kommen!" steht.

Rochows treuer Mitarbeiter, Bruns, ruht auf dem Reckahner Friedhofe an der Kirche; sein Grab und der Denkstein mit der vielsagenden Inschrift: „Er war ein Lehrer" wird von den Nachkommen des edlen Mannes sorgfältig gepflegt.

Hermann Jahnke=Berlin.

---

*) Vergl. Eberhard von Rochow oder die Volksschule von Reckahn von H. Jahnke. Berlin, Appelius.

An Gräbern.

Am schönen Sonntag-Nachmittag,
Im wonnigen Monat Mai,
Da standen wir an Gräbern,
Großmutter und ich, wir zwei.

Sie suchte lang bei der Kirchen
Die Hügel ab und an;
Sie sucht' ihren alten Domherrn
Im traulichen Dorfe Reckahn.*)

Und dann ging's über die Brücke
Wohl in den Park hinein.
Da zeigt' sie mir, die Gute,
Ein schlichtes Denkmal von Stein.

„Er war ein Lehrer," so lautet
Die Inschrift, mir unbekannt;
„Er war mein Lehrer," so sprach sie,
„Der alte Bruns genannt."

„Mein Sohn" --- sie neigt sich sinnend ---
„Wohl trennen mag das Grab;
Eines guten Menschen Streben
Schließt mit dem Tod nicht ab.

Der Edeln Angedenken
Will wirken fort und fort;
Der Edeln Name leuchtet
Gleichwie ein flammend Wort.

Die hier der Hügel decket,
Des habe ewig acht:
Der Glaube an das Gute,
Der hat sie groß gemacht!

---

*) Friedrich Eberhard von Rochow, Domherr zu Halberstadt. Er hat 1773 das Schulhaus in Reckahn erbaut, das erste der Art in der Mark Brandenburg. Sein Grabhügel war zur Zeit des hier geschilderten Besuchs noch ohne jede Auszeichnung. „Großmutter und ich" wohnten in Krahne, eine halbe Stunde entfernt von Reckahn.

Ach, daß des Glaubens Fittich
Dich stets erheben mag,
Daß du nicht mutlos zagest
An manchem schweren Tag.

Und siehe, geist'ge Väter,
Sie reichen dir die Hand;
Mein Sohn, so halt in Ehren
Mir den Erzieherstand."

Ein Rauschen durch die Wipfel
Bei diesen Worten ging,
Ein Sonnenstrahl verklärend
Uns beide da umfing.

K. Stage-Ketzin.

Der Radkrug bei Brandenburg.

Eine einsame Straße, mitten durch märkischen Kiefernwald führend, zieht sich von der Stadt Brandenburg über Wilhelmsdorf zum Radkruge. Es ist ein öder Weg, echt märkisch mit seinem „mahlenden" Sande, wie es deren so viele bei uns giebt. Die außergewöhnliche Breite unterscheidet den Weg zum Radkruge allein von seinesgleichen. Der Wind fährt leise pfeifend durch die zahllosen Nadeln, einige alte Äste knarren, aus der Ferne ertönt der Ruf des Eichelhähers oder des Spechtes. Der Wanderer schreitet rüstig vorwärts; aber vergebens späht er nach dem Rad-kruge. Kein Gehöft schimmert mehr durch die rotbraunen Stämme; kein bläulicher Rauch steigt empor, nicht Hundegebell und Wagengeklapper. Verlassen und öde, wie der Heerweg, liegt die Stelle da, auf der einst der Radkrug stand; nichts ist übrig geblieben als der Name.

Auch die Verkehrsstraßen haben ihre Schicksale. Zur Zeit der Anhaltiner ging die Heerstraße vom Magdeburgischen und Anhaltischen über Ziesar, den Radkrug nach Brandenburg. Sie zog dann weiter durch das Havelland über Tremmen und Spandau nach Berlin. Da, wo bis zu Anfang des 19. Jahr-hunderts der Radkrug stand, erreicht sie unsere Mark.

Mancher Zug von Reisigen, Magdeburger oder Brandenburger, wie z. B. in den Jahren 1229, 1400, 1402, mancher Wagen mit kostbaren und seltenen Kaufmanns-gütern hoch bepackt, bewegte sich auf dieser Strecke vom „Reiche" in die Mark hinein.

Da mögen sich denn auch oft genug in undurchdringlichen Waldgründen allerlei Stegreifritter aufgehalten haben, die schlecht bewachte Wagen überfielen und ausplünderten und dann in den dumpfen Gastzimmern des Radkruges die geraubten Güter an allerlei Schmuggler und fahrendes Volk verschacherten.

„Was zwischen Halde und Heerweg liegt?
Seiltänzer frag' und die Wärter im Spittel,
Die rote Wirtin im Heidekrug,
Zigeuner und Roßkamm, Köhler und Büttel."

Damals herrschte hier reges Leben, und an Abwechselung mangelte es nicht.

Der wichtigste Tag für den Radkrug kam im Sommer des Jahres 1412. Am 23. Juni d. J. bewegte sich ein Zug von Reisigen gegen die märkische Grenze. Das Fähnlein an der Spitze war schwarz und weiß geviertet: Burggraf Friedrich von Nürnberg zog nach der Hauptstadt der Kurmark, nach Brandenburg. Hier am Radkrug betrat der erste Hohenzoller zuerst märkische Erde. „Es ist fast wunderbar," so schreibt Erich Niederstadt, „daß unsere denkmalsfrohe Zeit noch niemals daran gedacht hat, auf der Höhe des Radkruges einen Malhügel zu errichten zur Erinnerung an den ersten Einzug des ersten Hohenzollern." Vielleicht erinnert man sich im neuen Jahrhundert, zum 23. Juni 1912, wenn ein halbes Jahrtausend seit dem Einzuge der Hohenzollern in die Mark vergangen sein wird, dieser einsamen Stätte!

Mit dem Glanzpunkt in der Geschichte des Handelsweges Magdeburg-Brandenburg-Berlin beginnt der Rückgang. Der erste Hohenzoller, Friedrich I., bestimmte 21 Jahre später, im Jahre 1433, daß der Verkehr nicht mehr über den Radkrug, also südlich des Plauer Sees, sondern nördlich davon, über Plaue zu ziehen habe, „damit der hier bestehende Zoll nicht umgangen werde. Dagegen solle es keinem verwehrt sein, nach Sachsen oder Anhalt durch die Heide zu fahren, wie es seit alten Zeiten geschehen."

Die Zerstörung der Havelbrücke bei Plaue während des furchtbaren Religionskrieges lenkte noch einmal vorübergehend den Handel über den Radkrug.

Zum letztenmal belebte sich der alte Weg im Jahre des Unheils 1806; er wurde in Wahrheit zu einer Heerstraße, als Bernadotte mit 25000 Mann nach der Schlacht bei Jena am 25. Oktober über den Radkrug nach Brandenburg zog.

Seit der Zeit ist alles still geworden. Eisenbahnen und Chausseen ließen die alte Magdeburger Straße seitwärts liegen. „Der Verkehr zieht andere Bahnen und der alte Heerweg ist in seiner öden Einsamkeit vergessen, wie jene Tausende die auf ihm dahingezogen sind." Nach C. Niederstadt von Karl Schlottmann.

Stadt und Festung Spandau.

Die bevorzugte landschaftliche Lage Spandaus fällt besonders in die Augen, wenn man Stadt und Umgebung von einer Höhe überschaut. Der höchste Aussichts= punkt der Stadt ist der Turm der altehrwürdigen St. Nikolaikirche. Wir steigen 294 Stufen hinauf und befinden uns unmittelbar unter der Haube, etwa 80 m über dem Erdboden. Aus dem Dämmerlicht des Turmes durch die enge Fallthür zur Aussichtsplatte emporsteigend, stehen wir zunächst einige Minuten an das hölzerne Geländer gelehnt, um das Auge an die schwindlichte Höhe und die Fülle der Ein=

Nach einer Aufnahme von H. Gueffroy=Halensee=Berlin.

Die Citadelle mit Juliusturm (Spandau).

drücke zu gewöhnen. Dann aber schweift der Blick entzückt über die nächste Um= gebung in die Ferne und kehrt doch immer wieder schönheitstrunken in die Nähe der Stadt zurück.

Der lichtblaue Maienhimmel, von hellen Wolken geschmückt, grüßt von oben hernieder, ja es ist, als ob wir hoch in diesen Himmel emporgehoben wären und sein sonniges Blau uns umflutete. Aber hinab den Blick, hinab! Der breite Strom der Havel, seenartig erweitert, mit vielfach gebuchteten, waldumkränzten Ufern, beherrscht den Norden der Landschaft. Langsam und träge fließen seine Wassermassen nach Süden, aber grüne Inseln, große und kleine, bewohnte und un= bewohnte, rauchende Dampfer, Segel= und Ruderboote geben ihm den Charakter fröhlichen Lebens, munterer Geschäftigkeit. Da, wo der Strom die Stadt erreicht und die Schleuse den Verkehr zwischen Ober= und Unterhavel vermittelt, ragt als eine Insel im Strom die Citadelle empor. Die massigen Mauern der Bastionen fallen nach allen Seiten schräg zum Wasser ab; aus der Mitte erhebt sich düster und grau der weltberühmte Juliusturm, dessen äußere Unscheinbarkeit nichts von den Schätzen verrät, die er im Innern birgt. Aber die grauen, nüchternen Mauern hat der junge Frühling mit einem entzückenden Rahmen umgeben. Ein Kranz von Kastanien, Birken, Buchen und Pappeln schließt sie ein. Die zahlreichen Riesen= stämme heben ihre Wipfel aus niedrigerem Gebüsch majestätisch empor, in ihrem unberührten, jungfräulichen Maienschmuck alle Nuancen vom rötlichen Braun bis zum lichthellen Grün zeigend. Und wie Kerzen am Weihnachtsbaum leuchten aus dunklem Grunde die Tausende von weißen Blüten herauf, welche die hohen Kastanien= bäume dem Lichte öffnen.

Eine Strecke hinauf wiederholt sich das reizvolle Bild. Mitten im Strom liegt der Eiswerder, eine Insel in Dreiecksform. Die Fabriken, welche von dort= her mit ihren hohen Schornsteinen freundlich herübergrüßen, sind der Anfertigung todbringender Geschosse gewidmet. Aber herrliche Bäume im Frühlingsschmuck hüllen sie ein, und das Ganze macht trotz seiner Bestimmung den Eindruck einer glücklichen Insel. Und weiter hinauf schweift der Blick über den idyllisch gelegenen Valentins= werder bis zum Tegeler See. Die Wogen blitzen, die Segel leuchten im Sonnen= schein, und die von Licht und Glanz geblendeten Augen suchen und finden einen Ruhepunkt in dem Stadtwald, der sich breit und unabsehbar an der Oberhavel dahinzieht, in dem grünen Schmuck Tegelorts und den Waldungen, welche am fernen Horizont das rechte Ufer der Havel umkränzen. Zwar von hier aus dem Auge verborgen, aber der Erinnerung stets gegenwärtig, stellen sich uns die herr= lichen Waldpartien der Oberhavel dar: die Bürgerablage mit dem freien Blick über die breite Havel, auf der Kaiser Friedrich so gern geweilt, und welche die Kaiserin Friedrich an die Umgebung des Schlosses Windsor erinnerte; die Papenberge mit ihren verschwiegenen Wegen am rechten Haveluser, welche die Lichtblicke auf den Strom mit frischgrünen und düsteren Waldbeständen zu einem wechselreichen und stimmungsvollen Ganzen verbinden; die lieblichen Spaziergänge Tegelorts und des linken Haveluseres, die in der Vereinigung von Wald, Fluß und See das Auge des Beschauers immer wieder aufs neue fesseln, und in ihm jene andächtige und gehobene Stimmung hervorrufen, die der gemütvolle Mensch bei jeder Offenbarung der Schönheit empfindet.

Unser Blick kehrt zur Stadt zurück. Rechts von der Citadelle fließt die Spree durch grünes Wiesenland in Schlangenwindungen der Havel zu, die sie am Linden= ufer erreicht. Hell leuchtet die weiße Tafel herauf, die an der Mündungsstelle als Wahrzeichen für die Schiffer errichtet ist. Wer die Spree in ihrem Mittellaufe und bei Berlin gesehen hat, wird sich verwundert fragen, wo die Wassermassen ge= blieben sind, die sie dort im breiten Flußbett wälzte. Hier bei Spandau macht der bedeutendste Zufluß der Havel einen ziemlich unbedeutenden Eindruck, aber doch ermöglichen Breite und Tiefe eine rege Schiffahrt. In dem Winkel, welchen Havel und Spree bilden, steigen am linken Spreeufer eine Menge großer Fabrikgebäude empor, die, aus hellem Backstein erbaut, eine große Zahl von Schornsteinen in den

12*

blauen Frühlingshimmel hinaufstrecken. Die Geschoßfabrik, die Geschützgießerei und
die Artilleriewerkstatt sind hier zu einem Ganzen vereinigt. Wir zählen auf ver=
hältnismäßig engem Raume 25 Schornsteine. Glücklicherweise rauchen nur einige.
Wenn alle ihren dicken, weißgrauen Dampf aushauchten, so würde die Frühlings=
pracht bald hinter einem rußigen Schleier verschwunden sein. Und nun erblicken

Nach einer Aufnahme von O. Hasselkampf=Potsdam.

Der Kaiser Wilhelm-Turm (Grunewald).

wir auf allen Seiten, nah und fern, die riesigen Säulen, die Wahrzeichen der pri=
vaten und königlichen Fabriken, welche letzteren sich mit ihren reizenden Gärten,
Arbeiter= und Beamtenwohnungen weit nach Osten, bis nach Haselhorst erstrecken.
Überall steigen aus dem lichten Grün die gelbgrauen, oben geschwärzten Schorn=
steine in die Höhe. Gegen 50 mögen es im ganzen sein; es ist, als ob sich sämt=
liche Schornsteine der Mark hier ein Stelldichein gegeben hätten, um dem Zauber
einer einzigartigen Natur die imposante Macht der Industrie gegenüberzustellen.

Aber so viele ihrer auch sind, sie verschwinden in der ausgedehnten Landschaft, und in dem Wettstreit zwischen Natur und Industrie bleibt die Schönheit Siegerin. Über Haselhorst hinaus, wo der Kaiser alljährlich seine Paraden über die Spandauer Garnison abhält, erblicken wir die Jungfernheide, die sich dunkel nach links hinaufzieht, und der helle Streifen über dem Walde löst sich, durch das Glas gesehen, in unzählige hohe Häuser auf. Das ist der Norden Berlins, der Wedding und der Gesundbrunnen. Nach rechts erscheinen über Häusern und Waldung einzelne Türme. Deutlich erkennen wir den Schloßturm von Charlottenburg, den Turm der Kaiser Wilhelm-Gedächtniskirche, und was bei dem Wechsel von Licht und Schatten zuweilen goldig im Sonnenscheine aufblitzt, ist die Laterne des Reichstagsgebäudes.

Nach Süden schweift der Blick über ausgedehntes Wiesenland, über Tiefwerder und Pichelsdorf, auf den dunklen Grunewald, aus dem sich majestätisch der Kaiser Wilhelm-Turm emporhebt. Der Unterlauf der Havel ist von hier aus durch Häuser und Bäume verdeckt, und wieder muß die Erinnerung ergänzend eintreten. In die seenartig erweiterte Havel erstrecken sich zwei Landzungen, die in gleicher Weise einen herrlichen Blick auf Strom und Ufer eröffnen, der Pichelswerder links, der, selbst ein wundervolles Eiland mit bewaldeten Höhen und tiefen Einschnitten, nach allen Seiten die reizvollsten Ausblicke gewährt, und rechts Pichelsdorf mit dem vornehmen Schloßpark, dessen Baumgruppen das Entzücken der Besucher bilden, und von dem aus man die mit Dampfern und Segelbooten belebte Wasserfläche überschaut. In kurzer Entfernung zeigt sich links auf dem dunklen Tannengrunde die helle Schildhornsäule, während rechts das bergige Ufer den Horizont begrenzt und dem reizend gelegenen Weinmeisterhorn und dem Dorfe Gatow Rückhalt und Schutz bietet. Ob die Sonne am wolkenlosen Himmel steht und die Umgebung sich hell und klar im Wasser spiegelt, oder ob ein Gewitter Himmel und Strom umdüstert, diese Landschaft ist immer schön und erhebend; und doch ist sie nur der Vorhof für all die Herrlichkeiten, welche die Havel ·in der Umgebung Potsdams dem Besucher enthüllt.

Richten wir unsern Blick nach Westen, so tritt aus dem Häusergewirr die stolz aufstrebende gotische Garnisonkirche und dicht dabei die Kaserne des 5. Garderegiments besonders plastisch hervor. Vier große Gebäude, aus rotem Backstein erbaut, schließen mit ihren kleineren Nebengebäuden einen großen, viereckigen Platz ein, dessen Eintönigkeit von langen Reihen exerzierender Soldaten unterbrochen wird. Die Regelmäßigkeit und Neuheit der ganzen Anlage erweckt die Illusion, als ob Häuser und Soldaten einer Nürnberger Spielschachtel entnommen und von geübter Hand als „Riesenspielzeug" aufgebaut wären. Nur die Beweglichkeit der Soldatenreihen stört zuweilen die Illusion. Weiterhin nach Westen breitet sich ein grüner Teppich von Wiesen und Feldern aus, der sich in weiter Ferne in Luft und Duft verliert und nur nach rechts von Nadel- und Laubwald umsäumt wird.

Man sollte meinen, daß eine Stadt in so bevorzugter Lage am Zusammenfluß zweier schiffbaren Flüsse durch Industrie und Handel zu Reichtum und Ansehen

gelangt sein und unter den märkischen Städten stets eine der ersten Stellen ein=
genommen haben müsse. Das gerade Gegenteil ist der Fall. Der Wohlstand der
Bewohner einer Stadt hat sich stets in den öffentlichen und privaten Bauten
geltend gemacht; als steinerne Zeugnisse aus dem Leben der Vergangenheit reden
die gotischen oder romanischen Kirchen und Rathäuser und die Wohnhäuser mit
reicher Architektur und komfortabler Einrichtung eine deutliche Sprache. Die bau=
lichen Reste Spandaus aus der alten Zeit sagen uns, daß die Bewohner stets um
das Notwendigste gerungen haben, daß Spandau stets eine arme Stadt gewesen

Nach einer Aufnahme von O. Schröter=Spandau.

Alt=Spandau.

ist. Unter den alten Privathäusern findet sich kaum eins, das einen charakteristi=
schen Stil erkennen ließe, und selbst das bedeutendste Bauwerk der Stadt, die
St. Nikolaikirche, ein gotischer Bau mit romanischem Turm, kann in seiner äußeren
und inneren Ausstattung den Vergleich mit vielen alten Kirchen anderer Städte
der Mark nicht aushalten. Das ganze alte Spandau sieht uns grau und nüchtern
an. Unter den Ursachen, welche die Entwickelung der Stadt verhinderten, steht
ihre Umwandlung zur Festung, die im Dreißigjährigen Krieg vollzogen wurde,
obenan. Wie mit einem Zwangsgürtel schloß die Festung die Stadt ein; Besatzung,
Beitrag zum Festungsbau, Kriegssteuer und gelegentliche feindliche Verwüstungen
innerhalb und außerhalb der Mauern zehrten an dem Vermögen der Bürger. Oft

blieb ihnen nichts wie das nackte Leben, und in der schweren Sorge um das täg=
liche Brot verging ihnen die Freude an dem Schmuck des Daseins. Daher das
schmucklose, kahle, fast ärmliche Aussehen der Stadt. Der herrliche landschaftliche
Rahmen schließt keine Perle ein.

Aber die Zeit nach dem letzten französischen Kriege hat auch Spandau die
Erlösung gebracht. Der enge Festungsgürtel ist gelockert, neue Stadtteile sind
entstanden, deren Bauten an Schönheit und Bequemlichkeit mit denjenigen der
Hauptstadt wetteifern, und die Einwohnerzahl hat sich innerhalb 30 Jahren von
16000 auf 64000, also auf das Vierfache, vermehrt. An den schiffbaren Wasser=
läufen entsteht eine große Fabrik nach der andern, der meilenweite Stadtforst,
die Gasanstalt und die Sparkasse führen der Stadt nicht unbedeutende Einnahmen
zu; eine elektrische Bahn verbindet die entferntesten Teile der Stadt und Umgegend;
die in den letzten Jahren gebaute Kanalisation wird für Sauberkeit und Behaglich=
keit in den Häusern und auf den Straßen sorgen, und das gegenwärtig entstehende
neue Pflaster in den Hauptstraßen wird der Stadt den üblen Ruf nehmen, ein
Schrecken der Radfahrer zu sein. Es ist, als ob für Spandau nach langem Winter
der Frühling angebrochen sei. Neues Leben überall, das nicht nur die Gegenwart
verschönt, sondern auch auf spätere Früchte hindeutet. Spandau gehört zu den
wenigen Städten der Mark, die eine große Zukunft haben.

Reich ist die Geschichte Spandaus; keine für die Mark bedeutungsvolle Be=
wegung ist an der Stadt spurlos vorübergegangen, oft ist sie sogar der Schauplatz
bedeutender Ereignisse gewesen.*) Ursprünglich ein wendisches Fischerdorf, wurde der
Ort nach Gründung des Schlosses Spandow oder Spandowe, das an Stelle der
heutigen Citadelle wahrscheinlich von Albrecht dem Bären erbaut wurde, eine deutsche
Stadt. Der Kampf gegen das Wendentum führte um 1150 den mannhaften
Askanier an der Unterhavel mit dem beherzten Wendenfürsten Jaczo zusammen, der,
von den Christen bedrängt, den Sprung in die Havel wagte und sich vor seinen
Verfolgern auf die Spitze der Schildhornlandzunge rettete. Diese anziehende Er=
zählung ist offenbar mehr als eine Sage. Im Jahre 1308 stattete der letzte
Askanier, der ruhmreiche Waldemar, dem Schlosse Spandow einen wenig freund=
schaftlichen Besuch ab. Mit einer auserlesenen Schar Bewaffneter überfiel er das
Schloß, um den kleinen Johann, den unmündigen Erben der ottonischen Linie der
Askanier, seinen Vormündern zu entreißen und in seine Gewalt zu bringen. Dieser
Gewaltstreich brachte die Städte der ottonischen Linie in dem Maße in Harnisch,
daß sie sich fest und eidlich verbanden, um im Notfalle der Gewalt Gewalt ent=
gegenzusetzen. Die Aufregung, welche das Erscheinen des falschen Waldemar hervor=
rief, zog auch Spandau in ihre Kreise. Am 6. April 1349 erschien Waldemar
persönlich in der Stadt zu einem Landtage, auf welchem ihm 36 märkische Städte
zufielen. Aber schon am 12. Oktober desselben Jahres söhnte sich Spandau wieder
mit den Wittelsbachern aus, denen sie, nachdem ihr Ludwig der Bayer ihre Rechte
und Freiheiten bestätigt hatte, auch fernerhin treu blieb. Die Zeit der Quitzows,

---

*) Nach Dr. Otto Kuntzemüller: Urkundliche Geschichte der Stadt und Festung Spandau.

in welcher nach dem Zeugnisse eines Zeitgenossen Rauben und Stehlen die größte Kunst und das beste Handwerk gewesen, brachte den Spandauern eine schwere Niederlage und einen glänzenden Sieg. Gelegentlich eines Streifzuges in das Havelland im Juni 1400 griff Dietrich von Quitzow die Stadt an. Die mit Stroh und Rohr gedeckten Häuser wurden mit brennenden Pfeilen entzündet, und die Bürger erkauften mit großen Opfern den Abzug des feindliches Heeres. Als Ent-schädigung dafür erließ ihnen der Landesherr, Jobst von Mähren, auf ein Jahr die Orbede, die feststehende Abgabe. Aber eine höhere Genugthuung bereiteten sich die Spandauer selbst. Im November 1402 griffen sie im Vereine mit dem Herzog Johann von Mecklenburg Dietrich an, umzingelten ihn, führten ihn als Gefangenen im Triumph nach Spandau und hielten ihn im Verließ des Juliusturmes gefangen. Bald darauf erkaufte Dietrich gegen ein Lösegeld von 1000 Schock böhmischer Groschen seine Freiheit. Eine besondere Bedeutung erhielt Spandau durch die Ein-führung der Reformation in die Mark. Hier in der St. Nikolaikirche war es, wo Kurfürst Joachim II. am 2. November 1539 mit seiner Gemahlin und seinem Hof-staat das Abendmahl in beiderlei Gestalt nahm und damit den Übertritt zu Luthers Lehre besiegelte. Der feierliche Akt wurde unter Entfaltung großer Pracht voll-zogen, auf die der Kurfürst in keinem Falle verzichten wollte. Im Jahre 1560 begann unter demselben Kurfürsten der Bau der Citadelle, der von dem berühmten Grafen Rochus Guerini von Lynar 1594 vollendet wurde. Seinen vollständigen Ausbau als Festung erhielt Spandau während der Zeit des Dreißigjährigen Krieges. Unsagbar waren die Leiden, welche dieser Krieg über die Mark brachte. Zwar hatte sie keinen feindlichen Angriff auszuhalten, aber schlimmer als die Feinde wütete die Pest, die zweimal die Stadt heimsuchte, und die immerwährend auf-tretenden Einquartierungen, Kriegskontributionen und Naturallieferungen und end-lich die harte und rücksichtslose Heranziehung zu den Kosten des Festungsbaues sogen den von der Pest verschonten Bürgern das Mark aus. Am Ende des Krieges waren die Hälfte der Häuser zerstört, die Hälfte der Einwohner gestorben oder ausgewandert und die übriggebliebenen völlig verarmt. So sah das Erbe aus, das der große Kurfürst in Spandau übernahm, aber mit seiner Regierung begann auch für diese schwergeprüfte Stadt eine neue Zeit. Er beseitigte den größten Peiniger der Stadt, den Obersten von Rochow, der sich seinen Anordnungen widersetzte, er-leichterte die Kriegslasten und schloß mit den gefährlichen Schweden einen Waffen-stillstand. Und als diese bei ihrem Einfall in die Mark 1675 wieder verheerend und plündernd bis Spandau vordrangen, zeigte ihnen die Festung eine so ernste und entschlossene Haltung, daß sie abzogen, ohne den geplanten Überfall ausgeführt zu haben. Während der schlesischen Kriege unter Friedrich dem Großen wurde Spandau in besten Verteidigungszustand gesetzt und besonders zur Unterbringung der gefangenen Offiziere benutzt. Als im Jahre 1760 ein Corps Russen und Österreicher vor Berlin rückte, drangen sie auch plündernd und verwüstend bis unter die Mauern Spandaus vor, wo ihnen aber ein übler Empfang bereitet wurde. Angefüllt mit Flüchtlingen und Kranken, fühlte die Stadt wieder die Leiden des Krieges, und als die Feinde bald darauf nach Frankfurt a. O. abzogen, hinterließen sie in den verwüsteten Feldern und ausgeraubten Dörfern ein schmerzliches Andenken. Von der Schmach, welche das Unglücksjahr 1806 über Preußen brachte, bekam auch Spandau sein Teil. Es war die zweite preußische Festung, die sich ohne den Versuch einer Verteidigung dem Feinde übergab. Nach der Übergabe wurde die Stadt von den Franzosen rücksichtslos geplündert und durch immerwährende Einquartierung ausgesogen. Zur Ehre der Spandauer sei besonders erwähnt, daß sich, als der mächtige Franzosenkaiser selbst nach Spandau kam, niemand fand, der ihm ein „Vive Napoléon!" zugerufen hätte, wie dies an andern Orten leider geschah. Die schwersten Tage hatte die Stadt im Jahre 1813 zu bestehen. Die Citadelle befand sich in den Händen der Franzosen und sollte von den vereinigten Russen und Preußen zurückerobert werden. Durch die Belagerung, die etwa sechs Wochen dauerte, kam die Stadt zwischen zwei Feuer. Die Franzosen brannten zu ihrer Sicherung die Vorstädte nieder, und die Verbündeten beschossen die Stadt mehrere Tage hindurch mit Granaten. Bald glich die Stadt einem Flammenmeer. Die Einwohner flüchteten in die Keller, wo sie das Geprassel jeder einschlagenden Granate deutlich hörten. Durch das Getöse der Geschosse erdröhnte auf einmal ein furchtbarer Krach. Eine Granate hatte das mit Pulver und Geschossen angefüllte Laboratorium der Citadelle entzündet und die Bastion Königin in die Luft gesprengt. Das geschah am 18. April, aber erst am 24. April kam die Kapitulation zu stande. Die Freude der Einwohner über die Beendigung der schrecklichen Zeit läßt sich nicht beschreiben. Mit lautem Jubel und thränenden Augen wurden die Preußen empfangen, und die tiefe Bewegung klang in einem in der Nikolaikirche abgehaltenen Dankgottesdienst und in dem dabei gesungenen Tedeum machtvoll aus. Zwischen den Trümmern der verwüsteten Stadt, deren Brandschaden fast 300000 Thaler betrug, vereinigte sich die Einwohnerschaft zu einem Freudenfest, wie es seit der Einführung der Reformation nicht wieder gefeiert worden war. In dem Sturm- und Drangjahre 1848 zog sich Spandau wegen stattgefundener Reibereien zwischen Civil und Militär die Ungnade des Königs zu, welcher Friedrich Wilhelm IV. in scharfen Worten Ausdruck gab. Zum letztenmal kam die kriegerische Bedeutung Spandaus zur Geltung, als in den Kriegsjahren 1870 und 1871 Tausende von französischen Kriegsgefangenen hier eingeschlossen wurden. Von dieser großen Zeit, der Zeit des letzten französischen Krieges, datiert der Aufschwung, den Spandau in militärischer und industrieller Beziehung genommen hat.

Groß sind die Opfer, welche der Stadt und Festung Spandau im Laufe der Jahrhunderte zugemutet wurden; aber ihren vaterländischen und königstreuen Sinn hat die Einwohnerschaft bei jeder Gelegenheit bethätigt. Dies zeigt sich besonders auch in den Denkmälern, welche die Stadt schmücken. An die Freiheitskriege und ihre todesmutigen Kämpfer erinnert ein einfaches, gußeisernes Denkmal in Laubenform an der St. Nikolaikirche; das Denkmal auf dem Stresowplatz, eine prächtige, mit einem Adler gekrönte Säule, ist dem Andenken des letzten deutsch-französischen Krieges geweiht, und das Denkmal Joachims II. vor dem Eingang der St. Nikolaikirche, von der Meisterhand Professor Enkes gebildet, verherrlicht die Einführung der Reformation in die Mark. Das Lieblingsdenkmal der Spandauer aber ist zweifellos das Denkmal des Kaisers Friedrich, desjenigen Fürsten, der zu Spandau und seiner reizvollen Umgebung stets herzliche Beziehungen unterhielt und dem Stadtwalde so gern als Jäger seinen Besuch abstattete. Wenn man vom Bahnhof aus über die Charlottenbrücke geht, grüßt rechts vom Lindenufer her die Siegfrieds- gestalt des Kaisers. Auf der Höhe eines mit saftigfrischem Rasen und Blumen ge- schmückten Hügels hebt er sich von hohem Postament reckenhaft empor. Schön und kraftvoll, mild und männlich sieht er auf die Passanten hernieder. So war er der ruhmumkränzte Feldherr, so war er der Liebling seines Volkes. Die Reliefs am Sockel zeigen uns den Kaiser als Gast in der Oberförsterei und als rüstigen Helfer beim Löschen eines Brandes im Stadtwalde. Das waren Tage der Gesund- heit, der Lebensfreude und Schaffenslust. Und an die Zeit des größten Schmerzes erinnert das dritte Bild, das uns den kranken Kaiser, den Todgeweihten, auf seiner letzten Fahrt von Charlottenburg nach Potsdam vorführt. Die Vertreter der Stadt Spandau haben sich versammelt, um ihm ihre letzte Huldigung darzubringen, und der Kaiser dankt ihnen vom Schiff aus mit wehmutsvollem Gruße. Aus diesem Bilde spricht der tiefe Schmerz über den allzufrühen Tod des Vielgeliebten; aber das Denkmal in seiner kunstvollen Schönheit, die Rosen, die es umblühen, die Lor- beerkränze, die es an patriotischen Erinnerungstagen schmücken, alle die Zeichen der herzlichen Zuneigung und Verehrung verkünden es laut: „Die Liebe höret nimmer auf!"

Hermann Heinrich-Spandau.

Die Rathenower optische Industrie.

Eine „freundliche Lindenstadt" ist Rathenow schon oft von fremden Besuchern genannt worden und mit Recht, denn mehrere seiner sauberen Straßen und Plätze, besonders in den neueren Stadtteilen, sind mit Linden bepflanzt; sonst ist es auch bekannt als die Stadt der Brillen. Es hat sich aus einem kleinen Ackerstädtchen allmählich zu einer nicht unbedeutenden Industriestadt entwickelt, und seine Einwohner- zahl ist in den letzten 30 Jahren, seit die Berlin-Lehrter Eisenbahn gebaut worden ist, von 8000 auf 20000 gewachsen. Unter den zahlreichen Industriezweigen, die hier gepflegt werden — Rathenow hat auch Ziegeleien, Kalköfen, Holzschneidereien, Schiffbauereien, Möbel- und Ofenfabriken, Eisengießereien (besonders zur Herstellung landwirtschaftlicher Maschinen), Leimsiedereien, eine Dampfmühle und eine Asbest- fabrik — nimmt die optische Industrie den ersten Rang ein und hat nicht un- wesentlich zur Entwickelung und Vergrößerung der Stadt beigetragen. Sie ist es gewesen, die der Stadt ihren Weltruf verschafft hat; gehen doch die optischen Er- zeugnisse Rathenows nicht nur durch ganz Deutschland, sondern auch in fast alle Länder Europas, ja nach Amerika, Australien, Indien und China.

Die optische Industrie wurde im Jahre 1800 durch den Prediger August Duncker begründet, zu dessen Andenken man die schönste Straße der Stadt „Ducker= straße" genannt hat. Duncker wurde nach beendigtem Studium seinem fast ganz taub gewordenen Vater, der Archidiakonus in Rathenow war, als Adjunkt zur Seite gestellt und teilte mit ihm die nicht bedeutenden Einkünfte der Stelle. Das Be= dürfnis größerer Einnahmen für sich und seine Familie nötigten ihn, auf Neben= verdienst zu sinnen. Schon als Student in Halle hatte er eine Vorliebe für die Optik gefaßt und war mit dem Verfahren, Gläser für optische Instrumente zu schleifen, bekannt geworden. Da nun damals in Deutschland nur Brillen mit ge= gossenen Gläsern in größerer Zahl gefertigt wurden (in Nürnberg), die, statt der mangelhaften Sehkraft zu Hilfe zu kommen, mehr dazu dienten, die dürftige Sehkraft zu schwächen, so strebte Duncker danach, Brillen mit geschliffenen Gläsern zu billigen Preisen herzustellen. Es gelang ihm, eine Maschine für Handbetrieb zu erfinden, mit der viele Gläser derselben Art auf einmal geschliffen werden konnten. So richtete er dann in den Boden= und Stallräumen des Pfarrhauses die erste Brillen= schleiferei ein. König Friedrich Wilhelm III. erteilte unter dem 10. März 1801 der neugegründeten Anstalt den Titel: „Königliche privilegierte optische Industrie= anstalt", und der Staat förderte das gemeinnützige Unternehmen, indem er die Zinsen für das Anlagekapital von 7000 Thalern auf 5 Jahre frei gab. Das Mißgeschick des Krieges 1806 und 1807 hinderte den Aufschwung der jungen Anstalt, doch ging es später wieder besser. Bald konnte ein eigenes Haus dafür erworben werden. 1815 betrug die Zahl der darin beschäftigten Arbeiter 30.

1824 übergab der Prediger Duncker das Institut seinem Sohne Eduard. Im Jahre 1835 erstand Eduard Duncker das in der Brandenburgerstraße, der Ecke der Berlinerstraße zunächst gelegene Gebäude, in dem sich noch heute die Glasschleiferei der Mutteranstalt Rathenower optischer Industrie befindet. Zuerst wurde auch dort nur mit Handmaschinen geschliffen, bis man im Jahre 1845 ein Roßwerk für die Schleiferei verwendete. In diesem Jahre ging die Anstalt von Eduard Duncker in die Hände seines Neffen Emil Busch über, der von Onkel und Großonkel eigens für die Leitung einer optischen Fabrik erzogen worden war und in Berlin Optik studiert hatte. 1847 beschaffte Emil Busch für das Gläserschleifen die erste Dampfmaschine; sie wurde als die erste, die die lieben Rathenower am Orte in Augenschein nehmen konnten feierlichst empfangen, mit Guirlanden bekränzt und mit Musik eingeholt.

Unter Emil Busch entwickelte sich die optische Industrie dann schnell, und die Arbeiterzahl war 1849 schon auf 50 gewachsen, die Schleiferei war vollkommener geworden, und man fertigte außerdem Brillenbügel, die übrigens mit der Zeit bessere Form annahmen, und auch größere optische Instrumente.

Im Jahre 1850 etablierte ein Angestellter der Busch'schen Fabrik zugleich mit einem Geldmanne die zweite Fabrik, welche, ähnlich eingerichtet, dieselben Fabrikations= zweige betrieb. Bald folgten dann die Gründungen anderer optischer Firmen, be= sonders seit dem Anfange der 70 er Jahre, nachdem Rathenow Eisenbahnstation geworden war. Es sind heute, die vielen kleinen Fabriken, soweit sie ihre Geschäfte kaufmännisch betreiben, mitgerechnet, über 100 optische Firmen am Orte. Von welchem

Umfange die Rathenower optische Industrie ist, mag man aus dem Umstande ersehen, daß heute täglich gegen 1500 Dutzend verglaste Brillen und Fassungen aus Rathenow gehen.

Außer der Brillenschleiferei, welche von drei Firmen mit Dampfmaschinen, von mehreren mit Gasmotoren betrieben wird, und der Bügelindustrie, die notwendig dazu gehört, ist noch die Anfertigung von Spezialitäten, die besonderen Ruf haben, zu erwähnen. Die Firma Gebr. Picht u. Comp. liefert geschliffene Beleuchtungs= ringe, Fresnelsche Linsensysteme für Schiffslaternen und Scheinwerfer in vorzüglicher Güte; die Firma Busch (seit 1872 Aktiengesellschaft) Feldstecher, die neben den ersten Pariser Fabrikaten als beste Ware auf den Markt kommen. Mehr als 20000 dieser Instrumente wurden in einem Jahre abgesetzt.

In fast allen größeren optischen Fabriken werden auch Lupen, Fernrohre, Mikroskope, Stereoskope u. s. w. angefertigt und zwar in den mannigfachsten Ma= terialien: Horn, Gummi, Elfenbein, Messing, Aluminium u. s. w.

Die Bügelindustrie — weil meist Handarbeit und mit wenigem Handwerkzeug ausführbar — ist z. T. Hausindustrie geworden, freilich nicht zum Vorteil des Geschäfts. Der sogenannte selbständige Meister hat fortwährend, um zu konkurrieren, billige Arbeitskräfte, Lehrlinge, eingestellt, und so ist heute ein fast zu großer Arbeiter= stamm entstanden; es ist Überproduktion vorhanden, und die Preise sind ungemein niedrig. Nickel=Pincenez, ein gangbarer Artikel, wurden z. B. en gros vor 20 Jahren mit 27 *M*, werden aber heute mit 6 *M* pro Dutzend bezahlt.

Der optische Arbeiter steht sich trotzdem nicht schlecht, und dank der optischen Industrie sieht man in Rathenow fast nichts von eigentlicher Armut. Mancher tüchtige und ordentliche Fabrikarbeiter hat in der Jugend so viel gespart, daß er im spätern Leben selbst eine Werkstatt einrichten konnte, und hat als optischer Meister, d. i. als Verfertiger von Gold=, Nickel=, Stahl= oder Hornfassungen für Brillen und Pincenez, oder als Futteralmacher Vermögen und Ansehen erworben.

H. Schultze=Rathenow.
Nach einem Vortrage des Kaufmanns Balthasar in Rathenow.

Volkssagen aus der Umgegend Rathenows.

1. Der Riesenberg bei Kotzen.

Zwischen Kotzen und Landin liegt ein kleiner Hügel, welcher der Riesenberg heißt. Ein Riese wollte einst den in der Nähe befindlichen kleinen See, der ihm unbequem war, zudämmen und trug dazu Erde in seiner Schürze herbei. Als er aber zwischen die beiden Dörfer kommt, reißt ihm das Schürzenband, und alle Erde fällt zu Boden. Er rafft jedoch, was er konnte, wieder zusammen, und nur ein kleines Häufchen, das seinen Fingern zu klein war, so daß er's nicht zwischen die Spitzen nehmen konnte, blieb liegen; das ist der Riesenberg.

2. Die Zwerge in Liepe.

Außer den Riesen hat es vordem auch Zwerge auf Erden gegeben. In Liepe bei Rathenow erzählt man, dieselben seien so klein gewesen, daß ihrer neun in einem Backofen haben dreschen können. In Liepe haben sie unter der Rüster am Hause des Küsters ihren Ein- und Ausgang gehabt, und von ihrem gewöhnlichen Aufenthalte unter der Erde nennt man sie allgemein die Unterirdischen. Sie verkehrten meist freundlich und hilfreich mit den Menschen; bisweilen aber neckten sie auch, und besonders gern stahlen sie ungetaufte Kinder und schoben dafür ihre Wechselbälge unter. Deshalb läßt man auch noch immer auf dem Lande ein Licht des Nachts in der Stube brennen, bis das Kind getauft ist.

Mit der Zeit sind die Unterirdischen seltener geworden; besonders als die Landleute nicht mehr mit den Eggen die Furchen lang zogen, sondern in der Runde und dann über Kreuz, ist ihnen das Land verleidet worden, und sie sind ganz abgezogen; denn das Machen des Kreuzes können die Zwerge ebensowenig ertragen, wie die Hexen.

3. Die spukende Sau bei Milow.

Nahe bei Milow erheben sich ziemlich hohe Sandhügel, welche bis zur Stremme gehen und jenseits derselben unter dem Namen Vieritzer Berge sich weiter ziehen. Auf einem dieser Berge sieht man noch heutigen Tages oben ein tiefes Loch, in dem eine adelige Frau aus der Ritterzeit mit ihren elf Töchtern versunken ist. Sie saß nämlich mit diesen in einer Kutsche, die aus purem Gold und Silber gemacht war, und auf der hinten überdies noch ein bis zum Rand mit Gold gefülltes Faß stand. Sie war so frech, Gott zu fluchen, und da ist sie samt Töchtern und Wagen in den Berg gesunken, aus dem sie als Sau mit elf Ferkeln wieder hervorkam. So irrt sie jetzt noch allnächtlich dort umher, und wer ihr begegnet, dem läuft sie zwischen die Beine und zwingt ihn, ein Stück Weges auf ihr zu reiten, wie es namentlich einem der früheren Prediger in Vieritz erging.

4. Die Herkunft derer von Bredow.

Der Teufel hat einmal Musterung auf der Erde gehalten und alle, die Edelleute, die nicht mehr gut thun wollten, in einen großen Sack gesteckt, den auf den Rücken gethan und ist lustig damit zur Hölle geflogen. Wie er nun über der Stadt Friesack ist, da streift der Sack etwas hart an der Spitze des Kirchturms, so daß ein Loch hineinreißt und eine ganze Gesellschaft von Edelleuten, wohl ein Viertel der Bewohner des Sackes, ohne daß der Teufel es gemerkt hätte, herausfallen. Das sind aber die Herren von Bredow gewesen, die nun nicht wenig froh waren, den Krallen des Teufels für diesmal entkommen zu sein. Zum Andenken nannten sie die Stadt, wo der Sack das Loch bekommen und sie freigelassen hatte, Frie=Sack, und von hier haben sie sich dann über das ganze Havelland verbreitet, wo bekanntlich eine große Menge von Rittergütern, über 3½ Quadratmeilen, in ihrem Besitze sind. Die Namen derselben haben sie ihnen ebenfalls gegeben und zwar meist nach der Richtung des Weges, welchen sie nahmen. Der älteste der Brüder nämlich, der in Friesack blieb, sagte zum zweiten: „Ga beß (besser) hin", da nannte dieser den Ort, wo er sich niederließ, „Beßhin", woraus nachher Pessin wurde; ein dritter ging von Friesack, das am Rande des mächtigen havelländischen Luches liegt, land= einwärts, darum nannte er seine Ansiedlung „Land in" oder Landin; ein vierter ging denselben Weg entlang wie der zweite und baute „Selbelang"; ein fünfter ging von dort aus rechts zu (rechts too) und baute Retzow; ein sechster nannte sein Dorf nach seinem eigenen Namen Bredow. Ein siebenter schließlich wollte, als er sah, wie gut es seinen Vettern ergangen war, rasch auch noch nachspringen, ehe der Teufel das Loch wieder zumachte; da riefen ihm die anderen, die noch im Sacke waren, zu: „Wag's nit! Wag's nit!" Er aber wagte es doch und kam auch glücklich hinunter. Da hat er das Dorf Wagenitz gebaut.

Einige meinen, der Prediger von Friesack habe dabei seine Hand im Spiele gehabt. Er habe gerade vor der Kirche gestanden, als der Teufel mit dem Sack über den Ort weggefahren, und habe, als er dies gesehen, rasch einen Bann ge= sprochen, so daß der Teufel ganz irre geworden und mit dem Sack gegen die Kirch= turmspitze gekommen sei. Deshalb hätten die Bredows der Friesacker Kirche auch das Rittergut Warsow geschenkt, welches noch heutzutage der Oberprediger von Friesack mit allen Patronats= und Obrigkeitsrechten besitzt.

5. Der Markgrafenberg bei Rathenow.

Bei der Stadt Rathenow liegt an der Grenze der Stadtforst ein mit Eichen und Kiefern bestandener mäßiger Berg, welcher der Markgrafenberg heißt. Christoph Entzelt, welcher nach der Reformation der erste Rektor in Rathenow gewesen ist, und andere Schriftsteller erzählen über diesen Berg folgendes: Hier kamen einst= mals im Anfange des vierzehnten Jahrhunderts, als der Markgrafen aus dem Hause Anhalt sehr viel geworden waren, ihrer 19 zu einer Landschauung zusammen und hielten sich daselbst unter Gezelten auf. Da klagten sie einer dem andern ihr Unvermögen wegen der großen Landeszersplitterung. „Was soll daraus werden, wenn unser noch mehr werden! Das Land würde sie gar nicht alle standesgemäß ernähren können." Das hat aber Gott der Herr schnell gewendet. Einer nach dem andern fuhr in die Grube; die Sterbeglocke in den von ihnen gestifteten Klöstern Lehnin und Chorin, wo sie bestattet wurden, hörte fast gar nicht auf zu läuten, und nach zwei Jahren oder gar nach Jahresfrist war nur noch einer übrig, und mit diesem erlosch dann im Jahre 1320 das ganze Geschlecht in der Mark.

Seit jener Zeit ist es am Markgrafenberg nicht recht geheuer; oft läßt sich dort ein Pferd sehen, dem Feuer aus Maul und Nase sprüht, und schon manchen, der dort in der Nacht vorüberging, hat es in Furcht und Schrecken gesetzt.

Jene Überlieferung über den Markgrafenberg beruht gewiß auf einer That=sache; nur hat die Volkssage eine bedeutende Zeitverkürzung eintreten lassen. Die Zusammenkunft hat wohl schon um das Jahr 1280 stattgefunden. Damals war das Geschlecht der Ballenstädter Markgrafen sehr zahlreich geworden und mochte wohl an die 19 Fürsten zählen. Die mit kriegerischen und Regententugenden hoch=begabten Herren lagen dem edlen Weidwerk fleißig ob und fanden im grünen Wald bei Hörnerschall und Rüdengebell Erholung und Erfrischung des Körpers und Geistes nach den Sorgen der Regierung. Die Forsten bei Rathenow waren ihr Lieblingsjagdrevier, und von der Rathenower Heide (merica) ist ja manche wichtige Urkunde datiert; ja, eine aus dem Jahre 1275 ist sogar ausgefertigt im Tiergarten am Luche bei Rathenow (apud Rathenow in arboreto sc. in horto ferarum quod vulgariter dicitur Thiergarten juxta stagnum). Die zahlreichen Sprossen jenes Geschlechts wurden in kurzer Zeit durch den Tod hinweggemäht; im Jahre 1308 waren nur noch drei männliche Erben übrig. In Waldemar, der die ganze Mark wieder unter seinem Scepter vereinigte, strahlte das Geschlecht der Askanier noch einmal in vollem Herrscherglanze; er schenkte am 18. Juni 1319 der Stadt Rathenow den Hof Rodenswalde mit der Stadtforst; schon wenige Monate darauf, am 14. August, starb er als 28 jähriger Jüngling. Mit ihm sank der mächtigste und ruhmvollste Askanier, sank der letzte Markgraf aus Albrecht des Bären Geschlecht ins Grab. Das letzte schwache Reis dieses Stammes, ein minder=jähriger Vetter Waldemars, starb im nächsten Jahre, und somit war der Stamm, der ein Menschenalter vorher in der Mark noch so viele kräftige Zweige und Sprossen getrieben hatte, verdorrt und ausgegangen.

6. Selbergethan und der Havelnix.

Es war einmal ein Schiffer, der hatte sich auf der Havel vor den Wind gelegt und wollte sich ein Gericht Fische fangen. Als er genug geangelt hatte, machte er sich ein Feuer an, sie zu braten. Wie er nun die Fische in seiner Pfanne über dem Feuer hat, es war so um die Schummerzeit, da kommt auf einmal ein Wassernix aus der Havel zu ihm aufs Schiff. Das war ein ganz kleines Kerlchen, so groß wie ein Hähnchen; der hatte eine rote Kappe auf und stellte sich neben ihn und fragte ihn, wie er heiße. „Wo if heeten doo?" sagte der Fischer, „if heet Selberjedan, wenn det weeten wist!" „Na, Selberjedan," sagt der Wassernix und konnte knapp reden, weil er das ganze Maul voll Padden hatte, „Selberjedan, if bedrippe di." „Ja, dat safte mol doon," sagte der Schiffer, „denn nehm ikken Stock un schla di domet var de Rügge, datte janz krumm und scheef waren saft." Aber der Wassernix kehrte sich nicht daran und sagt noch einmal: „If bedrippe di," und ehe mein Schiffer es sich versieht, speit er ihm alle Padden in die Pfanne. Da nahm der Schiffer seinen Stock und schlug auf den Wassernix ganz barbarisch los, daß er gottsjämmerlich zu schreien anfing, und alle Wassernixen ihre Köpfe aus dem

Wasser steckten und ihn fragten, wer ihm denn was gethan habe, daß er so schrie. Da schrie der Wassernix: „Selberjedan! Selberjedan!" Als das die andern Wasser= nixen hörten, sagten sie: „Hast dut selber jedahn, so is de nich to helpene," und damit tauchten sie wieder unter. Da sprang auch der geschlagene Wassernix wieder in die Havel; er hat aber keinen Schiffer wieder „bedrippt".

7. Der Schiffsgraben bei Rathenow.

Der sogenannte Schiffsgraben zwischen dem Königl. Proviant=Amt und der Holz= fabrik, welcher jetzt die Grenze zwischen Steckelsdorf und Rathenow bildet, soll auf folgende Weise hergestellt worden sein.

Ehe noch bei Rathenow eine Schleuse gewesen, hätten einmal Rathenower Bürger mit dem Herrn von Treskow, der damals das jetzt von Kattesche Gut Steckelsdorf besaß, über den Bau einer Schleuse gesprochen, und dieser habe die Schwierigkeiten eines solchen Baues sehr vergrößert; die Rathenower dagegen hätten erwidert, daß sie das für etwas sehr Leichtes, für das Werk einer einzigen kühlen Sommernacht hielten. Der von Treskow gab ihnen darauf sein ritterliches Ehren= wort, daß er ihnen, wenn sie diese Herkulesarbeit in einer Nacht vollenden würden, so daß man mit einem Kahne dort zur untern Havel hindurchfahren könne, den ganzen ihm gehörigen Landstrich, der durch diesen Graben abgeschnitten würde, schenken wolle. Vordem hat nämlich die Stadt auf dieser Seite weiter nichts gehabt als außerhalb des Havelthores die lange Brücke. Darauf machten sich alle Bürger eines Abends auf und stachen diesen Graben in einer einzigen Nacht durch, so daß des Morgens ein vollkommener Strom da floß, wo sonst niemals Wasser gewesen. So hatte die Stadt den schönen Landstrich gewonnen, der mit dem eigentlichen Havelstrom den Mühlenwerder und die Freiheit umschließt. Die Freiheit ist der nördliche, rechts vom Damme gelegene Teil dieser Insel; dort durfte das Vieh der Bürger und „die Hammeln, so die Knochenhauer zur gemeinen Stadt Nothdurfft eingekaufft und schlachten wollen", frei gehütet werden.

Dieser Schiffsgraben wurde 1561 bei der Anlegung der ersten Rathenowischen Schleuse benutzt; es war das eine Kesselschleuse, von welcher Reste des Kessels noch jetzt im Garten der Holzfabrik sichtbar sind. Als sie baufällig wurde, erbaute man dicht neben ihr eine neue Schleuse mit parallelen Kammerwänden, welche jetzt noch die Wasserkraft für die Holzfabrik liefert, und deren Quadersteine bei niedrigem Wasserstande an der rechten Seite sichtbar werden. Erst im Jahre 1732 wurde die Schleuse an ihre jetzige Stelle in den bis dahin nur zur Sicherung der Stadt dienenden Stadtgraben verlegt.

8. Der Teufelsberg bei Landin.

In dem pohlschen Luche bei Landin liegt ein Berg, welcher sich kegel= förmig aus der ihn umgebenden Niederung erhebt und auf dem oben ein Loch ist. Dieser Berg stammt gleichfalls von den Riesen oder Hünen (siehe Sage 1), wie man sie auch nennt, her. Auf dem hohen Rott zwischen Kotzen und Nennhausen wohnte nämlich ein Hüne und auf den rüthschen Bergen bei Landin ein Hünenmädchen; die hatten einander lieb. Da aber zwischen beiden Höhen das Luch war, mußte der Riese immer einen großen Umweg machen, um zu seinem Schatz nach den rüthschen Bergen zu gelangen. Endlich fiel dem Hünenmädchen ein, wie sie das ändern könnte. Sie nahm eine Schürze voll Sand, that einen mächtigen Schritt in das Luch hinein und ließ die Erde fallen. Nun konnte der Hüne vom hohen Rott mit zwei Schritten zu ihr hinüberkommen. Da, wo er aber mit dem einen Fuß auf dem Berge auftrat, entstand das tiefe Loch, welches jetzt noch auf dem Berge zu sehen ist. Der Berg heißt jetzt der Teufelsberg; warum, wird ein andermal erzählt.

W. Thie-Rathenow.

Die Eroberung Rathenows durch den Großen Kurfürsten. 1675.*)

Der ländergierige König Ludwig XIV. von Frankreich (1643—1715) führte von 1672—1678 einen Eroberungskrieg gegen Holland. Friedrich Wilhelm, der große Kurfürst von Brandenburg (1640—1688), besorgt vor dem drohenden Übergewicht Frankreichs und durch Verwandtschaft mit dem Statthalter der Republik Holland verbunden, hatte mit letzterem ein Bündnis geschlossen und stand im Jahre 1674 mit seinem Heere am Rhein. Um diesen tapfern Feind von seinen Grenzen zu entfernen, wiegelte Ludwig XIV. die mit ihm verbündeten Schweden auf, von Pommern aus in die Mark Brandenburg einzufallen. Am 18. Dezember 1674 rückten die Schweden in die Uckermark ein, und Ende desselben Monats befand sich der Oberbefehlshaber des schwedischen Heeres, Feldmarschall Karl Gustav von Wrangel, mit 16000 Mann und 30 Geschützen in der Gegend von Prenzlau. Von hier aus besetzte er noch während des Winters von 1674 auf 1675 die Neumark, einen Teil von Hinterpommern, das Land Sternberg, den Kreis Züllichau und näherte sich im Frühling 1675 der Elbe; am 21. Mai drang er ins Havelland ein und besetzte Brandenburg, Rathenow und Havelberg.

Im Anfang hielten die Schweden gute Mannszucht, bald aber änderte sich ihr

---

*) Quellen: 1. Veranlassung und Geschichte des Krieges in der Mark 1675 von Gansauge. 1834. 2. Rathenow und Fehrbellin. Festschrift von Const. Mehnert. 1875. 3. Denkwürdigkeiten von Rathenow von Sam. Wagener. 1803.

Betragen. Sie quälten und bedrückten das brandenburgische Volk und verübten Greuel, wie sie im 30jährigen Kriege kaum vorgekommen waren; sie erpreßten von den armen Bewohnern an Lebensunterhalt, was irgend zu erpressen war, plünderten Dörfer und Kirchen, trieben überall das Vieh weg und steckten die Ortschaften in Brand. Da war es kein Wunder, daß die Bauern sich zusammenrotteten und über einzelne Schweden herfielen. Auf ihren Fahnen hatten sie den brandenburgischen roten Adler und darunter die Inschrift:

> Wir sind Bauern von geringem Gut
> Und dienen unserm gnädigsten Kurfürsten mit unserm Blut.

Wenn die wackern Brandenburger dadurch ein Beispiel ihres Mutes und ihrer Treue gegen den Kurfürsten gaben, so konnten sie in ihrer Minderzahl dem Feinde jedoch nur geringen Schaden zufügen.

Erst am 8. Juni 1675 traf vor Rathenow der schwedische Oberst von Wangelin mit seinem Dragonerregiment in der Stärke von 600 Mann ein. Ein gewandter und entschlossener Bürger, mit Namen Caspar Bach, begab sich zu dem Obersten und bewog ihn zu einer milden Behandlung der Stadt. Wangelin ließ auch das Regiment noch einige Tage auf dem Felde vor dem Stein- und Jederitzerthore lagern, nur die Offiziere durften Quartiere in der Stadt beziehen. Leider hielt diese freundliche Gesinnung des Obersten nicht lange vor, denn am 10. Juni bereits rückten die Truppen in das Städtchen ein. Rathenow erfuhr nun ebenfalls alle Bedrückungen der Schweden. Die Stadt mußte 200 Tonnen Bier und 40000 Pfund Brot liefern. Außerdem wurden die Pferde der ganzen Gegend zusammengebracht und die brauchbaren ausgehoben. Der gemeine Soldat wollte aufs beste von den Bürgern verpflegt sein, denn der Übermut der Schweden stieg immer höher, besonders nachdem sich ein Gerücht vom Tode des Kurfürsten verbreitet hatte. Dieses Gerücht wurde von dem wackern Landrat von Briest auf Bähne (heute Böhne genannt) und dem obengenannten Caspar Bach in der Absicht verbreitet, die Schweden sorglos und sicher zu machen, damit sie durch den bevorstehenden Angriff des Kurfürsten desto mehr überrascht werden konnten.

Auf die Nachrichten von dem Einfall der Schweden in sein Land war Kurfürst Friedrich Wilhelm am 26. Mai 1675 mit seinem Heere in Franken aufgebrochen und hatte Magdeburg bereits am 11. Juni erreicht. Am 10. Juni ließ er einen allgemeinen Buß- und Bettag abhalten; die Predigt an diesem Tage mußte in allen Kirchen über den Text Jer. 20, 11. 12 gehalten werden, welcher lautet: „Der Herr ist bei mir wie ein starker Held; darum werden meine Verfolger fallen und nicht obliegen, sondern sollen sehr zu Schanden werden, darum, daß sie so thöricht handeln; ewig wird die Schande sein, der man nicht vergessen wird. Und nun, Herr Zebaoth, der du die Gerechten prüfest, Herz und Nieren siehest, laß mich deine Rache an ihnen sehen; denn ich habe dir meine Sache befohlen."

In Magdeburg hielt der Kurfürst am 12. Juni einen Kriegsrat, in welchem beschlossen wurde, die Schweden in Rathenow anzugreifen. Für diesen Entschluß waren folgende Gründe maßgebend: Rathenow war von einer geringeren Truppenmacht besetzt als Brandenburg und Havelberg, da sich an ersterem Orte 12000 Mann, an dem zweiten etwa 3000 Mann befanden; sodann liegt Rathenow in der Mitte zwischen Brandenburg und Havelberg, und durch seine Eroberung wurde das schwedische Heer in zwei Teile getrennt, welche der Kurfürst naturgemäß leichter besiegen konnte als die vereinigte Macht; ferner hatte der in Brandenburg stehende Hauptteil der Schweden in dem hinter Rathenow liegenden, damals noch nicht entwässerten havelländischen Luch einen sehr beschwerlichen Rückzug, auf welchem der Kurfürst ihn vielleicht gänzlich vernichten konnte.

Da man sichere Kundschaft hatte, daß die Nähe des Kurfürsten dem Feinde noch unbekannt war, so wurde beschlossen, am 13. Juni mit größter Schnelligkeit gegen Rathenow vorzurücken und die Gegner zu überraschen. Der Kurfürst bestimmte daher zum Angriff die ganze Kavallerie in Stärke von 6000 Mann, die beiden Dragonerregimenter von Derfflinger und von Bomsdorff und 1200 Mann auserlesene Musketiere. Die Artillerie bestand aus 9 Drei=, 2 Zwölf=Pfündern und 2 Haubitzen (Haubitzen waren kleine Geschütze, die im Gefecht durch 2—3 Mann fortbewegt werden konnten). Die Geschütze und Munitionswagen waren mit doppelter Bespannung versehen, um ein schnelles Vorrücken zu ermöglichen. Außerdem hatte man 120 Wagen, auf welchen die Infanterie gefahren und eine Anzahl Kähne mitgenommen wurde, deren man beim Übersetzen über die Havel bedurfte.

Am Abend des 14. Juni gelangte dieses Heer bis Vieritz, 10 km südwestlich von Rathenow. Eine Patrouille hatte in der Gegend von Plaue einen Trupp von 20 schwedischen Kavalleristen mit 1 Offizier gefangen genommen; dem letzteren nötigte Derfflinger mit der Pistole das schwedische Feldgeschrei ab. In später Abendstunde stieß hier zu dem Heere der Landrat von Briest und brachte die sichere Mitteilung von der Sorglosigkeit der Schweden. Der Kurfürst hatte ihn bereits von Magdeburg aus von seiner Ankunft verständigt und zu thätiger Mitwirkung an seinem Vorhaben aufgefordert. Diesen Auftrag führte er mit Klugheit und Treue aus; im Laufe des 14. Juni ließ er ganze Wagenladungen von Bier und Branntwein nach Rathenow fahren und fand auf die Worte: „Mokt up, ick bin Briest, ick bring ju Beer un Brannwin!" bei der Schildwache bereitwillig Einlaß. Da er auch noch ausgeschriebene Geldkontributionen mitbrachte, wurde er mit Freuden aufgenommen. Er spendete der Wache Bier und Branntwein in reichem Maße, verteilte die übrige Ladung an die Besatzung der Stadt und gab den Offizieren ein festliches Gelage, bei welchem er eifrig zum Trinken ermunterte. Als die Offiziere nicht mehr fähig waren zu beobachten, was um sie vorging, schlich er sich aus ihrer Mitte und begab sich dann schleunigst zum Kurfürsten nach Vieritz.

Wie der beigefügte Plan von Rathenow aus dem Jahre 1675 zeigt, liegt die Stadt auf einer von der Havel gebildeten Insel. (Die Neustadt Rathenow wurde erst 1733—1736 erbaut; sie befindet sich östlich von der Altstadt, also vor dem ehemaligen Steinthore 10.) Die Brücke über den westlichen Havelarm führt den Namen hohe Brücke (1); sie war damals die einzige Brücke über denselben, und die Truppen des großen Kurfürsten mußten dieselbe passieren, um nach der langen Brücke (2), welche über den mittleren Arm führt, zu gelangen. Der Besitz der

13*

hohen Brücke war also für die Brandenburger von hervorragendem Wert. Zwischen den beiden genannten Brücken befinden sich noch vier kleine Brücken, da das Gelände zu beiden Seiten des Weges durch sumpfige Wiesen, die sogenannten Magistrats= wiesen, gebildet wird. Diese vier kleinen Brücken waren von den Schweden zer= stört, man konnte sie jedoch zu beiden Seiten umgehen. Von der Magistratswiese führte ein Freiwehr (5), Freiarche genannt, nach dem Mühlendamm, auf dem man bis zu dem Mühlenthor (6) gelangt. — Auf der östlichen Seite der Stadt befindet sich ein dritter Havelarm, der damalige Stadtgraben, seit 1732 zum Schleusenkanal ver=

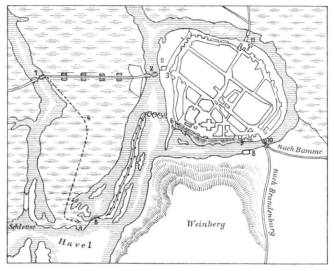

Stadtplan von Rathenow aus dem Jahre 1675.

tieft; an dem rechten Ufer dieses Flußarmes, der Wasserpforte (9) gegenüber, lag in der Nähe des nach Nauen führenden Steinthores (10) ein seit 1660 bestehender kur= fürstlicher Eisenhammer (8). Nach Norden, ebenfalls über den Stadtgraben, führt das Jederitzerthor (11) ins Ländchen Rhinow. — Die Stadt selbst war von einer Mauer umgeben, die aber in dieser Zeit bereits nicht mehr an allen Stellen in gutem Zustande war.

Nachdem das brandenburgische Heer am Abend des 14. Juni im Walde bei Vieritz einige Stunden gerastet hatte, brach es in den ersten Morgenstunden am 15. Juni nach Rathenow auf. Bei Böhne (7½ km südwestlich von Rathenow) teilte der Kurfürst seine Macht, da er einen mehrfachen Angriff angeordnet hatte; er sandte den Generaladjutanten von Canovsky und den Oberstleutnant von Kanne mit 400 Musketieren östlich zur Havel, auf der sie mit Kähnen hinabfuhren, um teils am Mühlenthor, teils am Rathenower Weinberge zu landen und die Stadt von Süden und Südwesten anzugreifen. Die Hauptmacht rückte auf der Straße nach Rathenow weiter vor; sie sollte die beiden Havelbrücken (1 und 2) überschreiten und im Westen durch das Havelthor in die Stadt eindringen. Dieses

Thor sollte Derfflinger mit seinen Dragonern nehmen, während die Infanterie unter dem Generalmajor von Götze und dem Obersten Grafen Dönhoff von der hohen Brücke (1) über die Magistratswiesen (4) zur ehemaligen Freiarche (5) und zum Mühlenthor vorging, um sich hier mit den Truppen von Canovskys zu vereinigen. — Diesen Bestimmungen gemäß wurde der Angriff auf Rathenow ausgeführt.

Als die brandenburgische Hauptmacht im ersten Morgengrauen in der Nähe der hohen Brücke (1) angekommen war, ging Derfflinger mit ungefähr 100 Dragonern und einigen Musketieren gegen dieselbe vor; er fand sie aufgezogen und durch eine Wache von 6 Mann besetzt. Da er die schwedische Losung angeben konnte, gab er sich und seine Begleiter für Schweden aus, die von brandenburgischen Bauern verfolgt würden; indessen es wollte ihm der feindliche Korporal keinen Glauben schenken. Erst nach längerer Verhandlung, in welcher der Feldmarschall auf die Verantwortung hinwies, die der Korporal übernehmen müsse, falls ihnen durch die Feinde Schaden zugefügt würde, gingen die Schweden in die Falle und ließen die Zugbrücke nieder. Sofort drängten die Brandenburger hinauf, stachen 2—3 Mann von der Wache nieder und nahmen Besitz von diesem wichtigen Übergang. Nun war es dem Hauptteil des Heeres möglich, bis an die lange Brücke (2) zu gelangen. Der Rest der schwedischen Wache entkam nach dem Havelthor und alarmierte die Besatzung.

Der Kurfürst ließ alsbald die beiden Dragonerregimenter absitzen und zu Fuß gegen die lange Brücke vorgehen. Dieselbe hatte zwei Aufzüge, welche teilweise abgetragen und außerdem aufgezogen waren; somit war ein Sturm gegen das Havelthor (3) unmöglich, denn ein Durchschwimmen des Flusses konnte wegen der reißenden Strömung nicht ausgeführt werden. Die Dragoner setzten sich in den Gärten vor der langen Brücke fest, woselbst sie leider den Schüssen der Schweden vom Havelthor her ohne genügende Deckung ausgesetzt waren. Die Sache der Brandenburger stand sogar in diesem Augenblick recht mißlich, da ihre Truppen durch das Nachrücken der Infanterie auf dem schmalen Damme immer mehr in Unordnung zusammengedrängt wurden, und ihnen ein kühnes Vorgehen der Schweden verhängnisvoll werden konnte. Glücklicherweise wurde die Aufmerksamkeit der letzteren bald geteilt, da von Canovsky und von Kanne mit ihren 400 Musketieren auf der Südseite der Stadt gelandet waren und zum Angriff schritten.

Ungefähr zwei Drittel dieser Truppen unter von Canovsky gingen bei dem Eisenhammer (8), also dicht oberhalb der jetzigen Schleuse, über den Stadtgraben und teilten sich in zwei Haufen. Die Hälfte, also ein Drittel von 400 Mann, wandte sich rechts und stürmte gegen das Steinthor (10). Wenn hier auch zunächst kein Erfolg erzielt wurde, so konnte der Feind doch die dort aufgestellten Truppen nicht an andern bedrohten Punkten verwenden. Die andere Hälfte der Abteilung von Canovskys griff die Wasserpforte (9) an, die von 100 Schweden verteidigt wurde. Nach hartnäckigem Kampfe, in dem sämtliche Verteidiger fielen, wurde diese Pforte genommen, und durch sie drangen die Brandenburger zuerst in Rathenow ein. Der Kampf zog sich nun innerhalb der Ringmauer weiter; die bei

der Wasserpforte eingedrungenen Brandenburger bemächtigten sich des Stein=
thores und öffneten dasselbe ihren Kameraden, die es von außen vergeblich
bestürmt hatten.

Der Rest jener 400 Musketiere unter dem Oberstleutnant von Kanne war

Nach einer Aufnahme von H. Bentzke=Rathenow.

Das Denkmal des Großen Kurfürsten zu Rathenow.

zu derselben Zeit in der Gegend des Mühlenthores (6) ans Land gestiegen. An
dieser Stelle hatten die Brandenburger einen besonders harten Kampf zu bestehen,
denn die hier befindliche Wache wurde vom Havelthor her kräftig unterstützt. Zum
Glücke erhielt von Kanne auch Unterstützung durch die Hauptmacht der branden=

burgischen Infanterie. Die Führer derselben, von Götze und von Dönhoff, hatten sich nämlich, nachdem sie die hohe Brücke überschritten, rechts über die nassen Wiesen und über die Freiarche (5) begeben und gingen nun mit 600 Mann auf dem Mühlendamme vor gegen das Mühlenthor (6). Ihr Angriff geschah mit solcher Heftigkeit, daß das genannte Thor bald in ihre Hände überging. Dem Oberstleutnant von Kanne wurde es zu derselben Zeit möglich, rechts neben dem Mühlenthor den steilen Abhang, auf welchem sich Rathenows Südseite erhebt, zu erobern und über die an dieser Stelle eingestürzte Stadtmauer in die Stadt einzudringen.

Bereits während der Erstürmung des Mühlenthores hatten von Götze und Graf Dönhoff einen Teil ihrer Truppen am Wasser entlang nach dem Havelthor geschickt. Diese ließen die Züge der langen Brücke herab und belegten die abgetragenen Balken mit Brettern. Nun konnten Derfflingers Dragoner und einige Reiterregimenter den mittleren Havelarm überschreiten und bis zum Havelthor vordringen. Nach der bald erfolgten Eroberung des Mühlenthores gelangten die Brandenburger kämpfend innerhalb der Stadtmauer bis zum Havelthor und öffneten es von innen. Sofort stürzten sich die brandenburgischen Dragoner und Reiter unter Derfflingers Führung in die Stadt und halfen den Sieg vollenden, wie sie vorher durch Überrumpelung der hohen Brücke den Kampf eröffnet hatten. An der Kirche und einigen Straßenecken fand noch ein kurzer blutiger Kampf statt, in welchem fast sämtliche Schweden niedergemacht wurden. Nur $1\frac{1}{2}$ Stunde hatte der ganze Kampf gedauert.

Das schwedische Dragonerregiment war durch dieses „Massacre" vollständig vernichtet. 390 Mann blieben tot auf dem Platze, verwundet und gefangen wurden 260 Mann, mit ihnen der Oberst Wangelin. Erbeutet wurden ungefähr 600 Pferde, 6 Dragonerfahnen (das Regiment bestand aus 6 Kompagnien, von denen jede eine Fahne führte) und 2 Pauken, außerdem die von den Schweden gesammelten Vorräte. Der brandenburgische Verlust betrug 1 Oberstleutnant (von Uckermann), 2 Fähnrich und 50 Mann. Der Kurfürst hatte einen ersten, glänzenden Erfolg bei der Befreiung seines Landes errungen. Sein erstes Ziel, die Trennung der stärkeren schwedischen Macht in zwei Haufen, war erreicht, und er konnte hoffen, auch diese beiden Abteilungen bei weiterem kühnen Ansturm zu besiegen.

Dem Statthalter der Mark, dem Fürsten von Anhalt, teilte er die Siegesbotschaft noch am 15. Juni nach Berlin mit folgenden Worten mit: „Euer Liebden geben Wir hiermit freundlich und gnädigst zu vernehmen, wasmaßen es dem gütigen Gott gefallen, Unsere gerechte Sache und Waffen wider die Schweden bald anfangs dergestalt zu segnen, daß Wir diesen Morgen um 3 Uhr die Stadt Rathenow mit stürmender Hand erobert und eingenommen, und ist des Obersten Wangelin ganzes Regiment Dragoner, so darin gelegen, bestehend in 6 Kompagnien, ruiniert und niedergemacht worden. Er selbst, der Obrister, ist nebst seiner Frauen, wie auch seinem Obristleutnant, Oberstwachtmeister und zwei Kapitänen gefangen, die übrigen Offiziere und meisten Gemeinen sind geblieben und etliche gefangen, auch die sechs Fähnlein bekommen. Weil nun dieser glückliche Succeß allein dem höchsten Gott, von dem aller Sieg und Segen kommt, billig zuzulegen ist, so haben Euer Liebden die Verfügung zu thun, daß seiner Güte desfalls gebührend von der Kanzel gedankt und Er angerufen werde, Unsere Waffen ferner zu segnen . . . Wir werden darauf bedacht sein, wie Wir diesen Uns von Gott gegebenen Sieg weiter poussieren mögen" u. s. w.

Nachdem der Kurfürst die ersten Anordnungen zur Verfolgung seines Sieges getroffen hatte, ließ er in Rathenow am Vormittage des 15. Juni unter freiem Himmel einen feierlichen Dankgottesdienst abhalten. Die Predigt bei demselben hielt der Pfarrer und Inspektor zu Rathenow, Magister Constantin Voitus, nach des Kurfürsten Bestimmung über den Text: Der Herr ist ihre Stärke; Er ist die Stärke, die seinem Gesalbten hilft. (Ps. 28, 8.)

A. Krüger-Friedrichsfelde.

Die Schlacht bei Fehrbellin.

Durch die Eroberung Rathenows hatte der große Kurfürst mit Gottes Hilfe den ersten Erfolg errungen. Nun galt es aber rastlos vorwärts zu streben, wenn das angefangene Werk auch vollendet werden sollte. Der Kurfürst sandte daher Eilboten an den Generalfeldzeugmeister Herzog August von Holstein nach Magdeburg und befahl ihm, ohne Verzug mit dem gesamten Fußvolk nach Rathenow aufzubrechen. Auch wurden durch Patrouillen Erkundigungen über die Bewegung der in Brandenburg und Havelberg stehenden schwedischen Streitkräfte eingezogen. Von welch ungeheurer Wichtigkeit die Eroberung Rathenows gerade zu dieser Zeit war, beweist am besten der Umstand, daß die Schweden an demselben Tage von Brandenburg und Pritzerbe über Rathenow nach Havelberg marschieren wollten, um von dort die geplante Vereinigung mit dem Herzog von Hannover ins Werk zu setzen. Als aber der Befehlshaber der im Süden von Rathenow stehenden schwedischen Truppen, der Generalleutnant Waldemar von Wrangel, von der Überrumpelung Rathenows hörte, brach er in größter Eile ostwärts auf und suchte über Nauen und Fehrbellin seinem Bruder, dem Feldmarschall Gustav von Wrangel, in der Prignitz die Hand zu reichen. Dies zu verhindern war das Bestreben des Kurfürsten. Da jetzt jeder Augenblick von Bedeutung war, so beschloß er mit der Reiterei und den ihm nach Besetzung von Rathenow verbleibenden 500 Mann Infanterie allein, ohne die von Magdeburg heranrückenden Truppen zu erwarten, den Feind zu verfolgen und zu vernichten. Unter Führung von Jägern wurden quer durch das Luch drei Ab-

teilungen unter dem Befehl des Generaladjutanten von Kanovsky, des Oberstleut=
nants Henning und des Rittmeisters Zabeltiß nach Fehrbellin, Kremmen und Oranien=
burg gesandt, um die Brücken über den Rhin zu verbrennen, die Engwege durch
Verhaue zu sperren und durch das bewaffnete Landesaufgebot verteidigen zu
lassen. Am 16. Juni brach der Kurfürst von Rathenow auf. Abends 9 Uhr er=
reichte er das vier Meilen von Rathenow entfernte Barnewitz, wo noch Spuren
des am Morgen verlassenen schwedischen Lagers vorgefunden wurden, und über=
nachtete dort in seinem Wagen unter den Truppen. Der frühe Morgen des
folgenden Tages sah die Brandenburger wieder in Bewegung. Von Barnewitz
ging es über den Damm
zwischen den Seen von
Groß=Behnitz und Riewendt
auf Gohlitz zu, wo eine
Abteilung der feindlichen
Nachhut eingeholt und zum
Teil niedergemacht, zum
Teil zersprengt wurde. Die
Schweden flohen in größter
Eile; weggeworfene Waffen
und Harnische, sowie Vor=
räte, zerbrochene Wagen und
gefallene Pferde kennzeich=
neten ihren Weg. Die
Brandenburger jagten hin=
terdrein, mit Spannung
einen Kampf erwartend.

Bei Nauen griffen
Generalmajor Lüdicke und
Oberstleutnant von Sydow
den 1000 Pferde starken
feindlichen Nachtrab an und
trieben ihn aus der Stadt
auf den nordwärts durch
das Luch führenden Damm

Relief am Denkmal des Großen Kurfürsten zu Rathenow.

zurück, nachdem ein Teil niedergehauen war. Die Brandenburger folgten,
büßten aber eine bedeutende Anzahl Leute ein, da sie auf dem schmalen Damme
nur zu Dreien oder Vieren nebeneinander reiten konnten und von der feind=
lichen Artillerie heftig beschossen wurden. Drei von Derfflinger am Südrande
des Luches aufgestellte Geschütze brachten jedoch das schwedische Feuer zum
Schweigen, die Brandenburger stellten eine vom Feinde zerstörte Brücke wieder
her und drängten den Gegner bis an das Ende des Dammes nach Börnicke
zurück. Von einem Angriff auf die in Schlachtordnung aufgestellten Schweden
wurde Abstand genommen. Die Brandenburger sollten sich zuvor in Nauen

von den angestrengten Märschen erholen. An demselben Tage kehrten auch die von Rathenow ausgesandten Streifscharen zurück, nachdem sie ihre Aufgabe vollständig gelöst und vor allem die Brücke über den alten Rhin bei Fehrbellin zerstört hatten. Oberstleutnant Henning, welcher auf dem Schlachtfelde von Fehrbellin vom Kurfürsten geadelt wurde und den Namen „von Treffenfeld" erhielt, war sogar so glücklich gewesen, eine Abteilung von 130—150 schwedischen Reitern und Dragonern teilweise niederhauen, teilweise gefangen nehmen zu können. Von der Stimmung, die im brandenburgischen Heere herrschte, kann nichts eine bessere Vorstellung geben, als der folgende Brief des Prinzen Friedrich von Homburg, den dieser am 17. Juni aus Nauen an seine Gemahlin, eine Prinzessin von Kurland, richtete. Der Prinz schreibt:

„Meine Engelsdicke, wir seint braff auf der jacht mit den Herren Schweden, sie seint hier beim passe Nauen diesen morgen übergangen, musten aber bey 200 Todten zurückelassen von der arrier guarde; jenseits haben wir Fer-Berlin alle brücken abgebrant und alle übriche paesse so besetzet, daß sie nun nicht aus dem Lande wieder können. sobald unsere infanteri kombt, soll, ob Gott wolle, die ganze armada dran. Der Feltherr (nämlich Karl Gustav Wrangel) war mit 3000 Mann in Havelberg, wolte die Brücke über die Elbe machen lassen, aber nun ist er von der armada abgeschnitten und gehet über hals und kopf über Rupin nach pommern; sein bruder (der schwedische General Waldemar Wrangel nämlich) commandiret diese 12000 mann. wo keine sonderbare straff Gottes über uns kombt, sol keiner darvon kommen, wir haben dem feindt schont über 600 todtgemacht und über 600 gefangene. heute hat Henning wohl 150 pferth geschlagen, und gehet alleweil Lüttique mit 1500 mann dem feindt in ricken. morgen frihe werden sie ihnen den morgensegen singen. wir haben noch kein 60 mann verlohren, und unsere leite fechten als lewen. — in zwei tagen haben wir unsere infanterie und morgen den Fürsten von Anhalt mit 4000 mann, die Kayserlichen werden alle Tage erwartet mit 8000 mann. dann gehen wir gerath in pommern, und wann die battaglie vorbey, gehe ich nach Schwalbach, habe schont Urlaub. — adieu, mein Engel, Dein treuer mann und diner sterb ich.
Friedrich L. z. Hessen."
„Ich kan wegen affaires unmöglich mehr schreiben."

Wie Derfflinger der Held von Rathenow ist, so war dem Prinzen von Homburg für den 18. Juni, der die Schlacht von Fehrbellin herbeiführte, eine wichtige Rolle ausersehen. Der Prinz, den man sich fälschlicherweise infolge der Kleistschen Dichtung und anderer Sagen gewöhnlich als einen jugendlichen, unüberlegten Degen vorstellt, stand bereits im Alter von 42 Jahren. Er hatte früher in schwedischen Diensten gekämpft und bei der Belagerung von Kopenhagen ein Bein verloren, das er durch ein silbernes ersetzte, weshalb er der Prinz mit dem silbernen Bein genannt wurde. Friedrich Wilhelm hatte den wegen seiner Tapferkeit und Umsicht hoch geachteten Prinzen, als er in brandenburgische Dienste trat, zum General der Kavallerie ernannt und ihm ein Regiment zu Pferde gegeben. Wie später in Hessen als Herzog, so bewährte er sich vorher in Neustadt a. D., welches ihm gehörte, als fürsorglicher Gutsherr und Verwalter. „Diesem erlauchten Besitzer," sagt Riedel im Cod. diplom., „hat der Ort Neustadt vorzüglich die Begründung seiner heutigen Bedeutung, sowie der Herstellung des Amtes nach den Verwüstungen des dreißigjährigen Krieges zu danken. Er bewog den großen Kurfürsten, den Ort zu einer Stadt zu erheben, baute dieselbe, als sie 1666 niederbrannte, vollständig wieder auf und schöner als vorher, zog Handwerker her, besonders aber verschaffte er dem Nahrungszustande der dortigen Einwohner eine dauernde Grundlage durch Gründung von Eisenhütten, Glas= und Spiegelmanufacturen, Papier= und Schneidemühlen und dergleichen. Vor allem begründete er auch das noch jetzt bekannte Neustädter Gestüt."

Dem Prinzen war am Morgen des 18. Juni vom Kurfürsten die Führung des 2000 Pferde starken Vortrabes mit der Weisung übergeben worden, „sich an den Feind zu hencken und demselben allen möglichen abbruch zu thun, auch wo möglich zum stande zu bringen." Nach einstündigem Marsche wurde der Prinz des Feindes ansichtig, der hinter der Landwehr, einer alten aus Wall und Graben bestehenden Befestigung, welche das Ländchen Bellin gegen den Glin abschnitt, Aufstellung genommen hatte. Auf die Meldung des Prinzen, daß er den Feind habe und um Vollmacht bitte, den Angriff beginnen zu dürfen, ließ ihm der Kurfürst sagen, „er solle sich abziehen, er sei nicht gewillt, eine Bataille zu liefern", weil es ihm offenbar darum zu thun war, erst die von Berlin oder die aus Rathenow kommenden Truppen heranzuziehen. Dann aber sollten die Schweden, da man ihnen so nahe sei, „Fell oder Federn lassen". Vernichten wollte er den Feind und nicht bloß, wie Derfflinger angesichts der geringen Zahl der Streitkräfte vorschlug, durch eine nordöstliche Bewegung um das Luch ihm den nördlichen Ausgang des Fehrbelliner Passes verlegen, ihn in den Sümpfen einschließen und dann durch Hunger zur Übergabe zwingen. Inzwischen hatten aber die Schweden beim Angriffe des Obersten Promnitz sich aus ihrer sicheren Stellung bei der Landwehr zurückgezogen und eine neue zwischen Linum und Hakenberg eingenommen, mit dem linken Flügel sich an das Moor, mit dem rechten an das Dechtower Gehölz anlehnend. Waldemar von Wrangel hatte aber verabsäumt, durch Besetzung des letzteren seine rechte Flanke zu decken, und so schob der Prinz seinen linken Flügel durch den Wald vor, während der andere Teil der Vorhut auf der Straße nach Fehrbellin dem Feinde näher rückte. Die Folge dieser Bewegung war eine abermalige Veränderung der feindlichen Stellung, die sich jetzt an das Dorf Hakenberg anlehnte.

Indessen war auch der Kurfürst herangemarschiert. Als der Prinz von Homburg die abschlägige Antwort des Kurfürsten erhalten hatte, ließ er sofort nochmals dringend um Unterstützung bitten, da er schon vollständig engagiert sei und nicht mehr zurück könne. Auf den Rat Derfflingers, man müsse ihm sekundieren, sonst bekäme man keinen Mann wieder, beschloß der Kurfürst, ohne die Infanterie den ungleichen Kampf mit dem doppelt so starken Feinde aufzunehmen. Das 7000 Mann starke schwedische Fußvolk war in zwei Treffen aufgestellt, denen sich auf beiden Flügeln die Reitertreffen in Stärke von 4000 Mann anschlossen. Die 38 Geschütze standen in den Zwischenräumen des ersten Infanterietreffens. Der Kurfürst konnte dieser 11—12000 Mann starken Macht nur 6000—6400 Reiter mit 12 Feldstücken ent= gegenstellen. Daß trotzdem der Sieg den Brandenburgern zufiel, lag sowohl an dem Feuer, mit dem der Kurfürst und seine Offiziere, wie auch die Mannschaften den Kampf führten, als auch an einem Fehler in der Aufstellung der Schweden. Waldemar von Wrangel hatte nämlich unterlassen, einen an die rechte Flanke sich anschließenden Sandhügel zu besetzen. Sofort erkannte der Kurfürst nach seinem Eintreffen auf dem Kampfplatze die Schwäche der feindlichen Stellung und ließ auf dem Hügel Geschütze auffahren, welche von Dragonern, einer Schwadron Leibtrabanten und drei Schwadronen vom Regiment Anhalt gedeckt wurden. Um die Tod und Verderben schleudernden Geschütze zum Schweigen zu bringen, schickte Waldemar von Wrangel die Reiterei des rechten Flügels sowie das 1200 Mann zählende Infanterie= regiment Dalwig gegen den Hügel vor. Während die vier Schwadronen sich aber zur Flucht wandten, hielten die Dragoner den heftigen Anprall aus und erklärten, sich lieber vor den Kanonen begraben lassen zu wollen. Sie widerstanden dem Angriff so lange, bis der Prinz von Homburg mit dem Regiment von Görtzke zur Hilfe herbeieilte. Aber immer heftiger wogte der Kampf um diesen Hügel, von beiden Seiten rückten Verstärkungen heran. Der Kurfürst befahl dem Obersten Joachim von Mörner, die Geschütze gegen den erneuten Angriff zu decken, worauf dieser er= widerte, er wolle eher sterben als zulassen, daß der Feind die Geschütze nähme, danach sich auf den Feind warf und den Heldentod starb. Der Kurfürst selbst setzte sich den größten Gefahren aus. Er war mit einem leichten Brustpanzer bekleidet über welchem er einen tuchenen, vorn offenen Rock trug. Den Kopf bedeckte eine acht Pfund schwere eiserne Sturmhaube, die mit einem Filzhute überdeckt war. In der Faust die drei Fuß lange spanische Klinge, belebte er durch sein Beispiel den Mut seiner Truppen. „Seine Augen schienen wie zwei funkelnde Kometen, woraus ein rechtes Heldenfeuer blitzte, sein Verhalten, die Stimme, sein Gesicht und die Glut seiner hitzigen Actionen brachen in eine dermaßen edele und brennende Heftigkeit aus, daß er gleichsam außer sich selbst weit über der Helden Charaktere erhaben zu sein schien!" Er stellte sich an die Spitze einiger Compagnien, deren Offiziere ge= fallen waren, und rief ihnen zu: „Getrost, tapfere Soldaten! Ich, Euer Fürst und nunmehriger Kapitän, will siegen oder ritterlich mit Euch zugleich sterben." Bei seinem Bemühen, die wankenden Geschwader wieder vorwärts zu bringen, geriet er zwischen schwedische Reiter, so daß er nur mit Mühe von einigen seiner Leute heraus= gehauen werden konnte. Nach heißem Ringen kamen endlich die feindlichen Reihen ins Wanken, das tapfere Regiment Dalwig ward niedergeritten und damit der Sieg um 10 Uhr vormittags entschieden. Hell brach die Sonne durch den Nebel, der anfangs geherrscht hatte und den Brandenburgern ein treuer Bundesgenosse gewesen war, und beleuchtete die nach Tarmow abziehenden Schweden. Zwischen ihnen und den nachdringenden Brandenburgern, die dem feindlichen Heere beständig zur Seite blieben, entwickelte sich noch ein Artilleriekampf, bei welchem eine Kanonenkugel dicht über dem Halse des vom Kurfürsten gerittenen Schimmels hinwegflog und den neben ihm reitenden Stallmeister von Froben tödlich verwundete. Unmittelbar darauf wurde auch der Schimmel, als ihn eben der Kurfürst auf das Drängen seines Leibjägers Uhle mit deſſen Pferd gewechſelt hatte, dieſem unter dem Leibe erſchoſſen. Ein Angriff der brandenburgiſchen Vorhut auf den Feind mißlang, ſo daß er ungehindert in Fehrbellin, das während der Schlacht von einem vorausgeſandten Regiment Fußvolk verſchanzt worden war, einziehen konnte. Nach der Schlacht trafen auch die 500 Musketiere von Kannes, 1800 Mann Infanterie aus Spandau und das Reiterregiment Frankenberg aus Berlin ein.

Am folgenden Morgen wurde die Verfolgung des Feindes aufgenommen, der in der Nacht die zerſtörte Rhinbrücke eilends wiederhergeſtellt hatte, die aber unter der Laſt der Fliehenden wieder zuſammengebrochen war. Derfflinger hieb mit ſeinen Reitern und Dragonern nieder, was ſich ihm in Fehrbellin noch in den Weg ſtellte, und machte reiche Beute an Geſchützen und Munition. Nach einem kurzen Gefechte bei Wittſtock am 21. Juni waren die Schweden vollſtändig verjagt, und Branden= burg war frei. Während auf brandenburgiſcher Seite die Verluſte nur 400—500 Tote und Verwundete betrugen, hatte den Schweden der Kampf bei Fehrbellin 2400 Mann gekoſtet. Außerdem verlor der Feind acht weiße Fahnen des Regiments Dalwig, zwei Standarten, ſechs Geſchütze, 15½ Centner Pulver, 9 Centner Lunte, 7 Centner Musketierkugeln, 21 Rüſt= und Munitionswagen und „1500—2000 Bagage= und andere Wagen, darunter viele Karoſſen und Chaiſen.“

Der Prinz von Homburg, welcher durch ſeinen Angriff die eigentliche Ver= anlaſſung zur Schlacht war, ſchrieb über dieſelbe an ſeine Gemahlin:

„Allerlibſte Frawe!

Ich ſage nun E. L. hiemit, daß ich geſter morgen mit einichen Tauſent mann in die avantguart commandiret geweſen, auff deß feindtes contenance achtung zu haben, da ich denn des morgens 6 Uhr des feindtes gantzer armee anſichtig wurde, der ich dann ſo nahe ging, das er ſich muſte in ein Schar= mützel einlaſſen, dadurch ich ihn ſo langen auffhielte, bis mir J. Dl. der Chur= fürſt mit ſeiner ganzen Cavallerie zu Hülffe kam. ſobalten ich des Churfürſten ankunft verſichert war, war mir bang, ich möchte wider andere ordre bekommen, und fing ein hartes treffen mit meinen Vortruppen an, da mir denn Dörffling ſoforth mit einichen Regimentern ſecontirte. da ging es recht luſtig ein ſtundte 4 oder 5 zu, bis entlichen nach langem gefechte die feindte weichen muſten, und verfolgten wir ſie von Linum bis nach Fer-Berlin, und iſt wohl nicht viel mehr gehört worden, daß eine formirte armee, mit einer ſtarken infanterie und canonen ſo wohl verſehen, von bloſſer Cavallerie und tragonern iſt geſchlagen worden. es hilte anfenglich ſehr hart, wie dann meine Vortruppen zum zweidten mahl braff gehetzet wurden, wie noch daß anhaltiſche und mehr andere regimenter, wie wir denn entlichen ſo vigoureuſement drauff gingen, daß uns der feindt le champ de battaglie malgré hat laſſen, und ſich in den paſſe Ferberlin retiriren muſte, mit Verluſt von mehr als 2000 Todten ohne die pleſſirten. ich habe

ohne die 2000 im Vortrupp commandirten mehr als 6 oder 8 escatronen an=
geführet. zuweilen muſt ich lauffen, zuweilen machte ich lauffen, bin aber dieſeſ=
mahl Gottlob ohn pleſſirt davon kommen. auf ſchwediſcher ſeiten iſt gepliben
der Obriſt Adam Wachtmeiſter, Obr. Lieut. Malzan von General Dalwickens,
und wie ſie ſagen noch gar viele hohe officirer, Dalwig iſt durch die achſel ge=
ſchoſen, und ſehr viele hart pleſſirt. auf unſer ſeiten wurdt mir der ehrliche
Obriſt Mörner an der ſeiten knall und falle todt geſchoſſen, der ehrliche Frobenius
todt mit einem ſtücke kein ſchrit vom Kurfürſten. Strauß mit 5 ſchoſſen pleſſirt,
Major Schlapperdorf blib dieſen morgen vor Ferberlin, — — es ging ſehr
hart zu, da wir gegen die biquen Compani fechten muſten, ich bin etliche mahl
gantz umbringet geweſen, Gott hat mir doch allemahl wider drauf geholffen,
und wehren alle unſere ſtücke und der Felt=Marſchalk ſelbſten Verlohren geweſen,
wenn ich nicht en perſonne ſecundiret hette, darüber denn der retliche Mörner
blib. Hetten wir unſere infanterie bey uns gehabt, ſolte kein mann von der
gantzen armée davon kommen ſein, es iſt jetzo eine ſolche ſchrekliche terreur
panique unter der ſchwediſchen armée, daß ſie auch nur braff lauffen können. — —
nachdeme alles nun vorbey geweſen, haben wir auff der Walſtet, da mehr als
1000 Todten umb uns lagen, geſſen und uns braff luſtig gemacht; der Hertzog
von Hanover wird nun ſchwerlich gedenken über die Elbe zu gehen, und ich halte
darvon, weilen die Schweden nun ſo eine harte ſchlappe bekommen, er werdte ſich
eines beſſeren bedencken; Wangelin, der durch übergab Ratenau viele daran ſchultig
iſt, dörffte groſe verantwortung haben, wo er nicht gar den Kopfe laſſen muſ;
gegeben im Feltlager bey Fer-Berlin den 19. Juni 1675."

Als Belohnung für ſeine Verdienſte ſchenkte der Kurfürſt dem Prinzen die
erledigten Wachtmeiſterſchen und Rheinſchildiſchen Lehen.

Der Zug des großen Kurfürſten vom Rhein zum Rhin bildet eine der denk=
würdigſten Epiſoden der Weltgeſchichte. Mit Staunen und Bewunderung blickte
Europa auf den Hohenzollernaar, der kühn ſeine Schwingen entfaltend, den Gegner
zu Boden geſchmettert hatte. Seit der Schlacht auf dem Lechfelde war kein Feind
mit ſolcher Thatkraft und Entſchiedenheit aus Deutſchland verjagt worden, wie der
Schwede durch die Reiter des Kurfürſten von Brandenburg. Wenn auch Friedrich
Wilhelm infolge des Neides und der Mißgunſt des Kaiſers, der „kein Wenden=
königtum an der Oſtſee" aufkommen laſſen wollte, nicht die Frucht ſeines Sieges
genießen durfte, ſo daß er ſchmerzlich ausrief: „Exoriare aliquis noſtris ex oſſibus
ultor!", ſo hatte er doch die Genugthuung, daß man ſeinem Reiche jetzt die Stellung
in Deutſchland, ja in Europa einräumte, die ihm gebührte, daß man das kleine,
aber gewaltige Brandenburg als einen Faktor anſah, mit dem man rechnen mußte.
Und aus dieſer Saat, die der große Kurfürſt auf den blutigen Sand bei Rathenow
und Fehrbellin ausſtreute, erwuchs, von ſeinen Sproſſen gepflegt, ein ſtattlicher
Baum, das herrliche Deutſche Reich, feſt gefügt durch Thatkraft der Hohenzollern
und ihre Treue. Was ſie gethan für Preußen und Deutſchland von den Tagen

von Rathenow und Fehrbellin bis in die Gegenwart, möchte es fest und un=
vergänglich in den Herzen der Brandenburger stehen wie die Denkmäler von
Rathenow und Fehrbellin und uns an ihnen die Treue vergelten lassen, die sie
uns erwiesen!

Walther Specht=Brügge.

Das Rhinluch.

Eine weit gestreckte Niederung verbindet in ostwestlicher Richtung die obere
Havel mit der unteren: das Rhinluch bildet den größeren, westlichen Teil derselben.
Vom Kremmer See erstreckt sich dasselbe in wechselnder Breite mehr als 50 km
nach Westen bis zur Havelmündung. Dabei senkt sich der Boden von 36 m auf
26 m. Der Nordrand des Luches läuft von Wustrau bis Garz genau westlich,
bis Michaelisbruch nach Südwest, um von hier ab bis Dreetz die alte Richtung
aufzunehmen. Flachwellige, fruchtbare, waldarme Lehmflächen begrenzen im Norden
das Luch.

Drei Höhengebiete treten von Süden heran: der Bellin, der sich bei Fehr=
bellin um 4 km dem Nordrand nähert, das Ländchen Friesack und das Ländchen
Rhinow. Zwischen diesen Höhen stellen breite Wiesenstreifen die Verbindung mit
dem Havelländischen Luche im Süden, mit dem Rhin= und Dossethal nach Norden
und dem Elbthal nach Westen her.

Flach wie ein Tisch dehnt sich das Luch vor den Blicken aus, weithin von
wogendem Grase bedeckt. Nur hie und da hebt sich aus dem Einerlei des niedrigsten
Geländes, der Wiesenstufe, eine kaum erkennbare Bodenschwelle heraus, kaum 1 m,
zuweilen einige Meter höher gelegen und doch verschiedenartig von der Wiesenstufe.
Man kann sie als Sandstufe bezeichnen, weil der Boden hier vorzugsweise aus
Sand besteht. Je niedriger diese Sandstufe, um so reicher ist sie an Humus, um
so dunkler ist der Boden, je höher, um so ärmer. Der humusarme, reine Sand
faßt insbesondere die Luchränder ein, z. B. trägt er zwischen Dreetz, Michaelis=
bruch=Wutzetz=Köritz die Königliche Forst; inmitten des Luches liegt der Zotzen,
ein hübscher Laubwald, ebenfalls auf reinem Sande. Dieser höher gelegene, gleich=
körnige Sand heißt Thalsand, weil er den Grund der Thäler unseres norddeutschen
Flachlandes ausfüllt.

Noch seltener treten im Luche schmale, steilhängige Hügelzüge von größerer
Höhe auf, die Horste (z. B. die Treuhorst, Giesenhorst, Lange Horst, Liebes=

horst, Lindhorst). Sie bestehen aus feinem, gleichkörnigem, reinem Sande, Dünen= sande, leiden an Trockenheit und vermögen daher nur tiefer wurzelnde Pflanzen, z. B. niedrige Eichen, Kiefern, dauernd zu ernähren.

Wiesenstufe und Sandstufe scheiden sich trotz der fast verschwindenden Höhen= unterschiede scharf voneinander. Die Wiesenstufe besteht vorzugsweise aus dunkel= braunem Torf= oder Moorboden, sie wird alljährlich im Winter und Frühlinge, zuweilen sogar im Hochsommer überflutet, sie leidet an Wasserüberfluß und trägt vorzugsweise minderwertige saure Cypergräser, die in „Bülten" zusammenstehen. Hier wird der Torf gewonnen in den langen, scharfgeschnittenen Torfgräben; es ist das Gebiet der Torfhaufen und Torfmieten, das Paradies des zierlichen Frosch= löffels, der Igelskolbe, des wundersamen Wasserschlauchs, der wuchernden, kalkliebenden Wasserpest, des bei den Kindern beliebten Rohrkolben („Schmackedutsche"), der Enten= grütze, des Laichkrautes, der zarten Seerose, des Schachtelhalmes („Katzenstärt"); hier tummeln sich Frösche und die Wassersalamander (Rölinge), die sich durch ihr charakteristisches „Singen" an warmen Frühlingsabenden bemerkbar machen, Schnepfen, Wildgänse und Wildenten. Hier entwickeln sich die Larven der Stechmücke und der großen Rinderbremse; hier plagen die blutgierige Regenbremse („blinde Dahse") und die hübsche goldäugige Bremse Mensch und Tier. In nassen Jahren ist das Torfstechen unmöglich, das abgemähte Gras muß dann auf höher gelegene Gebiete getragen werden.

Die Wiesenstufe findet sich herrschend im östlichen Rhinluch, zwischen Kremmen, Fehrbellin, Ruppiner See und westlich bis zur Temnitz=Mündung. Für diese Torfgegend gilt Theodor Fontanes herrliche Schilderung: „Der einfach grüne Grund des Teppichs ist noch ganz er selbst geblieben; das Leben ist nur ein Gast hier, und der Mensch, ein paar Torfhütten und ihre Bewohner abgerechnet, stieg in diesen Moorgrund nur hinab, um ihn auszunutzen, nicht um auf ihm zu leben. Einsamkeit ist der Charakter des Luchs. Nur vom Horizont her, fast wie Wolkengebilde, blicken Dörfer und Türme in die grüne Öde hinein; Gräben, Gras und Torf dehnen sich endlos ins Weite, und nichts Lebendes unterbricht die Stille des Orts, als die un= heimlichen Pelotons der von rechts und links ins Wasser springenden Frösche oder das Kreischen der wilden Gänse, die über das Luch hinziehen."

Die Sandstufe erhebt sich über den gewöhnlichen Flutspiegel und leidet in Zeiten größerer Regenarmut an Wassermangel; viele Gebiete sind bereits dem Ackerbau dienstbar gemacht, der vom Rande aus langsam sich diese Gebiete erobert; die übrigen Flächen tragen echte Gräser, die von einem reichen Flor von Wiesen= blumen durchsetzt werden. Hier findest du den Wiesenalant, die Knautie, die ganze Flächen violett überhaucht, die bei der Heugewinnung überaus lästige, häufig auf= tretende Kratzdistel, die gewürzigen Gamander und Wasserminze, die schön duftende Prachtnelke mit den zierlichen Blüten, den tiefblauen Enzian, die geschätzte Molinie (Flunkerbart), das zierliche Zittergras und Kammgras. Auf trockneren Stellen findet sich der genügsame Schafschwingel, die Flockenblume, Wolfsmilch und das isländische Moos.

Durch die Sandstufe winden sich schlangenförmig gekrümmte, alte ausgetrocknete Flußläufe, Schlänken genannt. Zahlreiche Weidenbüsche, hier Werftbüsche (= slav. wrba = die Weide) genannt, bedecken mit ihren rundlichen Kuppen das Gelände.

Die Sandgebiete, im Osten selten auftretend, durchsetzen das Luch besonders im Westen, zwischen Friesack und Rhinow; hier findet man daher einen reichen Wechsel in Erhebung, Bodenart, Bewachsung und Bewirtschaftung; hier gründete Friedrich der Große seine Kolonien.

Die Horste, jene langgezogenen Dünenketten des Rhinluches, vertreten die Poesie in der Lucheinsamkeit. Fast ganz unproduktiv, meidet sie der fleißige Land= mann und der einsame Torfgräber. Hier befindet man sich allein in der Natur, fern vom Getriebe der Menschen. Zwischen den niedrigen Eichbüschen grünt und blüht es in den mannigfachsten Formen und Farben, hier prangen Küchenschelle, Wiesensalbei, Himmelsschlüssel und Veilchen. Später beherrschen der Haarstrang mit den zierlichen Blättern, der ährenblütige Ehrenpreis mit seinem herrlichen Blau, die leuchtend rote Kartäusernelke das Feld; im Gebüsch blühen Maiglöckchen und Schattenblume, der doppelfarbige Wachtelweizen, die Graslilie und die Erdbeere. Man findet hier die schlanke Königskerze, Hartheu Thymian, Heidekraut, Ginster, Taubenkropf, das zu uns gekommene kanadische Berufskraut. Diese Horstflora schneidet scharf gegen die Wiesenblumen ab. Auch hier bedingen Höhenlage und Bodenart die Eigenart und das Gepräge der Pflanzenwelt.

In der Nähe ist der Westhang des Berges aller Pflanzen bar; der Wind spielt mit dem trocknen Sande, es ist eine „Sandschelle". Vielleicht haben weidende Kühe die dürftige Pflanzennarbe zertreten; nun hält es schwer, den Boden zu be= festigen. Beim Sturm wirbelt der Sand hoch auf und wird fortgetragen, so daß die Sandschelle sich immer mehr vergrößert.

Eine dunklere Stelle auf dem hellen Untergrunde fesselt die Blicke: zahlreiche kleine Topfscherben, ziemlich mürbe, hat der Wind bloßgelegt. Du stehst an einem der uralten Friedhöfe, fälschlich Wendenkirchhöfe genannt, die sich zahlreich in der Mark finden. Die Tiere haben die alten Thongefäße, die Urnen, zertreten, der Inhalt ist zerstreut und verweht. Ist das Glück dir hold, so findest du wohl noch eine Feuersteinaxt oder einen Meißel aus gelbem Feuerstein, sauber behauen und glänzend poliert. Wie lange mag die emsige Hand, die diese Werkzeuge grauer Vorzeit schuf, bereits im Schoße der Allmutter Erde ruhen? Was wird nach mehr als zwei Jahrtausenden von unserm Geschlecht übrig sein? — — —

Obwohl du kaum 10 m hoch stehst, überschaust du weithin das Luch, seine Grasflächen, Werftbüsche, Torfhaufen und Heumieten. Weiterhin siehst du aus dem Grün der Bäume freundliche Häuser herübergrüßen, es sind die Kolonien mit einem Menschenschlag, den harte, stetige Arbeit und mäßiger Ertrag genügsam, zähe und widerstandsfähig gemacht haben, ein Menschenschlag, der kein Freund vieler Worte ist, wohl aber der Freund eines schlagfertigen Humors. — Am Horizonte schließt Wald den Ausblick, im Süden steigen die blauen Waldberge des Ländchens Friesack empor, weiterhin im Südwesten bemerkst du scharf umrissene, blauschimmernde, kahle

Bergketten, ein hübsches Gebirgsmodell: die Stöllenschen Berge, die das Luch
um 80 m überragen.

Sie sind eine weithin sichtbare Marke und der Grenzstein des Rhinluches,
diese höchsten Berge des Havellandes, die den Saum des Ländchens Rhinow bilden
und deren höchste Kuppe (110 m) noch nicht ein Kilometer vom Luche entfernt ist.
Jäh fällt der Abhang daher nach dieser Seite ab, bis zu 45°! Es sind das Böschungen, wie man sie im Flachlande kaum vermutet. Hier üben die Rathenower
Husaren, die Zietenhusaren, hier fand der Ingenieur Lilienthal 1896 bei seinen
Flugversuchen einen plötzlichen Tod.

Von oben reicht der Blick weit in die Prignitz, das Land Ruppin und das
Havelland und in Sachsen hinein, dort heben sich die Kamernschen Berge unweit
der Elbe, die Schlagenthiner Berge zwischen Genthin und Plaue vom Horizonte
ab. Rechts davon thront einsam der Havelberger Dom. Jenseits des Luches,
über dessen Wiesen die Schatten der Wolken langsam hinziehen, grüßen uns die
Städte Kyritz und Wusterhausen. Im Süden blickt aus den Wäldern des Nuß-
winkels die schlanke Spitze des Rathenower Turms hervor.

Das Gepräge des Luches ist das der Einförmigkeit, nur die Grundfarbe
wechselt, sie ist zur Sommerszeit grün, im Winter braungrau oder weiß. Der
Himmel, der sich als vollkommene Halbkugel über das Luch spannt, giebt der Gegend
das Gepräge. Trostlos ist sie, wenn du im Regen durch dasselbe wanderst, dein
Fuß glitscht auf dem schlüpfrigen Moorboden, und das hohe Gras durchnäßt deine
Kleider; denn jede Rispe ist voll behangen mit Tropfen. Der Gesichtskreis engt
sich ein, er ist von Regen grau umgrenzt; du hörst nichts als das gleichmäßige
Rauschen und das Aufschlagen der Tropfen auf die großen Blätter. —

Gefährlich wird eine Wanderung im nächtlichen Winternebel, wenn die
trügerischen Eisdecken der Torfgräben und Wasserläufe vom Schnee verdeckt sind
und wenn du den rechten Weg verloren. Kein Licht winkt von den entfernten
menschlichen Wohnungen her, das Licht der Sterne ist ausgelöscht. Du kannst von
Glück sagen, wenn es dir noch so gut ergeht, wie einem Depeschenträger, der in
einer Schneenacht abends die Stadt Friesack verließ und den Weg durch das Luch
wählte, um sein Ziel schneller zu erreichen. Bald verlor er den ihm sonst gut vertrauten Weg, irrte 6 Stunden vergeblich umher und erreichte endlich in den Morgenstunden eine Mauer, die dicht bei Friesack lag.

Schön ist das Luch, wenn die Junisonne auf die Landschaft scheint. Du liegst
im Grase an einem der einsamen Luchwege, die nur der Abfuhr des Heues dienen.
Kein menschliches Wesen ist in deiner Nähe, der laue Wind fährt durch die tausend
Blütenrispen des Grases und singt dir ein leises Lied. Neben dir zirpen kleine
Heuspringer, summen fleißige Bienen; über den Weg eilt mit der seinem Geschlecht
eigentümlichen Hast ein goldschillernder Laufkäfer. Aus der Ferne tönt der Ruf
der Doppelschnepfe, die vielen als Regenverkünder gilt. Über das weite, wogende
Gräsermeer mit allen den schönen Luchblumen, die dir ihren duftenden Gruß mit
dem West zusenden, durch die Werftbüsche hindurch schweift der Blick zu den einsamen Horsten und bis zu den waldbedeckten Luchrändern. Die Dächer der fernen

Häuser flimmern in der Mittagswärme, ab und zu schlägt ein verlornes Hundegebell an dein Ohr. An den blaugrünen Kieferbergen gleitet dein Blick immer weiter in die Ferne, wo die blauen Berge im Sonnendunst sich kaum erkennbar vom Himmels= gewölbe scheiden. Über dir der gewaltige Himmelsdom mit dem leuchtenden Blau. Einzelne weißglänzende Haufenwolken ziehen langsam ihre Bahn und vermehren durch den Wiederschein die Lichtfülle, die, durch keinen Gegenstand behindert, auf dich herabflutet. —

So einsam, so unbeweglich und starr das Luch vor uns liegt: es ist nicht immer so gewesen.

In der Urzeit zog durch dasselbe ein gewaltiger Strom. Sein Gebiet reichte von der Lehmplatte des Ruppiner Landes im Norden bis zu den Höhen des Bellin, von Friesack und Rhinow. Die schnell dahinströmenden Wasser zerteilten sich in Arme, vereinigten sich wieder, wühlten neue Betten, schufen Inseln und schütteten alte Läufe zu. Das ganze Flußthal wurde eingeebnet. Im Laufe langer Zeiträume nahm die Wasserfülle dieses Stromes, dessen Wasser dem abschmelzenden Inlandeise Norddeutschlands und Polens entstammte, mit dem nach Skandinavien zurückweichenden Eise ab. Die Rinnsale trockneten z. T. ein, z. T. blieb das Wasser stehen und bildete Sümpfe und Seen. Der Boden bestand, wie noch jetzt jedes Flußbette, aus Sand. Dieser, der sich überall in größerer Tiefe des Luches, sowie an seinen Rändern findet, ist der früher erwähnte Thalsand. An trocknen Stellen trieb der Wind Dünenketten zusammen, unsere Horste. Im Westen unseres Gebietes über= schwemmten häufig noch die Elbfluten das Land; sie lagerten den Wiesenlehm ab, der die Ertragsfähigkeit des Bodens bedeutend erhöht.

Wasser= und Sumpfpflanzen wucherten in den flachen Wasserbecken und Strom= rinnen, in denen die abgestorbenen Pflanzen sich nur unvollkommen zersetzten. Rohr= kolben, Rohr, Fieberbitterklee, Scheuchzerie, Seggen fanden sich schon damals vor. Der Pflanzenschutt, die Überreste von Wurzeln, Früchten, Stengeln, füllte die Gewässer aus und verwandelte sie langsam in Wiesen mit Torf= und Moorboden. An der Dicke der Torfschicht (bis zu 5 m) kann man noch die Tiefe der ehemaligen Seen erkennen. So blieben nur zwei Seen übrig, im Westen der flache, durchschnittlich nur 2 m tiefe Dreetzer See, im Osten der Kremmer See. Die zugetorften Fluß= rinnen sind die „Schlänken" des Luches. Nur wenige Wasserläufe durchziehen, meist schlangenförmig gewunden, mit trägem Laufe die Niederung. Der Rhin wurde 1775—1776 in seinem Laufe verkürzt; der Rhinkanal entstand, der jetzt mit raschem Laufe in den Dreetzer See fällt. Der abgegrabene Rhin, teilweise trocken, bildet noch jetzt die Grenze zwischen dem Lande Ruppin und dem Havellande.

Der Mensch trat auf; er fand Gefallen an den einsamen Horsten mitten in der Sumpf= und Wasserwildnis. Er richtete sich häuslich ein; noch jetzt finden sich hier, z. B. in den Prämerbergen und auf einem Horste im Segeletzer Luch, Stellen, wo er seine Steinwaffen bearbeitete; es sind das die „Feuersteinwerk= plätze" mit ihren vielen Steinsplittern aus Feuerstein. Der Mensch dieser jüngeren Steinzeit verbrannte seine Toten und begrub die Asche in Urnen, aus Thon ge= brannt. Er fügte denselben Erzeugnisse seiner Kunst bei, schön polierte Äxte, Meißel, die man z. B. auf der Michaelisbrucher Feldmark gefunden. Nichts meldet von diesen Altertümern über die Volkszugehörigkeit der Menschen; wahrscheinlich waren es Deutsche vom Stamme der Semnonen.

Außer den Horsten haben die Torfgründe des Luches noch einige Andenken aus vorgeschichtlicher Zeit erhalten. So fand man einen hübschen bronzenen „Wendel= ring" im Luch bei Fehrbellin, zwei andere im Zotzen. Das Entstehungsalter dieser Ringe hat man um das Jahr 500 v. Chr. gesetzt. Bronzeschwerter dieser Periode (Hallstädter) wurden auch bei Stöllen bei Rhinow gefunden; sie be= finden sich jetzt im Königlichen Museum für Völkerkunde in Berlin. An Steinwaffen fand man im Fehrbelliner Luch eine Feuersteinaxt und eine Feuersteinspitze.

Der Zotzen muß in den Zeiten altgermanischer Besiedelung, also vor der Völkerwanderung, besondere Anziehungskraft auf die Semnonen ausgeübt haben, noch heute finden wir zwei Erdbauten aus jener Zeit in Gestalt von je einem Burg= und Ringwall. Man erblickt in diesen von Erdwällen umgebenen Stellen „ge= heiligte Stätten der Germanen und später der Wenden, auf denen geopfert, das Volkswohl beraten und alles Gemeinsame veranstaltet wurde."

In späterer Zeit war das Luch vom Menschen gemieden. Nur zur Sommers= zeit, wenn sich die Frühjahrsüberschwemmung verlaufen hatte, stiegen die Bewohner der umliegenden Dörfer — die oft 15 km vom Luch entfernt liegen — herab, um Heu zu gewinnen. Die Aufteilung der Wiesen muß bereits früh geschehen sein; denn schon 1567 lagen die Barsikower mit Herrn v. Winterfeldt in einem Rechtsstreit wegen der Wiesen im Rhinluch. — Als der anfängliche Holzüberfluß mit der wach= senden Bevölkerung abnahm und als man daher seit dem 16. Jahrhundert begann, den schwarzen Erdboden der Niederung, den Torf, zum Heizen zu benutzen, da kam noch eine andere Staffage in unser Gebiet: der Torfgräber. Er zieht die schnur= geraden Torfgräben, hebt die Torfstücke mit seinem Eisen heraus und setzt den Torf zu kleinen Haufen zusammen, damit er trocknen kann. Später wird er dann zu großen Mieten zusammengetragen, die zur geeigneten Zeit zu Kahn oder zu Wagen verfrachtet werden.

Die zahlreichen Sandschollen des westlichen Rhinluches bestimmten Friedrich den Großen, hier Ansiedler anzusetzen. Das geschah 1773—1776. Der schnell fließende Rhinkanal entstand, der Grundwasserspiegel wurde dadurch erniedrigt, mehr, als in dem sandigen Boden wünschenswert ist. Während der Rhinkanal im Frühjahr zur Zeit des hohen Wasserstandes seine Aufgabe, das Gebiet zu ent= wässern, erfüllt, entzieht er dem Lande in der Sommerzeit, wenn die Pflanzenwelt im Sandboden ohnehin reichlicher Feuchtigkeit bedarf, noch unnütz Wasser. Der Dreetzer See nimmt den Kanal auf, ebenso seine Sinkstoffe, so daß an der Mündung bereits ein großer Streifen vom See zugeschüttet und Land geworden ist. Dies Delta ist teils Wiese teils Buschland, mit schönen Erlen bewachsen. An der Mün= dung entstand in der Nacht vom 25. bis 26. April 1832 eine Insel. Darüber be= richtet Berghaus: Sie war am oberen Ende des Sees, da, wo der Rhinkanal hineinfällt, an einer Stelle hervorgetreten, wo sich ein Kolk gebildet hatte. Abends vorher konnten die Schiffer mit ihren Stangen den Grund des Kolkes noch nicht erreichen. Am andern Morgen war an dieser Stelle unbemerkt eine Insel entstanden, die 19 m lang und 8 m breit war und mehr als ½ m über den Wasserspiegel ragte, der gerade sehr niedrig war. Die Insel ist nicht von Bestand gewesen; der Wellenschlag hatte sie bald zernagt. Im August war sie ganz überschwemmt und nur als Untiefe vorhanden. — Die Entstehung derartiger Inseln, die übrigens sehr selten beobachtet wird, läßt sich durch „Emporpressung" erklären. Der Sand des Ufers drückte auf die darunter liegende humose oder auch thonige Schicht und quetschte sie heraus und empor. — —

Die neuen Ansiedelungen, sieben an der Zahl, entstanden in den Jahren 1774—1776. Das Gebiet gehörte früher zur Feldmark Dreetz und umfaßt 13 qkm, die gegenwärtig von etwa 850 Einwohnern besiedelt sind. Bis zur Kolonisation, die durch Einheimische erfolgte, war der Boden wüst und fast unbenutzt gewesen. Wenn Berghaus in seinem vortrefflichen Landbuch sagt, daß der Boden gegenwärtig zu den fruchtbarsten, angebautesten und bevölkertsten der Kurmark gehört, so ist er hinsichtlich der Fruchtbarkeit zu weit gegangen; denn von sämtlichen Feldern der Kolonien erreichen nur die von Siegrothsbruch allein den Durchschnittswert des Reinertrages der ganzen Mark, nämlich 14,10 Mark auf 1 ha; im Kreise Prenzlau steigt dagegen der Reinertrag durchschnittlich auf 23½ Mark, im Oderbruch auf 81 Mark! — Was Anbau und Bevölkerung anbetrifft, so hat Berghaus Recht. Fast 900 Menschen finden hier in harter Arbeit immerhin ihren sicheren Unterhalt. Der nie rastende König Friedrich der Einzige konnte daher, als er am 23. Juli 1779 vom Stöllnschen Berge das Siedlungsgebiet übersah, mit Befriedigung ausrufen: „Das ist wahr, das ist wider meine Erwartung! Das ist schön! Ich muß euch das sagen, alle, die ihr daran gearbeitet habt!"

Das Luch nützt den Menschen hauptsächlich durch Gras und Torf. Allerdings dringt der Ackerbau mit seinem vervollkommneten Betrieb immer weiter vor, sogar Moorkulturen sind angelegt, indem man über ebenen Moorboden eine Sandschicht breitete. Gewisse Schwierigkeiten stellen sich jedoch dem Bau von Feldfrüchten hier immer entgegen, einmal das Wasser, das oft eine zeitige Frühjahrsbestellung erschwert und dann die zahlreichen Nachtfröste in der Vegetationszeit. Beobachtungen am Rasen auf Moorboden haben gezeigt, daß fast in allen Monaten Frost eintreten kann, man fand in Fienerode z. B. im Mai 1882 15 Frosttage, Juni 1883 9 Tage mit Bodenfrost, August 1882 4 Frosttage u. s. f. Als Ursache dieser Erscheinungen haben zu gelten einmal der Umstand, daß bei ruhiger Luft die kältere Luft von den höheren Thalhängen abwärts in die niedrigeren Thalsohlen strömt und hier förmliche Kälteseen bildet, und sodann das größere Ausstrahlungsvermögen des dunklen Moorbodens.

Die Luchwiesen versorgen die nähere und weitere Umgebung mit Heu. Dasselbe ist von verschiedener Güte; die niedrigeren Gebiete tragen saure Gräser, die höheren leiden leicht unter Dürre. Gegen die Elb- und Oderwiesen stehen die des Rhinluches weit zurück, mit denen des havelländischen Luches und des Havelthales bei Brandenburg stehen sie auf gleicher Stufe.

Genaueres ergiebt folgende Tafel:

Aus jeder Niederung wurden die Wiesen von 20 Orten beliebig ausgewählt und hinsichtlich ihrer Ertragsfähigkeit (auf 1 ha) gruppiert.

Ertrag auf 1 ha in Mark

	bis unter 10 ℳ	10 bis unter 20 ℳ	20 bis unter 30 ℳ	30 bis unter 40 ℳ	40 bis unter 50 ℳ	50 bis unter 60 ℳ	60 bis unter 70 ℳ	70 bis unter 80 ℳ	80 und über 80 ℳ
Rhinluch	7	13							
Havelländisches Luch	10	10							
Elbniederung		2	7	6	4	1			
Oderbruch		1	4	3	7	3		1	1
Mittleres Havelthal	1	15	3	1					

Der Torf ist ein Gemenge von verfilzten, mehr oder weniger zersetzten Pflanzenteilen, eine von Erdharzen und Bitumen durchdrungene, aus Moder (Humus) und verkohlten Pflanzenfasern bestehende Masse. Der Torf des Rhinluches wurde erst seit 1788 bekannter. Ein Jahr früher hatte man durch Untersuchungen festgestellt, daß im östlichen Rhinluch bei Linum ein sehr guter Torf von bedeutender Mächtigkeit vorkommt. Um ihn billiger nach Berlin schaffen zu können, wurde der Ruppiner Kanal 1787—1788 ausgehoben. Seit dieser Zeit gewannen die großen Torfgräbereien bei Linum immer größere Bedeutung, bis in der letzten Hälfte des Jahrhunderts die böhmische Braunkohle den Torf aus dem Haushalt der Ortschaften verdrängte, die an der großen Wasserstraße Berlin — obere Elbe liegen.

In alter Zeit bildete das Luch mit den überschwemmten Wiesen, den Wasserläufen und „Schlänken", den weichen Torfwiesen ein ungangbares Gebiet. Der Verkehr mied das Rhinluch, das hier seit alters die Grenze vom Lande Ruppin und vom Havellande bildet. Nur zwei Übergänge „Pässe" bestanden auf der 50 km langen Strecke: bei Kremmen und bei Fehrbellin; von hier aus konnte man auf dürftigen, im Frühjahre grundlosen Dämmen zum jenseitigen Ufer gelangen. Um diese Luchpässe wurde wiederholt blutig gerungen, so daß das stille, einsame Luch der Zeuge geschichtlicher Ereignisse wurde. Auf dem Kremmer Damm kämpften 1334 die Bandenburger unter ihrem Markgrafen Ludwig dem Älteren und dem Grafen Günther von Ruppin unglücklich mit den Pommern, die von Herzog Barnim dem Großen, Graf Heinrich von Schwerin, Graf Johann von Gützkow geführt wurden.

78 Jahre später, am 24. Oktober 1412 erlitt der erste Hohenzoller mit seinen Brandenburgern ebenfalls eine Schlappe durch die Herzöge Otto und Kasimir von Pommern. Dabei fielen die fränkischen Ritter Johannes Graf von Hohenlohe, Kraft von Lentersheim und Johann von Utenhofen. Ein hölzernes

Kreuz Friedrichs I., mehrfach (1666, 1796) erneuert, schmückte die Stelle am Damm, wo Hohenlohe fiel. 1845 setzte Friedrich Wilhelm IV., der so viel zur Verschönerung unserer märkischen Heimat beitrug, ein schlankes, hohes, gotisch stilisiertes Kreuz aus hellem Sandstein mit Inschrift hierher.

Es ist merkwürdig, daß es sich bei der ersten Schlacht, die ein Hohenzollerscher Fürst an der Spitze seiner Märker selbständig gegen einen überlegenen, kriegsgewohnten Feind gewann, um die Gewinnung des Luchpasses bei Fehrbellin handelte; die Schlacht bei Fehrbellin wurde im Angesichte unseres Rhinluches geschlagen.

Jetzt ist das Rhinluch kein Verkehrshindernis mehr. 5 Chausseen durchqueren dasselbe; am Anfang des nächsten Jahrhunderts werden 4 Eisenbahnen hindurchführen.

Die Ortschaften, die rings unser Gebiet umkränzen freundliche Dörfer oder kleine Landstädte, haben stets ein beschauliches Dasein geführt, ohne daß die große Welt viel von ihnen erfuhr. Eine Ausnahme bilden das schon erwähnte Fehrbellin und die Stadt Friesack.

Von der Burg Dietrichs von Quitzow ist heute nichts mehr vorhanden, nur ein niedriger Hügel am Friesacker Rhin mit ｜einem geräumigen Wohnhaus darauf, dem Grafen von Bredow gehörig, erinnert an die Stelle. — Eine alte Handschrift aus Fehrbellin berichtet, daß Dietrich am Abend des 10. Februar 1414 durch das festgefrorene Luch und den Zotzen auf Dechtow zu floh, das er gegen 11 Uhr erreichte. Es war das letzte Mal, daß er diese Gegend, seine zweite Heimat, schaute. —

Karl Schlottmann-Brandenburg a. H.

Havelberg.

Ein Städtebild aus der Mark.

Gegenüber dem Dorfe Räbel i. d. A. verlassen wir den Elbdampfer und betreten bei dem zu Havelberg gehörigen eichenbewaldeten Mühlenholze märkischen Boden. Schiffsmühlen gaben dem lieblichen Gehölz den Namen; einst Jahrhunderte lang hier in emsiger Thätigkeit, sind sie, wie so manches Andere, dem Zeitalter der Maschinen zum Opfer gefallen. Ein wahrer Naturdom ist dieses Eichenwäldchen, trotz seiner Kleinheit, erhaben! Nach den Regeln der Forstwissenschaft gezogen und darum himmelanstrebend, gerade wie die Tannen, führen die kraftstrotzenden Stämme, der korinthischen Säule gleich, den Blick hoch hinauf; ihre Kapitäle entfalten sich in reichen Bogen und streben mit den im frischen Gelbgrün prangenden Zweigen in schier unermeßliche Höhe empor. Ruhe und Frieden herrscht und ergreift wonnig Herz und Gemüt. — Da ein kurzer Knall — noch einer! Und mit betäubendem Gekrächze fliegen Hunderte und aber Hunderte von Saatkrähen (Corvus frugilegus) auf, umkreisen den Wald in langem Bogen und kehren nach und nach wieder zu ihm zurück. Die schwarzen Gesellen haben seit Jahren den nördlichen Teil des Mühlenholzes als Nistplatz ausgewählt, sie verursachen trotz manchen Nutzens den Feldern der Umgegend so ungemein großen Schaden, daß sie — namentlich zur Brutzeit — auf Anordnung der Behörde seit Jahren planmäßig abgeschossen werden.

Der Dom zu Havelberg.

Und doch scheint ihre Gesamtzahl sich kaum zu verringern; auf einem Baume zählten wir 41 Nester.

Hinter dem Elbdeich breitet sich ein zweiter Hain, mit Eichen, Buchen, Erlen und Rüstern bestanden, aus. Spaziergänge anmutiger Art durchqueren ihn, und Bänke laden zu behaglichem Ausruhen ein. Mit wohlbegründetem Stolz spricht der Havelberger von seinem Mühlenholz, und die große Menge von Vereinen und Fremden, welche an schönen Sommertagen Stadt und Dom besichtigt hat, versäumt es kaum jemals, in dem lieblichen Wäldchen noch einige Stunden beschaulicher Ruhe zu pflegen, ehe sie sich dem heimischen Herde wieder zuwendet.

Beim Hinaustreten aus dem Mühlenholze erblicken wir, wie auf dem Wasser= wege von Südosten her, das ganze Panorama der Stadt. Auch von dieser, der westlichen

Seite aus ist es die kraftstrotzende Gestalt des Doms, die uns vor allem ins Auge fällt. Er ist es, der ganz eigentlich der Stadt die Signatur giebt. Umschlossen von einer im Viereck errichteten steinernen Mauer, gesichert durch den jäh abfallenden Abhang des Dombergs nach der südlichen Seite (früher auch durch vorhandene Gräben und Wälle auf den drei anderen Seiten), sieht das gewaltige Bauwerk eher einer Burg als einem Gotteshause ähnlich.

Die eigentliche Stadt liegt auf der von zwei Havelarmen gebildeten Insel; am Fuße des Berges breiten sich die sieben, erst 1876 inkorporierten Berg=gemeinden aus, von denen jede bis dahin eigene Verwaltung unter Schulzen und Schöppen hatte.

Während wir, das Panorama der Stadt vor uns, auf der mit Ahorn und Obstbäumen bepflanzten Chaussee dahinwandern, tauchen vor uns die gerade hier so unendlich reichen und verschiedenartigen Bilder der Vergangenheit auf. Sind auch Jahrhunderte darüber verflossen, klar und licht weiß sie doch der Zauberstab der Geschichte vor die Augen zu bringen.

Havelberg, die Stadt, blickt zurück auf ein tausendjähriges Bestehen. Da der Name entschieden deutsch ist, und nirgends eine slavische Form für denselben vor=kommt, so ist wohl anzunehmen, daß der Ort eine deutsche Kolonie war, die auf wendischem Grund und Boden, hart an der Grenze und an der tief ins Innere des Landes führenden Wasserstraße gelegen, von deutschen Kaufleuten gegründet wurde. Deutsches Stadtrecht erhielt Havelberg vom Kaiser Friedrich Barbarossa 1151; erst ein halbes Jahrhundert später entstanden andere Städte in der Prignitz.

Die ursprünglichen Gebäude des Domberges bestanden in einer Burgfeste; vermutlich war diese schon von den Wenden als Schutz gegen die nahe Grenze errichtet worden. Hier residierten Fürsten der Brizaner, wie der thatkräftige Witi=chind. Nach Unterjochung dieses Volksstammes behielten auch die deutschen Beherrscher die Burgfeste bei, und auf dieser errichtete Kaiser Otto der Große 946 den Sitz des Bistums, des ersten in märkischen Landen, indem er die Burg zur Hälfte dem Bistum überwies, die andere Hälfte sich vorbehielt und so die Burg halb einer religiösen Bestimmung, halb militärischen Zwecken widmete.

Doch noch zwei Jahrhunderte lang sehen wir hier die grausigsten Kämpfe tosen zwischen den altheidnischen Wenden und den Deutschen, welch letztere eifrig bemüht waren, alles Heidentum mit Feuer und Schwert auszurotten. Noch 1122 findet der „Apostel der Pommern", Otto von Bamberg, auf seiner Reise nach Müritz auf „dem Berge vor der Stadt" alles in wilder Lust und wüsten Gelagen zu Ehren des wieder hier in seinem früheren Heiligtume angebeteten Götzen Gerovit.

Endlich ist das große Werk gelungen. Die frommen Prämonstratenser erhalten als Besitz zugesprochen die „terram Havelberg", einen ansehnlichen Landstrich, ca. 5 Meilen breit und 10 Meilen lang. Das gewaltige Bauwerk des Doms wird geschaffen; glanzvolle Zeiten ziehen für den Ort herauf. Die meisten Landesherren, insbesondere die askanischen Fürsten, erscheinen hier bald nach ihrem Regierungs=

antritt, um sich huldigen zu lassen; weit aus dem Osten und Nordosten kommen die slavischen Fürsten, in den geweihten Räumen des hehren Doms die Christentaufe zu empfangen.

Und weiter rückt unser Blick in die Geschichte. Die einfachen, frommen Sitten der Prämonstratenser schwinden; die Verwaltung und Vermehrung der Tafelgüter wird für die geistlichen Herren der Hauptzweck des Lebens; Prunk und Wohlleben kehrt bei ihnen ein. „Von hier aus wurde der Wilsnacker Ablaß vorbereitet, der das Bistum mit frommen Gaben überschüttete; ganz verweltlicht kamen die Domherren, den Falken auf der Faust und den Jagdhund an der Seite, in stutzerhafter Kleidung zum Hochamt, und das ehrwürdige Gotteshaus öffnete Maskeraden und Fastnachtsscherzen seine Thore."

Die Vermischung der geistlichen Gewalt mit der Sucht nach weltlichem Besitz und weltlicher Macht wird für das Gedeihen der Stadt verhängnisvoll. Unzählig sind die Streitigkeiten zwischen dem hochweisen Rat der Stadt und dem Domkapitel. Die Berechtigungen und Besitzungen, welche allenthalben die Städte vom Kaiser für sich erwerben, nimmt hier das Domkapitel für sich in Anspruch; heimliche und öffentliche Begünstigung der Gewerbe derjenigen Leute „so unter dem Berge wohnen" und eigentlich — mit Ausnahme der Fischerei — gar kein Gewerbe treiben dürfen, der kirchliche Bann mit seinen Folgen auch für das Erwerbsleben, sowie andere Maßnahmen des geistlichen Konvikts lähmen die Wohlfahrt der städtischen Bürger, und so kommt es, daß Perleberg, durch den Anschluß an die Hansa und begünstigt durch bedeutende Privilegien, sich zum Hauptplatz der Prignitz aufschwingt.

Und weiter sehen wir, wie das helle Licht des Evangeliums auch hier die Herzen entzündet; der Sturm heiliger Begeisterung fegt endlich auch den letzten Rest katholischen Wesens aus den Räumen der bischöflichen Kathedrale hinaus. 1561 wird der katholische Gottesdienst endgiltig beseitigt und der evangelisch-lutherische nach Maßgabe der Kurfürstlichen Kirchenordnung an seine Stelle gesetzt. Das Domkapitel in lutherischem Geist bleibt bestehen; aus den Einkünften werden Präbenden an eine Reihe von Domherren gezahlt; 1817 bezw. 1819 zieht der Staat alle Einkünfte einschließlich der Präbenden ein. Die Abschätzung der jährlichen Einkünfte betrug damals 31403 Thaler. Heute würden sie auf mindestens das Fünffache des Wertes gestiegen sein.

In den unseligen Religionskriegen des 17. Jahrhunderts hat auch Havelberg schwer gelitten. Dänen, Kaiserliche, Schweden und Sachsen, namentlich die beiden ersten in dem heißen Kampfe vom 12. April 1627, haben die Kriegsfackel hier in schrecklichster Weise entzündet. „Von der ganzen Stadt ist nur die Stadtkirche, das Beguinenhaus und der Bullenstall stehen blieben."

Hernach in ununterbrochenem Besitz der Hohenzollern ist noch manch schweres Unglück über die alte Bischofsstadt hereingebrochen, namentlich durch Überschwemmungen und große Feuersbrünste, wie die von 1870. Nur den Anstrengungen der damals zu Hilfe gerufenen Berliner Feuerwehr unter persönlicher Befehligung ihres Branddirektors Skabell ist es zu verdanken, daß nicht die ganze Stadt, sondern nur ein Drittel derselben in Asche gelegt worden ist.

Während unserer Wanderung haben wir unter diesen geschichtlichen Rückblicken die auf steinernen Pfeilern ruhende „Zugbrücke", welche die Inselstadt mit dem ost= elbischen Teil der Altmark verbindet, erreicht. Ein abwechselungsreiches Bild ent= rollt sich vor uns. Zur Rechten und zur Linken erblicken wir auf= und niederwärts fahrende Schleppzüge. Bald liegen sie verankert am Havelvorlande. Havelberg ist auf der Wasserstraße Hamburg—Berlin eine der hervorragendsten Central= stationen; hier werden für den Maschinenraum der Dampfer neue Kohlen geladen, und zugleich erhalten die Schiffer Zeit und Gelegenheit, ihren Mundvorrat aus den Läden der Stadt zu ergänzen. Der Brückenwärter, dem hier die amtliche Kontrolle obliegt, berichtet uns, daß im letzten Jahre 11832 Schiffe die Brücke passierten. Nicht gezählt sind dabei diejenigen Fahrzeuge, welche in der Nacht, wo keine Kon= trolle geübt wird, durch die Brücke fuhren.

Am jenseitigen Flußufer herrscht auf zweien Schiffswerften ein reges Leben und Treiben. Hei, was ist das für ein Hämmern und Klopfen, ein Sägen und Behauen der Bohlen und Balken! Ein großer „Elbschlepper" ist soeben fertig geworden und liegt, mit einem Kranz um das Bugspriet geschmückt, mit Wimpeln und Fahnen verziert, auf dem Stapel; die flußwärts gerichtete Breitseite wird mittelst Stützen aus Holz festgehalten; durch Schmiermittel geglättete Bohlen führen in schiefer Richtung bis in den Fluß. Die andere Breitseite ist durch Balken und Keile hochgerichtet, so daß der ganze Koloß hauptsächlich auf einer Kante ruht. Jetzt werden die Vorderstützen eine nach der anderen entfernt, jetzt die letzte, — und plötzlich setzt sich das riesige Bauwerk, dem Gesetz der schiefen Ebene gehorchend, in Bewegung, zuerst langsam, dann immer schneller, und endlich saust es mit rasender Gewalt in die Fluten hinein, daß die Wellen des Flusses hoch hinauf an das andere Ufer schlagen.

Ziegeleien in großer Zahl fallen uns auf. Havelberger Verblendsteine haben einen guten Ruf; weit hinein ins Land und nicht zum mindesten in der Haupt= stadt selber werden sie begehrt. Ist doch z. B. die prächtige Siegessäule auf dem Königsplatze in Berlin zum großen Teile aus Havelberger Steinen erbaut worden. Die in schier unerschöpflichen Mengen in unmittelbarer Nähe der Stadt vorhandenen Thonablagerungen geben außerdem gutes Material für Kacheln und andere kera= mische Waren. Proben von Glasuren zu weißen, blauen und altdeutschen Öfen werden von ersten Firmen Hamburgs als prima Ware anerkannt. Daher verarbeitet man das Material entweder direkt hier in Thonbrennereien oder versendet den geschlämmten und getrockneten Thon nach größeren Orten.

Dort werden landwirtschaftliche Produkte, wie geschältes Rohr, Heu, Stroh — im Herbst auch Schiffsladungen mit Kartoffeln — verfrachtet; hier ist man in emsiger Thätigkeit, einen mit böhmischer Braunkohle beladenen großen „Elbschlepper" zu „leichtern". Das schwarzbraune Grubenprodukt verschafft der ganzen hiesigen Gegend den beliebtesten und billigsten Brennstoff; ein Doppelhektoliter (275 Pfund) wird durchschnittlich mit 1,30 Mark bezahlt.

Fischer kommen mit dem Ertrage der nächtlichen Arbeit zurück. Geschickt werden die gefangenen Wassertiere aus dem Fischkasten („Schweff") des Fischerkahns

(„Zollen") genommen, sortiert und in die Kammern eines großen Fischkahns gesetzt. Jeden Mittag und Abend holt der Fischkäufer die Ware ab und versendet sie in verschließbaren Fässern nach den Markthallen Berlins, wo das feste Fleisch der Havelfische als besonders schmackhafte Speise hochgeschätzt und begehrt wird.

Gewaltige Flöße von Holz werden durch den Fluß niederwärts getragen. Auf großen Holzablagen im Nordwesten der Stadt sortiert und zu neuen Flößen verbunden, treten sodann die in den Wäldern von Posen und Polen gewachsenen

Havelberg.

Stämme ihre Weiterreise an zu den großen Sägemühlen in Lauenburg, Hamburg u. a. O. —

Von hervorragender Bedeutung, vielleicht der größte in der ganzen Mark, ist der Havelberger Herbst=Viehmarkt. Namentlich sind es Rindvieh, Schweine und Pferde jeden Alters, welche hier wie tags zuvor auf den Vormärkten in den benachbarten Dörfern zum Verkauf gestellt werden.

Havelberger Dampfer vermitteln, teilweise durch tägliche Verbindung, einen regelmäßigen Personen= und Warenverkehr mit den Dörfern der Umgegend bis nach Rathenow hinauf oder auch mit den Elbstädten Wittenberge, Werben, Sandau, Arneburg, Tangermünde und Magdeburg. Dazu kommt seit 1890 der Eisenbahnanschluß an die Berlin=Hamburger Hauptbahn beim Dorfe Glöwen. Berlin ist in $2\frac{1}{2}$, Hamburg in $3\frac{1}{2}$ Stunde zu erreichen.

Aus all diesen Beobachtungen erhellt, daß die hauptsächlichsten Erwerbszweige, aus denen sich hier ein frisches Verkehrsleben entwickelt, wie einst
zur Blütezeit des Mittelalters, Schiffahrt, Fischerei, Handel und Landwirtschaft sind.

Wir treten ein in die Stadt. Leider sind die Spuren einer weit in die Jahrhunderte zurückgreifenden Vergangenheit nur in beschränkter Anzahl vorhanden.
Bemerkenswert ist die alte Kirche St. Spiritus mit dem Beguinenhause, ein ein-
schiffiger Backsteinbau mit fein profilierten Fensterlaibungen und spitzbogig um-
rahmtem Portal. Sie stammt aus dem Ende des 14. Jahrhunderts und dient seit
langer Zeit zur Aufnahme von alten bedürftigen Bürgerwitwen. Ihr schließt
sich an die in gedrungenen Formen gehaltene und mit einer welschen Haube
gekrönte Stadt-(Laurentius-)Kirche, ein Backsteinbau, dreischiffig und mit polygonem
Chor. Grabsteine von Pfarrern, Bürgermeistern und verdienstvollen Patriciern der
Stadt, sowie eine wertvolle Sammlung alter Drucksachen in der Bibliothek der
Sakristei bilden die wichtigsten Altertümer an dieser Stätte. Leider sind die älteren
Urkunden der Ratskanzlei bei der Einäscherung der Stadt 1627 ein Raub der
Flammen geworden.

Um das Rathaus und die Stadtkirche gruppieren sich sämtliche Straßen der
Stadt; fast alle verlaufen wegen der länglich-runden Gestalt der Insel im Bogen.
Die Häuser treten uns entgegen als einfache Fachwerkgebäude älteren Stils oder
als Steinbauten in modernem Geschmack. Nur einige wenige Häuser aus der
Mitte des 17. Jahrhunderts sind in alter Bauart erhalten, mit Inschriften und
Schnitzwerk versehen.

Unsere Vorfahren waren meist ein frömmeres, bibelfesteres Geschlecht, als wir
es sind; sie liebten es, ihren frommen und aus der heiligen Schrift geschöpften Glauben
auch sichtbar zu bekunden; ein Zeugnis dafür bilden die in das Haus gesetzten
Inschriften. „Wo der Herr nicht das Haus bauet, so arbeiten umsonst, die daran
bauen" lesen wir auf der einen Stelle, „Lieber Gott, ich danke dir, daß du ein Haus
bescheeret mir, darin ich wohnen kann" auf einer andern u. s. w. — Eigenartig
möchte sein die Verwebung des bez. Baujahres in den Spruch an dem Hause. So
lesen wir beispielsweise an einem Hause der Mühlenstraße:

„BLeIbe nVr froMm VnD gereCht."

Die von der gewöhnlichen Orthographie abweichenden Buchstaben sind als
römische Ziffern anzusehen; addiert man deren Werte $L = 50$, $V = 5$, $I = 1$,
$M = 1000$, $D = 500$, $C = 100$, so ergiebt sich die Jahreszahl 1661.

Hohe Opfer hat Havelberg für die Zwecke des so hochwichtigen Jugend-
unterrichts bisher gebracht. Es existieren in dem nur 7000 Einwohner zählenden
Städtchen eine Knaben- sowie eine Mädchen-Volksschule, eine Knaben- wie eine
Mädchen-Mittelschule, eine mehrklassige Präparandenanstalt, eine Realschule, eine
kaufmännische wie eine Handwerker- und eine Schiffer-Schule. Dazu treten noch
einige Fachschulen für Schneider, Maler u. dergl. Gleiche Opferwilligkeit der Kommu-
nalbehörden finden wir auch auf den übrigen Gebieten städtischer Wohlfahrt, bethätigt

durch eine stetig fortgesetzte Straßenregulierung, durch Schaffung von Kanalisation, Wasserleitung, Gasanlage u. s. w.

Über die „Laufbrücke" begeben wir uns nach den Vorstädten am Fuße des Domberges. Die kleinen Häuser am Bergabhange bieten weder besondere architektonische Schönheiten, noch auch ist das von vielen Rinnsteinen quer durchschnittene Straßenpflaster geeignet, den Fußgänger zu erfreuen. Eins aber findet man hier mehr als auf der Inselstadt und dem Dombezirk: den Havelberger Dialekt. Die Sprache zeigt etwas breiten Tonfall; der Akkusativ hat sich bedeutend mehr Freunde erworben als der Dativ; der Klang des a moderiert nach dem o, das o nach dem a; die Artikulation der Konsonanten ist ziemlich verschwommen. Einzelne Provinzialismen fallen uns auf; der Havelberger „spielt sich was", legt etwas „tenn Füßen" (to Enn der Füße), geht „in heuen, in tanzen"; er „hat geheut helfen". Die Aufforderung: „Faß' ein wenig mit an!" lautet im Havelberger Platt: „Föt man'n bäten helpen an!"

Die Kleidung ist auch in den ärmsten Schichten der Bevölkerung verhältnismäßig reinlich; eigentlich zerlumpte Kleidung sieht man kaum; fast keine Wohnung bemerken wir ohne den verschönernden Schmuck der Gardine.

Für den Bewohner wasserarmer Gegenden ein Anblick des Entsetzens ist die Sicherheit und Sorglosigkeit, mit welcher größere und kleinere Kinder sich den Gefahren des nassen Elements aussetzen. Dort wissen 8—10 jährige Knaben den „Zollen" mittelst Ruderkelle („Päze") oder auch des leichten Segels geschickt den Fluß entlang zu lenken; da spielen unbeaufsichtigt kleinere Kinder am Rande der steilen Uferböschungen, klettern wohl gar an den glatten Steinen entlang oder vergnügen sich in Kähnen oder auf schwimmenden Waschbänken. Die stetige Gefahr stumpft die Besorgnis frühzeitig ab, und ein unfreiwillig genommenes Wasserbad, ohne das kaum ein Havelberger Kind der Inselstadt und der „Berge" groß wird, vermittelt die notwendige Geschicklichkeit und Vorsicht.

Erfreulich ist auch der allgemein vorherrschende Sinn für Angelegenheiten des religiösen Lebens; des Besuchs der Gottesdienste schämt man sich hier noch nicht; an alten, schönen kirchlichen Sitten, wie beispielsweise an dem Ausklingen jedes Hauptgottesdienstes durch den seitens der Stadtkapelle vom Turm aus geblasenen Choral hält man mit zäher Konsequenz fest. Ist dies die Frucht der treuen Arbeit in Kirche und Schule, der gefahrvollen Haupterwerbszweige? Oder ist es noch der Einfluß und Nachklang der kirchlich-historischen Bauwerke und Begebenheiten?

Bei der Straße „Vor dem Steinthor" verlassen wir die Vorstädte und wenden uns dem Dombezirk zu.

Ein aus dem 15. Jahrhundert stammendes, kleines achteckiges Backsteingebäude mit spitzem Ziegeldach fällt uns auf. Es ist die St. Annen-Kapelle, ein früheres Hospitalkirchlein. Wahrscheinlich wurde es gebaut für die Hospitalitinnen von St. Anna; später diente es als Begräbniskapelle. Seit längerer Zeit wird es benutzt als Aufbewahrungsort für die Geräte des Totengräbers und als Bergungsort der im Gemeindebezirk gefundenen Leichen. Die heimliche Scheu vor dem Ort ist gewichen, seitdem seine Umgebung mit anmutigen Anlagen, Spazierwegen und Spielplätzen geschmückt worden ist.

Durch den „Hohlweg" steigen wir auf zum „Camps". Noch vor einem Menschenalter ganz und gar Ackerfeld, ist hier ein neuer Stadtteil mit freundlichen Villen und lieblichen Promenaden entstanden. Hier hat auch ein den gefallenen Kriegern gewidmetes Denkmal mit der davor gepflanzten Friedenseiche seinen Platz gefunden. Bewegten Gemüts lesen wir die vielen Namen, deren Träger zumeist in der mörderischen Schlacht von Vionville ihren Tod gefunden. Wahrlich, ein „Ehrentag der märkischen 24er" war in Wahrheit der 16. August 1870, ein Ehrentag insbesondere auch für das Füsilier-Bataillon dieses Regimentes, das nach beendeter Schlacht nicht einen unverwundeten Offizier hatte. Standort desselben ist seit Jahrzehnten Havelberg.

Der Domhof, vor dem wir nun unmittelbar stehen, enthielt einst außer dem Dom 30 andere Gebäude, welche zumeist noch vorhanden und anderen Zwecken, den Amtswohnungen der Kirchenbeamten, dem Amtsgericht, den Kasernements, der Realschule u. dergl. dienstbar gemacht worden sind; außerdem ist eine stattliche Reihe neuer Privathäuser entstanden.

Durch das frühere „Krugthor" treten wir in die alte Burgfeste. Staunen und Ehrfurcht ergreift uns, wenn wir vor dem gewaltigen Bauwerk stehen, dem Stolz der Stadt und der Prignitz. Trutzig streckt der Unterbau des Westgiebels sich uns entgegen; die schießschartenähnlichen Fensterchen weisen beredt auf fernliegende kriegerische Zeiten zurück. Bedauerlich nur ist es, daß diesem gigantischen Unterbau ein entsprechender Turmabschluß fehlt. Nur ein Glockenhaus aus Backsteinen und ein Dachreiter ist vorhanden, und auch dieser, vor einigen Jahren vom Blitz getroffen, befindet sich in höchst baufälligem Zustande. Leider konnten noch immer nicht die Mittel flüssig gemacht werden, die ehrwürdige Kathedrale des einst so reichen Bistums auch in der äußeren Gestalt zu einer würdigen Vollendung zu führen. An den Westgiebel schließt sich die dreischiffige Kirche, 65 m lang, 24 1/2 m breit, mit abgesetztem polygonem Chor. Zur Rechten lehnen sich die zum Konvikt vordem gehörigen Räumlichkeiten an mit ihren Heiligenbildern und den auf einstige Mönchszellen hinweisenden kleinen Fenstern; ein wachestehender Soldat des in Havelberg garnisonierenden Bataillons belehrt uns, daß dieser Teil der früheren Konviktsgebäude jetzt als Aufbewahrungsort militärischer Bekleidungsutensilien dient.

Andächtig gestimmt durch die Weihe, welche über das Innere des Gotteshauses ausgebreitet liegt, von Staunen und Ehrfurcht ergriffen ob des reinen Adels hehrer Baukunst, innerlich gehoben durch so gewaltige Zeugen märkischer Geschichte, verlassen wir die einstmalige bischöfliche Stiftskirche und ergehen uns auf den östlichen Spazierwegen am Rande der Anhöhe. Welch eine entzückende Aussicht! Blühendes und grünendes Gesträuch klettert an dem steilen Abhang fast bis zum Scheitel empor; lieblich leuchtet der Schmuck der in Blütenpracht stehenden Obstbäume aus den Gärten herauf und schließt malerisch die kleinen Häuser der unter uns nach rechts und links sich hinziehenden Vorstadt ein; in patriarchalischer Ruhe liegt zur Rechten die Inselstadt; angenehm wird das Auge berührt von dem Leben auf dem Wasser; in stolzer Pracht, jenseit einer tiefen Einbuchtung des Geländes und umgeben von einem Kranz blühender Obstbäume, schaut zu uns herüber die Ostfront des Domes. Aus weiter Ferne, aus der Altmark reichgesegneten Fluren, über die Elbe hinweg, die hier und da als schmales Silberband auftaucht, aus dem Sandauer Gebiet im Süden winken Kirchtürme uns ihren frommen Gruß zu. Wie eine Landkarte ausgebreitet liegt vor uns das Havelthal, durchzogen von dem Lauf der „schönen blauen" Havel bald in gerader Linie, bald zickzackförmig oder im Bogen, bald eingeengt zu schmaler Fahrstraße, bald seeartig ausgebreitet. Abgeschlossen wird das Gesamtbild, als müßte es so sein, von dem dunklen Grün des fichtenbewaldeten Klietzer Plateaus und der Camernschen und Rhinower Berge, wie durch das Gelb-grün des Jederitzer Gehölzes, des lieblichen Mühlenholzes.

In der idyllischen Ruhe des anmutigen Weinbergs, wo wir der Stärkung auch des Leibes pflegen, zittern die herrlichen Eindrücke wohlthuend in unserer Seele nach.

An seinen kalk- und kreidehaltigen Abhängen findet das Auge des Botanikers bald ein unscheinbares Pflänzchen, **Thlaspi perfoliatum** (durchwachsenes Pfennig-kraut), das in ganz Norddeutschland sehr selten, in der Mark sonst gar nicht weiter anzutreffen ist. Ebenso als Seltenheit im norddeutschen Flachlande fällt aus der im großen und ganzen ziemlich bedeutenden Flora der Gegend uns noch auf das Kreuz-Labkraut (Galium Cruciata). Das keck dareinschauende Rötengewächs wurde zuerst im Elbthale beobachtet; von dort ist es im Havelgebiet langsam aufwärts gestiegen und tritt bei Havelberg bereits als ganz gewöhnliches „Unkraut" auf. Ebenso wollen wir erwähnen ein Exemplar der königlichen Eiche im nahen Jederitzer Walde, das an Alter und Umfang nur wenige Genossen, vielleicht keinen eben-bürtigen im deutschen Vaterlande finden dürfte. Der Stamm hat einen Umfang von mehr als 12,5 m; sieben Mann ca. sind erst im stande, mit ausgebreiteten Armen den Baumriesen zu umspannen; in dem durch Absterben des Kernholzes entstandenen Hohlraum des Innern haben 12 Kinder Platz. Das Alter der Eiche wird von Fachleuten über 1000 Jahre geschätzt.

Bei dem Rückwege nach der Stadt ist es Abend geworden. Die gefiederten Sänger in den Büschen singen vielstimmig ihr Abendlied; aus der Niederung her-auf tönt das Konzert der grünbefrackten Sumpfbewohner; der Vollmond steigt in reiner Klarheit herauf und gewährt uns nochmals einen entzückenden Fernblick über die ganze Gegend.

Und das zitternde Licht des Mondes, vermischt mit den aufsteigenden Nebeln, scheint uns die Sinne zu schärfen wie einem Sonntagskinde und läßt uns noch mehr schauen als vor einigen Stunden. Geht es nicht wie ein Singen und Sagen aus alter Zeit durch die Rohre und Halme, die Büsche und Bäume? Jene unbestimm-baren Töne, welche durch die Stille des Abends zu uns herauftönen, sind es noch immer die Stimmen der vielen Dämone und Geister, welche einst die Insassen der wendischen Lehmhütte hinter dem schutzspendenden Gesträuch der Erlen- und Rüster-gebüsche in Furcht und Schrecken setzten? Oder ist es gar der Lockruf der Todes-göttin Morzona, den der sterbende Wende zu hören vermeinte? Und leise mit

wehmutzitternder Stimme laſſen die Binſen und Halme ihren Klagegeſang ertönen
ob des vielen Blutes, das einſt hier vergoſſen wurde, ſingen ſie von den Volks=
helden, dem tapferen Miſtowi und Wizzidrog, dem edlen Brüderpaar Nacko und
Stoineff und ihrem wilden Beſieger Gero. Und die Menge der Weidenruten, der Binſen
und Rohrhalme ſcheint ſich zu beleben, eine ſchier unzählbare Maſſe von wendiſchen
Kriegern das Thal hinunterzuwälzen, hin zu dem gezimmerten und mit Schnitzwerk
und den heiligen Fahnen verzierten Tempel des vielköpfigen Gerovit.

Doch klingt es nicht wie Orgelſchall und Choralgeſang her von der alten
Burgfeſte? Und die Nebel zerteilen ſich. Das ehrwürdige Gotteshaus tritt klar
wieder vor unſern Blick, und zu ihm bewegt es ſich von Weſten her in langem,
feierlichem Zuge. Der große Askanier iſt es, Albrecht der Bär, mit dem Schwert
in der Rechten und dem Kreuz in der Linken, und mit ihm ein glänzendes Gefolge,
mit ihm Otto von Bamberg, Norbert von Magdeburg, Biſchof Anſelm, — und die
Schar der Wenden ſinkt in Ehrfurcht und Anbetung erbebend in den Staub. —

Kommen jene nebelhaften Geſtalten dort aus dem unterirdiſchen Gang, der ſich
von hier bis Wilsnack, von hier nach Wittſtock hinziehen ſoll? Iſt es die Schar
einſtiger Bräute, welche jene Brautallee nach und nach angepflanzt hat und ſie nun
tränken will mit dem lebenſpendenden Tau des Himmels? Oder ſind es gar die
Geiſter derjenigen Arbeiter, welche ſeiner Zeit den goldenen Sarg des kunſt=
ſinnigen Biſchofs Johann Wopeliſſe an verborgener Stätte einſenkten und hernach
als die einzigen Mitwiſſer der Ruheſtätte den Tod durch Henkershand erleiden
mußten? Gehören jene dunklen Geſtalten dort in dem Weidengeſtrüpp zu dem „zu
Haut und Haar verfeſteten“ Auswurf der menſchlichen Geſellſchaft, den Stell=
meiſern? Sind es Raubritter? Vielleicht gar der in der Nähe anſäſſige gewalt=
thätige edle Herr Dietrich von Quitzow, der den Anhängern des verhaßten Burg=
grafen, den politiſch klugen geiſtlichen Herren auf dem Domſitze, unmittelbar unter
den Augen die Dörfer „auspochen“ will?

Und die Nebel verdichten ſich wieder und hüllen die ganze Gegend ein wie in ein
graues Leichengewand. Unbewußtes Gefühl leiſen Grauens überkommt uns. Doch
ſiehe! ein kräftiger Luftzug erhebt ſich und vertreibt all die unheimlichen Nebel=
geſtalten, die in wirrem Durcheinander unſern Blicken entſchwinden. Und empor
ſteigt es rauſchend, gewaltig, thatkräftig und breitet ſich aus weit, weit über das
Land. Heil dir, du mächtiger Zollernaar! Treu haben auch dieſe deine märkiſchen
Söhne ſtets zu dir geſtanden; zäh, beharrlich und in Gottvertrauen haben ſie unter
deinem Schutze gearbeitet, gekämpft, gelitten und ſo an ihrem Teile geholfen, daß die
verwüſteten und verödeten Brandenburger Lande unter deiner Fürſorge umgewandelt
werden konnten zu dem, was ſie geworden ſind: zu einem koſtbaren Edelſtein deiner
Krone. Schütze für alle Zeiten deine geſamten Lande und mit ihnen deine getreuen
märkiſchen Söhne!

Paul Schmidt=Havelberg.

Havelland.

Grüß Gott dich, Heimat! Nach langem Säumen
In deinem Schatten wieder zu träumen,
Erfüllt in dieser Maienlust
Eine tiefe Sehnsucht mir die Brust.
Ade nun, Bilder der letzten Jahre,
Ihr Ufer der Somme, der Seine, Loire.
Nach Kriegs- und fremder Wässer Lauf
Nimm, heimische Havel, mich wieder auf.

Es spiegeln sich in deinem Strome
Wahrzeichen, Burgen, Schlösser, Dome:
Der Juliusturm, den Märchen und Sagen
Bis Römerzeiten rückwärts tragen;
Das Schildhorn, wo, bezwungen im Streite,
Fürst Jaczo dem Christengott sich weihte;
Der Harlunger Berg, des oberste Stelle
Weitschauend trug uns're erste Kapelle;
Das Plauer Schloß, wo fröstelnd am Morgen
Hans Quitzow steckte, im Röhricht verborgen;
Die Pfaueninsel, in deren Dunkel
Rubinglas glühte Johannes Kunkel;
Schloß Babelsberg und „Schlößchen Tegel",
Nymphäen, Schwäne, blinkende Segel.
Ob rote Ziegel, ob steinernes Grau,
Du verklärst es, Havel, in deinem Blau.

Und schönest du alles, was alte Zeiten
Und neue an deinem Bande reihten,
Wie schön erst, was fürsorglich längst
Mit liebenden Armen du umfängst.
Jetzt Wasser, drauf Elsenbüsche schwanken,
Lücher, Brücher, Horste, Lanken.
Nun kommt die Sonne, nun kommt der Mai,
Mit der Wasserherrschaft ist es vorbei.
Wo Sumpf und Lache jüngst gebrodelt,
Ist alles in Teppich umgemodelt,
Ein Riesenteppich, blumengeziert,
Viele Meilen im Geviert.
Tausendschönchen, gelbe Ranunkel,
Zittergräser, hell und dunkel,

Und mitteninne, wie das lacht,
Des roten Ampfers leuchtende Pracht.
Ziehbrunnen über die Wiese zerstreut,
Trog um Trog zu trinken beut,
Und zwischen den Trögen und den Halmen,
Unter währendem Käu'n und Zermalmen
Die stille Herde: Das Glöcklein klingt,
Ein Luftzug das Läuten herüberbringt.

    Und an dieses Teppichs blühenden Saum
Die lachenden Dörfer, ich zähle sie kaum:
Linow, Lindow, Rhinow, Glindow,
Beetz und Gatow, Dreetz und Flatow,
Bamme, Damme, Kriele, Krielow,
Petzow, Retzow, Ferch am Schwielow,
Zachow, Wachow und Groß-Bähnitz,
Marquardt-Uetz an Wublitz-Schlänitz,
Senzke, Lenzke und Marzahne,
Lietzow, Tietzow und Rekahne,
Und zum Schluß in dem leuchtenden Kranz:
Ketzin, Ketzür und Vehlefanz.

    Und an deinen Ufern und an deinen Seen,
Was, stille Havel, sahst all' du geschehn?
Aus der Tiefe herauf die Unken klingen:
Hunderttausend Wenden hier untergingen;
In Lüften ein Lärmen, ein Bellen, ein Jagen,
„Das ist Waldemar", sie flüstern und sagen;
Im Torfmoor, neben dem Kremmer Damme,
Wo Hohenloh fiel, was will die Flamme?
Ist's bloß ein Irrlicht? Nun klärt sich das Wetter,
Sonnenschein, Trompetengeschmetter;
Derfflinger greift an, die Schweden flieh'n,
Grüß Gott dich, Tag von Fehrbellin!

    Grüß Gott dich, Tag, du Preußenwiege,
Geburtstag und Ahnherr unserer Siege,
Und Gruß dir, wo die Wiege stand,
Geliebte Heimat, Havelland!

                                        Th. Fontane.

Der Havelwinkel.

Da, wo die Havel in vielfachen Krümmungen nach Nordwesten ihrer Mündung zustrebt, an beiden Ufern von stundenbreiten, fruchtbaren Wiesen eingerahmt, von denen zur Zeit der Heuernte der würzige, starke Duft über das Wasser weht, zwischen der Elbe und Havel, liegt ein kleines, mit zahlreichen Dörfern bedecktes Fleckchen Erde, deren Bewohner zu den wohlhabendsten der ganzen Umgegend gehören. Weiter nach Westen zu kündet nur hin und wieder ein spitzer Kirchturm an, wo sich ein stilles Dörflein bettet. Auf dem meist sandigen Boden wird noch jede Getreideart, mit Ausnahme des Weizens, mit Erfolg angebaut, während in der Mitte eine dicht mit Kiefern und Heidekraut bestandene Anhöhe sich erhebt, auf der nur eine spärliche Bevölkerung zu finden ist, die im Schweiße ihres Angesichts dem Boden die geringen Erträge abringt, bis es am rechten Ufer der Elbe wieder in fruchtbare Niederungen sich verwandelt; — das ist der Havelwinkel.

Vor Jahrhunderten waren seine Niederungen noch undurchdringliche, mit Erlen und Elsengebüsch bewachsene Sümpfe, von den verschiedensten Sumpf- und Wasservögeln und allerlei wildem Getier bevölkert, und jede Anhöhe wurde von den alten Wenden benutzt, Niederlassungen und Dörfer anzulegen, von wo aus sie bequem ihrer Lieblingsbeschäftigung, dem Fischfange, in der Havel mit ihren Seen nachgehen konnten. Auch boten die dichten Eichenwälder, welche damals noch einen großen Teil der Höhe bedeckten, den Wenden die günstigste Gelegenheit zur Ausübung der Jagd, während sie zugleich ein sicheres Versteck vor ihren Feinden waren, in das sie sich bei einer Niederlage immer wieder zurückzogen, um zur geeigneten Zeit, gesammelt und neu gerüstet, den Kampf mit um so größerer Zähigkeit wieder aufzunehmen.

Einen eigenen Reiz für Augen und Gemüt bilden die Haveldörfer, welche sich wie Perlen an einer Schnur längs der Havel aneinanderreihen. Hohe Schilfdächer lugen aus Erlen, Weiden und Pappeln hervor; Netze hängen am Ufer, zu dem die Wellen naschend anspülen, während der Wind sanft durch das mannshohe Schilf rauscht. Da kann man sitzen und träumen. Der schwermütig dahinfließende Strom scheint nur des Himmels Bläue wiederzuspiegeln; Schiffe ziehen mit geschwellten Segeln vorüber, das Wasser klatscht an die geteerten Holzplanken, Gruß und Gegengruß ertönt von Bord zu Lande, ein Hund schlägt am Strande an — dann sind Schiff und Segel wieder zwischen den Bäumen verschwunden. Alles ist wieder still, nur die Rohrdommel lärmt im Schilf.

Die Dörfer des Havelwinkels sind sehr alt und meist wendischen Ursprunges, wie dies schon aus ihren Namen hervorgeht und teilweise noch aus der eigentümlichen Bauart zu erkennen ist. Weidenbäume, die Lieblinge der alten Wenden, begrenzen noch heute viele Wege und umsäumen die Wiesen und Koppeln; auch die frühere Ring- oder Hufeisenform der Dörfer ist noch deutlich erkennbar, obgleich die Sackgasse verschwunden und ein Ausgangsweg zur Verbindung mit dem Nachbarorte an der Havel geschaffen ist. Zahlreiche wendische Begräbnisstätten sind in der

Nähe der Haveldörfer aufgedeckt worden. In den Urnen, welche dort vergraben waren, fanden sich kostbare Zieraten und Waffen. Beim Bau des Magazins bei Rathenow (im Jahre 1758) soll man bei einer Aschenurne einen goldenen Streithammer und Spangen von Gold gefunden haben. Vermutlich das Kennzeichen eines dort bestatteten wendischen Heerführers.

Die Elbe, Havel und Stremme begrenzten den wendischen Gau Liezizi (den Havelwinkel), der im Norden und Nordosten durch die Havel von den Gauen Niletizi und Doßeri (das Havelland), im Süden durch die Stremme von dem Gau Zamzizi geschieden wurde.

W. Schmidt-Schollene.

Sagen aus dem Havelwinkel.

Der Nierower See.

Ungefähr zwei Stunden in nordwestlicher Richtung von Rathenow entfernt liegt dicht an dem Ufer der Havel das Dorf Schollene. Auf der Westseite desselben zieht sich bis nach den Grenzen des Dorfes Ferchels und der Kolonie Neuwartensleben der „Nierower See" hin, welcher zu dem Gute Nierow gehört.

Ruhig und friedlich glänzt uns sein silberheller Spiegel entgegen, der, von dichten Rohrgebüschen und futterreichen Wiesen eingerahmt, besonders zur Sommerzeit dem Auge einen malerischen Anblick bietet.

In den Rohrdickichten und auf den sogenannten „Heben", welche seine Wasserfläche an einzelnen Stellen bedecken und schwimmenden Inseln verglichen werden können, nisten die wilden Enten, die Wasserhühner, die Lietzen und andere Wasservögel; die Fischreiher schießen pfeilgeschwind auf die klare Flut herab, um mit sicherem Griff die erspähte Beute zu erfassen und ebenso schnell damit zu verschwinden, während der Rohrsperling, auf den schwanken Halmen sich wiegend, sein munteres Gezwitscher ertönen läßt. Mit den verschiedenen Vogelstimmen vermischt sich gar häufig das Konzert der Frösche und zu bestimmten Zeiten auch wohl die gespensterhaften, dumpfen Rufe der Rohrdommel, die wie fernes Glockengeläute aus der Tiefe des Sees zu kommen scheinen.

Zahlreiche Sagen umflüstern den See. Die Wasserrose, welche auf seinen Fluten ihre weißen oder gelben Blüten wiegt, ist in den alten wendischen Märchen eine verwunschene Prinzessin. Und da in den Nächten Irrlichter emportauchen und zwischen den Rosen tanzen, so hat der Märchengeist hier eine uralte Wendenburg erstehen lassen, in deren Mauern der Fürst viele geraubte Jungfrauen hielt, die er, als er zur Übergabe aufgefordert wurde, mit sich in die Tiefe nahm.

Es war an einem Sonntage, die Frühlingssonne lächelte zum erstenmal freundlich wieder hernieder, kein Wölkchen war am tiefblauen Himmel zu sehen, kein Lüftchen regte sich. Da traten aus einem der kleinen Häuser am äußersten Ende des Sees zwei Fischer heraus und gingen den Seesteig hinunter. Sie wollten auf den See fahren, um für die Wirtschaft eine Kahnladung Streu zu holen. Es gehört nämlich zu den Gerechtsamen eines Teiles der Einwohner des angrenzenden Dorfes, sich in der Zeit zwischen "Marien und Walpurgis" vom Nierower See Streu, Dung und die sogenannte "Sickelpflanze" als Futter für das Vieh zu holen, und täglich sieht man zu der Zeit viele fleißige Hände damit beschäftigt, die kleinen Nachen damit zu beladen und zu Lande zu führen.

Als die beiden Fischer die Mitte des Sees erreicht hatten, da sahen sie auf dem Grunde desselben die Mauern und Türme der alten Burg und hörten eine herrliche Musik, wie von Pauken und Trompeten, und auch Gesang. Als sie aber näher fuhren, da war plötzlich alles verschwunden.

Diese alte Burg, welche die Sage in die Tiefen des Nierower Sees verlegt, stand zwischen der Havel und dem See. Die von der Havel, dem Bützow, der Junker- und Mühlenlanke rings umschlossene emporragende Landscholle wurde von den Wenden mit dreifachen Ringgräben und Wällen versehen, deren äußerster nach der Havelseite zu noch die Mühlenlanke überschritt und so von dieser Seite eine besondere Stärke gewährte. Auf diesem Hügel errichteten die Wendenfürsten eine Burg aus Holz und Backsteinen, welche die Wenden aus Lehm zu formen verstanden. Diese unförmlichen Lehmballen wurden mit Schilf umwickelt, um das Zusammenkleben zu verhüten, getrocknet und dann gebrannt. Die Schilfabdrücke sind an ihnen noch deutlich zu erkennen.

Die alte wendische Burg wurde in den Kriegen mit den Deutschen durch Brand zerstört, und auf ihren Trümmern ließen die Askanier nach der Besitznahme ihres Erblandes im Stile des 12. Jahrhunderts eine stolze Feste erbauen. Auf Fundamenten von mächtigen Steinblöcken erhoben sich schroff aus dem inneren Ringgraben schlanke Türme und starke Mauern, und so entstand eine Burg, die ihren Bewohnern in jener kriegerischen Zeit sicheren Schutz gewährte und allen Angriffen von außen trotzte.

Darum mag sie auch nachdem sie in der Erzbischöfe Besitz gelangt war und dem Raubwesen Vorschub leistete, die Erbitterung der Markgrafen und der altmärkischen Ritter in dem Grade erregt haben, daß diese ihre Abtragung, wie es in den Urkunden lautet ("ane gewerde, sunder arglist, gar und gentzliken"), wiederholt verlangten. Nach 1356 ist von der Burg nicht mehr die Rede.

Die schöne Burg war gefallen zur Buße für die Räubereien ihrer letzten Herren, die sie hatte beschirmen müssen. Gegründet in der Blütezeit des edlen, echten Rittertums, hätte sie wohl verdient, als eine Feste für den edlen Rittersinn, der auch in jener Zeit der Entartung noch vielen Vertretern des Standes rein erhalten blieb, und als ein Denkmal desselben für künftige Geschlechter ferne Jahrhunderte zu überdauern.

Die Dichterseele einer jungen Künstlerin bekränzte einst diese Stätte der Er=
innerung mit folgenden Strophen:

In der Abenddämmerung träumend saß ich an des Ufers Rande,
Schaute auf die blauen Wellen und hinüber auf die Lande.
Still ein Feld von goldnen Ähren an dem Ufer drüben schwankte
Und ein Busch von wilden Rosen, den ein Brombeerstrauch umrankte.
Zu dem Wasser nieder neigen leise sich die wilden Rosen,
Und die Wellen heben murmelnd sich empor zu leisem Kosen.
Und wie so die Wellen rauschen und die wilden Rosen beben,
Sah ich aus der blauen Tiefe langsam sich ein Bild erheben.
Keine Nixe mit dem Schleier, licht von Mondenschein gewoben,
Mit den feuchten, grünen Haaren, sanft von Wellenschaum gehoben —
Nein, ein Ritter — Eisenkleider decken seine kräft'gen Glieder,
Und von seinem Schilde glänzen hell der Sonne Strahlen wieder.
Seine Hand am treuen Schwerte, dessen Griff sie schien zu drücken,
Mit erhobenem Visiere stand er da vor meinen Blicken.
Staunend schaut' ich ihm ins Antlitz, in die männlich schönen Züge,
In die Augen, Hoheit blickend, sonder Falsch und sonder Lüge.
Kraft und Wahrheit auf der Stirne und in jeglicher Gebärde, —
Solche Art ist längst vergessen und verschwunden von der Erde. —
Und er blickte traurig lächelnd nach dem Ährenfelde drüben,
Wo die blauen Wellen kosend mit den Rosen Spiele trieben.
Leise sah ich seine Hände in die Abendluft sich heben,
Und von seinen Lippen hört' ich schmerzvoll tiefe Seufzer beben.
Da erzitterten die Lüfte, lauter brechen sich die Wellen
An dem Ufer, und der Boden fing zu bersten an, zu schwellen.
Rosenbusch und Ährenfelder sanken hin mit leisen Schauern,
Und an ihrer Stelle hoben Wälle sich und starke Mauern,
Denen Türme schlank entstiegen; über Gräben wölbten Brücken
Sich, und eine Burg lag wie durch Zauber da vor meinen Blicken.
Von den Türmen hoch hernieder festlich bunte Fahnen wehen,
Und des großen Eisenthores Flügel weit geöffnet stehen.
Tausend Helme, tausend Schilder goldig in der Sonne glänzen;
Heimwärts zieh'n die Ritter jubelnd und geschmückt mit Eichenkränzen.
Froh voran im Siegeszuge zieht der Sänger; durch die Saiten
Seiner Zither läßt er fröhlich die geübten Finger gleiten;
Und dazwischen die Trompeten schmetternd durch die Lüfte klingen,
Daß die hellen Jubellieder in der Burg Gemächer dringen.
Vom Balkon herniedergrüßend seh' ich weiße Tücher wehen,
Und inmitten voll Erwartung dort die hohe Burgfrau stehen.
Bunte Fahnen, grüne Kränze, weiße Tücher und der Zither
Frohe Lieder und die Wappenzier der stahlbedeckten Gitter,
Türme, Wälle, Tiere, Brücken und des Burghofs weite Räume —
War es Wahrheit, oder waren's holde Bilder schöner Träume? —
Plötzlich schwankte alles bebend, und die Türme sanken nieder
Auf die siegesfrohen Helden, auf die frohen Zitherlieder. —
Schöne Trümmer schöner Zeiten, blieben nur die Mauern steh'n
Und die alten Lindenbäume, deren Häupter traurig weh'n,
Die den Sänger zu sich winken, der mit seiner goldnen Leier
Singend durch die Fluren wandelt in der Abenddämmerung Schleier,
Daß er unter ihrem Dache sich sein Dichterzelt errichte
Und aus ihren Zweigen lausche manche zauberisch' Geschichte. —

Der Burgberg mit dornumwucherten Trümmern, mit seinen Wällen und Gräben reichte noch in das gegenwärtige Jahrhundert hinein, dann wurden auch diese Spuren verschüttet und geebnet, nur der Name „Burgwall" ist geblieben.

Die Kamernberge.

Einen schönen Schmuck des Havelwinkels bilden die „Kamernberge" zwischen den Ortschaften Schönfeld, Rehberg und Kamern, die eine Höhe von 100 m erreichen. Die ursprüngliche Bezeichnung ist „Hellberge", vermutlich, weil in früheren Zeiten der Sand der Berge, die damals noch unbewaldet waren, in der Sonne hell leuchtete. Ungefähr an der Stelle, wo die drei Gebiete zusammenstoßen, ist eine Schlucht, welche im Volksmunde den Namen „Frau Harkengrund" führt, an die sich nachfolgende Sage knüpft.

Auf den Bergen bei Kamern hauste eine „Frau Harke", eine Riesin. Sie war so groß, daß sie von dem Berge, in dem sie wohnte, gleich auf die Rehberger Berge treten konnte. Ihre Wohnung hatte sie in einem der höchsten Berge, dessen steiler Abhang als Eingang bezeichnet wird. Die Plattform über demselben wird „Teufelskanzel" genannt und ist mit Erdbeerranken und Heidekraut bewachsen. Dieser Berg heißt noch heute „Frau Harkenberg". Von diesem ist Frau Harke immer nach dem See heruntergegangen, um Wasser zu holen, und hat dadurch den Weg ausgetreten, daß der „Frau Harkengrund" entstanden ist. Bis vor 20 Jahren lag noch daselbst ein gewaltiger Granitblock, den man den „Frau Harkenstein" nannte. Am Frau Harkenberg trieb sie auch besonders ihr Wesen. In einer Höhle desselben, die jetzt aber verschüttet, hatte sie ihr Wild, Hirsche, Rehe, Hasen, wilde Schweine und andere Tiere, die sie des Nachts hinein und des Morgens hinaus auf die Weide trieb. Auch vernahm man in den Bergen in der Dämmerung ihren Lockruf „Pickel, Pickel". (Mit dem Namen „Pickel" werden noch heute die jungen Schweine in dortiger Gegend bezeichnet.) Einmal sind mehrere Hirten da auf dem Dachsfang und haben bereits einen solchen im Sack, da hören sie unten im Berge eine Stimme, die ruft: „Quems, quems!" Antwortet eine andere: „Was fehlt dir?" Entgegnet die erste wieder: „Die große einäugige Sau!" Da eilen die Hirten, daß sie mit ihrem Fange nach Hause kommen, und als sie das Tier herausnehmen, hat es wirklich nur ein Auge. Die Stimme, welche die Tiere gelockt, ist die der Frau Harke gewesen, denn ihre Schweine, so sagen die Leute, sind die Dachse.

Frau Harke war Heidin, weshalb sie den Bau des Domes in Havelberg mit großem Verdruß beobachtete. Als sie das Mauerwerk mit einer Schürze voll Sand verschütten wollte, zerriß das Schürzenband, und der Inhalt flog über die Havel, und so entstanden die Rhinower Berge. Darauf suchte sie das Gotteshaus mit einem großen Steine zu zertrümmern, aber auch dies mißlang; der Stein entglitt ihrer Hand und soll noch heute auf den Rhinower Bergen mit den Fingereindrücken liegen. Mit einem anderen Steine wollte sie die Marienkirche in Brandenburg, welche vor Brandenburg auf dem sogenannten Marien- oder Harlunger Berge stand, zerschmettern, doch auch dieser Stein glitt ihr aus der Hand und fiel in der Nähe von Kotzen und Landin nieder. Da liegt er noch und hat ein tiefes Loch geschlagen, darin das Wasser nicht austrocknet. Ein dritter Stein, den sie nach dem Dom in Stendal werfen wollte, fiel auf dem Arneburger Galgenberg nieder. Auf den Camernschen Bergen zeigt man noch jetzt solche Steine.

Frau Harke spann auch ihren Flachs. Auf den Bergen wächst das „Frau Harkengras", auch Flunkerbart oder Straußengras genannt (Stipa pennata ist's, echtes Federgras).

Als aber das Christentum sich trotz ihrer Gegenwehr doch immer weiter ausbreitete und der Wald auf den Bergen zu licht wurde, wanderte sie aus, steckte aber ihre „Hedemicke" (Spinnrockenstock) nicht weit vom Camernschen See in die Erde, woraus ein großer Tannenbaum, vielfach verzweigt, gewachsen ist, der noch heute unmittelbar neben der Chaussee steht. Sie soll mit allen ihren Leuten über die Arneburger Fähre nach Thüringen gezogen sein, aber der Fährmann hat nichts gesehen außer zwei Reitern auf kleinen Pferden, welche die größte Fähre bestellt hatten, die voll von Gepolter und Gerassel gewesen ist. Zum Lohn gab der eine Reiter dem Fährmann eine Metze voll alter Scherben, welche aber der ärgerliche Schiffer in das Wasser geworfen hat. Einige Stücke jedoch blieben in der Fähre liegen, und als der Fährmann am andern Morgen in dieselbe stieg, fand er ein paar Goldstücke.

Einst stieg ein Riesenfräulein von den Hellbergen hinab und fand in der Ebene einen Bauern, der mit Ochsen pflügte. Dies für ein Spielzeug haltend, raffte sie alles in die Schürze und trug es in die Riesenburg, wo sie aber mit harten Worten über ihre Einfalt belehrt wurde und die Weisung erhielt, das Spielzeug sofort wieder dahin zu tragen, wo sie es gefunden.

Der Bilwitz.

Steht das Korn in schönster Blüte, mannshoch in den Halmen, saftig und mit weichen, werdenden Ährlein, dann machen die schlimmen Geister sich daran, den Menschen die Ernte zu verderben. Bald nach Mitternacht tritt vorsichtig der „Bilwitz" aus dem Walde, ein sehr magerer, langer, eisgrauer Mann, ein spitzes Hütlein auf dem Haupt, einen langschößigen Rock um die Lenden, die Hände allezeit in den Taschen der Pluderhosen. Er macht im Schatten der Föhren Halt und späht über die Flur, die im Mondlicht silbergrau blinkt, ob er gesehen wird.

Niemand ist auf dem Acker; das Mondlicht schwindet hinter schwarzen Wolken, die plötzlich wie gezaubert am Himmel hängen und flattern; hurtig duckt sich der dürre Graue nieder an den Boden, schnallt den rechten Schuh ab und steckt ihn unter den Rock; aus der Pludertasche nimmt er eine kleine, sehr scharfe Sichel und bindet sie an die Zehen des nackten Fußes.

Dann erhebt er sich und schlendert durch das Korn, quer und schräg, schwenkt hin und her; wo er schlürfend schreitet, mäht sein Fuß eine schmale Gasse, einen engen, langen Gang, und auf der Stelle verschwinden die Halme. Kommt dann am Morgen bei Sonnenlicht der Bauer an das Ackerstück, so sieht er die trostlose Verwüstung.

Es giebt viele Mittel gegen den Bilwitz. Man kann einen Kranz von Schaf=
garbe, Trespen, Wicken oder Dort mitten ins Korn auf einen Stab stecken, kann
auch eine Garbe mit Wacholderzweigen, die man bei der letzten Ernte zuerst auf
den Wagen stach und zuletzt drosch, mit zur Saat verwenden; — allein beides ist
nicht ganz sicher — das sicherste Mittel ist es, daß eine reine Magd einen Spiegel
um den Hals thut und sich dem grauen Gespenst in den Weg setzt in einem
Holunderbusch, da, wo es aus dem Walde hervorgeht auf den Acker. Sieht der
Bilwitz das Mädchen, so muß es sterben, erblickt er aber sich selbst in dem Spiegel,
so ist der Zauber gebrochen, und der schlimme Geist flieht auf immer.

W. Schmidt=Schollene.

Herr von Ribbeck auf Ribbeck im Havelland.

Herr von Ribbeck auf Ribbeck im Havelland,
Ein Birnbaum in seinem Garten stand,
Und kam die goldene Herbsteszeit,
Und die Birnen leuchteten weit und breit,
Da stopfte, wenn's Mittag vom Turme scholl,
Der von Ribbeck sich beide Taschen voll,
Und kam in Pantinen ein Junge daher,
So rief er: „Junge, wiste ne Beer?"
Und kam ein Mädel, so rief er: „Lütt Dirn,
Kumm man röwer, ick hebb' ne Birn."

So ging es viele Jahre, bis lobesam
Der von Ribbeck auf Ribbeck zu sterben kam.
Er fühlte sein Ende. War Herbsteszeit,
Wieder lachten die Birnen weit und breit,
Da sagte von Ribbeck: „Ich scheide nun ab,
Legt mir eine Birne mit ins Grab!"
Und drei Tage drauf, aus dem Doppeldachhaus,
Trugen von Ribbeck sie hinaus,
Alle Bauern und Büdner, mit Feiergesicht,
Sangen: „Jesus, meine Zuversicht,"
Und die Kinder klagten, das Herze schwer:
„He is dod nu. Wer giwt uns nu' ne Beer?"
So klagten die Kinder. Das war nicht recht,
Ach, sie kannten den alten Ribbeck schlecht.

Der neue freilich, der knausert und spart,
Hält Park und Birnbaum strenge verwahrt,
Aber der alte, vorahnend schon
Und voll Mißtrauen gegen den eigenen Sohn,
Der wußte genau, was damals er that,
Als um eine Birn ins Grab er bat.
Und im dritten Jahr aus dem stillen Haus,
Ein Birnbaumsprößling sprßt heraus.

Und die Jahre gehen wohl auf und ab,
Längst wölbt sich ein Birnbaum über dem Grab,
Und in der goldenen Herbsteszeit
Leuchtet's wieder weit und breit.
Und kommt ein Jung' über den Kirchhof her,
So flüstert's im Baume: „Wiste ne Beer?"
Und kommt ein Mädel, so flüstert's: „Lütt Dirn,
Kumm man röwer, ick geb di ne Birn."

So spendet Segen noch immer die Hand
Des von Ribbeck auf Ribbeck im Havelland.

Theodor Fontane.

Die Wenden der Mittelmark.

In grauer Vorzeit wohnten in dem Ländergebiet zwischen Elbe und Oder germanische Stämme, Semnonen und Longobarden; nach ihnen, im fünften und sechsten Jahrhundert n. Chr., nahmen slavische Völker, Wenden, auch Winuler genannt, von den verlassenen Landen Besitz.

Die Wenden der Mittelmark waren Ljutizen, ein den Polen verwandtes Volk. Sie lebten ohne staatliche Einheit, nach Stämmen oder Gauen getrennt, deren Namen in den Stiftungsurkunden der Bistümer Havelberg und Brandenburg aufgezählt werden. Das einzige Band, das die vielen Stämme umschloß und eine politische Einheit, so gut es eben ging, aufrecht hielt, war eine mächtige Priesterschaft, die zu Rhetra, dem Heiligtum des Radegast, ihren Sitz hatte.

In ihrer Körpergestalt waren die Ljutizen den Deutschen nicht unähnlich, nur waren sie kleiner und gedrungener.

Gerühmt wird bei ihnen die Gastfreundschaft. Gastfrei zu sein, war eine Pflicht; wer sie erfüllte, wurde geehrt, wer sie unterließ, wurde verachtet. Je freigebiger der Wirt war, für desto vornehmer galt er. Andererseits wird uns viel Tadelnswertes von ihnen berichtet. Sie waren lügnerisch, hinterlistig und grausam gegen den wehrlosen Feind. Ihr Sprichwort: „Mit Freunden sollst du am Morgen teilen, was du in der Nacht gestohlen hast," zeigt, wie wenig der Begriff des Mein und Dein entwickelt war. Die Blutrache war ihnen eine heilige Pflicht, die von Nachkommen oder Verwandten des Ermordeten erfüllt werden mußte.

Die nationale Kleidung der Wenden bestand aus einem kleinen Hut, einem wollenen Obergewand, aus leinenen Unterkleidern, Schuhen oder Stiefeln. Barfuß gehen war ein Zeichen größter Armut. Die Kleider wurden aus selbst gewebter Leinewand gefertigt; denn die Kunst des Webens war ihnen bekannt. Leinewand war Handelsartikel und Werteinheit. Wollstoffe hingegen mußten eingeführt werden.

Die Ansiedlungen der Wenden lagen meist an Seen und Flüssen. Es waren Dörfer; Städte im deutschen Sinne, mit Freiheiten und Gerechtsamen ausgestattet, gab es bei ihnen nicht. Die Orte, die bei den Wenden als Städte genannt werden, zeichnen sich nur durch Größe der Einwohnerzahl und durch Befestigungen vor den Dörfern aus; sie entbehrten aber des städtischen Charakters in unserm Sinne. Viele von ihnen sind später deutsche Städte geworden, andere, wie z. B. Nitzow bei Havelberg, haben diese Auszeichnung nicht erhalten.

Die Dörfer der Wenden waren Rundlinge. Die Häuser bildeten eine Sackgasse, einen Kreis, zu dem nur ein Eingang führte. Sie standen dicht aneinander, mit den Giebeln oder der schmalen Frontseite dem inneren Ringe zu, die breite Hinterseite nach außen gekehrt. Der freie Mittelplatz, auf dem in der christlichen Zeit die Kirche erbaut wurde, diente dem Vieh zum Aufenthalt in der Nacht. Die Dörfer Läsikow und Kränzlin im Kreise Ruppin geben uns ein anschauliches Bild einer solchen wendischen Dorfanlage, eines Rundlings, der sich in seiner ursprünglichen Form hier erhalten hat. Häufiger ist eine andere Form der märkischen Dörfer, die des durchbrochenen Rundlings, zu finden. Es ist ein zweiter Eingang geschaffen worden; die Dorfstraßen ziehen sich rechts und links um den erhöhten Kirchhof mit der Kirche herum und vereinigen sich dann wieder. Oft hat auch der Rundling eine Erweiterung erfahren, sei es durch Anbau, sei es durch Verlegung einzelner Gehöfte aus dem Ringe nach Einäscherung derselben. Hin und wieder findet man auch zwei Dörfer mit gleichlautenden Namen dicht bei einander, unterschieden durch „Groß" und „Klein", „Alt" und „Neu", „Wendisch" und „Deutsch". Diese Doppeldörfer sind dadurch entstanden, daß deutsche Ansiedler neben dem vorhandenen wendischen Dorfe ein neues anlegten. Oft sind beide zu einem Gemeinwesen verwachsen, und die Unterscheidung ist im Laufe der Jahrhunderte vergessen worden. Die Thatsache, daß das Land nach wendischen und deutschen Hufen verteilt war, weist auf die ursprüngliche Trennung zurück. Das Dorf Lögow bei Wildberg im Kreise Ruppin giebt uns in seiner Anlage wie in seiner Hufenverteilung hierfür den besten Beweis.

Die Häuser der Wenden waren klein und niedrig, aus Holz oder Lehm erbaut und mit Rohr oder Schilf gedeckt. Wohnstätten aus Feldsteinen aufgeführt waren selten. Die Kunst, Ziegel zu streichen und zu brennen, war ihnen anfänglich fremd, erst durch holländische Ansiedler haben sie dieselbe erlernt.

Bei den Wenden herrschte, wie uns die Chronisten berichten, Vielweiberei. Doch genoß nur eine unter den Frauen bei den Hausſklaven und den Fremden das Anſehen der Herrin. Die Söhne wurden von den Eltern mit großer Liebe und Fürſorge behandelt, die Töchter hingegen betrachtete man als Laſt; oft wurden ſie, wenn ſchon

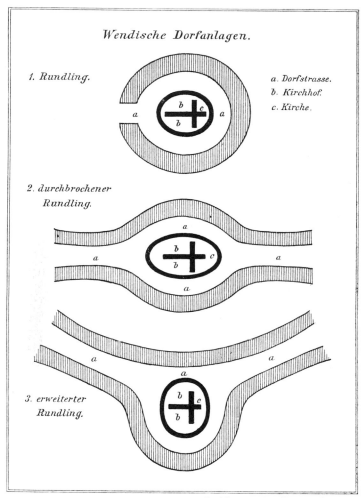

Gezeichnet von Fr. Wienecke=Berlin.

Wendiſche Dorfanlagen.

mehrere vorhanden waren, getötet. Kranke und 'altersſchwache Leute 'mußten von ihren Verwandten oder von der Dorfgemeinde verpflegt werden, häufig begrub man ſie lebendig oder erſchlug ſie.

Nicht ſelten wurde die Frau mit dem toten Gemahl verbrannt; doch geſchah dies nur, wenn ſie früher ein ſolches Gelübde gethan hatte. Den Wenden erſchien dies nicht grauſam und gefühllos; denn der gewaltſame Tod ſtand bei ihnen in hohem Anſehen und ſicherte den Eingang ins Reich der Glückſeligkeit. Die Ver=

storbenen wurden begraben oder verbrannt. Die Leichenverbrennung war eine Ehre, die wohl nur Personen von Ansehen zu teil wurde. Die Asche sammelte man sorgfältig in eine Urne und setzte sie in ein kleines, von vier Steinen gebildetes Gewölbe, fügte oft Streitaxt, Speerspitze und Thränenkrüglein hinzu und verschloß die Öffnung durch einen fünften Stein. Solche wendischen Gräber und Grabfelder finden sich häufig in der Mark. Sie liegen gewöhnlich auf Anhöhen oder an Orten, die vom Grundwasser oder von Überschwemmungen nicht berührt werden. Durch diese Fürsorge, die Urnen möglichst gegen Zerstörung durch Wasser zu schützen, sind uns dieselben erhalten worden. Es zeigt sich hierin die Liebe und Achtung, die man den Toten zollte. Für Verstorbene von hohem Ansehen wurden Totenaltäre errichtet. Man schüttete Erde zu einem Berge auf, grub in denselben eine Vertiefung und verbrannte darin die Leiche in sitzender Stellung. Die Asche wurde in einer Urne an demselben Orte beigesetzt, und gewaltige Steine bildeten das Grabmal. Diese Gräber sind uns hie und da noch erhalten.

Die Wenden waren, wie alle Slaven, ein arbeitsames, genügsames Volk. Auf den zahlreichen Seen und Flüssen trieben Fischer ihr Gewerbe. Ein großer Teil der Bevölkerung lebte von der Fischerei; viele Ansiedlungen waren Fischerdörfer, die unter dem Namen „Kietze" noch jahrhundertelang ihre Eigentümlichkeit und Selbstständigkeit bewahrt haben. In den endlosen Heiden und Wäldern wurde die Zeidlerei oder Bienenzucht eifrig betrieben. Man höhlte Baumstämme aus und gab so den Bienen eine künstliche Wohnung. Die zahlreichen Wiesen= und Weideflächen gestatteten eine ausgedehnte Viehzucht; auf den Höfen züchtete man Geflügel und Schweine. Der Ackerbau stand bei den Wenden auf einer niedrigen Stufe, nur das leicht kultivierbare Land bebauten sie. Mit dem hölzernen Hakenpfluge, von Kühen oder Ochsen gezogen, wußten sie den Boden zu furchen, um ihm einen geringen Ertrag an Roggen, Gerste, Hafer oder Flachs abzugewinnen. Moor= und Sandboden, Wald und Gestrüpp blieben unberührt; denn die Wenden verstanden es nicht, solchen Boden kulturfähig zu machen.

Mit den Nachbarvölkern im Osten und Westen trieben sie einen schwunghaften Handel. Land= und Wasserwege wurden für den Handel benutzt. Brücken gab es nicht; die Flußübergänge wurden auf Fähren bewerkstelligt. Der Handel war nicht bloß Tauschhandel, man kaufte und verkaufte. Das Geld wurde nicht gezählt, sondern gewogen, erst später kam gemünztes Geld in Verkehr. Funde von byzantinischen und arabischen Münzen beweisen, daß die Wenden auch mit dem ferneren Osten Handelsbeziehungen unterhielten. Im Jahre 1894 ist ein solcher Münzenfund bei der Leissower Mühle unweit Frankfurt an der Oder gemacht worden. Ausgeführt wurden Wachs, Leinewand und Fische; hingegen mußten Eisen und Salz eingeführt werden. Auch der Sklavenhandel blühte. Kaiser Heinrich II. sah sich zu dem Verbot veranlaßt, Christen den Wenden als Sklaven zu verkaufen.

Die Wenden unterschieden sich in Sklaven, Hörige oder gemeine Freie und Edle, zu denen auch die Fürsten gehörten. Die Sklaven wurden durch Kauf erworben, oder es waren Kriegsgefangene, hauptsächlich aber wohl Reste der germanischen Urbevölkerung, die im Lande geblieben waren. Sie waren recht= und besitzlos und wurden wie jede Ware veräußert. Der gemeine Freie war nicht frei im germanischen Sinne, sondern hörig und an die Scholle, die er bebaute, gebunden. Seine Stellung war also ähnlich der des Halbfreien oder Liten bei den Germanen; doch genoß er die Ehre des Waffentragens und war zum Kriegsdienst verpflichtet. Über diesen standen die Edlen und Häuptlinge. Die letztere Würde war für alle männlichen Nachkommen erblich; doch blieb nur einem, gewöhnlich dem ältesten Sohne, die Leitung der Landesangelegenheiten vorbehalten. Diese Häuptlinge beherrschten von ihren Zwingburgen herab, die sie mit bewaffneten Dienern besetzt hielten, das Land. Sie waren Besitzer des ganzen Bodens, nicht nur als Obereigentümer, sondern auch als Privateigentümer. Die große Menge des Volkes war von ihnen abhängig, der größte Teil ihre Sklaven. Sie verschenkten beliebig ihren Besitz samt den Bewohnern. Dies that z. B. Pribislav; er schenkte Albrecht dem Bären sein Land, ohne daß das Volk Einspruch erhob.

Eigentümlich waren die Besitzverhältnisse bei den Wenden. Ursprünglich war die Ansiedelung in Familien oder Sippen vor sich gegangen. Jede derselben bildete unter ihrem Geschlechtsältesten ein eigenes Dorf, eine selbständige Ackergenossenschaft. Der Acker wurde gemeinschaftlich bestellt, der Ertrag desselben gleichmäßig verteilt. Der Starost, der anfänglich nur Verwalter der Dorfangelegenheiten war, wußte seine Befugnisse zum alleinigen Besitzrecht an dem Acker zu erweitern. So wurde der Edle, der Häuptling, Besitzer des ganzen Grund und Bodens. Die gemeinen Freien waren ohne Besitzrecht; sie nutzten den Boden gemeinschaftlich gegen einen Kornzins, Wozob genannt, der von der gesamten Dorfflur entrichtet wurde. Der Fischer gab von dem Gewässer, der Zeidler von dem Walde, denn auch diese gehörten dem Grundherren, seinen Zins. Außerdem hatten beide wie der Ackerbauer von den Höfen, die sie bewohnten, eine Geldabgabe zu entrichten. Hof und Hufe waren nicht wie bei den Germanen rechtlich verbunden, sondern getrennt. Der Besitz eines Hofes setzte den einer Hufe nicht voraus. Außer den Abgaben bestanden noch Verpflichtungen zu persönlichen Diensten. Die Bauern waren zu Spanndiensten, die Häusler zu Handdiensten verpflichtet. Sie mußten die Burgen der Edlen bauen und zum Unterhalte derselben Vieh, Korn, Mehl, Fische und Honig liefern. Noch lange nach der Kolonisation durch die Deutschen leisteten die Bewohner der wendischen Fischerdörfer, die Kietzer, dem Markgrafen oder seinem Burgvogt persönliche Dienste. Sie mußten Botengänge thun, Garn spinnen, Zäune bessern, Stuben reinigen u. s. w.

Den Kriegsdienst leisteten alle waffenfähigen Freien. Die Edlen dienten zu Roß und stellten nach der Größe ihres Besitztums eine Anzahl berittener Mannen. Die gemeinen Freien dienten zu Fuß. Die Reiter führten Schild, Schwert und Speer; schwere Rüstungen, wie sie die Deutschen trugen, waren nicht im Gebrauch. Die Hauptwaffen des Kriegers zu Fuß waren Speer, Schwert und Streitaxt; Bogen und Pfeile führten sie nicht.

Zum Schutz gegen äußere Feinde baute man an schwer zugänglichen Stellen, an Seen nnd in Morästen Burgen. Der Grund zu diesen wurde künstlich durch übereinander gelegte Baumstämme und durch Erdaufschüttungen gewonnen. Erdwälle, Mauern aus Rasen und Steinen, Pallisaden aus Holz umgaben sie. Zugbrücken verhinderten den Zugang. Solche Burgen gab es viele im Wendenlande; sie gehörten den Häuptlingen. Im Kriege gewährten sie den Weibern und Kindern Schutz.

Die Edlen waren Richter des Volkes. Ihre Aufgabe war, Privatfehden zu schlichten, die angenommene Sühne aufrechtzuhalten. Leib- und Lebensstrafen kannten die Wenden nicht. Die Strafen richteten sich gegen die persönliche Freiheit und gegen das Eigentum. Der öffentliche Verkauf in die Knechtschaft war die entehrendste und schwerste Strafe. Geschriebene Gesetze gab es nicht. Das Urteil wurde nach Herkommen und Landesbrauch gefällt. Die Gerichtsstätte war unverletzlich, ein Asyl, an dem keine Privatrache geduldet wurde. Das Urteil sprachen die Schöffen, die Aufgabe des Richters war nur die, das Urteil zu vollstrecken. Gottesurteile, Feuer- und Wasserprobe, waren den Wenden unbekannt; diese sind erst durch Mönche und Priester eingeführt worden.

Von der Religion der Wenden ist uns wenig überliefert worden. Derselben lag die Lehre von dem zwiefachen Urwesen zu Grunde. Der oberste Gott war Bellbog, der weiße Lichtgott, der Spender des Guten; ihm gegenüber stand Zernebog, der böse, schwarze Gott, der Zerstörer. Dem höchsten Gott überließen sie die himmlischen Dinge, die irdischen vertrauten sie den Untergöttern an. Es waren dies Tempelgötter, Hausgötter und Halbgötter. Von den Tempelgöttern, die auch wohl Nationalgötter waren, werden uns drei, Radegast, Triglaff und Gerovit, genannt; das Vorhandensein des Joduth meldet uns nur die Volkssage.

Das höchste Ansehen unter ihnen genoß Radegast, dessen Tempel zu Rhetra auf einer Insel im Tollenser See bei dem heutigen Dorfe Prillwitz in Mecklenburg-Strelitz stand. Sein goldenes Bild lag auf einem Purpurbette. Eine zahlreiche Priesterschaft unter einem Oberpriester, Krive genannt, diente ihm. Sie vermittelte unter den vielen Stämmen der Ljutizen und Obotriten die politische Einheit, sie übte das höchste Richteramt aus und weissagte über das Gelingen oder Scheitern nationaler Unternehmungen. Dem Götzen wurden Opfer und Geschenke dargebracht, ihm zu Ehren große Volksfeste gefeiert. Der 10. November war ihm geheiligt. Man weihte ihm einen Teil der Kriegsbeute und spendete ihm Speise und Trank. Kriegsgefangene, insbesondere Christen, wurden ihm geopfert; denn gerade ihr Blut sollte nach den Worten der Priester die erzürnte Gottheit versöhnen. Der dreiköpfige Triglaff stand auf dem Harlunger Berge bei Brandenburg. Sein Bild war mit Silber überzogen und trug goldene Büschel an den Augen und Lippen; auch ihm war ein Tempel errichtet. Gerovit, der Frühlingsbringer und Schlachtengott, wurde in Havelberg verehrt. Fahnen und Schilder waren ihm geweiht, und die ihm dienende Priesterschaft ging weiß gekleidet. Sein Fest feierte man im Mai. Joduth, dessen Tempel an der Stelle des Klosters zu Lindow gestanden haben soll, war der Helfer, aber auch der Rächer. Noch in christlicher Zeit erscholl bei plötzlich eintretender Gefahr oder beim Bekanntwerden eines Mordes der Ruf to joduthe, d. h. zu Hilfe. Die Verhältnisse und Thätigkeiten des häuslichen Lebens wurden durch Hausgötter beeinflußt. Jeder Hausvater verfertigte sich selbst die Hausgötzen aus Holz, Stein oder Eisen. Man dachte sich dieselben in Winkeln der Häuser und unter Holundergebüschen wohnend, insbesondere aber war ihnen der Herd geweiht. Die Halbgötter waren Geister, die die Befehle der Götter vollzogen. Ihr Wesen trieben sie des Nachts. Wer sie dann ungestört walten ließ, dem brachten sie Glück, wer sie störte, dem fügten sie Schaden zu. Um sie ins Haus zu locken, setzte man ihnen Speise und Trank hin. Sie sollten dann den Vorrat der Nachbarn in die Wohnung ihrer Herren tragen. So schuf der Aberglaube Geschöpfe, die noch heute im Munde des Volkes fortleben; es sind dies die Drachen, Männerchens und Kobolde.

Den Menschen selbst unterschied der Wende nach Leib und Seele; mit dem Blute entwich sie aus dem Körper. Sie irrte zum Schrecken der Vögel umher und ruhte nicht eher, bis der Leib begraben oder verbrannt war. An eine persönliche Unsterblichkeit glaubte der Wende nicht. Mit dem Tode war auch das Ende des Menschenlebens gekommen. Die Tierseele galt ihm nicht wesentlich verschieden von der Menschenseele. Sie war unschuldig, während letztere oft den Zorn der Götter erregen, sie aber auch durch Opfer versöhnen konnte.

Einer sicheren Nachricht zufolge sollen einzelne Stämme der Ljutizen neben ihren Götzen auch Wodan, Thor und Frigga und viele Untergötter angebetet haben. Jedenfalls sind sie durch die Beziehungen mit den deutschen Völkern oder durch Leibeigene, die zum großen Teil Germanen waren, Anhänger dieser Gottheiten geworden.

Das Wendentum der Mittelmark war national zerrissen und ohne feste politische Einheit. Der alte Glaube der Wenden wankte bereits, ehe der Missionseifer der Christen ihn erschütterte. Die Vielheit der Götter und Göttinnen führte sie zur Erkenntnis der Nichtigkeit und Ohnmacht derselben. Mancher achtete es für schicklich, die alten Götter nicht zu schmähen, wenn man auch nicht an sie glaubte; mancher sprach es unumwunden aus, er bedürfe keiner Götter. Von anderer Seite äußerte sich dagegen fanatischer Eifer für den alten Glauben. Die Menge versuchte, welcher Gott unter den einheimischen oder fremden Göttern am besten helfe.

Christentum und germanische Kultur haben das Wendentum allmählich überwältigt und es zur Aufnahme in die römische Kirche und in die deutsche Nationalität geführt.

Friedrich Wienecke-Berlin.

Die Lenzerwische.

Die am meisten schlagende Widerlegung des nachgerade veralteten Spottwortes von der „sandigen Mark" entbietet der Welt die Nordwestecke des brandenburgischen Kreises Westprignitz, welche sich als wasserumsäumtes fast gleichseitiges Dreieck nachdrücklich zwischen die trostlosen Sandhügel der benachbarten Landschaften „Mecklenburg-Schwerin um die verschollene Obotritenfestung Dömitz herum" und „hannöversch-lüneburger Wendland" hineinschiebt. An jeder der drei Seiten ungefähr zehn Kilometer lang, im ganzen einen Flächenraum von nicht ganz fünfzig Quadratkilometern in sich fassend, tritt dieser märkische Landfleck mit der wohlberechtigten Kühnheit des Anspruchs auf: mir gebührt im deutschen Reiche die erste Stelle bei der Schätzung auf Natur=Anlagereichtum!

Wieso das? Nun, die altgriechische Weisheit des ehrsamen Altvaters der Philosophie, Thales, trifft eben auch auf die deutsche Lenzerwische zu: Ἄριστον μὲν ὕδωρ = „Wasser ist das Beste!" Der aus Kalk und Thon gemischte „Löß", welchen Schnee und Regen von den Waldfelsen des Böhmerlandes losreiben und ebendort schon reichlich mit mildfruchtbarer Lauberde mischen, den alsdann schnellströmende Elbflut in hastigem Laufe bis zur Stromenge bei Stadt Tangermünde mit sich getragen, machte wohl einen ersten Versuch, sich in dem Ufergelände der Altmark und des Kreises Jerichow festzusetzen und hat in der „Altmärkischen Wische" schöne weizentragende Flächen der Ackerwirtschaft bereitet. Aber es mußten daselbst zur Sicherung des Gesamtlandes Deiche hochgezogen werden. Und so wuchskräftig sie veranlagt sind, die Gefilde der Altmärker Wische, jetzt muß deren Acker gleich jedem anderen Felde von Menschenhand mit Dungnährsalzen versehen werden. Die regelmäßige Naturverjüngung der Elbschlickbefruchtung findet hieselbst nicht mehr statt.

Anders die Lenzerwische, bei welcher es eben beim alten, beim Naturzustande, verblieben. Noch weiter gemildert durch die Torf= und Brackbeimischungen der blauen, bei Quitzöbel der Elbe zugesellten Havel erhält das Geströme der Elbe bald unterwärts von Stadt Lenzen einen derben Haltruck durch eine — erst seit 1874 wesentlich durch Abräumen für den Schiffsverkehr verminderte — Steinbarre, der zahllose große alte Eichenstämme eingelagert sind. Noch mehr zum Stillerwerden zwingt den hochwogenden Strom das „Wolfsloch", eine Stromenge etwas oberhalb der Stadt Hitzacker. Wie es nun die geographische Gestaltung mit sich bringt, kann es da gar nicht anders sein: der von der Höhe gewaltig herabbrausende Strom muß für seine Wassermassen Zuflucht nehmen in der einzigen sich rechter Hand darbietenden Senke, d. i. in dem Thal der vereinigten Flüßchen Löcknitz und Elde. Deren stahlblaue Gewässer werden eine Weile aufwärts gedrängt, und es lagern wochenlang die gelben Elbfluten, ob auch oberhalb meist sturmgepeitscht, ruhig mehrere Meter hoch über der Lenzerwische. Mutter Natur besorgt da, was keine Menschensorgfalt je gleich gut zu leisten vermag: sie verjüngt dieses Erdenstrichs Wachstumskraft aus sich heraus regelmäßig Jahr für Jahr. Kalk, Thon, Lauberde, Torf, sonstige Senkstoffe, vom rinnenden Wasser aufs beste durcheinandergearbeitet, setzen regelmäßig eine nilschlammähnliche Neuschicht der Lenzerwische auf, die als „Klei" an Ertragsfähigkeit wirklich alle in Konkurrenz tretenden deutschen Segenslandstriche überragen muß. Selbst Ditmarschen, die Goldene Aue, der Weichselwerder, das Oderbruch und Münsterland können dagegen nicht aufkommen.

Die Ertragsfähigkeit der Lenzerwische besteht im Unterschied von allen sonst hervorragend gesegneten deutschen Bodenflächen nicht so sehr im Getreideertrage als vielmehr in ihrer Viehweidegüte. Das ist ein für die Volkswirtschaft wegen des mehr und mehr sich steigernden Fleischbedarfs höchst wichtiger Umstand.

Wohl giebt es auch Roggenfelder, in deren Ährenhöhe, wie sich kürzlich ein Offizier vom zweiten Garderegiment ein wenig hochgespannt scherzhaft ausdrückte,

„unser Flügelmann mit geschultertem Gewehr nicht zu sehen ist“. Und Weizenstücke liegen da, deren Ähren, nach dem Urteil von Nilfahrern, denen Ägyptens zur Seite gestellt werden können. Aber die Hauptsache für die Lenzerwische ist und wird allezeit bleiben: Viehweide; Weide, nicht so Schnittgras und Heu. Heu, das gelegentlich vom Winter übrigbleibt, ist willkommener Nebenverkaufsgegenstand, aber eben nur Nebensache.

Ende April, beziehungsweise Anfang Mai, wintermager von Ostpreußen, Oberschlesien, Land Kedingen oder wo es sonst her ist, auf verschiedenen Märkten zusammengeholt, ergeht sich so eine Ochsenherde bis zum August und September auf den Wischerweiden: dann ist's umgekehrt, wie mit den Traumkühen des Pharao; und der Volksspruch kommt zur Geltung:

„Sie säen nicht, sie ernten bloß,
Sie sammeln gewaltig in Scheunen und Truhen.“

Enthoben dem, allen Landleuten beschiedenen, Sammeln in Scheunen sind die Wischebewohner nicht völlig. Denn, wie eben nichts vollkommen ist in dieser Welt, auch die Lenzerwische fällt unter das Werturteil des Volksspruches der Serben:

„Stets mit dem Gelücke kommt das Unglück,
Wie das Unglück ist vom Glück begleitet.“

Der im Jahre 1892 erschollene Ausruf des wasserbaukundigen Ökonomierates Herrn Georg Herrmann Gerson in Charlottenburg: „Breetz, das glückliche Dorf!“ muß bedeutende Einschränkung erfahren.

Das Glück der Lenzerwische beruht auf dem regelmäßigen Erscheinen des Winterhochwassers. Ihr Unglück wird herbeigeführt durch unregelmäßiges Eintreten von Sommerhochwasser. Kommt's nicht gerade, wie im Januar 1883, mit schwerem Eise, dem dazumal außerdem die schwarze sibirische Eisraupe verderbenbringend folgte, oder wie 1888 mit Eisstopfungshochflut, so bieten den Wischerleuten die kleinen Unbequemlichkeiten des Winterwassers nichts weiter als Gelegenheit zu Scherz und Neckerei. Doch Sommerhochwasser? O weh! Bis zur Hochführung des Niederwischer Sommerdeichs trat's laut Volksüberlieferung und gelegentlichen Chronikaufzeichnungen (Kirchenbüchern!) alle Jubeljahre — wenig freilich zum Jubel der Betroffenen! — einmal ein. Besagter Sommerdeich sollte nach einer sehr bösen Heimsuchung 1857 fortan endgiltigen Sommerschutz gewähren. Und er hat ihn über ein Menschenalter lang gewährt! Inzwischen aber ward durch allerhand in ihrer Art notwendige Einrichtungen das Befinden der Elbstromverhältnisse sehr verändert. Die Schiffahrt forderte Verengung der Wasserfläche. Die ward bewirkt durch Steinbuhnenbauten mit Weidenbepflanzung, wodurch die Elbstromrinne die Gestalt eines Kanals bekam. Die Landwirtschaft forderte und erhielt von den Böhmerbergen an bis nach Mecklenburg hin namentlich auf dem rechten Elbufer in Sachsen und in Preußen Entwässerungen und Drainagen. Man beachtete und berechnete bei diesen an sich höchst notwendigen und heilsamen Anlagen die Vorflutverhältnisse leider nicht genügend. Irren ist eben menschlich, und allseitige Umsicht ist noch nie den Sterblichen beschieden gewesen!

16*

Vom Herbst 1890 ab, zweimal im Jahre 1895, im Mai 1897, im Mai 1899 erschien die Lenzerwische plötzlich infolge starker Regenfälle in Böhmen und Thüringen als tosendes Meer, unter dessen Schlammfluten bei Sonnenbruthitze der Graswuchs verfilzte, Vieh und Menschen nahrungslos wurden.

Da giebt es eine neue Aufgabe für Menschenscharfsinn und Menschenkunst zu lösen, nachdem die Erstlösung durch den Niederwischer Sommerdeich die Probe rühmlich vierzig Jahre lang bestanden. Die Lenzerwischer sind der Ansicht: die Fluten, welche in Thalsperren zu legen und aufzuhalten unmöglich ist, müßten oberhalb Magdeburg durch Deichrückwärtslage mehr Vorland erhalten und müßten unterhalb Magdeburg in zwei große Kanäle verteilt werden; nämlich a) den von der königlichen Staatsregierung bereits dem Landtage vorgelegten West-Ost-Mittellandskanal, b) einen von Wolmirstedt auf Winsen a. d. Luhe zu gestreckten Ohre-Ilmenau-Kanal. Beide Kanäle könnten in Notstandszeiten rund gerechnet zwanzig Millionen Kubikmeter Hochflutswasser aufnehmen. Das genügte, um von Magdeburg bis Lauenburg hin alle jetzt so bedrängten Nebenflußthäler zu sichern und mit allen auch die Lenzerwische im Nahrungsstande zu erhalten. Dazu käme volkswirtschaftlich heilvoll in Betracht: 1. der fördernde Verkehrsbetrieb beider Kanäle, 2. die Möglichkeit einer guten Berieselung für den sächsischen Drömling und für die Lüneburger Heide, 3. die Gelegenheit, das Kanalwasser zur Anlage von Mühlen, Industriestätten aller Art, und für Elektrizitätsanlagen mittelst Turbinen zu benutzen.

Wohlbedacht und gut ausgeführt käme den ungeheuren Schäden eines einzigen Sommerhochwassers gegenüber solch eine Neuanlage nimmer teuer und könnte auf mindestens zweihundert Jahre hin den Elbanwohnern, einschließlich der Lenzerwischer, Lebensruhe von der Havelmündung ab bis zum Lüneburger Gemüsegarten Bardowiek sichern.

Zusammenhängende Waldungen giebt es in dem Alluvialgebiet der Lenzerwische nicht. Zu beiden Seiten des Elbdeichs in Dorf Mödlich und vom Gute Kietz ab mit einigen Unterbrechungen bis Dorf Garz ist um fast alle die einzeln gelegenen Gehöfte herum parkähnliche Laubgehölzanlage. Nadelbäume gedeihen nicht. In Mödlich beim Huthschen Hofe ist am Fuß des Elbdeichs ein wunderschönes Exemplar der Stacheleiche, Ilex aquifolium, zu sehen, welcher „Wunderbaum", acht Meter hochragend, auf Fürsprache des Märkischen Provinzialmuseums dem Geschick entging, zur Freihaltung des Elbdeiches 1898 mitabgeholzt zu werden. Wie dieser sonst nur in eisenhaltigem Waldboden wachsende Baum dahin gekommen, weiß niemand zu sagen. Es giebt kein schöneres Exemplar in ganz Deutschland: ihn zu bewahren ist westprignitzer Ehrenpflicht!

Mit der Jagd steht es schwach. Hochwild kommt nur zufällig von Mecklenburg her. Wildschweine sollen zuweilen von Hannover her die Elbe durchschwimmen. Die niedere Jagd, Hasen, Rebhühner, Fasanen und deren Verfolger, Meister Reineke, werden durch die Elbhochfluten sehr beeinträchtigt. Das gleiche Übel verfolgt seit 1890 den früher sehr zahlreich auftretenden Kiebitz, während von gleicher Zeit ab Möwen stärker zur Stelle sind. Der zweibeinige Fischräuber Reiher und der vierbeinige Otter sind mehr als erwünscht vorhanden, und Gabelweihen, wie Habichte

schädigen den Fischbestand der Löcknitz wie der zahlreichen „Bracks" mehr als die
so gut wie allgemeine Fischereiwut der Menschen ohne Fischereiberechtigung. Krebse
soll es bis 1860 reichlich gegeben haben. Plötzlich, noch vor der 1882 in den
übrigen Teilen der Prignitz auftretenden Krebspest, sind diese schmackhaften Schal-
tiere in der Lenzerwische verschwunden. Die Zahl der Wildenten und der Störche
ist Legion. Die gleichfalls viel vorhandenen zahmen Enten verwildern sehr leicht
mischen sich eben den wilden bei.

Im Verhältnis zu ihrer Ertragsfähigkeit ist die Lenzerwische sehr dünn be-
völkert. Es liegen in derselben südwestwärts, das Elbufer entlang, neun Dörfer:
Mödlich, Groß-Wootz, Klein-Wootz, Rosendorf, Kietz, Besandten, Unbesandten, Barz,
Garz. Fast im Mittelpunkt des Wischerdreiecks, auf einem oft Insel werdenden
Hügel, liegt Dorf Breetz, zwölf Gehöfte der „Herren von Breetz" in sich fassend. Der
Sparkönig, Friedrich Wilhelm I., wußte sehr wohl, weshalb er 1719 diesen Klein-
grundbesitzern den stolzen Titel „Herren von Breetz" gab: sie sind noch heutigen
Tages eines der schätzenswertesten Steuerobjekte im preußischen Staatsgebiete!

Die Eintrittspforten in die gesegnete Flur der Lenzerwische bilden von Nordosten her einerseits die „Seebrücke bei Lenzen", andererseits Dorf Seedorf an dem
Zusammenfluß der Wasserläufe Löcknitz und Elde, hier das besonders in die Augen
fallende „schönstgelegene Pfarrhaus in Norddeutschland", das sagenumwobene Quitzow-
Pfarrhaus Seedorf. Man nennt es seit lange im Volke „das idyllische Pfarrhaus"
nach einem Begeisterungsausrufe des zu früh entschlafenen Schulrats Herrn Menges
in Potsdam. 1567 hat es der „Judenklenner und Brudermörder" Dietrich von
Quitzow auf Eldenburg durch seinen Sohn Philipp von Quitzow an der Stätte
stiften lassen, wo ihm der Teufel in Gestalt einer Wildsau die brudermörderische
Hand zerbiß und den geheimnisvollen Erbsilberring der Räuberquitzows aus Jeru-
salems-Sekel-Silber zur Hölle entführte.

Nicht mehr als rund 2600 Bewohner zählt diese Bodenfläche, welche statistisch
berechnet und agrarisch bonitiert mehr als die zehnfache Anzahl Menschen auf sich
beherbergen könnte. Und nie wird es anders werden. Im Gegenteil: die Bewohner-
zahl wird voraussichtlich noch mehr sinken! Denn: nicht jede Menschennatur verträgt
den hier unvermeidlichen Lebens- und Gesundheitskampf mit dem feuchten Element!
Zwar, die Malariaanlage, welche Ärzte seit zwanzig Jahren dieser Gegend zu-
weisen, bewegt die Gemüter der Altanwohner wenig. Wir an der Wasserkante, vom
wildesten, luftreinigenden Sturme viel geschüttelt, vertragen in vielfacher Beziehung
ein gut Teil. Aber, aber: die edle Weiblichkeit kann dem Männerwesen nicht gleichen
Schritt halten!

Die Aufregungen der Überschwemmungszeiten wirken auf die zarte Konstitution
der Frauennatur verderblich! Frühkindersterben, geistige Defekte im Kindesalter,
frühes Absterben beziehungsweise kümmerliches Vegetieren im mittleren und späteren
Lebensalter, nach Hochflutjahren in den Schulen erschreckend auftretend, üben un-
heilvollen Einfluß auf die Bevölkerungsentwicklung.

Volkswirtschaftlich betrachtet müßte zum Vaterlandsheil hier in der Lenzerwische
alle zwei Generationen ein sich wiederholender Besitz- und Bewohnerwechsel statt-

haben. Oder noch besser: die Wischerwiesen und -weiden müßten überhaupt nicht von ansässigen Familien bewohnt, sondern müßten von Stadt Lenzen aus nebst den Dörfern Eldenburg, Seedorf, Halb-Mödlich lediglich durch männliche Sommerhirten und Sommerwanderarbeiter bewirtschaftet und vom November bis April menschenleer gelassen werden.

Das klingt grausig, entspricht aber volkswirtschaftlich allein den einmal vorhandenen Naturverhältnissen.

Eine Vermehrung der Baustellen und Wohnstätten ist ebensowenig durchführbar wie wünschenswert. Wer das verstehen lernen will, gehe nach Breetz: dort hat sich's seit etwa dreißig Jahren nach und nach so gemacht, daß Wohnhäuser (Katen) vom Hochwasser zerstört wurden und von den vorhandenen Wohnstätten die Hälfte leer steht. Auch in den übrigen Wischerorten ist im bedenklichen Gegensatz zu der ganzen Weltweise Wohnstättenüberfluß: die unabänderliche geographische Lage dieser Gegend bringt das eben mit sich!

Die geschichtlich gewordenen Besitzverhältnisse weisen die Bewohnerschaft der Lenzerwische in die Schicht des Mittel- und Kleinbesitzes hinein. Wohl giebt es ein „Gut Kietz", einen Großgrundbesitz, Eigentum z. Zt. der Grafen Königsmark. Ist verpachtet: 's ist nicht recht etwas los damit!

Die sachlich notwendige Selbstthätigkeit der Viehwirtschaft gestattet eben hierlands keinen anderen als den größeren Mittelbesitz der „Herren von Breetz" und den kleineren Mittelbesitz der gesamten übrigen Wischerdorfschaften. Arbeiter haben es sehr gut, da auch sie, nie um Arbeit verlegen, an der landesüblichen Fettvieh-, Kälber- und Schweinemast teilnehmen und von den gutmütigen Hofwirten viel Beihilfe erhalten. „Arme Leute giebt es bei uns nicht," sagen mit berechtigtem Stolze die Lenzerwischer. Beispielsweise: in Seedorf hielt sich eine Armenhäuslerin eine Kuh, zwei Schweine, zwölf Hühner — das genügt!!

„Berliner Kühe", d. h. Ziegen und Schafe, zu halten, geht notdürftig „am Rande", d. i. in Mödlich; in den übrigen Fettweidelagen „hat's nicht Art".

Längs der Elbe giebt es noch immer einige Schifferfamilien, die aber auch nach und nach sich in Landbenutzer und Viehpfleger umwandeln.

Die stets sich erneuernden Kleinwirtschaften sind es namentlich, welche in höchst schätzbarer Weise außer mit der Hauptsache „Rindfleisch" den Berliner Viehmarkt mit trefflich „gewässerten", d. h. frischmilchgenährten Kälbern, unter denen die zahlreichen „kotelettvollen" Doppellender besonderen Ruf haben, und die den Hamburger Viehmarkt mit den dort beliebten zart milchgenährten Zweizentnerbraten-Schweinen versorgen. Butter (und Käse), die man außerhalb hier viel vermutet, ist zwar recht schön, aber keineswegs in großen Mengen vorhanden. Am Rande, in Eldenburg, fristet eine Molkerei kümmerlich ihr Dasein. Versuche von Molkereien in Breetz, in Wootz, sind wiederholt mißglückt. Ganz erklärlich. Am Rande der Lenzerwische, bei Stadt Lenzen, auch noch auf den Meschen und den leichteren Innen- wie Außendeichflächen von Mödlich, Kietz, Seedorf gedeiht Milchrindvieh, doch eigentlich nur genug für den Hausbedarf. Das Ausschlaggebende dieser Fleisch- und Fettweide ist: der Breetzer Schlachtochse als landwirtschaftliches Normalprodukt.

Wer je im Manöver oder bei Siechen, bei Dressel in Berlin ein Beefsteak, beziehungsweise Kalbfleisch, von einem Lenzerwischer Schlachtstück zu essen bekommen — der weiß auf Nievergessen die Eigenart der Lenzerwische zu schätzen!

Geistig versorgt ist die Lenzerwische für ihr Bildungsbedürfnis reichlich. Drei evangelische Kirchen nebst einer Kapelle, fünf Schulen mit sechs Lehrern sorgen hierin für alt und jung. Gute Volksbibliotheken sind genügend vorhanden. Das landwirtschaftliche Vereinswesen und das Verbandskassenwesen blüht. Ein großer Teil der Niederungsjugend besucht zudem die treffliche Stadtschule in Lenzen. Höherem Schulbedürfnis dienen die leicht zu erreichenden höheren Schulen zu Wittenberge, Perleberg, Schwerin, Lüneburg. Zeitweise allerdings erschweren die Wasserverhältnisse, wie allen anderen, so auch den Schul- und Kirchenverkehr; doch läßt sich immerhin auch dieses ertragen. Bei alledem lagert der Nebel geistiger Mattheit über der Lenzerwische! Das macht: des äußeren Wohlseins ist ein bißchen zu viel von vornherein vorhanden, so daß fade Oberflächlichkeit des Genußlebens die zu leicht ins Behagen Gekommenen allzu früh in ihren sinnbetäubenden Wirbel hineinzieht. Die so wie so in sich stagnierende Bevölkerung pflegt viel zu viel Innenheiraten und hat an deren Folgen, Kinderlosigkeit und Verkümmerung, dumpf zu tragen. Einwanderung findet kaum, Außenheirat sehr wenig statt.

Seit dem Aufhören der Zollgrenze 1867 ist zwar der sittenverderbende Schmuggel entschwunden; aber auch leider ist die geistige Beweglichkeit, welcher der stete Wechsel junger gebildeter Grenzjäger, sowie der früher zahlreichen höheren Zoll-, Wasserbau- und sonstigen königlichen Beamten günstige Förderung brachte, von da ab der Lenzerwische entgangen. Der nach 1870 neu eingetretene Eisenbahn- und der bedeutend gesteigerte Elbschiffahrtsverkehr hat keinen geistigen Ersatz gebracht, so sehr er die sogenannte Gemütlichkeit = Gemächlichkeit gefördert hat.

Geschichtlich gehörte die Lenzerwische in ältester Zeit mit zum Longobardengau. Urnen-, Stein- und Bronzefunde jener Urzeit sind von Lokalforschern und von Beamten der Museen zu Berlin und Hannover namentlich in Seedorf, Wootz, Breetz gefunden und geborgen. Nur wenige Spuren hat die Slavenzeit der Lenzerwische hinterlassen, nur bei Kietz, Breetz, Seedorf fanden sich Topfscherben mit wendischen Zeichen vereinzelt. Bei Wootz gelang es 1897 den vereinten Bemühungen der Forscher Dr. Götze-Berlin, Dr. Schuchhardt-Hannover, Pfarrer Handtmann-Seedorf, nachdem auf dem Höhbeck am linken Elbufer das 811 von den Kriegern Karls des Großen errichtete Kastell Hohbucki glücklich wiederentdeckt worden war, den einen Elbbrückenkopf der damaligen fränkischen Bauten gleichfalls aufzudecken. Herr Hofwirt Fischmeister Köthke auf der Elbansiedlung bei Rosendorf half freundlichst, die Richtung des altberühmten „Sonnenberger Steinwegs" quer durch den Elbstrom hindurch festlegen.

Die Zugehörigkeit der Lenzerwische zur Mark Brandenburg soll im Jahre 1308 durch den großen Askanier Waldemar selbst zugleich mit der angeblichen Eroberung des hannoverschen Wendlandes festgestellt worden sein mittelst Errichtung der Schutzburg Eldenburg am Nordostrande der Wische, am Kreuzungspunkt der Verkehrsstraßen Magdeburg auf Hamburg und Bremen auf Stettin.

In den Wirren der Bayernzeit ging zwar Stadt Lenzen kurze Zeit an die Grafen von Schwerin verloren, die Eldenburg mit der Lenzerwische dagegen führte auf eigene Hand die brandenburgische Weise weiter, bis der erste Hohenzollernherrscher sein Landesrecht wahrte.

Etwas durcheinander müssen für damals und für später längere Zeit die Herrschaftsrechte gelaufen sein. Die Volksüberlieferung berichtet, daß wunderlicher Weise von altersher — und thatsächlich hat etwas davon bis 1849 bestanden — die „alten Herren von Wenkstern auf Kietz (Elbe)", die Mecklenburger gewesen sein sollen (?), sowie „die alten Grafen Bernstorff von drüben, d. i. von Lüneburg-Hannover (Gartow)", auf den Werdern und Weiden nach dem ersten Grasschnitt bis zur Martinizeit freies Weiderecht hatten, zu oft großer Zänkerei untereinander wie mit den Wischerleuten, während das Jagdrecht dazumal den Herren von Quitzow auf Eldenburg zustand, kraft landesherrlichen Lehnsrechtes der Kurfürsten.

Der große Kurfürst machte 1640 einen heilsamen Querstrich durch alles hindurch. Sein Statthalter Admiral Gysel von Lyr, dessen Mumie in der Kirche von Mödlich über der Erde steht, half im allgemeinen den Verheerungen des Dreißigjährigen Krieges ab, bevölkerte die Wischerdörfer neu und zog die ersten Winterelbschutzdeiche. Als 1717 die Quitzows auf Eldenburg ausstarben, ward dieses Lehen eingezogen und der königliche Consul dirigens nahm seinen Verwaltungssitz zu Eldenburg, wo zugleich ein größes landesherrliches Forstamt und Zollamt mit Zwangsinnung einer Mahl- und einer Walkmühle eingerichtet wurde. Diese königliche Domäne und Herrschaft Eldenburg wurde in der Franzosenzeit 1810 privatim an die Grafen (jetzt Freiherren) v. Wangenheim-Wake veräußert, Mahlmühle und Walkmühle gingen ein, nur ein Wegeschlagbaum auf sandiger Landstraße mit Dammzoll erinnert beim Forsthause Eldenburg noch an jene Zopfzeit. Im übrigen ist die Lenzerwische anderem preußischen Lande gleich in jeder Beziehung der königlichen Staatsverwaltung unterstellt.

Sie ist ein recht eigenartiges Landstück, die Lenzerwische, volkswirtschaftlich an Bedeutung weit über ihre Flächenausdehnung hinausragend, doppelgesichtig in Anbetracht ihrer Bewohnbarkeit, bald lieblich anlockend, bald schauervoll — eine echte Sirene, und um dessen willen wohl unterhaltend eine Weile, doch nicht auf die Dauer fesselnd.

Pfarrer E. Handtmann-Seedorf.

Hausinschriften in der Lenzerwische.

Gott an deinem Segen
Ist alles mir gelegen.
Vor Unglück und Gefahren
Wollst du dies Haus bewahren.
Drum flehen wir dich an:
Ach, sieh es gnädig an.

Ich baue nicht aus Lust und Pracht,
Die Not hat mich dazu gebracht.
Bewahr uns, Gott, vor Feuersnot
Und gieb uns unser täglich Brot.

Wir bauen hier so feste
Und sind doch fremde Gäste.
Doch wo wir sollen ewig sein,
Da richten wir uns wenig ein.

Dies Haus steht in Gottes Hand.
Der Herr bewahre es vor Feuer und Brand.
Und alle, die geh'n aus und ein,
Laß dir, o Herr, befohlen sein.

Halte über das Gebäude
Vater, segnend deine Hand.
Schütze es vor jedem Leide,
Vor dem Sturm und vor dem Brand.
Fülle seine Räume aus,
Segne, die geh'n ein und aus.
Laß sie stets auf dich vertrau'n.
Und auf deine Hilfe bau'n.

Vater, segne dieses Haus,
Füll' es mit der Ernte Gaben,
Segne, die geh'n ein und aus,
Daß sie keine Sorgen haben.
Feuersnot und Wassergefahr
Wend' jetzt ab und immerdar.

So oft du eingehst durch die Thür,
O Mensch, bedenke für und für,
Daß unser Heiland Jesus Christ
Die rechte Thür zum Himmel ist.

Das Haus ist mein
Und doch nicht mein,
Nach mir kommt wieder
Ein andrer hinein.
Ist auch nicht sein,
Nicht dein, nicht mein,
Im Himmel soll unsere Wohnung sein.

Vater, schütze diese Scheune
Vor des Feuers wilder Glut.
Fülle, segne ihre Räume,
Nimm sie unter deine Hut.
Mein Geschlecht laß nie vergeh'n,
Laß es fromm vor dir besteh'n.

Vater, schütze diese Scheune
Vor dem Feuer, Wasser, Sturm.
Fülle segnend ihre Räume
Du, der nicht vergißt den Wurm.
Lange blühe mein Geschlecht,
Lebe fromm und wandle recht.

Gesammelt von Pfarrer Todt-Kietz a. d. Elbe.

Rheinsberg.

Der Name Rheinsberg ist unzertrennlich verknüpft mit dem Andenken an die Zeit, in der Friedrich der Große als Kronprinz dort weilte, und die er selbst als die glücklichste seines Lebens bezeichnet hat. Das unbedeutende, bis dahin wenig bekannte Städtchen erhält durch ihn, den genialen Königssohn, seine historische Bedeutung, bekommt seine bauliche und landschaftliche Gestalt und gewinnt für die nachfolgenden Geschlechter den Nimbus einer Reliquie. Nicht unbekannt ist die Veranlassung, die den jugendlichen Hohenzollernprinzen nach Rheinsberg führte. Die lange Strafzeit in Cüstrin hatte ihr Ende erreicht, und das Verhältnis zwischen Vater und Sohn war ein besseres geworden. Der Kronprinz hatte nicht nur, wie der König es bestimmt, auf der dortigen Domänenkammer fleißig gearbeitet, sondern zeigte sich auch bald nachher willig in der Vermählungsangelegenheit mit der Prinzessin Elisabeth Christine von Braunschweig-Bevern. Zur Belohnung für seine Gefügigkeit hatte der König ihn zum Obersten des Regimentes von Goltz ernannt, dessen Standquartier Neu-Ruppin war, wo Friedrich in einem kleinen, aber gut ausgestatteten Hause seine Wohnung hatte. Nicht leicht war dem Kronprinzen die völlige Unterwerfung unter den Willen seines Vaters geworden; allein die Freiheit, das schönste Kleinod des Menschen, war gewonnen. Für die strenge Eingezogenheit, in der Friedrich in Cüstrin hatte leben müssen, entschädigte er sich jetzt vollständig in Ruppin, wo er unter den Offizieren seines Regimentes mehrere ausgelassene Gesellschafter fand, die vor keinem noch so tollen Streiche, den er angab, zurücktraten. Allein so unverwüstlich war Friedrichs Genialität, daß sie ebensowenig wie durch die Härte des Vaters, durch die Einflüsse lustiger Genossen hätte unterdrückt werden können. Überraschend blitzte oft sein philosophischer Geist auf, wenn die Wellen der Freude auch noch so hoch stiegen. In den Stunden der Erholung beschäftigte er sich mit dem Studium der Geschichte, der Philosophie und Poesie und griff wohl auch zur Lyra, für die Apollo ihn der Begeisterung würdigte. Doch allezeit stand der Dienst obenan, und das Regiment zeigte sich bald als eines der besten. Am 12. Juni 1733 wurde auf Schloß Salz-Dahlum bei Braunschweig Friedrichs Vermählung mit der Prinzessin Elisabeth Christine gefeiert. Als Hochzeitsgeschenk überwies der König seinem Sohne die Einkünfte des Amtes Alt-Ruppin und außerdem die Summe von 50000 Thalern zum Ankauf des Rittergutes und Schlosses Rheinsberg, das bis dahin einem Herrn von Beville gehörte. Die Pläne für den Umbau des Herrenhauses entwarf Friedrich selbst und ordnete an, daß die vorhandenen Baulichkeiten möglichst Verwendung finden sollten. Am 6. August 1736, nachdem der zur Wohnung für die kronprinzlichen Herrschaften bestimmte Teil des Schlosses fertig gestellt war, nahmen sie in Rheinsberg ihren Wohnsitz. Es beginnt nun jenes Idyll im Leben des großen Friedrich, eine Zeit von vier Jahren, wie sie glücklicher kaum ein zweiter erlebt hat. Er widmete diese Zeit den Musen, der geistigen Ausbildung, den geselligen Freuden. „Wir haben," schreibt er einem seiner Freunde, „unsere Beschäftigungen hier in zwei Klassen eingeteilt, in die nützlichen und die angenehmen. Zu den nützlichen zähle ich das Studium der Philosophie, der Geschichte, der Sprachen, der Kriegs- und Staatskunst, zu den angenehmen die Musik, die Poesie, die Trauer- und Lustspiele, die wir aufführen, die Feste, die wir geben: kurz, ich arbeite, um mich besser zu machen, um mir den Geist mit allem demjenigen zu erfüllen, was das Altertum und die Neuzeit uns an geistigen Vorbildern aufgestellt haben." In den Konzerten wirkte Friedrich meist selbst mit; sein Adagio auf der Flöte, die er meisterhaft spielte, wird entzückend genannt. In den Hofgesellschaften zeigte sich der junge Kronprinz als hinreißender Gesellschafter, der, witzig und fein, eine kleine Neckerei, ohne verletzt zu werden, wohl ertrug, und sich in kritischen Momenten stets anmutig zu fassen wußte. Seine Figur, noch unter Mittelgröße, zeigt einen ebenmäßigen, geschmeidigen Wuchs, der Kopf bezaubernde Züge. Seine großen, blauen Augen, streng und sanft zugleich, sind damals und später viel besprochen, viel gerühmt und viel gefürchtet worden. Meist erschien der Prinz in der Uniform seines Regimentes, im blauen Rock mit roten Aufschlägen und silbernen Knöpfen, langer Weste und kurzen, gelben Beinkleidern. Bei Bällen und Gartenfesten aber kleidete er sich in modischer Gesellschaftstracht mit ausgewähltem Geschmack. In Rheinsberg lebte nun auch die junge Kronprinzessin, deren Wesen sich mehr und mehr im Umgange mit dem hochbegabten Gemahl zu einer anmutenden Weiblichkeit entwickelte. Ihre Hof= damen und Gäste sind entzückt von ihr. Sie spricht nicht viel, aber mit Seele, Verstand und Herzensgüte. Ihre Gestalt, ihr zarter Teint, das perlglänzende Haar

Nach einer photographischen Aufnahme von Gebrüder Otto=Rheinsberg.

Schloß Rheinsberg.

werden von allen gepriesen, die das Glück hatten, in ihrer Nähe zu weilen. Auch sie, die Kronprinzessin Elisabeth Christine, zählte die Tage von Rheinsberg zu den frohesten ihres Lebens. Was es auch war, das sich trennend zwischen das königliche Paar gestellt hat, sie wußte sich sowohl als Kronprinzessin, wie auch später als Königin die Achtung einer klugen, einfachen, würdigen Frau von musterhaftem Benehmen auch in den schwierigsten Lagen allezeit zu wahren, und es fehlt nicht an Beweisen, daß auch Friedrich ihr diese Achtung zollte, wie er stets darauf gehalten hat, daß sie ihr überall, wo sie auch erschien, erwiesen wurde.

Zu dem Hofstaat Friedrichs gehörten außer den Kavalieren und Offizieren vom Regiment in Neu=Ruppin eine nicht geringe Zahl von Gelehrten und Künstlern; letztere waren teils beim Bau und bei der Ausstattung des Schlosses beschäftigt, teils gehörten sie der prinzlichen Kapelle an. Gute Laune, vornehme Gesinnung, Liebe zur Kunst und Wissenschaft, Eleganz im Diskutieren, kurz alles, was der Ge= schmack gebildeter Männer in sich schließt, das war es, was die mannigfaltig zu=

sammengesetzte Gesellschaft vereinigte. In der Vormittagszeit lag jeder einer ernsten Beschäftigung ob. Zu Tisch kleidete man sich sauber, doch ohne Pracht. Das kronprinzliche Paar führte den Vorsitz. Ein vortreffliches Mahl, ein vorzüglicher Wein, eine Geist und Witz sprühende Unterhaltung, das sind die Tafelfreuden, wie sie Friedrich liebte. Gegen Abend fand Konzert statt, zu dem besondere Einladungen ergangen waren. Beim Spiel, beim Ball, bei den ländlichen Festen, bei den Wanderungen durch den Wald und den Fahrten auf den Lustschiffen über den See fehlte nur selten das prinzliche Paar, hielt sich aber sonst zurückgezogen.

Mit dem Vater lebte Friedrich jetzt in dem besten Vernehmen; er war zum Generalmajor ernannt worden und hatte eine Inspektionsreise nach Preußen zur

Nach einer photographischen Aufnahme von Gebrüder Otto-Rheinsberg.

Das Naturtheater im Parke von Rheinsberg.

vollen Zufriedenheit des Königs ausgeführt. Dafür wurde dieser freigebiger gegen ihn als bisher und bezahlte zu nicht geringem Erstaunen aller, die davon hörten, 40000 Thaler Schulden, die Friedrich vornehmlich bei der Ausschmückung des Schlosses gemacht hatte. Da er sein Regiment in gutem Stande erhielt, auch die Küche des Vaters fleißig mit Wild und Pasteten versorgte, sah dieser ihm manches nach, gestattete ihm in Rheinsberg französische Komödien, Konzerte und Bälle und verwehrte ihm nicht, mit dem Dichter Voltaire einen lebhaften Briefwechsel zu unterhalten.

Auf dem Gebiete des Geistes fuhr Friedrich fort, die Welt mit seinen Gedanken zu bereichern und aufzuklären. Sein Anti-Macchiavelli, eine Schrift, in der er gegen das Prinzip der Selbstsucht, von dem die meisten damaligen Regenten sich leiten ließen, einen Kampf auf Tod und Leben zu führen ankündigt, erhielt die weiteste Verbreitung und erregte die Bewunderung aller gebildeten Zeitgenossen.

Am letzten Tage des Maimonats 1740 stand Friedrich am Sterbelager seines Vaters. Der pflichtgetreue König ging dahin voll Hoffnung auf Gott und auf seinen Fritz.

Nachdem Friedrich der Zweite zu eigener Hand von den Ministern seines Vaters den Eid der Treue und in Königsberg die Huldigungen seines Volkes empfangen hatte, kehrte er nach Rheinsberg zurück, um sich zu erholen. Da erhielt er die Nachricht vom Tode des Kaisers; er verließ sein trautes Tuskulum, um es nie wieder zu sehen.

Im Jahre 1744 schenkte König Friedrich die Herrschaft seinem Bruder Heinrich, der jedoch erst im Frühling 1752 mit seiner jungen Gemahlin, der Prinzessin Wilhelmine von Hessen-Cassel, nach Rheinsberg übersiedelte. Sogleich ging der kunstsinnige Prinz an ein Vergrößern und Verschönern dessen, was er im Schlosse und Parke vorfand. Nur zu bald jedoch rief ihn aufs neue der Krieg ins Feld. Was Prinz Heinrich als Heerführer geleistet, ist bekannt. Seine Siege bei Prag und Freiberg sind mit ehernen Lettern in Preußens Geschichte verzeichnet und wurden später in Rheinsberg alljährlich im großen Stile gefeiert. Selbst Friedrich der Große erkennt voll und ganz des Prinzen Tüchtigkeit an und sagt von ihm, daß er der einzige Feldherr sei, der im Siebenjährigen Kriege keinen Fehler gemacht habe. Auch zu politischen Missionen wurde Prinz Heinrich wiederholt verwandt, und stets waren seine Unterhandlungen mit fremden Höfen von glänzenden Erfolgen gekrönt. — „Heinrichs Erscheinung," so schildert den Prinzen ein Zeitgenosse, „verrät nicht den großen Mann; er ist von Person nur klein und sehr mager. In allem aber, was er beginnt, zeigt sich sein unübertreffliches Genie, das ebenso groß im Felde, als liebenswürdig im Kreise des Lebens ist." Während der langen Jahre, in denen er die Herrschaft in Rheinsberg führte, hat es im Schlosse, im Parke und im nahen Buberow-Wald an Bauten selten gefehlt. Bildhauer, Maler und Architekten, meist Künstler in ihrem Fache, sind ständig beschäftigt. Kriegswissenschaft und französische Litteratur wurden emsig und ausschließlich getrieben. Vor allem aber glänzte das Theater in Rheinsberg; sogar im Parke durfte eine vollständige Bühne nicht fehlen. Die Konzertkapelle war stark besetzt mit tüchtigen deutschen und italienischen Musikern, die sich oft auf ihren Instrumenten als Meister ersten Ranges erwiesen. Im Sommer bezog der intimere Kreis auf Wochen die Einsiedeleien des Buberow und der Remusinsel.

Frei von jedem nichtigen Ehrgeiz, war der Prinz stets bereit, fremde Verdienste freudig anzuerkennen. Aus dieser Gesinnung heraus widmete er den Helden des Siebenjährigen Krieges ein Denkmal, das noch heute als die schönste Zierde des Parkes gelten darf. Als hohen Obelisk hat er es errichtet, an dem man die Namen preußischer Offiziere mit ehrenvoller Erwähnung ihres Charakters und ihrer Thaten liest. Am 4. Juli 1791 fand die Einweihungsfeier statt, zu der sich, wie zu einem Volksfeste, die Bürger und Landleute der ganzen Grafschaft eingefunden hatten. Der Prinz selbst hielt von einem erhöhten Platze aus mit Begeisterung die

Ansprache, leider in der dem Volke verhaßten französischen Sprache. Es war viel=
leicht die schönste und zugleich die letzte große Feier in dem sonst so festreichen
Rheinsberg.

Als das Jahrhundert zur Rüste ging, kamen die Wintertage auch über unser
Rheinsberg. In den letzten Tagen des Monats Juli 1802 hatte sich der Prinz
beim Baden eine Erkältung zugezogen, und am 1. August wurde er von einem
Schlaganfall betroffen. Am
3. August, dem Geburtstage
Friedrich Wilhelm III., schloß
er in einem Alter von 76 Jahren
6 Monaten die Augen für
immer. Schon bei seinen Leb=
zeiten hatte sich der Prinz am
Eingange zum Schloßgarten
seine letzte Ruhestätte in Form
einer abgebrochenen Pyramide
errichten lassen und seine Grab=
schrift selbst verfaßt. Man
setzte den großen Zinksarg, der
die schlichte Hülle verwahrte,
in der Pyramide bei, deren
Öffnung später auf höheren
Befehl vermauert wurde. —
Die Erbschaft ging über auf
den Prinzen Ferdinand, der sie
nach seinem Tode (1813) seinem
Sohne, dem Prinzen August,
überließ. Im Jahre 1843
fielen Schloß und Herrschaft
an die Krone zurück. Das
Schaffen hörte auf, das Er=
halten erlahmte, die Ausstat=
tungsstücke im Parke zerbröckel=
ten und wurden verschüttet.

Nach einer photogr. Aufn. v. Gebr. Otto=Rheinsberg.

Das Grabdenkmal des Prinzen Heinrich im Parke
von Rheinsberg.

Gleichwohl hat sich des Sehenswerten noch mancherlei erhalten, so der mit einem
prachtvollen Deckengemälde geschmückte Festsaal, vor allem aber das Arbeitszimmer,
„Friedrichs Allerheiligstes“, das sich im südlichen Turme des Schlosses befindet, und
in dem vor Jahren auch der Kronprinz Friedrich Wilhelm mit seinen beiden Söhnen
Wilhelm und Heinrich weilte, um den Manen Friedrichs des Einzigen den Tribut
der Verehrung zu zollen.

Was aber auch der Zahn der Zeit dahingerafft, eins ist dem lieblichen
Rheinsberg geblieben: das ist seine reizende Umgebung, die in unveränderter
Schönheit uns entgegenlacht. Wem ginge das Herz nicht auf bei einem Spazier=

gange durch den Park, bei einer Wanderung durch den erfrischenden Buchen= wald des Buberow oder bei einer Wasserfahrt nach der romantisch gelegenen Remus= insel! Fürwahr, hier findet der Naturfreund Genüsse, die die Mühen eines Aus= fluges nach Rheinsberg reichlich lohnen.

Noch verdient besonderer Erwähnung das fröhliche Kinderfest — Möskefest genannt — das die Rheinsberger Schuljugend alljährlich zur Maienzeit feiert, und dessen Ursprung bis in die weiteste Vergangenheit zurückreicht. Seit alten Zeiten zogen an den Tagen vor Himmelfahrt und Pfingsten die Schulkinder in den Wald, Möske — oder Waldmeister — zu pflücken, um mit diesem duftenden Kraut die Kirche zu schmücken. Als im Mai des Jahres 1757 die Siegesnachricht von der Schlacht bei Prag, in der Prinz Heinrich mit der größten Tapferkeit gekämpft hatte, in Rheinsberg eintraf, marschierten die Kinder frohlockend durch die Straßen, und aus dem kirchlichen Feste wurde ein patriotisch=militärisches, das bis zum heutigen Tage besteht. Das Fest beginnt mit einem großen „Wecken", das von den Tromm= lern ausgeführt wird. Am Vormittag versammelt sich die junge Schar, um zunächst auf dem Schloßhofe dem Kaiser ein „Hoch" und sodann im Umzuge durch die Straßen den Vornehmsten der Stadt Huldigungen darzubringen. Das Ganze leitet ein „General", der von dem Rektor der Schule bestimmt wird. Nachmittags geht es nach dem Festplatz, voran die Trommler und die Musik, dann die Generalität, die Truppen in preußischen Uniformen und zum Schluß auch die Mädchen in hellen Kleidern und mit blumengeschmückten Reifen, die bogenförmig über dem Kopfe ge= tragen werden. Allerlei Spiele unterhalten die Jugend, an deren frohem Treiben die Eltern und Verwandten, wie auch die in stattlicher Anzahl herbeigekommenen Gäste ihre Freude haben.

Zur Herbstzeit wird die Stille, die sonst in Rheinsberg herrscht, durch das Eintreffen der Gardeschützen noch einmal unterbrochen, die in der dortigen Gegend ihre Schießübungen abhalten. Es wird lebendig unter den Kastanien des Triangels und in dem Park, wo auf dem Naturtheater jedesmal von gewandten Schützen Theatervorstellungen gegeben werden. Man wählt meistens das reizende Soldaten= stück: „Der Kurmärker und die Picarde", wobei auch die weiblichen Rollen von männlichen Darstellern gespielt werden. Ein zahlreiches dankbares Publikum aus Stadt und Land hat sich eingefunden, um der in dieser Umgebung doppelt eigen= artig wirkenden Aufführung beizuwohnen.

Seit Jahren ist unser idyllisch gelegenes Rheinsberg mit seinen reichen Er= innerungen an den großen König und dessen Bruder Heinrich von Fremden aus aller Herren Ländern aufgesucht worden, trotzdem seine Verbindung mit der Reichs= hauptstadt recht viel zu wünschen übrig ließ. Jetzt aber hat auch das schwarze Dampfroß seinen Weg nach dieser historischen Stätte gefunden und es sich zur Auf= gabe gemacht, diesen schönen Winkel der Mark aufzuschließen. Darum auf nach Rheinsberg, um mit eigenen Augen die Naturschönheiten zu sehen und zu bewundern, die selbst einen Friedrich den Großen bestricken und ihn bestimmen konnten, sich und seiner jungen Gemahlin hier eine Stätte zu schaffen, um die ihn selbst die Götter beneiden mußten.   Ernst Wille=Neu=Ruppin.

Neu-Ruppin.

„Gedruckt und zu haben bei Gustav Kühn in Neu-Ruppin."

Wer kennt sie nicht, diese buntfarbigen Bilderbogen, die uns unsere frohe
Jugendzeit wieder hervorzaubern, jene große Zeit, in der die Siegeskunde von Düppel
und Alsen, Königgrätz und Sedan das Herz des deutschen Knaben höher schlagen ließ
und mit jugendlicher Begeisterung erfüllte! Was unsere Phantasie sich mit den

kühnsten Farben ausmalte, das
wurde noch übertroffen durch
die Schlachtenbilder aus jener
Ruppiner Werkstatt. Und diese
farbigen Siegesboten hinkten
nicht etwa langsam hinterher.
Nein, was kein Schlachtenmaler
geschaut, kein Geschichtsschreiber
geschildert, in dem Atelier der
Ruppiner Künstler war es längst
fertig; Ereignis und Bild folgten
aufeinander wie Blitz und Schlag.
So war es damals, und so ist
es auch heute. Ob Türken und
Griechen sich auf den blutigen
Schlachtfeldern von Tyrnavos
oder Pharsalos um ein Stückchen
Grenzland streiten, ob die Chi-
nesen dem überlegenen japanischen
Heere bei Wei-hei-weih unter-
liegen, die spanische Flotte im
Hafen von Santiago unter dem
Feuer der amerikanischen Geschütze zusammensinkt, vor Manila
der Rest der einstigen Armada
vernichtet wird, die Zeichner und
Koloristen*) der Neu-Ruppiner

Nach einer photogr. Aufnahme von O. Müller-Neu-Ruppin.

Schinkeldenkmal in Neu-Ruppin.

Offizin haben es längst geschaut, und nach wenigen Stunden schon verkünden die
vielfarbigen Boten, wie unsere Kulturmächte für die Verwirklichung der Friedensidee
bemüht sind und mit den Feuerschlünden Kruppscher Kanonen Humanität und christliche Nächstenliebe predigen. Nicht die landschaftlichen Reize unserer Kreisstadt,
nicht ihre Bedeutung als Sitz hoher Behörden, als Garnison eines ruhmreichen
Regiments, nicht die Gründung der Landirrenanstalt, der größten unseres Staates,

---

*) Gegenwärtig werden 500 Arbeiter beschäftigt.

haben ihren Ruf begründet und ihren Namen bekannt gemacht, sondern jene Bilder=
bogen, die wie Blätter im Winde hinausflattern in die entlegenste Hütte Masurens,
ja bis in die Heimat der Suaheli und Wanjamwesi. Ob im versteckten Walddorfe
unserer Mark oder im Negerdorf am Kamerun und Congo, überall sind sie der
Kinder liebste Freunde.

Neben diesen Produkten gewerblichen Unternehmungsgeistes ist es der historische
Schleier, der die alten Gemäuer der Stadt umweht und trotz der rasch fortschreitenden
Entwickelung moderner Einrichtungen nicht ganz zerrissen werden konnte, ist es die
Erinnerung an den großen
König, der nach der Befreiung
aus Cüstrins Kerkermauern hier
die Sonne des Glückes aufgehen
sah und in den Jahren 1732—40
in den Mauern dieser Stadt als
Oberst des Regiments „Cron=
prinz" die erste Staffel seiner
militärischen Ruhmesleiter er=
stieg.*)

Nach einer photogr. Aufnahme von O. Müller=Neu=Ruppin.
Aus dem Tempelgarten in Neu=Ruppin.

Willst du es wagen, ver=
ehrter Leser, an der Hand eines
zuverlässigen Führers einen Aus=
flug nach unserer Stadt mit ihren
waldumgürteten Seen und freund=
lichen Anlagen zu machen, so
mögen diese Zeilen dich anregen,
den Willen zur That werden zu
lassen; du wirst es nicht bereuen.

Durch das südlich gelegene
Königsthor hereintretend, wirst
du überrascht sein durch die
langen, geraden Straßen, unter=
brochen von großen freien Plätzen,
die teils mit Schmuckanlagen
geziert sind, teils von Linden
umsäumt, der Jugend als Tummel=

platz oder dem Militär als Exerzierplatz dienen. Als im Jahre 1787 ein ge=
waltiger Brand die Stadt in Asche gelegt hatte, ließ Friedrich Wilhelm II. dieselbe
in einer Art Residenzstil wieder aufrichten.**) Die Bürgerschaft dankte ihm durch die
Errichtung eines Denkmals. Dem Gymnasium gegenüber erhebt sich auf einem hohen
Granitsockel die Bronzefigur des Königs, eine Schöpfung Friedrich Tiecks. Die

*) Vergl. „Rheinsberg".
**) Vergl. Heydemann, Neuere Geschichte Neu=Ruppins. Neu=Ruppin.

Vorderseite trägt eine Bronzetafel mit der Inschrift: „Dem Könige Friedrich Wilhelm II.,
Wiedererbauer der Stadt nach dem großen Brande im Jahre 1787, die dankbaren
Bürger Ruppins im Jahre 1828." Bedeutender als dieses Monument ist dasjenige,
das die Stadt ihrem größten Sohne Friedrich Schinkel auf dem Kirchplatze errichtet
hat. Dieser gewaltige Baumeister, [der Reformator der in die Geschmacklosigkeit
französischer Zopfmanier verfallenen Architektur und der Wiedererwecker der reinen
Antike und der mittelalterlichen (gotischen) Baukunst, wurde am 31. März 1781 in
unserer Stadt als Sohn des damaligen Superintendenten geboren. An seinem hundert=
jährigen Geburtstage wurde der Grundstein zu jenem Denkmal gelegt, das, ein
Werk des Professors Max Wiese, eine Hauptzierde der Stadt bildet. Unter den
Momumentalbauten der Stadt sind bemerkenswert das Landgerichtsgebäude, das,
seinem Charakter entsprechend in einfacher Linienführung gehalten, durch seine Größe
imponiert, und das neue Kreishaus, ein Rohziegelbau mit reicher Sandsteinverzierung
und kunstvoller Bildhauerarbeit. Das vielfarbige Mittelfenster des Sitzungssaales ent=
hält künstlerisch ausgeführte Glasmalereien, die Wappen aller Städte und Adels=
geschlechter des Kreises darstellend. Bescheidener in ihrem Äußeren, aber nicht
minder interessant sind: das Gymnasium, dessen goldene Inschrift „Civibus aevi
futuri" schon seit 535 Jahren den guten Ruf dieser alma mater verheißungsvoll er=
strahlen läßt, und das in seinem Zietenmuseum einen seltenen Schatz historischer Alter=
tümer birgt; die Klosterkirche, die noch immer des Turmes entbehrt und mit dem
Kölner Dom das gemeinsam hat, daß sie jahrhundertelang auf ihre Vollendung
warten muß; das Seminar, das in diesem Jahre sein 25jähriges Jubiläum feiern
durfte; die Kasernen der „Vierundzwanziger", eines Regiments, das sich mit Stolz
zu den ruhmreichsten des preußischen Heeres rechnen darf. Ein Spaziergang um
die Stadt führt dich über den mit alten Eichen und Buchen beschatteten Wall, um
die altersgraue Stadtmauer, die uns an jene Zeit erinnert, in der unsere Bürger
neben ihrem Handwerk auch die Waffenkünste zu pflegen hatten, um jederzeit ge=
rüstet zu sein, wenn der Türmer auf der „Kuhburg" die gefährliche Nähe eines
raublüsternen Strauchritters ankündete. Und unser Stadtwappen, ein verkappter Adler
auf silbernem Grunde, ist Beweis genug, daß die wehrhafte Bürgerschaft nicht ge=
wohnt war, allzu glimpflich mit jenen adeligen Schnapphähnen umzugehen.*) Die
Zierde des Walles bildet der Tempelgarten. Wohl zeigen seine grünen Rasen=
teppiche, die prachtvollen Rosenbeete, zierliche Rondels die schöpferische Kraft des
Gärtners; doch in dem an die Stadtmauer sich anlehnenden Teile finden wir noch
manche Zeugen aus friedericianischer Zeit: schattige Platanen, den Tempel, unter
dessen säulengetragenem Kuppeldache die Klänge seiner Flöte verhallten, den epheu=
umrankten Granitblock mit der Inschrift: „Unter dem Schatten dieser Bäume über=
dachte Friedrich der Einzige als Kronprinz die Pläne, die er als König zur Aus=
führung brachte."

Die Ostseite der Stadt wird vom Ruppiner See bespült, dessen Wellen von
zahlreichen Frachtdampfern, Dampfbooten und Gondeln durchkreuzt werden. Eine

---

*) Vergl. Wittkau, Ältere Geschichte Neu=Ruppins. Neu=Ruppin.

Bootfahrt längs der schilfumsäumten Ufer führt dich an manchem freundlichen Dörf=
chen, manchem historischen Flecken vorüber. Am östlichen Ufer sehen wir Carwe,
den Stammsitz derer „von dem Knesebeck", am westlichen das Dorf Wustrau, wo neben
dem schlichten Kirchlein Joachim Hans von Zieten unter einem einfachen Granitblock
seine letzte Ruhestätte gefunden hat. Willst du Waldesluft atmen, dem Gemurmel der
Quellen lauschen, so wende dich nach Norden. Ein schmuckes Dampfboot führt dich
durch das friedliche Alt=Ruppin den Rhin aufwärts. Freundliche Seen reihen sich
aneinander; friedliche Dörflein grüßen aus grünen Obstgärten herüber; vom fernen

Nach einer photogr. Aufnahme von O. Müller=Neu=Ruppin.

Partie am Goldfischteich in Neu-Ruppin.

Ufer dringt würziger Tannenduft. Molchow, Zermützel, Boltenmühle, Binenwalde
sind Namen, die im Ohre des märkischen Touristen einen guten Klang haben. Mit
welcher Fülle von Reizen hat die Natur das Dörfchen Binenwalde ausgestattet!
Wer an einem Sommerabend, wenn die scheidende Sonne mit ihren Strahlen die
Wipfel der schlanken Kiefernstämme vergoldet, von den den See umschließenden
waldgekrönten Höhen seinen Blick in das friedliche Thal, auf das freundliche Dörfchen
mit seinen roten Ziegeldächern zwischen blühenden Fruchtbäumen und über den tief=
blauen Wasserspiegel des Kalksees gleiten läßt, auf dem Schwäne schweigend ihre
Furchen ziehen, dem wird sich eine Erinnerung aufdrängen an die vom Waldes=
dunkel beschatteten Thäler des Thüringerwaldes. Was aber dem herrlichen Bilde
einen besonderen Zauber verleiht, das ist der historische Hauch, der über diesem

unter uralten Linden und Kastanienbäumen verborgenen Fleckchen liegt. Erinnert es uns doch wieder an den großen König, den sein rasches Roß vom nahen Rheins= berg herübertrug, und an das schmucke Försterkind Sabine, das dem fürstlichen Reiter sehnsuchtsvoll in die Arme flog und ihn dann hinausruderte auf den stillen See, von dessen plätschernden Wellen kein Verrat des süßen Geheimnisses zu be= fürchten war.

Darum, märkischer Wanderer, willst du dich, vom Getriebe der Welt unberührt, einem ungetrübten Naturgenusse hingeben, dann eile zur Sommerszeit in die „Ruppiner Schweiz“, von der ihr bester Kenner und intimster Verehrer, unser Theodor Fontane, singt:

Und fragst du doch: den vollsten Reiz,
Wo birgt ihn die Ruppiner Schweiz?
Ist's norderwärts in Rheinsbergs Näh?
Ist's süderwärts am Molchowsee?
Ist's Rottstiel tief im Grunde kühl?
Ist's Kunsterspring, ist's Boltenmühl?
Ist's Boltenmühl, ist's Kunsterspring?
Birgt Pfefferteich den Zauberring?
Ist's Binenwalde? — Nein, o nein,
Wohin du kommst, da wird es sein,
An jeder Stelle gleichen Reiz
Erschließt dir die Ruppiner Schweiz!

Richard Siebert=Neu=Ruppin.

Prenzlau.

Majestätisch ragen die hohen gotischen Türme der altehrwürdigen Marien= kirche von Prenzlau weithin über den blanken Spiegel des Uckersees, und vor den Augen des überraschten Wanderers gewinnt Prenzlau, die Hauptstadt der Ucker= mark, immer deutlichere Formen.

Uralt ist die Stadt; bis zur Zeit des Wendenfürsten Primislav, dem sie ihren Namen verdankt, reicht ihre Geschichte zurück.

Auf dem Sternberg, am Ende der heutigen Prinzenstraße, lag einst die düstere Burg des bekannten Obotritenfürsten, und dort, wo sich heute der Quadersteinbau der Jakobikirche erhebt, wallfahrteten vor tausend Jahren zahlreiche Scharen von

Wenden zum dreiköpfigen Triglaff, der dort sein Heiligtum hatte, um ihm in finsterem Aberglauben ihr Opfer darzubringen.

Wie mancher Kriegsgefangene mag an der Stätte, wo heute der Gläubige in frommer Andacht betet, sein Leben gelassen haben, wie mancher christliche Wanderer dem Fanatismus der Heidenpriester zum Opfer gefallen sein!

Heute erinnert nichts mehr an den Triglafftempel, das Evangelium der Liebe wird jetzt verkündet, wo einst heidnische Wundersprüche gespendet wurden.

Bald entwickelte sich, durch die Nähe des Tempels und der Burg begünstigt,

Nach einer photogr. Aufnahme von A. Mieck-Prenzlau.

Prenzlau. Ansicht vom Uckersee aus.

eine schwunghafte Handelsstraße, Fischer und Bauern siedelten sich an, und der erste Schritt für die Entwicklung einer Stadt war gethan.

Der Name war durch die Nähe der Burg gegeben, er wurde von den Bewohnern zur Bezeichnung der Ansiedelung gebraucht und blieb dann auch in christlichen Zeiten der Name für die Stadt.

Die äußerst fruchtbare Gegend ließ schon in frühester Zeit heftige Kämpfe um ihren Besitz entbrennen, und von Mord und Blutvergießen erzählt die Familiengeschichte des Primislav.

Primislav war ein Enkel Gottschalks, des Großfürsten über die Obotriten und Wilzen.

Schon Gottschalk hatte im Kloster Michaelis zu Lüneburg christliche Er= ziehung erhalten. Nachdem aber sein Vater Udo von einem Sachsen meuchlings er= mordet worden war, entwischte er aus dem Kloster und verfolgte in wendischen Landen die Christen mit großer Heftigkeit.

Aber der oberflächliche heidnische Götterdienst ließ ihn keine Befriedigung finden, und er nahm wieder die Lehre vom Kreuze Christi an.

Dadurch jedoch wurde sein Ansehen bei seinen Stammesgenossen untergraben, und 1066 wurde er in der Kirche zu Lenzen auf Anstiften seines Schwagers Blusto in einer allgemeinen Verschwörung ermordet.

Die Herrschaft in der Familie zersplitterte immer mehr, und sein Enkel Primislav behauptete nur noch die Oberhoheit über die Uckrer, in der Gegend der heutigen Uckermark, und erbaute sich an der Ucker die feste Burg Primislavia.

Nach dem Tode des Primislav fiel das Land der Uckrer an Pommern.

Die Brüder Johann I. und Otto III. gewannen die Uckermark 1250 für Brandenburg.

Aber das schwankende Kriegsglück riß Prenzlau immer wieder von der Mark los, und so gehörte es bald zu Pommern, bald zu Brandenburg, zum Verderbe der Bürger, die bald von den Pommern gebrandschatzt wurden, bald die Siegerhand der Zollern fühlen mußten.

An die Zeit dieser verderbenbringenden Pommernkriege erinnert die Wasser= pforte in der noch erhaltenen Stadtmauer.

Sie versetzt uns zurück in die Zeit des 15. Jahrhunderts, sie berichtet von dem schmählichen Verrate der beiden Bürgermeister Belz und Grieben, die die Stadt den Pommern überlieferten, sie ist aber auch ein schönes Denkmal der Treue für den Stadtknecht Rodinger, der sie der Zollernherrschaft wiedergewann.

Rodinger gehörte zu dem kleinen Häuflein der Getreuen, die kühn für Branden= burg fochten und die Stadt verlassen mußten.

Rodinger verließ die Stadt, um sie aufs neue seinem Herrn wiederzugewinnen.

Gut brandenburgisch gesinnte Freunde desselben öffneten die Wasserpforte und ließen am Mariä Himmelfahrtsfest vom Sternberg aus, der davon seinen Namen hat, einen hellen Stern als Zeichen flammen, der dem Kurfürsten den Weg zur Wasser= pforte weisen sollte.

Aber der Weg durch Moor und Sumpf, wovon die Stadt von dieser Seite her umgeben war, ist beschwerlich, und die Kraft des Landesherrn ermüdete: da trug der treue Stadtknecht den Markgrafen Johann, der für seinen Vater das Land ver= waltete, auf den Schultern bis zur Pforte, und die Mannen des Markgrafen folgten hintereinander:

> „Und mühsam weiter schleicht die große Schlange,
> Gebildet von der tapfern Zollernschar.
> Voran der Markgraf, reitend ohne Streitroß;
> Denn Roß und Reiter war ein Menschenpaar.

Seht, Herr, das Licht zur Rechten hell erglänzen,
Zu St. Marias Ehre strahlt der Stern.
Doch uns zeigt er den Weg durch tiefes Dunkel,
Dem treuen Freundeszeichen folg' ich gern.

    Die Scharen dringen ein, und längs der Mauer
Reiht sich das tapfre Brandenburger Heer.
Der Markgraf steigt zu Rosse; aus den Gassen
Ergießt sich still zum Markt die treue Wehr."

Die Pommern verschanzen sich im Blindowturme, sie werden aber durch An=
legen von Feuer zur Übergabe gezwungen.

    „Da stieg hernieder Pommerns tapfre Schar.
Vom hohen Turm und auch vom äußern Thore
Hoch flattert nun der Brandenburger Aar."

        (Der Stadtknecht von Prenzlau, von Pastor A. Block.)

Den beiden Bürgermeistern wurde zuerst ihre rechte Hand abgehauen; dann
fiel auch ihr Haupt durch Henkershand.

Der Stettinerthorturm am Ende der Baustraße ruft uns die Zeiten des
falschen Waldemar zurück. Dieses Thor öffnete sich ihm einst, als er im Triumph=
zuge durch die Mark zog. Zur Strafe mußten die Prenzlauer dasselbe zumauern.

Der Schwedterthorturm, der Hexenthorturm in der Nähe der Wallgasse, der
Mittelthorturm dessen Zinne einen Adler trägt, der einen Ring im Schnabel hat,
haben der Mauer ihr altertümliches Gepräge gewahrt und geben den Zöglingen
des Königlichen Lehrerseminars, sowie denen des Gymnasiums Gelegenheit, mittel=
alterliches Städtewesen aus der Anschauung kennen zu lernen; in dem alten Schau=
spielhause in der Komödienstraße, der jetzigen Turnhalle, können sie ihre Körper=
kräfte üben.

Aber nicht nur die antiken Bauwerke machen Prenzlau zu einer vielbe=
suchten und sehenswerten Stadt, auch die herrliche Umgebung lockt den Naturfreund
mächtig an:

    „Vor uns liegt des Sees weite Fläche
So friedlich still im Abendsonnenscheine,
Und jenseits Röpersdorf und links Seehausen,
Weithin gen West und Ost schaut klar das Auge,
Und von dem See her kommt uns frischer Atem.
Hier ist es schön,
Hier atmet frei das Herz von Gram belastet."

        (Block.)

Die vielbesuchte Uckerpromenade, die sich nach der einen Seite in dem städtischen
Stadtpark, dem früheren alten Kirchhof, fortsetzt, nach der andern Seite ebenfalls
in städtische Anlagen übergeht, erhöht die Reize der Stadt.

Von der Uckerpromenade gelangt man durch die Schleußenstraße, in welcher
mir das mit einem weinumrankten Balkon geschmückte Haus am meisten gefallen hat,

nach der Neustadt. Dieser Stadtteil beginnt am Mittelthorturm und führt in lang=
gestrecktem Zuge über vielfach verzweigte Gräben, die der Gegend ein spreewald=
ähnliches Aussehen verleihen, an wogenden Getreidefeldern vorüber in die neuen
Anlagen, die den Weg zur kleinen Heide begrenzen.

Der idyllisch gelegene große Ratssee, die schlanken Kiefern und die herrlichen
Buchen haben diese Gegenden zu beliebten Ausflugsorten gemacht.

Auch die große Heide, 9 km von Prenzlau, an der Berliner Chaussee gelegen,
hat viele Naturschönheiten aufzuweisen.

Nach einer photogr. Aufnahme von A. Mieck-Prenzlau.

Prenzlau: Stettiner Thor.

Die uralten Bäume, die berühmte 7 m dicke Eiche, rechts vom Wege, die
schattigen Eichenwaldungen mit ihrem üppigen Blumenflor, sie heimeln mich mächtig an:

> Mich umfängt ambrosische Nacht; in duftender Kühlung
> Nimmt ein prächtiges Dach schattiger Buchen mich ein.

Als ich das erste Mal Prenzlau betrat, ist es mir durchaus nicht so rosig
vorgekommen, und seine Altertümlichkeiten und Sehenswürdigkeiten vermochten nicht auf
mich einen überwältigenden Eindruck zu machen.

Weißt du, lieber Leser, wie einem zu Mute ist, wenn man das erste Mal seine
Garnison betritt?

Nichts erinnerte mich auf dem Bahnhofe daran, daß ich auf historischem Boden stehe, daß sich hier der preußische General Hohenlohe mit 11000 Mann dem Murat ergab, nur die schnarrende Stimme des Korporals rief mir ins Bewußtsein, daß ich Soldat sei.

Nur wer selbst Vaterlandsverteidiger war, kann es wissen, welche Gefühle man hat, wenn sich die Kasernenthore schließen.

Die Kaserne „vor das Regiment von Wunsch" nahm uns auf.

Es ist dies die älteste Kaserne der Stadt. Zuerst wurde sie 1685 vom großen Kurfürsten mit dem 12. Infanterie-Regiment belegt, später wurde sie die Heimat des am 5. Mai 1860 gebildeten 24. Landwehrstammregimentes, das sich als 8. Brandenburgisches Infanterie-Regiment Nr. 64 so rühmlich in den Schlachten bei Düppel, Königgrätz und Vionville unter seinem heldenhaften Führer Prinz Friedrich Karl von Preußen ausgezeichnet hat, dessen Standbild in Lebensgröße den Exerzier-schuppen der „neuen Kaserne" schmückt.

Herrliche Thaten vermeldet die Regimentsgeschichte, sowie das neu errichtete Kriegerdenkmal am Markt, aber wehmütig betrachtet der junge Krieger sein neues Heim, dessen Wandsprüche ihn überall an seinen neuen Beruf mahnen:

> „Du bist nun aus der Heimat raus
> Und hier ist jetzt dein Vaterhaus;
> Was dorten euer Vater ist,
> Ist hier der Hauptmann, daß ihr's wißt."

> „Schießen, Fechten hilft zum Rechten,
> Fehlt der Schuß, giebt's Verdruß."

> „Wer gut schießt, Urlaub genießt."

Diese echt vaterländische Soldatenpoesie schmückt die Wände der Kaserne.

Früher befand sich an Stelle der alten Kaserne die alte Nikolaikirche. Der Zahn der Zeit hat auch sie hinweggerafft, und nur noch ein einzelner Turm, der wehmütig auf den finsteren Kasernenhof blickt, und um den in grimmem Zorn der Unteroffizier die Soldaten zur Strafe herumlaufen läßt, erinnert daran, daß hier einst die Kirche von St. Nikolai stand.

An die Zeit, da Prenzlau noch katholisch war, erinnern nur noch die Namen der Kirchen und die nur teilweise noch erhaltenen Klosterräumlichkeiten.

Wehmütig hallten einst die Nachtgesänge vom Kloster „der büßenden Schwestern" durch die stillen Straßen, heute ist das Kloster längst niedergerissen, nachdem es durch den Brand, der im Jahre 1483 Prenzlau zum größten Teile einäscherte, fast gänzlich zerstört war.

In den Räumen des grauen Klosters tummelt sich jetzt die fröhliche Schul-jugend, und das schwarze Kloster ist in ein Hospital umgewandelt.

In der Nähe der alten Nikolaikirche, am Ende der Schulzenstraße, liegt die neue Nikolaikirche, in der die Holzschnitzerei am Altar, die Geburt, Kreuzigung und Himmelfahrt Christi darstellend, besonders sehenswürdig ist. Die Kirche wurde auf dem Hofe des 1275 gegründeten Dominikanerklosters zum heiligen Kreuze erbaut.

Zu den ältesten und schönsten Kirchen der Stadt gehört die Marienkirche, deren Titanenbau die umgebenden Häuser gewaltig überragt.

In den Jahren 1293—1340 erbaut, hat sie auf Jahrhunderte der brandenburgischen Geschichte herabgesehen.

Froh klangen 1629 ihre Glocken, als Gustav Adolf mit zahlreichem Gefolge in der Stadt weilte; schwer und bang waren ihre Trauerschläge, als 1632 die sterblichen Reste des kühnen Helden in ihr aufgebahrt lagen. Ihr gewaltiger Backsteinbau, sowie ihre Altertümer: der 1512 in Lübeck hergestellte gotische Schnitzaltar, in dem biblische Gestalten und katholische Heilige dargestellt sind, das aus dem 15. Jahrhundert stammende bronzene Taufbecken, der gotische und der romanische Abendmahlskelch, haben das rege Interesse des genialen Königs Friedrich Wilhelm IV. erregt. Ihm verdankt die Kirche die Glasmalereien an den Fenstern des Ostgiebels, welche 4 Apostel darstellen. —

Am linken Ende des Seitenschiffes befindet sich ein Bild, die Verlobung der heiligen Jungfrau darstellend, und rechts „die Auferweckung des Lazarus" und der Grabstein der Gräfin Asseburg, die 1858 starb und der Kirche die Glocken stiftete.

Alle alten Sehenswürdigkeiten sowie zahlreiche historische Funde aus der Umgegend sind jetzt im „Uckermärkischen Museum" zu Prenzlau ausgestellt. Sehr sinnvoll ist die Anordnung der Ausstellung getroffen, alle Zeitalter der menschlichen Ent-

Nach einer photogr. Aufnahme von A. Mieck-Prenzlau.

Marienkirche in Prenzlau: Ostgiebel.

wicklung sind vertreten. Aus uralter Steinzeit sind Steinwerkzeuge das erste Zeichen der menschlichen Thätigkeit. Schon zahlreicher und kunstvoller sind die Sammlungen von Schwertern und Schmuckgegenständen aus der Bronzezeit. Das Mittelalter ist durch kunstvolle Holzschnitzereien, Altäre und Heiligenbilder vertreten. Auch die Hände der schon erwähnten beiden Bürgermeister Belz und Grieben sind als warnendes Beispiel in dem Turm aufbewahrt. Mörser und Steinkugeln erzählen von der mittelalterlichen Kriegsführung, und aus zahlreichen Handschriften und Folianten wird uns die Historik alter Zeit übermittelt.

Die Namen der Hohenzollern sind mit der Stadt eng verknüpft.

Nicht nur Friedrich Wilhelm IV., der die Zeichnung zur Jakobikirche entwarf und die Marienkirche ausschmückte, war ein häufiger Besucher der Stadt, schon Friedrich I. hatte für sie eine besondere Vorliebe.

1704 hielt er auf dem Uckersee eine Schwanenjagd ab und verlieh der Stadt für ihr Wappen noch den Schwan, so daß jetzt das Stadtwappen im oberen Felde einen Adler mit Turnierhelm und im unteren Felde einen Schwan zeigt.

1751 wurde dort, wo sich jetzt auf der Burgfreiheit die Schwanenapotheke befindet, Friederike Luise, die Gemahlin des Königs Friedrich Wilhelm II., geboren.

Nächst der Marienkirche zieht die Sabinenkirche wegen ihrer schönen Lage am Uckersee und ihrer mittelalterlichen Bauart den Fremden an.

Auch das Innere der Stadt gewinnt immer mehr. Das herrliche Reiter=Standbild Kaiser Wilhelms I., sowie die Statuen seiner Paladine Bismarck und Moltke, die am 25. September 1899 enthüllt wurden, erhöhen die Reize der Stadt. Die beiden letzteren Denkmäler verdankt Prenzlau seinem Ehrenbürger, dem Apotheker Witt, der in rühmenswerter Weise der Stadt schon viele wertvolle Zuwendungen gemacht hat.

Die Dreifaltigkeitskirche, die katholische Kirche und die jüdische Synagoge sorgen neben den genannten Kirchen für die Seelen der Stadt.

Prenzlau hat im allgemeinen den Charakter einer Ackerbürgerstadt, deren Felder mit Getreide, Erbsen und Zuckerrüben bebaut werden. Es fehlen daher auch die industriellen Anlagen nicht. Eine Zuckerfabrik, mehrere Bierbrauereien, drei Eisengießereien und Maschinenfabriken, drei Dampfschneidemühlen, eine Zigarrenfabrik bieten der arbeitenden Klasse Beschäftigung. Unter den übrigen zahlreichen gewerblichen Anlagen sind besonders die Genossenschaftsmolkerei und die Wollspinnerei hervorzuheben.

Die Einwohnerzahl von Prenzlau beträgt nach der letzten Zählung 19689 Einwohner, einschließlich der 2 Bataillone des 64. Infanterie=Regimentes.

Die wunderschöne Lage der Stadt, die zahlreichen Altertümer, die altehrwürdigen Bauten, sie haben Prenzlau von jeher zu einem Anziehungspunkte der Uckermark gemacht und es rasch emporblühen lassen. Auch mir ist die Stadt während meines Aufenthaltes lieb geworden und wird in mir immer eine schöne Erinnerung zurücklassen.

Hermann Lemke=Charlottenburg.

Lychen.

Seit einigen Jahren begiebt sich eine jährlich steigende Zahl von Berlinern, welche der Erholung bedürfen, nach Lychen. Die Stadt Lychen liegt auf der Mecklenburgischen Seenplatte. Daß Lychen in einer wasserreichen Gegend liegt, sagt schon der Name, welcher von dem wendischen Ausdrucke „Luk" abstammt. Die Stadt wird im Osten vom Oberpfuhl, im Nordwesten vom Nesselpfuhl, im Süden vom Stadtsee umschlossen. An diese Seen schließen sich der Zens-, Platkow- und Große Lychen-See an. Letzterer steht durch die „Woblitz" mit dem Haussee und weiterhin mit dem Stolpsee bei Himmelpfort in Verbindung. Zwischen den drei zuerst genannten Seen erhebt sich ein Hügel, auf welchem das Rathaus und die Johanneskirche stehen. — Das Rathaus hat einen spitzen Turm. Es ist ein abgeputzter zweistöckiger Backsteinbau aus der Zeit des großen Friedrich. Die Johanneskirche steht bereits seit ungefähr 1250. Sie ist ein alter Feldsteinbau mit sehr dicken Mauern. Die jetzige Lage der einzelnen Straßen rührt seit dem letzten großen Brande her. Am 30. April 1732 verheerte derselbe 114 Häuser nebst dem Rathaus und 11 Scheunen. Es blieben nur 28 Gebäude verschont. Friedrich der Große gewährte den Lychener Bürgern bei dem Aufbau ihrer Wohnstätten viele Erleichterungen. Als die Gebäude nun fertig waren, sollten dieselben auch nett aussehen. Auf ein in dieser Angelegenheit eingereichtes Bittgesuch verfügte der große König ganz kurz: „Putz Lychen." — Von der alten Stadtmauer steht ungefähr noch die

Stargarder Thor in Lychen.

Hälfte. Drei Thore führen aus der Stadt: nach Norden das Stargarder Thor, nach Westen das Fürstenberger Thor, nach Süden das Templiner Thor. — Jetzt hat nur noch das Stargarder Thor den alten Thorturm. Dieser weckt die Erinnerung an Johann von Quitzow. — Klöden erzählt darüber in seinem Werke: „Die Quitzows und ihre Zeit", daß am Montag den 2. Oktober 1408 Johann von Quitzow und Herzog Ulrich von Mecklenburg-Stargard zwischen Lychen und Rutenberg zusammentrafen. Herzog Ulrich, welcher gerechte Ursache hatte, die grausame Behandlung seines gefangenen Bruders Johann zu rächen, griff an. In dem Kampfe wurde Johann von Quitzow durch einen Lanzenstoß vom Pferde geschleudert. Herzog Ulrich stellte sich nun mit ausgespreizten Beinen über Johann, schlug ihm das Visier in die Höhe und zückte den Dolch über seinem rechten Auge. Jetzt spielte sich folgende dramatische Scene ab. Der Herzog sprach: „Bereite Dich zu sterben, denn Dein letzter Augenblick ist gekommen, hartherziger Bösewicht. Im nächsten Augenblicke fährt Dir mein Dolch durch Dein gesundes Auge in Dein verruchtes Hirn. Bete noch ein Paternoster." Quitzow sprach: „Es wird mir Wonne im Augenblick des Todes sein zu denken, daß Eurem Bruder geschieht, wie Ihr mir thut." Ulrich: „Verruchter Bösewicht, hat sich Deine Rache noch nicht gesättigt? Willst Du mir den Bruder morden?" Johann: „Ich sage, ihm wird gethan, wie Ihr mir thut. Aber was schwatzt Ihr lange? Memmen reden, Helden handeln. Stoß zu, ich bin bereit." Ulrich: „Wo ist mein Bruder? Lebt er noch?" Johann: „Er lebt und ist in Bötzow." Ulrich: „Wohl, ich will mich nicht übereilen und, wie gerecht auch mein Zorn ist, doch nichts im Zorn beschließen. Hab ich Dich doch in meiner Gewalt und kann Deinen Tod noch immer befehlen. Bindet ihn und bringet ihn nach Lychen. Ihm werde gethan, wie er Herzog Johann gethan hat. Werft ihn halbnackt in einen Turm und gebt ihm nichts als notdürftig Brot und Wasser!" — Dieser Befehl wurde buchstäblich vollführt. Am 1. Weihnachtsfeiertage verließ Quitzow den Turm. Er war gegen Johann von Mecklenburg ausgewechselt worden.

Es sei nun gleich gestattet, einiges aus der Geschichte Lychens mitzuteilen. Lychen und Himmelpfort sind seit 1442 märkisch. Im Jahre 1618 brach der Dreißigjährige Krieg aus. Auch Lychen und Umgegend blieb nicht verschont. Von 224 Gebäuden standen 1648 nur noch 17. In der Umgegend waren Dörfer ganz verwüstet. Von Rutenberg wird berichtet: „Das Dorf wurde von Tilly verwüstet, und was an Leuten übrig geblieben war, wurde durch die Pest, welche die kaiserlichen Soldaten mitgebracht hatten, aufgerieben. Das Dorf mußte 1648 neu besetzt werden." Die Dörfer Linow und Kastaven an den gleichnamigen Seen sind damals für immer verschwunden. Der Siebenjährige Krieg brachte neue Drangsal. Lychen mußte an die Schweden schwere Kontribution in Geld und Naturalien zahlen. Das Lychener Kirchenbuch liefert darüber einen eingehenden Bericht. Aus diesem sei mitgeteilt, „daß der aus nicht 200 Feuerstellen bestehende Ort 2100 Thaler Schaden erlitt; wobei wir Gott zu preisen Ursach haben, daß wir von den moderatesten Feinden des preußischen Staates heimgesucht worden, die uns mit Rauben, Plündern, Sengen und Brennen verschont haben." Das Jahr 1806 führte die Franzosen auch nach Lychen. Zwei Einwohner der Stadt hatten sich hinreißen lassen, französische Soldaten zu überfallen. Auf dem Angelberg wurden die beiden Lychener erschossen. — Als der König 1813 rief und alle, alle kamen, eilten auch acht Freiwillige aus Lychen zur Fahne. Bei der Bekämpfung des Erbfeindes fanden sieben Lychener den Tod fürs Vaterland. — Im Jahre 1810 zählte Lychen nur etwa 1000 Einwohner, heute sind es gegen 2500. Die Gegend war lange dem Verkehr entrückt, erst der Bau der Nordbahn brachte Lychen dem Verkehr näher. Während Lychen früher eine reine Ackerstadt war, ist jetzt auch schon eine nennenswerte Industrie (Mühlen, Reißstiftfabriken) vorhanden. — Gehen wir aus dem Fürstenberger Thor hinaus, so kommen wir in die in neuester Zeit entstandene „Vorstadt Lychen". Vor dem Thor erhebt sich auch der Bahnhof, allerdings etwa 2 km von der Stadt entfernt. Die Wasserverhältnisse ließen eine andere Lage des Bahnhofes nicht zu. Lychen ist 1899 Station der Bahn Britz—Fürstenberg geworden. Die schöne Landschaft um Lychen, das Ziel vieler Sommerfrischler, ist nunmehr bequemer als bisher zu erreichen.

Von Lychen aus sind Ausflüge nach Boitzenburg, Feldberg, Neustrelitz, Fürsten=
berg, Himmelpfort und Templin recht lohnend. Sie führen an umfangreiche, herr=
liche Wasserflächen, in denen sich Waldungen spiegeln.

P. Hankel = Rutenberg bei Lychen.

Boitzenburg in der Uckermark.

Der Name Boitzenburg wird in den Urkunden verschiedenartig geschrieben.
Die älteste Form ist 1215 Bozineburc, dann folgt Boyzeneburg, Boitzenburch, auch
Boitzenborg 1220.

In dem Carolinischen Landbuche von 1375 kommt der Name neunmal vor,
fast immer aber in veränderter Schreibweise, oft ganz entstellt: Bozelenborg, Boseln=
burg, Boslenburg; zweimal kommt die ältere Form Boytzenborg vor. — Man wird
nicht irren, wenn man für den Namen slavischen Ursprung annimmt und denselben
mit „Kampf, Sieg, Kampfstätte" erklärt. Boycene, Boitzen u. s. w.: hat das Wort
„Boi", Kampf, Gefecht zur Wurzel. Böizewyi, dem Kämpfer gehörig, Böiniza das
Bollwerk. Barg oder burg, die letzte Silbe, ist die verdeutschte Form des slavischen,
ähnlich klingenden Borju, besiegen, überwinden.

Die Schreibweise der neueren Zeit — Boitzenburg — ist richtig. Der Ge=
brauch des y in dem Namen, wie es die Urkunden oft thun, ist nicht gerechtfertigt;
denn in keinem der von „Boi" abgeleiteten Wörter zeigt sich das y, sondern immer
der reine Vokal i, aber mit einem Häkchen, zum Zeichen, daß er kurz oder wie ein
Diphthong ausgesprochen werden muß.

Das alte Schloß stand auf einer Insel im See Tytzen. Eine ansehnliche
Grenzfeste, welche außer 18 Freihufen noch Pacht an Naturalien und Geldzins von
elf in derselben Feldmark dem Schlosse zugewiesenen 24 Hufen bezog. Ebenso waren
die Dörfer Krewitz, Cerwelyn, Wichmannsdorf, Mittenwalde mit den Mühlen zins=
pflichtig. Neben der Burg und dem Dorfe Marienflete, ein Name, den die Caroling.
Finanzstatistik aber schon nicht mehr kennt, war infolge der Schloß= und Kloster=
bedürfnisse das Städtchen oder der Flecken Boitzenburg entstanden. Eine Feldmark
war damit nicht verbunden.

Der Name Boitzenburg kommt in Urkunden frühzeitig und sehr oft vor.
Zuerst als Geschlechtsnamen im Jahre 1215 in einer Urkunde des Markgrafen
Albrecht II. bezüglich der Stadt Stendal. Diese Urkunde wird auch von Gozwinus
de Bozineburc beglaubigt. Derselbe Gozwin von Boyceneburch erscheint dann in
einer weiteren Urkunde desselben Markgrafen von 1217. Dieser Gozwin, dessen
Name noch 1236 vorkommt, war entweder Befehlshaber der Burg oder Lehens=
träger der dazu gehörigen Güter.

Das Kloster Marienthür oder Marienfließ bei Boitzenburg wurde anno 1269 von Heinrich von Stegelitz gestiftet. Er gehörte einem in Boitzenburg angesessenen Geschlechte an, welches gegen den Schluß des 17. Jahrhunderts ausstarb.

Das gestiftete Kloster war ein Jungfrauen-Kloster Benediktiner-Ordens. Aus dem Fundationsbriefe ist zu ersehen, daß die Ortschaft, bei der es seine Stelle erhielt, Marienfließ genannt wurde, was annehmen läßt, daß neben dem Schlosse der Burg Boitzenburg schon vordem eine Art geistlicher Stiftung bestand. Die erste bekannt gewordene Äbtissin des Klosters ist Johanna. 1289 verpachtete diese für 14 Wispel Weizen jährlich die Wassermühle am Flusse Ukariz zwischen Berkholz und Cröcheln-

Nach einer photographischen Aufnahme von A. Lorentz-Wriezen.

Schloß Boitzenburg.

dorff. Die letzte Äbtissin des Klosters war Elisabet Czernekow von 1527 bis 1538. Die letzte Jungfrau, Laienschwester, war Katharina von Arensdorf 1572. Schon vor der in der Kurmark veranstalteten allgemeinen Kirchen-Visitation war das Kloster 1536 säkularisiert worden, und die Klosterjungfrauen, sowie die Bauern mit ihren Verpflichtungen an den Landvogt Hans von Arnim auf Schloß Boitzenburg gewiesen, welchem auch die Dokumente des Klosters auszuliefern waren. Unter dem 2. Juli 1539 erfolgte die ordentliche Belehnung des Hans von Arnim mit dem Kloster und seinen Gütern. Die letzte Klosterjungfrau, Katharina von Arensdorf, erhielt von den Söhnen des Landvogts Hans von Arnim, Curt und Berndt von Arnim, das Dorf Naugarten mit "Allen Rechten, Zehenden, Rauchunnern,

Allem Gerichte vnd Gerechtigkeit — das ir die Paur zu Newgarten Jerlich ir kuchenholtz (Küchenholz) so vill sie dessen bedorfftigk, sie auch darneben zu Iren Freunden vnd wohin sie sonsten zu fharen willenst, zu jeder Zeit vnweigerlichen furen sollen vnd mögen". Für die Ansprüche im ersten Teil der Urkunde erhielt Katharina von Arensdorf eine ansehnliche Entschädigung in bar und in Naturalien, so 9 Scheffel Malz, ein fettes Schwein, Roggen, Hafer, Buchweizen, 21 Gänse, 58 Hühner, 1 Hammel, 10 Zehentlämmer, Erbsen, Heringe, Honig, Brot, Mittwochs und Freitags Fische. Außerdem eine Wohnung im alten Kloster.

Nach einer photographischen Aufnahme von A. Lorentz-Wriezen.

Boitzenburg.

Als im Jahre 1528 Kurfürst Joachim I. sein Schloß Boitzenburg an den Rat Hans von Arnim gegen dessen bisheriges Schloß Zehdenick vertauschte, wurde dem Hans von Arnim ein Register aller zu Boitzenburg gehörigen wüsten und besetzten Höfe und Hufen und der Leistungen eines jeden Dorfes übergeben.

Als älteste Pfandinhaber aus ihrem Geschlechte — 1429 bis 1439 — werden genannt die Brüder Hans und Jasper von Arnim. Ihnen versetzt den 3. Teil von Kröchlendorff für 200 Mark Finkenaugen Albrecht von Kerkow. 1442 erhält der Hauptmann Hans von Arnim als Pfand den übrigen Teil von Kröchlendorff.

Der bekannte Feldmarschall des Dreißigjährigen Krieges Hans George von Arnim, geboren 1581, war ein Sohn des Ober-Hofmarschalls und Landvogts Berndt von Arnim. Er war nach dem im Jahre 1611 erfolgten Tode seines Vaters, da ein älterer Bruder bereits verstorben war, der Erbe des Unterhauses in Boitzenburg. Man unterschied zu Ende des Dreißigjährigen Krieges drei Häuser: das Oberhaus, das Unterhaus und das Haus Crewitz. Hans George von Arnim, dessen vielseitige Thätigkeit in jener schrecklichen Zeit als Feldobersten und auch als Diplomaten Georg Hesekiel in einem seiner historischen Romane würdigt, war zuletzt, 1640, Generalissimus in kaiserlich-sächsischen Diensten. Es galt, die Schweden vom deutschen Boden zu vertreiben und Pommern für den Kurfürsten von Brandenburg zu erobern. Mitten in den Vorbereitungen für diesen Kampf starb der Marschall am 28. April 1641. Zeichneten sich die Feldobersten des Dreißigjährigen Krieges durch Habsucht, Grausamkeit und Schwelgerei meistenteils aus, so wurde Hans George von Arnim wegen seiner Enthaltsamkeit, Mäßigkeit und Uneigennützigkeit der „lutherische Kapuziner" genannt. In der Kreuzkirche zu Dresden wurde er im Beisein des Kurfürsten von Sachsen am 25. Juli 1641 feierlich beigesetzt.

Die Boitzenburger Linie des Arnimschen Geschlechts wurde in der Person von Friedrich Abraham Wilhelm 1786 bei der Thronbesteigung des Königs Friedrich Wilhelm II. in den Grafenstand erhoben.

Das jetzige Boitzenburger Schloß, das in seinem Gesamtbau einen überaus vornehmen, imponierenden Eindruck macht, besteht aus dem „alten" und dem „neuen" Schloß. Letzteres ist der im Jahre 1887 renovierte Teil. Er erhält durch die vorspringenden Erkerchen und Türmchen ganz den Charakter eines altdeutschen Schlosses. Das alte Schloß macht noch in seinem Äußeren den burgähnlichen Eindruck. In dem neuen Schloß zeichnen sich durch Größe und Schönheit aus der „Rittersaal" und der Bibliotheks- oder Ahnensaal. Zwischen den hohen Büchergestellen mit den verschiedensten Werken zieren die Wände die Gemälde der Ahnen des Schlosses.

Dem prächtigen Schlosse entspricht die herrliche Lage desselben. Schloß und Umgebung bilden ein harmonisches Ganze. Es ist als hätte die Natur über Schloß Boitzenburg und Umgebung ein besonders reiches Maß ihrer Schönheit, Fülle und Anmut ausgegossen. Das auf einer Anhöhe gelegene Schloß zeigt auch heute noch, wie wehrhaft und fest es in alten Tagen gewesen ist. Der Hauptturm spiegelt seine schlanke Spitze in den klaren Wassern des sogenannten Küchensees und des Karpfenteiches. Eine Brücke verbindet Schloß und Städtchen. Ein prächtiger Buchenwald erhebt sich am jenseitigen Ufer des Wassers und umschließt den Schloßpark im Süden und Westen, der Karolinenhain.

Namen einzelner Bäume erinnern an die Sprossen des alten Geschlechts. Da ragt hoch empor eine „Hermannsbuche", die „Adolfslinde", die „Albrechtskiefer", die „Wernerstanne". Am Klinkowsee im Karolinenhain liegt „Dietloffslust", eine herrliche Aussichtsstelle. Man hat von hier einen prächtigen Fernblick über den wenig bewegten, grün schimmernden Klinkowsee, von dem man auch wie von dem sagenumwobenen Herthasee auf Rügen sagen könnte: „Im Schatten der Bäume ein klarer, fast zirkelrunder See."

Herrliche Spaziergänge bietet weiter auf der Südostseite der prächtige Tiergarten, in welchem nicht nur Baumriesen, sondern auch mächtige Hirschgestalten das Auge des Wanderers erfreuen.

Ein besonders schönes Plätzchen ist das Jagdhaus. Vom „Helenenstein" aus hat man einen weiten Blick über ganz Boitzenburg mit dem Schloß und der hochgelegenen Kirche. Wo die Natur es scheinbar bedurfte, da hat der Kunstsinn durch Menschenhand die Schönheit des Ganzen wirkungs- und stimmungsvoll zu erhöhen und zu heben verstanden.

Dem Gedächtnis entschlafener Ahnherren und Ahnfrauen sind in dem prächtigen Parke monumentale Bauten, Kapellen, an geeigneten Stellen errichtet. So liegt inmitten eines Hains die Gedächtniskapelle, dem Andenken der früh verstorbenen ersten Gemahlin des Grafen Adolf gewidmet. Die Kapelle ist ein im kirchlichen Stil gehaltener, vorn offener Bau. Im Innern steht ein Altar mit dem Medaillonbild der verewigten Gräfin, einer geb. Gräfin Schweinitz. Vom Schlangentempel am Ufer des Karpfenteiches steigt man aufwärts unter schattigen Buchen zum „Apollotempel". Schlanke, hochragende Säulen tragen eine Kuppel. In der Mitte des Baues steht auf einem Sockel eine Figur. Herrlich klingt es, wenn ein Sängerchor vom Apollotempel aus seine Lieder volltönend anstimmt und unter dem grünen Waldesdom das herrliche Lied dahin braust: „Wer hat dich, du schöner Wald, aufgebaut —." Einige Minuten von diesem Tempel liegt das neuerbaute „Mausoleum",

Nach einer phot. Aufnahme v. A. Lorentz-Wriezen.

Ruine (Boitzenburg).

das neue Erbbegräbnis der gräflichen Familie, ein halbkreisförmiger, aus Sandstein und Marmor aufgeführter offener Bau. In der Mitte der Umfassungsmauer steht eine offene Kapelle mit dem segnenden Christus von Thorwaldsen über dem Eingange. Von den Kapellen aus hat man, da die Anpflanzungen vor denselben kurz gehalten werden, überall einen offenen Ausblick auf das Schloß mit seinen Türmen, Erkern und Zinnen.

So haben Natur und Kunst zusammengewirkt und gestaltet, und aus der alten, sagenumwobenen Feste ist entstanden das herrliche Schloß Boitzenburg, „die Perle der Uckermark".

August Geißler-Kröchlendorff.

F. Brunold, ein märkischer Dichter.

Seit mehr als 50 Jahren hat das ergreifende Lied: „Das Grab auf der Heide" in der schwermütigen Sangesweise von Wilhelm Heiser seinen Siegeszug durch die ganze Welt gehalten, ist fernhin über Länder und Meere gezogen, um überall, wo nur Deutsche wohnen, zu erfreuen und zu rühren. Wem ist der welt=

Nach einer photogr. Aufnahme von Max Feiten=Berlin.

Brunold-Denkmal in Ioachimsthal.

bekannte Refrain dieses Liedes: „Rosen blühen auf dem Heidegrab" nicht schon von den Lippen geschwebt oder in die Ohren geklungen? Ist doch das Lied in dieser Sangesweise vom Verleger allein in 33000 Exemplaren in die Welt gesandt. Und der Dichter dieses Liedes? Wie wenige von denen, die das Lied gehört oder gesungen, haben den Namen des Dichters gekannt und genannt. Dem dieses herbe Poetenschicksal widerfahren, war ein Mann, der in dem märkischen Städtchen Joachims= thal 60 Jahre seines Lebens, schlicht und bescheiden, abseits vom Wege des rastlosen Weltgetriebes verbrachte und dort als ein enttäuschter und weltmüder Greis seine Augen für immer schloß: F. Brunold. Der Dichter — mit bürgerlichem Namen

August Ferdinand Meyer — war am 19. November 1811 zu Pyritz als der Sohn eines Rektors geboren und nach dem Besuche des Gymnasiums für das Baufach bestimmt. Im Jahre 1827 oder 1828 kam er nach Berlin, um sich akademischen Studien in diesem Fache zu widmen. Widrige Familienverhältnisse zwangen ihn, diesem Berufe zu entsagen; er widmete sich dem Lehrfache. Von 1829 bis Ostern 1834 wirkte Brunold als Lehrer an einer Privatschule in Berlin. Hier hatte er reiche Gelegenheit, sein Wissen zu erweitern und im Verkehr mit jüngeren Mitgliedern des „Berliner Dichtervereins" sein eigenes poetisches Talent auszubilden. Dieser Dichterkreis, dem Brunold ein litterarisches Denkmal durch Herausgabe einer Samm- lung Gedichte „Nachklänge" (1834) gesetzt hat, und dem er überaus glückliche Stunden seines Lebens verdankte, ist längst dahin; seine Glieder sind gestorben, zum Teil verdorben und vergessen. Zu diesem Kreise gehörten u. a. Franz v. Gaudy, Eduard Ferrand, Julius Minding, Friedrich v. Sallet, Willibald Alexis, Hermann Marggraff, Eduard Maria Oettinger und A. Bernstein.

Von Berlin wandte sich Brunold nach Stettin, wo es ihn nur ein halbes Jahr hielt, trotzdem er auch dort reichen geistigen Verkehr hatte, so mit dem berühmten Balladenkomponisten Karl Löwe und dem Dichter Ludwig Giesebrecht. Noch in demselben Jahre (1834) siedelte er nach dem Städtchen Joachimsthal über. Hier war er bis Ostern 1879 als Lehrer thätig, hier entwickelte er seine so überaus reiche dichterische und schriftstellerische Thätigkeit, und hier hauchte der Dichtergreis am 27. Februar 1894 seine reine Seele aus. Diese wenigen Daten genügen, die engen Grenzen zu bezeichnen, in welchen sich der äußere Lebensgang des Dichters abgespielt hat.

Die kleine Welt in Joachimsthal, die den Wirkungskreis des Dichters bildete, allzu kärglicher Sold, kleinlicher Neid und Zurücksetzung hinter weniger begabte Amtsgenossen und eine für seine Bedeutung wenig Verständnis zeigende Umgebung, ferner seine bei dem aufreibenden Berufe schwächliche Körperkonstitution haben sein Leben besonders beschwerlich und drückend gestaltet. Seine freiheitliche Gesinnung und schriftstellerische Thätigkeit, in der er in den vierziger Jahren für ein einiges freies Deutschland eintrat, brachte ihm eine Denunziation kleinlicher Neider bei der Regierung ein, die zur Folge hatte, daß er eine mit besserem Gehalt ausgestattete Stelle, die ihm von Rechts wegen zukam, nicht erhielt; und so mußte er sich zeitlebens mit einem allzu kärglich bemessenen Gehalte begnügen. Dieser Vorgang hatte ihm sein Leben verbittern helfen.

Und dennoch hielt es ihn mit allen Fasern seines Herzens an dem Orte mit seiner reizenden Umgebung, den Wäldern und Seen. Er fand nach jedem Leid und Weh im Walde immer wieder Trost und Mut zu neuem Schaffen. So sang er noch 1884 zu seinem Geburtstage:

> Ich habe mir ein Fichtenreis
> In meinem Wald geschnitten;
> Denn niemand so, wie der, es weiß,
> Was ich erlebt — gelitten;

Was mich beglückt, was mich erfreut,
Wonach ich heiß gerungen;
Und wie ich oft das tiefste Leid
In ihm mir fortgesungen.

Wie hat sein Grün mich stets entzückt,
Sein Säuseln mir gepredigt,
Sein Stillesein, war ich bedrückt,
Für vieles mich entschädigt.

Und dann der wunderschöne See,
In dem der Wald sich spiegelt;
Wie hat der mir der Sehnsucht Weh
Zur Ferne stets gezügelt.

Drum soll das Reis am heut'gen Tag
Auf meinem Tisch nicht fehlen;
Sein schönes dunkles Grün, es mag —
Erinn'rungsreich — erzählen.

Es mag durch meine Seele gehn
Vergangnes Glück heut wieder;
Und in der Brust aufs neu erstehn
Der Wunderhauch der Lieder.

Laß, Herr, bis an mein Lebensend'
Still durch den Wald mich schreiten!
All's Leid von meinen Lieben wend',
Die treu mir stehn zur Seiten.

Mein Waldesgruß, mein Fichtenreis,
Schneeflocken ringsum treiben;
Und wurd' mein Haar auch lang' schon weiß —
Den Geist laß jung mir bleiben.

Seinen Freunden, die den Dichter früher und auch später nach Berlin oder seiner nächsten Umgebung ziehen wollten, gab er eine in hochpoetischen Versen gehaltene Absage.

Wie umfangreich Brunolds schriftstellerische Thätigkeit war, ergiebt die Reihe der folgenden Werke, zumeist Romane und Novellen: „Neue Lieder" und „Novellen" (1837), „St. Maria" (1840), „Land der Jugend" (1842), „Kinderlieder" (1843), „Märkische Liederchronik" (1844), „See= und Waldmärchen" und „Anemonen" (1845), „Erstes und zweites Leben" und „Aus Gegenwart und Vergangenheit" (1847), „Legendenbuch" und „Aus dem Leben" (1854), „Bei der „Knallhütte" und „Michel Bellmann" (1862), „Welt und Gemüt" (1867), „Keine Mutter" und „Der Bild= schnitzer" (1868), „Fern der Heimat" (1870), „Die Königin im Traume" (1871), „Ein sinkender Stern" (1874).

Seine Novellen sind von Ludwig Giesebrecht einst als „moralische Erzählungen im edelsten Sinne" bezeichnet worden. Die ihnen innewohnende Wahrheit der Darstellung und eine seltene Gemütstiefe sind ein vorteilhaftes Merkmal Brunoldscher

Profa; auch ist er vielfach ein Meister der kleinen Novelle genannt worden. 1878 gab Brunold eine Blütenlese neuerer deutscher Lyrik „Lust und Leid im Liede" heraus, von der 1887 bereits die 7. Auflage erschien.

Von 1879 ab wandte er sich mit seinen Arbeiten der reiferen Jugend zu. Es erschienen nacheinander zwei Erzählungen für Knaben: „Aus eigner Kraft" (die mehr als 11 Auflagen erlebt hat und auch ins Holländische übersetzt ist) und „Harte Kämpfe", sowie vier Erzählungen für die weibliche Jugend: „In der Fremde", „Edle Herzen", „Gertrud" und „Die Schützlinge der Prinzeß".

„Alle Erzählungen," so urteilt Franz Brümmer, „verdienen je nach ihrer Bestimmung, die allerernsteste Beachtung und Empfehlung. In ihnen zeigt sich der Verfasser als ein sinniger, kinderfreundlicher, mit den Regungen und Entwickelungen des Herzens wohlvertrauter, welterfahrener Mann, der mit Bewußtsein und Absicht durch seine Erzählungen auf die Gemüter der Jugend erziehlich einwirken will. Es liegt ein stiller Zauber über den Büchern ausgebreitet; wir laben uns an der Jugend Sonnenschein und empfinden des Lebens Herbigkeit mit; bald ist der Inhalt lebensfroh und sonnig, ohne überschwenglich, bald tiefernst, ohne sentimental, und durchweg spannend, ohne überspannt zu sein." —

Hauptsächlich durch die unmittelbaren Eindrücke, die Brunold auf historischem Boden in der Umgebung von Joachimsthal empfangen, angeregt, beschäftigte ihn schon frühzeitig die Geschichte der Mark Brandenburg. Um diese hat er sich besonders dadurch verdient gemacht, daß er in den gelesensten Zeitungen und Zeitschriften früher und auch noch im späten Alter mit geschichtlichen Aufsätzen oft hervorgetreten ist. So war er 1875 Mitbegründer der Zeitschrift für märkische Geschichte „Der Bär" und für diese bis in seine letzten Tage fortdauernd thätig. Die Stätten um den Werbellinsee, Schloß Werbellin und Grimnitz, wo vornehmlich unter den askanischen Markgrafen Otto mit dem Pfeil und Waldemar Glanz und Macht herrschten, machte er zum Gegenstande seiner Forschung. Seiner Anregung ist zu danken, daß die noch vorhandenen Baureste jener beiden Jagdschlösser aus einst glanzvoller Zeit erhalten geblieben sind. Auf Wunsch und auf Kosten des Prinzen Karl von Preußen ist auf dem Berge am Südende des herrlich gelegenen Werbellinsees, wo einst das Schloß gestanden, in Erinnerung an das bedeutungsvolle Wirken des askanischen Fürsten in der Mark und zum bleibenden Gedächtnis einer glorreichen Zeit, wie seiner Fürsten, die dort von 1247 bis zur Mitte des folgenden Jahrhunderts residierten, im Jahre 1879 ein Aussichtsturm aufgeführt worden. Aus Anlaß der Errichtung dieses Aussichtsturms und auf Veranlassung des Prinzen Karl schrieb Brunold als eine Art Festschrift: „Die Askanierburg Werbellin, ein Beitrag zur Geschichte der Mark." In dieser Schrift hat der Dichter die Frage über die Echtheit des sogenannten falschen Waldemar einer besonderen Studie unterworfen. Er hat geglaubt, aus den von ihm angeführten, äußerst interessanten Gründen annehmen zu können, daß der 1347 Heimgekehrte der richtige Waldemar gewesen sei. In derselben Schrift finden wir auch zum erstenmal das nachfolgende herrliche, von Dräseke u. a. stimmungsvoll für gemischten Chor in Musik gesetzte Gedicht:

Der Werbellin.

Wie ein Gottesauge glänzet,
Drüber dunkle Brauen glüh'n,
Liegt, von Wald und Berg umkränzet,
Märchenhaft der Werbellin.

Und das Nebelkind, die Sage,
Schmücket ihn mit Blüt und Kranz;
Längst vergess'ne schöne Tage
Steigen auf in vollem Glanz.

Auf der Flut in Abendfeier
Schwimmt ein Schifflein sonder Eil!
Braungelockten Haars am Steuer
Lehnet Otto mit dem Pfeil.

Heilwig, seines Herzens Minne,
Schaut ihn blauen Auges an,
Und es geht ihm durch die Sinne,
Was sie einst für ihn gethan;

Wie sie ihn aus Haft und Banden
Einst befreit durch Mut und List;
Fürst und Held er seinen Landen,
Dichter ihr geworden ist.

Lieder tönen, Harfen klingen!
Und ein Stern vom Himmel fällt.
Ferner, ferner schallt das Singen,
O, wie schön ist doch die Welt.

Well' auf Welle schäumt zur Stunde,
Mond vollendet seinen Lauf;
Aus versunk'ner Stadt im Grunde
Läuten Glocken dumpf herauf.

Wie ein Gottesauge glänzet,
Drüber dunkle Brauen glüh'n,
Liegt, von Berg und Wald umkränzet,
Märchenhaft der Werbellin.

Wald und See im Wolkendunkel!
Trägen Flugs ein Weihe dort.
Stille rings — dann Sterngefunkel,
Und die Glocken läuten fort.

Auch in Bezug auf sein Lehramt führte Brunold fleißig die Feder. Das bezeugen seine im Bazar, den Deutschen Blättern und im Schulblatt für die Provinz Brandenburg meist anonym erschienenen pädagogischen Aufsätze. Dann war er Mitarbeiter der angesehensten Zeitungen und Zeitschriften, so der „Gartenlaube" seit ihrer Gründung (1853) bis zu Ernst Keils Tode (1878).

Die eigentliche Bedeutung Brunolds und der Schwerpunkt seines gesamten schriftstellerischen Schaffens liegt in seiner Lyrik. So schlicht und so einfach wie sein äußerer Lebensgang sich gestaltete, klingen auch seine Lieder, so ungekünstelt, ohne jede hyperpoetische Phrase, aber doch so tief empfunden, voll innerer Wahrheit und — Reinheit. Brunolds Kunst stand in innigem Zusammenhang mit der Natur, an der er seine herzliche Freude empfand, und aus deren frischem Quell er zumeist seine Poesie schöpfte.

> „Will mir ein Lied nicht werden
> So recht nach meinem Sinn,
> Dann zieh ich, wie ich träume,
> Durch Wald und Felder hin.
>
> Dann hat, kehr ich zurücke,
> Sich alles von selbst gemacht,
> Als hätten Vögel und Blumen
> Gedanken und Reim gebracht.“

Besonders der Wald, zu dem der Dichter Sommer und Winter, jahrein, jahraus pilgerte, sein geheimnisvolles Rauschen erweckte in ihm die tiefsten Empfindungen.

> „Es weiß die Welt mein Lauschen
> Im Wald zu deuten nicht,
> Mir aber ist sein Schweigen,
> Sein Rauschen ein Gedicht.“

Welch reinen, frommen Sinn bekundet der Dichter nicht im Gedicht:

Sonntag im Walde.

> Als ich jüngst in stiller Ruh
> In den Wald wollt' schreiten,
> Trug der Wind von fern mir zu
> Sonntägliches Läuten.
>
> Unwillkürlich hemmte ich
> Meinen Fuß am Walde,
> Als der Ton so feierlich
> Drang zur Bergeshalde.
>
> Doch, als nun der Ton verklang,
> War's im Weiterschreiten
> Mir, als hört' ich Chorgesang
> Nach verstummtem Läuten.
>
> Leise war ein Gotteshauch
> Mir ins Herz gedrungen —
> Hatt' der Wald gepredigt auch
> Mir mit tausend Zungen?

Sein Gedicht „Der Wald ist schön“ ist eine herrliche Hymne auf das göttliche Walten in der Natur, die ihm die vernehmbarste Offenbarung Gottes schien.

Am eindrucksvollsten sind diejenigen Dichtungen Brunolds, in denen er landschaftliche Stimmungen wiedergiebt; über diesen liegt es wie ein Traum, ein stiller märchenhafter Friede. Dafür mag das folgende Gedicht Zeugnis geben:

Ein Hauch!

Im Schilf am See, im Abendhauch
Leicht die Libelle fliegt;
Ein Vöglein singend sich im Strauch
Auf schwankem Aste wiegt.

So wiegt sich ein Gedanke leicht
In deiner Seele auch;
Du bist so froh — warum? es schweigt
Das Herz! — Es war ein Hauch!

Es war ein Hauch, ein Gotteshauch,
Ein Frühlingsatemzug —
Im Schilf am See — nun Nebelrauch —
Ein Schrei — ein Kranichflug.

Ein gewisser schwermütiger Zug mischt sich nicht selten in seine Naturbetrachtung.

Als ein echter Lyriker hat Brunold seiner Leier Lieder entlockt, die zu den besten der Liebeslieder zu rechnen sind. Entfernt von jener Gefühlsseligkeit, die den meisten Dichtern der romantischen Schule, zu der Brunold zu rechnen ist, anhaftet, hat er vielfach Töne angeschlagen, die dem Ernst der Zeit entsprechen. Dies zeigt so recht:

Liebesleben.

Könnt' in ein Wort ich legen,
Wie lieb, wie lieb du mir,
Ich würd' mit meinem Segen
Es senden heut zu dir.

Ließ in ein Ringlein graben
Das Wort, im Golde klar.
Das Ringlein müßt' du haben
Und tragen immerdar.

Kein Wort kann Zeugnis geben,
Kein Ringlein sagt es dir —
Es muß ein ganzes Leben
Zeigen, wie lieb du mir.

Sehr glücklich hat Brunold den Ton der volkstümlichen Ballade getroffen. Sein „Grab auf der Heide" und „Der Bootsknecht" sind Belege dafür. Auch sagenhafte und geschichtliche Stoffe hat der Dichter mit hohem Geschick behandelt; seine Gedichte „Friedrich II." und „Fährmann hol' über" sind fast in jedem Lesebuche zu finden.

Von Brunolds Liedern kann man sagen, daß sie leicht sangbar sind, weshalb es nicht zu verwundern ist, daß der Dichter bei der 3. Auflage seiner Gedichte, die 1887 bei Schröter und Meyer in Zürich erschienen sind, schon über 100 Kompositionen zählen konnte, darunter von den besten deutschen Sangesmeistern, wie Abt, Löwe, Möhring, Kücken, Heiser, Becker, Schumacher.

Durch den Beruf seines Sohnes, der Lokomotivführer war, angeregt, pflegte Brunold häufig ein ganz eigenartiges, sonst fern von seiner lyrischen Thätigkeit liegendes Gebiet ganz moderner Dichtkunst, die „Eisenbahnpoesie". Einzelne der Gedichte dieser Art sind von echt realistischer Kraft und tiefer Empfindung. Von dieser enthält das in die meisten Gedichtsammlungen aufgenommene Gedicht: „Im Gebirge" am Schlusse die unsere Zeit so recht kennzeichnende Strophe:

> „Das ist die Poesie der neuen Zeit,
> Romantik unsrer heißbewegten Tage.
> Was gilt die Liebe noch? Was gilt das Leid?
> ‚Wie komm' ich vorwärts?' ist der Menschheit Frage."

Einen äußerst interessanten Einblick in das schriftstellerische Leben Brunolds hat uns dieser selbst eröffnet durch seine „Litterarischen Erinnerungen" (1. Aufl. 1875, 2. Aufl. 1881 in 2 Bänden). Vielen bekannten und längst vergessenen Schriftstellern und Dichtern hat Brunold darin ein litterarisches Denkmal gesetzt und uns manchen Aufschluß über das in den dreißiger und vierziger Jahren herrschende litterarische Leben in Berlin gegeben.

Mehr als 60 Jahre hat Brunold die Feder geführt zum Heile des deutschen Volkes; hat er doch durch seine Erzählungen und Gedichte viel beigetragen zur Pflege des deutschen Gemütslebens.

Aber Brunolds übergroße Bescheidenheit hat viel dazu beigetragen, daß sein Name schon halb vergessen war, ehe ihn der Tod ereilte. Er sang selbst:

> „Des Dichters doch hat niemand, niemand acht,
> Und sind die Lieder auch in vieler Munde,
> Vom Dichter selbst, zum Dichter kommt nie Kunde
> Und immer düstrer wird in ihm die Nacht."

Wehmütig und ergreifend sind die Töne, die er seiner Leier entlockte, nachdem der Tod seine Gattin Luise, mit der er über 55 Jahre in glücklichster Ehe lebte, von seiner Seite riß. Mit welcher Liebe und Verehrung er an ihr hing, beweist das Gedicht:

Einer Toten.

> Sie war nicht schön, doch aber süß-liebreizend,
> So wie ein Veilchen, das im Grase blüht;
> Voll Lächeln und mit Freundlichkeit nicht geizend
> Wie Sonnenglanz, der Rosen still umzieht.
>
> Und wenn sie sprach, es war wie Glockenläuten,
> Das fern, wie über Waldesrauschen kam;
> Wie wenn ein Wandersmann im Weiterschreiten
> Von seiner Liebsten singend Abschied nahm.
>
> Dann legte sie sich hin, um still zu sterben,
> Wie wenn ein Harfenton verweht, verklingt —
> Sie ging, ein beff'res Leben zu erwerben,
> Der Rose gleich — die still zur Erde sinkt! —

Als nach der Gattin Hinscheiden der Tod ihm auch sein Letztes, seinen Sohn, das einzige Kind nahm, er sich wochenlang unwohl fühlte, nicht mehr arbeiten und nicht mehr seinen Wald, seinen See sehen konnte, fand er nur einen Trost: „man geht zum Grabe der Geschiedenen und legt Blumen auf den Hügel", wie er wenige Monate vor seinem Tode schrieb; es gab für den ganz Vereinsamten nur den einen Wunsch: mit seinen Lieben wieder vereint zu sein.

> „Und die ich geliebt auf Erden,
> Gingen all zum Himmel ein;
> Und so muß auch wohl im Himmel
> Meine süße Heimat sein."

Ehe die Schwalben den Lenz des Jahres 1894 verkündeten, ging die Sehnsucht des Dichters in Erfüllung, schloß er seinen liederreichen Mund für immer.

> „Verstummt sind meine Klagen;
> Mein Gott! gedankt seist Du."

Seine Lieder aber werden weiter fortleben im deutschen Volke, wenn auch sein Name einst ganz vergessen sein sollte; sie werden gesungen, solange noch ein deutscher Sängermund zum Liede sich öffnet.

Bald nach dem Tode Brunolds ging von Schülern und Freunden desselben die Anregung aus, dem Sänger an der Stätte, wo er so viele Jahre seines Lebens gesungen und gewirkt und nunmehr im Schoß der Erde ruht, ein würdiges Denkmal zu setzen. Die Anregung fand warme Herzen und willige Hände. Am 18. Juni 1899 konnte unter Beteiligung der Joachimsthaler Stadtbehörden, der Bürgerschaft und zahlreicher Vereine und Korporationen, die von nah und fern herbeigekommen waren, die Enthüllung und feierliche Weihe des Brunold=Denkmals auf einem Platze der Rosenstraße in Joachimsthal stattfinden. Die Ausführung des Denkmals war dem Berliner Bildhauer Gustav Walger übertragen. Ein Sockel von geschliffenem Granit trägt die überlebensgroße Bronzebüste des Dichters. An der Stirnseite des Sockels steht die Inschrift: „Dem märkischen Dichter Fr. Brunold 1811—1894", auf der Rückseite: „Rosen blühen auf dem Heidegrab".

Adolf Scharlipp=Berlin.

Kloster Chorin.

Lange Zeit ist die Mark Brandenburg als die Streusandbüchse des heiligen römischen Reiches bezeichnet worden. Mag es früher anders gewesen sein. Heute aber wird wohl niemand mehr jenem Namen eine Berechtigung zuerkennen. Denn die Mark entbehrt sicherlich nicht landschaftlicher Reize. Die dunklen Föhren= und Laubwälder, in deren stillen Gründen traumverloren der Spiegel eines Sees er= glänzt, atmen sie nicht reinste Poesie? O, die Mark ist sogar reich an Schönheiten. Man muß sie nur mit dem Gemüt eines Fontane, Wilibald Alexis oder Trinius durchwandern. Unter den vielen schönen Punkten der Mark verdienen einige ganz besonders hervorgehoben zu werden. Zu diesen gehört unbestritten „Kloster Chorin", welches wegen seines hohen Wertes als Bau= und Geschichtsdenkmal mit Recht eine Perle der Mark genannt wird. Die Gründung des Klosters Chorin gehört dem Mittelalter an. Markgraf Albrecht II. hatte in dem wendischen Flecken Bardsin (Paarstein) in der Nähe der Feste Oderberg ein Kriegerhospital errichtet. Im Jahre 1231 wurde dieses Stift auf eine Insel des Paarsteiner Sees verlegt und zu einer Abtei des Cistercienserordens unter dem Namen „Gottesstadt" umgewandelt. Da aber die Örtlichkeit in vielen Beziehungen für die Interessen der Abtei ungünstige Verhältnisse aufwies, so verließen die Mönche im Jahre 1270 die Ufer des Paar= steiner Sees und siedelten nach dem unter Johann I. und Otto III. neuerbauten Kloster Chorin am Mariensee über. Bei dem regen Eifer der in Bezug auf Land= wirtschaft und Bodenkultur so sachkundigen und thatkräftigen Cistercienser gelangte Chorin bald zu einer hohen Blüte. Durch Ankauf und Schenkungen fürstlicher Gönner mehrte sich schnell der Besitz. Noch ehe das Jahrhundert der Gründung zur Rüste ging, gehörten schon elf Ortschaften, welche unter dem Einflusse der Mönche nach kurzer Zeit zu Wohlstand und Reichtum gefördert waren, zum Eigen= tum des Klosters. Fast drei Jahrhunderte vergingen, und reicher Segen ward den angrenzenden Landstrichen, namentlich der Uckermark, von dem Kloster gespendet. Die im 16. Jahrhundert erfolgte Reformation brachte viel geistliches Besitztum in die Hände protestantischer Fürsten. Auch Chorin verfiel diesem Geschick und wurde im Jahre 1543 Eigentum des Kurfürsten Joachim II. Das Kloster ward nun auf= gehoben und in eine landesherrliche Domäne umgewandelt. Kaum 100 Jahre später brausten die Stürme des Dreißigjährigen Krieges über Chorin dahin. Wilde Horden durchzogen raubend und mordend die stillen, schönen Räume und hinterließen ein Bild ärgster Verwüstung und Zerstörung. Wohl wurde nach diesen unglücklichen Jahren ein Teil der für den Betrieb der Domäne nötigen Gebäude wieder her= gestellt. Die schöne Kirche aber, welche besonders stark gelitten, blieb fortan dem Zahne der Zeit überlassen. Erst im Jahre 1772 kam man dem vollständigen Ver= fall durch eine neue Überdachung zuvor. Mit dem Jahre 1827 begann dann für die Ruine des Klosters eine neue Periode, indem der damalige Kronprinz von Preußen, der spätere König Friedrich Wilhelm IV., bei einem persönlichen Besuch umfangreiche Ausbesserungen anordnete. Die königliche Domäne verblieb in dem

Kloster noch einige Jahrzehnte, bis sie im Jahre 1861 zu Gunsten einer königlichen
Oberförsterei die Stätte räumen mußte. In der jüngsten Zeit nahm man die teilweise Herstellung aufs neue in Angriff, und manche Schönheit vergangener Zeit ist
nach sorgsamem Studium an den Trümmern der Türmchen, Gewölbe, Ornamente
und Maßwerke aus der Hand tüchtiger Baumeister hervorgegangen. Dieser erneute
Schmuck und die herrliche landschaftliche Lage Chorins haben, begünstigt durch eine
bequeme Eisenbahnverbindung, jetzt alljährlich im Sommer einen lebhaften Fremdenverkehr zur Folge. Nach einem halbstündigen Wege vom Bahnhofe auf waldiger
Chaussee wird das Auge des Besuchers durch den Spiegel des von Schilf und Gebüsch umkränzten Mariensees erfreut. Derselbe erhält durch eine von alten Bäumen
dicht bestandene Insel, auf welcher die Äbte vermutlich ein Lusthaus hatten, einen ganz
besonderen Reiz. Im Hintergrunde ragt, von bewaldeten Höhen umschlossen, die
ehrwürdige Ruine aus frischem Grün hervor. Von märchenhafter Schönheit ist der
Anblick der vom Sonnenglanze übergossenen Landschaft. Ein schattiger Pfad führt
an dem Ufer des Sees dahin der Ruine zu. Heilige Stille umfängt den Wanderer,
und es ist, als müßte jeden Augenblick jener Mönch aus dem dunklen Gebüsch hervor-
treten, welcher einst der Sage nach die Frösche des Sees zum ewigen Schweigen
verdammte, als er bei einer Wanderung am Wasser durch deren Geschrei in seinen
religiösen Betrachtungen gestört wurde. Nach kurzer Zeit steht man überrascht vor
dem herrlichen, im frühgotischen Stile erbauten Kloster. Welche Wärme und Harmonie in den konstruktiven und dekorativen Verhältnissen! Eine Totalansicht des
schönen Baues vermag man von dem Wirtschaftshofe der Oberförsterei zu gewinnen.
Luftige Giebel und Türmchen, lichte Spitzbogenfenster mit zierlichen Maßwerken,
schlanke Säulen und genau zu einander abgestimmte Flächen wirken einheitlich und
äußerst wohlthuend auf das Auge. Durch das Thor, welches sich auf der Totalansicht in einem noch erhaltenen Teil der das Kloster nach Süden abschließenden Mauer
zeigt, gelangt man auf den Klosterhof. Die Umgebung spricht still zu dem Beschauer
von längst vergangener Zeit. Unwillkürlich träumt er sich zurück in die ferne Klosterzeit und läßt mannigfache Bilder an seinem geistigen Auge vorüberziehen. Blumen
und Strauchwerk zieren den Hof. Der teilweis jetzt zu Wohnungen und Wirtschafts-
räumen umgewandelte Kreuzgang öffnet sich vor seiner Seele und umschließt mit
seinen Säulen und Spitzbogen stimmungsvoll den Standort. Mönche wandeln in
ihren schwarzweißen Gewändern, das Gebetbuch in der Hand, durch die weiten Hallen.
Auf den Gewölbefeldern des Kreuzganges erscheint wieder in alter Pracht die Malerei,
welche die landwirtschaftliche und kulturelle Thätigkeit des Klosters versinnbildlichte
und heutigen Tages nur noch in der Südwestecke erkennbar ist. Da erinnern in
frischen Farben Weinreben an den Weinbau, Blumen an den Gartenbau, Kultur-
pflanzen an den Feldbau, Zweige von Laub- und Nadelhölzern an den Waldbau.
In der Südostecke des Kreuzganges öffnet sich dem Träumer eine hohe Bogenpforte,
und der jetzt der Gemeinde Chorin als Gotteshaus dienende Saal, dessen Fenster
auf der Totalansicht teils sichtbar sind, erscheint in alter Herrlichkeit. Das hohe
mächtige Gewölbe des schönen Raumes wird von einer schlanken Säule getragen.
Die Mönche haben sich hier zu einer Festprozession versammelt und sind im Begriff

mit dem Abte an der Spitze durch den Kreuzgang gemessen der Kirche zuzuschreiten. Solche und ähnliche Bilder tauchen in der Seele auf, wenn man das ehrwürdige Chorin, über welches Jahrhunderte hinweggerauscht sind, betritt. Freilich, die Wirklichkeit bleibt oft weit hinter jenen Bildern zurück. Von vielen Teilen des einst so schönen Baues ist keine Spur mehr vorhanden. Die beiden Seitengebäude, deren Giebel auf der Totalansicht in den Vordergrund treten, und deren unteres Geschoß nach dem Klosterhof der Kreuzgang bildete, entbehren beispielsweise ihres früheren zweiten Stockwerkes vollständig. Die Wohnung des Abtes, die Zellen und Schlafsäle der Mönche und zum Teil die Zellen, welche zur Aufnahme von Reisenden, die des Abends an die Klosterpforte pochten und ein schützendes Obdach für die Nacht

Nach einer photograph. Aufnahme von Sophus Williams-Berlin.

Kloster Chorin.

begehrten, fehlen infolge des Abbruches jenes zweiten Stockes gänzlich. In dem westlichen Nebengebäude hatten Bruder Küchenmeister und Bruder Kellermeister die Stätte ihrer Wirksamkeit. Weite und tiefe Kellereien, welche Weine und Speisevorräte bargen, dehnen sich heute noch unter jenem Gebäude aus. Die Küche und der große Herd mit den drei Zugängen ist jetzt noch am Südende des Hauses erhalten. Die lodernden Feuer sind aber erloschen und die brodelnden Kochtöpfe verschwunden. Keine Spur ist mehr vorhanden von der großen runden Tafel, welche die Säule des Raumes umgab und täglich mit Wild, Geflügel, Fischen und allerlei Gemüsen reichlich gedeckt war. Von hier gelangte man durch einen schmalen Anrichteraum unmittelbar in den Speisesaal, einen großen weiten Raum, dessen Gewölbe von sechs Säulen getragen wurde. Hier herrschte zur Mittagszeit und nach der Vesperfeier einst reges Leben. An langen Eichentischen saßen in fröhlichen Reihen

die Mönche, um nach langer Gebetsübung oder nach angestrengter Feld= und Garten=
arbeit auch dem leiblichen Wohle Rechnung zu tragen. Aber wo ist dieses Leben
geblieben? Heute erfüllt den Raum tiefste Stille, und eine öde Leere gähnt dem
Besucher entgegen. Gewölbe und Säulen sind zerfallen, und nur die neu hergestellten
sieben schönen Fenster, die auf den heutigen Forstgarten hinausgehen, erinnern noch
an die längst vergangene Pracht. Dem Speisesaal folgt, auch an der Außenseite
des westlichen Gebäudes liegend, als letzter Raum bis zur Kirche der sogenannte
Fürstensaal, ein jüngst wieder hergestellter, herrlich gewölbter und von Säulen ge=
tragener Raum, dessen Wände Darstellungen aus der biblischen und Heiligengeschichte
zeigen. Dieser schöne Saal könnte gewiß viel aus der Geschichte der brandenburgischen
Markgrafen berichten, welche mit ihrem geharnischten Gefolge hier von dem Abte und
von den Mönchen empfangen wurden, wenn sie dem schönen und reichen Kloster einen
Besuch abstatteten. Von neuem belebt sich hier die Phantasie: Das Sonnenlicht
flutet durch die herrlichen gotischen Fenster in den Saal. Mönche und Ritter grup=
pieren sich bei froher Unterhaltung um die schlanken Säulen. Die ganze Ausstattung
des Raumes im Verein mit den weißschwarzen Gewändern und den funkelnden
Rüstungen zeigt ein farbenprächtiges lebendes Bild. Plötzlich verstummen die
Gespräche. Die Bogenpforte zur Kirche ist geöffnet, und der Abt geleitet seinen
hohen Besuch zum Segen an geheiligter Stätte. Unter der Orgelempore, die heute
nur noch durch einige Gewölbsansätze angedeutet wird, betritt der Zug die wunderbar
erhabene dreischiffige Kreuzkirche. Mächtige Orgelklänge durchbrausen die majestätischen,
von hohen Pfeilern getragenen Gewölbe bis zum Altarraum, der durch seine, von
schlanken Fenstern durchbrochene Rundung in eine lichte Ferne gerückt erscheint. Von
allen Seiten strömt eine Fülle von Licht durch das bunte Glas der schönen gotischen
Fenster in die weite Säulenhalle. Alles atmet weihevolle Andacht. Wohl begreiflich
ist es, daß die Fürsten, von solchen Eindrücken überwältigt, dem Kloster ihre volle
Gunst zuwandten und den Wunsch äußerten, einst in diesem herrlichen Bau zur ewigen
Ruhe gebettet zu werden. So wurden hier bestattet Johann I., die Prinzen seiner
Linie: Johann und Otto IV. mit dem Pfeile, Konrad I., Hermann und Waldemar
der Große. Die Fürstengrüfte sind vor kaum fünfzehn Jahren in dem Altarraum
entdeckt worden, nachdem man lange Zeit in allen Teilen der Kirche vergebens nach
ihnen geforscht hatte. Die Choriner Klosterkirche, die Grabstätte mehrerer branden=
burgischer Landesfürsten, ist aber nicht nur von geschichtlicher Bedeutung; sie ist auch
von hohem architektonischen Wert, indem sie als Meisterwerk der gotischen Baukunst
in der Mark bezeichnet werden muß. Im späteren Mittelalter hatte sich das Bedürfnis
nach großräumigen, möglichst freien und lichten Gotteshäusern immer mehr gesteigert.
Um solchen Wünschen aber zu genügen, wurde im Gegensatz zu der bisherigen Bau=
weise eine Konstruktion nötig, welche die Mauern durch weite hohe Fensteröffnungen,
die viel Licht spendeten, durchbrach und durch die nach außen geworfenen Strebewerke
alles ins Leichte, Freie und Lichte eines deutschen Walddomes umgestaltete. Für solche
Konstruktion bot nun der Spitzbogen ein unentbehrliches Hilfsmittel. Sein Haupt=
vorzug bestand darin, daß der seitliche Druck des Rundbogens durch ihn bedeutend
vermindert wurde, da er mehr nach unten wirkt. Dieser Umstand ließ die massigen

Mauerwerke verschwinden und verlieh allen Tragmauern und Säulen einen leichten zierlichen Charakter. Die Außenwände bedurften nun aber einer besonderen Sicherung, welche durch die Strebepfeiler zwischen den Fenstern und Spitzbogen an den Außenseiten herbeigeführt wurde. Der Anwendung dieser Konstruktion, welche den gotischen Baustil in der Hauptsache charakterisiert, ist die Schönheit der Choriner Klosterkirche zu danken. Die einstige Pracht wird heute noch durch die wohlerhaltenen schlanken Pfeiler und durch die sie verbindenden hohen lichten Spitzbogen, namentlich im Kreuzteil, angedeutet. Auch die Kapitäle zeigen noch die dem gotischen Stile eigenen und zu der Nachbildung der deutschen Walddome passenden Blattmotive der heimischen Flora. Die Gewölbe, ebenso das südliche Seitenschiff, welches im Dreißigjährigen Kriege zertrümmert wurde, sind leider nicht mehr vorhanden. Erfreulich ist es, daß man sämtlichen Fenstern durch Neueinsetzung der schönen Maßwerke den alten Schmuck wieder verliehen. Wie erhaben wirken die sieben, durch ihre Zahl an die Sakramente erinnernden Altarfenster und besonders das hohe wunderherrliche Fenster im Nordgiebel des Kreuzes! Es sei an dieser Stelle bemerkt, daß die Innenwand unter dem letztgenannten Fenster den Grabstein des letzten Abtes von Chorin, der den Namen Thomas führte, trägt. Besonders großartig ist der Westgiebel der Kirche aus der jüngsten Renovierung hervorgegangen. Ein gotisches Kunstwerk erhebt sich majestätisch vor dem Beschauer. Mit welcher feinen Berechnung sind hier Unregelmäßigkeiten benutzt, um Regelmäßigkeit und einheitliche Wirkung zu erzielen. Dem ungeübten Auge, von dem Gesamteindruck entzückt, wird niemals dieser Kunstgriff auch im mindesten auffallen. Der rechte Turm des Hauptgiebels ist ein wenig vorgerückt. Noch mehr gilt das von dem Giebel, welcher das rechte oder südliche Nebenschiff andeutet. Der linke, das nördliche Nebenschiff abschließende Giebel steht dagegen bedeutend zurück und weist auch in seiner Breitenausdehnung geringere Maße auf. Aber wie könnte das anders sein? Der Hintergrund der beiden Giebel macht solche Anlage unumgänglich notwendig. Die ganze rechte Seite wird so stark durch das mächtige Nebengebäude beeinträchtigt, daß sie gegenüber der vom lichten Himmel lebhaft sich abhebenden linken Seite durch Vorbau und größeres Breitenverhältnis bevorzugt werden mußte. Zu dem Kloster gehört noch der, auf der Totalansicht nach links hervorspringende Seitenbau des westlichen Nebengebäudes, welcher heute noch die eigentliche Klosterpforte und darüber das Pförtnerstübchen mit dem Ausguck nach allen Richtungen erkennen läßt. Hieran schließt sich noch westlicher ein mit seinem schönen Giebel weit in den Vordergrund der Totalansicht tretendes einstöckiges Haus, welches aller Wahrscheinlichkeit nach das Wasch- und Brauhaus des Klosters gewesen ist. Endlich bemerkt man noch westlicher in dem heutigen Forstgarten die Trümmer von starken aus Feldsteinen aufgeführten Mauern. Nach den Fundamenten zu urteilen hat hier ein Gebäude gestanden, dessen Länge gleich der doppelten Breite war. Die beiden noch erhaltenen Schmalseiten zeigen noch heute je drei Schießscharten. Anzunehmen ist, daß die niedergerissenen Längsseiten sechs solche Schießlöcher aufzuweisen hatten. Offenbar hat man es hier mit einer Feste zu thun, die dem Kloster Schutz gegen feindliche Angriffe bieten konnte. Für diese Annahme spricht die Lage des Gebäudes, welche es ermöglicht, die an dem Kloster vorüberführende, gewiß in damaliger Zeit sehr unsichere Landstraße vollständig zu beherrschen. Außer dieser Verschanzung wurde das Kloster von einem breiten Graben umgeben, dessen Bett heute noch vom See über den Wirtschaftshof der Oberförsterei, durch den Forstgarten an dem Verteidigungsfort vorüber bis zum heutigen Ausfluß des Sees, dem Nettelgraben, verfolgt werden kann. Selbstverständlich lag die Sohle dieses Gewässers um einige Meter tiefer, als sich die angegebene Senke heute zeigt. Zur weiteren Sicherheit gegen räuberische Überfälle war die gesamte Klosteranlage von einer starken hohen Mauer umgeben, deren Reste heute noch in der nächsten Umgebung des Klosters deutlich bemerkbar sind. Nach der eingehenden Besichtigung der interessanten Ruinen seien dem Besucher auch die Naturschönheiten Chorins als sehr sehenswert empfohlen. An die westliche und nördliche Seite des Klosters grenzen die reizenden Anlagen des Königlichen Forstgartens. Das Auge erfreut sich an dem schönen Wuchs ausländischer Laub- und Nadelhölzer. Schattige, von dunklen Tannenhecken eingefaßte Wege durchkreuzen den Garten. Auch fehlt es nicht an lauschigen Ruheplätzchen, von denen aus dem Auge ein Blick auf die stattliche altersgraue Klosterruine verstattet ist. Am nördlichen Rande des Forstgartens schlängelt sich an dem schon erwähnten Nettelgraben der sogenannte Poetensteig dahin. Ein dichtes Laubdach, teils von uralten Stämmen getragen, wölbt sich hoch über dem Wanderer. Im tiefen Grunde der hohen steilen Ufer rauscht, wohlthuende Kühle verbreitend, der klare Bach. Sehr reizvoll sind auch die Höhen, welche Chorin im Süden umrahmen. In der Klosterzeit hat hier der Weinbau eine eifrige Pflege gefunden. Heute erheben alte Buchen ihre mächtigen Kronen auf denselben, und üppige Forstkulturen erhöhen den landschaftlichen Reiz der Hänge. Auf den bequem zu erreichenden Gipfeln der Höhen öffnet sich dem Auge ein herrlicher Rundblick. Aus dem naheliegenden Thale grüßen, von saftigem Grün umkränzt, die Klosterruinen und der Spiegel des Mariensees herauf. Weiter schweift das Auge über ausgedehnte, von blinkenden Wasserflächen unterbrochene Waldungen und über freundliche Dörfer mit ihren weiten Feldmarken dahin bis zu den Städten Angermünde, Eberswalde und Freienwalde, deren Zinnen im Duft der Ferne erglänzen. Ungern verläßt man diesen Ort. Doch nach dem reichlichen Genusse des Schönen und Interessanten fordert auch das leibliche Wohlbehagen seine Rechte. Aber auch diesbezüglichen Wünschen kann in den beiden lieblich am See gelegenen Klosterschenken entsprochen werden. Nachdem man sich an Speis' und Trank erfrischt hat, verbringt man gern noch hier die Stunden bis zum letzten Zuge. Es ist neun Uhr. Der Tag neigt sich, und die Nacht beginnt ihre dunklen Schatten um die Erde zu weben. Ernst und ruhig erglänzt der See im letzten Abendschein. Die Ufergebüsche heben sich düster von dem klaren Sternhimmel ab. Ringsum herrscht geheimnisvolle Stille. Kein Lüftchen regt sich. Die Natur liegt im tiefen Schlafe und träumt von längst vergangener Zeit. Lange noch möchte man diese wunderbare Abendstimmung auf sich wirken lassen. Aber die vorgerückte Stunde mahnt zum Aufbruch. Schweigend wandert man dahin. Der dunkle Wald naht. Noch ein letzter Blick auf die in Mondlicht getauchten Stätten des Friedens! Bald biegt der Weg in das Dunkel des Forstes ein, und hinter düstern Baumkronen verschwunden ist Chorin mit seinen stillen Fürstengräbern.　　　E. Hager-Eberswalde.

Wo und wie unſer Papiergeld gemacht wird.

Spechthauſen, laubumkränzt im ſtillen Waldthale gelegen, lockt Sonntags Scharen erholungsbedürftiger Städter in ſeine idylliſche Ruhe, giebt Werktags zahlreichen fleißigen Händen Gelegenheit zu gewinnbringender Thätigkeit und iſt ſeiner wert= vollen Produkte wegen „bekannt im ganzen Reiche" und weit über deſſen Grenzen hinaus.

Buchenwald im Frühlingsſchmuck nahm uns auf und lieh uns ſeinen kühlenden Schatten auf unſerm Spaziergang von Eberswalde bis Spechthauſen. Um ſo bedauernswerter erſchienen uns die von Berlin kommenden Radfahrer, die ſchweißtriefend auf der ſtaubigen Chauſſee neben uns vorüberkeuchten.

„Armer Stahlroßreiter!" begann Freund P., ein Feind des Radlerſports, ſein ironiſches Mitleid und fügte hinzu: „Das raſt im Fluge durch die Welt und hat weder Zeit noch Schneid für den Genuß der reizenden Frühlingslandſchaft!"

„Dafür ſind die Anſichtspoſtkarten da!" fiel M., der dritte im Bunde und ein leidenſchaftlicher Radfahrer, ein. „Buntfarbig ſpiegeln ſie die herrlichen Gegenden wieder, die der Radler nicht geſehen haben ſoll."

„Und die meiſt mit ſo viel Anſicht' bedruckt ſind, daß für die eigene Anſicht gar kein Platz mehr darauf iſt," ſetzte ich hinzu.

„Das thut nichts," entgegnete M., „geſchmackvolle Bilder reden beſſer, als die früher üblichen Reiſebeſchreibungen. Das Fahrrad führt uns in Gegenden, die unſer Fuß ſonſt nie betreten hätte, und die oft kunſtvoll ausgeführte Anſichtskarte iſt ein bleibendes Erinnerungszeichen an eine einſt beſuchte ſchöne Gegend. Meine Kinder ſammeln ſie mit Vorliebe."

„Ja," führte ich weiter aus, „es iſt erſtaunlich, bis zu welcher Vollkommenheit die Technik auf dem Gebiete der Anſichtspoſtkarte gelangt iſt. Ich war in meiner Jugend froh, wenn ich einige bunte Bilderbogen von Guſtav Kühn in Neu=Ruppin vom Haderlump erhandeln konnte."

„Vom Haderlump?" fragte P., „was iſt denn das?"

„Du kennſt keinen Haderlump? Na, dann höre!

Daß die Nachtwächter nicht bei Tage pfeifen, das wißt Ihr Stadtkinder wohl auch ſchon? Wenn ſich alſo eines ſchönen Tages auf unſerer Dorfſtraße langgezogene Pfeifentöne hören ließen, dann geriet „das Volk der Zwerge" in nicht geringe Auf= regung. Die kleineren Kinder beſtürmten die Mutter um Herausgabe einer Schürze voll Lumpen; die größeren holten aus verſteckten Ecken im Stalle die Zeugabfälle, die sie lange und heimlich dort aufgestapelt hatten. Mit diesem Vorrat ging's dann schleunigst auf die Straße, um ihn beim Lumpenmatz, Plundermatz oder Haderlump zu verkaufen. Ein Blick! Richtig, da hielt noch der Mann mit seinem Hundefuhr= werk. Mit der ernstesten Miene von der Welt prüfte er Güte und Größe der ihm dargereichten Stoffe, während die lüsternen Blicke der Lieferanten nach den Kostbar= keiten des Kastens schweiften, der im Vorderteile des Gefährts stand. Je nach Wert der Lumpen und Wunsch der Kinder empfingen die Mädchen Haar= und Tuchnadeln, Zwirn und Johannisbrot, die Knaben dagegen Bilderbogen mit Soldaten, Kreisel, Griffel, Federhalter, im allgemeinen also ganz geringwertige, für ein Kindesherz aber recht begehrenswerte Sachen."

„Da hätten wir ja die erste Stufe des Handels, den Tausch!" rief P. aus.

„Und zugleich die erste Stufe der Papierindustrie," ergänzte M., der früher in Spechthausen angestellt und daher mit der Papierfabrikation aufs genaueste vertraut war; „denn dieser Haderlump ist einer der Fangarme, welche die Industrie nach dem entlegensten Dörfchen ausstreckt, um das Wertlose zu sammeln und zum Wohl der Menschheit zu verklären. Früher hatte jeder Plundermatz seinen bestimmten Bezirk, in welchem er Lumpen einkaufen durfte. Jedes Überschreiten desselben machte ihn straffällig. Erst die Beseitigung dieser Maßregel machte einen Aufschwung der Papierfabrikation möglich."

„Nach meiner Meinung," sagte P., „müßten die Reste aus großen Wäsche= fabriken und Schneiderwerkstätten den Papierfabriken Rohstoffe in ausreichender Menge liefern."

„Du irrst," berichtigte M. „Es bleiben die Reste nur zurück. Dagegen die ganzen Kleider und Wäschestücke wandern hinaus in die Lande, werden dort bei der Arbeit abgenutzt und aufgebraucht, vom Haderlump eingetauscht und beim Produkten= händler verkauft. Dort" — er wies nach der Chaussee — „die beiden hochbeladenen Wagen, den Firmen Hendel und Schwarz in Eberswalde gehörig, führen in ihren großen Ballen nichts als Lumpen der Papierfabrik Spechthausen zu."

„Es ist etwas Wunderbares um die Industrie," bemerkte ich, „das Kleinste, Wertlose, Unbedeutendste sammelt sie, bringt es in schöne, gefällige Formen, macht es zu Geld oder zu einem Wertgegenstand und sorgt so für den Kreislauf der Stoffe."

„Und was für Stoffe," setzte M. hinzu. „So ein Haderlump, der Freuden= bringer der Kleinen, findet sein Gegenstück in einem Testamentsvollstrecker, dem Glücksboten der Großen. Im blauen Aktendeckel, aus Küchenschürzen gefertigt, ruht die Urkunde, aus reinen Leinen in der Schöpfbütte gemacht, und zur Verteilung kommen verschiedenwertige Reichskassenscheine, umgewandelte Segeltuchreste."

Bei diesen Worten waren wir auf eine Anhöhe gelangt und sahen vor uns die geheimnisvolle Waldesinsel Spechthausen mit ihrer Fabrik und den dazu gehörigen Wohnhäusern liegen.

Meiner Äußerung, daß ich schon größere Fabriken gesehen habe, begegnete M. mit der Mahnung: „Du urteilst nach dem äußern Eindruck, lerne die innere Ein= richtung kennen, und Dein Urteil wird sich ändern!"

„Gut, ändere es und zeige mir die Fabrik von innen!"

Zu dem Zwecke schlug M. einen Besuch bei dem ihm befreundeten Buchhalter der Fabrik vor.

Bald betraten wir dessen schöne Wohnung und wurden von seiner liebenswürdigen Gemahlin aufs freundlichste empfangen. Nicht lange, und der Buchhalter, Herr Fiedler, erschien selbst.

Nach einer Zeichnung von M. Lemme.

Die Papierfabrik Spechthausen.

„Wir möchten gerne sehen," so begrüßte ich ihn, „wie Tausendmarkscheine gemacht werden!"

„So!" meinte Herr F., „da könnte ja jeder kommen und sich dann gleich ein paar solcher hübschen Bilder mitnehmen wollen. Meine Herren, das weiß ich selbst nicht; und wenn ich's wüßte, sagte ich's nicht; denn das ist Staatsgeheimnis."

Darauf allgemeines Bedauern.

„Aber bitte, setzen Sie sich doch und nehmen Sie an Stelle des Tausendmarkscheines mit einer Tasse Kaffee fürlieb," lud uns Herr F. ein.

Bald waren wir in der launigsten Unterhaltung, und M. erzählte gleich, daß ich schon größere Fabriken gesehen haben wollte.

„Die giebt's auch," meinte F. „Es gab sogar eine Zeit, da war unsere Fabrik noch kleiner als heute, und vordem eine, wo sie überhaupt nicht existierte. Dennoch haben die Buchdrucker seit Gutenbergs Zeiten keinen Papiermangel gehabt."

„Es wäre uns höchst interessant, wenn Sie uns etwas über

die Gründung und Entwicklung der Papierfabrik

mitteilen würden," ermutigte ich unsern redegewandten Wirt, und meine Begleiter unterstützten die Bitte.

Herr F. trank seinen Kaffee aus und begann:

„Seine Entstehung und die Gründung seiner Papierfabrik verdankt Specht- hausen der landesväterlichen Fürsorge und dem wirtschaftlichen Scharfblick Friedrichs des Großen. Mit unbeugsamer Willenskraft und unermüdlicher Ausdauer widmete er sich nach dem Siebenjährigen Kriege dem wirtschaftlichen Aufschwung seiner an- gestammten, sowie der neuerworbenen Landesteile. Ihm war es nicht entgangen, daß die Ostprovinzen seines Landes gegenüber den westlichen auf dem Gebiete der Industrie bedeutend im Nachteil geblieben waren. Diese Erkenntnis und das Be- streben, die Bedürfnisse seines Landes durch eigene Einrichtungen zu befriedigen und so möglichst wenig Geld ins Ausland gehen zu lassen, reiften in ihm den Wunsch, in der Provinz Brandenburg eine Papier-Manufaktur ins Leben zu rufen, wie sie Frankreich und Holland bereits besaßen.

Hier in diesem waldumwogten Thalkessel, wo die Schwärze und das Nonnen- fließ, zwei muntere Waldbäche, zum Gang durchs Leben sich die Hände reichen und die für einen solchen Betrieb nötige Wasserkraft hergeben, hier fand sich der ge- eignete Ort zu der beabsichtigten Anlage. Ein sachkundiger „Entrepreneur" wurde in der Person des Franzosen Dubois gewonnen, und nun konnte 1781 die Grün- dung ihren Anfang nehmen."

„Ich denke, Specht hieß der erste Besitzer der Fabrik?" fragte P.

„Sie meinen, weil der Ort Spechthausen hieß? Nein, meine Herren, vor der Papierfabrik bestand hierselbst bereits eine Mahlmühle, und diese wieder war aus einem Eisen-, Schmelz- und Hammerwerke hervorgegangen. Der Begründer dieses Werkes, der Hammermeister Specht, gab der Kolonie den Namen. Den Ort nach Dubois zu benennen, wäre für den Mann auch gar zu ehrenvoll gewesen; denn seine Leistungen hatten nicht den gewünschten Erfolg. Um sich den Verpflichtungen seines Kontraktes zu entziehen, verschwand dieser Franzmann 1783 mit Hinterlassung einer Schuld von 50 000 Thalern. Die Konzession ging infolgedessen an den Ber- liner Papiermacher Eisenhardt über, der eine ausreichende Produktion erzielte, aber schon im Jahre 1786 starb. Gleich im Jahre darauf erstand der Berliner Kauf- mann und Papierhändler Johann Gottlieb Ebart die Papierfabrik mit dem gesamten Vorrat an Lumpen, Materialien, Gerätschaften ꝛc. erb- und eigentümlich. Seitdem ist die Fabrik stets, also länger als 100 Jahre, im Besitze der Familie Ebart. Vom Vater übernahm sie der Sohn, von diesem der Enkel und so fort."

„O selig, o selig, so'n Enkel zu sein!" sang P.

„Der Besitz allein," fuhr F. fort, „wäre ein zweifelhaftes Glück. Reichtum erfordert Weisheit, und die Leitung eines so umfassenden Betriebes verlangt gewissenhafte Vorbereitung, kaufmännisches Geschick, offene Augen für die Erfordernisse der Zeit und nicht zum wenigsten ein warmes Herz für das Wohl und Wehe der Arbeiter."

„Waren denn die Besitzer immer mit diesen schönen Eigenschaften geschmückt?" fragte ich.

„Sonst stände die Fabrik nicht so in Blüte!" bestätigte F. „Ein anerkannt würdiges Beispiel rastlosen Fleißes und geschäftlicher Umsicht war der bereits vorhin erwähnte Johann G. Ebart. Kaum hatte er die Fabrik erworben, so kaufte er mehrere quellenreiche Waldgebiete, um die Wasserkraft zu vermehren. Dadurch wurde die Anlage neuer Schöpfbütten, Hämmer und Holländer notwendig. Um neue Trockenräume zu gewinnen, wurden sämtliche Fabrikgebäude um ein Stockwerk erhöht. Neue massive Wohnhäuser, ein Schulhaus mit Lehrerwohnung, Brauerei und Gasthaus wurden erbaut u. a. m. In Anerkennung seiner aufopfernden und segensreichen Thätigkeit wurde Ebart zum Kommerzienrat ernannt.

In ähnlicher Weise wirkten zeitgemäß und zielbewußt seine Nachfolger durch Erweiterung des Besitzes, Vervollkommnung des Betriebes, Ausdehnung des Geschäfts und Besserstellung der Arbeiter."

„Es war ihnen zu thun ja nichts mehr übrig geblieben," meinte P.

„O sehr viel!" entgegnete F. „Die Menschheit nahm den Dampf in ihre Dienste, und findige Köpfe hatten seine Kraftleistung durch Herstellung einer sinnreichen Maschine auch für die Papierindustrie nutzbar gemacht. Die Aufstellung und Inbetriebsetzung einer Papiermaschine, die sich der damalige Besitzer von Spechthausen, Gottlieb Ebart, aus England holte, machte die Einrichtung von drei neuen Ganzzeug-Holländern zur Schaffung der Stoffe notwendig, die Zahl der Schöpfbütten überflüssig, die Wasserkraft unzureichend und die Aufstellung einer Dampfmaschine erforderlich."

„Halt!" gebot ich. „Nicht so schnell! Was ist Ganzzeug-Holländer, Schöpfbütte c.?"

„Sollen Sie nachher alles sehen!" versprach Herr F. „Jetzt erst weiter!

Der Lokomobile folgte bald ihre wandernde Schwester, die Lokomotive. Die Eröffnung der Berlin-Stettiner Eisenbahn griff vorteilhaft in unsern Fabrikbetrieb ein. Der langwierige und mühselige Achsentransport von und nach Berlin hörte auf. Auf dem Schienenwege konnten Materialien, Produkte, Kohlen und Maschinen viel schneller herbeigeholt und hinwegbefördert werden. Außerdem trug die tadellose Thätigkeit der Papiermaschine wesentlich zur Verbilligung der Produkte bei."

In diesem Augenblicke verkündete die Fabrikglocke den Eintritt der Vesperzeit. Bald eilten Arbeiter und Arbeiterinnen ihren Wohnungen zu, um Kaffee zu trinken.

In ihrer sauberen Kleidung und ihrem frischen Aussehen machten die Leute einen angenehmen Eindruck.

Meine diesbezügliche Bemerkung begründete F. mit dem Hinweis auf die aus= kömmliche und gesicherte Stellung der Arbeiter und setzte hinzu: „Die wandernden, gelernten Papiermacher früherer Zeiten haben den Chefs manche Schwierigkeiten gemacht.“

Darauf ich: „Mußte denn das Papiermacherhandwerk erlernt werden?“

F. „Gewiß! Es fand seinen Abschluß in dem sogenannten Lehrbraten.“

„Was verstand man denn darunter?“

„Hören Sie mal, M.,“ sagte F., „Sie haben bisher weiter nichts gethan, als getrunken, geraucht und geschwiegen. Jetzt werde ich mal, um mich etwas zu ruhen, Ihre Rolle übernehmen!“ Und damit holte er die von dem jetzigen Besitzer, Herrn Paul Ebart, verfaßte Festschrift „Hundert Jahre der Papierfabrik Spechthausen“ herbei, übergab sie M. und sagte: „Hier lesen Sie mal, bitte, die Stelle über

die Erlernung der Papiermacherkunst.

M. las: „Die Papiermacher bildeten eine alte Zunft von Kunsthandwerkern, deren Mitgliedern als wehrfähigen Männern bei Aufzügen und dergleichen sogar das Waffentragen erlaubt war. Sämtliche Arbeiter der Manufaktur Spechthausen bestanden aus Lehrlingen, Gesellen und dem vorstehenden Meister.

Die Söhne ordentlicher Eltern wurden nach erfolgter Konfirmation zunächst als Laufburschen angenommen und zur Ausführung leichterer Arbeiten, wie Papier aufhängen, Lumpen sortieren u. dergl. verwendet. Hatte sich der Bursche während des Probejahres anständig benommen und anstellig gezeigt, so berief der Meister eines Tages alle Gesellen mitten aus der Arbeit zusammen und teilte ihnen mit, daß der Betreffende nun als zünftiger Lehrling aufgenommen werden sollte, und daß sie alle denselben nach besten Kräften, sobald er ihnen zuerteilt würde, belehren und ihn in seinem Streben, etwas Tüchtiges zu lernen, unterstützen sollten; der Lehrling dagegen wurde zum Gehorsam gegen jedermann und zu Fleiß und Aufmerksamkeit für alle Dinge ermahnt. Dann wurde sein Name in das Lehrlingsbuch eingetragen.

Am nächsten Morgen trat der Lehrling bei der Schöpfbütte ein, zuerst am Legestuhl, dann als Gautscher und zuletzt als Schöpfer. Durch den Wechsel in den verschiedenen Thätigkeiten wurde dem Lehrling Gelegenheit gegeben, sich in der Anfertigung der verschiedenen Papiersorten zu üben und zu vervollkommnen. Nach Ablauf der vierjährigen Lehrzeit erfolgte die Freisprechung des Lehrlings zum Ge= sellen, die mit einer Festlichkeit für sämtliche Papiermacher und deren Angehörige verbunden war und ‚Lehrbraten‘ genannt wurde. Dabei fanden sich morgens um 9 Uhr die Gesellen im Papiersaal zusammen, frühstückten, spielten Karten und rauchten. Dazu spielte die bereits eingetroffene Musik ihre lustigen Weisen. Um 11 Uhr wurden die großen Sortiertische zusammengerückt, sämtliche Gesellen unter Vorsitz des Meisters und Fabrikherrn nahmen daran Platz, während die ausgelernten Lehrlinge im Arbeitsanzuge herantraten und vom Brotherrn ermahnt wurden, sich

ferner brav und wacker zu halten und, wenn sie in die Fremde gingen, ihrer Lehr=
fabrik Ehre zu machen. Dann wurde, vom Meister an, bei allen Gesellen Umfrage
gehalten, ob sie etwas gegen den betreffenden Lehrling einzuwenden hätten, was in
der Regel mit den Worten:

‚Ich habe nichts dagegen und wünsche nur Liebes und Gutes!‘
beantwortet wurde.

Dann erfolgte unter Namensaufruf und Handschlag die eigentliche Frei=
sprechung. Der neue Geselle schüttelte jedem der Umsitzenden die Hand und ge=
lobte, alles, was er gelernt, in Zukunft treu und fleißig anzuwenden, womit der
feierliche Akt beschlossen wurde.

Nun folgte das Festessen und abends Tanz, woran sich alt und jung, Prin=
zipal und Personal, alles, was zur Fabrik gehörte, beteiligte.

Der letzte Lehrbraten fand im Herbst 1862 statt, bei Gelegenheit einer größeren
Festlichkeit für sämtliche Fabrikarbeiter und Arbeiterinnen im Anschluß an die Feier
der silbernen Hochzeit des Kommerzienrates Emil Ebart.“

Vorlesung und Vesperzeit waren zu Ende. Das Arbeitspersonal flutete wieder
in die Fabrikräume zurück. Diesen Zeitpunkt schien Herr F. abgewartet zu haben;
denn mit dem Läuten der Glocke stand er auf und lud uns ein zu einem

Besuch der Fabrik.

Kollege P. meinte, er hätte die Fabrik schon mehrmals gesehen und wolle sich
während unserer Abwesenheit lieber mit den Damen unterhalten. Welche schaden=
frohe Hinterlist seine lächelnde Miene verbarg, das sollten wir bald erfahren.

„Die Papierfabrikation,“ begann unser Führer, während wir den Fabrikhof
betraten, „ist an sich sehr einfach. Jeder, der sie einmal mit Aufmerksamkeit ver=
folgt, behält sie zeitlebens, Grund dafür sind die starken Sinneseindrücke, die man
dabei erhält.“ Der Sinn der letzten Worte erschloß sich mir sofort bei dem Be=
treten des „duftigen“ Lumpenlagerraums. Die hier aufgestapelten Lumpenballen
waren uns bereits von den hochbeladenen Wagen auf der Chaussee her bekannt.
Den unheimlichen Fahrstuhl zu benutzen, unterließen wir und stiegen auf der breiten,
festen Holztreppe hinauf in den Lumpensortiersaal.

Von den zahlreichen Sortiertischen standen je zwei zusammen und um sie
herum 24 Kästen. Auf jedem Tische war ein großes Messer senkrecht befestigt, über
welchem die davorsitzende Arbeiterin die Lumpen zerriß, ihre Nähte auftrennte und
die Lappen säuberte. Dann flog das so zerrissene Stück je nach seiner Herkunft
von Flachs, Hanf oder Baumwolle, ob blau, rot oder weiß, ob von starkem oder
feinem Gewebe in einen der bereitstehenden Kästen.

„Die genaue Unterscheidung der Pflanzenfaser in den Geweben,“ erklärte Herr
F., „ist keine leichte Sache. Von 30 Arbeiterinnen finden sich höchstens zwei, die
mit aller Bestimmtheit Lein= und Baumwollenfaser unterscheiden können. Die letzte
Instanz in zweifelhaften Fällen ist der Saalmeister, ein gewesener Schneidermeister.

Die einzelnen Sorten, einige 60 an der Zahl, werden im obersten Stockwerk bis zu ihrer Verwendung aufbewahrt." Wir traten gegenüber ein.

„Dieser Raum" — Herr F. öffnete ihn — „enthält einen Wolf, keinen, der Menschen frißt, aber einen, der Lumpen zerreißt. Das besorgen eiserne Messer und Klopfer, die den Staub lose machen und die Lumpen in dieses" — hierbei löste er die Hinterwand eines bretternen Gehäuses ab — „cylinderförmige Sieb befördern. Bei der Rotation desselben wird der Staub hinausgeschleudert und . . . ."

„Hilfe, der Himmel stürzt ein!" schrie ich und war mit einem kühnen Seitensprunge bei der Thür.

„Dabei würde es nicht so stauben," meinte M. ganz ruhig.

„Augen zu! Stehen bleiben!" befahl F.

Zwischen den vorgehaltenen Fingern hindurch bemerkte ich eine Öffnung in der Zimmerdecke, durch welche soeben ein Klumpen Lumpen klatschend neben uns herniedergeprasselt war und den Saal mit einer undurchdringlichen Staubwolke erfüllt hatte. „Dieser Staub," erklärte Herr F. lächelnd, „auf unsere Wiesen gebracht, fördert deren Fruchtbarkeit bedeutend, verbreitet aber auch das Unkraut, dessen Samen sich in Falten und Näthen der Zeuge eingenistet hatten. Damit Sie" — damit meinte er mich — „nachher nicht wieder so erschrecken, sehen Sie sich dieses Loch gleich an. Hier hindurch fallen die sortierten, zerschnittenen und entstaubten Lumpen in den Lumpenkocher, zu dem ich Sie jetzt führe!"

Wir stiegen in das tiefere Stockwerk. Hier drehte sich eine riesige, aus starken Eisenplatten zusammengenietete Hohlkugel langsam um ihre Achse, während daneben ein ebenso großes Ungeheuer seinen durchfeuchteten Inhalt von sich gab.

„Platzt die Bombe nicht?" fragte ich scheu.

„Ist auch schon vorgekommen," antwortete F. „Alle vier Jahre werden die Lumpenkocher genau untersucht und etwa entstandene Schäden ausgebessert. Ein selbstthätig wirkendes Ventil sorgt dafür, daß eine Spannung des Dampfes von mehr als $3\frac{1}{2}$ Atmosphären vermieden wird. Je nach Art der Lumpen ist die Kochzeit und der Zusatz von gebranntem Kalk verschieden."

Arbeiter waren damit beschäftigt, die gekochten, weißlichgrauen Lumpen in hölzernen Tragekörben von bestimmter Größe nach dem sogenannten Holländer zu befördern. In diesen Riesenwaschfässern wird die Wassermasse durch ein Schaufelrad in fließender Bewegung erhalten, wobei die Lumpen weiter gereinigt, mehr zerschnitten und zu einer, tauendem Schnee ähnlichen Masse verwandelt werden. In einem bedeckten Cylinder dreht sich ein walzenförmiges Sieb, welches das unreine Wasser aufsaugt und abfließen läßt, während auf der andern Seite ebensoviel reines Wasser zufließt.

„Auch hier," meinte F., „ist die Reinigung noch keine vollkommene. Sie geschieht erst in einem andern Holländer, wo Chlorkalk die Masse bleicht. Nach bestimmter Zeit übergiebt dieser Bleichholländer seinen völlig weißen Inhalt großen ausgemauerten Gruben, aus denen das reine Wasser unten abfließt, während die dicke Masse, Halbzeug genannt, zurückbleibt."

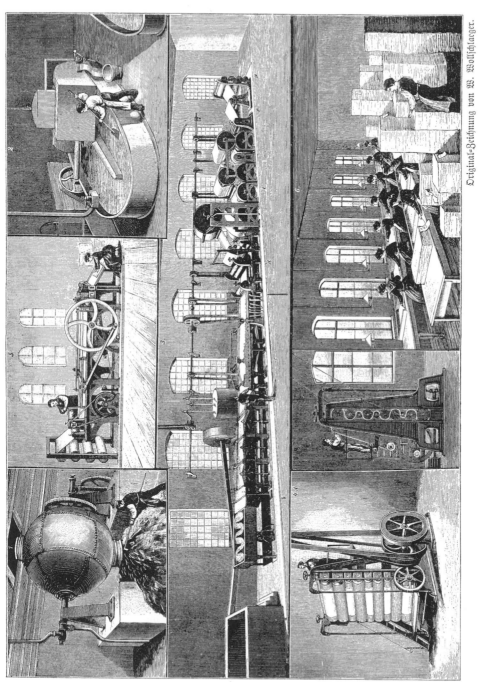

1. Der Hadernkocher. 2. Der Holländer. 3. Querdurchschnitt einer Papiermaschine. 4a. Kalandermaschine von vorn. 4b, Kalandermaschine von der Seite gesehen. 5. Querschneidemaschine. 6. Im Sortiersaal.

Original-Zeichnung von W. Wollschlaeger.

„Ein Unkundiger," scherzte M., „könnte sie leicht für weißen Käse, Quark, halten."

„Bis hierher wurde jede Lumpensorte," fuhr F. fort, „für sich allein behandelt. Je nach der herzustellenden Papiersorte werden nun die verschiedenen Halbzeugmassen in der Weise gemischt, daß man von jeder eine bestimmte Anzahl Tragbütten voll aufs neue einem Holländer überläßt. Hier wird noch blauer Farbstoff, Leim, Cellulose (chemisch aufgeschlossene Pflanzenfaser) und schließlich Kaolinerde (Porzellanthon) hinzugesetzt und das Ganzzeug, die vollständig zubereitete Papiermasse, ist fertig."

Weiter wandernd, erzählte uns F., daß die Verarbeitung des Ganzzeuges entweder durch Handarbeit (Manufaktur), oder durch Maschinenbetrieb stattfände.

Wir sahen die Büttenpapiermacher bei der Arbeit. Mit einem eingerahmten Sieb entnahm der Schöpfer einem großen Bottich, der Bütte, ein Quantum Ganzzeug, wiegte es hin und her, wobei das Wasser abfloß, und ließ sich den weichen Papierbogen von dem Gautscher abnehmen, durch dessen Sieb die andere Bogenseite sich entwässerte. Die breit und gleichmäßig abgelagerte Papiermasse wurde nun auf eine Filzunterlage gelegt. War eine fast meterhohe Schicht aus Filz- und Papierlagen fertig, so überbrachten kleine Wagen auf Schienen das Ganze einer hydraulischen Presse. Die aus derselben hervorgehenden Papierbogen wurden in einem besonderen Raume geleimt. Mit ganz besonderer Geschicklichkeit verstanden die Arbeiter, die zahlreich zusammenliegenden Papierbogen in der Leimlösung so hin und her zu bewegen, ohne sie aus ihrer Lage zu bringen, daß jeder Bogen auf beiden Seiten bespült wurde.

Auf dem Trockenboden wurden die geleimten Papierbogen über Stangen gehängt und mit seitlich fassenden Klammern befestigt.

„Was Sie nun soeben durch Menschenhände haben ausführen sehen, und zwar in getrennten Räumen, das alles hat man der in einem Saale stehenden, sehr zusammengesetzten Papiermaschine übertragen." Mit diesen Worten ließ uns Herr F. in einen geräumigen Saal treten, aus dem uns ein ohrenbetäubender Lärm entgegentönte.

Deshalb waren seine laut gegebenen Erklärungen nur kurz. Der Augenschein belehrte besser als viele Worte.

Das größte Geräusch verursachte die Verteilungsbütte mit ihrer unaufhörlich seitlich schüttelnden Bewegung, die den Zweck verfolgte, den Papierstoff in einer überall gleichmäßig dicken Schicht auf ein endloses Metallsieb zu bringen, um hier das Wasser abtropfen zu lassen und dann die Masse weiterzubefördern. Über verschiedene Saugapparate und endlose Filztücher lief das Papier weiter, bis es plötzlich beim Hinübergleiten über den Luftsaugeapparat trocken erschien. Auf einmal verschwand die Papierbahn zwischen zwei Walzen, von denen die eine aus Filz elastisch, die andere aus Stahl fest war, und deren gemeinsame Arbeit dem Papier Glätte verlieh. Nur mit großer Aufmerksamkeit gelang es mir, den vielverschlungenen Pfad des Papiers über verschiedene, mit Dampf geheizte Trockencylinder zu verfolgen und zu sehen, wie bald die eine, bald die andere Seite der Papierbahn mit dem warmen Stahlmantel der Cylinder in Berührung kam und so auf beiden Seiten getrocknet wurde. Kreisrunde Messer schnitten die Papierlage der Länge nach in Streifen, worauf sie nach geringer Anfeuchtung sich auf Keulen aufwickelte, damit sie besser zu handhaben wäre.

Solcher Papierrollen viele lagen in einem vor Sonnenstrahlen geschützten Raume aufgestapelt, andere wurden auf den Kalander gebracht, der ihnen Glätte und Glanz verlieh, bis sie endlich, von einer automatisch arbeitenden Querschneide= maschine in Bogen geschnitten, von Menschenhänden sortiert, gezählt und wohl ver= packt, den weiten Weg in die Welt antreten konnten.

Die Voraussage F.s über die starken Eindrücke auf die Sinne hatte sich be= wahrheitet. Die Augen voll Staub, in der Nase den Chlorgeruch, die Ohren be= täubt vom Gerassel der Räder traten wir nach zweistündiger Wanderung durch die Fabrikräume ins Freie und begrüßten „das rosige Licht". Nun wußten wir, warum P. nicht hatte mitgehen wollen. Aus der Laube rief er uns entgegen: „Na, habt Ihr Euch die Fabrik auch recht genau angesehen?"

„Ja," erwiderte ich, „aber leider ganz umsonst!"

„Umsonst?" fragte scheinbar entrüstet unser Führer.

Ich darauf: „Nun ja; denn von der Fabrikation des Papiergeldes habe ich nicht das Geringste gesehen."

„Als ob das etwas anderes wäre, als die Herstellung des Konzeptpapiers, das heute die Maschine machte!" rief F. aus. „Denken Sie sich als Rohstoff die Segeltuchreste, die uns eine große Hamburger Fabrik sendet; erinnern Sie sich der Zubereitung der Masse, wie ich sie Ihnen in ihrer Aufeinanderfolge gezeigt habe; stellen Sie sich endlich die Überwachung der Papiermaschine und ihrer Arbeiter durch königliche Kommissarien vor, und Sie haben ein Bild von der Fabrikation der Wertpapiere."

„Worauf es aber ankommt, d. h. die Anbringung der Sicherheitszeichen, die das Papier vor Nachahmung schützen, hätte ich gern gesehen," warf ich ein.

„Die Zeichen an sich," erklärte Herr F., „sind sehr einfach; ihre Einbettung ist Staatsgeheimnis. Unbedingte Sicherheit des Papiergeldes gewährt ein in der Neuzeit von dem Amerikaner Wilcox erfundenes Verfahren. Außer einigen künst= lichen Wasserzeichen weist das Papier einen verlaufenden Streifen von gefärbten Pflanzenfasern auf, und wird ein solches Papier ausschließlich zur Herstellung der Reichskassenscheine und Banknoten der deutschen Reichsbank verwendet."

„In welcher Weise sind denn nun Fälschungen dieses Papiers möglich?"

Herr F. antwortete: „Die Fälscher haben die Pflanzenfasern an den be= treffenden Stellen aufgeklebt. Natürlich lassen sie sich dann mit einer scharfen Nadel abkratzen. Oder die Fälscher haben feines, durchsichtiges Papier darüber geklebt. Nun läßt sich natürlich keine Faser entfernen, ohne das Papier zu ver= letzen. Das vom Deutschen Reiche erworbene patentierte Verfahren des Wilcox besteht darin, die Faser so einzubetten, daß sie mit einem Teile in, mit dem andern Theile auf dem Papiere liegt. Und diese wunderbare Einbettung ist eben das Staatsgeheimnis; sie wird vollzogen durch einen kunstvoll konstruierten Apparat, welcher der Papiermaschine an irgend einer Stelle eingegliedert wird."

„Wie oft im Jahre wird denn bei Ihnen Papiergeld gemacht?"

„Je nach Bedarf. Ist von der Reichsbank so viel unbrauchbar gewordenes Papiergeld angehalten worden, daß eine Erneuerung ratsam erscheint, so wird eine Kommission nach Spechthausen entsandt, die acht Tage lang die Fabrikation des Wertpapiers überwacht und dafür sorgt, daß alle zurückbleibenden Reste verbrannt werden.

Schon 1799, also gerade vor 100 Jahren, wurde der Spechthausener Fabrik die Lieferung des Papiers zu den Tresorscheinen übertragen. Seitdem verbindet sie mit diesem historischen Rechte den Stolz, einzige Fabrikantin des deutschen Papiergeldes zu sein."

Wir beglückwünschten Herrn F. zu dem hundertjährigen „wert"vollen Jubiläum und schieden von unserm liebenswürdigen Wirt mit dem herzlichsten Dank für seine ausführliche Belehrung und sachkundige Führung.

Er rief uns noch nach: „Wenn Sie mich mal wieder besuchen, meine Herren, dann werde ich mir erlauben, einem jeden von Ihnen einen echten" — er betonte jedes Wort — „unverfälschten Tausendmarkschein" — wir waren aufs höchste gespannt — .... „zu zeigen!"

Auf langen Gesichtern allgemeine Enttäuschung!

So etwas durfte natürlich nicht kommen.

Frei nach Goethe gab ich ihm die Worte aus dem „Faust" zurück:

„Ein solch Papier, an Gold und Perlen Statt,
Ist erst bequem und wertvoll, wenn man's hat!"

Hat! Hat! gab das Echo vom nahen Walde ironisch zurück.

H. Aurich=Eberswalde.

Bernau.

Die alte Bier- und Hussitenstadt.

„Der Bernausche heiße Brei
Macht die Mark hussitenfrei."

Dieser Spruch war im Mittelalter weit verbreitet und findet sich noch jetzt in vielen Geschichtsbüchern, die von den Hussiten und deren Vertreibung durch die schlagfertigen Bernauer berichten. Anstürmende Feinde mit heißem Brei zu empfangen, war zwar eine in damaliger Zeit übliche Verteidigungsweise, aber so gut und mit solchem Erfolge wie die Bernauer verstanden's wohl wenige. In Bernau hatte fast jedes Haus eine Brauerei, und da war es leicht, Brei, Biertreber, Seihe, Schlempe u.s.w. heiß zu bekommen. Der heiße Empfang an der Mauer und die derben Schläge kräftiger Brauerfäuste auf dem roten Felde vor der Stadt verleideten den Hussiten den Aufenthalt in der Mark.

Das Bier spielt schon bei der Gründung der Stadt eine Rolle, wie die Sage berichtet.

Vor siebenhundert Jahren,
In der Askanier Zeit,
Bedeckte Barnims Gegend
Ein Urwald weit und breit.

Und in dem Walde hausten
Noch Eber, Wolf und Bär
Und lockten manchen Ritter
Zur Jagd und Beute her.

Auch Markgraf Albrecht weilte
Hier öfter auf der Jagd
Und hat durch Schwert und Bogen
Manch Bären kalt gemacht.

Einst sprach er zu dem Pagen:
„Eil' hin zum kühlen Quell
Und fülle meinen Becher
Mit einem Trunke hell!"

Der Page eilt von dannen
Und kommt zum Pankestrand,
Wo dicht am klaren Bache
Ein Brauhaus einsam stand.

Hier fand ein müder Pilger
Ein sich'res Nachtquartier
Und Brot und Bärenschinken
Und ein gar leck'res Bier.

Der Page ruft vor Freude
Bei der Entdeckung hier:
„Herr Wirt, füllt meinen Becher
Mit eurem besten Bier!" —

Der Markgraf trinkt und stutzet
Und voll Verwund'rung spricht:
„Ein Bier, so schön wie dieses,
Kam nie mir zu Gesicht!"

Der Becher macht die Runde
In seiner Ritter Kreis,
Sie prüfen und bekennen:
„Dem Bier gebührt der Preis!" —

Und Albrecht sitzt und sinnet:
„Ein Bierquell ist entdeckt!
Wie schade, daß die Quelle
Im Walde so versteckt!

Dem ganzen Lande würde
Solch Trunk willkommen sein!
Wohlan, drum soll nicht brauen
Das Waldhaus mehr allein!

Hier, wo das Waldhaus stehet,
Erblühe eine Stadt,
Die aus dem Braugewerbe
Recht reichlich Nahrung hat!"

So legt Albertus ursus,
Der treulich war bemüht,
Daß Handel und Gewerbe
In seinem Land erblüht,

Am klaren Bach der Panke
Auf dieser „Bären=Au"
Den Grund zu einem Städtchen,
Des Name ist „Bernau".

A. Ewald=Bernau.

Sehen wir von der Sage ab, so ist anzunehmen, daß die Stadt zur Regie= rungszeit der beiden Ballenstädter Johann I. und Otto III. (1220—1267) ge= gründet wurde. Vor seiner Erhebung zur Stadt war Bernau wahrscheinlich ein wen= disches Dorf. Der ursprüngliche Name „Bernow" ist wohl sicher wendischer Ab= stammung. Die Behauptung, daß „Bernau" aus „Beer" (Bier) und „Aue" entstanden sei, weist zwar auf die Bierstadt hin, ist aber als unrichtig zu bezeichnen. Die Sage von der Gründung gab auch Veranlassung, den Namen als Bärenau, Aue des Bären, zu deuten.

Das erste, was zum Schutze des Ortes geschah, war die Anlage von Wällen und Gräben. Auch wurde wahrscheinlich zur weiteren Sicherung ein Plankenzaun errichtet. Im Anfange des fünfzehnten Jahrhunderts hatte Bernau außer seinen hohen Wällen und tiefen Gräben bereits eine hohe, starke Mauer und galt als sehr starke Stadt. Der Wohlstand der Bürger hatte es vermocht, eine solche Befestigung zu schaffen, sowie auch die große, schöne St. Marienkirche zu bauen. Hervorragende

Erwerbszweige waren Tuchmacherei und Bierbrauerei. Auf die Tuchmacherei, die in alter Zeit hier sehr im Schwunge war, weist die Tuchmacherstraße hin. Noch bedeutender war die Bierbrauerei. Das Bernauer Bier erlangte schon im vierzehnten Jahrhundert einen weiten Ruf. Es zeichnete sich durch seine Stärke, seinen angenehmen, bitteren Geschmack und seine Klarheit vor allen märkischen Biersorten aus. Die größeren Städte der Mark und der angrenzenden Länder hatten ihre „Bernauer Stadtkeller" zur Niederlage und zum Ausschank des gepriesenen Bernauer Bieres. Die Klosterleute in Lehnin, die für Wein und Bier einen guten Geschmack auf der Zunge hatten, besaßen einen „Bernauschen Bierkeller", und die Hamburger Kaufherren, die einen guten Trank zu würdigen wußten, ließen in ihrem Einbeckischen Hause nur zwei Biersorten ausschenken: das Einbeckische und das Bernausche. Dieser Bierruf mußte erhalten werden. Daher machte man, um die Güte des Getränkes festzustellen, folgende Bierprobe: „Bürgermeister, Rats- und Brauherren setzten sich, mit bocksledernen Hosen bekleidet, auf die im Kreise aufgestellten Schemel, die zuvor mit dem zu probenden Bier begossen waren. Nachdem durch ein wackeres Zechen der Geschmack des Bieres erprobt war, erhob man sich, und die Schemel mußten, sollte das Bier auch dem Gehalte nach die Probe bestehen, fest, wie angepicht, kleben bleiben."

Über die Dauerhaftigkeit des Bieres berichtet eine aus der Zeit des Dreißigjährigen Krieges herrührende Anekdote. Ein aus Bernau gebürtiger Berliner Schusterjunge wurde von seinem Meister beauftragt, aus dem „Bernauer Stadtkeller" eine Kanne Bier zu holen. Der Junge, der erst kurze Zeit in Berlin war und nicht wußte, daß Berlin einen Bernauer Stadtkeller hatte, lief in seiner Einfalt nach Bernau. Hier angekommen, benutzte er die Gelegenheit, zugleich seine Eltern zu begrüßen. Diese waren erstaunt über seine Ankunft, und der Vater fuhr ihn hart an: „Schon wieder hier? Bist du aus der Lehre gelaufen?" Als er nun von dem Bierauftrag erzählte und die Bierkanne vorzeigte, schalt die Mutter auf den harten Meister, der den armen Jungen um einer Kanne Bier willen einen so weiten Weg geschickt habe. Der Vater wurde jedoch nachdenklich und sagte: „Junge, du bist sicherlich im Irrtum; du hast das Bier aus dem Bernauer Stadtkeller in Berlin holen sollen. Da du nun einmal hier bist, so wollen wir die Kanne hier an der Quelle füllen lassen. Dann aber mache dich schnell auf den Weg; dein Meister wird lauern und nicht wissen, wo du geblieben bist."

Eine halbe Stunde darauf zog der Junge mit der gefüllten Kanne seine Straße. Die Länge hat die Last. Das erfuhr auch unser Junge, obgleich er die Kanne bald in die rechte, bald in die linke Hand nahm. Dabei trug er noch schwer an dem Gedanken, daß sein Meister ihn mit dem Knieriemen empfangen würde. Als er auf dem Gehrenberge, eine halbe Stunde südlich von Bernau war, setzte er sich in den Schatten einer Linde und dachte über seine traurige Lage nach. In Berlin drohte der Knieriemen des Meisters, in Bernau das harte Wort und auch die schlagfertige Hand des Vaters. Da entschloß er sich kurz, vergrub die fest verschlossene Kanne unter dem Baum und suchte das Weite.

Nach vielen Jahren kehrte der ehemalige Schusterjunge als kaiserlicher Ritt-

meister in seine Heimat zurück. Seine Eltern waren tot. Als er den Weg von
Bernau nach Berlin machte und die alte Linde auf dem Gehrenberge sah, dachte er:
Du willst doch Spaßes halber nachsehen, ob die alte Kanne mit dem Bier noch da
ist. Gedacht, gethan, und die Kanne stand noch wohlbehalten an der alten Stelle.
Von dem Inhalte war zwar etwas verdunstet, aber der Rest hatte trotz der vielen
Jahre seinen Wohlgeschmack und seine Kraft bewahrt. In Berlin ging er mit der
Kanne Bier zu seinen alten Meistersleuten, die vor Verwunderung über den ehe-
maligen Lehrjungen, der nun als ein großer, feiner Mann vor ihnen stand, die
Hände zusammenschlugen. Groß war auch das Erstaunen über das gut erhaltene
Bier, das die Meistersleute und alle Nachbarn, die davon zu kosten bekamen, nicht
genug rühmen konnten.

Die Bierbrauerei, diese „vornehmste Nahrung Bernaus“, wurde selbst von den
Geistlichen auf ihren Pfarrgehöften in umfangreicher Weise betrieben. Sie hatten
den größten Teil ihres Einkommens aus diesem Geschäft, und man erzählt von Geistlichen, die sich auf das Bierbrauen besser verstanden als auf das Predigen. Im
Jahre 1570 waren in der Stadt 146 bürgerliche Brauhäuser mit Malz-, Darr- und
Brauräumen und großen Kellereien, die als Gär- und Lagerkeller dienten. Über die
Art des Brauens und die Beschaffenheit des alten Bernauer Bieres sind erst vom
17. Jahrhundert ab sichere Nachrichten vorhanden. Aus diesen geht hervor, daß
neben dem gewöhnlichen obergärigen Braunbier im 14., 15. und 16. Jahrhundert
ein untergäriges braunes Lagerbier gebraut wurde. Zu diesem wurde weit mehr
Hopfen und Malz als zu dem gewöhnlichen Bier verwendet. Es wurde stark ein-
gekocht und erst dann versandt, wenn es in den Gär- und Lagerkellern sechs, acht,
zehn Wochen und unter Umständen noch länger zum Zwecke der langsamen Gärung
und Klärung gelagert hatte. Nur ein solches Bier ließ sich bei den damaligen Trans-
portmitteln, ohne zu verderben, bis in weite Gegenden verschicken. Der zu verwen-
dende Hopfen wurde von den Bernauern in Gärten und auf geeigneten Feldstücken
gebaut, die große Gerste, die man zum Lagerbier gebrauchte, aber meistens aus der
Uckermark bezogen.

Im Jahre 1564 wurden in Bernau 2440 Wispel Malz verbraucht und daraus
24 400 Tonnen Bier gewonnen. Das Jahr 1613 verzeichnet 2770 Wispel Malz
und 30 470 Tonnen Bier. Zur Zeit des Dreißigjährigen Krieges sank das Brauer-
gewerbe bedeutend, hob sich nachher zwar wieder, aber nicht zu der alten Höhe. Noch
gegen Ende des 17. Jahrhunderts wurde Bernauer Bier in 23 Städten und
78 Dörfern ausgeschenkt. Von diesen Dörfern gehörten in alter Zeit die meisten
zum Braubannbezirk der Stadt Bernau, d. h. ihre Krüger und Einwohner durften
bei Vermeidung von Strafen ihr Bier nur aus Bernau beziehen. Die Zahl der
zwangspflichtigen Dörfer verringerte sich mit der Zeit, und im Anfange dieses Jahrhunderts hörte die Zwangspflicht ganz auf. Der Ruf des Bieres war auch längst
dahin. Im Jahre 1781 wurde über das hiesige Bier geschrieben: „Zur jetzigen Zeit
ist aber das Bier zu Bernau von einer sehr schlechten Beschaffenheit und kommt
gegen den ehemaligen Ruhm desselben in gar keinen Vergleich.“

Doch wir kehren noch einmal zur alten Bierherrlichkeit, wie sie sich in der von der Sage umwobenen Geschichte der Belagerung der Stadt durch die Hussiten zeigt, zurück. Im Jahre 1432 fielen die Hussiten, die Anhänger des 1415 in Konstanz auf dem Scheiterhaufen verbrannten Huß, in die Mark Brandenburg ein. Längs der Oder zogen sie auf Frankfurt, steckten hier die Gubensche Vorstadt in Brand, wurden aber bei ihren weiteren Angriffen abgeschlagen. Ein Theil ihres Heeres wandte sich darauf nach Pommern, der andere blieb unter Führung des Koska in der Mark. Dieser Heerhaufe plünderte Lebus, legte Müncheberg in Asche, verwüstete Strausberg und Alt-Landsberg und erschien am 22. April in der Frühe vor Bernau.

> „Der Bürgermeister von Bernau
> Saß heute nicht auf Rosen.
> Beim Biergericht saß er auf Bier,
> Die Bank ihm an den Hosen.
> Juchhe! Das Bier bestand die Prob',
> Und alles rief zu seinem Lob:
> ‚Das Bier ist gut, das Bier ist gut,
> Bernauer Bier viel Wunder thut!
> Kommt nur, Hussiten!‘ "

Die wohlhabende Stadt mit ihrem berühmten Bier hatte die Hussiten angezogen, und sie gedachten, sich ihrer im Sturm zu bemächtigen. Doch die Bürger waren auf ihrer Hut. Die Furcht vor den herannahenden Feinden hatte viele Landbewohner in die mit Mauern, Wällen und Gräben stark bewehrte Stadt getrieben, und diese Flüchtlinge brachten die Schreckenskunde mit: die Hussiten kommen. Alles, was Waffen tragen konnte, machte sich zum Empfang der ungebetenen, gefürchteten Gäste bereit. Wohl 1200 waffenfähige Männer, die Fremden mit eingerechnet, konnte Bernau bei seiner damaligen verhältnismäßig starken Bevölkerung stellen. Die Thore wurden eiligst verrammelt, die Verteidigungstürme (Lughäuser) und Mauern mit wehrhaften Männern besetzt. So erwartete man den Feind.

Auf dem roten Felde, östlich von der Stadt, hatten die Hussiten ihr Lager aufgeschlagen. Von hier rückten sie an und nahmen besonders das Mühlen- und Steinthor (jetzt Königsthor) aufs Korn. Es waren wilde Gestalten, deren Lärm oder vielmehr Kriegsgeheul die Luft erschütterte. Sie waren in Bärenhäute, Schafpelze und verschiedenartige Panzerrüststücke gekleidet; das Haar hing wild aufgelöst unter Eisenkappen oder Pelzmützen herunter, die mit Hahnenfedern, Flügeln, Pfauenfedern u. s. w. besetzt waren. Nasenschienen und metallene Ohrenklappen gaben den zerhackt erscheinenden Gesichtern ein schreckhaftes Aussehen. Als Waffen fielen besonders die gerade-gebogenen Sensen und die nach Art der Morgensterne mit Stacheln besetzten Dreschflegel auf.

Zunächst traten Pfeil und Bogen in Thätigkeit; bald aber wurden Sturmleitern herbeigeschafft und an die Mauer gelegt. Wie die Katzen klimmten die wilden Gesellen hinauf und beeilten sich, die Mauer zu ersteigen. Doch so weit kam's nicht. Gar manche Leiter wurde durch herabgeworfene Steine zertrümmert und brach mit den Emporsteigenden zusammen. Diejenigen, die den Rand der Mauer erreichten, wurden mit wuchtigen Schlägen empfangen und zurückgeworfen. Doch das wichtigste

Verteidigungsmittel der Bernauer war der heiße Brei. Kinder und Frauen, sowie alle, die nicht mit der Waffe in der Hand kämpfen konnten, schleppten in Töpfen und Krügen, Bütten und Kesseln aus den vielen Brauhäusern der Stadt heiße Bier= treber, Seihe, Schlempe, kochendes Wasser u. s. w. an die Mauer. Hier gelangten die Gefäße mit ihrem heißen Inhalt, von Hand zu Hand gehend, bis oben hinauf und wurden den heißdurstigen Sturmläufern auf die Köpfe gegossen. Das war wirksamer als Pfeil und Spieß, denn die siedende Masse drang durch alle Öffnungen, die der Panzer irgendwo ließ. Auch manche Frau und Jungfrau goß eigenhändig ihren bereiteten Brei den anklimmenden Böhmen auf den Kopf. Nach längerem Ringen, und als viele der tollkühnen Stürmer mit verbrühtem Schädel da unten lagen, wurde der Angriff schwächer, und dann riefen weitschallende Horntöne den Feind von der Mauer zurück. Die Hussiten zogen ab in ihr Lager, die Verteidiger schöpften Atem.

Was nun? so fragten sich die Bernauer. War jede Gefahr vorüber? Wohl nicht. Von den Warttürmen sah man deutlich, wie der Feind in seinem Lager han= tierte. Kein Zeichen verriet, daß er an Abzug dachte. Am Abend berief der Bürgermeister Hermann Lütcke die übrigen Bürgermeister und die Ratsherren zu einer Besprechung. Alle meinten, daß der Feind am nächsten Tage den Sturm wahrscheinlich erneuern werde, und es dann übel für die Stadt ablaufen könne. Da trat von den Rats= herren der angesehene Brauer Bütten vor und machte den Vorschlag, die Hussiten in ihrem Lager mit Bier zu betäuben und dann zu überfallen. Sein Plan, den er genau auseinandersetzte, fand Beifall. In aller Frühe des nächsten Morgens führten Bürger, die sich freiwillig dazu erboten hatten, einige Wagen mit Bier, dem ein= schläfernde und betäubende Stoffe, z. B. Mohnsaft, beigemischt waren, zum Berliner Thore hinaus. Auf Umwegen durch den Wald gelangten sie in die Nähe des Hus= sitenlagers. Als der Feind auf sie und ihre Bierfuhren aufmerksam wurde und hervorbrach, ließen sie die Wagen stehen und flüchteten nach der Stadt zurück. Mit Jubelgeschrei führten die Böhmen die willkommene Beute ins Lager und begannen ein wackeres Zechgelage.

> „Und Koska selbst rief: ‚Welch ein Hopf!
> Mir wird davon ganz dumm im Kopf!
> Das Bier ist gut, das Bier ist gut;
> Bernauer Bier viel Wunder thut;
> Prosit, Hussiten!'"

Um die Wirkung des Gebräus zu erfahren, sandte man einen listigen, schlauen Schäfer hinaus. Dieser war mit allen Schleichwegen vertraut. Ungehindert kam er in die nächste Nähe des Lagers und sah, daß die meisten Hussiten im tiefen Schlafe lagen und auch die ausgestellten Wachen hin und her taumelten. Schnell lief er zurück und meldete der Stadtbehörde seine Wahrnehmungen. Schleunigst machten sich nun die waffenfähigen Bürger unter Führung ihrer Bürgermeister auf den Weg zum Lager und erreichten dasselbe auf einem Waldwege, ohne gesehen zu werden. Die Wachtposten wurden leicht niedergemacht. Einige entkamen zwar und versuchten, die Schläfer im Lager zu ermuntern; aber es gelang nicht, die Wagenburg genügend mit Verteidigern zu besetzen. Die kampftüchtigen Bürger überstiegen die Lagerwehr und schlugen alles nieder, was sich nicht durch schleunige Flucht zu retten vermochte.

> „Der Feind wich solchem Schlage;
> Viel Blut fiel auf das Land,
> Daß bis auf uns're Tage
> Hier rot vom Blut der Sand.
> Das rote Feld man nennet
> Den Plan und rings die Au;
> Wer die Hussiten kennet,
> Der nennt auch dich, Bernau."

Von den Türmen und Lughäusern hatten die zurückgebliebenen Wachen der Stadt den Vorgang da draußen mit Spannung beobachtet. Als sie die Flucht der Feinde sahen und dies den Bewohnern verkündeten, strömte jung und alt hinaus ins Lager und betrachtete mit Staunen und heller Freude die von den Hussiten zurückgelassenen Waffen, Rüstungen, Zelte u. s. w. Mit Beutestücken beladen und von ihren Angehörigen umringt, kehrten die Sieger unter dem Jubel der Bevölkerung in die Stadt zurück.

Eine lateinische Urkunde aus dem Jahre 1432 lautet ins Deutsche übersetzt: „Im Jahre des Herrn vierzehnhundertzweiunddreißig, am Tage des heiligen Georg des Märtyrers, am Mittwoch im heiligen Ostern, sind die Böhmen gekommen, indem sie diese unsere Stadt erobern und verwüsten wollten, welche vielfach grausam und mit wilder Hand uns angegriffen, denen wir mit der Hilfe Gottes und des heiligen Georg tapfer Widerstand geleistet haben. Auch wurden viele durch uns vor unserer Stadt getötet und verbrannt. Daher haben wir, die Bürgermeister Hermann Lütcke der Ältere, Hans Berckholz, Georg Sachteleben und Hermann Hentze, in gegenwärtiger Zeit die Leiter der Stadt, und die Ratsherren und alle Einwohner mit allen Geistlichen demütigst und fromm gelobt, immerfort das heilige Osterfest mit einer feierlichen Prozession zu begehen und dabei zur Verehrung unsers allmächtigen Gottes und des heiligen Georg auf dem Markte das „Herr Gott, dich loben wir" zu singen. Wenn diese Prozession beendet ist, soll einmütig mit dem Allerheiligsten nach der Kapelle des heiligen Georg gezogen und bei dieser Feierlichkeit die hohe Messe gesungen werden. Danach soll die feierliche Lesung von dem Leben des heiligen Georg geschehen." (Es folgt nun die Strafandrohung für diejenigen, die sich der Feier entziehen.)

Hiermit ist die Feier des „Hussitenfestes" angeordnet. Noch heute wird dieses Fest, wenn auch an einem andern Tag und nach evangelischer Auffassung in veränderter Form, alljährig gefeiert. Am Montag vor dem Himmelfahrtsfeste bewegt sich vormittags 10 Uhr ein feierlicher Zug von der St. Marienkirche durch das Mühlenthor zur St. Georgenkapelle. Voran gehen die oberen Schulklassen, geführt von ihren Lehrern, die Mädchen in weißen Kleidern und mit Kränzen im Haar Dann folgt die Kapelle des Stadtmusikus, und daran schließen sich die Geistlichen, die städtischen Behörden und Bürger in großer Zahl. Die Musik spielt den Choral: „Vater unser im Himmelreich", der vom ganzen Zuge mitgesungen wird. In der St. Georgenkapelle wird die sogenannte „Hussitenpredigt" gehalten, und nach derselben begiebt sich der Zug unter dem Gesange des Chorals: „O Herr Gott, der du deiner Schar" nach der St. Marienkirche zurück, wo der Schluß der kirchlichen Feier durch eine kurze liturgische Andacht gemacht wird. Den Schulkindern wird dann die „Rüstkammer" geöffnet, um ihnen die durch die alten Bernauer den Hussiten abgenommenen Beutestücke zu zeigen. Hier betrachten sie mit Staunen den eigentümlich geformten Sattel, den großen Bratspieß und das Stück einer hölzernen Schüssel, Gegenstände, die aus dem Zelte Koskas herrühren. Ferner giebt es hier eine große Zahl von Brust- und Rückenharnischen, von Arm- und Beinschienen, von Eisenkappen, Armbrüsten, Pfeilen u. s. w. zu schauen.

Im Jahre 1441 genehmigte Bischof Stephan von Brandenburg die kirchliche Feier des Hussitenfestes und begünstigte sie durch eine Ablaßspende, indem er schreibt: „Damit aber diese Prozession von den gläubigen Christen durch um so größere Teilnahme gefeiert werde, so erlassen wir durch gegenwärtiges Zugeständnis, das für alle Zeiten dauern soll, allen wahrhaft Bußfertigen, die ihre Sünden beichten und bereuen und an der gedachten Prozession, sowie an der Messe teilnehmen, nach der Barmherzigkeit Gottes des Allmächtigen und seiner heiligen Apostel Petri und Pauli vierzig Tage von aufgelegten Kirchenbußen."

Um noch eine Beurkundung über die Hussitenniederlage vor Bernau anzuführen, sei die Gedenktafel erwähnt, die in der St. Georgenkapelle hängt. Sie ist aus Holz, und ihre Goldschrift auf schwarzem Grunde lautet: „Im Jahr nach Christi geburt 1432 den 23. Aprilis nach den Hl. Ostern, war der Tag St. George, gescha die verstöhrung dieser Capellen und Hoßpitahl Sanct George von den Hußiten, die Bernau haben belagert und gestürmet, Welche Ein Ehrbahrer Rath und Einwohner hier von mit Macht verjaget haben."

Ganz besonders prachtvoll und überaus glänzend gestaltete sich das 450jährige Hussitenfest im Jahre 1882, da es durch die Gegenwart des Kronprinzen Friedrich Wilhelm und seiner Gemahlin verherrlicht ward. Aus dem von Julius Lohmeyer verfaßten Begrüßungsgedicht an das hohe Paar lauten die letzten Verse:

„Und wenn der Eiche ragend Schattendach
Das weite Reich umspannte allgemach,
Den Wettern trotzend und der Stürme Wogen,
So haben ihre Wurzeln, tief und stark,
Doch aus der braunen Heide unsrer Mark
Die erste zähe Riesenkraft gesogen.

Siegreicher Held des ruhmvollen Geschlechts,
Das stets der Hort der Arbeit und des Rechts —
Wie wir vereint die Drachenbrut geschlagen,
So steht, wo finstrer Mächte Ansturm droht,
Zu seinem Kaiser jetzt in Not und Tod
Das deutsche Bürgertum in allen Tagen."

In humoristischer Weise besingt der Lehrer und Küster A. Ewald „Die Husfiten vor Bernau":

„Es kamen die Hussiten
Und störten unsre Ruh',
Da schlossen die Bernauer
Die Thore alle zu.

Wie sie dann noch nicht gingen
Und machten groß' Geschrei,
Goß man auf ihre Köpfe
Den tödlich heißen Brei.

Nach solcher heißen Speise
Verlangten sie nach Trank,
Doch mochten sie nicht trinken
Das Wasser aus der Pank'.

Drum schickten wir Bernauer
Wohl einen Wagen Bier
Von allerbester Sorte,
Wie man es braute hier.

Die durstigen Hussiten,
Die legten sich davor,
Doch wie sie kaum getrunken,
Da fielen sie aufs Ohr.

Nun kamen wir Bernauer
Ganz sacht' zum Thor hinaus
Und machten den Hussiten
Ein schreckliches Garaus.

Hurra! Das war ein Jubel
Am Tage Sankt Georg,
Da hat vor Lust geklappert
Selbst auf dem Turm der Storch.

Ein Rundgang um die Stadtmauer.

Wir wenden uns von der Kirche zum Mühlenthor, dessen Thorgebäude vor einigen Jahren abgebrochen wurde. Dicht am Thor wohnt der Scharfrichter (Abdecker). Wir können ohne Widerwillen und Grauen bei ihm eintreten; denn er köpft und rädert nicht mehr, und die Stätte seiner Wirksamkeit, die Abdeckerei, liegt weit hinten im Felde. Der freundliche Mann zeigt uns das alte Bernauer Richtschwert. Es hat eine zweischneidige Klinge und ist 1,10 m lang. Wegen seiner Schwere mußte es beim Gebrauch wohl mit beiden Händen gefaßt werden. Auf den Seiten der Klinge finden wir Rad und Galgen abgebildet und die Inschriften: „Thue ja kein Böses nicht, wenn du willst fliehen dies Gericht." „Wenn ich thu das Schwert erheben, wünsch ich dir armen Sünder das ewige Leben." Über die letzte mit diesem Schwerte vollzogene Hinrichtung, die im Jahre 1796 stattfand, erzählt man: Der Verurteilte, ein Mörder, sollte enthauptet werden. Die Vollstreckung des Urteils hatte der Sohn des hiesigen Scharfrichters Kaufmann auszuführen. Der junge Mann, im „Schwerten" noch wenig geübt, traf den Verbrecher in die Schulter, so daß dieser laut aufschrie. Da drohten die Soldaten, welche Spalier um den Richtplatz bildeten, sich auf den Scharfrichter zu stürzen. „Der Satan hat mir drei Köpfe gezeigt, daher mein Fehlschlag," entschuldigte sich der Henker. „Schlage nach dem mittelsten, wenn du wieder drei Köpfe siehst!" rief der mit anwesende Vater des jungen Scharfrichters. Der folgende Hieb gelang. — Auch das alte Richtrad lassen wir uns zeigen. Es ist aus hartem Holz gearbeitet und hat etwa $^3/_4$ m im Durchmesser. Die Felge ist zur Hälfte mit einem scharfen Rande versehen.

Nach dem Besuche in der Scharfrichterei betrachten wir die Stadtmauer, die auf beiden Seiten des Mühlenthors auf längere Strecken noch ziemlich gut erhalten ist. Die höchsten Stellen haben eine Höhe von 7½ m, und man sieht, wie sie oben mit Mauersteinen abgedeckt sind. Die Mauer ist durchweg aus gewöhnlichen großen und kleinen Feldsteinen und gutem Kalkmörtel im Kastenbau keilförmig ausgeführt. Die Stärke beträgt unten etwa 1½ m und verringert sich nach oben auf ½ m. In der Mauer und nach außen und innen hervortretend stehen in etwa 25 m Entfernung voneinander Mauertürme, welche die Mauer ein gut Stück überragen. Man nennt sie Lug=, Lük= und auch Weichhäuser. In vielen dieser Lughäuser sieht man die Reste der Treppen, die nach oben führten, und gut erhaltene Bogen. Nach außen sind sie mit Luglöchern und Schießscharten versehen. Ursprünglich hatte die Mauer 4 halbrunde und 38 viereckige Lughäuser.

Nach einer photogr. Aufnahme von E. Taubert=Bernau.

Der Wartturm an der Westseite von Bernau und ein Stück Mauer mit zwei Lughäusern.

Diese alte Wehr giebt der Stadt ein würdiges Aussehen und erinnert an das allezeit kampfbereite, schlagfertige Bürgertum des Mittelalters. Wir treten aus dem Mühlenthor und wenden uns, am schönen Kriegerdenkmal vorbei, den Wällen zu, die mit ihrem reichen und mannigfaltigen Baumschmuck eine Zierde der Stadt bilden. Vier ziemlich parallel laufende Wälle, die durch tiefe Gräben getrennt und an ihren Böschungen mit Bäumen und Sträuchern bepflanzt sind, zählt man. Die Wallpromenaden sind in den Feierstunden von Spaziergängern bunt belebt und ziehen auch jeden Fremden an, der nach Bernau kommt.

Nachdem wir uns an dem herrlichen Blattgrün zur Genüge gelabt und unsern Blick wiederholt in die 5 bis 9 m tiefen Gräben geworfen haben, besuchen wir das vor dem Mühlenthor gelegene St. Georgen=Hospital. Es wurde im Jahre 1328 von dem damals sehr in Blüte und Ansehen stehenden Tuchmacher=Gewerk gestiftet und nach und nach durch Vermächtnisse, Zuwendungen und Berechtigungen reich ausgestattet. 1432 wurde das Hospital von den Hussiten zerstört, wie die in der Hospitalkirche vorhandene Gedenktafel, deren Inhalt bereits angegeben ist, bekundet. Das Kirchlein ist im gotischen Stil erbaut und macht mit seinem kleinen, schlanken Turm und umgeben von dem ummauerten Kirchhof einen idyllischen Eindruck. Wenn das Glöcklein in der Frühe des Morgens und am Abend die Spitalleute zur Andacht ruft, dann wird auch das Herz der Vorübergehenden andächtig und fromm gestimmt. Im Saale des Hospitals besehen wir die drei alten Bibeln von 1665, 1684 und 1725. Dann verlassen wir das friedliche Heim und sehen noch die alten „Spittelleute" in der Nische neben dem interessanten gotischen Portal sitzen, wo sie so gern ihre alten Glieder von der Sonne erwärmen und neu beleben lassen. Vielen Hunderten von alten Leuten hat das St. Georgen-Hospital seit seinem Bestehen eine sorgenfreie Zufluchtsstätte gewährt, und so müssen wir mit inniger Anerkennung der mildthätigen Stifter gedenken.

Der hiesigen reformierten Gemeinde ist das Recht eingeräumt worden, in der St. Georgen-Kapelle ihre gottesdienstlichen Handlungen abzuhalten. Kurfürst Friedrich III. bestimmte im Jahre 1699 Bernau zur Aufnahme von französischen Flüchtlingen und gab dem Magistrat die Anweisung, „solchen guten leuten, die einig und allein die liebe zur Göttlichen wahrheit ihr Vaterland zu verlassen und die freye übung ihres Gottesdienstes auswärts zu suchen angetrieben", zur Mitbenutzung eine Kirche einzuräumen. So wurde hier die französische Kolonie gegründet. Die jetzige reformierte Gemeinde weist noch die französischen Namen Béranger, de Martincourt, Sourell, Devrient u. s. w. auf.

Am Berliner Thor, wohin wir über den Berliner Wall hinweg gelangen, stößt der Giebel eines Fabrikgebäudes in die neben dem Thor abgebrochene Stadtmauer hinein. Hier war früher ein vermauertes Thor, das gesperrt sein soll, weil durch dasselbe der falsche Waldemar 1348 seinen Einzug in Bernau gehalten habe. Man führt aber auch folgenden Vorgang als Ursache der Vermauerung an. Im Jahre 1617 berührte der Kurfürst Johann Sigismund auf einer Reise Bernau. Als er durch das Berliner Thor fuhr, fielen die sechs schönen Pferde vor der Karosse plötzlich nieder. Dieser Unfall erregte große Bestürzung. Niemand konnte sich die Ursache desselben erklären, und so verfiel man auf die Meinung, daß Hexen und Unholde ihre Hand dabei im Spiele gehabt hätten. Das verhexte Unglücksthor wurde vermauert, um weitere Unfälle zu verhüten, und dann eifrig Jagd auf Hexen gemacht. Von 1617—1622 wurden 4 Männer und 17 Frauen wegen „Zauberei und Umgang mit dem Teufel" angeklagt, gefänglich eingezogen und teils verbrannt, teils lebendig begraben. Die Hexenverfolgungen, die schon im 16. Jahrhundert viele, unglückliche Opfer auf die Folterbank und zu einem qualvollen Tode gebracht hatten, wurden diesmal durch den Dreißigjährigen Krieg und die in seinem Gefolge auftretende Pest zum Stillstand gebracht.

An der Süd- und Ostseite der Stadt war in alter Zeit zu beiden Seiten der Panke ein ausgedehnter Sumpfboden, der gegen Überfälle Schutz bot. Deshalb war hier außer der Mauer nur ein einziger Wall mit einem Graben. Die Mauer ist hier weniger gut erhalten, Wall und Graben sind nicht mehr da. Wir beschließen unsern Rundgang bei der „Waschspüle" vor dem Königsthor. Dieser unbedeutende

Teich), der als Pferdeschwemme und Viehtränke, sowie zum Wäschespülen benutzt wird, hatte in alter Zeit noch die grauenvolle Bestimmung, zum Ertränken von Kindes= mörderinnen zu dienen. Die betreffenden Personen wurden zuvor gesäckt, d. h. es wurde ihnen ein Sack über den Kopf gezogen. Darauf fand die Ertränkung statt. Die letzte Hinrichtung dieser Art war hier im Jahre 1722.

Erwerbszweige der Bewohner.

Wenn man die große Bernauer Feldmark betrachtet, die sich rings um die Stadt zieht, so könnte man meinen, Bernau sei eine Ackerstadt. Dagegen ist jedoch

Nach einer photogr. Aufnahme von E. Taubert=Bernau.

Das Königsthor in Bernau.

zu bemerken, daß die in der Ackerwirtschaft beschäftigten Knechte, Mägde und Tage= löhner fast ausnahmslos aus dem Osten kommen und hier zu= und abziehen. Die eigentlichen Bernauer nähren sich meistens von der Industrie. Als hervorragende Industriezweige sind Weberei, Handschuhmacherei und Drechslerei zu nennen. In alter Zeit war die Tuchmacherei, die nach England, Dänemark, Skandinavien und Rußland reichen Absatz fand, in der Mark von großer Bedeutung. Auch in Bernau blühte das Tuchmachergewerbe und war nächst der Bierbrauerei der Haupterwerbs= zweig. Die wohlhabende Tuchmachergilde gründete, wie schon erwähnt, das St. Georgen=Hospital. Sie stiftete ferner einen Altar in der Kirche und that manches zur Ausgestaltung und Belebung des Gottesdienstes. Durch den allmählichen

Verfall der Hansa (seit 1550) und besonders durch den Dreißigjährigen Krieg ging die Tuchmacherei zurück und erhob sich nicht wieder zur alten Blüte.

Es ist bekannt, wie sehr sich Friedrich der Große für die Seidenindustrie in seinem Lande interessierte. Auch Bernau pflanzte über 600 Maulbeerbäume und errichtete mit staatlicher Unterstützung ein Seidenbauhaus; doch alles war ohne Erfolg. Die Seiden- und Sammetfabrikation begann hier im Jahre 1777. Sie war zwar zunächst nur von kurzer Dauer, ist aber als Vorspiel zu der später sehr entwickelten Seidenindustrie anzusehen. 1819 erhielt Bernau, das im Kriege sehr gelitten hatte, einen großen Zuzug von Baumwollenwebern aus Berlin. 1828 waren hier 220 Weberfamilien mit 242 Webstühlen. Bernau war nun eine Weberstadt; der Webstuhl klapperte in allen Häusern. 1836 wurden aufs neue Seidenwarenfabriken eingerichtet. Dies war für die Baumwollenweber von großer Bedeutung, denn sie konnten sich nun bei einer Arbeitsstockung in ihrem Erwerbszweige einem verwandten Gewerbe zuwenden; auch fand beim Spulen und Wickeln der Seide eine große Anzahl von Frauen und Mädchen eine lohnende Beschäftigung. Die Zahl der in der hiesigen Gewebeindustrie beschäftigten Arbeiter und Arbeiterinnen, mit Ausnahme der in der Hausindustrie nebenbei thätigen Frauen und Kinder, betrug in günstigen Jahren gegen 1500. Seit einigen Jahren ist ein Rückgang in der Zahl der Stuhlarbeiter eingetreten, veranlaßt durch niedrige Löhne und fortschreitende Vermehrung der mechanischen Webstühle. Die jungen Leute wenden sich jetzt zu einem großen Teil der Handschuhmacherei, Drechslerei und Holzbildhauerei zu oder suchen Beschäftigung in den Schuhfabriken, die hier in letzter Zeit angelegt sind.

Die hauptsächlichsten Feldfrüchte sind Roggen und Kartoffeln. Die Ackerbürger sind mit besonderer Sorgfalt darauf bedacht, gute Eßkartoffeln zu gewinnen, für die sie reichlichen Absatz finden. Amtliche Nachrichten über den Kartoffelbau finden sich hier erst seit dem Jahre 1748. In einer Königlichen Verordnung aus diesem Jahre heißt es: „Da in einigen der schlechten unfruchtbaresten Districten das Pflanzen der Tartuffeln mit sehr großem Nutzen eingeführt worden, wollen Wir also, daß in Unseren Churfürstlichen Landen dieselben gleichfalls introduciret werden." In dem darauf erstatteten Bericht des hiesigen Magistrats wird gesagt: „Es wird hier ein Wurzel-Gewächs in allen Gärten stark gepflanzet, so Erdbirnen seien, die man sonsten auch Erd-Aepfel nennet, hier aber unter dem fremden Nahmen Pataten genannt werden; man schneidet solche in Stücke und verpflanzet und baut sie; dieselben treiben einen langen Stengel und rothe Blumen; man genießet solche anstatt Brodtes und Zugemüses und befindet sich stark und gesund dabei. Sie werden in Wasser abgekocht und alsdann die Haut davon abgezogen. Sie geben ein schönes weißes Mehl, dergestalt, daß man im Vogtländischen Stärke und Puder davon macht. Hier füttert man auch das Vieh mit diesen Erd-Aepfeln. Man kann den Gewinnst davon auf jeden Garten 2 Scheffel, zusammen auf 12 Wispl. rechnen."

Gottfried Ehrecke-Bernau.

Schwedt und sein Tabaksbau.

Was Schwedt jetzt ist, das ist es durch seine Markgrafen und durch seinen Tabaksbau geworden.

Wo der uralisch-baltische Landrücken von der Oder durchbrochen wird, fanden die alten Wenden eine bis an die Oder reichende, aber doch vor Überschwemmungen geschützte Anhöhe. Hier gründeten sie ein Fischerdorf, aus dem sich nach und nach die schöne Stadt Schwedt entwickelte. 1354 kam die Stadt mit einem Teile der Uckermark an Pommern und wurde etwa 100 Jahre später durch den brandenburgischen Kurfürsten Friedrich den Eisernen zurückerobert. Schloß und Stadt Schwedt wurden 1481 für 300 rheinische Gulden an den Grafen Hans von Hohenstein, dem schon Vierraden gehörte, verkauft.

Unter den Grafen von Hohenstein erhielt Schwedt städtische Rechte, und die Herrschaft wurde durch Erwerbung einiger Dörfer vergrößert. 1609 fiel die Herrschaft Schwedt und Vierraden an das Kurhaus zurück. Zunächst verpachtete sie der große Kurfürst und verpfändete sie später an den Grafen von Barrenbach.

Die zweite Gemahlin des großen Kurfürsten hatte vier Söhne, für welche sie Besitzungen zu erwerben suchte. Deshalb kaufte sie 1670 die Herrschaft Schwedt zurück und erwarb dazu 10 Jahre später die Herrschaft Wildenbruch. Hierdurch und durch Ankauf mehrerer Dörfer vergrößerte sie die Herrschaft so, daß sie nun aus zwei Städten (Schwedt und Vierraden) und 32 Dörfern bestand.

Die Kurfürstin sorgte wie eine wahre Landesmutter für die so entstandene Herrschaft. Die ihres Glaubens wegen aus Frankreich vertriebenen Reformierten erhielten in der Uckermark neue Wohnsitze. Viele von ihnen siedelten sich in Schwedt an, verbreiteten dort den Kartoffelbau und brachten den Tabaksbau zur Blüte.

Ein Jahr nach dem Tode der Kurfürstin Dorothea, 1690, wurde in Potsdam festgesetzt, daß die Herrschaft nach dem Rechte der Erstgeburt an die männlichen Nachkommen der Kurfürstin fallen sollte und zwar zuerst an den ältesten Sohn Philipp Wilhelm und dessen männliche Erben, dann an den zweiten Sohn und dessen männliche Erben u. s. f. Auf diese Weise erhielt eine Nebenlinie des Hauses Hohenzollern die Herrschaft Schwedt.

Etwa 100 Jahre haben die Markgrafen über die Herrschaft regiert (1690—1788) und in dieser Zeit manches Gute gethan, das ihnen in Schwedt für alle Zeiten ein dankbares Andenken sichern wird.

Philipp Wilhelm (1690—1711) erweiterte das von seiner Mutter erbaute Schloß, ließ das im Dreißigjährigen Kriege zerstörte Rathaus wieder aufbauen und förderte durch seine Bauten Kunst und Gewerbe.

Friedrich Wilhelm (1711—1771), der Sohn Philipp Wilhelms, wurde der Schwiegersohn des Königs Friedrich Wilhelm I. und nahm sich diesen in vielen Dingen zum Vorbilde. Jeden Müßiggänger haßte er; oft gebrauchte er den Krückstock. Einer Dame, die müßig aus dem Fenster schaute, rief er zu: „Warte Sie; wenn Sie

Langeweile hat, werde ich Ihr zu thun geben!" Und bald darauf brachte ihr ein Diener zwei große Stücke Leinwand mit dem Befehle, daraus Hemden für die Kürassiere des Markgrafen zu nähen. Alle Müller hielt er für Diebe; die Geistlichen ärgerte er gern. Er legte die Schloßfreiheit an. Die prachtvollen Kastanienalleen, die noch jetzt einen Schmuck der Stadt bilden, ließ er anpflanzen; große Strecken wüsten Landes ließ er urbar machen. Wegen seines heftigen Charakters mußte seine Gemahlin wiederholt vor ihm Schutz in Monplaisir — Jagdhaus mit Park, ½ Stunde vom Schloß entfernt — oder bei dem Könige suchen.

Friedrich Heinrich (1771—1788), der jüngere Bruder des vorigen Markgrafen, lebte mit seiner Gemahlin, der Tochter des Fürsten Leopold von Dessau, in Unfrieden und verbannte sie nach Kolberg. Er führte einen glänzenden Hofhalt und ließ das Operettenhaus erbauen, in das jede anständig gekleidete Person freien Eintritt hatte. Durch ihn wurde Schwedt „das lustige Städtchen an der Oder". Er erbaute die französische Kirche, richtete das Wäldchen Heinrichsluft ein und stellte dort den Obelisken auf.

Mit dem Tode des Markgrafen Friedrich Heinrich (1788) erlosch der Mannesstamm der Linie Brandenburg-Schwedt, und die Herrschaft fiel an den König Friedrich Wilhelm II. Verwaltet wird sie jetzt von der königlichen Hofkammer.

Die Stadt Schwedt wird wegen ihrer schönen Lage und wegen ihrer herrlichen Umgebung „die Perle der Uckermark" genannt. Von der Stadt bis zum rechten Oderufer, nämlich bis zu dem Dorfe Niederkränig, erstreckt sich das hier 3 km breite Oderthal, das von saftigem Grase bedeckt und von der Oder und ihren Armen wie von Silberfäden durchzogen ist. Am jenseitigen Ufer befindet sich das in etwa 1¼ Stunden zu Fuß erreichbare „Thal der Liebe", von dessen höchsten Punkten der Wanderer über das Oderthal stromauf- und -abwärts die herrlichste Aussicht hat. Der schöne an der Oder gelegene Schloßgarten mit seinen prachtvollen Gängen ladet den Besucher zu einem Spaziergange ein. Von dem Schloß aus erstreckt sich die mit 4 Reihen prachtvoller Kastanien bepflanzte Schloßfreiheit in gerader Richtung bis nach Monplaisir, dessen schattiger Park zum Lustwandeln einladet, und von wo aus man sich stundenlang in dem sich dort anschließenden Walde ergehen kann. So bietet Schwedt dem Naturfreunde mancherlei schöne Spaziergänge.

Unter den Einwohnern befinden sich viele französische Elemente, die zu Ende des 17. und 18. Jahrhunderts durch zweimalige Einwanderung von Franzosen der Stadt zugeführt wurden. Schwedt hat sogar eine französische Gemeinde mit eigenem Gotteshause und eigenem Geistlichen.

Die ertragreichen Wiesen liefern, wenn sie vom Hochwasser verschont bleiben, reichliches und gutes Heu. Fischerei und Ackerbau, besonders aber Tabaksbau und die Verarbeitung desselben sind die Hauptbeschäftigungen der Bewohner von Schwedt.

Der Tabaksbau erfordert eine ganz besondere Sorgfalt; er wird deshalb nur von „Planteuren", die mit ihm sicher vertraut sind, betrieben. Die Landbesitzer verpachten ihr für den Tabaksbau sich eignendes und von ihnen gepflügtes und gut gedüngtes Land in der Regel für die Hälfte des Ertrages an Planteure. Letztere übernehmen ganz allein den Anbau und die Pflege des Tabaks.

Da in unsern Gegenden die Nächte und auch manchmal die Tage für das Gedeihen der jungen Tabakspflanzen zu kühl sind, so werden diese in Mistbeeten aus dem im vorigen Jahr gewonnenen Samen gezogen. Etwa 9 Wochen dauert das Heranziehen der jungen Pflanzen in den Mistbeeten. Erst dann werden sie in der gesetzlich vorgeschriebenen Entfernung von 0,80 m voneinander auf den kräftig gedüngten Acker gepflanzt. Hier stehen sie etwa wieder 9 Wochen. In dieser Zeit entwickeln sich aus den kleinen Pflanzen große Gewächse, die, wenn man sie wachsen läßt, eine Höhe bis 1,50 m erreichen. Man wünscht aber nicht große Pflanzen,

Nach einer photogr. Aufnahme von H. Hillger Verlag, Berlin.

Schwedt a. O.

sondern große Blätter; deshalb bricht man die Spitzen aus den in der Entwickelung stehenden Pflanzen. Man sagt: „Der Tabak wird geköpft." Durch das Köpfen und Abbrechen der kleinen Nebenblättchen bewirkt man, daß die Pflanzen nicht blühen, die bleibenden größeren Blätter sich dann aber zu ganz bedeutender Größe entwickeln. Die größten Blätter erreichen eine Länge von fast 1 m und eine entsprechende Breite. Die Arbeit der Planteure in dieser Zeit des Wachsens, die etwa 9 Wochen dauert, ist eine ununterbrochene, denn das Land muß in dieser Zeit drei- bis viermal durch Hacken gelockert und sorgfältig gereinigt werden, wenn der Tabak gut gedeihen soll.

Fangen die sogenannten Sandblätter — das sind die auf der Erde liegenden Tabaksblätter — an zu welken, so ist es Zeit, die Blätter abzubrechen. Es beginnt nun die Tabaksernte. Jung und alt beschäftigt sich mit dem Abbrechen der Blätter —

„dem Blatten" — des Tabaks. Zu dieser Arbeit werden selbst Schulkinder in solcher Menge herangezogen, daß z. B. in der Nachbarstadt Vierraden und in den umliegenden Dörfern statt der an andern Orten üblichen Ernteferien Tabaksferien eintreten. Diese fallen in den September und reichen etwa bis zum 20. dieses Monats.

Ist der Tabak geblattet, so werden die Blätter sogleich auf Schnüre gezogen und in den Tabaksspeichern zum Trocknen aufgehängt. Man sieht deshalb in Schwedt viele große Speicher mit mehreren Reihen übereinander liegender Luken. Die großen, vollsaftigen Tabaksblätter verlangen viel Zugluft, wenn sie trocken werden sollen. Deshalb öffnet man sämtliche Luken, ja man hebt sogar auf beiden Seiten des Daches einzelne Dachsteine in die Höhe und stützt sie auf, um dem Tabak noch mehr Zugluft zuzuführen. Von dem guten Trockenwerden hängt oft die Güte des Tabaks und beim Verkauf der Preis desselben ab. Das Trockenwerden des Tabaks dauert auch etwa 9 Wochen.

Das unter den Tabakarbeitern gebräuchliche Wort „9 Wochen im Beete, 9 Wochen auf dem Felde und 9 Wochen im Gerüst" behält nach Gunst oder Ungunst des Wetters mehr oder weniger seine Richtigkeit.

Der getrocknete Tabak wird in mehreren Fabriken verarbeitet. Nachdem man ihn in Haufen aufeinander gelegt hat, kommt er in Gärung und erhält dadurch eine braune Farbe. Verarbeitet wird er in Schwedt nur zu Rauch= und Kautabak; Schnupftabak wird nicht angefertigt. Hunderte von Arbeitern sind in den Fabriken beschäftigt; es giebt Sortierer, Presser, Ausripper, Wickelmacher, Cigarrenmacher, Tabakspinner und Packmacher.

Sowohl mit dem verarbeiteten, als auch mit dem Rohtabak wird ein lebhafter und recht einträglicher Handel betrieben. Jeder Fabrikant sendet Reisende — oft in die entferntesten Gegenden Deutschlands — aus, um für seine Ware Absatz zu finden.

Durch den Tabaksbau und seine Verarbeitung haben viele Einwohner der Stadt eine lohnende Erwerbsquelle, und Schwedt wäre ohne den Tabak das nicht, was es jetzt ist.

W. Goetze=Schwedt

Freienwalde a. O.

Freienwalde, die Perle der „märkischen Schweiz" genannt, ist von Berlin aus mit der Bahn in noch nicht zwei Stunden zu erreichen. Die Entfernung beträgt etwa 64 km. Die Lage der Stadt ist eine sehr anmutige. Am Fuße eines waldigen Höhenzuges des Barnim erhebt sich dieselbe gegen die Anhöhe wie ein Amphitheater. Auf der andern Seite dehnt sich die weite Odertiefebene mit ihren fetten Äckern und Wiesen aus, die von dem Höhenzuge der Neumark — jenseits des Oderstromes — begrenzt wird.

Über den Ursprung der Stadt ist Genaueres nicht bekannt, obwohl verschiedene Traditionen darüber vorhanden sind; nach einer derselben soll Kurfürst Ludwig der Römer dem Orte im 14. Jahrhundert Stadtrechte und mancherlei Privilegien — so auch das Recht, Jahrmärkte zu halten — verliehen haben. Soviel ist urkundlich festgestellt, daß Freienwalde 1369 mit zu den märkischen Städten gehörte, welche an die Städte Berlin und Cölln, wegen Vergütung ihres Anteiles an den 3000 Mark Silbers, die dem Grafen von Anhalt gelobet worden, eine Versicherung erteilet haben. Bald nachher finden wir die Stadt im Besitze des adeligen Geschlechtes von Uchtenhagen. Nach Leutinger soll das Geschlecht früher von Jagow geheißen haben und aus dem Lande verwiesen gewesen sein. Da sie aber dem schwer bedrängten Markgrafen in einem Treffen wider die Pommern — auf dem jetzigen „roten Lande" — beigestanden und den Feind in die Flucht geschlagen haben, hätten sie, weil sie aus dem Walde gekommen seien, den Namen uht dem Hagen oder Uchtenhagen, die Stadt Freienwalde aber zur Belohnung erhalten.

Im Jahre 1604 kam die Stadt durch Kauf an den Kurfürsten Johann Sigismund; 1684 ward dieselbe durch den großen Kurfürsten zum Badeort erhoben. Das Siegel der Stadt ist ein silbernes Schild, in dessen Mitte sich ein Baum mit ausgerissenen Wurzeln stehend, befindet, und das auf beiden Seiten Wagenräder in besonderen Schildern zeigt.

Freienwalde ist die Kreisstadt des Kreises Oberbarnim und hat nach der letzten Volkszählung von 1895 über 7600 Einwohner gehabt. Neben dem Landratsamte befindet sich hier der Sitz eines Amtsgerichtes; seit längerer Zeit auch der Sitz der Superintendentur. Die Stadt hat an Schulen ein Gymnasium, eine höhere Privat-Töchterschule, eine städtische Mittelschule für Knaben und Mädchen, sowie zwei Volksschulen aufzuweisen.

Die beiden Kirchen der Stadt sind die St. Nikolai= und die St. Georgenkirche. Um 1540 wandte sich die Stadt der Reformation zu und ward zur Inspektion Wriezen gelegt. Die Nikolaikirche ist ein schönes, in gotischem Stile errichtetes Gebäude, dem es aber bald anzumerken ist, daß zu verschiedenen Zeiten Erweiterungsbauten an ihm vorgenommen worden sind. Der schlanke Turm ist mehrere Male vom Blitzstrahle getroffen worden und niedergebrannt. Im Innern der Kirche ist ein Altarbild und die Grabstätte des letzten Uchtenhagen bemerkenswert. — Die Georgenkirche ist ein kleiner, unscheinbarer Bau, aus Fachwerk hergerichtet, ohne jeglichen Schmuck und künstlerischen Wert.

Unsere freundliche Stadt ist im Laufe der Jahrhunderte in mannigfacher Weise arg heimgesucht worden. In den Jahren 1502, 1516, 1550, 1598, 1630 und 1631 hat die Pest gar übel gehaust, so daß der Ort fast völlig wüste geworden ist.

Ebenso hat die Stadt im Dreißigjährigen Kriege besondere Drangsale erlitten. 1627, 1630, 1631 und 1637 wurde sie von den Kroaten völlig ausgeplündert, auch sind die Kirchen beraubt worden. Die Einwohner flüchteten wegen der eingetretenen Hungersnot nach Polen. Die Häuser Freienwaldes fielen inzwischen ein, und in den Straßen wuchsen so große Fliederbäume und so hohes Unkraut, daß man sich darin verbergen konnte. Anno 1675 kamen die Schweden unter ihrem Oberst von Buchwald und brandschatzten die Stadt. Im Siebenjährigen Kriege erschienen dann die Russen (1759—1762) und plünderten die Stadt aufs neue aus.

Durch Überschwemmungen hat das Städtchen in den Jahren 1515, 1571, 1628, 1694, 1709 und 1771 ebenfalls viel zu leiden gehabt. Auch große Feuers=brünste haben in der Stadt zu wiederholten Malen gewütet; so 1584, 1664 und 1684. Im Jahre 1664 waren von der ganzen Stadt nur fünf Häuser übrig=geblieben.

In diesem nun zu Ende gehenden Jahrhundert hat ein milderer Stern über Freienwalde gewaltet, so daß sich das Städtchen allmählich von seinen Leiden er=holen konnte. Seitdem es Bahnverbindung nach Berlin, Stettin, Frankfurt a. O. hat, ist es in erfreulicher Entwicklung begriffen. Nachdem es vor einigen Jahren Wasserleitung bekommen hat, wird in diesem Jahre noch ein städtisches Schlachthaus errichtet werden, wozu die Vorbereitungen bereits in vollem Gange sind.

Die Hauptanziehungskraft für Fremde bildet der Gesundbrunnen, kurzweg der Brunnen genannt. Der Gesundbrunnen, eine kleine halbe Stunde südlich von der Stadt, liegt in einem anmutigen Thale, das rings von ziemlich hohen Bergen — die teils mit Nadelholz, teils mit Laubwald bedeckt sind — umschlossen und so gegen alle rauhen Winde vortrefflich geschützt ist. Der Brunnen besteht aus ver=schiedenen Quellen, die aus den das Brunnenthal einschließenden Bergen hervor=brechen. Die Berge bestehen größtenteils aus Sand, enthalten daneben aber auch Eisenerde und verschiedene Schwefelkiese. Die Quellen sind teils Trink=, teils Bade=quellen; zu ersteren zählen die unter den Säulenhallen des Kurhauses gefaßte Königsquelle und die aus einer Steingrotte hervorsprudelnde Jungfrauenquelle. Als Badequellen gelten die den kleinen Papenbach bildenden drei, ziemlich stark sprudelnden Quellen, die unter dem Namen Georgs= und Johannisquellen bekannt sind. Das Wasser dieser Quellen fließt unterirdisch durch das Badehaus und liefert die zu den verschiedensten Bädern erforderlichen Wassermengen. Später eilt es in nördlicher Richtung weiter und bildet den Papenteich.

Der Quellbrunnen ist zwar immer gewesen, aber in den älteren Zeiten nicht beachtet worden. Nur arme Leute pflegten bei anhaltenden Fiebern davon zu trinken und bei Augenleiden von dem gelben Schlamm, der sich auf dem Wasser bildet, mit Nutzen auf die Augen zu legen. Als aber 1683 ein Knecht, der ein Halsleiden hatte, von dieser Quelle trank und geheilt ward, auch einige zur Er=holung nach Freienwalde geschickte kurfürstliche Soldaten, die vom Fieber und von

der Gicht geplagt wurden, die Quellen benutzten und durch deren Gebrauch in kurzer
Zeit genasen, erregte solches allgemeines Aufsehen.

Der Apotheker Gensichen untersuchte das Wasser und stellte seine mineralischen
Bestandteile fest; ebenso überzeugte sich der kurfürstliche Chemikus Kunkel im Jahre
1684 davon, der auch dem kurfürstlichen Leibarzt Dr. Menzel Proben von demselben
mitnahm. Durch diesen wurde Kurfürst Friedrich Wilhelm der Große, der seit
Jahren von der Gicht geplagt ward, auf die Freienwalder Quellen aufmerksam gemacht.

Nachdem auch noch Professor Albinus zu Frankfurt a. O. die Wasser geprüft
und ihren mineralischen Gehalt festgestellt hatte, gab der Kurfürst Befehl, daß die

Nach einer photogr. Aufnahme von A. Lorentz-Wriezen.

Freienwalde a/O.

Quellen gefaßt würden. Er selbst kam im Jahre 1684 zum ersten Male mit seiner Ge=
mahlin und dem ganzen Hofstaate nach Freienwalde und hielt sich vier Wochen hierselbst
auf. Die glücklichen Kurerfolge, sowie die Heilung eines Gehörleidens des Prinzen
Philipp Wilhelm, veranlaßten die alljährliche Wiederkehr des kurfürstlichen Herrn.
Der Ruf Freienwaldes als Badeort hatte sich bald weit verbreitet, und schon im
Jahre 1685 waren an 1500 Personen gekommen, um sich des Brunnens und Bades
zu bedienen.

Auch König Friedrich I. widmete dem Badeort seine Aufmerksamkeit und ließ
an der Stelle, wo das jetzige Berghaus steht, einen von vielen Säulen getragenen,
stattlichen, schloßartigen Holzbau aufführen, in dem er mehrere Jahre hintereinander

wohnte. Als aber bei seinem Aufenthalte im Jahre 1707 bei einem heftigen Gewittersturm der Bau in den Grundfesten erbebte und die königliche Familie nicht ohne Gefahr denselben verlassen mußte, kehrte der König nie mehr nach Freienwalde wieder. Damit ging auch der gute Ruf des Bades bald verloren, und der Besuch nahm in den folgenden Jahren ganz bedeutend ab. Das dauerte bis zum Jahre 1733. In diesem Jahre hatten von der Riesengarde zu Potsdam verschiedene Soldaten durch den Gebrauch des Brunnenwassers ihre Gesundheit wiedererlangt; ferner waren auch die Generalmajors Graf v. d. Schulenburg und Graf v. Dönhof durchs Baden von der „Ischiatique" befreit worden. Diese statteten einen sehr vorteilhaften mündlichen Bericht beim Könige ab und schlugen vor, das Bad durch Errichtung mehrerer Gebäude für Brunnengäste und durch andere vorzunehmende Verbesserungen wieder in Aufnahme zu bringen. Das geschah denn auch, und so entstand jener Teil der Brunnenbaulichkeiten, der jetzt die Bezeichnung „Alt-Königlich" führt. Unter Friedrich dem Großen wurde dann diesem Bau der „Neu-Königliche" Teil hinzugefügt. An dem damals errichteten Brunnenhause las man die Inschrift:

> „Steh' stille, Wanderer, betrachte diese Quellen,
> Sie helfen wunderbar in manchen Krankheitsfällen.
> Eh' du von dannen gehst, gedenk' an deine Pflicht;
> Sei dankbar gegen Gott, vergiß des Armen nicht.
> Hast du dies Haus und Bad bewundernd angeschaut,
> Und fragst, warum es denn nach Tempel-Art gebaut?
> So wisse, Gott ist ja der Segensquell allein,
> Darum muß unser Herz auch hier sein Tempel sein."

1711 hatte der Brunnenarzt Gohl noch eine zweite Quelle, die St. Georgsquelle, entdeckt. Diese ließ 1751 der Kaufmann Wegely aus Berlin auf seine Kosten fassen und ein Brunnenhaus darüber bauen, das von den Freunden desselben mit folgender Inschrift geziert wurde:

> „Auch hier erblickest du, wie Gottes Wunderkraft
> Den Kranken Besserung durch gute Bäder schafft.
> Dürft, könnt ihr Sterblichen, die solches selbst erfahren,
> Wohl Worte, Dankbarkeit, Pflicht, Eifer, Andacht sparen?
> Auch Arme werden hier mit Gott die Hülfe spüren.
> Was dieserhalb für sie Herr Wegely gethan,
> Zeigt guter Freunde Schrift zur künft'gen Nachricht an."

Obgleich König Friedrich II. seine Sorge dem Brunnen zuwandte, hob sich doch der Besuch nie wieder zu der Höhe, wie unter dem großen Kurfürsten. In den Jahren 1770—1779 waren im ganzen 2473 Kurgäste anwesend; 1779 war die Zahl auf 239 Personen herabgesunken.

Der Brunnen hat im Laufe der Zeiten noch mancherlei Wandlungen durchgemacht. Aus der königlichen Verwaltung ging er in die städtische über. In den Gründerjahren wurde er sogar als wertvolles Objekt von einer Aktiengesellschaft erworben. Letztere hat das stattliche Kurhaus errichtet, sonst aber wenig für die Entwicklung des Bades gethan. Gegenwärtig ist der Brunnen wieder städtisches Eigentum und wird von einer Direktion verwaltet. Es ist unverkennbar, daß das Bad in den letzten Jahrzehnten einen bedeutenden Aufschwung genommen hat. Außer einem neuen, zweckmäßig und wirklich gediegen eingerichteten Badehause sind noch mancherlei andere Verbesserungen ins Leben gerufen und die verschiedensten Bäder hergerichtet worden. Während die Quellwasser früher mehr zum Trinken dienten, werden sie jetzt mehr zum Baden benutzt. Von ganz besonderer Heilkraft haben sich die hiesigen Moorbäder erwiesen, die deshalb auch von vielen ärztlichen Autoritäten gegen Rheumatismus bestens empfohlen werden.

Zu den Gebäuden des Brunnens zählen: 1. das Landhaus; 2. das Berghaus; 3. das Kurhaus mit prächtigem Speisesaal und gut eingerichteten Restaurations= räumen; 4. das Alt= und Neu=Königliche Gebäude mit Lesekabinett und Inspektor= wohnung; 5. das neue komfortable Badehaus. Eine Besichtigung des letztern ist dringend zu empfehlen. Dieser ganze Gebäudekomplex, in einem Thalkessel gelegen, ist von schönen Anlagen umgeben und wird bei Eintritt der abendlichen Dunkelheit elektrisch beleuchtet.

1884 wurde das 200jährige Bestehen Freienwaldes als Badeort festlich be= gangen. Ein historischer Festzug, das Zeitalter des großen Kurfürsten darstellend, bewegte sich durch die Stadt zum königlichen Schloß im Schloßgarten, woselbst Se. K. K. Hoheit, der Kronprinz des Deutschen Reiches und von Preußen mit seinem Sohne, dem Prinzen Heinrich, unserm jetzigen Admiral, von den städtischen Behörden begrüßt wurden. — Den Abschluß fanden der Zug und die Feier selbstverständlich auf dem Brunnen selbst. Eine am Kurhause angebrachte Tafel mit darauf bezüg= licher Inschrift erinnert den Besucher des Brunnens an die fröhlichen Stunden jenes Jubeltages, an dem die Bürger unserer guten Stadt die lichte Siegfriedsgestalt, den Thronerben des Reiches, noch in voller Manneskraft und fröhlicher Heiterkeit in ihrer Mitte sahen. Fr. Friesicke=Freienwalde. *)

Das Oderbruch.

Eine Oase in unserer sandigen Mark ist das liebliche Oderbruch. Es ist dies ein tiefgelegener Thalkessel, der sich in einer Länge von 70 km und einer Breite von 15 km zwischen Lebus und Hohensaathen auf der linken Oderseite ausbreitet. Noch vor 160 Jahren bot das Oderbruch einen ganz andern Anblick als heute. Grundlose Sümpfe und Moräste fand man damals dort, wo jetzt der Pflug des fleißigen Landmannes den fetten Humusboden durchfurcht. Unzählige Rohrlachen machten eine Wanderung durch diese Wildnis zur Unmöglichkeit. Gespensterhaft ragten

---

*) Nach des Verfassers „Führer durch Freienwalde".

knorrige Weiden aus einem faſt ewigen Nebel hervor. Schlingpflanzen verſchiedenſter Art umrankten uralte Eichen= und Erlenſtämme. Die gelblich=trüben Waſſerfluten wimmelten von Fiſchen und Krebſen, die auf die weithin berühmten Märkte in Wriezen und Freienwalde zum Verkauf gebracht wurden. In den undurchdring= lichen Gebüſchen bauten allerlei Sumpf= und Waſſervögel ihre Neſter; fanden ſie doch in dem großen Fiſchbeſtande reichliche Nahrung. Fiſchottern, Biber, Marder und Iltiſſe ſtellten ihrer Beute nach. Ungeheure Mückenſchwärme verfinſterten zu= weilen die Sonne. Hin und wieder erblickte das Auge auf kahler Anhöhe eine elende, mit Rohr oder Schilf bedeckte Lehmhütte, von ſchützendem Düngerwalle umgeben.

Nach einer Aufnahme von A. Lorentz=Wriezen.

Kanal bei Wriezen.

In dieſen dürftigen Wohnſtätten hauſten arme Menſchen, welche in beſtändigem Kampfe mit dem Waſſer lebten. Durch Jagd und Fiſchfang friſteten ſie ihr kümmer= liches Daſein. Ihr Beſitztum bot ihnen häufig nicht ſo viel Raum zu einem Grabe für ihre Toten. In ſchwankendem Kahne mußten ſie auf die Friedhöfe des benach= barten Höhenlandes gebracht werden.

Dieſe Wildnis urbar zu machen, hatten ſich ſchon frühzeitig unſere Hohenzollern zur Aufgabe gemacht. Friedrich Wilhelm I. ſicherte durch große Deichaufſchüttungen das ſogenannte Ober=Oderbruch — der Teil zwiſchen Zellin und Lebus — vor den Überflutungen durch das Oderwaſſer. Deſto mehr aber mußte das Nieder=Oder= bruch — der Teil, welcher von der jetzigen alten Oder umſchloſſen wird — unter den Überschwemmungen leiden. Friedrich der Große suchte auch diesen Teil des Oderbruches trocken zu legen; 1747—53. Um den trägen Fluten der Oder einen schnelleren Abfluß zu verschaffen, ließ er die neue Oder graben. Es ist dies der jetzige Oderlauf von Güstebiese bis Hohensaathen. Gleichzeitig wurde die neue Oder linksseitig bis Neugließen und die alte Oder rechtsseitig bis Neutornow bedeicht. Es war somit dem Oderwasser die Gelegenheit genommen, sich unterhalb Güstebiese sogleich über das ganze Nieder=Oderbruch zu ergießen. Auf dem auf diese Weise trocken gelegten Boden wurden Dörfer und Domänen angelegt. In die neu einge= richteten Ackerwirtschaften setzte der große König fleißige Kolonisten aus der Pfalz,

Nach einer Aufnahme von A. Lorentz=Wriezen.

Partie bei Bralitz im Oderbruche.

Polen, Holland und Sachsen, die sich mit Ackerbau und Viehzucht beschäftigten. Daß man jedoch vor dem Hochwasser noch immer nicht ganz sicher war, zeigte der Umstand, daß in den niedrig gelegenen Ortschaften die Häuser auf künstlichen Anhöhen, sogenannten Wurten oder Bergen, erbaut worden sind. Die neu gegrün= deten Dörfer erhielten ihre Namen nach den alten Ortschaften, auf deren Fischerei= gebieten sie erbaut worden waren. Solche Neudörfer sind: Neubarnim, Neulewin, Neutrebbin, Neukietz, Neumedewitz, Neulietzegöricke, Neuwustrow, Neurüdnitz, Neu= cüstrinchen, Neureetz, Neuranft, Neugaul, Neutornow und Neugließen. Sechs Pfarr= stellen wurden eingerichtet. Jedes Dorf erhielt eine Schule. Auf 15 Jahre waren die neuen Besitzer steuer= und wehrfrei. Und da der jungfräuliche Boden Erträge in überreichem Maße lieferte, stellte sich bei den Oderbrüchern bald eine gewisse

Wohlhabenheit ein. Jeder Kolonist legte sich neben seinem Hause ein schmuckes Gärtchen an. Straßen und Gräben wurden mit Weiden und Pappeln bepflanzt. So glich das Oderbruch bald einem großen, schönen Garten. Und noch heute gewährt dasselbe, besonders zur Pfingstzeit, einen herrlichen, paradiesischen Anblick, wenn saftiges, frisches Grün Felder und Wiesen bekleidet, wenn die sauberen Dörfchen in einen weißen, würzigen Blütenschleier gehüllt sind.

Fast wäre diese herrliche Errungenschaft wieder in seinen Urzustand zurückgesunken, wenn nicht noch rechtzeitig Hülfe gebracht worden wäre. Die aufgeschütteten Deiche erwiesen sich im Laufe der Zeit als zu schwach, so daß sie nicht selten vom wilden Oderstrom durchbrochen wurden. Wieviel Not und Trübsal brachte doch der Dammbruch vom 16. März 1838 über das Bruch! Da die Oder unterhalb Schwedt immer mehr versandete, so hatte dasselbe viel unter dem Dräng- und Stauwasser derselben zu leiden. Letzteres fand seinen Eintritt durch das Wehr und die Schleusen bei Hohensaathen. Hatte der Landmann im Schweiße seines Angesichts seinen Acker bestellt und sah erwartungsvoll der baldigen Ernte entgegen, so kam die Sommerflut und vernichtete alles; (1885, 1889 und 1890). Diesem Übelstande konnte nur durch Errichtung von Schöpfwerken abgeholfen werden. Die erste derartige Anlage war diejenige, welche vom Oderberg=Hohenwutzener Meliorationsverbande am Nordrande der Insel Neuenhagen ausgeführt wurde. Da die Verhältnisse des Nieder=Oderbruches bis Altgließen immer trostloser wurden, so nahm sich schließlich die Staatsregierung der Sache an, indem sie im Jahre 1895 ein großes Pumpwerk bei Neutornow — wohl das größte in Deutschland — erbauen ließ. Ein 16 km langer Deich von Zäckerick bis Neutornow teilt das ganze Gebiet in einen großen Trockenpolder und einen kleinen Wiesenpolder, der ungefähr 800 ha umfaßt. Der Trockenpolder enthält fast nur Ackerland und wird immer trocken gehalten. Der Wiesenpolder enthält nur Wiesen, welche den ganzen Winter hindurch mittelst einer Einlaßschleuse bei Zäckerick unter Wasser gesetzt werden. Dieses Rieselwasser, welches viel Schlickmassen mit sich führt, befruchtet einerseits die Wiesen, soll aber auch anderseits einen Gegendruck gegen das drückende Hochwasser der Oder ausüben. Sobald der Frühling in das Land zieht, wird dieses Wasser bei Neutornow in die alte Oder gepumpt, und ein saftiger Wiesenplan dehnt sich dort aus, wo noch vor wenigen Tagen der leichte Nachen des friedlichen Fischers sich schaukelte.

So ist das Oderbruch abermals dem nassen Elemente abgerungen worden. Hoffnungsvoll wieder kann der Oderbrücher seinen Samen auf das Land streuen, um dann zur Zeit der Ernte eine hundertfältige Frucht zu schneiden. Und froher als zuvor steigt seine Freundin, die Lerche, jubilierend in den blauen Äther empor.

E. Breitkreuz=Alt=Gließen.

Buckow und die märkische Schweiz.

Freuet euch der schönen Erde, denn sie ist wohl wert der Freud'. O was für Herrlichkeiten hat unser Gott auf einer Quadratmeile um Buckow herum ausgestreut! Kommt und sehet! Der reiche Wechsel bewaldeter Höhen, fruchtbarer Äcker, enger, scharfgeränderter Thäler und waldumsäumter Seen haben der Umgebung den Namen „Märkische Schweiz" verschafft. Im Norden von Buckow, von der „Bollersdorfer Höhe" westlich, bis zur „Hölle" östlich, erstreckt sich die eigentliche

Nach einer photogr. Aufnahme von A. Lorentz-Wriezen.

Buckow.

märkische Schweiz und wird von den schluchtenreichen und waldbedeckten Abhängen der Barnimer Platte gebildet. Im Osten und Süden der Stadt zeigt sich der bewaldete Teil des Lebuser Kreises in seiner eigentümlichen Herrlichkeit an den Klobich- und Däberseen; der Rundblick von den Höhen der Villen-Kolonie „Sieversdorf" entzückt das Herz jedes Beschauers. Die Augen der Landschaft, die Seen, muten gar lieblich an. Treten wir ein in den Schloßgarten. Auf den schattigen Spazierwegen sehen wir in der schönen Jahreszeit Hunderte und Tausende von fröhlichen Menschen lustwandeln. Sie sind aus Berlin und anderen Städten hierhergeeilt um den kühlen Wald, die murmelnden Quellen und Bäche, die engen Schluchten, die Fernblicke in Gottes weite Welt zu genießen. Da gehen sie hinter dem Schlosse an der „Liebesinsel" vorbei einen Pfad hinauf auf den Schloßberg mit seinem schönen Blick auf die Stadt, den Griepen-, Buckow- und Schermützelsee. Von der steilen Bollersdorfer Höhe hat man eine herrliche Aussicht über den vielfach ausgebuchteten Schermützelsee und das Städtchen Buckow, nach Müncheberg bis zum fernen Horizonte, wo sich noch die „Rauenschen Berge" hinter Fürstenwalde abzeichnen. Die Sage erzählt, früher habe Alt-Buckow, ein Pfahldorf, da gestanden, wo jetzt der Schermützelsee liegt; da habe sich die Erde plötzlich geöffnet und den Ort verschlungen, den See aber an seine Stelle treten lassen. In der Tiefe aber könne man am Johannistage noch seine Pfähle sehen. Auf einem lieb-

Nach einer photogr. Aufnahme von A. Lorentz-Wriezen.

Sophienfließ.

lichen Waldwege gelangen wir am Sophienfließ und dem Poetensteig entlang in den düsteren Moritzgrund, dessen Laubdach die Sonnenstrahlen kaum zu durchdringen vermögen. Den Höhen am Moritzgrunde folgend, führt der Weg an der Idunaeiche vorüber über Jenas- und Friedrich Wilhelmshöhe zur Wolfsschlucht. Wir besehen uns den Teufelsstein, einen großen gespaltenen Granitblock. Dann wandern wir über den Dachsberg durch die Silberkehle, welche von senkrecht emporsteigenden Wänden weißen Glimmersandes, die silbern funkeln, ganz eng eingefaßt wird. Hinter der Teufelsbrücke lassen wir uns an der Königseiche nieder. Hier rastete im Jahre 1855 König Friedrich Wilhelm IV. und freute sich der heimatlichen Schweiz. Weiter geht's durch das Elysium, einen von Quellen durchrieselten Park, an dem großen Tornowsee vorüber nach der Pritzhagener Mühle bis in die schauerlich schöne Schlucht Reichenberger Hölle. Wunderschön! Der liebe Gott geht durch den Wald. So der Liebhaber der Natur. Doch auch der Wissenschaftler wird befriedigt, besonders der Geologe und Botaniker. Schon ein oberflächlicher Blick zur Prüfung des Terrains zeigt dem kundigen Beschauer, daß er auf ehemaligem Meeresboden steht. Die Eiszeit mit ihren Gletschern tritt vor seinen Geist. Ein Gletscherthal läßt sich von Buckow über das „Rote Luch" bis nach Strausberg verfolgen. Prüft er aber den Sand zwischen den Fingern, so sagen ihm die Quarzkörnchen, daß er jetzt Diluvium — oder, wenn diese fehlen, Alluvium vor sich hat, also kanäozoische Formation in Tertiär= und Quartärgebirgen. Harms nennt es verständlicher „älteres" und „jüngeres" Schwemmland. Das Begleitwort des Dr. Wahnschaffe zu seiner geologischen Karte von Buckow bestätigt ihm seine Beobachtungen. Zwei Thonlager, ein großes Torflager und eine Braunkohlengrube werden ausgebeutet. — Der Botaniker ist sehr verwundert, auf den verschiedenen Bodenarten große Seltenheiten, selbst Gebirgspflanzen, zu finden, z. B. Epimedium alpinum, Circaea alpina, Orobanche rubens, Silene chlorantha, Pirola uniflora und chlorantha, Galium Cruciata, Cypripedium Calceolus, Lycopodium complanatum, Asplenium Trichomanes, Aspidium lobatum, Najas major und andere. — Auch der Zoologe findet einige Mollusken, die wohl nur unsere Sümpfe bergen, z. B. Planorbis riparius.

Nach einer photogr. Aufnahme von A. Lorentz-Wriezen.

Teufelsbrücke.

Das Städtchen Buckow hat etwas über 1800 Einwohner und ist eine Ackerstadt. Die Bewohner sind Ackerbürger, Handwerker und Kaufleute. Die einzige Fabrik ist die für Kunstwaben. Seit einigen Jahren bietet das Erholungsheim „Waldfrieden" am schönen Buckower=See Rekonvaleszenten eine reizende Stätte. Ferner finden am „Eckardhause" am Botzelberge matte, müde Diakonissen die so sehr bedürftige Ruhe zur Erholung. Die drei Hauptstraßen der Stadt sind die Berliner=, Königs=, Wriezenerstraße. Von letzterer führt eine Nebenstraße zum Schloß und Schloßgarten. Außer dem Marktplatze wären noch der Mühlenplatz und der Platz am Roten Hause zu nennen. Vor der Kirche steht das Kriegerdenkmal.

Alt=Buckow gehört, wie wir sahen, der Sage an. Das heutige Buckow wird zum erstenmal 1253 in einer Urkunde erwähnt, nach welcher der Erzbischof Rudolf von Magdeburg das Dorf an das Kloster Leubus in Schlesien abtrat. Um 1300 gehört es den Nonnen des Klosters Friedland; 1405 und 1416, deutlicher 1550, tritt es als Stadt auf. Der Name Buckow deutet auf die reichen Buchenbestände, die schon in alter Zeit hier zu finden waren. Wendisch ten buck bedeutet Buche, davon Buckow, Buchenstadt. — Im Jahre 1405 war der Ort im Besitze des Poppo von Holzendorf, der es aber bald an Kuno von Zigesar verkaufte. Unter der Herrschaft dieses Mannes wurde das Städtchen 1432 von den Hussiten zerstört. Ein Enkel

Nach einer photogr. Aufnahme von A. Lorenz-Wriezen.

Kirche in Buckow.

Kunos, Jobst von Zigesar, schenkte die Stadt seiner Gemahlin als Leibgedinge und erwirkte zur Hebung des Ortes von dem Kurfürsten Friedrich II. die Einführung der Jahrmärkte. Im Jahre 1553 starb die Familie Zigesar aus, und Buckow fiel nun an den Kurfürsten zurück, welcher es seinem Hofmarschall Adam von Trott als Lehen gab. Von nun an wechseln die Besitzer oft, bis endlich Buckow der Mittelpunkt des reichen Besitzstandes der Familie von Pfuel wurde. Zwischen 1681 und 1687 heiratete eine Tochter des Georg Adam von Pfuel — geb. den 15. November 1618, gest. im Juli 1672, der, wie eine Inschrift am Altar bezeugt, in der Kirche zu Buckow begraben liegt — den berühmten Generalfeldmarschall Hans Heinrich von Flemming, und dadurch kam Buckow in den Besitz der Flemmingschen Familie, welcher es noch heute angehört, allerdings nicht als Real-

stadt, da der Ort durch die Kreisordnung vom 1. Juli 1874 selbständig geworden ist. Das Schloß Buckow stammt aus der Flemmingschen Zeit.

Der Ort bestand früher aus zwei Teilen: aus Klein-Buckow, welches zum Kreise Oberbarnim gehörte, und aus Groß-Buckow, welches im Kreise Lebus lag. Im Jahre 1876 wurden beide Orte zu der jetzigen Stadt Buckow vereinigt und dem Lebuser Kreise einverleibt.

Im 14. und 15. Jahrhundert blühte der Hopfenbau in der Gegend von Buckow sehr lebhaft. Dieser Erwerbszweig ist aber im Laufe der Zeit von seiner ehemaligen Höhe sehr herabgesunken und jetzt nur noch ganz unbedeutend, trotzdem von Flatow ihn in den 50er und 60er Jahren neu zu beleben suchte. Doch wird die Erinnerung

an diesen Erwerbszweig im Stadtsiegel verewigt, das eine Rose von einer Hopfen=
ranke umgeben enthält.

Auf dem Rückwege nach dem Bahnhofe Dahmsdorf=Müncheberg besucht der
Vaterlandsfreund gern das Denkmal, das Se. Königliche Hoheit der Prinz Friedrich
Karl von Preußen dem 3. Armeecorps gewidmet hat. Auf einem quadratischen Unter=
bau, welcher von herrlichen Anlagen umgeben ist, erhebt sich ein Granitsockel mit
der kranzwerfenden Viktoria. Am Unterbau tragen eingelassene Tafeln die Inschrift:
„An dieser Stelle hielt das 3. Armeecorps bei Gelegenheit der Königsrevue bei Lebus
Sonntag den 20. September 1863 den Feldgottesdienst in Gegenwart Sr. Majestät
König Wilhelm I. ab“, nebst den Namen der vom 3. Armeecorps in den drei Kriegen
1864, 1866 und 1870/71 Gefallenen. An jeder der vier Seiten des Denkmals befindet
sich die Inschrift:

1) Zum ehrenden Gedächtnis sein kommandierender General in den Jahren
1860--71 der General=Feldmarschall Friedrich Karl, Prinz von Preußen. Errichtet 1873.

2) Ohne Lebus kein Düppel — Ohne Düppel kein Königgrätz — Ohne König=
grätz kein Vionville.

3) Den Toten zum Gedächtnis — Den Lebenden zur Anerkennung — Den
folgenden Geschlechtern zur Nacheiferung.

4) Pf. 115. 1. Nicht uns, Herr, nicht uns, sondern deinem Namen gieb Ehre.

J. Krügel=Buckow.

Die Rauener Berge und die Markgrafensteine.

An Bergen und Steinen hat unsere Mark, obgleich dem Tieflande angehörig,
obgleich dem Meere entwachsen, keinen Mangel. Auch sind es nicht immer kahle
Sandhügel, die in des „Deutschen Reiches Streusandbüchse“ sich auftürmen; nein,
recht anmutige Bergpartien kann der märkische Wanderer antreffen, wenn er es sich nur
nicht verdrießen läßt, sie aufzusuchen. Zu solch anmutigen Partien gehören auch
unstreitig die Rauener Berge bei dem Dorfe Rauen, 4 km südlich von Fürstenwalde,
welche als Teil der nördlichen, bezw. nordöstlichen Umwallung des Beeskow=Storkower
Höhenlandes das Spreethal im Süden begrenzen. Mit mächtigen Kiefern, in den
Gründen vielfach mit Eichen, Buchen und Birken bewaldet, erheben sie sich in ihren höchsten
Kuppen mehr denn 140 m über den Meeresspiegel und gewähren so herrliche Fern=
blicke nach Norden und Nordosten hinweg über den blitzenden Spreespiegel mit
seinen dahingleitenden Dampfern und Seglern, hinweg über die ehemalige Bischofs=

stadt Fürstenwalde mit ihrem weithin sichtbaren Turme der einstigen Kathedralkirche in das Lebuser Land — und nach Süden weithin über die ausgedehnte Wasserfläche des Scharmützelsees. Zahlreiche Dörfer und einzelne Höfe grüßen von Berg und Thal zu dem Ausschauer hinüber. Von einem alten, leider jetzt verfallenen und abgetragenen Vermessungsturme aus erblickte man früher das ferne Berlin, und selbst die Potsdamer Höhen waren dem scharfen Auge als blaue Streifen erkennbar!

Unter den schattigen Baumkronen aber läßt es sich durch grüne Thäler und über blaubeerenumrankte Hügel zur Sommers=, besonders zur Maienzeit recht angenehm lustwandeln, und hat sich der Spaziergänger auf und zwischen den Bergen „warmgelaufen", so kann er zur Abkühlung seinen Weg auch noch $\frac{1}{2}$ Stündchen unter den Bergen, durch die Stollen und Gänge der Braunkohlenwerke, fortsetzen!

Das alles aber ist es nicht, was die Rauener Berge besonders interessant macht und zu ihrem Besuche einladet; an Naturschönheiten werden sie von der „Märkischen Schweiz" bei weitem überragt. Ihre größte Merkwürdigkeit gewinnen sie durch die auf ihnen lagernden und unter dem Namen „Markgrafensteine" weithin bekannten erratischen (verirrten) Blöcke, zwei gewaltige Felsstücke aus schwedischem Granit, wie sie keine andere Gegend unserer sonst so „steinreichen" Provinz aufzuweisen hat.

Der größere derselben hatte einst bis zu seiner auf Veranlassung Friedrich Wilhelms III. im Jahre 1826 erfolgten Spaltung einen Umfang von 29,5 m und eine Höhe von 8,5 m. Der jetzige Rest, etwa $\frac{1}{3}$ der ursprünglichen Größe, reicht heute noch 4,7 m über und 1,9 m unter den Erdboden. Der kleinere, noch ganz erhaltene und wenige Schritte südlicher liegende Stein zeigt eine Höhe von 5,7 m, wovon 3,7 m sichtbar sind. Selbstverständlich sind diese Riesen keine Erzeugnisse der Rauener Wälder; nach geologischer Annahme haben sie einst eine lustige Wasserfahrt auf Eisschollen von Skandinaviens Klippen zu uns gemacht, zu einer Zeit, da unser Vaterland noch Meeresboden war. Unter der Einwirkung der Sonne sind später die Eisschollen zerschmolzen und zerbrochen und haben sich ihrer schweren Bürde auf den heutigen Rauener Bergen entledigt.

> Einst ziert' ich, den Äther durchspähend,
> Als Spitze des Urgebirgs Stock,
> Ruhm, Hoheit und Stellung verschmähend,
> Ward ich zum erratischen Block.
>
> Scharf wies mir der Gletscher die Zähne:
> „Hier, Springinsfeld, wirst du poliert,
> Und im Schutt meiner großen Moräne
> Als Fremder thalab transportiert!"
>
> Da bleib' einer sauber und munter
> In solchem Gerutsch und Geschlamm;
> Ich kam immer tiefer herunter,
> Bis der Eiswall ins Urmeer zerschwamm.

Plump, plump! — da ging ich zu Grunde,
Lag elend verjunken und jchlief,
Bis in jpät erjt erlöjender Stunde
Sich Gletjcher und Sintflut verlief.

Hier ruhten die nordijchen Fremdlinge Jahrtaujende nach langer Irrfahrt in
ungejtörter Ruhe, bis ein märkijcher Hohenzoller durch mächtige Hammerjchläge jie
wachrief. Friedrich Wilhelm III. ließ 1826 den größeren, 5000 Centner jchweren
Block durch den Baumeijter Cantian jpalten, die größere Hälfte zu einer Schale aus=
arbeiten und als eines der merkwürdigjten Monumente vaterländijcher Kunjt im
Lujtgarten zu Berlin aufjtellen. Sie faßt bequem 44 Perjonen und hat das

Nach einer Zeichnung von P. Ruge=Fürjtenwalde.

1. Markgrafenjteine. 2. Höchjter Punkt der Rauener Berge. 3. Schale im Lujtgarten zu Berlin.

rejpektable Gewicht von über 75000 kg. Ihre Bearbeitung dauerte fajt 3 Jahre
und ihre Beförderung zu der etwa ³/₄ Meilen entfernten Spree, auf welcher jie
vermitteljt eines bejonders dazu hergerichteten Fahrzeuges ihrem Bejtimmungsorte zu=
geführt wurde, jechs Wochen. — Freilich jieht man ihr heute den „Provinzialen"
nicht mehr an: aus dem einfachen Land= und Dorfkinde ijt eine „polierte Groß=
jtädterin" geworden! Der „Zurückgebliebene" aber trauert in jtiller Waldeinjamkeit
um jeine geraubte „jchönere Hälfte" und verzehrt jich in Sehnjucht nach ihr wie
Heines „Fichtenbaum auf kalter Höh'" nach der Palme im fernen Morgenlande!"
Ob einjt jein Sehnen gejtillt werden mag? — —

Die Mächtigkeit der Blöcke, das Dunkel, in welches ihr Urjprung gehüllt ijt,
ihre Lage im Walde, jowie die naheliegende Vermutung, daß in grauer Vorzeit hier
ein geheiligter Götterhain (Rauen = Ramowe = Ort des Schweigens und der Ruhe?)

gestanden, und die Steine selbst Opferaltäre der heidnischen Germanen und Wenden gewesen seien, hat manche Sage um sie gesponnen. — Schon ihr Name „Markgrafen"-Steine hat zur Sagenbildung Veranlassung gegeben. Fr. Plitt bringt ihn in seiner historischen (romanhaften) Erzählung: „Der falsche Waldemar oder die Markgrafensteine" (gedruckt bei W. Nernst in Schwedt 1833) mit dem falschen Waldemar in Verbindung, welch letzteren, wie geschichtlich feststeht, Kaiser Karl IV. auf dem Felde bei dem Dorfe Heinersdorf, 15 km von Fürstenwalde, wo. sich das kaiserliche Lager befand, für den „echten" Waldemar erklärte. Der falsche Waldemar aber selbst soll unter dem Namen Jakob Rehbock in dem nahen Dorfe Markgrafpieske als Müllergeselle thätig gewesen sein. Seine Mutter Clotilde von Eberswalde, die verschmähte Geliebte des zu Strausberg residierenden Markgrafen Conrad, des Vaters beider Waldemar, suchte ihn zu bestimmen, die Rolle seines verstorbenen Stiefbruders (des letzten Askaniers) weiterzuspielen; — mit welchem Erfolge, lehrt die Geschichte. Die Pläne aber soll Clotilde im Waldesdunkel an den großen Steinen geschmiedet und hier auch ihre geheimen Zusammenkünfte mit ihren Vertrauten und ihrem Sohne abgehalten haben. — Ihr sowohl, wie der Geliebten ihres Sohnes, der Müllerstochter Lisbet Küpper zu Markgrafpieske, wurde nach dem Tode ein christliches Begräbnis auf dem Rauener Kirchhofe versagt; beide liegen an den großen Steinen begraben! So sollen denn auch das Dorf Pieske und die Rauener Steine nach dem falschen Waldemar, der in so nahe Berührung mit beiden gekommen ist, die Namen Markgrafpieske und Markgrafensteine erhalten haben!

Noch eine andere, bekanntere Sage erzählt sich alt und jung in der Umgegend: An der Stelle der Felsriesen habe einst ein prächtiges Ritterschloß gestanden. Ein häßlicher Riese, der sich vergeblich um die Gunst des schönen Schloßfräuleins bemühte, verzauberte aus Rache alle Pracht in die beiden Steine und bannte in einen derselben auch die spröde Maid. Doch nicht auf ewig; ein keuscher, tugendhafter Jüngling, ein Sonntagskind, kann den Zauber in der Johannisnacht lösen, nachdem er zuvor einen gelben Specht und einen schwarzen Kranich gefangen und ihnen den Kopf abgeschlagen hat. — Schade nur, daß derartige Spechte und Kraniche so selten anzutreffen sind!

W. Roggisch-Fürstenwalde.

Julius Pintsch und seine Schöpfung.

Wenn du, lieber Leser, des Nachts auf irgend einer preußischen Eisenbahn gefahren bist, so hast du dich gewiß auch über das ruhig brennende Licht in deinem Wagen gefreut. Unwillkürlich hat dann dein Auge auf der Lichtspenderin, der Lampe, geruht und die Umschrift: „Julius Pintsch, Berlin" gelesen. Mir sei es gestattet, das Leben und Schaffen des Julius Pintsch, eines der genialsten und schöpferischsten Männer dieses Jahrhunderts, eines echten Sohnes der Mark, zu schildern, dessen Wahlspruch war: „An Gottes Segen ist alles gelegen."

Julius Pintsch, ein Sohn einfacher Bürgersleute, wurde am 6. Januar 1815 zu Berlin geboren und erhielt den Verhältnissen nach eine vorzügliche Schulbildung, indem ihn die Eltern nicht nur die Volks-, sondern auch die Gewerbeschule und das graue Kloster besuchen ließen. Eingedenk des Sprichwortes: „Handwerk hat goldenen Boden", erlernte er die Klempnerei und ging der allgemeinen Sitte gemäß auf die Wanderschaft, von welcher er 1838 über Dresden nach Berlin zurückkehrte und als Klempner bei Köppen und Wenke bis 1843 arbeitete. In diesem Jahre gründete er nicht nur mit einer Bürgerstochter aus Dresden einen eigenen Hausstand, sondern auch in den Kellerräumen Stralauerplatz 4 ein eigenes Geschäft und fertigte vorzugsweise Lampen und ähnliche Gegenstände an. Da die Artikel des jungen Meisters an Brauchbarkeit und solider Herstellung nichts zu wünschen übrig ließen, so hatte das kaufende Publikum bald Vertrauen zu dem strebsamen, intelligenten Manne und kaufte gern bei ihm, so daß das Geschäft bald erweitert werden mußte.

Eine ganz neue Epoche begann für das Geschäft des Julius Pintsch, als Berlin und andere Städte Deutschlands, durch die Erfolge der Engländer ermutigt, eigene Gasanstalten bauten; denn nun bildete sich ein ganz neuer Gewerbszweig, die Gastechnik, aus, und grade auf diesem Gebiete ist Julius Pintsch schöpferisch thätig und bahnbrechend gewesen. Zwar behielt England noch eine Zeitlang die Alleinherrschaft, indem es nicht nur alle Gasmesser und Apparate lieferte, sondern sogar die Gasrohre, welche teuer und trotzdem schlecht waren und darum auf dem Transporte vielfach beschädigt wurden. Die Ausbesserungen wurden dem Meister Pintsch übertragen, so daß das Geschäft sich fast täglich erweiterte. Bei diesen Arbeiten mag dem ehrlichen, deutschen Manne wohl oft die Zornesader über die minderwertige, ausländische Ware geschwollen sein, und es mag in der Seele dieses Mannes der Solidität der Entschluß geboren worden sein, jene durch gediegene deutsche Ware zu ersetzen und somit den Engländern den Rang abzulaufen. Schon 1847 führte er den städtischen Behörden den ersten aus seiner Werkstatt hervorgegangenen Gasmesser vor, wurde aber, da ja der Prophet in seinem Vaterlande wenig gilt, abgewiesen. Das war ein harter Schlag, dem bald ein zweiter folgte, indem der Meister drei Stock hoch vom Gerüst stürzte und lange Zeit unthätig sein mußte. Endlich gelang es aber dem Bürgerdeputierten Humblot, die Behörden zu überzeugen, daß die Pintsch'en Fabrikate den ausländischen ebenbürtig, wenn nicht gar überlegen seien, so daß eine Bestellung von 50 Gasmessern erfolgte. Von diesem Augenblicke an war aus dem Klempnermeister ein Großindustrieller geworden, dessen Ruf von nun an nach allen Weltteilen drang. Darum wird auch jenes Schriftstück, welches diese Bestellung enthielt, als ein wichtiges Familienstück sorgfältig aufbewahrt. Es konnte auch nicht anders kommen. Durch ihre Gediegenheit brachen sich alle seine Fabrikate in verhältnismäßig kurzer Zeit Bahn, nicht nur in Deutschland, sondern auch in fremden Ländern. Julius Pintsch hat auf dem Gebiete der Gastechnik nicht allein die ausländischen Fabrikate von dem deutschen Markte fast gänzlich verdrängt, sondern auch deutsche Fabrikate im Auslande zu Ehren gebracht.

Eine thatkräftige Stütze erhielt er in seinem ältesten Sohne Richard, der, kaum

Julius Pintsch.
Geb. 6. Jan. 1815, gest. 20. Jan. 1884.

18jährig, 1856 in das Geschäft seines Vaters trat und die Funktionen eines Meisters, Buchhalters, Kassierers und Modellzeichners ausübte, so daß der Vater nun größere Geschäftsreisen unternehmen konnte. Von der hohen Begabung und Begeisterung des Sohnes für seinen Beruf zeugt die Thatsache, daß er in seinen Mußestunden eine Dampfmaschine ($\frac{1}{2}$ Pfdk.) erbaute, die 3 bis 4 Jahre die Betriebs- maschine des väterlichen Geschäfts war und heute noch als Reliquie aufbewahrt wird. Die sich immer weiter ausbreitende Gas- beleuchtung erforderte viele Gasmesser, Laternen und sonstige Apparate. Von Vorurteilen befangen und am Alther- gebrachten hängend, bezog der weitaus größte Teil der Konsumenten seinen Be- darf bis dahin aus dem Auslande. Darum ist es durchaus berechtigt, jene Männer zu erwähnen, die den Wert der Pintsch'en Fabrikate erkannten und das Geschäft nun durch größere Aufträge unterstützten. Zu ihnen gehören die Gasanstaltsdirektoren

Firle in Breslau und Franke in Dortmund, sowie Kommerzienrat Weigel in Leipzig. Die Folge davon war, daß die Werkstätten nicht mehr ausreichten und das Grundstück Andreasstraße 72/73, die heutige Centralfabrik, erworben werden mußte. Zuerst wurde das Quergebäude aufgeführt, und dabei soll Pintsch geäußert haben: „Wenn ich diese Fabrik einst voller Arbeiter habe, dann will ich glücklich sein." Daraus sehen wir, daß er selbst noch nicht ahnte, welchen ungeheuren Aufschwung sein Geschäft in wenigen Jahren nehmen würde. Freilich stellte sich ihm nun auch, von seinen Er- folgen verlockt und geblendet, eine mit großen Geldmitteln ausgerüstete Konkurrenz entgegen, welche aber die rastlos arbeitenden Männer, Vater und Sohn, bald aus dem Felde schlugen. Sie brachten vielmehr den Namen Pintsch bei allen Gasfachmännern täglich zu höherem Ansehen, einmal durch die tadellose Beschaffenheit aller Fabrikate alter und bekannter Konstruktionen, dann aber auch besonders durch die von beiden Männern erfundenen Verbesserungen und Neukonstruktionen der mit der fortschreitenden Entwickelung der Gastechnik unzertrennlich verbundenen Präcisions-Apparate. Fast unausgesetzt ist Julius Pintsch schöpferisch thätig gewesen. Kein Wunder, wenn das Geschäft derartig wuchs, daß, um allen Anforderungen zu genügen, 1866 in Dresden und 1867 in Breslau Filialen errichtet werden mußten, die heute noch bestehen. Als ein Beweis des großen Vertrauens, das die Firma Pintsch genoß, darf gewiß die Thatsache angesehen werden, daß ihr das preußische Kriegs- und Marine-Ministerium den Bau von Unterwasser-(Defensiv-)Torpedos übertrug, die in den Kriegsjahren 1870/71 die höchsten Anforderungen an die Leistungsfähigkeit der Firma stellten.

Als auch die Söhne Oskar und Julius Gehilfen und treue Mitarbeiter des väterlichen Geschäfts geworden waren, trat an die Firma eine Aufgabe heran, deren epochemachende Lösung den Namen Pintsch über die Grenzen Deutschlands in alle civilisierten Weltteile tragen sollte. 1868 hatte die Königliche Direktion der Niederschlesisch-Märkischen Eisenbahn der Firma, als der einzigen, die befähigt war, derartige Aufgaben zu lösen, nahegelegt, Versuche zur Beschaffung einer guten Gasbeleuchtung der Eisenbahnwagen zu machen, wobei jeder Wagen für sich, unabhängig von den anderen, beleuchtet werden sollte. Sofort ging J. Pintsch mit der ihm eigenen Energie im Verein mit seinen für diese Idee begeisterten Söhnen an die Arbeit, um das gewaltige Ziel zu erreichen. Jahrelange, mühevolle und aufreibende Arbeit schien dennoch vergeblich zu sein. Aber wieder und wieder war es Richard Pintsch, der die Idee von neuem erfaßte und von anderen Gesichtspunkten aus an die Lösung ging. Das Ziel wurde erreicht, als man erstens als Beleuchtungsmaterial das Steinkohlengas verworfen und dafür das sogenannte Fettgas in komprimiertem Zustande als das richtige Material erkannt, und als zweitens Richard Pintsch 1871 die erste Anregung zur Konstruierung des Regulators, der einen Hauptbestandteil der jetzigen Waggonbeleuchtung bildet, gab und diesen in Gemeinschaft mit seinen Brüdern zu einem sicher wirkenden, nie versagenden Apparate ausbildete. Damit waren die Haupthindernisse beseitigt und eine Grundlage geschaffen, auf welcher die Herstellung des Gases, sowie der Apparate fabrikmäßig erfolgen konnte. Zur Erprobung von beiden mußten die Brüder Oskar und Julius monatelang des Nachts Fahrten von Berlin nach Breslau in bereitgestellten Wagen unternehmen, bis die Firma der Bahnverwaltung diese Art der Beleuchtung als die gewünschte vorführen konnte. Aber noch war manches Vorurteil zu beseitigen, und es ist hierbei der Regierungs- und Bauräte Jaedicke und Mellin und des Obermaschinenmeisters Gust zu gedenken, welche in uneigennützigster Weise der Firma Pintsch die Wege zum Ziele ebneten. Die Einführung der Beleuchtung der Personenwagen mit Fettgas nach dem System Pintsch bildet nach dem Urteil der Fachmänner einen Glanzpunkt in dem Betriebe der Preußischen Staatseisenbahn, und es sind bis jetzt 60 000 Wagen und Lokomotiven damit eingerichtet. Zur Herstellung des nötigen Gases sind 190 Gasanstalten erbaut worden. Die mit den geschilderten Erfolgen zusammenhängende Erweiterung des

Geſchäftes machte größere Fabrikräume nötig und führte 1872 zur Gründung der
Zweigniederlaſſung in Fürſtenwalde a/Spree, welche einen Flächenraum von 8 ha
37 a und 65 qm umfaßt, von denen 1 ha 43 a 93,33 qm bebaut ſind, und mit
der Niederſchleſiſch-Märkiſchen Eiſenbahn durch ein normalſpuriges Anſchlußgleis
verbunden iſt. Nachdem es möglich geworden war, komprimiertes Fettgas in trans-
portablen Behältern bei den Eiſenbahnwagen zu verwenden, ſo war es für die Erfinder nur ein verhältnismäßig leichter Schritt, dasſelbe auch auf die Markierung
des Fahrwaſſers der Küſten und der Einfahrten in die Flüſſe und Ströme zu übertragen. In den Leuchtbojen und Baken ward ein Syſtem gefunden, das in wenigen
Jahren bei allen ſeefahrenden Völkern eingeführt worden iſt. Dieſe Bojen und
Baken gleichen hilfreichen Händen, welche ſich dem bei Nacht und Nebel der gefahrvollen Küſte nahenden Seemanne entgegenſtrecken, um ihn ſicher und gefahrlos ſeinem
Ziele zuzuführen. Sie bilden ein vorzügliches Bindeglied zwiſchen den gigantiſchen
und koſtſpieligen, darum weniger zahlreichen Leuchttürmen und den weit in das Meer
hinausgeſchobenen Leuchtſchiffen, welches für die geſamte Seeſchiffahrt eine hervorragende Bedeutung hat; denn ſie gewähren auch in der Nacht eine ſichere Durchfahrt
und ſind darum bei dem Suez- und Nordoſtſee-Kanal in umfaſſendſter Weiſe angewandt. In England, Frankreich, Öſterreich, Nord- und Südamerika hatten ſich
bald nach Erwerbung der Patente ſelbſtändige Geſellſchaften zur Ausbeutung des
Syſtems gebildet, welche mit dem Stammhauſe ſtets in engſter Verbindung ſtehen,
während in anderen Ländern Vertreter den Verkehr mit den Eiſenbahn- und Marine-
behörden vermitteln.

Es iſt wohl ſelbſtverſtändlich, daß mit dem Wachſen des Geſchäftes auch ein
Wachſen des materiellen Lohnes verbunden war, welchem Kaiſer Wilhelm I. auch den
idealen hinzufügte, indem er dem Großinduſtriellen Julius Pintſch in Anerkennung
der Verdienſte um Handel und Induſtrie „des Vaterlandes 1878 den Titel eines
Königlich Preußiſchen Kommerzienrates verlieh. 1887 hat auch Richard Pintſch dieſe
Würde erhalten. Wenn irgend eine Perſon eine derartige Auszeichnung verdiente,
ſo war es Julius Pintſch. Ihn trieb nicht engherziger Egoismus, ſondern ihn
leiteten große, ideale Gedanken. Sein ſchöpferiſcher Geiſt ſtrebte Zielen zu, die dem
Vaterlande, ja der geſamten Menſchheit zum Wohle und Segen gereichen ſollten.
Wenn heute der Reiſende ſich an dem milden, behaglichen Licht der Eiſenbahnwagen
erfreut, wenn der Seemann an den entfernteſten Küſten die nie verſagenden Leuchtbojen auftauchen ſieht und mit dem Gefühl der Sicherheit erfüllt wird, ſo iſt es ein
Beweis, wie das Pintſch’e Beleuchtungsſyſtem in ſo kurzer Zeit ſeinen Weg durch
die Welt gemacht und damit der deutſchen Induſtrie zum Siege verholfen hat. Trotz
der ungeheuren Erfolge, wie ſie nur wenigen Sterblichen beſchieden ſind, blieb dieſer
geniale Mann bis an ſein Ende ein gerader, ehrenwerter Charakter, der durch ſein
ſchlichtes Weſen, ſowie durch ſein edles, für ſeine Mitmenſchen in Freud’ und Leid
ſtets mitfühlendes Herz jedem ein leuchtendes Beiſpiel gab und ſich die Liebe und
Verehrung weiter Kreiſe erwarb. Suchte er doch ſeine Fabrikanlagen zu Muſter-
ſtätten hygieniſcher und ſanitärer Einrichtungen zu machen, damit ſeinen Arbeitern
der weitgehendſte Schutz von Leben und Geſundheit geſichert ſei, ſuchte er ihnen doch

einen größtmöglichen Anteil am Gewinn durch Zahlung hoher Löhne und von Versicherungen zu überweisen; denn er fühlte sich mit seinen Arbeitern solidarisch, gleichsam wie ein Vater zu seinen Kindern. Infolgedessen herrscht auch Zufriedenheit unter denselben, und es ist gar keine Seltenheit, daß Arbeiter ihr 25jähriges Dienst= jubiläum feiern. Sie erhalten von diesem Zeitpunkt an aus einer besonderen Stiftung einen fortlaufenden, jährlichen Zuschuß von 150 Mark. Es ist recht begreiflich, daß die Trauer bei dem Tode des Julius Pintsch am 20. Januar 1884 eine allgemeine und wahre war. Von der großen Fürsorge dieses Mannes für seine Arbeitnehmer zeugt auch die Thatsache, daß er testamentarisch einen Fonds in namhafter Höhe hinterlassen hat, aus dessen Erträgen Unterstützungen an die Hinterbliebenen ver= storbener Beamten und Arbeiter geleistet werden. Zu demselben Zwecke wurde von der Firma bei Fertigstellung des 100 000. Gasmessers eine weitere Summe gestiftet. So hat Julius Pintsch ohne fremde Hilfe, nur auf sich selbst und seine eigene Kraft so lange angewiesen bis die in seiner Idee und in seinem Geiste erzogenen und aufgewachsenen Söhne ihm treu zur Seite standen, ein Werk geschaffen, das durch die Großartigkeit seines Aufbaues und die Vollendung seiner einzelnen Teile unsere Bewunderung herausfordert.

Hier könnte ich meine Arbeit schließen, möchte aber noch kurz ein Bild von der Schöpfung des Julius Pintsch nach dem heutigen Stande der Firma geben.

1879 traten die Söhne als Teilnehmer in das Geschäft ihres Vaters und dehnten es nach dem Tode desselben namentlich in Fürstenwalde aus. 1884 er= warben sie in der in Bockenheim bei Frankfurt a/M. bestehenden Gasapparate= und Maschinenfabrik eine Zweigniederlassung für Süddeutschland, wo der jüngste Bruder Albert mit Erfolg die Fabrikation von Gasmessern und sonstigen Apparaten betreibt. Dazu kommt noch die Fabrikation von Torpedoluftkesseln und den dazu gehörenden Armaturen für die deutsche Marine nach einem besonderen System, die Herstellung sämtlicher zur Dampfheizung der Eisenbahnwaggons gehörenden Teile, der Bau von Dynamomaschinen nach Patent „Fritsche" die Ausführung größerer Schweißarbeiten und der für die Waggonbeleuchtung benötigten Sammel= und Transportkessel, sowie der Bojen und Baken, die Herstellung von Cellulosekesseln, Verzinkungspfannen und ähnlichem. Die Firma ist in Deutschland die alleinige Licenzträgerin der Europäischen Wassergasgesellschaft für die Ausführung großer Wassergasanlagen, und getreu dem Losungswort: „Mehr Licht!" war sie es, die zuerst das epochemachende Gasglühlicht in Deutschland einführte und noch jetzt ausschließlich die dazu nötigen Brenner für das In= und Ausland liefert. In der Berliner Fabrik werden mehr die feineren mechanischen Arbeiten ausgeführt, während solche Gegenstände, deren Herstellung größere Räume und Betriebskräfte erfordern, der Abteilung Fürstenwalde überwiesen werden. Nachstehende kurze Statistik wird die Großartigkeit dieses Fabrik= betriebes klar vor Augen führen:

Es werden in demselben rund 2500 Personen beschäftigt, welche 3500000 Mark an Lohn beziehen, während die auswärts beschäftigten Monteure 300 000 Mark erhalten.

Es werden jährlich bezahlt:

für Unfallversicherung	15 000 Mark
an Beitrag für Krankenkassen	16 000 „
an Beitrag für Altersversorgung	16 000 „

Der Verbrauch an Materialien beträgt:

Eisen und Stahl	7 725 500 kg im Betrage von	2 031 500 Mark
andere Metalle	861 750 „ „ „ „	1 337 000 „
Brennmaterialien	8 268 000 „ „ „ „	157 000 „

Es versteht sich wohl von selbst, daß alle diese Zahlen abgerundet worden sind. Nach dem obigen Satze würde jede beschäftigte Person durchschnittlich jährlich 1400 Mark verdienen. Die Firma hat an Löhnen zu zahlen:

täglich (360 Arbeitstage angenommen)	9722,— Mark
stündlich (den Tag zu 10 Std. angenommen)	972,20 „
in jeder Minute	16,20 „

Aus der kleinen Werkstatt ist dank dem Fleiße des Vaters und der Thätigkeit der Söhne ein Werk hervorgegangen, wie es in seiner Eigenart und Vielseitigkeit wohl selten zu finden ist. Julius Pintsch gehört zu den deutschen Firmen, deren Namen in allen Kulturländern einen guten Klang haben; sie nimmt unter diesen eine der ersten Stellen ein, hochgeschätzt und geehrt von allen denen, die mit der Firma in Verbindung standen und noch stehen. Möge der wohlverdiente gute Ruf ihr stets beschieden sein, und ihr auf ihren weiteren Unternehmungen der Erfolg treu bleiben, den sie sich im ehrenvollen Kampfe bis jetzt errungen hat.

Wenn du, freundliche Leserin, lieber Leser, einmal mit der Eisenbahn durch unser Städtchen Fürstenwalde reisen solltest, so wende auf dem Bahnhofe deinen Blick nach Norden, und du wirst die Fabrikanlagen genannter Firma in gewaltiger Ausdehnung sich erstrecken sehen. Gestatten es dir aber Zeit und Umstände, so unterbrich die Fahrt und laß dich durch die Fabrikräume führen. Die Fabrikleitung wird das in liebenswürdigster Weise, soweit es möglich ist, gestatten. Du wirst dann auch an die Parkanlagen, die fast täglich allem Publikum geöffnet sind, kommen und staunend die Pracht und Schönheit, die Vielseitigkeit und Großartigkeit der Kinder der Natur, die Kunst und verständiges Schaffen auf märkischem Sande hervorzubringen verstehen, sowie die Zeichen dankbarer Erinnerung und Verehrung, die Kindesliebe gestiftet hat, bewundern müssen. Wer die Parkanlagen, nebst Obst- und Gemüsegarten der Familie Pintsch gesehen, wird nicht mehr von dem märkischen Sande, als nur für eine Streusandbüchse tauglich, sprechen, sondern ihn immer lieber gewinnen. Gleichzeitig muß man die Veränderungen bewundern, welche die fortschreitende Zeit auch vielfach in der Mark hervorgebracht hat. Wo früher der Wind mit dem leichten Flugsande sein Spiel trieb, steigen heute nicht selten dicke Rauchsäulen aus gewaltigen Schloten zum Himmel empor, und Tausende von fleißigen Händen erzeugen in den Fabrikräumen die unzähligen Artikel, die Klugheit und Scharfsinn zum Nutzen und Wohle der Menschen erdacht.

G. Ruge-Fürstenwalde.

Aus der Urgeschichte der Neumark.

Wo sich der stattliche Warthestrom und die Netze bei der alten, ehemaligen Feste Zantoch brüderlich vereinen, wo beide dann in Gemeinschaft ihre Wogen, von Fahrzeugen mannigfacher Art belebt, nach Westen rollen, um sie der Oder zuzuführen: dieses Land mit seinen gesegneten Fluren und grünen Wiesen, mit seinen schattigen Wäldern und stillen, tiefblauen Seen, mit seinen fleißigen Bewohnern in den gewerbthätigen Städten und freundlichen Dörfern ist die Neumark. Der Name taucht zuerst gegen Ende des 14. Jahrhunderts auf, zu jener Zeit, als dieses Gebiet infolge seiner Lage ein wichtiges Grenzland zwischen dem nach Osten vordringenden Deutschtum und dem zurückweichenden Slaventum bildete und ein Gegenstand des Streites und der Schauplatz erbitterter Kämpfe zwischen Brandenburgern, Pommern, Polen und den deutschen Ordensrittern war. Die Grenzen der Neumark sind darum im Laufe der Jahrhunderte vielfachen Veränderungen unterworfen gewesen; jedoch versteht man noch heute darunter das Stück Land der Mark, das sich zu beiden Seiten der unteren Netze und Warthe bis zur Oder hin ausbreitet und sich wie ein Keil zwischen die Provinzen Pommern, Westpreußen und Posen hineinschiebt. Aber nicht der heutige Zustand der neumärkischen Heimat, nicht ihre Bedeutung in der vaterländischen Geschichte, sondern ihr Werden und Wachsen in urzeitlicher Bildung und Gestaltung, die Kultur ihrer vorgeschichtlichen Bewohner und deren Schicksale sollen möglichst getreu, soweit sich der dunkle Schleier einer vorhistorischen Vergangenheit lüften läßt, nachstehend geschildert werden.

I.

Besteigen wir an einem sonnigen, klaren Morgen den höchsten Punkt in nächster Umgebung der Stadt Landsberg, die östlich gelegenen Höhen der Schanzen, so genießen wir von dem in den Jahren 1895 und 1896 erbauten Turme des städtischen Wasserwerkes einen Rundblick, dem sich ein ausgedehntes landschaftliches Bild eines großen Teiles der Neumark erschließt. Nach Norden zu schweift das Auge über ein Hochplateau, in einzelnen Punkten nur wenig niedriger oder höher als unser Standpunkt, unterbrochen von der schmalen Thallinie des Kladowfließes und seiner kürzeren Nebenthäler, bis in weiterer Ferne ein dunkler Waldgürtel dem Blicke ein Ziel setzt. Nach der entgegengesetzten Richtung, nach Süden, schauen wir in das fruchtbare Warthethal und in die sich anschließende Bruchlandschaft, bedeckt von dichtliegenden Dörfern, Kolonien und Gehöften, über die einige weithin hellleuchtende Kirchtürme als Wahrzeichen des Sinnes der Bevölkerung emporragen; ganz am Südrande heben sich die dunklen Wälder des seenreichen Sternberger Höhenlandes sichtlich vom Blau des Himmels ab. Wenden wir uns nach Osten und Westen, so bemerken wir, wie eine in dieser Richtung gehende Linie das nördliche Höhenland von der südlichen Bruchlandschaft scheidet.

Die Beschaffenheit des Bodens giebt darüber Aufschluß, wann und auf welche Weise das Gebiet seine heutige Gestaltung erhalten hat. Auf der Hochfläche besteht die Bedeckung überall aus braungelbem Lehm, im feuchten Zustande eine zähe Masse, im trockenen hart und thonartig; dazwischen sind Steine und Geröll, Sand und Kies in großen Mengen eingebettet.

> „Feuerstein und Sand
> Sind die Elemente
> Im Brandenburger Land."

Diese mit Gesteinstrümmern gemischte Lehmschicht bezeichnen die Geologen als „oberen Geschiebemergel". Im Thal der Warthe und Netze ist derselbe von einer 1—3 m starken Humusschicht bedeckt; die steinigen Reste des Geschiebemergels liegen hier in größeren Tiefen, wie es die Bohrungen bei den Brückenbauten der Landsberg= Schweriner Bahn bewiesen haben. Im Brenkenhofkanal lagen übereinander ungefähr 2 m Humus, über 4 m scharfer Sand, ebensoviel Sand mit Steinen und darunter etwa 3 m Kies; ein ähnliches Ergebnis zeigten die Bohrungen am Südufer der Warthe. Stellenweise finden sich große granitne Gesteinsmassen vereinigt vor, so in dem sandigen Boden von Berkenwerder und Dechsel. Einen Block von gewal= tigem Umfange trägt der Gipfel des Taubenberges bei Zielenzig. Wo die Flüsse derartige Steinbänke durchschneiden, haben sich Riffe gebildet, wie in der Warthe bei Borkow und Cüstrin, in der Netze bei den Hottosbergen. Auch im Kladowthal machen sich Reste des Geschiebemergels bemerkbar und begleiten als Höhenland das rechte Ufer. — Wo zur Gewinnung von Lehm und Sand größere Tiefen der Ab= hänge erschlossen sind, lagert unter dem oberen Lehm und Sand ein „unterer Ge= schiebemergel", mit geschichteten Bänderthonen und Kiesen dazwischen, wie in den Lehmgruben am Zechower Wege und hinter der Friedrichsstadt bei Landsberg.

Diese Lagerung der oberen Erdschichten verdankt ihre Entstehung der geolo= gischen Thätigkeit der Eiszeit, die einst im Laufe ungezählter Jahrtausende die Ober= fläche der jungfräulichen Erde zur heutigen Gestaltung formte; die doppelte Schichtung des Geschiebelehms und des Sandes hat ihre Ursache in dem zweimaligen Vor= dringen der diluvialen Eismassen nach Süden. Als diese zum erstenmal bis auf das baltische Höhenland zurückgedrängt waren, bildeten die Schmelzgewässer das breite Flußthal der Netze und Warthe, worin auch das Wasser der Weichsel seinen Weg nach Westen zum Oderthal nahm. Daß in der eisfreien Zwischenzeit auch in der Neumark ein reges Tier= und Pflanzenleben geherrscht haben muß, das beweisen die zahlreichen Funde an Schnecken= und Muschelschalen oder deren Abdrücken im Thon der Gruben bei Landsberg. Das heutige Vorkommen des an die Alpenrosen erinnernden Sumpfporstes (Ledum palustre L.) im oberen Gebiet der Kladow bei Himmelstädt läßt mit Sicherheit darauf schließen, daß die zweite Vereisung die höher gelegenen Gebiete der Neumark freigelassen hat. Nach dem letzten Zurücktreten des Eises lagen die Thalsohlen der Warthe und Kladow etwa 20 m höher als heute; aber im Laufe der folgenden Zeit gruben sich die Gewässer tiefere Rinnsale in den oberen Geschiebelehm, bis sie ihre jetzige Tiefe erlangten. Von den an= grenzenden nördlichen Höhen, welche viel dichter als in der Jetztzeit bewaldet waren, stürzten die Wasser zur Warthe, gruben tiefe Einschnitte und Schluchten, führten große Sandmassen mit sich und ebneten mit diesen den Übergang von der Hochebene zur Thalsohle. Zahlreich sind die kurzen, vertrockneten, ehemaligen Wasserläufe, besonders bei Zantoch, Zechow, Landsberg, Wepritz, Loppow und Dühringshof; reich an Schluchten ist die Hochebene von Liebenow, Stennewitz und Diedersdorf, die sich nach Vietz zu allmählich zum Thal der Warthe herabsenkt. Auch der Zanziner Grund bei Landsberg ist ein Erzeugnis früherer Ausspülungen. Nur die Quer=thäler der nördlichen Neumark, deren Wasserläufe in zahlreichen Seen ihren Ursprung nehmen, führen wie früher ihr Wasser der Warthe zu, nämlich die Puls, Zanze, Kladow und Vietze. —

Um uns ein Gesamtbild von dem Aussehen der Mark in jener Zeit vorstellen zu können, lassen wir den Verfasser der Geschichte von Landsberg reden: „Das Land bot damals einen wenig erfreulichen und einladenden Anblick. Ein ungeheurer, schier unermeßlicher Urwald mit zahlreichen Sümpfen und Seen dehnte sich im Norden und südlich der Warthe und Netze bis dicht an das Flußbett heranreichend aus. Die Flüsse selber bildeten ein verworrenes, viel verzweigtes, von hohen Eichen und Erlenbüschen eingerahmtes, gewaltiges Stromnetz. Zahllos waren die vielen Verzweigungen, Sümpfe und Moräste, durch die sich die Warthe in unendlichen Krümmungen durch das Bruch hinschlängelte.“

Das war die Beschaffenheit der Neumark, als die ersten Ansiedler ihren Fuß darauf setzten und sich anschickten, eine gewaltige Kulturarbeit zu beginnen, die von den nachfolgenden Geschlechtern bis auf unsere Tage ununterbrochen fortgesetzt wurde.

II.

Welche Bevölkerung hat zuerst von der neumärkischen Heimat in ihrer urzeit=lichen Gestaltung Besitz genommen und hier ihre Kämpfe ums Dasein geführt? Die Antwort hierauf ist nicht so leicht zu geben, da bis zum Anfange des XIII. Jahr=hunderts über der Neumark „der geheimnisvolle Wolkenschleier geschichtlichen Dunkels“ schwebt, und es sogar unentschieden ist, ob die Urbevölkerung slavischen oder germa=nischen Ursprungs war. Zweifellos ist, daß das Gebiet schon in grauer Vorzeit, wenn auch schwach, bevölkert gewesen ist, wie es die Spuren der menschlichen Thä=tigkeit früherer Zeiten beweisen; die hier und da gefundenen Zeugen einer altehr=würdigen Vergangenheit, bestehend in mancherlei der vorhistorischen Zeit angehörenden Gegenständen, sind allein im stande, das über der neumärkischen Heimat schwebende Dunkel zu lichten.

Die ältesten Bewohner Europas, die Zeitgenossen des Mammuts, des Höhlen=bärs und des Renntiers, konnten auf neumärkischem Boden keine wohnliche Stätte finden, weil die Gletscher der diluvialen Eiszeit den Norden bedeckten. Erst nach dem Abschmelzen der letzten zusammenhängenden Eismasse können von Süden her eindringende Völker, wahrscheinlich arischen Stammes, die Gegend in Besitz genommen haben. Die spärlichen Überreste der Kultur dieser ersten Bevölkerung lassen ver=muten, daß diese nicht seßhaft war, sondern aus umherschweifenden Jägern bestand, die ihre Hausgeräte aus Thon, ihre Waffen und Werkzeuge aus Stein fertigten. Darum hat man ihrer Zeit den Namen Steinzeit gegeben.

1.
(Königsberg)

2.
(Vietnitz)

3.

4.

5.

6.
(Meissel)

7.
(Pfeilspitze)

8.
(Bronzecelt)

9.
(Ringe)

10.
(Buckelurne)

¹/₆

11.   ¹/₅
(Bronzeschwert)

12.

13.
(Bronzemesser)

15.
(Spore)

16.
(Knochenkamm)

14.
(Schildbuckel)

18.

20.
(Knochennadel)

(Spinnwirtel)

19.

17.
(Schere)

23.
(Halsring)

21.
(Schläfenringe)

22.
(Armring)

Funde aus der Urzeit der Neumark.

Zur Gewinnung ihrer Gefäße vermengten diese Urbewohner die Thonmasse mit kleinen Stückchen Quarz, um beim Brennen das Springen zu verhüten, bildeten mit der Hand die gewünschte Form und brachten durch Aufdrücken einer Schnur oder durch Ritzen und Stechen mit einem spitzen Gegenstande in der noch weichen Masse Verzierungen an, denen man heute die Bezeichnungen Schnur-, Gruben- und Lochornamente gegeben hat. Zuletzt wurden die Gefäße getrocknet und gebrannt. Sie hatten die Form eines weiten Bechers oder Topfes ohne Henkel und sind bei Königsberg (Fig. 1) und am Rollberge (Fig. 2) bei Vietnitz gefunden worden; Bruch= stücke eines Gefäßrandes stammen von Cüstrin. Zahlreicher sind die Funde an Steinhämmern und Steinäxten (Fig. 3, 4, 5), von denen sich eine reiche Sammlung im städtischen Museum zu Landsberg befindet. „Wollte der Mensch der Steinzeit einen solchen Hammer herstellen, so suchte man zunächst ein geeignetes Stück oder schnitt von einem größeren Block ein Stück in der gewünschten Größe ab. Letzteres geschah wahrscheinlich mittelst eines längeren, auf den Steinblock herabhängenden beweglichen Holzstabes, dessen untere Spitze man unter Hinzunahme von Sand in einer Richtung auf dem Stein hin= und herbewegte und ihn so durchschnitt. Die weitere Behandlung des Steines erfolgte durch Schleifen und Polieren." (Dr. Alfred Götze, Die Vorgeschichte der Neumark.) Zur Befestigung der Hämmer am Holz= schaft besitzen einige Löcher, die entweder mit einem spitzen Gegenstand mühsam ge= schlagen oder durch quirlartige Bewegungen eines harten Holzstabes, Knochens oder Horns mit Hilfe von Sand hergestellt wurden. Die Steinhämmer ohne Schaftloch befestigte man in einem gespaltenen Schaft und umwickelte diesen mit Bast= oder Lederstreifen. Ein bei Vietz gefundener Steinhammer zeigt an seinem Kopfende eine ringsherum laufende Rinne, um die Befestigung zu erleichtern. In der oben= genannten Sammlung befinden sich durchbohrte Steinhämmer aus der Umgebung von Pollychen, Fichtwerder, der Zechower Berge, von Rodenthal, Dechsel und Landsberg. Vielseitige Verarbeitung fand auch in der Steinzeit der Feuerstein. Infolge seiner Neigung, in gewissen Formen zu springen, wurden daraus Messer, Dolche, Meißel (Fig. 6), Pfeil= und Lanzenspitzen (Fig. 7) gefertigt, wie sie bei Soldin, Landsberg, Zantoch und Pollychen gefunden wurden. Lassen die bisher aufgezählten Hausgeräte, Werkzeuge und Waffen einigermaßen auf den Kultur= standpunkt der ersten Bewohner der Neumark schließen, so die aufgedeckten Gräber auf die Bestattungsart der Verstorbenen. Zur Aufnahme der unverbrannten Leich= name dienten meistens Steinkammern, wie man sie zu Zechow bei Landsberg und Säpzig, Kreis Ost=Sternberg, bloßgelegt hat. Bei ersterem Orte fand man in einem Grabe zwei Skelette, dabei ein Beil und zwei Meißel aus Feuerstein, eine Bernsteinperle und das Gebiß eines Schweines. Auch Leichen in hockender Stellung, die Beine dicht an den Körper gezogen, stammen aus dieser Zeit. Hierher gehört ein Skelett, das bei Kraatzen, Kreis Soldin, entdeckt wurde und in der Hand Gegenstände der Steinzeit, nämlich ein Feuersteinmesser und eine knöcherne Nadel, hielt. Erst gegen Ende dieser Zeitperiode kam auch der Brauch auf, die Leichen zu verbrennen; ein darauf bezüglicher Fund wurde zu Warnitz, Kreis Königs= berg, gemacht.

Mit Sicherheit ist anzunehmen, daß die Besitzer der neumärkischen Steingeräte mit den anwohnenden Völkerschaften in Handelsverbindungen standen; eine Steigerung derselben mußte im Laufe der Zeit einen bemerkbaren Einfluß auf die Umgestaltung der Kulturformen gewinnen und ein verändertes Kulturbild erzeugen. Es sind besonders Kupfer- und Bronzegegenstände, die von Süden und Norden her in die Neumark Eingang fanden, nach und nach die mühsam herzustellenden Steingeräte verdrängten und die sogenannte Bronzezeit hervorriefen. Charakteristisch sind dafür die dem Steinbeil ähnlichen Bronzecelte (Fig. 8), vorn mit einer verbreiterten Schneide versehen, und bronzene Ringe (Fig. 9), die als Schmuck um Hals und Arm getragen wurden. Die Bronzezeit ist die Zeit der großen Urnenfelder; diese sind ein sicherer Beweis, daß sich aus den umherschweifenden Jägern eine zahlreiche, seßhafte Bevölkerung entwickelt haben muß, die sich hauptsächlich vom Ackerbau nährte. Zur Aufnahme der menschlichen Aschenreste dienten zuerst bauchige Thongefäße, die an ihren gewölbten Außenwänden mit vier bis sechs Buckeln verziert waren und darum heute Buckelurnen (Fig. 10) genannt werden. Oft sind diese Knochenurnen von kleinen Beigefäßen umstanden, nicht selten mit der Mündung nach unten gekehrt. Buckelurnen oder deren Scherben sind bei Landsberg, Pollychen, Guscht im Kreise Friedeberg, bei Woldenberg, Berlinchen und Klossow, Kreis Königsberg, aufgefunden worden. Der Fortschritt der neumärkischen Kultur in der jüngeren Bronzezeit zeigt sich besonders in der Weiterentwicklung der Töpferei, indem die Thongefäße mit immer reicheren Verzierungen auftreten, nach oben in einen Hals auslaufen und oft mit einem Deckel versehen sind. Reich an derartigen Urnen ist besonders der nördliche Teil der Neumark und vor allem der Kreis Königsberg, aus dem Funde von Klossow, Grenzhof, Nahausen, Hohenwutzow, Oderberg, Wittstock, Zellin, Zicher und von der Graupenmühle bei Königsberg genannt seien. Im Museum zu Landsberg befinden sich Urnen dieser Zeit aus Groß-Czettritz, Loppow und Zanzin. Einer späteren Zeit gehören die Funde der südlichen Neumark an, wo zum Teil neue Formen auftreten, wie um Aurith im Kreise West-Sternberg.

Beigaben aus Bronze sind bei allen den gefundenen Urnen ziemlich selten, weil das Metall noch zu wertvoll war, als daß es die Lebenden missen konnten; nur vereinzelt hat man Pfeilspitzen und Nadeln aus Bronze dabei angetroffen, welche aber allein nicht im stande wären, uns über den Kulturzustand der neumärkischen Bewohner aus der Bronzezeit aufzuklären, wenn nicht die wichtigeren Massen- oder Depotfunde bronzener Geräte dazu beitrügen und eine deutlichere Sprache redeten. Die verschiedensten Arten von Bronzegegenständen hat man — oft ein Stück in großer Anzahl — auf einer Stelle in bloßer Erde oder im Moor und See versenkt aufgefunden. Darnach zu schließen, muß ein gewisser Reichtum bei den damaligen Bewohnern bestanden haben. Vielleicht gehörten diese aufgestapelten Bronzeschätze einem reisenden Händler, der sie im Verkehr mit der Urbevölkerung als Tauschmittel, gleichsam als Geld, benutzte; oder sie waren das Eigentum eines wandernden Gelbgießers, da sich auch bronzenes, zum Ausbessern verwandtes Rohmaterial dabei befindet. In Zeiten der Bedrängnis wurden diese Bronzemassen in Sicherheit gebracht; auch dienten diese Verstecke vielleicht den Händlern und Handwerfern als ständige Niederlagen. Besonders hervorragend durch die große Zahl und Mannigfaltigkeit der Gegenstände sind die Depotfunde von Schwachenwalde im Kreise Arnswalde und von Hohenwalde, Kreis Landsberg. Zählt doch ersterer über 70 und letzterer etwa 180 einzelne Stücke; dazu kommen noch Einzelfunde von mehreren anderen Orten.

Zunächst sind es die Bronzeschwerter, aus Griff und Klinge kunstvoll zusammengefügt, die das Interesse erregen und unsere Phantasie in der kampfbereiten Faust eines Neumärkers jener Zeit erblickt. Am häufigsten kommen sie in den Kreisen Soldin und Königsberg vor, so bei Lippehne (Fig. 11) ein Schwert von 50 cm Länge, andere bei Bernstein, Wuthenow, Muggenburg und Güstebiese. Von andern Waffen sind Lanzenspitzen und Pfeilspitzen mit Widerhaken zu erwähnen, wie sie bei Lippehne und Granow, Kreis Arnswalde, gefunden wurden. Als Hausgeräte dienten Messer (Fig. 12, 13), bestehend aus Griff und geschweifter Klinge; noch häufiger ist ein sichelartiges Messer mit einem Knopf am Griffende. Groß muß schon die Vorliebe der damaligen Neumärker für Schmuckgegenstände gewesen sein; das beweisen die aufgefundenen Halsringe, Ringhalskragen und Armbänder aus Bronze, wie sie die Wohlhabenderen getragen haben mögen. Mannigfaltig geformte Nadeln und brillenartige Fibeln oder Klammern dienten zur Befestigung und zum Zusammenhalten der Kleidungsstücke, besonders der Mäntel. So finden wir den ehemaligen Bewohner der Neumark im Besitz reicher bronzener Schätze, die seiner Sicherheit, seiner täglichen Beschäftigung und dem Nahrungserwerb dienten und auch dazu beitrugen, das Leben so angenehm wie möglich zu gestalten.

Das Vordringen der römischen Legionen in die Gauen Germaniens kurz vor Beginn unserer neuen Zeitrechnung, gefolgt vom römischen Kaufmann, ist im weiteren Verlauf nicht ohne Einfluß auf die neumärkische Kultur geblieben und hat bewirkt, daß auch Waffen und Werkzeuge aus Eisen Eingang fanden. Die kriegerischen Zeitumstände brachten es mit sich, daß die Bewohner mehr als je Waffen zum Schutz und Trutz führten. Zur Ausrüstung gehörten nach den gemachten Funden Lanzen und Pfeile mit eisernen Spitzen, eiserne Schwerter und Sporen (Fig. 15), Schilder aus vergänglichem Material, wovon noch die eisernen Buckel (Fig. 14) aufgefunden worden sind. Die Gewänder bestanden aus Wollstoff; aber auch selbstgefertigtes Leinenzeug muß verwandt worden sein, da die zu seiner Herstellung notwendigen schweren Spinnwirtel aus Thon darauf hindeuten. Neben dem Leichenbrande fand die Leichenbestattung schließlich wieder Anwendung; derartige Gräber enthalten viele Werkzeuge und Hausgeräte: eiserne Messer mit geschweiften und geraden Klingen, eiserne Schlüssel mit einem Ringe zum Aufhängen, Nähnadeln aus Bronze, große Scheren (Fig. 17) aus Eisen oder Bronze. Bei Rampitz, Kreis West-Sternberg, entdeckte man beisammen eine kleine Schere, ein Messer und eine Lanzette aus Eisen; sie dienten sicherlich heilkundlichen Zwecken und können als ein chirurgisches Besteck angesehen werden. Knochen findet man zu Kämmen (Fig. 16), Bernstein zu Schmucksachen verarbeitet. Die zur Eisenzeit aufgefundenen Thongefäße, die immer noch mit der Hand geformt sind, haben flache, schalenartige Formen, während der Hals verschwindet (Fig. 18).

Dieser Kultur der Neumärker wurde teilweise ein Ende bereitet, als die Stürme der Völkerwanderung die Wohnsitze der germanischen Völker veränderten und ungefähr im 5. Jahrhundert n. Chr. von Osten her die Slaven von der alten Neumark Besitz nahmen, indem sie sich, wie die noch heute vorhandenen Sagen deutschen Ursprungs erraten lassen, mit dem zurückgebliebenen Rest der germanischen Bevölkerung vermischten. Ein solcher Besitzwechsel bedeutete für das Land durchaus keinen kulturellen Fortschritt, da die neuen Bewohner auf einer niedrigeren Stufe der Bildung standen, wie es die Einförmigkeit und Dürftigkeit der Funde aus der Slavenzeit beweisen.

Von ihrer Kultur zeugen Überreste von den Wohnungen, Befestigungen und Gräbern, die sich bis auf unsere Tage erhalten haben. Darnach erfolgte die Anlage der slavischen Ansiedelungen an Stellen, die möglichsten Schutz gegen feindliche Überfälle gewährten. Im Soldiner See, bei Hitzdorf, Kölzig und Schwachenwalde im Kreise Arnswalde sind Spuren von slavischen Pfahlbauten entdeckt worden. Sie ruhten nicht, wie die viel älteren Pfahlbauwerke der Schweizer Seen, auf senkrechten Stützen, sondern auf wagerechten Holzbalken, die nur durch einige Pfähle festgehalten wurden. Die Ansiedelungen auf dem Lande waren meistens mit Burg= wällen umgeben und durch Gräben geschützt. In kriegerischen Zeiten retteten sich die slavischen Bewohner der Neumark samt ihrer beweglichen Habe hinter diese Schutzwehren; hier befanden sich auch die religiösen Opfer= und Kultusstätten. Slavische Verwaltungen sind nachweisbar bei Marienwalde, Kreis Arnswalde, bei Lippehne, bei Königsberg, bei Klein=Mantel und Raduhn, Kreis Königsberg, bei Heinersdorf, Kreis Landsberg, und andern Orten. — Von der Art und Weise, wie die Slaven ihre Toten der Erde übergaben, geben uns die festgestellten Funde nur dürftige Nachrichten, und nur an einigen Orten sind slavische Gräber aufgedeckt worden; doch ist anzunehmen, daß neben der Bestattung auch die Verbrennung Sitte war.

Die Slaven trieben hauptsächlich Ackerbau und waren eifrige Jäger und Fischer; die Felder bebauten sie besonders mit Hirse, Buchweizen und Flachs und bedienten sich dabei der Sicheln, die oft mit einer gezähnten Schneide versehen waren, wie sie bei Warnitz, Kreis Königsberg, gefunden wurden. Eine im städtischen Museum zu Landsberg befindliche steinerne Handmühle, die von Gennin stammt, belehrt uns darüber, wie die Slaven die Getreidekörner zerkleinerten. Diese Mühle besteht aus zwei kreisförmigen Steinen von ungefähr 40 cm Durchmesser; auf dem gleichmäßig muldenförmig ausgehöhlten unteren Stein liegt ein zweiter in Gestalt einer erhabenen Linse und füllt die Aushöhlung. Der Deckstein besitzt im Mittel= punkt ein Loch, jedenfalls zur Aufnahme eines senkrechten Stabes, mittelst dessen in Verbindung mit noch anderen Vorrichtungen, Stäben und Schnüren, die schnelle Umdrehung erfolgte. Die Berührungsflächen beider Steine zeigen künstliche Uneben= heiten, um das Zermalmen der Körner zu erleichtern. Die zahlreichen Funde an Knochen von Haustieren, wie Schwein, Rind, Schaf, Ziege, Pferd und Hund, Gänsen, Enten und Hühnern, berichten uns über eine in bedeutendem Umfange be= triebene Viehzucht, welche mit dem Ackerbau verbunden wurde. In ihrer Häus=

lichkeit brauchten die Slaven Töpfe aus Thon, die teilweise schon mit Hilfe der Drehscheibe hergestellt wurden, und versahen sie mittelst eines Knochenkammes mit ornamentalen Verzierungen. Die Kunst des Spinnens geschah mit Spinnwirteln aus Thon oder Sandstein (Fig. 19), die des Webens mit Hilfe eines Webemessers aus Knochen (Fig. 20), wie eines der Art im Soldiner See aufgefunden wurde; große Knochennadeln dienten zum Stricken von Fischnetzen und lange Knochenstücke als Schlittschuhe. Waffen und Werkzeuge wurden aus Eisen hergestellt, während die Bronze den Slaven fast ganz unbekannt war. Die Waffen, deren sie sich zum Schutz und zur Jagd auf Hirsch, Reh, Wildschwein, Biber, Fuchs und Bär bedienten, waren eiserne Schwerter mit dreiteiligem Knauf am Griff, eiserne Lanzen= und Pfeilspitzen und hölzerne Bogen, gefunden bei Warnitz, Sabin und Soldin.

Neben den nützlichen Gegenständen wußten die Slaven auch Schmuckgegenstände zu schätzen; dazu sind vor allem die Schläfenringe (Fig. 21), offene, fast kreisrunde Schmuckstücke aus Silber, seltener aus Bronze, zu rechnen, die wahrscheinlich, zu mehreren an einem Lederstreifen befestigt, an den Seiten des Kopfes getragen wurden. Außerdem sind an neumärkischen dem Schmuck dienenden Funden Hals= ringe aus zusammengeflochtenen Drähten (Fig. 23), Armbänder aus zusammen= gebogenen Stäben, Fingerringe, Ohrringe und aufgereihte Perlen aus Silber= blech zu erwähnen. Ein untrüglicher Beweis, daß die Slaven mit den Nachbar= völkern regen Handelsverkehr trieben, sind die neumärkischen Funde von Hack= silber; größere Silberstücke sind — entsprechend dem barbarischen Charakter der Slaven — in kleine Teile zerhackt worden und dienten nun als Münzen, indem man ihr Gewicht mit Hilfe kleiner Wagen bestimmte. In Zeiten der Gefahr wurden diese Schätze im Verein mit Schmucksachen und deutschen und morgen= ländischen Münzen in Töpfen vergraben und — vergessen; so sind sie auf uns ge= kommen. Hacksilberfunde, von deren Fundorten man immer auf die Nähe alter Handelsstraßen schließen kann, entdeckte man z. B. bei Tempelhof, Kreis Soldin, Gralow, Kreis Landsberg, bei Cüstrin und Königswalde. Besonders reichhaltig war der Fund bei der Leissower Mühle, Kreis West=Sternberg, dessen Gesamtgewicht ungefähr $10^1/_2$ kg betrug und der über 6000 Münzen enthielt.

Die Slavenzeit der Neumark umfaßt einen Zeitraum von einem halben Jahr= tausend, während dessen die Kultur nur geringe Fortschritte machte, bis endlich der germanische Rückstrom eintrat und das Land der unteren Warthe langsam aber sicher dem Deutschtum zurückerobert wurde. Von diesem Zeitpunkte an tauchen mehr und mehr geschichtliche Nachrichten über die Neumark und ihre Bewohner auf und geben uns genauere Kunde über ihre Vergangenheit, als es die leblosen, aber doch nicht ganz stummen Zeugen der ältesten Kultur vermögen, denen ein glücklicher Zufall die Erhaltung bis auf unsere Tage beschied.

Robert Pohl=Landsberg a/W.

Landsberger Wahrzeichen.

Vor Zantochs alter Feste stand
Der Probst von Landsberg mit starker Hand
Und hinter ihm ein wogend Meer
Landsberger Fähnlein, gewappnet schwer.

Der Herold aber tritt hervor
Und ruft dem Burgherrn laut ans Ohr:
„Giebst du nicht wieder den schnöden Raub,
So brechen wir dein Schloß zu Staub!"

Der Junker auf dem Turme stand,
Den Becher hielt er in seiner Hand:
„Der Raub ist mein, der Raub bleibt mein,
Gut schmeckt der Pfaffen Firnewein;

Gut schmeckt der Bürger Fleisch und Brot,
Mit eurem Droh'n hat's keine Not;
Für euer bürgerliches Mark
Ist dieser edle Wall zu stark.

Dies Schloß wird fallen Stück für Stück,
Sobald die Warthe strömt zurück,
Sobald ein Fisch*) euren Markt durchschwimmt,
Ein Hirsch**) in der Kirche sein Ende nimmt.

Halloh, Frau Warthe, dich grüß ich fein,
Tränk' du die Pfaffen mit deinem Wein;
Fehlt heut' den Bürgern das Fleisch am Tisch,
So liefre ihnen von deinem Fisch."

Der Junker lacht und steigt vom Turm;
Da braust von Westen her ein Sturm,
Der staut die Welle Stück für Stück
In mächtigen Bergen zurück, zurück.

---

*) Der Sage nach befand sich am alten Rathause ein eiserner Fisch, der das Zeichen für den höchsten Wasserstand sein sollte; in Wirklichkeit diente er wohl wie in andern märkischen Städten den Fischern als Maß für die einzuführenden Fische.

**) In der Kirche wurde 1600 ein eiserner Kronleuchter aufgehängt, in welchen das Geweih eines Hirsches eingefaßt war; er befindet sich jetzt im Königl. Jagdschloß Grunewald. Im Jahre vorher ist ein mächtiger Kronhirsch, der von hungrigen Wölfen verfolgt wurde, durch das Stadtthor geflüchtet; er suchte Schutz in der Kirche, deren Thüren gerade offen standen. Vor dem Altar stürzte er nieder, und ließ sich geduldig greifen. Sein Geweih wurde zu obengenanntem Zwecke benutzt.

Die Brandung schwillt hoch über den Strand,
Die Bürger stürmen mit starker Hand;
Und hoch und höher steigt der Strom
Gen Landsberg auf bis an den Dom.

Und über den Marktplatz flott und frisch
Schwimmt frank und frei ein großer Fisch;
Man fängt ihn ein, der Sturmwind schweigt,
Die Warthe zurück in ihr Bette steigt.

Und als die Frauen voll Angst und Not
Knieend beten um Hilfe zu Gott,
Da stürzt ein Hirsch durchs Thor hinein
Und streckt verendend sein Gebein.

Gen Osten aber kann man seh'n
Die hohe Zantoch in Flammen steh'n:
Es hat der Bürger mutiger Troß
Die Mauern gebrochen und das Schloß.

Man führte den Junker gefangen herein,
Das Wunder zu nehmen in Augenschein;
Und dann vom Wasserturm hinab
Stieß man ihn in das Wellengrab.

So ging die Sage von Mund zu Mund,
Und noch vor kurzem gaben es kund
Ein steinerner Fisch und ein Hirschgeweih
Am Rathaus und in der Sakristei.

Leopold Bornitz, 1852.

Das Netzebruch.

Zu den von Friedrich dem Großen aus Sumpf und Moor geschaffenen fruchtbaren und anmutigen Ländereien gehört das Bruch an der Netze, welches in der
Mark im sogenannten „polnischen Winkel", etwa 10 km oberhalb Driesens, der öst-
lichsten Stadt Brandenburgs, beginnt und sich zu beiden Seiten der Netze bis zu
deren Mündung in die Warthe bei der ehemals polnischen Festung Zantoch erstreckt. Bis dahin wird das Bruch nördlich von einem Höhenzuge begleitet, der sich
in seinen höchsten Punkten fast 70 m über die Ostsee erhebt, in der Umgegend von
Driesen hart an den Fluß herantritt, von der Drage durchbrochen wird und weite
Aussichten über das Bruch und den schimmernden Spiegel der in verschiedenen
Krümmungen fließenden Netze gewährt. Die zahlreichen, kesselartigen Vertiefungen
und die aus Sand, Lehm und Mergel bestehenden Hügel geben ein vollständig zu-
treffendes Bild der Ostseedünen. Großen Reiz verleihen dem Höhenzuge die ihn
bedeckenden schönen Nadel- und Laubwaldungen, in welchen stundenlange Wanderungen unter dem Blätterdach 100 bis 150 Jahre alter Buchen und Eichen über
bewaldete Hügel und durch tiefe Schluchten führen. Besondere Schönheiten bieten
sodann die Waldseen. Nur 5 km nördlich von Driesen entfernt liegt der Kleine
Lubow-See, ringsum von Bergen eingerahmt, die in beträchtlicher Höhe steil empor-
steigen, mit herrlichen Laub- und Nadelbäumen geschmückt sind und prächtige Aussichten über den See gewähren, in dessen Wasserfläche sich die Bäume spiegeln und
derselben grünlichen Schimmer verleihen. Hätte der Hertha-See auf Rügen nicht
den Zauber der Sage voraus, so wäre ein Vergleich des Kleinen Lubow-Sees mit
ersterem nicht übertrieben zu nennen. In geringer Entfernung davon liegt der 4 km
lange Große Lubow-See, an welchem sich die Kolonie Langstheerofen auf Hügeln
und in Schluchten malerisch dahin zieht und in kleinem Maßstabe den Anblick eines
Gebirgsdorfes darbietet. Auch dem Südrande des Bruches fehlen die Waldungen
mit schön gelegenen Seen nicht. Vor Urbarmachung des Bruches trat der Wald viel
näher als heute an die Niederung heran und bot noch im Siebenjährigen Kriege den
Bewohnern der von den Russen heimgesuchten Dörfer in seinem Dickicht einen sichern
Zufluchtsort; ja selbst das mit Busch- und Strauchwerk bedeckte Sumpfland wurde
als Rettungsort aufgesucht. Die in der Stadt Driesen befindlichen beiden Pfarrer
flüchteten nach Cüstrin, als 1758 am 15. Juli die Russen in Driesen einzogen, und
wurden später nur auf dringendes Ermahnen des Pfarrers Abraham aus Netzbruch,
der sich der verlassenen Herde angenommen, von den erbitterten Bürgern als Seelsorger anerkannt. Bald nach Beendigung des Siebenjährigen Krieges begann unter
Leitung des Geheimrats von Brenkenhoff die Urbarmachung des Bruches, in welchem
sich in einigen 30 Ortschaften Kolonisten, darunter Polen und Mennoniten, aus
verschiedenen Gegenden, selbst aus der Pfalz, besonders aus Ansbach und Bayreuth,
ansiedelten. Noch heute erinnert die Mundart mancher Kolonisten an die Heimat

ihrer Vorfahren. In dem eine Stunde langen Neu-Anspach bei Driesen begrüßt man sich: „Wir habe uns lange nicht gesehen!" und in den vierziger Jahren redete ein alter „Schwabe" den dortigen Pastor mit „Du" an, nach schwäbischer Sitte. Vorherrschende Mundart ist aber das „Brücherplatt", dem pommerschen und mecklenburgischen Plattdeutsch ähnlich. „Is Voader nich tu Hus, denn späl'n wi Katt und Mus." — „He leppt sich de Been af, und krächt doch nischt farig." Von den Ansiedlern besaß nicht jeder die Ausdauer, das ihm überwiesene Land zu kultivieren; so gab der eine sein Besitztum für ein Paar Stiefel und ein Viergroschenbrot an einen andern und kehrte der neuen Heimat den Rücken. Dem beharrlichen Fleiße aber ist es gelungen, die einstige Wildnis in eine blühende Landschaft zu verwandeln, deren Bewohner durch stattliche Gehöfte und innere Wohnungseinrichtungen ihren Wohlstand offenbaren. Besonders ist durch Einführung edlerer Tierrassen die Viehzucht, begünstigt durch reiche Heugewinnung, Kartoffel- und Rübenbau, eine ungemein einträgliche Erwerbsquelle der Netzbrücher geworden.

Gleicht jetzt das Bruch in der schönen Jahreszeit einem „Garten Gottes", so hat es doch zu andern Zeiten große Schattenseiten. Durch Überschwemmungen und grundlose Wege sind die Bewohner der sehr zerstreut liegenden Gehöfte zur Einsamkeit verurteilt, und namentlich ist der Schulbesuch in manchen Kolonien ungemein erschwert.

Leider waren die letzten Jahre Brenkenhoffs, dem das Netzbruch soviel verdankt, recht trübe. Seine Feinde raubten ihm die Gnade seines Königs. Eine Brüchersage erzählt, der alte Fritz habe die gegen Brenkenhoff vorgebrachten Beschuldigungen an Ort und Stelle untersuchen wollen. Von einem bei der Verwaltung der Netze beschäftigten Arbeiter habe er sich dessen Kittel und Kober geben lassen, sei dann den Damm weiter gewandert und habe bei den Arbeitern Erkundigungen über die Höhe ihres Tagelohnes eingezogen, um damit die von Brenkenhoff eingereichten Rechnungen zu vergleichen. Unerkannt sei er dann in Breitenwerder, wo Brenkenhoff mit einer zahlreichen Gesellschaft beim Mahle saß, eingetreten, und hier sei die Katastrophe erfolgt. Daß aber die Bruchbewohner das Andenken ihres Wohlthäters in Ehren gehalten haben, zeigt das in Driesen errichtete Denkmal Brenkenhoffs, welcher dem, einem ärmlichen Dorfe zu vergleichenden Orte, dazu verholfen hat, daß es ein schmuckes, freundliches Städtchen geworden ist.

F. Cujas-Driesen.

Driesen.

Driesen (6000 Einw.), die östlichste unter den Städten der Provinz, liegt an der Netze, und zwar ist es in Brandenburg die einzige städtische Siedelung an diesem Flusse, dessen weites Thal, von ausgedehnten Brüchen erfüllt, ehemals vielfach unzugänglich war. Die Netze bildet, etwas oberhalb der Stadt beginnend, einen nach Norden offenen Bogen und biegt einige Kilometer unterhalb Driesens plötzlich im rechten Winkel nach Süden ab, um erst weiter unterhalb die westliche Richtung

wieder aufzunehmen. Bei ihrem geringen, durch zahlreiche Windungen noch ver-
minderten Gefäll überfluteten die Wassermassen die Thalsohle, namentlich zur Zeit
der Schneeschmelze, und suchten sich dann durch Verkürzung ihres Laufes rascheren
Abfluß zu verschaffen. Das geschah naturgemäß in der Sehne des erwähnten
Bogens oder in der Hypotenuse jenes rechtwinkligen Dreiecks. Dadurch wurde in
den genannten Richtungen der Boden tiefer ausgewaschen, während dazwischen ein
mehrere Kilometer langer Streif höheren Landes liegen blieb, der von dem eigentlichen Flußbett durchschnitten wird. Auf dieser inselartig hervortretenden Erhöhung
liegt die Stadt. — Als man 1762 unter der Leitung des geheimen Oberfinanz-
und Domänenrates Balthasar Schönberg von Brenkenhoff mit der Urbarmachung
des Netzbruches begann, wurden die von der Natur vorgezeichneten Linien zur
Senkung des Wasserspiegels benutzt. Die „Neue Netze" wurde 1 km nördlich des
Ortes hart am Fuße des hier steil abfallenden pommerschen Landrückens entlang-
geführt; sie wurde nun der Hauptstrom, nachdem die „Alte Netze" oberhalb Driesens
bei Beelitz gänzlich abgedämmt worden war. Die gleichzeitig erfolgende Anlage des
Bromberger Kanals verschaffte der Netze eine erhöhte Bedeutung als west-östliche
Verkehrslinie. — Das tiefere Land im Süden der Stadt, „der Anger", wurde
durch den Hammerfloßkanal entwässert.

Durch die jüngsten Regulierungsarbeiten ist der Wasserstand des Flusses weiter
so erniedrigt worden, daß viel ehemaliger Wiesengrund als Ackerbauland in Benutzung genommen werden mußte.

Die Herstellung der Neuen Netze hatte zur Folge, daß sich der Hafenverkehr
mehr nach dem $1/4$ Stunde nördlich von Driesen gelegenen Dorfe Vordamm lenkte,
zumal da dieser Ort auch Station der Ostbahn wurde. — Die Eisenbahn von
Stettin nach Posen führt nicht mehr wie die alte Postroute über Driesen, sondern
weiter östlich über Kreuz.

Der Name Driesen, welcher in der polnischen Sprache Kern oder Kernholz (im
Gegensatz zu dem weicheren Splint) bedeutet, erklärt sich leicht aus der oben geschilderten Lage des Ortes.

Obwohl ziemlich regelmäßig angelegt und durch zwei ganz nahe bei einander
gelegene große und schöne Marktplätze geziert, macht die Stadt Driesen doch keinen
besonders guten Eindruck, da die vielen niedrigen, zum Teil auch schlecht gehaltenen
Fachwerkhäuser die besseren Gebäude neueren Datums noch nicht recht zur Geltung
kommen lassen. Die alte, überaus einfach in Fachwerk erbaute evangelische Kirche
harmoniert vortrefflich mit dem ärmlichen Aussehen der Stadt; sie wird jedoch bald
einem stattlichen Neubau weichen.

Beachtenswert ist die Ruine der Burg Driesen an der „Faulen Netze", das
Treppmachersche Haus auf der Festung, sowie die noch ziemlich gut erhaltenen
Festungswerke.

Auf dem neuen Markte befindet sich ein Denkmal Brenkenhoffs, nach dessen
Plan die Neustadt angelegt worden; den Alten Markt ziert ein Standbild Kaiser
Wilhelms I.

An gärtnerischen Anlagen ist sehr wenig vorhanden; einigen Ersatz dafür bietet

der unmittelbar an den Ort anstoßende Stadtwald (ca. 100 ha). Wirklich an=
mutige Partien hat dagegen die Umgegend aufzuweisen; insonderheit ladet der Land=
rücken mit seinen ausgedehnten Laub= und Nadelwäldern, mit seinem steten Wechsel
von Hügeln und Thälern, mit seinen malerisch gelegenen Seen zu lohnenden Aus=
flügen ein.

Die Bewohner Driesens, das längst eine ganz deutsche Stadt geworden ist,
betreiben Handel, Gewerbe und Industrie, doch ist auch der Ackerbau bei der be=
merkenswerten Größe der Feldmark und bei der Gunst der Wiesenverhältnisse nicht
unbedeutend.

Unter den Industrieen der Ortes steht die Holzindustrie obenan. Fünf große
Sägemühlen, zu denen sich noch mehrere in benachbarten Dörfern gesellen, richten

Kleiner Lubow-See.

jene ungeheueren Stapel von Brettern und Bohlen her, welche ringsum die Ablagen
bedecken. Dazu kommen mehrere Betriebe für Holz-Bildhauerei, =Fraiserei und =Dreherei.

Einen Teil des Holzbedarfes liefern die großen Waldungen der Umgegend,
viel Material wird aber auch vom Osten her herangebracht. Das bedeutendste
Holzgeschäft am Platze ist das der Firma Stolz, eines der größten in Deutschland.

Ferner sind in Driesen vorhanden Anlagen zur Herstellung von Messingwaren,
Maschinen, Bürsten, elektrischen Lampen, Seife, Cigarren, ferner Destillationen, eine
Wollspinnerei, eine Anlage für elektrische Beleuchtungen; in Vordamm (ca. 1200 E.)
eine Steingut=, eine Zündholz=, eine Maschinenfabrik und ein Hartziegelwerk. —
Insgesamt beschäftigen diese Betriebe ein Personal von über tausend Köpfen.

23*

Unter den Gewerben ist die hier einst so blühende Tuchmacherei ganz ver=
schwunden; ebenso liegt die Böttcherei, welche früher namentlich große Mengen von
Spritfässern erzeugte, heute sehr darnieder. Überhaupt ragt heute kein einziges Ge=
werbe mehr bedeutend hervor, obgleich einzelne Zweige, wie Schuhmacherei, Schnei=
derei u. s. w., ziemlich stark vertreten sind.

Der Handel hingegen ist recht lebhaft, der Verkehr an den Markttagen oft
äußerst rege. Viel Vieh, namentlich Schweine, Geflügel, Eier, Butter, Käse u. s. w.
gehen von hier nach Berlin; auch gelangen erhebliche Mengen von Waldbeeren
zum Versand.

Geschichtlich gehört Driesen zu den interessantesten Städten der Neumark.
Urkundlich erscheint sein Name zum erstenmal 1092; in diesem Jahre wurden
hier die Polen von den vereinigten Preußen, Kassuben und Pommern geschlagen.
In zwei weiteren Schlachten jedoch, die 1113 und 1117 ebenfalls bei Driesen statt=
hatten, besiegten die Polen den Pommernherzog Suantipolk I. und seine Bundes=
genossen. In dem letztgenannten Kampfe geriet Suantipolk in die Gefangenschaft;
er wurde nach Nakel gebracht und starb dort 1120.

Bis um die Mitte des 13. Jahrhunderts blieben die Burgen Zantoch (an der
Netzemündung) und Driesen der Gegenstand fortwährender Kämpfe zwischen Pom=
mern und Polen. Um diese Zeit begannen die brandenburgischen Markgrafen ihre
Herrschaft nach Osten hin über die Oder auszubreiten. Johanns I. Sohn Konrad
heiratete Konstanze, die Tochter des Polenherzogs Premisl, und erhielt die Lands=
berger Gegend als Mitgift. Nach Premisls Tode kam es aber um diesen Besitz
zu vielfachen Streitigkeiten, doch behielten die Polen bis zu Anfang des 14. Jahr=
hunderts das Übergewicht.

Im Jahre 1317 wurden die Ritter Heinrich und Burkhard von der Osten
vom Markgrafen Waldemar mit der Burg Driesen belehnt. Ihr Geschlecht diente
den Markgrafen fast ein Jahrhundert hindurch zum Schilde im Kampfe mit den
Polen. Zu Beginn des 15. Jahrhunderts jedoch kam Ulrich von der Osten der=
artig in Vermögensverfall, daß er Burg und Stadt an den deutschen Ritterorden
verkaufte. Da indessen Wladislaw von Polen Driesen als sein Eigentum bean=
spruchte, so führte dieser Streit schließlich zum Kriege zwischen ihm und dem Orden.
Nachdem der im Jahre 1409 bei Driesen begonnene Kampf keine Entscheidung
gebracht, wurde 1410 die Macht des Ordens durch die furchtbare Schlacht bei
Tannenberg gebrochen. Trotzdem wurde im Thorner Frieden 1411 bestimmt, daß
der Streit um Driesen durch Schiedsrichter, eventuell durch Entscheidung des Papstes,
geschlichtet werden sollte. Es dauerte indessen noch bis 1429, ehe eine Einigung
zustande kam: die Mitte der Netze sollte die Grenze bilden, Driesen also dem
Orden gehören.

1445 wurde die Neumark von dem Hochmeister Bodo von Erichshausen für
100 000 Gulden an Friedrich II. von Brandenburg verkauft; der endgiltige Verzicht
auf Driesen erfolgte jedoch erst zehn Jahre später. Von nun an blieb die Stadt
im unbestrittenen Besitze Brandenburgs.

In den Jahren 1601 und 1602 erfolgte die Anlage der Festung. Die

Schweden konnten die letztere im Dreißigjährigen Kriege anfangs nicht gewinnen; im Zorn darüber brannten sie die Stadt 1637 gänzlich nieder. Zwei Jahre darauf fiel die Festung durch Verrat. Sie blieb zehn Jahre von den Schweden besetzt, die hier ein Hauptproviantmagazin errichteten und das Land weit und breit durch ihre Kontributionen verheerten.

1662 brannte die kaum wieder aufgebaute Stadt nochmals ab.

Während des Siebenjährigen Krieges hatte sie von 1758—62 die Drangsale der russischen Invasion zu erdulden. Bald darauf gelangte sie jedoch zu ziemlicher Blüte. Diese wurde bewirkt durch die Kolonisation des Netzbruches, durch die Belebung der Schiffahrt, infolge der Herstellung des Bromberger Kanals, durch die Einordnung Driesens in die Reihe der privilegierten Städte, denen allein gestattet war, auf Grund des Zolltarifs von 1774 mit Polen Handel zu treiben. Die Tuch=macherei stand in vollem Flor, ihre Erzeugnisse gingen tief nach Rußland und der Moldau hinein; der Viehhandel der Stadt reichte ebenso weit. Es entstand die Treppmachersche Handlung, für die damalige Zeit ein gewaltiges Haus, dessen Schiffe den Ozean befuhren, und dessen Verbindungen von Schweden bis nach der Türkei sich erstreckten.

Leider hatte diese Periode des Gedeihens nicht lange Bestand. Die unglück=lichen Jahre 1806 und 1807 wälzten der Stadt bei ihrer Lage an der Hauptver=kehrsstraße nach dem Osten ungeheure Einquartierungs= und Kontributionslasten auf. Der Krieg, der Aufstand in Polen, die Kontinentalsperre legten das Geschäft völlig lahm. Im Jahre 1811 war die Kommune gezwungen, mehrere Güter und 19 in den benachbarten Forsten belegene Seen zu verkaufen. Diese Liegenschaften gelangten schließlich in den Besitz des Oberamtmanns Sydow, der sie mit zahlreichen andern Erwerbungen zu einem großen, auf lange Zeit unverkäuflichen Ganzen ver=band, was sich für die Entwicklung der Stadt in der Folge sehr nachteilig erwies.

1812 brachten die endlosen Durchzüge der Großen Armee nach Rußland neue Leiden, und als endlich der Friede wiederkehrte, war aller Wohlstand auf Jahre hinaus vernichtet. 1817 brach selbst die einst so reiche Treppmachersche Handlung zusammen.

Erst den letzten Jahrzehnten war es vorbehalten, dem Orte wieder zum Gedeihen zu verhelfen; er gehört heute wieder mit zu den wohlhabendsten der Neumark.

In Driesen wurden 1845 und 1847 die kleineren Planeten Asträa und Hebe von Henke entdeckt.

1749 wurde Ph. Jac. Gensichen Diakonus, Nachkomme eines märkischen Pfarrer=geschlechts, dessen älteste Urkunde bis 1490 reicht. Diakonus Friedrich Gensichen († 1840) war der schönste und stärkste Mann weit und breit und bewahrte bis zu seinem Tode eine riesige Muskelkraft. Er war vermählt mit einer Verwandten des unglücklichen Ministers von Struensee. Sein Sohn und Nachfolger, Hermann Gensichen, ist der Vater des Dichters O. Fr. Gensichen.

W. Micheel=Driesen.

Mohrin.

Mohrin liegt auf einer Anhöhe und ist weithin sichtbar. Eine Feldstein=
mauer umgiebt noch die ganze Stadt, und nur drei Thore führen in dieselbe hinein.
Das Seethor hat seine alte Form behalten, die beiden anderen, Bärwalder= und
Mühlenthor, sind erweitert und verschönert worden. Neben dem Bärwalder Thor
sah man vor 20 Jahren noch ein zugemauertes, durch welches der falsche Wal=
demar gezogen sein soll. Die Wälle um die Mauer sind abgetragen, und jeder Haus=
besitzer hat dadurch einen sogenannten Wallgarten erhalten. Weil die Umgebung
der Stadt früher arm an Bäumen war, machte sie mit der kahlen Mauer einen
öden Eindruck; jetzt sind in der Nähe der Stadt überall Promenaden angelegt.
Die große Kirche, zur Zeit der Kreuzzüge erbaut, hat eine kunstvoll geschnitzte Kanzel
mit den vier Evangelisten und ein Altarbild von Afinger, die Kreuzigung Christi
darstellend, mit der Unterschrift: „Es ist euch gut, daß ich hingehe." Vom Turme
hat man eine schöne, weite Aussicht. Unmittelbar vor der Stadt am See befindet
sich der gutgepflegte Kirchhof.

Das hervorragendste Gebäude der Stadt ist die Kochsche Armenkinder=Erzie=
hungsanstalt. Vor hundert Jahren wurde in Mohrin der durch seine juristischen
Schriften berühmte Dr. Koch geboren. Als Knabe hütete er, armer Leute Kind, die
Gänse, wurde dann aber vom Stadtrichter als Schreiber angenommen und ermög=
lichte es später noch, auf die Universität zu gehen. Jeder Jurist benutzt heute seine
Schriften, und Koch, zuletzt Kreisgerichtsdirektor des Fürstentums Neiße, erwarb ein
bedeutendes Vermögen, das er seiner Vaterstadt mit der Verpflichtung vermachte,
nach seinem Tode die obenerwähnte Anstalt zu gründen. Dieselbe besteht nun 20 Jahr.
Waisen und Kinder armer Eltern werden vom 6. bis zum 14. Jahre darin ver=
pflegt; kranke, arbeitsunfähige Personen holen sich dort ihr Mittagbrot, und eine
ansehnliche Summe überweist die Anstalt jährlich dem städtischen Armenetat. Da=
durch wird die Stadt mit der Zeit wohlhabend. Auch zu allen Anlagen und Ver=
schönerungen der Stadt giebt die Kochsche Anstalt reichlich. Die Zöglinge der=
selben werden bei der Entlassung gut ausgestattet und erhalten später, wenn sie sich
tadellos führen, eine kleine Summe, um einen eigenen Hausstand zu gründen.

Die Bewohner der Stadt nähren sich durch Ackerbau und Handwerk; die Zahl
derselben beträgt kaum 1400. Die heranwachsende Jugend sucht gewerbreichere
Städte auf, um ihr Brot zu finden. In ihren Sitten und Gebräuchen weichen die
Mohriner von den Bewohnern der Neumark nicht ab. Will man einen echten
Mohringer bezeichnen, so sagt man, er sei mit „Seiwoater gedeept" (Seewasser ge=
tauft). Von den Neumärkern werden die Mohriner wohl „Barensteker" genannt.
H. Pröhle erzählt in seinem „Unser Vaterland": Als einst der Wind ein Bund
Erbsenstroh über den Galgenberg trieb, sahen die Mohriner dasselbe für einen
Bären an und machten sich auf, letzteren mit Mistgabeln zu erstechen.

Eine Zierde für die Stadt ist der 350 ha große See, welcher dieselbe auf
der Nord= und Ostseite umgiebt. Er hat einen festen, sandigen Grund und klares

Waſſer. Welch prächtige Badegelegenheit und im Winter welche Eisbahn! Was
würde eine Großſtadt für ſolche Eisfläche geben! Auf der Oſtſeite umgiebt der Park,
Birken= und Kieferwald des Ritterguteß Guhden den See, und auf der Weſtſeite
iſt jetzt vom Verſchönerungsverein in Mohrin am See entlang ein prächtiger Fuß=
weg angelegt, von welchem man einen herrlichen Blick hat. Zwiſchen Mohrin und
dem Dorf Butterfelde liegt im See eine Inſel, der „Schloßwall“ genannt. Hier
ſind noch Überreſte einer alten Burg, von welcher aus die Ritter in früheren Jahr=
hunderten Mohrin beherrſchten. Von der Burg nach Butterfelde ſoll ein unter=
irdiſcher Gang geführt haben. Die Inſel iſt eine Schürze voll Erde, welche eine
Hünentochter ins Waſſer geworfen hat. Eine Wieſe am See führt noch heute den

Nach einer photogr. Aufnahme von R. Kinne-Königsberg i. N.

Mohrin.

Namen Hünenwieſe. Am Guhdener Wege liegt der vom See beſpülte Teufelsſtein;
er hat die Form eines Lehnſtuhles, und ſoll der Teufel darauf geſeſſen und geangelt
haben. Nicht weit davon befand ſich bis vor zwei Jahren der „Etzelſtein“, faſt
ganz in die Erde geſunken. Jetzt hat man ihm einen freien Platz beim hoch= und
ſchöngelegenen Schützenhauſe am See gegeben. Seine rundlichen Vertiefungen ſollen
ebenfalls vom Teufel herrühren. Von anderen großen Steinblöcken im Kugelgrunde
und auf dem Siebenbrüderberge, in welche ſieben Brüder verwandelt wurden, weil
ſie mit ihrem Frühſtück Mißbrauch trieben, iſt das Mohringer Spritzenhaus gebaut
worden. Bekannt iſt die Sage vom großen Krebs, der im See an der Kette liegt.
Die Stadt muß achtgeben, daß er ſich nicht losreißt, ſonſt geht Mohrin den Krebs=
gang. Der Bürgermeiſter wird zum Schreiberjungen, der Rektor zum Schuljungen u.ſ.w.,

wie August Kopisch in seinem bekannten Gedicht ausführt. Die Stadt hat bisher Wache gehalten; sie schreitet vorwärts. Wenn man vor 30 Jahren alte Leute in Mohrin nach dem großen Krebs fragte oder sie Barensteker nannte, wurden sie unangenehm; heute lächelt man und freut sich, daß das kleine Städtchen auch in weiteren Kreisen bekannt ist. Durch eine Chausseeverbindung mit der Kreisstadt Königsberg N./M. und durch zwei Eisenbahnen (Wriezen — Jädickendorf und Stettin — Breslau) ist der Ort viel belebter geworden. Auch eine große Molkerei, durch die Gutsbesitzer Mohrins und der Umgegend erbaut, hat Mohrin. Die Krebse aus dem See werden weithin versandt, und die Fische, besonders Maränen (hier Mohränen genannt), sind in der ganzen Gegend bekannt. Durch den See fließt ein Bach, die Schlippe, welcher, nachdem er noch vier Mühlen getrieben, bei Alt-lietzegöricke in die Oder geht.   Friedrich Jaenichen-Stettin.

Tamsel.

Leichte Nebelschleier wallen noch über den Fluten der Oder und der Warthe, als wir auf der Ostbahn an den grünen Wällen und altersgrauen Bastionen der Festung Cüstrin vorüberfahren. Nach kurzer Zeit sind wir in dem in der Nähe Cüstrins gelegenen Tamsel.

Ungemein malerisch liegt das alte Fischerdorf am Fuße des bewaldeten Höhenrandes, der die weite Ebene des Warthebruchs im Norden begrenzt. Tamsel ist eine Perle unserer märkischen Landschaft. Früher bezeichnete man es als eine „Oase in der Wüste". Vor 150 Jahren freilich war die Wartheniederung ein wildes, unwegsames Bruch. Ein labyrinthisches Netz von Flußarmen bedeckte die Niederung. Ungezählte Scharen von Wasservögeln fanden hier ein ausgedehntes Jagdgebiet. Fische und Krebse waren im Überfluß vorhanden; Jahrhunderte hindurch war der Fang und Verkauf derselben die Hauptbeschäftigung der Bewohner Tamsels. Der landesväterlichen Fürsorge Friedrichs des Großen verdanken wir auch die Verwaltung des Warthebruchs. Nach den Stürmen des Siebenjährigen Krieges wurden unter der Leitung des Geheimen Finanzrates v. Brenckenhoff die Entwässerungsarbeiten energisch in Angriff genommen. Durch Gräben und Wälle wurde auch hier, wie im benachbarten Oderbruche, ein fruchtbarer, blühender Landstrich dem feindlichen Elemente abgerungen.

Der Ursprung des Namens Tamsel ist in Anbetracht der Lage des Ortes jedenfalls in den slavischen Wörtern **Tam** (dort) und **prossówywajuss** (mit Mühe durchgehen) zu suchen. (Nach Berghaus.) Er hieß im 13. Jahrhundert Tamprosowe. Um 1600 finden wir das Dorf mit Thambsell bezeichnet. Die Folgezeit vereinfachte den Namen in Tamsel.

Tamsels Geschichte reicht zurück in die slavische Zeit. Schon im Anfange des 13. Jahrhunderts war es vorhanden. Blutige Kämpfe zwischen den kriegslustigen Polen und den Pommern durchtobten damals die Gegenden an der Warthe und Netze. Die Chroniften berichten von der Niederlassung des Templerordens in den alten Landen Chintz (Kienitz) an der Miezel und Costeryn (Cüstrin) um 1232. Auch Tamsel gelangte zeitig in den Besitz des Ordens. Die Kämpfe zwischen den Polen und Pommern boten den brandenburgischen Markgrafen Johann I. und Otto III. Gelegenheit, von dem festen Oderberg aus erobernd in die Neumark vorzudringen und auf dem rechten Oderufer festen Fuß zu fassen. Nachdem Tamsel zeitweilig zu den markgräflichen Gütern gehört hatte, ging es in den Besitz der Johanniterritter über. Im 16. Jahrhundert hatte die alte neumärkische Familie von Schönebeck den Ort von dem Herrenmeister der Johanniter zu Lehen. Im Dreißigjährigen Kriege kam er an die Familie von Schoening. Ein Sproß derselben, Hans Adam von Schoening, gehört zu den hervorragendsten märkischen Kriegsobersten des 17. Jahrhunderts. Sein glänzendes kriegerisches Talent offenbarte er als junger General während des berühmten „Winterfeldzugs" (1679) durch die kühne Verfolgung der in Ostpreußen eingefallenen Schweden bis in die Nähe von Riga. Wenige Jahre darauf (1686) war es ihm vergönnt, dem Ruhme der jungen brandenburgischen Armee neue Siegeslorbeeren hinzuzufügen. Bei der Belagerung und Erstürmung der von den Türken verteidigten Festung Ofen in Ungarn zeichneten sich die unter Schoenings Führung stehenden Brandenburger durch ihre Tapferkeit und Kühnheit vor allen anderen Belagerungstruppen aus, so daß sie selbst von den Feinden den Namen „Feuermänner" erhielten. Noch über hundert Jahre nach dem Tode des Feldherrn waren, wie Fontane erzählt, seine Thaten als „Türkenbesieger" in einem Volksliede lebendig, das von den Tamseler Fischern gesungen wurde. — Ruhmgekrönt war Schoening aus Ungarn zurückgekehrt. Durch ausländische Künstler und Handwerker schuf er das väterliche Schloß in Tamsel zu einem Landsitze von fast fürstlicher Pracht um. Er beschloß sein thatenreiches Leben als Feldmarschall in sächsischen Diensten (1696). Sein Leichnam wurde in der Gruft der Tamseler Kirche beigesetzt. In einer Nische des Gotteshauses stehen die großen Steinbilder des „Türkenbesiegers" und seiner Gemahlin. Nach dem Tode seines einzigen Sohnes, der im kräftigsten Mannesalter starb, kam Tamsel an die Familie von Wreech.

Es ist im Hochsommer 1731. Auf Schloß Tamsel waltet die schöne, blonde Enkelin des Feldmarschalls von Schoening, Luise Eleonore, die mit dem Obersten von Wreech vermählt war. In den schattigen Gängen des Parks wandelt der preußische Thronerbe, der Kronprinz Friedrich, der in ländlicher Stille Erholung und Aufheiterung sucht. Das Bedürfnis nach geistreicher Unterhaltung trieb ihn aus den engen Festungsmauern Cüstrins, wohin ihn nach mißglücktem Fluchtversuch des strengen Vaters Machtwort verbannt hatte, dem nahen märkischen Edelsitze zu, der nun ein halbes Jahr hindurch das Ziel seiner Ausflüge war, bis er im Februar 1732 nach Berlin zurückkehren durfte.

Ein Vierteljahrhundert rann dahin im Zeitenstrome. Wenige Tage nach der Schlacht bei Zorndorf ist Friedrich wieder in Tamsel. Verwüstet und verödet liegt das von den Russen geplünderte Schloß. Bilder aus längst vergangenen Tagen tauchen vor des Königs Seele auf . . . Er kann es sich nicht versagen, einen Brief an Frau von Wreech zu richten, die jedenfalls in einem benachbarten Orte Zuflucht gefunden hatte. In dem Briefe heißt es: „Madame! Ich habe mich nach der Schlacht am 25. hierher begeben und eine volle Zerstörung an diesem Orte vorgefunden. Sie mögen versichert sein, daß ich alles nur Mögliche thun werde, um zu retten was noch zu retten ist. Meine Armee hat sich genötigt gesehen, hier in Tamsel zu fouragieren, und wenn freilich die verdrießliche Lage, in der ich mich befinde, es ganz unmöglich macht, für all den Schaden aufzukommen, den die Feinde (vor mir) hier angerichtet haben, so will ich wenigstens nicht, daß es von mir heiße, ich hätte zum Ruin von Personen beigetragen, denen gegenüber ich die Pflicht, sie glücklich

Nach einer photogr. Aufnahme von E. Schoppmeyer-Cüstrin.

Partie aus dem Parke Tamsel.

zu machen, in einem besonderen Grade empfinde. Ich halte es für möglich, daß es Ihnen selbst, Madame, eben jetzt am Notwendigsten gebricht, und diese Erwägung ist es, die mich bestimmt, auf der Stelle die Vergütung alles dessen anzuordnen, was unsere Fouragierungen Ihnen gekostet haben. Ich hoffe, daß Sie diese Auszeichnung als ein Zeichen jener Wertschätzung entgegennehmen werden, in der ich verharre als Ihr wohlgewogener Freund Friedrich." (Fontane, Wanderungen; II, 379.) In den Stürmen jener schweren Zeit, als der große König selbst in bedrängter Lage sich befand, unterließ er es nicht, dankbar der Frau zu gedenken, die ihm einst in seinem Duldungsjahre eine Freundin gewesen war.

Seit den ersten Jahrzehnten des 19. Jahrhunderts befindet sich Tamsel im Besitze der einem alten pommerschen Geschlechte entstammenden Familie von Schwerin. —

Das Tamseler Schloß ist von einem Park mit prächtigen Baumpartien um=
geben. Dicht neben dem Schlosse liegt die Kirche. Sie wurde Ende der zwanziger
Jahre durch Schinkel restauriert. Zahlreiche Gedenksteine befinden sich in dem
schattigen Park. Unter ihnen zeichnet sich besonders ein Denkmal aus, das Graf
Hermann von Schwerin dem Andenken des großen Königs errichtete. Es steht an
der Stelle, wo der Kronprinz der Überlieferung nach oft sinnend oder beschäftigt
mit Lesen und Dichten geweilt hatte. Auf einem Postament erhebt sich ein vier=
seitiger Obelisk, der auf seiner Spitze die vergoldete Viktoria trägt. Auf der dem
Schlosse zugekehrten Seite desselben stehen die Worte: „Hier fand Friedrich II. als

Nach einer photogr. Aufnahme von E. Schoppmeyer=Cüstrin.

Schloß Tamsel

Kronprinz von Preußen in seinem Duldungsjahre 1731 erwünschte Aufheiterung
in ländlicher Stille"; darunter am Postament:

       „Eh' die Sonne mit des Schöpfers Macht im Bunde
       Sendet ihren Glückstrahl über Welt und Ozean,
       Geht des Frühlingsmorgens Nebelstunde
       Thränenschwer, doch Segen bergend, ihr voran."

    Am 31. Mai 1840, als ein Jahrhundert seit dem Tage verflossen war, an
dem Friedrich der Große Preußens Königsthron bestieg, wurde das Denkmal unter
großer Anteilnahme der Bevölkerung auch der umliegenden Ortschaften enthüllt. Es
sei hierbei an das bekannte Wort von jenem Bauer erinnert, der beim Anblick der
Siegesgöttin auf dem Denkmal ausrief: „Ick dacht, et süll de olle Fritz sinn, un
nu is et sine Fru!" . . .

Wir ersteigen die Höhen hinter dem Schlosse. Von dort aus genießen wir das prächtige Landschaftsbild, welches uns vergessen läßt, daß wir uns in der „sandigen Mark" befinden. Vor uns liegt das Schloß, von den alten Bäumen im Herbstschmuck umrahmt. Auf seinem Dache flattert die Flagge lustig im Winde. Aus den Laubkronen ragt das strahlende Kreuz des Gotteshauses hervor. Jenseits des Warthethales begrenzt der dunkle Höhenrand des „blauen Ländchens" (Sternberg) den Horizont. Hoch oben wölbt sich das blaue Himmelszelt. —

C. Seilkopf-Frankfurt a/O.

Drossen.

Drossen ist wendischen Ursprungs. Schon 975 wird es als Hauptstadt des Sternberger Landes genannt und gehörte zum deutschen Reiche. Unter Otto dem Großen vollzog sich die Einführung des Christentums. Der Name „Drossen" läßt eine verschiedene Deutung zu. Die Sprache der hiesigen Bevölkerung ist noch heute ein Mischmasch von Deutsch, Polnisch und Wendisch. Eine Zeitlang gehörte das Sternberger Land zu Polen, später zu Böhmen und Schlesien. Frühzeitig brachten deutsche Ansiedler die Kultur des Weines, im 18. Jahrhundert ging jedoch der Weinbau zurück. 1220 verkaufte der Herzog von Schlesien die Neumark und das Land Sternberg an den Markgrafen von Brandenburg, Albrecht II. 680 Jahre gehört also Drossen zur Mark und ist in dieser Zeit völlig germanisiert worden. Seit der Zugehörigkeit zur Mark scheint das Schicksal Drossens so ziemlich mit dem Geschick der Mark Brandenburg verknüpft zu sein. Nur zweier Ereignisse möge hier gedacht werden, die, obgleich sie den hiesigen Ort betreffen, doch ein allgemeines Interesse beanspruchen dürfen. 1477 mußte nämlich Hans von Sagan, der mit dem Kurfürsten Albrecht um Schlesien in Streit geraten war und inzwischen Schlesien in seinen Besitz genommen hatte, von Drossen abziehen, da die Bürger unter dem Oberst von Kuhmeise kochenden Brei auf die Köpfe der Feinde von der Mauer herabschütteten, den die Bürgerinnen Drossens in den Braupfannen gekocht hatten. Dem Feinde hatte eine Lehmmauer getrotzt; nunmehr beschlossen die Drossener Bürger, die Stadt durch eine Steinmauer zu schützen, welche noch heute, gut erhalten, um die ganze Stadt führt.

1298 wurde die für unsere Verhältnisse wohl zu große Pfarrkirche fundiert und dem heiligen Jakobus geweiht. Schon am 21. Mai 1538 wurde die Reformation förmlich eingeführt. Am Tage zuvor hatte nämlich der Blitz in den Kirchturm eingeschlagen und die Glocken vernichtet. Da lief der der evangelischen Lehre schon längst zugethane Pfarrer Mangold auf den Markt, kniete nieder und betete für die Erhaltung der Stadt. Noch während des Betens zog ein schweres Gewitter über dieselbe hin; große Regenmassen fielen hernieder, löschten das Feuer des brennenden Turmes und retteten vor der Vernichtung die enggebaute Stadt, deren Häuser mit Schilf und Holzschindeln gedeckt waren. Da man diesen rettenden

Regen den Gebeten Mangolds zuschrieb, so trat am Tage darauf die Gemeinde öffentlich zur evangelischen Lehre über.

Drossen liegt in einer Niederung, die teils von umliegenden Seen, teils vom Thale der Lenze gebildet ist. Unweit der Stadt erhebt sich nach allen Seiten das Sternberger Höhenland, das ungefähr eine halbe Stunde von der Stadt nach Osten zu in den Bullerbergen und Schwanenbergen seine höchste Höhe erreicht. Die Berge sind mit Nadel- und Laubholz bestanden und in den Thalmulden sehr quellen= reich. Der Wald leidet deshalb nicht an der Einförmigkeit, welche die märkischen Wälder sonst zu bieten pflegen. Eichen, Buchen, Birken und Elsen bieten ein lieb= liches Gemisch von Waldesgrün; im zahlreichen Unterholz halten sich Hirsche und Rehe verborgen, die bei Annäherung des Menschen mit dem flüchtenden Fuß kaum den schwellenden Moosboden berühren. Diese an reizenden Partieen reiche Waldung gehört der Stadt Drossen. Die Berge liefern außer dem Holzreichtum eine große Menge verschiedener Waldbeeren, die bei ihrer Reife nicht nur von den Kindern und armen Leuten, sondern auch von Frauen des mittleren Bürgerstandes fleißig gelesen und gesammelt werden. Ein Braunkohlenbergwerk „Borussia" liefert bei Trockenbau in zwei Schächten ergiebige Braunkohle, die nach Drossen und durch die Bahn auch nach auswärts versendet wird. Unmittelbar an der Stadt liegt im Norden der lieblich gelegene Röthsee, dessen nördliches Ufer von einem Höhenkomplex begrenzt wird. In diesem fischreichen See befindet sich eine Männer= und eine Frauen= badeanstalt, auch wird derselbe mit Mietsgondeln befahren. Da zu dem See kein Zufluß führt, auch kein Kanalwasser in ihn hineinmündet, zudem der Grund des Sees grobkiesig ist, so bietet derselbe dem Badenden stets kristallreines Wasser. Nach dem Abend zu liegen die Kesselseen, und etwas weiter von der Stadt befinden sich der Zeusch und der wohl in zwei Stunden kaum zu umschreitende Greiben. Die Ufer dieser Seen bilden zum Teil hügeliges Gelände, das von Nadelhölzern dunkel= grün umsäumt ist. Den Wanderer umgeben harziger Duft und tiefe Stille, die bisweilen von dem Geschrei auffliegender wilder Enten und Gänse unterbrochen wird. Zwischen hohem Schilf und Binsen lagern einsam die Fischerkähne, unwill= kürlich denkt man des Liedes: Still ruht der See, die Vöglein schlafen, ein Flüstern nur, du hörst es kaum; der Abend naht und senkt sich nieder auf die Natur ein süßer Traum, auf die Natur ein süßer Traum." Eine absolut staubfreie, harzige stärkende Luft atmet deine Lunge an unsern Seen, und wolltest du gar ein Wasser= und nachheriges Sonnenbad riskieren, du, lieber Leser, fändest Stärkung und Ge= nesung für Leib und Seele. Bei einem etwaigen Sonnenbade brauchtest du nicht zu fürchten von irgend jemandem überrascht zu werden, denn die Bewohner von Drossen dringen selten in den Zauber reiner, unverfälschter Natur. Und selbst eine kurzgeschürzte Dorfschöne könnte sich dir nicht neckend nahen; denn Dörfer giebt es hier nur wenige, und diese wenigen sind weit voneinander entfernt und liegen hinter buschigen Hügeln tief versteckt.

Eine Eigentümlichkeit unsrer Stadt ist das sogenannte Werderland. Da die Stadt infolge der frühern Befestigung eng angelegt ist, so fehlen vielen Häusern Gehöfte, an Gärten gar nicht zu denken. Letztere sind nun außerhalb der Stadt nach dem Mittag zu angelegt und erstrecken sich bis zu der 25 Minuten von der Stadt liegenden Werderheide, die Pensionären und Rentiers einen beliebten Aufenthalt bietet. Der Drossener Professionist zieht meist die Pflege des Werders dem Aufenthalt in der Werkstatt vor, weshalb das Handwerk am Orte darnieder liegt. Meister, Geselle und Lehrling behäufeln Kartoffeln und pflanzen den Kohl, der den Winter über ihre Hauptnahrung bildet. Ein Nationalgericht bilden Kartoffeln und Leinöl, und hierzu wird, wenn es hoch hergehen soll, noch Schmierquark hinzugethan. Und sodann hat das Handwerk hier noch einen Feind, nämlich die Fischereigerechtigkeit der Bürger. In einer Anzahl der um die Stadt liegenden Seen haben nämlich die Bürger das Recht des Angelns und der Fußfischerei. Da stehen nun die Handwerker den Sommer über bis zum Leibe im Wasser der Seen und harren des armen Fischleins, das an ihren Angelköder beißt. Andere fischen mit Staken, soweit ihre Füße den Boden erreichen, und verbummeln sich und ihr Handwerk. Dazu lebt die Bürgerschaft schon seit Jahren in zwei Parteien gespalten, die Angler und Nichtangler. Zwar hat die Stadtbehörde, eingedenk des alten deutschen Sprichwortes: Angeln, Fischen, Vogelstellen verdirbt wohl manchen Junggesellen — die Fischereigerechtigkeit den Bürgern nehmen wollen; doch die Angelpartei, gestützt auf ihre vom großen Kurfürsten ausgestellten Privilegien, wacht mit nervöser Spannung über die Unantastbarkeit ihrer Rechtsame und hat sogar durch siegreich geführte Prozesse den Magistrat zum Aufgeben seiner erzieherischen Pläne gezwungen. Hie Angler, hie Nichtangler! ist selbst bei den Stadtverordnetenwahlen eine entscheidende Devise. Charakteristisch für die hiesigen Verhältnisse dürfte die Mitteilung sein, daß vor kurzem zwei hiesige Lehrer, die dem Angelsport huldigen, von Bürgern dieserhalb bei der Regierung mit der Bitte denunziert worden sind, den Lehrern möchte doch von der Behörde das Angeln fernerhin verboten werden, da dieselben infolge der neuen Gehaltsordnung (1100 Grundgehalt, 140 Alterszulage, 225 Wohnung) des Angelns nicht mehr so sehr benötigt sind. — Außer dem bevorzugten Anbau von Korn und Kartoffeln werden viele Felder mit Maiblumen — in anderen Gegenden Springauf genannt — bebaut. Fremde, die die Maiblumen nur im Walde anzutreffen gewohnt sind, interessieren sich stets lebhaft für diese Kultur; der Boden um Drossen muß hierzu ganz besonders geeignet sein, da selbst Frankfurter Gärtner am hiesigen Orte Ländereien gepachtet haben, um Maiblumen darauf zu züchten. Die Drossener Maiblumenzüchter verkaufen ihre Erzeugnisse bis nach England und Rußland, und finden viele Hände bei dieser Kultur lohnende Arbeit. Außer der Maiblumenkultur und einer Phantasieweberei besitzen die Drossener aber noch etwas ganz Eigenartiges, worüber sie seit Jahren sorgfältig wachen, nämlich ihre Stadtschule. So hatte Drossen schon im Jahre 1886 bei der Knaben- und Mädchenschule das siebenstufige System eingeführt. In den vier oberen Klassen dieser hiesigen siebenstufigen Volksschule wird noch heute lateinischer Unterricht fakultativ erteilt, und in den beiden obersten Knaben- und Mädchenklassen auch fakultativer französischer Unterricht. Darum wirken an der Volksschule außer dem Rektor noch drei für fremde Sprachen geprüfte Mittelschullehrer und eine für höhere Mädchenschulen geprüfte Lehrerin. Diejenigen Kinder, welche am fremdsprachlichen Unterricht nicht teilnehmen, werden in den entsprechenden Stunden im Deutschen unterrichtet. Und doch ist durch Lehr= und Lektionsplan die Einheit des Ganzen bewahrt.

Drossen hat nach der letzten Zählung 5300 Einwohner und ist Kreisstadt. In früherer Zeit blühte hier das Tuchmachergewerbe, das jetzt vollständig darnieder liegt. Sonstige Industrie ist nur schwach vertreten. Die Stadt hat noch ein Lehrer= seminar und eine vom Seminar geleitete Privatpräparandie. Um die Stadt herum zieht sich längs der Stadtmauer eine mit schönen Anlagen geschmückte Promenade. Zwei Befestigungstürme sind noch gut erhalten, andere frühere Befestigungsbauten stehen jetzt als Ruinen, welche grünschimmernder Epheu umspinnt. Da die Stadt bei ihrer Anlage infolge der Befestigung eng zusammengebaut ist, so sind auch die drei freien Plätze klein zu nennen.

Drossen liegt an der Sekundärbahn Reppen—Meseritz, eine halbe Stunde mit der Eisenbahn von Reppen entfernt. Seit Dezember 1898 liefert eine Gasanstalt Gasglühlicht. Die Stadt besitzt 6000 Morgen Forst und etwa 50 000 Thaler Kapitalvermögen, weshalb auch die Kommunalabgaben gering sind.

Max Eichholz=Drossen.

Siegmund Steinbart, ein A. H. Francke der Mark.

Das Städtchen Züllichau mit seinen 7000—8000 Einwohnern kann sich nicht rühmen, in unserm Vaterlande auch nur dem Namen nach allgemein bekannt zu sein, und seine geographische Lage ist auch für seinen Bekanntenkreis eine so unbestimmte, daß ihm immer und immer wieder das Mißgeschick begegnet, bald zu Schlesien, bald zu Posen gerechnet zu werden. Von diesen beiden Provinzen ist es allerdings nur so weit entfernt, daß man bequem nach dem Nachmittagskaffee auf einem Spazier= gange die eine oder die andere Grenze besuchen kann, ohne das Abendbrot zu Hause zu versäumen.

Dennoch leuchtet bei dem Namen Züllichau in nah und fern manches Auge auf, und dann ist es sicher neunmal unter zehnmal das Königliche Pädagogium und Waisenhaus, das die Veranlassung dazu hergab. Tausende bewahren dieser Anstalt eine dankbare Erinnerung, Gelehrte und Offiziere, Geistliche und Lehrer, Kaufleute und Beamte, Industrielle, Landwirte und schlichte Handwerker. Namentlich in früheren Jahrzehnten, als noch nicht jede Stadt und jedes Städtlein eine höhere Lehranstalt sein eigen nennen konnte, hatte das Züllichauer Pädagogium und Waisenhaus sich eines starken Zuspruches zu erfreuen, und noch bis heute hat es seinen bewährten Ruf, was namentlich die Intensität der übermittelten Geistesbildung anbetrifft, zu wahren gewußt.

Mag nun auch die genannte Schulanstalt sich jetzt weder in ihrer äußeren Er=
scheinung noch in ihrem innern Leben nur noch wenig oder gar nicht von ihren
Schwesteranstalten unterscheiden: bezüglich ihrer Entstehung und Entwickelung darf
sie einen besonderen Platz unter den Gymnasien der Mark beanspruchen.

Seit dem Jahre 1701 lebte in Züllichau der Nadlermeister Siegmund
Steinbart. Er war zu Grünberg in Schl. als der Sohn armer Eltern geboren
worden, und dieser Umstand, sowie die damaligen Schulverhältnisse waren der Grund,
daß der Knabe in der Schule nur notdürftig lesen und schreiben lernte. Um so
reicher gestaltete sich sein Gefühlsleben unter der sorgsamen Erziehung des Eltern=
hauses, die namentlich von seiner wahrhaft frommen Mutter geübt wurde. Seiner
Neigung entsprechend, erlernte er das Nadlerhandwerk, und auf einer mehrjährigen
Wanderschaft, die der Lehrzeit folgte, bildete er sich in seinem Beruf immer weiter
aus, bekannt unter dem Namen des „Grünbergers, der kein Bier trinkt". In
Brandenburg a/H., wo er längere Zeit als Gehilfe in Arbeit stand, lernte er den
Pietismus und seine Anhänger genauer kennen. Der ernste Sinn und die un=
geschminkte Frömmigkeit dieser Richtung sagte ihm ausnehmend zu; doch erst viel
später bekannte er sich offen zu derselben. 24 Jahre alt, ließ er sich in Züllichau
nieder, um nunmehr das ehrsame Nadlerhandwerk selbständig zu betreiben.

Bald gründete er auch einen eigenen Hausstand mit einer gleichgesinnten
Gattin, und Fleiß und Sparsamkeit wurden gesegnet, so daß der junge Meister bald
ein eigenes Haus erwerben konnte. Es ist heute mit einer marmornen Erinnerungs=
tafel an seinen früheren Besitzer geziert. Ein reicher Kindersegen entsproß dem
Bunde und brachte reiche Freuden und Sorgen ins Haus. Des ernsten Vaters
Sinn aber war nicht nur auf eine strenge Erziehung seiner Kinder zum pünktlichen
Gehorsam gerichtet; ebensosehr war er bestrebt, ihnen eine gute Schulbildung an=
gedeihen zu lassen.

Bei alledem fand der schlichte Mann Zeit und Mittel, seiner armen Mit=
menschen sich thätig anzunehmen, und gar manche stille Wohlthat ging von seinem
Hause aus. Sein stilles, frommes Leben, namentlich seine jetzt offen bekannte
Zugehörigkeit zum Spenerschen Pietismus, forderte allerdings oft genug den Spott
und die Verdächtigungen seiner Mitbürger heraus; doch focht ihn das nicht sonderlich
an, noch weniger vermochte es eine Änderung seiner Gesinnung herbeizuführen.
Dabei war er durchaus nicht etwa ein schwermütiger Asket. Er wird im Gegenteil
als „ein Liebhaber lustiger Gesellschaft nach der honnêten Art" geschildert, der
„wegen seines aufgeräumten Humeurs lieb und angenehm" war.

Dieser schlichte Mann ist der Gründer des Züllichauer Waisenhauses. Über
die näheren Umstände seiner That berichtet sein Sohn Johann Christian Steinbart
folgendes:

„Anno 1718 bauete er (Siegmund Steinbart) ein Stübchen in der Höhe auf
seinem Wohnhause, um darin ungestört mit den Seinigen seine Morgen= und
Abendandacht zu halten; befestigte darin eine Armenbüchse, darin er und ein anderer
damals vertrauter Freund zum Behuf der Hausarmen zu Zeiten etwas steckte,
dazu einige andere Liebhaber der Bedürftigen dann und wann auch etwas beytrugen,

und davon den Bedürftigen nach Vermögen mittheileten. Anno 1719 im Febr. besuchte ihn ein redlicher Gottesfreund, Herr Thomas Bernt, in des Geist kein Falsch war, um sein Betstübchen und den neuen Ofen darin zu besehen. Dieser Freund, sobald er hinauf ins Stübchen kommen, konnte sein wohlthätiges Herz nicht lange bergen, brach aus und sprach: Er habe einen Trieb in sich befunden, den Dürstigen eine kleine Gabe mitzutheilen, er wolte, daß ers so geben könnte, daß es niemand wüste. Er habe GOtt angefleht, er solle ihm doch zeigen, wie ers anbringen sollte. Darauf wäre es ihm so kräftig in Gemüth gefallen: Er solle nur bey Steinbarten gehen und es da in die Büchse geben, da es schon würde wohl angewendet werden. Nachdem sie beyde vor dem HErrn geflehet, er wolle das gutwillige Opfer für die Armen gnädig annehmen, und anweisen, wie es nützlich angewandt werden solle; und der selige Vater hierauf die Büchse öffnete: fand er zum Erstaunen 6 species=Dukaten in einem Papier, und über das noch so viel, daß wenige Groschen an 20 Reichsthl. fehlten. Er dankte Gott mit tiefster Beugung, daß er an diese verborgene Armen=Büchse in seiner Hütte so mildiglich gedacht; gerieth darüber in weiteres Nachsinnen, was doch der liebe GOtt damit intendirte, ob es fernerhin dabey bleiben solte, oder wie er es wolte angewendet haben. — —

Als der sel. kurz hierauf bey Gelegenheit der Leipziger Ostermesse, mich, der ich damals als Alumnus die lateinische Schule des Waisenhauses in Halle frequentirte, im April 1719 besuchte: erkundigte er sich, wie er doch seine älteste Tochter von 10tehalb Jahren an einen guten Ort wohl anbringen könte, daß sie was lernen und in der Furcht des HErrn erzogen werden möchte; denn in Ansehung der Erziehung seiner Kinder konnte er sich niemalen ein Genüge thun. Als er eben deshalb mit einer gottseligen Matron sich unterredete, und diese ihm das Langendorfische Waysenhaus bei Weissenfels vorschlug; war es, als wenn in ihm die vernehmlichen Worte ganz scharf ausgesprochen würden: Ich will selbst ein Waysenhaus bauen in Züllichau; sagte auch gleich zu mir, der ich neben ihm saß: Mein Sohn, ich will bey uns in Züllichau ein Waysenhaus bauen und meine Tochter zu Haus behalten. Ich sprach ohne Bedenken: Ey ja, Vater, thut es doch; wer weiß, ob nicht der liebe GOtt die 20 Reichsthl. in der Armen=Büchse darum gegeben? Das ist ja schon mehr als der Fuhrmann in Langendorf gehabt, der zu Anfang nur 8 Thlr. ja der HErr Prof. Franke hat noch weniger gehabt. Diese Worte, waren nach dem Bekenntnisse des seligen, in seinem Herzen als ein lebendiges Feuer. Er ging in sein Quartir und flehete den HErrn herzlich an: er solle ihn doch nicht auf solche Thorheit gerathen lassen, sondern ihm diesen Gedanken benehmen, und ihn, wie er doch sonst allemal gethan, doch auch hierin in Gnaden erhören. Allein es ließ ihm die Sache weder Tag noch Nacht Ruhe, je mehr er dawider betete, desto größer ward das Feuer oder der Trieb zum Waysenhause. — — — —

Nachdem er zu Hause den 10. May angelanget, eröffnete er den Seinigen, und ein paar guten Freunden, was in ihm vorginge, und sprach: Lieben Kinder, ich will euch sagen, was ich mit dem Gelde machen soll, das der liebe Gott in unsere Armen=Büchse geschickt; ich werde ein Waysenhaus hier in Züllichau bauen, und der Schützen=Acker soll der Platz dazu seyn, und so soll das Haus aussehen, und dazu wird der HErr Gnade geben. Dieser unvermuthete Vortrag machte sie zwar anfangs ganz bestürzt und die Vernunft brach aus: Ja, es wäre wol gut; aber woher nehmen wir und die künftigen Waisen Brodt? was wird nicht der benante Schützen=Acker, der Bau des Hauses und die beständige Unterhaltung der armen Kinder kosten? Sobald ihnen aber der selige die gesamten und vorerwähnten Umstände erzehlet, wie ihm der Trieb angekommen, wie er dawider gebetet, wie ers nicht los werden könnte, und es noch immer stärker anhielte, so ward ihr Herz getrost und freuden=voll, daß sie sprachen: GOttes Wille muß geschehen. Er erinnerte seine Ehegattin dabey, sie möchte nur zurückdenken, wie sie beyde schon einige mal ein paar arme Kinder angenommen, sie unterrichtet und unterweisen lassen, verpfleget und versorget, es sey vielleicht solches schon ein Vorspiel vom Waysenhause gewesen." —

Schließlich kam man zu dem Entschluß, die Entscheidung in die Hände des Königs zu legen. Wäre es nicht Gottes Wille, den Plan zur Ausführung gelangen zu lassen, so sollte Se. Majestät „nein" sagen. Er reiste persönlich nach Berlin und legte ein eigenhändig verfaßtes Gesuch, worin er um die Konzession zu seinem Unternehmen bat, in die Hände von des Königs nächsten Ratgebern. Daraufhin wurde am 12. Juli 1719 in einem Königlichen Reskript nicht nur die Erlaubnis zum Bau eines Waisenhauses in Züllichau erteilt, sondern dem Unternehmen auch der Allerhöchste Schutz zugesichert und die Befreiung der Gründung von allen bürgerlichen Lasten ausgesprochen.

Nicht viel mehr als die vorgenannten 20 Thaler standen dem frommen Steinbart zur Verfügung, als er nun sofort zur Ausführung seines Planes schritt. Von der Schützengilde kaufte er den in Aussicht genommenen Acker, und als nach 4 Wochen der Tag kam, an welchem das erworbene Grundstück bar bezahlt werden mußte, so war auch das Geld, 400 Thaler, vorhanden, ein Geschenk des vor= erwähnten Kaufmanns Thomas Bernt.

Der Bau verzögerte sich allerdings. Erst 1722 konnte der Grundstein gelegt werden. Doch sollten das die Waisen nicht entgelten. Steinbart nahm eine Anzahl in sein kleines Haus, woselbst ihnen auch sofort ein geregelter Schulunterricht zu teil wurde.

Zum Bau selbst spendete König Friedrich Wilhelm I. einen erheblichen Teil des erforderlichen Bauholzes, und als er am Ende des Jahres 1722 auf einer Durchreise das begonnene Werk mit eigenen Augen gesehen, auch mit dem Gründer eine Unterredung gehabt, wies er außerdem 500 Thaler für das Unternehmen an.

Freilich kam noch manche Stunde, wo schlechterdings alle Mittel verbraucht waren. Aber des frommen Mannes Gottvertrauen blieb unerschüttert und wurde stets belohnt.

Sobald das Waisenhaus sein eigenes Heim bezogen, erweiterte es sich in raschem Wachstum. Neben den Waisenkindern wurden auch Kostgeld zahlende Zög= linge aufgenommen. Zudem sandten viele Bürger ihre Kinder in die Schule des Waisenhauses, an welcher sehr bald 4 besondere Lehrkräfte unterrichteten; denn der Unterricht erstreckte sich nicht nur auf die Bedürfnisse des gewöhnlichen Lebens, sondern auch, den Lateinschulen und Realschulen entsprechend, auf weitergehende Anforderungen. Daß die religiöse Erziehung ganz besonders gepflegt ward, dafür bürgt schon der Charakter und die Gesinnung des Begründers, und schon 1726 erhielt das Waisenhaus seinen eigenen Prediger in Johann Christian Steinbart, dem bereits erwähnten Sohne Siegmunds.

Noch immer wurde das Waisenhaus durch freiwillige Gaben unterhalten, wozu der Gründer seinen gesamten persönlichen Besitz geopfert hatte. Durch Königliche Für= sorge und die Opferwilligkeit frommer Leute wurden aber schließlich auch dauernde Ein= nahmequellen erschlossen. Ein Privileg gab dem Waisenhause die Berechtigung zur Anlegung einer eigenen Druckerei und einer Buchhandlung. Erstere Freiheit ist nie ausgenützt worden, doch die Buchhandlung wurde eingerichtet und nahm einen guten Fortgang. Unter den Verlagsartikeln sind insbesondere Joh. Arnds Schriften, „wahres Christentum" und „Paradiesgärtlein", weiter bekannt geworden. Viel hoffte man von einem Geschenk der Frau Generalleutnant Ursula von Derfflinger, einer Schwiegertochter des berühmten Generals des großen Kurfürsten. Sie schenkte dem Waisenhause das ihr gehörige Eisen= und Alaunwerk zu Freienwalde. Doch machte der Betrieb große Kosten, dazu wurde es die Ursache zu einem langwierigen Prozeß, und schließlich wurde es durch Königliche Verfügung dem Waisen= hause zu Züllichau entzogen und dem großen Militärwaisenhause zu Potsdam zu= gewendet. Dieses Mißgeschick dürfte aber gerade die Veranlassung einer reicheren Zuwendung der genannten Wohlthäterin gewesen sein. Testamentarisch vermachte sie dem Züllichauer Waisenhause außer einer Barsumme von 6000 Thalern die Güter Kerkow und Krauseiche im Kreise Soldin. (1740). Hier sei zugleich einer andern Schenkung erwähnt. 1747 fielen laut testamentarischer Verfügung des Hauptmanns von Waldow die Güter Neudorf und Rauden im Sternberger Lande dem Waisenhause zu Züllichau zu.

Doch erlebte der Gründer diese freudigen Ereignisse nicht mehr. Am 27. Juni 1739 rief ihn der Herr zu sich, in einem Alter von 62 Jahren.

Die Nachkommen des Gründers entwickelten das von Siegmund Steinbart ins Leben gerufene Werk immer mehr. Von besonderer Bedeutung ist namentlich sein Enkel Dr. theol. Gottfried Samuel Steinbart. Dieser, zu Klosterbergen unter Abt Steinmetz vorgebildet und später Lehrer an der Hecker'schen Realschule in Berlin, wurde der Begründer des „Pädagogiums", welcher Name der Schulanstalt durch Allerhöchste Verfügung verliehen wurde. Er behielt auch die Leitung desselben bei, nachdem er als Professor der Theologie und Philosophie an die Universität zu Frankfurt a. O. berufen worden war. Auch eine „Schule der Ökonomie" wurde eingerichtet und im Jahre 1788 ein Seminar mit den vorhandenen Schulanstalten verbunden, das 1817, mit dem Luckauer Seminar vereinigt, nach Neuzelle verlegt wurde.
                                                        W. Wundtke = Züllichau.

Rundgang durch Schwiebus.

Die Werke klappern Nacht und Tag
Im Takte pocht der Hämmer Schlag.
(Schiller.)

Östlich vom Dorfe Wilkau senken sich die Schienengeleise zum Thal der Schwemme hinab. Das Dampfroß hastet mit doppelter Geschwindigkeit dem Bahnhofe „Schwiebus" zu, und nur die Carpenterbremse kann die tolle Fahrt im Zaume halten. Dort aus den Wiesen heraus blicken die Doppeltürme der Michaeliskirche, im rein gotischen Stile erbaut, herüber; zu beiden Seiten lehnen sich die Häuser an die ehrwürdige Kirche an, und zahlreich erheben sich über die Wohnstätten der Menschen die Dampfschornsteine, massiv oder in Eisen. Das Ganze wird von der einen Seite von Weinbergen, von der andern von Villen, Dampfziegeleien und Sommerhäusern flankiert. Hier mitten aus den Wiesen heraus, hart an der Schwemme, erhebt sich der umfangreiche Bau der Schloßbrauerei mit hohem Aussichtsturm. In den Kellereien da unter dem Sandberge lagern jährlich wohl mehr als 15000 hl Bier in riesigen Fässern. Doch vorüber, vorüber rast der Zug; noch eine Minute, ein Pfiff und wir sind am Orte.

„Station Schwiebus". Zwei Minuten Aufenthalt. Man beeilt sich, durchschreitet das Bahnhofsgebäude und die Anlagen und gewinnt bald die Promenade der Chausseestraße. Diese ist mit Cementplatten belegt und wird äußerst sauber gehalten. Hier links ist die Gasanstalt, rechts das dem Kreise gehörige Gut Burglehn, auf dessen Ländereien dicht am Bahnhofe eine Heimstätte für invalide Arbeiter und ein Sanatorium für Lungenkranke aus dem Kreise, als „Vollmarstiftung" errichtet werden soll.

Noch eine kurze Wegbiegung — und nun pulsiert das Leben einer kleinen Industriestadt vor dir. Tuchfabriken, Brennereien, Brauereien, Färbereien, Samtschneidefabriken, Kaufläden, Schneidemühlen, Cigarrenfabriken, Kleingewerbestätten und verschiedene Ackerbürgernahrungen, alles in buntem Wechsel und doch gegenseitig harmonisch sich ausgleichend — das ist das Bild, welches die 900 Einwohner vor dir entwickeln.

Die Glogauer Straße führt zum Glogauischen Thore, vor dem man heut noch den ausgefüllten Stadtgraben und zur Rechten und Linken die Basteien, darunter rechts die von St. Georg, bemerken kann. Hier verwahrten die Bürger „ihre Gewaffen und was zur Vertheidigung nöthig". Die erste Bastei linker Hand wurde bis vor gegen 15 Jahren als Stadtgefängnis benutzt, ehe man im Stadtpark das Amtsgerichtsgebäude mit Gefängnis erbaute. Vom Glogauer Thore östlich erhebt sich die neue evangelische Kirche, gotisch nach einem Entwurfe des Geh. Baurats Möckel aufgeführt. Noch ist der schlanke Turm nicht vollendet, aber das Anfangsjahr des neuen Jahrhunderts wird seine 60 m hohe Spitze mit dem stilvollen Dache erschauen lassen. Die an sich arme evangelische Gemeinde hätte den Bau nicht aus eigenen Mitteln wagen können; erst durch die Huld Ihrer Majestät der Kaiserin ist sie in die Lage gesetzt worden, an der Stelle, an der das alte Gotteshaus stand, sich ein neues aufzuführen. Drei Kirchen an derselben Stelle haben nach Herrschern aus dem Hohenzollernhause den Namen Friedrichskirchen erhalten.

Der Marktplatz, der in der Nähe der evangelischen Kirche liegt, besitzt ein hübsches Rathaus, welches im 16. Jahrhundert nach einem der großen Brände, welche die ganze Stadt in Asche legten, erbaut worden ist. Es zeigt an der Giebelseite den schlesischen Adler im goldenen Felde, den Giebel krönt ein Obelisk, indes an der Südseite dieser Front der Turm angebaut ist. Derselbe hat in der Mitte dieses Jahrhunderts noch einen Aufbau mit Krenelierungen erhalten und besitzt neben diesem Aufbau eine Plattform, auf dem an Sonntagen im Sommer oder bei festlichen Gelegenheiten eine kleine Musikkapelle Aufstellung nehmen kann. Der Aufsatz, der 1856 bei einer Renovation des Rathauses erbaut wurde, hat eine eiserne Spitze mit Wetterfahne und Knopf. Bis zum Jahre 1824 stand an der Nordwestecke des Rathauses ein zweiter Turm von runder Form und nur geringem Durchmesser, der nicht besteigbar war und in dem die Uhr — der Seiger — untergebracht war. Deshalb hieß dieser Turm der Seigerturm, während der höhere besteigbare der Pfeiferturm oder Pfeifturm genannt wurde. Da auf dem Seigerturm die Uhr täglich aufgezogen werden mußte, und man zu derselben doch eines Zugangs benötigte, so verband man beide Türme in Giebelhöhe des Rathauses durch eine hölzerne Brücke, so daß man durch Aufsteigen im Pfeiferturm und Benutzung dieser Brücke das Aufziehen der Uhr

Das Rathaus in Schwiebus.

besorgen konnte. Aus jener Zeit rührt die Scherzfrage her: Wo ist die höchste Brücke in Schlesien? Antwort: In Schwiebus; dort führt sie über das Rathaus weg!

Der Marktplatz selbst ist bei der Ausdehnung, die der Marktverkehr am Sonnabend und an Jahrmärkten oft annimmt, zu klein; man hat deshalb für viele Verkäufer die Nebenstraßen und kleineren Plätze für den Handel und Wandel freigegeben und dadurch dem fühlbaren Bedürfnis nach Vergrößerung des Platzes abgeholfen. Die Nordseite desselben wird von alten Laubenhäusern eingeengt, deren Überbauten auf hölzernen, oft reich geschnitzten Pfeilern ruhen. Fallen diese Laubenhäuser, die nach einem Brande des Ringes in der schweren Zeit des dreißigjährigen Krieges erbaut sind, dann ist mit einem Schlage der Platz um 4 bis 5 m nach Norden hin verbreitert.

Und sie werden fallen! Denn schon bemächtigt sich die Zeit, die gebieterisch die Forderung nach Geschäftshäusern mit Verkaufsläden und Spiegelscheiben stellt, eines Gebäudes nach dem andern; sie sinken in Trümmer und Staub, die Denkmale alter Zeit, und auf dem Brandschutt früherer Jahrhunderte erheben sich die modernen Paläste, die in ihren Schaufenstern das Publikum zum Kauf anreizen.

Eins der alten Gebäude ist im vorigen Jahre abgebrochen worden, um einem Konfektionsgeschäft in größerem Stile Platz zu machen. Die Balken des Hauses waren kunstvoll geschnitzt, und zwischen Eier= und Rundstäben las man in lateinischen Buchstaben in das Eichenholz eingehauen Pf. 127, Vers 1: „Wo der Herr nicht das Haus bauet, so arbeiten umsonst, die daran bauen. Wo der Herr nicht die Stadt behütet, so wachet der Wächter umsonst". Wie erinnert uns doch dieser Spruch an die funkensprühende Nacht des 21. Januar 1637, wo von Zacharias Hahnfelds, des Fleischers, Haus die Lohe gen Himmel schlug und mehr als fünfzig Gebäude, auch den Turm und das Gesperr der Kirche in Asche legte, dabei eine Glut entfachend, daß die Glocken geschmolzen wurden.

Ein zweites, ein Patrizierhaus der alten Zeit, wird in den nächsten Monaten das gleiche Schicksal teilen. Es ist von unverwüstlichem Holze hergerichtet. Auf dem Mittelbalken in einer der oberen Stuben ist die Schrift kunstvoll eingeschnitten:

AO 1637 DEN XXI. JAN.
ABGEBRANNDT, 1640
GEORGE HIRSCHT ERBAUT.

Sämtliche Balken dieses Zimmers sind geschnitzt und verziert, so daß man in der Annahme nicht fehlgeht, der Besitzer war einer der wohlhabendsten Leute der Stadt. Von 1630 bis 1637 war er im Rate.

Die Wetterfahne trägt das österreichische Wappen. Der jetzige Besitzer des altertümlichen Gebäudes will nach dem Abbruch dasselbe an einem anderen Orte wieder aufführen, um so ein ehrwürdiges Denkmal früherer Baukunst noch späteren Geschlechtern zu bewahren.

Ganz in der Nähe des Marktes lag auch das Landhaus in der Landhaus= straße. Das Gebäude ist 1886 abgerissen worden und hat einer Buchdruckerei Platz gemacht. Hier in dem alten Gebäude mit dem massiven Eingange, mit seinem Gewölbe im vollen Zirkel und den beiden Nischen rechts und links der Thür, wurden die Sitzungen der Landstände der Ritterschaft des Schwiebusschen Kreises abgehalten. Bisweilen diente es auch als Absteigequartier für Fürstlichkeiten. So hielt darin am 21. April 1750 August III., König von Polen, mit Gemahlin und großem Gefolge auf einer Reise von Sachsen nach Warschau Rast. Auch Friedrich Wilhelm IV., der scherzhaft die offenen Seitenlauben der altertümlichen Häuser als „Schwiebuser Kegelbahnen" bezeichnete, sah es, als er in den dreißiger Jahren als Kronprinz durch Schwiebus fuhr.

Die katholische Michaeliskirche wurde nach dem Brande 1541 von 1546 bis 1555 massiv von den Bürgern erbaut. Sie thaten dies in der Voraussetzung, die reine evangelische Lehre darin zu hören, die seit 1541 hier von der gesamten Ein=

wohnerschaft bis auf wenige katholisch bleibende Hausväter angenommen worden war. Man hatte Jakob Schickfuß zum Prediger berufen und schmückte das neue Gotteshaus, in dem Schickfuß seine Grabstätte erhalten hat, mit einem hohen und „ansehnlichen" Turme, mit Uhr und Glocken. Doch im dreißigjährigen Kriege begann die Gegenreformation unter Karl Hannibal von Dohna, Herrn zu Wartenberg, mit Unterstützung der Lichtensteinschen Dragoner ihr Werk. Kirche und Schule wurden 1628 den Evangelischen mit Gewalt genommen; Geistliche und Lehrer vertrieb man. Auf dem von Soldaten umstellten Rathause mußte Bürgerschaft und Rat schriftlich erklären, daß sie „nicht nur selbst katholisch werden, sondern auch von nun an niemand mehr zum Bürger und Einwohner aufnehmen wollten, der nicht

Östliche Laubenseite am Markt in Schwiebus.

den katholischen Glauben bekenne". Vorübergehend war dann die Kirche von 1631 bis 1637, von 1639 bis 1651, wieder in den Händen der Evangelischen. Nun aber verloren sie dieselbe für immer. Erst als der große Kurfürst den Kreis erhielt, konnten sie daran denken, sich ein Gotteshaus aus Holz mit Lehmwänden zu bauen. Gott der Herr aber ist der Gemeinde auch in den Zeiten der Not gnädig gewesen; nach den Wolken ist Sonnenschein eingekehrt.

Unsere Wanderung führt uns zu der Stelle, wo früher das Kreuzthor stand, von dem man heut keine Spur mehr erblickt. In der Mitte des vorigen Jahrhunderts stand es noch, und unter dem Schwibbogen desselben konnte man das gemalte Wappen der Kreuzritter und den gleichfalls gemalten Umfang einer großen Glocke sehen. Unter dem letzteren Bilde standen die Worte:

Eine Glock' nach diesem Circul rund,
vorm Brande in Schwiebusen stund.
Als man zählt 1541 Jahr,
die Stadt im Feuer verdorben war.

Die Frankfurter Straße entlang schreitend, bemerken wir links das uralte Hospital St. Annä oder St. Crucis, mit einer kleinen Kapelle, 1443 gestiftet. Katholische Bürger und Bürgerinnen finden hier ihr friedevolles Asyl. Vor dem Hospital steht in einer Mauernische die Statue des hl. Nepomuk, nur 15 m von der Schwemme entfernt. Die evangelischen Hospitaliten sind in derselben Straße jenseits der Schwemme in dem Ad. Sckerl'schen zweistöckigen Stiftungsgebäude untergebracht. Nummer 39 dieser Straße ist das Haus, in dem die Karschin einst ihre Tage

„bei Weib- und Magd- und Mutterpflichten,
bei manchem Kummer, schwer und groß"

an der Seite eines rohen und gewaltthätigen Mannes vertrauerte.

Die Straße, nördlich ansteigend, biegt plötzlich rechtwinklig nach Westen um, und hier, am Schützenhause vorbei, führt uns der Weg in die Region der Kirchhöfe, deren jüngster eine Leichenhalle mit Kapelle und Türmchen besitzt. Historisches Interesse beansprucht nur der älteste von ihnen. Valten Heine schenkte ihn 1602 am 4. Juli aus „christlicher Mildigkeit" von seinem Weinberge dem Magistrat unter der Bedingung, „daß zu ewigen Zeiten, alle Jahr, jährlichen auf den Montag nach Trinitatis eine Predigt in demselben Ort gehalten, damit auch mit der Zeit derselbige Ort nicht alleine erbauet, besondern auch zukünftig, durch solche Mittel, bauständig erhalten werde". Und so wie es das Protokoll sagt, ist es auch geschehen, bis auf die Predigt, von der man Abstand genommen hat. Der Magistrat hat über den ca. 30 gemauerten Erbbegräbnissen, die zu drei Viertel in der Erde liegen, bedeckte Gänge an drei Seiten des Kirchhofs bauen lassen. Die vierte Seite, die nach Morgen zu liegt, wurde nicht zu ummauern erlaubt, „damit sich der Feind in Kriegszeiten desselben nicht als einer Schanze bedienen könne". Eine Seite verfiel, und die bedeckten Gänge wurden abgebrochen. Rechts vom Eingange liegt der Ratsälteste Bonaventura Schickfuß, der 1607 die drei ersten Grundsteine legte, begraben. Sein kostbares Epitaphium aber ist verschwunden. Da die Thüren der Erbbegräbnisse oben Gucklöcher haben oder zur Hälfte nur mit Holzspalieren verschlagen sind, kann man die Särge in jedem stehen sehen, mit Sammt und Flittern, mit Leichenkronen und Kränzen! Drinnen aber alles, alles Staub und Asche! Die Epitaphien unter den Gängen sind zum größten Teile noch erhalten, manche darunter zeigen kunstvolle Bildhauerarbeit.

An die Kirchhöfe lehnt sich das Dorf Salkau mit Fabriken und gewerblichen Anlagen. Seine mehr als 700 Einwohner finden, soweit sie nicht dem Landbau nachgehen, in letzteren Beschäftigung. Von den Weinbergen bei Salkau aus hat man eine hübsche Aussicht auf die im Grünen liegende Stadt, dort hebt sich im Süden das neue Postgebäude mit schlankem Turme empor; 1897 am Lindenplatze, auf dem ein Kriegerdenkmal steht, erbaut. Von Osten her blicken die Bäume des Stadtparkes, in dem das neue Schulhaus steht, herüber, und dahinter glitzert wie Silber das Wasser des Schloß= und Merzdorfer Sees. Vom Schlosse ist die Vorderseite mit den Akazienbäumen, und daneben der Giebel des katholischen St. Jo= sephshauses, in welchem Kranke verpflegt werden, sichtbar. An öffentlichen Gebäuden außer den genannten besitzt die Stadt ein Gerichts= und Gefängnisgebäude, ein Krankenhaus mit Polizeigefängnis, zwei evangelische Schulhäuser, ein evangelisches Predigerhaus, ein Rettungshaus, eine Kleinkinderbewahranstalt, das katholische Pfarr= haus nebst Schule, ein Post=, Telegraphen= und Telephonamt, ein Bahnhofsgebäude,

Schwiebus.

Aichamt, Steueramt, Reichsbanknebenstelle, Wollwage, 34 öffentliche Brunnen u. a. Die Einwohnerzahl beträgt nach der letzten Zählung gegen 8500 Einwohner (ohne Salkau) in ca. 1990 Haushaltungen.

Von gewerblichen Anlagen sind in der Stadt im Betriebe zehn Tuchfabriken und Spinnereianstalten, Tuchappreturen, zwei Dampffärbereien, drei Samtschneide= fabriken, der Firma Mengers & Söhne, Berlin, gehörig, vier Maschinenbau=An= stalten, eine Dampfmahlmühle, drei Dampfziegeleien, vier Dampfschneidemühlen, eine Wollstaubfabrik, eine Walkfett= und Stearinfabrik, eine Gasanstalt, viele elektrische Anlagen, eine Dampftischlerei für Frühbeetfenster, eine Großklempnerei, drei Ci= garren= und Tabakfabriken, sieben Brauereien, zwei Buchdruckereien, eine Brikett= fabrik, ein städtisches Schlachthaus u. a. Die Apotheke befindet sich im Rathause, zwei Drogerien in Privatgebäuden. — Wie die Einwohnerschaft stets zugenommen, hat sich auch die Industrie und mit jener der Wohlstand in der Stadt fort und fort gehoben. Den Hauptindustriezweig bildete von Alters her und auch heut noch

die Tuchfabrikation. Drei Viertel der der Berufszählung unterstehenden Haus=
haltungen betreibt Gewerbe, ein Viertel die Landwirtschaft. Da die Vertreter der
Industrie den Ansprüchen der Neuzeit durchaus Rechnung getragen haben, so eröffnet
sich auch für die Zukunft dem Aufblühen der Stadt eine günstige Fernsicht. Ihre
Lage an einem der Hauptschienenstränge, die den Westen mit dem Osten verbinden,
mag ihr bei ihrem Aufschwunge die besten Dienste leisten. Gott schütze sie und
erhalte ihren Bürgern die Treue, die sie in schweren Zeiten, in Kriegen und Krie=
gesnot, ihrem Vaterlande und ihren Fürsten entgegengebracht haben!

G. Berndt=Schwiebus.

Liebenau.

Da liegt zu Füßen ein schimmernd Bild —
An die Berge geschmiegt das weite Gefild.
Falter fliegen im Sonnenstrahl.

Mitten im Kohlenbezirk des Kreises Schwiebus liegt, von drei Seiten von
Höhen eingeschlossen, in einer nach Norden geöffneten Senke die kleine Stadt
Liebenau, deren ackerbautreibende Bevölkerung noch nicht die Zahl 2000 erreicht.
Hier in dem Thal der unbedeutenden, aber sehr klaren Packlitz haben einst
die Schmelzwasser der Vereisungen ihre erodierenden Wirkungen ausgeübt. Das
Höhenland erscheint von tiefen Furchen und Schründen geradezu zersägt. Vor=
dringendes Eis und Wasser haben Tiefen gerissen, in denen sich Seen bildeten;
Ausstrudelungen durch herabstürzendes Schmelzwasser, sogenannte Gletschermühlen,
bildeten Pfuhle und Teiche, und aus ihnen und den Stauseen trat später bei weiterem
Rückgange des Eises der ersten und zweiten Gletscherperiode das Wasser durch Ein=
senkungen des sperrenden Dammes in das Gletschervorland hinaus. Ein Erdfall,
wie an den Bechen bei Lagow oder am Tschetschsee, ist es hier nicht gewesen; einzig
die Einwirkungen des Wassers haben das hübsche Thal geschaffen, welches man im
Kreise gern aufsucht, um sich an der Schönheit der Natur zu erfreuen. Wohl an
20 Wasserbecken glitzern auf der geringen Entfernung von 12—14 km aus dem
Grün vor uns; dunkel hebt sich im Hintergrunde der von Bockelbergsche Wald bei
Starpel ab, und hier und da schimmert in hellen Farben eine Mühle, ein Weiler,
eine Kolonie hervor. Das größte dieser freundlichen „blauen Augen" der Land=
schaft, der Packlitzsee, ist wohl 400—500 ha groß, das kleinste der Wasserbecken hat
kaum 100—200 m Länge und Breite. Dazwischen sieht man seenverbindende
Fließe, von Erlen umstanden, vor allen das der Packlitz, welches sich bildete, als die
Wildheit der Wasser nachließ. Mehrere Kilometer weit bei Jordan und Paradies,
deren Türme über den großen See herüber schimmern, bildet dieser Bach die Grenze
zwischen Brandenburg und Posen.

Es ist ein freundliches Bild, die hügelumgebene Stadt, deren hundertzweiund=
sechzig Wohnhäuser sauber in die Wiesen aufgestellt erscheinen, wie die eines Bau=
kastens auf grüner Unterlage. Von allen Seiten ziehen die Wege heran, hier mit
Kastanien, dort mit Linden, da mit Obstbäumen bepflanzt. Die Berge ringsum sind
mit jugendlichen Wäldern bestanden; mit Mühe hat der Fleiß des Menschen auch
die sandigsten Kuppen mit Kiefern bepflanzt. Hier und da wohl blinkt eine weiße
Sandschlucht, aus dem dunklen Grün heraus, die das Wasser, zu Thal kommend, ge=
rissen hat. Nur die Liebenberge, deren Holz vor Jahren der Spekulationsgeist der
Menschen in klingendes Gold umzuwandeln wußte, stehen noch in einzelnen Kuppen
kahl da; aber gerade von hier aus lohnt der Ausblick. Wer da an einem lachenden
Maimorgen auf dem höchsten Bergkegel, der einen Aussichtsturm erhalten soll, ge=
standen hat, vergißt nicht so leicht das farbensatte Bild, welches sich ihm darbietet.

> Immer glutenvoller glänzen
> Die Rosen um des Tages Thor,
> Die Schatten bannen sich in Grenzen,
> Das Reich der Formen taucht hervor.
> Nun steigt der Ball von Flammengold
> Und flutet Licht ins Panorama,
> Und majestätisch langsam rollt
> Der Vorhang von dem Lebensdrama.　　　　　(Jordan.)

Hart an den Bergen ruht die Stadt, in der Mitte der Scenerie blicken wohl
an sechs Wasserbecken; hier vor uns liegt Neudörfel, aus dessen Blockkirche — mit
der in Burschen eine der ältesten in der Mark — eben das Morgenläuten durch
die Luft zittert, jenseits der Pinnsee im Walde bei Wilkau und fernhin Dorf
Möstchen mit dem Bahndamm der Märkisch=Posener Eisenbahn; das ganze Halbrund
aber im Hintergrunde von den weiten fürstlich Hohenzollernschen und königlichen
Forsten umrahmt: das ist herrlich! Und hart zu unsern Füßen, wohl 40 m tiefer,
ist das klare Wasser des Liebensees. Denn während die Berge bis 125 m ansteigen,
liegt der Liebensee nur 72 m über dem Meeresspiegel. Hier hat der jetzige Besitzer
der Liebenberge reizende Anlagen dicht am See geschaffen, die von dem Restaurant
„Bergschlößchen" aus dem Publikum zugänglich sind.

Die Gegend ringsum könnte gar viel erzählen. Hier hielten einst die „in
Gott ehrwürdigen Väter" von Paradies ihre Frühlingsfeste ab, und in beschaulicher
Ruhe genossen sie des Ausblicks auf den schönen Besitz, der ihnen als Dorf Lubrze
oder Lubiza im Jahre 1246 von dem Grafen Bozota „zum wahren und beständigen
Almosen" als Geschenk übergeben worden war. Wenig später erhielt das Dorf
Stadtrechte und seinen heutigen Namen Liebenau (aus Llubenowe, Lubulow, Lubenau.
Vgl. P. van Nießen: Die Familie von Liebenow). Die Klosterinsassen gründeten
Novavillicula, das heutige Neudörfel; sie erwarben u. a. auch die Wassermühle bei
Liebenau. Beider Einkünfte kamen wohl den Äbten bei ihrem Rücktritte von ihrem
Amte als lebenslänglicher Genuß zu gute, so dem Abte Matthaeus, der 1558 am
14. Oktober eine im Kloster erscheinende Kommission bittet, ihm nach 21jährigen
Strapazen und Mühen als Abt die Verwaltung des Klosters von seinen müden und

schwachen Schultern zu nehmen. Ja, Matthaeus hat einmal arge Unbill ohne Ursach' erfahren. Hören wir, was darüber die Klostergeschichte berichtet:

Eines Tages — es war im Herbst des Jahres 1546 — hatte sich Abt Matthäus nach Liebenau begeben, um dort einige wichtige Geschäfte des Klosters abzuwickeln. Als er sich wieder auf der Heimreise nach dem Kloster befand, wurde er plötzlich von Wenzel Beuden, Hans Rackel zu Peitz, sowie Wolff und Caspar von Birkholz zu Schorbus bei Cottbus nebst einigen ihrer Spießgesellen überfallen und mit „Pferden, Wagen, Gold, Silber, kurzum Allem", was er bei sich führte, ohne irgend eine Veranlassung mitten im größten Landesfrieden aufgehoben und nach Schorbus in Gewahrsam gebracht. Hier steckten ihn die Birkholzer 14 Tage in einen Keller. Am Tage Simonis und Judä, den 28. Oktober 1546, wurde er aus dem Keller hervorgezogen und in einen Speicher übergeführt, wo er noch zwei Tage ungefesselt und dann „einen Tag, desgleichen eine halbe Nacht in Ketten" sitzen mußte. In der Nacht vom Allerheiligen= zum Allerseelenfest überführten ihn die Räuber und mit ihnen „Christoff Kacheloffen" in ihr Dorf, „Weynßdorff" ge= nannt, eine Meile von Senftenberg und eine Meile von Spremberg. Dort schlossen sie ihn in den gewölbten Keller eines Brauhauses ein, welches einer verwitweten Krügerin und ihrem Sohne gehörte, und hielten ihn noch 14 Tage gefangen. — Natürlich stellten das Kloster und auch die polnische Regierung, der das 9 km von Liebenau gelegene Kloster gehörte, Nachforschungen an; aber alle Mühe war ver= geblich, Abt Matthäus war und blieb verschwunden. Die Strauchritter hatten die Nacht benutzt, um ihn in ihr Verließ zu bringen. Endlich wurde er, dem Anscheine nach mit Hilfe der Ratsherren und „sonderlich der Bürgerschaft von Cottbus, die ihn aus Weinsdorf, da er gesessen, bis Cottbus in die Stadt brachte", aus seiner pein= lichen Lage befreit, worauf er nach Paradies entkam und dort den erstaunten Brüdern umständlich erzählte, was sich mit ihm zugetragen hatte. Die bösen Raubritter sollten nun exemplarisch bestraft werden. Der Abt jedoch, ein Geistlicher von milder Gesinnung und weichen Gefühlen, ist „nicht gesonnen, die schärff wider dieselben seine Beschediger zu pflegen" und bittet, man möchte an ihnen Gnade für Recht er= gehen lassen, sie nicht bestrafen, sondern bei ihnen bewirken, daß er der „empfangenen schede und der entwanten Hab und barschaft wiederumb vergnüget und habhaft ge= macht werde." Sein Wunsch ging in Erfüllung. Der Schaden, der dem hoch= würdigen Herrn zugefügt war, betrug 800 Gulden. Da die Birkholzer diese Summe nicht ersetzen zu können glaubten, so verfügte Johann von Cüstrin, Joachims II. Bruder, daß die Güter der Birkholzer mit Beschlag belegt und von den Bevoll= mächtigten des Abtes so lange sequestriert werden sollten, bis die vorgedachte Summe nebst den aufgelaufenen Zinsen gedeckt wären. Das Machtwort des Landesherrn scheint schnell geholfen zu haben; die edlen Herren schafften Rat, denn schon 1565 ist Schorbus wieder ihr Eigentum (vgl. Berghaus, Landbuch der Mark Brandenburg, III, 597). Abt Matthaeus ruhte damals bereits in Frieden, er war der letzte Abt deutscher Nationalität in Paradies gewesen, zugleich auch der letzte Abt, der aus der freien Wahl der Konventualen hervorgegangen ist. Von seiner Gruft in der Klosterkirche säuseln die Bäume einen Gruß zu uns hinüber. Requiescat in pace!

Am Lieben= und Ratssee vorbei, von welch letzterem aus der Liebenauer Ver=
schönerungsverein eine schattige Promenade bis zur Stadt hergestellt hat, schlängelt
sich von den Liebenbergen her die Chaussee der Stadt zu. Hier links am Kreuz,
wenige hundert Meter von der Stadt, geht der Weg nach Neudörfel ab — noch zwei,
drei Minuten und wir sind im Orte. Alles atmet Frieden. Auf den Plätzen rechts
und links von der breiten, mit Kastanien besetzten Hauptstraße, welche die doppelte
Häuserreihe durchschneidet, spielen die Kinder; hier ist der neue evangelische Kirchhof,
daneben die Kirche, gegenüber das Schulhaus: Jugend und Grab, alles dicht neben=
einander, aber alles in Gottes Hut. Die jetzige evangelische Kirche, in protestantischer
Einfachheit erbaut, steht seit 1847. In den 80er Jahren brannte der Turm durch
Flugfeuer ab. Der Brand gefährdete die ganze Stadt; man rief die Schwiebuser
Wehr telegraphisch zur Hilfe, und es gelang den vereinten Kräften, die Stadt vor
weiterem schrecklichen Geschick zu bewahren. Stadt und Kirche wurden erhalten; der
Turm, eine Zierde der Stadt, ist nach Art der Gertraudenkirche in Frankfurt a/O.
neu aufgeführt. Im Innern ist das Gotteshaus höchst einfach: Gedenktafeln an den
weißen Wänden, ein schmuckloser Altar; das ist alles. Die evangelische Gemeinde
zählt nicht viel über 900 Glieder; als man 1745 die erste Kirche einweihte, waren
180 protestantische Bekenner in der Stadt. Auch der rings mit Linden umpflanzte
Marktplatz ist sonst ohne jeden Schmuck; für ein Denkmal, welches man in nächster
Zeit errichten will, ist als Aufstellungsplatz der Park in Aussicht genommen worden.
Am Markte steht die Apotheke und an der Schwiebuser Straße das Postgebäude.
Am Nordende der Stadt liegt an der Packlitz, die eben den Gastsee, der früher
„Likmich" hieß, durchflossen hat, eine Wassermühle mit starken Turbinen. Man will
die Wasserkraft derselben benutzen, um die Stadt mit elektrischem Lichte zu versehen.
So wird auch hier vielleicht bald die Zeit kommen, wo die Öl= und Petroleum=
beleuchtung in das Reich der Vergessenheit gewiesen wird. —

Im Grün versteckt, seitlich vom Markte, hebt sich mit kuppelartigem Turme
und grauem Schieferdache die katholische Kirche ad Sanctam Mariam heraus. Der
Turm ist im maurischen Stile gehalten; in einer blauen Nische desselben erblicken
wir von außen die Statue der hl. Jungfrau mit dem göttlichen Kinde. Die Kirche
selbst ist Feldstein= und Backsteinbau; noch roh, ohne jeden Abputz trotzt er bereits
150 Jahre dem Zahn der Zeit. Das waren damals schwere Zeiten. Denn am
18. Juni 1762 um Mitternacht brannte ganz Liebenau — die Wohnhäuser, alles
Strohdächer — mit der katholischen Kirche ab. Es blieben nur wenige geringe
Hütten und die evangelische Kirche verschont. Auf den alten Fundamenten baute
man die neue katholische Kirche wieder auf, konnte sie aber erst 1790 vollenden und
einweihen. In ihr befindet sich ein Nebenaltar, ein Marienaltar, der als ein Kunst=
werk der Bildschnitzerei im romanischen Stile angesehen wird.

Rings um diese hervorragenderen Gebäude gruppieren sich die übrigen Häuser
in zwei Längs= und mehrere Querstraßen, meist einstöckig, wenige mehrstöckig.
Ackerbau und Viehzucht, wie Kleinbetrieb im Handwerk ernährt die anspruchslosen
Bewohner, die bei ihren Beschäftigungen noch so wenig von der nervösen Hast der
Zeit angekränkelt sind, daß für viele von ihnen in ihrem Stillleben die Ankunft der

Posten ein Ereignis ist. Dann öffnen sie ihre Fenster und schauen behaglich im Werktagsgewande heraus, den ankommenden Fremden nach dem bekannten: Wer ist er? Was ist er? Was will er? Was hat er? musternd. Aber auch hier wird die Zeit bald Wandel schaffen. Die Vollard-Bockelbergschen Waldungen, die mächtigen Kohlenlager, die neue normalgleisige Kohlenbahn, die Brikettfabrik, die Holzwollfabrik, die Hunderttausende und Millionen, die der Starpeler Grunwald in seinen Höhen und Tiefen birgt, rufen ein neues Geschlecht nach Liebenau, das das Behagliche aus Sucht nach Verdienst bei Seite werfen wird. Ob zum Glücke der Stadt?

Größerer Verkehr herrscht in Liebenau an den Jahrmarktstagen, und da sind die Leute in Liebenau denen in den beiden anderen Städten des Kreises über. Hier sammelt sich die ganze Umgegend, um den Einkauf von allerlei Lebensbedürfnissen zu ermöglichen. Dann ist das Gewoge zur Mittags= und Nachmittagszeit auf dem Markte den Verkäufern die beste Gewähr, ein vorteilhaftes Geschäft zu machen. Dann ist der Markt in der Stadt ein Weltmarkt im Kleinen.

Unser letzter Besuch gilt der Kanzlei. Aber da ist nicht viel zu sehen. Die Stadt und die Ratsstube sind 1625, 1762 und 1823 vollständig oder doch fast vollständig niedergebrannt; die historischen Altertümer sind dabei vollständig vernichtet worden. Auch der verhängnisvolle Dreißigjährige Krieg hat viel zerstört; die Taufbücher der katholischen Kirche reichen nur bis 1657, die Traubücher bis 1655 und die Sterberegister bis 1670 zurück. Somit gehören alle Aktenstücke der Neuzeit an. Das Magistratssiegel zeigt eine Mauer mit Pforte und darüber gebautem Rundturm; er weist vier Schießscharten, eine oben und drei unten auf. In Sternen und Ringen sind Buchstaben und Zeichen enthalten; letztere vielleicht Embleme des Ackerbaues.

Das ist das Wappen der Liebenows, denen die Gründung der Stadt zugeschrieben worden ist, nicht. An einer Urkunde des Comes Albert de Llubenow, Kastellans von Bentschen, zu dessen Zeit Liebenau bereits als oppidum Llubenowe erscheint, hängt sein Siegel. Es trägt die Legende:

S[COMIT]IS ALBEGI DE LYBENOWE

und im Schilde schrägrechts einen Balken mit drei rautenähnlichen aneinanderhängenden Figuren.

Die Einwohnerschaft Liebenaus ist in hohem Maße liebenswürdig und gesellig. Der Fremde, der in den schmucken Gasthäusern einkehrt, findet eine anregende und zwanglose Unterhaltung. Man bildet in der Stadt gleichsam eine große Familie, da die begrenzten räumlichen Verhältnisse des Ortes alle Bewohner mehr aneinander ketten, wie in einer größeren Stadt. Der Gast, der in diese Zusammengehörigkeit eingeführt ist, wird ebenfalls als Freund und Bekannter aufgenommen, und so kommt es, daß die Zeit im Gespräche wie im Fluge verstreicht. Alles ist anheimelnd; der Ort, die Menschen, das Abendgeläut, das Klappern des Mühlrads wie das Rauschen der Wellen. Zehn Uhr wird's, eh wir uns trennen. Die Schatten des Abends haben sich über die Gefilde gesenkt; in wunderbaren Gestalten steigt der Nebel von den Wiesen vor dem Starpeler Grunwalde auf. Noch einmal ertönt ein „Auf

Wiederſehen"; dann iſt Schweigen ringsum. Von Neudörfel her ſieht man kein
Licht mehr ſchimmern; nur der Mond und die ewigen Sterne beleuchten den Weg.
Wald und Flur, Menſch und Tier ruhen in Frieden. Ja,

Der laute Tag iſt fortgezogen,
Es kommt die ſtille Nacht herauf,
Und an dem weiten Himmelsbogen
Da gehen tauſend Sterne auf.
Und wo ſich Erd' und Himmel einen
In einem lichten Nebelband,
Beginnt der volle Mond zu ſcheinen
Mit mildem Glanz ins dunkle Land. (Reinick.)

G. Zerndt-Schwiebus.

Tſchicherzig.

Ein vergeſſener Winkel der Mark.

Dort wo die Oder ſich im Bogen
Ins Brandenburger Land ergießt,
Dort wo in ihre dunklen Wogen
Im Wieſengrund die Obra fließt,
Dort wo der Schleſier, frei und ſtark,
Die Hand darbeut dem Sohn der Mark,
Dort liegt, ich jubel's freudig, laut
„Schön Tſchicherzig, ſo lieb und traut."

Ja, wahrlich, lieb und traut iſt dieſes einſame Stück Brandenburger Bodens,
anmutig und reizend zugleich.

Wer vom berühmten Schwarzathale aus den bekannten Glanzpunkt der
Thüringer Lande, den Trippſtein, beſucht hat, der ahnte gewiß nicht beim mühe-
vollen Erklimmen der anſteigenden Höhe, welch' wunderbar ſchöner Ausblick ſeiner
vom Borkenhäuschen droben wartete. Den Mittelpunkt des Panoramas bildet das
Dörfchen Schwarzburg mit dem gleichnamigen Schloſſe, welches, auf bewaldeter
Felsklippe gelegen, das ganze Thal beherrſcht und ſich mit ſeinem hellleuchtenden
Anſtriche lebhaft vom dunklen Grün der Umgebung abhebt. Waldbedeckte Berge
ſchließen den Hintergrund.

Wenn nun auch unſere ſandige Mark ſolche Schönheit nicht aufzuweiſen vermag, ſo darf ſich doch wenigſtens einer ähnlichen Überraſchung der Wanderer erfreuen,
der von der Kreis- und Garniſonſtadt Züllichau aus ſeinen Weg auf der von Apfel-
bäumen beſchatteten Landſtraße nimmt und, am Zollhauſe angelangt, links nach den
von hier aus etwa 25 Minuten entfernten rebenbekränzten Höhen Tſchicherzigs abbiegt.

Vor sich sieht er das herrliche Oderthal ausgebreitet. Langsam fließen die Wasser des Stromes dahin, der, von Süden kommend, plötzlich den Lauf ändert und nach Westen ablenkt. In stetem Wechsel, auf und ab, gleiten auf seinem Rücken mit schwellenden Segeln oder von Dampfern gezogen die Schiffe dahin, Produkte des Gebirges zum Meere befördernd und umgekehrt. Somit steht die Landschaft im Zeichen des Verkehrs. Und doch atmet alles hier wiederum tiefen Frieden. Friedlich sind die Herden anzuschauen, die auf den saftig grünen Matten weiden; ihr melo= disches Geläute dringt bis zu dem staunenden Beschauer herauf.

Nach einer photogr. Aufnahme von Herm. Thiele.

Tschicherziger Oberweinberge: Blick von Marake ins Oderthal.

Von Osten her kommt die Obra. Gemächlich fließt sie, bald vom Weidengebüsch verdeckt, bald wieder keck hervorlugend, in steten Windungen der nahen Oder zu. Dahinter zeigt sich deutlich auf dem weiten Plan blendend weiß der Schloßturm von Trebschen, dem ständigen Wohnsitze Sr. Durchlaucht des Prinzen Heinrich VII. von Reuß, ehemaligen deutschen Botschafters zu Wien.

Von vorn und zur rechten Hand begrenzen Ausläufer des uralisch=karpathischen Höhenzuges den Horizont und bilden mit ihren dunklen Kiefernwaldungen eine Gar= nierung des Ganzen, wie sie passender die Mutter Natur kaum schaffen konnte. In einer Senkung erblickt man das industriereiche Grünberg, das mit seinen Turm= spitzen und rauchenden Schloten zur lebhafteren Gestaltung der landschaftlichen Scenerie nicht wenig beiträgt.

Die Centrale der von den Bewohnern der benachbarten Städte immer und immer wieder gern besuchten Gegend bildet das ca. 1200 Einwohner zählende Fischer= und Schifferdorf Tschicherzig, das in stetem Aufblühen begriffen ist und vielfach als Ausgangspunkt für den Besuch der nahen Berge gilt. Der Ort liegt zum Teil in einer Vertiefung, zum Teil hat man auch die Häuser, welche, sofern sie Schiffern gehören, mit buntfarbigen Wimpeln geschmückt sind, an der Bergeslehne erbaut. Einen der höchsten und schönsten Plätze hat das freundliche Schulhaus inne. Wenn man bedenkt, daß die Jugend in den Freipausen auf dem ausgedehnten Hofe an= gesichts der prächtigen Gefilde eine sehr reine, frische Luft atmen darf, so ist es keineswegs vermessen zu nennen, wenn man zuversichtlich behauptet, Lehrstätten solcher Art sind in unserer Mark eine Seltenheit.

Rechts und links vom Dorf liegen die rebenbekränzten Höhen, der Stolz ihrer Bewohner, dort die Unter=, hier die Oberweinberge, wie sie offiziell heißen. Kom= munal zählen beide zum benachbarten Züllichau, postalisch aber werden sie der Be= quemlichkeit wegen von der Agentur des genannten Oderdorfes aus bestellt.

Nun reiche mir einmal, lieber Leser, im Geiste die Hand, und folge mir auf einer Wanderung durch die schönen Oberweinberge, die reich sind an lohnendsten Aussichtspunkten. Die Reihe derselben eröffnet, etwa im letzten Drittel der Lehne gelegen und dem Flusse am nächsten, Hellwigs Terrasse, dem auf jenseitigem Ufer aus schattigem Laubgrün hervorschauenden Odervorwerke Gipsthal gegenüber. Unter alten Linden sitzend, hat man zur Maienzeit über ein weiß und rosig schimmerndes Blütenmeer von Kirsch=, Pflaumen= und Pfirsichbäumen hinweg einen wundervollen Durchblick zur belebten Holzbrücke hin, die mit ihren 396 m zu den längsten des Stromes gehört. Oder man schaut dem Treiben der Bewohner aus dem nahen Fischerhause zu, wie sie mit Kahn und langen Netzen ihrem Handwerke obliegen. Und wer gar hier einmal in lauer Sommernacht gesessen und dem süßen Klange der Nachtigall oder dem ewigen Murmeln der Wasser gelauscht hat, wird sicher Ort und Zeit dankbares Gedenken bewahren. Von hier aus kann man auf zwei ver= schiedenen Wegen die Fußwanderung fortsetzen; der eine führt in der Nähe des Flusses weiter, der andere auf dem Hügelkamme. Benutzen wir den unteren, der in seinem ersten Teile unmittelbar am Wasser gelegen und daher zur Zeit der Über= schwemmung unpassierbar ist, so gelangen wir an einem Landhause vorbei, das mit seinem auf Säulen ruhenden Altane, den grünen Fensterläden und den künstlich an= gelegten, regelmäßig aufsteigenden breiten Stufen einen angenehmen Anblick gewährt. Schreiten wir weiter, so zeigen sich uns kleine, zumeist mit Stroh oder Schindeln gedeckte Winzerhäuschen. Ganz allerliebst ist es anzusehen, wie sie sich neckisch im Grün der Reben zu verstecken scheinen. Trotz ihrer oftmals sogar primitiven Be= schaffenheit sind sie doch nicht zu missen; denn sie geben der Gegend das ihr eigen= tümliche Gepräge, bewahren ihr den Charakter des Natürlichen und der ländlichen Ruhe und machen mit ihrer Einfachheit auf das Gemüt des empfindsamen Natur= freundes ohne Zweifel mehr Eindruck als teure Prachtbauten. — Bald gabelt sich der Weg. Da der alte, rechts gelegene, durch wiederholt von der hier besonders starken Strömung verursachte Erdrutsche zum großen Teil ungangbar geworden ist, so wählen wir den anderen, dabei auch schöneren. Rechts haben wir die 15 m in die Tiefe abfallende Oberböschung vor uns, links einen schönen Blick auf die ziemlich steile Bergeslehne mit den herrlichsten Weingärten. — Wir wollen uns die Mühe nicht verdrießen lassen und den Kamm erklimmen. In acht Minuten sind wir oben, und die viel gerühmte Aussicht ins weite Thal und nach dem schönen Schlesien hinein ist unsere Belohnung. In dem zur Sommerzeit mit Recht stark besuchten Marakeschen Lokale nehmen wir, uns des wundervollen Naturgemäldes erfreuend, den Kaffee ein und probieren im anliegenden Tschammerhof, der allen Besuchern durch die schöne Lage seiner „Kippe", eines Auslugs, wohl bekannt ist, den heimischen Landwein, der bei reiner Behandlung besser ist als sein Ruf. Nach kurzer Rast setzen wir die Reise, die uns durch eine Reihe anmutiger, wohlgepflegter Rebenanlagen führt, weiter fort. Der drei Schritt breite Fußweg, von Rasen eingesäumt, ist öffentlich. Zu beiden Seiten laden zur Reifezeit blinkende Trauben und rotwangige Äpfel zum Kosten ein. An niedlichen Landhäusern vorbei gelangen wir bald zu der Stelle, von welcher aus sich das Gelände einer zur Obramündung führenden Thalsenke zuneigt. Wir verweilen hier einen Augenblick und zollen dem Schöpfer Dank, der hier so Prächtiges geschaffen. Der kühne Bogen der Oder, das grüne Thal ihres Nebengewässers, der jenseitige Abhang der Senke erregen unsere Bewunderung. Von unten herauf tönen die lachenden Stimmen badender Kinder an unser Ohr, während das Auge die Nachen verfolgt, die fröhlich singenden Gesellschaften vom Flusse aus die Schönheiten der Gegend zeigen. Wir passieren den Grund und steigen, an der Obramündung vorbei, wieder bergan durch schöne Weingärten, von denen einige durch reiche Bestockung und die Zahl edler Obst= und Beerensorten besonders auffallen. Geschmackvolle Häuser, zur Sommerzeit durchweg von Fremden bewohnt, stehen zu beiden Seiten des Weges, bald tiefer, bald höher erbaut, doch immer in passendster Lage. — Den Abschuß des bekanntesten Teiles der Oberweinberge bildet die Villa Kärgersruh, deren Türmchen den ermatteten Wanderer schon aus der Ferne zur Einkehr eingeladen hat. Von hier aus hat man einen äußerst lohnenden Blick ins Obrathal hinunter mit seinem weiten Wiesenplan. Wie aus einem Spielkasten herausgenommen und ins grüne Gras gesetzt, erscheinen die mit roten Ziegelsteinen gedeckten Häuser des gegenüberliegenden Wasserdorfes Glauchow, das trotz des schützenden Dammes bei der großen Hochwasserflut im Jahre 1888 beinahe dem wütenden Elemente zum Opfer gefallen wäre. Obwohl die Überschwemmung jährlich wiederkehrt und oft sogar die Bewohner von jeglichem Verkehr abschneidet, obwohl dieselben bei drohender Wassergefahr oft gezwungen sind, die soeben ins Erdreich gesteckten Kartoffeln wieder mühsam herauszukratzen, um sie vor dem Ausspülen zu retten, vermag doch keine Macht der Erde die Heimatliebenden zu bewegen, die Scholle, wo ihre Wiege gestanden, zu verlassen. Dafür haben sie allerdings fruchtbare Äcker und saftige Weiden für ihr Vieh, und kräftiger Heugeruch erfüllt, bis auf die Berge dringend, zur Zeit der Grasmahd die Luft. — Die Obst= und Weinanlagen setzen sich in östlicher Richtung auf den Höhen der Schanze, denen von Radewitsch und Padliger noch stundenlang fort.

Rechts vom Dorfe liegen die Unterweinberge. Ihre Ausdehnung in die Länge

ist nur gering, dafür aber sind sie tiefer als die schon geschilderten. Die Reben=
kultur steht auch hier sehr im Flor, und die Zahl der verschiedenartigsten Obstbäume
ist so groß, daß ein Spaziergang durch diese Gegend zur Blütezeit viel Freude
bereitet.

So bilden denn die Höhen von Tschicherzig, die man als die Krone des ost=
deutschen Weinbaues bezeichnet hat, mit vollem Rechte eine Schönheit unseres lieben
Brandenburger Landes, die sich den anderen würdig an die Seite reihen kann.
Darum sind sie auch im Frühling wie im Sommer das Ziel vieler Naturfreunde.
Und selbst dann, wenn das Grün der Blätter sich in Rot und Gelb verwandelt
hat, herrscht hier noch ein fröhliches Leben und Treiben.

Denn wenn in lauen Herbstestagen
Die Büchse knallt zur Lesezeit,
Da giebt's ein lustig', freudig' Jagen
Auf allen Bergen weit und breit.
Dann schäumt der Most im vollen Faß,
Dann perlt der Göttertrank im Glas,
Im Erntekranz die Traube blinkt,
Und alt und jung im Tanz sich schwingt.
Drum ruft begeistert, rufet laut:
„Hoch Tschicherzig, so lieb und traut."

Paul Thiele=Züllichau.

Crossens Weinbau.

Der Weinbau, welcher sich in früherer Zeit fast über die ganze Mark Bran=
denburg erstreckte, ist gegenwärtig nur noch in den drei Kreisen Crossen a/Oder,
Calau und Züllichau=Schwiebus von nennenswerter Bedeutung.

Sind es im letztgenannten Kreise besonders die sogenannten Tschicherziger
Berge — am rechten Oderufer etwa 1 Stunde südlich von Züllichau entfernt gelegen —
und die benachbarte Gegend um Bomst, so zieht sich der Weinbau Crossens eben=
falls an dem unmittelbar bis in den Oderstrom abfallenden, ungefähr 6 km langen
Höhenzug am rechten Oderufer entlang.

Diese Weinberge liegen zum Teil östlich der Stadt Crossen, die sogenannten
„Berge gen Hundsbelle", in einer Länge von etwa 3 km, während der andere Teil
der Weinpflanzungen sich westlich von der Stadt, die sogenannten „Berge gen
Merzdorf", in ebenfalls einer Länge von 3 km erstreckt.

Die Lage der Crossener Weinberge — nach Süden gerichtet und gegen die
kalten Nordwinde geschützt — ist die denkbar günstigste, und daraus sehr wohl er=
klärlich, daß in guten Weinjahren die Erzeugnisse unserer Weinberge denen anderer
weinbautreibenden Gegenden unseres lieben Vaterlandes nicht allzuviel nachstehen.

Das Gebiet, auf welches jetzt der Weinbau zurückgedrängt ist, scheint nun auch mit Erfolg von ihm behauptet zu werden, da durch den in den letzten Jahrzehnten mehr rationell betriebenen Anbau der Rebe und sorgfältigere Pflege derselben, wie auch größere Sorgfalt beim Pressen und Keltern des Weines bei einigermaßen einschlagender Witterung recht günstige Resultate erzielt werden können.

Dazu kommt, daß die Reben, auf lehmigem ertragfähigem Boden angepflanzt, sich kräftig entwickeln und reiche Frucht tragen.

Die Chronik der Stadt Crossen erzählt, daß unter Boleslav IV., dem letzten der polnisch-piastischen Fürsten, die von 842—1163 über Crossen herrschten, im Jahre 1154 durch deutsche Einwanderer vom Rhein hierselbst zuerst mit dem Weinbau begonnen wurde, und ist es sehr wohl zu verstehen, daß die vom Rhein hergezogenen Deutschen, die günstige Lage der Berge für den Anbau der Rebe erkennend, sich bald das edle Gewächs vom Rhein verschafften, um auch hier das zu treiben, was sie in ihrer alten Heimat seit ihrer Kindheit getrieben.

Im Jahre 1860 — und das dürfte heute noch zutreffend sein — waren hierselbst 156 Weinberge mit einem jährlichen Ertrage von durchschnittlich 2100 Eimern à 60 alte Quart vorhanden; nach heutiger Berechnung macht das pro Jahr etwa 150 000 l = 1500 hl.

Die einzelnen Weinberge haben etwa eine Größe von $^1/_2$ bis $^3/_4$ ha = 2 bis $2^1/_2$ Magdeburger Morgen; so daß etwa 90 ha = 360 Morgen mit Reben bepflanzt sind; doch giebt es auch Weinberge, deren Flächenraum mehr als 1 ha beträgt.

Der Wein wird auf Crossens Bergen an Pfählen und Spalieren, sogenannten „Löben", die etwa 2 m hoch sind und $^3/_4$ m weit in Reihen auseinander stehen, gezogen.

Besonders werden weißer und roter Schönedel, Sylvaner, Traminer, Burgunder (böhmischer), Elbling und Muskat, auch etwas Tokayer angepflanzt.

Was nun den Ertrag der Berge anlangt, so hängt derselbe selbstredend in unseren nördlichen Breitegraden vollständig von den Witterungsverhältnissen ab. Ein frostfreies Frühjahr, ein sonniger Sommer und ein warmer Herbst, besonders die warmen, nebeligen Nächte in den letzten 4 Wochen vor der Weinlese, sind neben guter Bodenkultur, kräftigen Reben und sorgsamer Pflege des Stockes die unerläßlichen Bedingungen einer guten ertragreichen Ernte.

Eine alte Weinbauerregel sagt: „Der August muß ihn (den Wein) kochen und der September muß ihn braten"; aber auch eine andere: „Urben (Urban als letzter kalter Tag, 25. Mai) hat den Wein verdurben."

Die Chronik erzählt: 1278 erfroren alle Weinstöcke, und 1326 blühte der Wein schon im April, und die Weinlese war schon Anfang September.

1868 war ein so vorzügliches und reich gesegnetes Weinjahr, daß der größte Teil des gewonnenen Weines an Qualität den Weinen an der Mosel und dem Rhein kaum nachstand.

Durch die Freundlichkeit eines hiesigen Weinbergsbesitzers sind mir die Notierungen seiner Vorfahren aus dem Weinberge vom Jahre 1799 — also genau auf ein Jahrhundert — freundlichst überlassen, und ist es von großem Interesse, daraus zu ersehen, welchen ungemeinen Schwankungen die Ernten in den hiesigen Weinbergen unterworfen sind. Während in reichgesegneten Jahren die Ernte 33 bis 35 Crossener Viertel à 140 alte Quart = 160 l Wein oder im Gewicht 175 Ctr. an Trauben brachte, gab es auch Jahrgänge, in denen absolut wenig oder gar nichts geerntet wurde; so z. B. ernteten die Vorfahren meines Gewährsmannes im Jahre 1800 nur 26 alte Quart; im Jahre 1805 aber gar nichts, da der Wein in der Nacht vom 31. Mai zum 1. Juni total erfroren war, und die Nebenaugen sich nicht so entwickeln konnten, daß ihre Früchte hätten brauchbar (reif) werden können.

Die beiden letzten guten Jahrgänge waren 1893 und 1895; waren die Ernten auch quantitativ nicht besonders, so waren dieselben doch qualitativ den besten Jahrgängen, wie 1834, 1842, 1868, 1872, 1876, zuzuzählen. —

Ein großer Teil gerade der besten Weintrauben wird als Versandtrauben, das Pfund zu 25—30 Pfg. berechnet, in kleinen Kistchen von 10, 15 und 20 Pfd. nach allen Himmelsgegenden geschickt, und man wird nicht zu hoch greifen, wenn man den Export von Weintrauben in mittleren Jahrgängen auf 130—150 Zentner berechnet.

Freilich, wer ein richtiger, alter Weinbauer ist, der verkauft aus seinem Berge nicht eine Traube; denn nur dadurch, daß er auch seine schönsten Trauben mit in die Kelter wirft, kann er guten Rebensaft erzielen. —

Um nun nicht allzusehr von dem Ergebnis des Weinbaues abzuhängen, haben viele Weinbergbesitzer, freilich zum Schaden des Weins, in ihren Bergen nebenbei bedeutende Obstkulturen angelegt, um wenigstens — wenn der Wein fehl schlägt — sich durch die Erträge der Obst= und Nußbäume einen pekuniären Ersatz zu verschaffen und zu sichern.

Während durch Allerhöchste Kabinettsordre d. d. Stolzenfels d. 16. Septbr. 1842 für das benachbarte Grünberg — 4 Meilen südöstlich von Crossen entfernt — und für die Kämmereidörfer daselbst bestimmt wurde, daß der Beginn der Weinlese vom Magistrat event. vom Dorfgericht festgesetzt werden sollte und Zuwider=handlungen mit einer Polizeistrafe von 1—5 Thalern geahndet werden sollten, lehnte Crossen auf Ersuchen des Grünberger Magistrates um gleichmäßigen Beginn der Weinlese unter dem 20. September 1859 den Anschluß ab, so daß es hierselbst den hiesigen Weinbergsbesitzern unbenommen ist, wann sie ihren Wein lesen (ernten) wollen.

Männer und Frauen ziehen dann am frühen Morgen hinaus in die Wein=berge, um den Segen derselben einzuheimsen, zu pressen und zu keltern. Lustige Weisen erklingen die Berge entlang; Böller= und Flintenschüsse donnern durch das Oder= und Boberthal; ein kleines Feuerwerk bei eintretender Dunkelheit, ein frugales Abendbrot mit genug eigen gewonnenen Weines und, wenn thunlich, ein improvisiertes Tänzchen bekunden die Freude über den Segen, den der Himmel auch über die Weinberge ausgestreuet hat.

Jeder Weinbergbesitzer hat das Recht, nach vorheriger Anmeldung bei der hiesigen Polizei, seinen selbstgekelterten Wein im Verlauf von 2 Monaten, die er sich selbst auswählen kann, öffentlich auszuschenken, ohne daß er dafür eine besondere Steuer, Schanksteuer oder dergl. zu erlegen hätte.

Dann gehen die alten ehrwürdigen Bürger der Stadt, untersuchen und sondieren das Feld, und wo es dann den besten Heurigen giebt, da läuft alles hin und leert Lampe um Lampe, d. i. ein hohes Bierglas von $^3/_4$ l Inhalt.

Sind diese lieben Weinbrüder dann erst bei dem Singewein angekommen, sogenannt, weil man nach einem gewissen zu sich genommenen Quantum lustig wird und singt, so ist des Lebens Leid und Sorge vergessen, und in seliger Weinlaune wandeln sie, der Sorgen los und ungern aus der Freunde Mitte scheidend, mit ihren Kumpanen dem häuslichen Herde zu! —

Im Jahre 1891 wurde der ostdeutsche Weinbauverein gegründet. Derselbe dehnt seine Thätigkeit auf die noch Weinbau treibenden Bezirke der Provinzen Schlesien, Brandenburg und Posen aus. Auf Anregung dieses Vereins wurde in demselben Jahre in Crossen eine Wein= und Obstbauschule errichtet, die unter die Leitung des derzeitigen Direktors der Anstalt, Herrn H. Häckel gestellt, jungen Leuten in einem 1= resp. 2jährigen Kursus den Wein= und Obstbau lehren soll.

Außerdem werden in derselben Anstalt alljährlich zu verschiedenen Zeiten, besonders im Frühjahr und Spätsommer, Unterrichtskurse für Lehrer, Gärtner, Chaussee= Aufseher und Besitzer eingerichtet, um auch ihnen Gelegenheit zur theoretischen und praktischen Weiterbildung zu geben.

Außerdem hält der Direktor der Anstalt bald hier, bald dort Vorträge über Wein= und Obstkulturen, um so das Interesse dafür zu erwecken und weiter zu beleben und zu fördern.

Die Anstalt erfreut sich der thatkräftigen Unterstützung des Staates, der brandenburgischen Provinzialverwaltung, des Kreises und der Stadt Crossen a/O. Somit ist sie in ihrem Bestande gesichert, zumal die Anstalt seit einigen Jahren einen eigenen Weinberg als Versuchsstation besitzt.

H. Scheibel=Crossen a/O.

Die Überschwemmung im Neißegebiet 1897.

1. Der Hochwasserstand.

Die Überschwemmungskatastrophe des Jahres 1897 war die gewaltigste, welche die Anwohner der Lausitzer Neiße seit mehreren Jahrhunderten erfahren hatten. Ihre Schrecken werden daher noch Jahrzehnte in den Gemütern der heimgesuchten Bewohner nachzittern.

Die Überschwemmung wurde verursacht durch ungeheure Regenmassen, welche sich als Wolkenbrüche in den Quellgebieten der Gubener Neiße, des Bobers, der

Spree und der Elbe entladen hatten. Am 29. und 30. Juli zogen unaufhörlich schwere Regenwolken von Norden nach Süden flußaufwärts, die Bewohner der Neißeniederung mit Besorgnis erfüllend, denn eine lange Erfahrung hatte sie gelehrt, daß unter dieser Vorbedingung die Neiße fast immer bedenkliches Hochwasser bringt. Ihre böse Ahnung wurde nicht getäuscht. Schon am Freitag, den 30. Juli meldete der Telegraph aus Görlitz ein Hochwasser von 4,80 m an. Am folgenden Tage erreichte daselbst der Wasserstand eine Höhe, wie sie selbst die letzte große Hochflut des Jahres 1804 nicht gebracht hatte; der Görlitzer Pegel zeigte eine Wasserhöhe von 5,30 m an.

Einen Tag später hatte die Flutwelle die Grenze der Mark Brandenburg erreicht. Sonnabend Abend, den 31. Juli, fing das Neißewasser bei Forst bedenklich an zu wachsen. Die sonst so klaren Fluten nahmen die gefahrverkündende gelbe Färbung an; ihr Rauschen, das man mehrere Kilometer weit hörte, machte auf nahendes Unheil aufmerksam. Stromabwärts treibende Brückenbeläge, Hausgeräte, Tierleichen und vor allem die Tausende und aber Tausende von mitgeführten Getreidegarben gaben Zeugnis davon, daß flußaufwärts schon manches Unglück geschehen sein mußte. Aber noch wollte niemand so recht an das bevorstehende eigne Unheil glauben. Inzwischen brach die Nacht herein. Hin und wieder erblickte man Leuchtfeuer am oberen Flußlauf, die Hochwassernot anzeigten; Böllerschüsse und Sturmgeläut durchhallten die Nacht, doch vermochte niemand dem Hülferuf zu folgen, weil jeder auf heimischem Boden zu thun hatte.

In Forst hielt man es bald nach Mitternacht für geboten, die Feuerwehr zu alarmieren, weil das Wasser die Dammkronen erreicht hatte und stellenweise darüber hinwegzufließen begann. Während an der Erhöhung und Ausbesserung der Neißedeiche fleißig gearbeitet wurde, brach oberhalb der Stadt der Damm und setzte Forst binnen kurzer Zeit unter Wasser. Fast alle Straßen wurden ein bis zwei Meter hoch überflutet, nur der hochbelegene Marktplatz blieb frei. Das Wasser drang in die zur ebenen Erde gelegenen Wohnungen; die überraschten Bewohner mußten in die oberen Stockwerke flüchten. Kleider, Möbel, Betten und allerhand Hausgerät wurden ein Spiel der Wogen. Von dem raschen Anwachsen der Flut kann man sich eine Vorstellung machen, wenn man hört, daß mancher, der vielleicht noch etwas aus den Kellerräumen retten wollte, kaum noch die von den angestauten Wassermassen angedrückte Thür öffnen konnte, um wenigstens das eigne Leben in Sicherheit zu bringen. In Kellerwohnungen sind aus diesem Grunde auch mehrere Personen, von den Fluten überrascht, ertrunken. In der Amtstraße waren die inneren Wände eines Hauses eingestürzt, und die Bewohner flüchteten über die Dächer in mehr gesicherte Nachbarhäuser.

Bei dem weiter oberhalb gelegenen Dorfe Bademeusel waren die Deiche an verschiedenen Stellen schon gegen Abend gebrochen, und die Wassermassen ergossen sich auf das unterhalb belegene Kohne; ein Teil der Flut strömte hier der Malxe zu und riß die über dieselbe führende Eisenbahnbrücke an der Bahnstrecke Cottbus—Forst hinweg. Dann wurde wiederum das andere Ufer überflutet und die Ortschaft Scheuno unter Wasser gesetzt, das zwei Frauen auf dem Heimwege überrafchte; diefelben mußten ſich auf Bäume retten und hier vierzehn bange Stunden ausharren. Bei Sacro, auf dem linksſeitigen Neißeufer, brachen die Deiche nachts gegen zwei Uhr, und die Bewohner retteten ſich und ihr Vieh nach dem höher belegenen Kirch= hofe, ihre ſonſtige Habe in den Wohnungen dem entfeſſelten Elemente überlaſſend. Am Hornoer Berge, wo die Neiße die nordöſtliche Richtung annimmt, brach der Deich auf der Stregaer Seite, riß den Querdamm vor Pohſen fort und überflutete die Ort= ſchaften Pohſen und Markersdorf. Dann barſt der Deich wiederum auf dem linken Ufer vor Groß=Gaſtroſe und ſetzte dieſes unter Waſſer. So tobten die entfeſſelten Fluten hin und her, der eignen Spur folgend und die Gebilde der Menſchenhand haſſend.

Nach einer photogr. Aufnahme von R. Pankow=Forſt i. L.

Hauseinſturz in Groß-Briesnigk.

Am ſchwerſten unterhalb Forſt hat wohl das Dorf Groß=Briesnigk gelitten, wo das Hochwaſſer erſt Sonntag früh eintraf. Infolge der oberhalb ſtattgefundenen Dammbrüche ergoſſen ſich ſo koloſſale Waſſermaſſen gegen unſer Dorf, daß hier die Deiche brechen mußten, auch wenn ſie 1—2 m höher geweſen wären. Über Forſt, Sacro und Naundorf einerſeits, und Forſt=Cottbuſerſtraße, Eulo, Mulknitz und Bohrau andererſeits ſtrömten zwei gewaltige Waſſerſäulen nach unſern Fluren. Zwiſchen Neiße und Malxe, einem Nebenflüßchen der Spree, das aber infolge des zugefloſſenen Neißewaſſers zu einem reißenden Strome geworden war, drängten ſich die Waſſermaſſen hin und her, ſo daß auch Gemeinden wie Eulo, Mulknitz, Bohrau, Weißagk, Heinersbrück ꝛc., die 6—10 km vom Neißeſtrom entfernt liegen, mit ihren Feldern überschwemmt wurden. Mehrere Quadratmeilen standen zu gleicher Zeit unter Wasser. Die Wassermenge, die hier außerhalb der Deiche dahinströmte, betrug mindestens das Doppelte von dem, was die Neiße selbst zwischen ihre Ufer zu fassen vermochte. Klein=Briesnigk hatte sich sowohl nach der Malxeseite als auch gegen die Neiße hin eingedeicht, um die Flut wenigstens vom Orte selbst abzuhalten. Dagegen drängten sich aus drei großen Deichbrüchen die Fluten gegen die Ort= schaft Groß=Briesnigk. Binnen einer halben Stunde war das ganze Dorf unter Wasser gesetzt. Die Bewohner flüchteten mit dem, was sie in der Eile erraffen

Nach einer photogr. Aufnahme von R. Pankow=Forst i. L.

Die Cottbuserstraße in Forst i. L. am 1. August 1897.

konnten, auf die Böden. Das Vieh wurde auf zwei außerhalb des Dorfes gelegene Hügel gerettet; Schweine meist in Dachkammern untergebracht. Eine Familie, deren eingestürztes Haus alle Habe unter seinen Trümmern im Wasser begrub, hatte sich auf den in der Scheune stehenden Erntewagen gerettet; doch der roggenbeladene Wagen fing an zu schwimmen, die Angst der bedrohten Familie stieg aufs höchste. Weil man an die Vorderfront wegen der rasenden Strömung nicht herankommen konnte, bahnte sich die geängstigte Familie durch die massive Hinterwand einen Weg, indem sie die= selbe einriß und von hier aus durch drei mutige Männer mittelst Kahnes gerettet wurde. Schlechter erging es einem zehnjährigen Schulknaben nebst seinem Onkel. Von einem Hügel, wohin sie das Vieh gebracht hatten, wurde ihnen durch die reißenden

Fluten von allen Seiten der Rückweg abgeschnitten und beide mußten, weil ihnen
wegen der Strömung, die hier zu beiden Seiten des Hügels zwei Wasserfällen
glich, keine Hilfe gebracht werden konnte, 24 Stunden auf dem kleinen Eilande,
das sich von Stunde zu Stunde noch verkleinerte, kampieren.

Die ganze Nacht zum 2. August braußten die Wogen durch unser Dorf.
Krachend stürzten hin und wieder die Häuser zusammen; gellende Hülferufe erschollen
durch die Finsternis, doch konnte niemand die gewünschte Hilfe bringen, denn jeder
war durch die Fluten an seinen eignen Herd gebannt. Draußen im Freien brüllte
das Vieh; Kinder jammerten und schrieen vor Angst. In die müden Augenlider
senkte sich kein Schlaf, denn der Geist wurde durch die Schreckensbilder der Nacht
zu sehr geängstigt und erregt. Als der Morgen nahte, bot sich dem Beschauer ein
erschreckendes Bild dar.

2. Der Hochwasserschaden.

Man muß die Stätten der Verwüstung, die das Hochwasser binnen kurzer
Zeit geschaffen, gesehen, muß die durchnächtigten fahlen und schmerzentstellten Gesichter der schwergeprüften Bewohner geschaut haben, um das verursachte Unglück
einigermaßen ermessen zu können. Wo sich am andern Morgen zwei vom Unglück
betroffene Dorfbewohner trafen, da flossen in stiller Wehmut Thränen denn tiefes
Leid läßt den Mund verstummen. Wie sahen aber auch die Felder, das Dorf, die
Straßen und Neißedeiche aus! In der Nähe der Neißedeiche, wo gestern noch
schönes, rotscheckiges Vieh geweidet, waren infolge der Dammbrüche Lachen und
Kolke von beträchtlichem Umfange und unheimlicher Tiefe entstanden; ihr schwarzer
Grund erfüllte den Wanderer mit Grausen. Wiesen und Äcker waren, weil das
Neißehochwasser mit seinem raschen Gefälle viel Kies mit sich führt, auf weite
Strecken versandet und verschlammt. Innerhalb des Kreises Sorau allein hatte
die Neiße 92 Dammbrüche von 2795 m Länge, deren Wiederherstellung auf
84906 Mk. veranschlagt wurde. Von den Fluren war der reiche Erntesegen verschwunden. Die zerschundenen und beschmutzten Getreidegarben hingen hin und
wieder in dem Gesträuch oder waren stromabwärts gewandert. Der bereits in den
Scheuern geborgene Roggen mußte wieder ausgefahren werden, weil die Scheunen
in den überschwemmten Ortschaften 1—2 m unter Wasser standen. Die Kartoffeln
gingen schon am andern Tage in Fäulnis über. Eine größere Anzahl Gebäude
war eingestürzt; andere zeigten bedenkliche Risse und Fundamentsenkungen. Der
Gebäude= und Ernteschaden der ländlichen Gemeinden des Sorauer Kreises wurde
amtlich auf 413176 Mk. in der Neißeniederung taxiert; geschädigt wurden dabei
950 Familien. Die Chausseen Forst—Guben und Forst—Muskau waren an mehreren
Stellen zerrissen und die Steinschüttung gänzlich fortgeführt oder versandet. Bei
Bademeusel, das allein 24 Dammbrüche erlitten hatte, bei Groß-Gastrose und in
Briesnigk waren die Straßen klaftertief aufgerissen; in den Höhlungen fing man
später große Fische, namentlich Karpfen, die das Hochwasser aus den Teichen weiter
oberhalb entführt hatte. Der Schaden an Wegen, Brücken und Chausseen belief
sich im Sorauer Landkreise ohne Einschluß des Bobergebietes auf 53751 Mk.
Zwischen Forst und Muskau war von sieben Brücken nicht eine stehen geblieben.

Menschenleben sind in den ländlichen Ortschaften hier nicht zu beklagen gewesen; auch der Verlust an Vieh, abgesehen vom Feder- und Kleinvieh, war verhältnismäßig gering.

Nicht minder arg, wenn auch für den Fremden weniger augenfällig, war die Verwüstung im Stadtkreise Forst, woselbst 450 ha unter Wasser standen. Die Straßen waren vielfach aufgerissen, die Gasleitung gestört, die Straßenlaternen umgeworfen, die Dämme mehrfach gebrochen, mehrere Brücken stark beschädigt, unter diesen die Louisenbrücke gänzlich weggerissen. Die öffentlichen Schäden an Deichen, Ufern, Brücken, Gebäuden und Straßen sind im Stadtgebiete Forst in Höhe von 201 300 Mk. ermittelt worden. Die Privatschäden belaufen sich auf das Sechsfache dieser Summe. In den Kellern und Erdgeschossen war viel kaufmännische Ware, Mehl, Zucker, Kaffee, Reis, Salz, Spirituosen, Weißwaren ꝛc. vernichtet oder doch stark beschädigt worden; in vielen Fabriken hatten sich die Farbwaren aufgelöst, Tuche und Garne wurden durch das schmutzige Hochwasser entwertet, so daß einzelne Fabrikbesitzer einen Schaden von 4—10000 Mk. erlitten haben. Geschädigt wurden insgesamt 1295 Familien im Forster Stadtkreise, deren Privatschäden amtlich auf 1276 900

Nach einer photogr. Aufnahme von R. Pankow-Forst.

Gubenerstraße in Forst i. L. am 1. August 1897.

Mk. normiert worden sind; davon entfallen auf Mobiliar 122966 Mk., auf Flurschäden 130558 Mk., auf beschädigte Gebäude 220279 Mk. und auf sonstige Schäden (Waren aller Art, Tuche ꝛc.) 803097 Mk. Rechnet man hierzu die Schäden, welche das Hochwasser in den Augusttagen 1897 im Gubener Kreise angerichtet hat, so greift man nicht zu hoch, wenn man den Gesamtschaden, den die Hochflut der Neiße innerhalb der Grenzen Brandenburgs verursacht hat, auf vier Millionen Mark taxiert.

3. Die Hilfe.

Dem geschehenen Unglück gegenüber offenbarte sich die helfende Nächstenliebe in ihrem vollen Glanze. Von nah und fern liefen Liebesgaben ein, um namenloses Elend mildern und Thränen trocknen zu helfen. In Forst bildete sich sogleich nach der Überschwemmung ein Hilfskomitee, das einen Aufruf im „Forster Tage= blatt" und in der „Deutschen Tuchhalle" erließ und in kurzer Zeit über 30000 Mk. verfügte. Der Hausbesitzer= und Frauenverein traten daselbst ebenfalls alsbald in Aktion, brachten die Obdachlosen in gesunden Wohnungen unter, bekleideten die Bloßen und richteten an zwei Stellen für die Hungernden Suppenküchen ein, wo Fleisch, Brot und Kaffee an die Verunglückten ausgeteilt wurde. Das Forster Hilfskomitee faßte seine Aufgaben durchaus nicht engherzig auf; auch die umliegenden Ortschaften, namentlich Groß=Briesnigk wurden von demselben durch Verabreichung von Kleidungsstücken unterstützt.

Die ersten Geldspenden liefen in den überschwemmten Neißedörfern von der „Vossischen Zeitung" ein, welche aus eignen Mitteln jedem verunglückten Dorfe 300 bis 800 Mk. sandte und zwar zur sofortigen Verteilung an ärmere Besitzer und Handwerker, welche durch das Hochwasser in bedrängte Lage geraten waren. Auch die Gaben des Frauen= und Jungfrauenvereins, des Kriegervereins Sorau liefen alsbald ein und wurden dankbar empfangen. Anheimelnd war besonders die stille, ruhige Thätigkeit der Forster und Gubener Loge, welche ohne viel Geräusch überall da half, wo die Not besonders drückte.

In Briesnigk speziell hat sich besonders Frau von Treskow geb. von Tauent= zien auf Weißagk als Helferin und Beschützerin der armen, alten und kranken Leute verdient gemacht, indem sie wiederholt die in größeren Berliner Zeitungen gesammelten Beträge an jene verteilen ließ.

Im Sorauer und Gubener Kreisen trat der Kreisausschuß an die Spitze eines Kreiskomitees und verabreichte an die Verunglückten Naturalien (Saatroggen, Kartoffeln, Mühlenfabrikate, Kohle ⁊c.). Im Gubener Kreise hatte sich außer dem Kreiskomitee noch ein freiwilliges Notstandskomitee gebildet, bei welchem der Reichs= tagsabgeordnete Prinz Carolath=Amtitz den Vorsitz führte. Das Berliner Central= komitee mit dem früheren Berliner Oberbürgermeister Zelle an der Spitze hatte für die Wassergeschädigten Deutschlands über drei Millionen Mark gesammelt und namhafte Beträge den Unterkomitees zur Verfügung gestellt.

Für den Stadtkreis Forst sind an Liebesgaben 177006,57 Mk. eingegangen; außerdem war aus Staats= und Provinzialfonds eine Beihilfe von 92000 Mk. verfügbar. Die Verteilung erfolgte durch ein aus mehreren Bürgern unter Vorsitz des ersten Bürgermeisters Lehmann gebildetes Komitee, nachdem die Geschädigten betreffs ihrer Bedürftigkeit in vier Klassen eingeteilt worden waren. Die vierte und dritte Klasse bestand aus den Minderbegüterten, während Klasse I und II die besser Situierten umfaßte. Den vollen Schaden ersetzt erhielten die Klassen III und IV, während die II. Klasse, je nach der Bedürftigkeit, mit einem gewissen Prozentsatze abgefunden worden ist. Klasse I blieb unberücksichtigt.

Ähnlich vollzog sich die Gabenverteilung im Landkreise Sorau. Waren durch die Verabfolgung der Naturalien hin und wieder Unebenheiten entstanden, indem die Bescheidenen und Zaghaften von anderen, die sich vordrängten, übervorteilt wurden, so wurden diese bei der Austeilung der staatlichen Notstandsgelder, von

denen rund 130000 Mk. auf den Kreis Sorau entfielen einschließlich des Bober=
gebietes, wiederum ausgeglichen. Bedacht wurden hiermit nahezu tausend Familien.
Die Gaben wurden der wirtschaftlichen Lage und den Familienverhältnissen ent=
sprechend in Prozenten von 20 bis 80 vom Hundert abgestuft. Die Gebäude=
schäden dagegen wurden in voller Taxhöhe vergütet.

Während im Stadtbezirke Forst die Spandauer Pioniere gleich nach dem
Hochwasser die erste Hilfe leisteten, wurden die Deichbrüche bei Briesnigk und Bade=
meusel von den Garde=Pionieren anfangs September durch Notdämme geschlossen.
Aufgeschüttet wurden hier die eigentlichen Deiche von zwei Kolonnen des Infanterie=
regiments von Alvensleben Nr. 52 zu Cottbus. Später arbeiteten polnische
Arbeiter daran. Vollendet wurden die Dämme, die hier eine Höhe von 3—5 m
und eine Sohlenstärke von 8—10 m besitzen, von den Gemeindemitgliedern selbst,
welche dafür aus Kreismitteln gelöhnt wurden. Weil der Winter 1897/98 wie
der letzte überaus milde war, so hatte hier die ärmere Landbevölkerung den
ganzen Winter hindurch Arbeitsverdienst und war daher vor Not und Sorge
geschützt.

In Strega, Markersdorf und Gastrose, die bereits im Gubener Kreise liegen,
haben die 12er Grenadiere aus Frankfurt a. O. die gebrochenen Deiche wieder
aufgeschüttet. In Naundorf und bei Scheuno haben Korrigenden aus der Anstalt
zu Strausberg die Dämme aufgebaut. In Grießen sind die Deichbrüche bis heute
noch unverschlossen, weil die hierzu Verpflichteten zu diesen Bauten außer stande
sind und man hier erst die Regulierung der Neiße abwarten will.

So groß auch das Unglück war, das in den ersten Augusttagen 1897 über
das stille, fruchtbare Neißethal hereinbrach, so hoch und hehr war auch das sich in
ganz Deutschland alsbald entfaltende Liebeswerk, das manchen Schmerz mildern und
manche Thräne trocknen half. Mögen brandenburgische Fluren in Zukunft vor
einer ähnlichen Katastrophe verschont bleiben!

G. Bogott=Briesnigk.

Guben.

An den Ufern und am Zusammenfluß der Lausitzer Neiße und der Lubst liegt
am Ostrande eines etwa 3 km breiten, fruchtbaren Thales die Stadt Guben mit
33000 Einwohnern, die seit 1884 einen Stadtkreis bildet. Schon vor alters neben
der Hauptstadt Luckau die zweite Stadt der Niederlausitz, die wie jene durch einen
Landesältesten auf den Landtagen zu Lübben vertreten war, hat sie diesen Platz neben
Cottbus bis in die neueste Zeit behauptet. Eins aber wird ihr stets den ersten
Platz unter den Städten jener Landschaft sichern, nämlich die Schönheit ihrer Lage.
In dieser Beziehung ist Guben die Perle der Niederlausitz, in gewissem Sinne ein
zweites Heidelberg.

Wer den Bergrücken östlich der Stadt besteigt und von einem der zahl=
reichen Aussichtspunkte Umschau hält, hat ein wundervolles Landschaftsbild vor

sich. Gleichviel, ob er sein Auge ruhen läßt auf dem Walde von Obstbäumen,
aus dem Villen, schlichte Berghäuschen und die Zinnen und Fahnen der Berg=
restaurants hervorleuchten; ob er herniedersieht auf die ihm zu Füßen liegende
Stadt, aus deren Häusergewirr die Stadt= und Hauptkirche sich riesenhaft heraus=
hebt; ob er seine Blicke schweifen läßt über die Wasseradern und Thäler von
Neiße und Lubst; ob das Auge über die bewaldeten Höhen in der Ferne
hinstreift oder die unter ihm dahineilenden Eisenbahnzüge beobachtet: stets
wird das Herz des Schauenden entzückt sein. Und erst zur Zeit der Obstbaum=
blüte! Da ist Gubens Umgebung ein Blütenwald von bezaubernder Schönheit.
Dann herrscht an den Feiertagen eine förmliche Völkerwanderung in den Bergen,
und die engen Laubgänge der Berggassen bieten oft kaum Raum genug für den

Nach einer photograph. Aufnahme von J. Rothe=Guben.

Guben: Lubstberge in der Baumblüte.

Verkehr; denn nicht nur alles, was in der Stadt selbst gesunde Beine hat, ist fast
vollzählig vertreten, sondern auch der Fremdenzufluß beziffert sich in dieser Zeit
auf viele Tausende, so daß die Bergrestaurants oft die Gäste nicht zu fassen ver=
mögen. Besonders für die Bewohner der Nachbarstädte bildet Guben in diesen
Wochen einen beliebten Ausflugsort. Aber auch während der anderen Zeiten wird
der Ort von Fremden viel besucht. Der Ruf Gubens hat sich mehr und mehr ver=
breitet, und immer häufiger kann man die Wahrnehmung machen, daß Reisende ihre
Eisenbahnfahrt unterbrechen, um sich auf den schönsten Aussichtspunkten: auf
Kaminskys Berg, Engelmanns Berg, Schönhöhe, Ullrichs Höhe einige Stunden an
Gottes schöner Natur zu ergötzen, auch an dem malerischen Bilde der unten im
Thale liegenden Stadt sich zu erfreuen. Ja, wer auch die Gründer dieses Ortes ge=
wesen sein mögen, man muß es ihnen danken, daß sie ihn gerade hier angelegt haben.

Der Ursprung von Guben ist dunkel und wird, weil die Geschichte versagt, von der Sage umkränzt. Unzweifelhaft bildete der Platz anfänglich eine slavische Niederlassung, die in der Zeit der Zurückgewinnung des Wendenlandes durch die Deutschen von diesen besiedelt und zur Stadt erhoben wurde. Wie andere Städte in ehemals wendischer Gegend, hatte es früher — auf dem linken Neißeufer — seinen Kietz, auf dem die slavische Bevölkerung gesondert zu wohnen pflegte. Hier stand auch die wendische Kirche, die jetzige Klosterkirche, in der bis 1690 wendisch gepredigt wurde. Auch der Name der Stadt ist jedenfalls aus dem Wendischen herzuleiten. Er lautet um 1207, als der Ort zum erstenmal urkundlich erwähnt wird, Gubin, vielleicht von guba, Mund, Mündung. Es müßte also die Nieder= lassung nach ihrer Lage am Einfluß der Lubst in die Neiße benannt worden sein. Die verschiedenen Namensagen, von denen eine den Ursprung der Benennung erst in den Hussitenkrieg setzt, können hierbei nicht in ernste Erwägung kommen. Sein deutsches Gepräge erhielt der Ort durch die Markgrafen von Meißen. Einer von ihnen, Dietrich, gründete zwischen 1156—1158 das Cistercienser=Nonnenkloster vor Guben, dessen Ursprung nach anderer Überlieferung auf Barbarossa zurückgeführt wird. 1211 werden bereits die Schiffahrt und der Salzhandel Gubens erwähnt. Überhaupt war die Stadt im Mittelalter ein wichtiger Handelsplatz, über den der Verkehr nach Polen, Preußen und den Ostseestädten vom Süden wie vom Westen her ging. 1235 erhielt sie von Heinrich dem Erlauchten von Meißen ihre älteste Urkunde, der ihr darin grundlegende Rechte (Magdeburgisches, d. h. deutsches Recht, Zollfreiheit auf der Oder bei Fürstenberg, Salz= und Heringsniederlage, Jahr= marktzoll) bestätigte und zehnjährige Abgabenfreiheit nach Brandunglück bewilligte. 1276 bekam die Stadt das Recht, ein Rathaus zu bauen. 1304, als die Lausitz durch Verkauf von den Wettinern auf die Askanier überging, fiel der Ort an Brandenburg und am 13. Januar 1368 durch den Vertrag von Nürnberg an Böhmen. Allerdings war der Verkauf der Lausitz schon am 11. Oktober 1367 in Guben zwischen Kaiser Karl IV. und dem Markgrafen Otto von Brandenburg verabredet worden. Im Prager Frieden ging die Stadt 1635 an Kursachsen, durch den Wiener Kongreß 1815 an Preußen über.

Im Mittelalter war sie befestigt, ursprünglich durch Pallisaden („Planken"), Wall und Graben. 1311 erhielt Guben von Markgraf Waldemar die Erlaubnis, zum Zweck der Herstellung fester Mauern alljährlich seine Münze zu verändern. Die Umwehrung scheint schon 1319 vollendet gewesen zu sein; denn der König Johann von Böhmen konnte in diesem Jahre die Stadt nicht erstürmen. Den Verlauf der Umwallung geben die unter den Namen Crossener, Werder= und Klostermauer vorhandenen Gassen noch an, während die Befestigungen selbst bis auf geringe Reste verschwunden sind. Außerhalb der Umwehrung gewährte der von der Oberneiße gespeiste, etwa 16 m breite Stadtgraben, über den an den Thoren Fallbrücken führten, vermehrten Schutz. Er ist, wenn auch verengt und zugemauert, jetzt noch vorhanden; seinen Verlauf kennzeichnen die auf der Neustadt, am Kastanien= und Lindengraben vorhandenen schönen Promenaden. Im Hussiten= kriege wurde der Rat der Stadt vom Landvogt der Niederlausitz angehalten, die Befestigungen auszubessern. Obgleich dies ꞇ gewiß geschehen ist, konnten sie im Jahre 1429 den Angriffen der Hussiten nicht widerstehen. In der ersten Hälfte des 16. Jahrhunderts (1523—1544) wurden die Bastionen am Crossener, Kloster- und Werderthor verstärkt und mit Türmen versehen. Zu Anfang dieses Jahrhunderts mußten die Befestigungen dem steigenden Verkehr weichen. 1810 fiel das Crossener Thor mit seinem viereckigen, 1837 das Klosterthor mit seinem achteckigen Turme. Am längsten erhielt sich die Bastion am Werderthor, von der jetzt noch interessante Reste, der kreisrunde Hauptturm, „dicker, Werder- oder Zindelturm" genannt, und ein Stück Mauer mit altertümlichen Schießscharten vorhanden

Nach einer photogr. Aufnahme von J. Rothe-Guben.

Werderturm in Guben.

sind, die hoffentlich, da die neuere Zeit etwas achtungsvoller auf solche ehrwürdige Zeugen der Vergangenheit blickt, erhalten bleiben werden.

Im Dreißigjährigen Kriege hat die Stadt viel zu leiden gehabt. 1631 wurde sie trotz der in ihr wütenden Pest von den Kaiserlichen unter General Götz ausgeplündert, und als jene durch die Schweden vertrieben waren, von diesen längere Zeit ausgesogen. 1633 wurde sie zum zweitenmal von den Kaiserlichen besetzt, 1638 von kaiserlichen, schwedischen und sächsischen Heeren besonders hart mitgenommen. 1640 lagen in der Stadt 16 Kompagnien schwedischer Reiter, für die sie gegen 40000 Thaler aufbringen mußte. 1642 hatte der Ort, der mit sächsischen Reitern besetzt war, eine Belagerung des schwedischen Generals Stallhandschke auszuhalten. Er ließ das Crossener Thor vom Kahnhügel aus mit 400 Schuß angreifen, worauf sich die Stadt ergab. 1643 wurde sie noch einmal von den Schweden, 1645 von den Kaiserlichen geplündert.

Auch im Siebenjährigen Kriege litt die Stadt durch Truppendurchmärsche der Preußen. Weil in Guben, wie auch in Forst, viele von den bei Pirna gefangen genommenen sächsischen Soldaten entlaufen waren, ließ Friedrich der Große sechs Magistratspersonen als Geiseln nach der Festung Cüstrin abführen und später nach Spandau bringen, wo sie bis nach dem Hubertsburger Frieden verblieben.

Im Freiheitskriege wurde Guben in der Zeit vom 8. März bis 11. Juni 1813 durch Truppendurchmärsche und die damit verbundenen Einquartierungen wieder erheblich belastet, auch mußte die Stadt an die Russen sowohl, wie an die Preußen (unter von Borstell) eine Kriegssteuer zahlen.

Von schweren Bränden wurde der Ort im Laufe der Jahrhunderte wiederholt heimgesucht. Bei dem schon erwähnten von 1235, nach dem die Stadt zehnjährige Abgabenfreiheit erhielt, war sie wohl fast ganz niedergebrannt. Auch 1429 (Einnahme durch die Hussiten!) und 1450 wurde sie zum Teil in Asche gelegt. Bei dem furchtbaren Brande von 1536 blieben nur die Kirche, das Rathaus und acht Bürgerhäuser erhalten. Ein großer Brand wütete auch 1696. 1790 vernichtete das Feuer 130 Wohnhäuser.

Die Pest, die im Mittelalter häufig durch Deutschland zog, hat auch in Guben oft Einkehr gehalten und das Aufblühen des Ortes verzögert. Als Pestjahre werden genannt 1468, 1522, 1585, 1607, 1620, 1637 und besonders 1631—32. — Durch Hochwasser und Eisgänge, namentlich der Neiße, ist der Stadt von alters her bis in die neueste Zeit hinein wiederholt bedeutender Schaden zugefügt worden, zumal die Wassermühle bis in das 2. Jahrzehnt des 19. Jahrhunderts im städtischen Besitze war. 1675 stürzte infolge Hochwassers ein Teil der Bastion am Crossener Thore ein.

In den ersten Jahrhunderten der Entwicklung Gubens lebten seine Bewohner von Ackerbau und Viehzucht, wie in andern Niederlausitzer Städten auch. Die Bürger durften „binnen einer Meile um die Stadt in der Hauung des Holzes und der Weide von niemandem gehindert werden" (Urk. v. 1298). Schon 1280 erlaubt Heinrich der Erlauchte, daß die Viehweide in Guben zu anderem Gebrauche möge angewendet werden. Die Stadt gelangte früh zu einer gewissen Berühmtheit durch ihren Weinbau, von dem behauptet wird, daß Markgraf Konrad I. von Meißen 1136 Kolonisten vom Rhein und aus Franken nach Guben versetzt habe, welche die Berge mit Weinstöcken bepflanzt hätten. Nach den Einwanderern vom Rhein sollen die beiden Renschgassen in den Bergen ihren Namen erhalten haben. Thatsächlich ist der Weinbau in Guben alt und hat durch viele Jahrhunderte die Quelle des bürgerlichen Wohlstandes gebildet. Im Jahre 1306 gab Markgraf Hermann von Brandenburg den Bürgern das Recht, jährlich ein Vierteljahr lang Wein und Bier, doch mit Bewilligung des Rates, zu verkaufen. In Braunsberg im Ermlande wurde Gubener Wein schon 1364 verschenkt. Der Hochmeister vom deutschen Orden legte 1406 neben Wein aus Elsaß, Ungarn, Griechenland und vom Rhein auch drei Faß Gubener in seinen Keller. Wie stark damals die Ausfuhr des Gubener Gewächses nach Preußen war, geht aus einem alten Kämmereibuche von Elbing aus den Jahren 1412 und 1413 hervor. Dort, wo die Ausgaben für Festmähler und Ehrungen, welche die Stadt den Hochmeistern gab, verzeichnet sind, finden sich unter 52 Ausgaben für Wein 9 für „Gobnnisch oder Gobinsch wyn." Nach den Zollbüchern des Danziger Archivs brachten Stettiner Schiffe 1474: 51 Fuder, 1476: 20 Fuder, 2 Faß und 50 Fuder Gubener Wein nach Danzig, auch durch Kolberger Schiffe kam er dorthin. Auch die Herzöge von Mecklenburg waren bedeutende Abnehmer für Gubener Wein, den sie hier selbst aufkaufen ließen, wie aus Akten und Rechnungsbüchern des Großherzogl. Geh. und Hauptstaatsarchivs erhellt, die den Bezug von Wein für die fürstlichen Weinkeller in Mecklenburg während der Zeit von 1538—1624 zum Gegenstande haben. 1556 kaufte Herzog Ulrich in Guben für 440 Gulden 20 Fuder blanken, für 252 Gulden 12 Fuder roten und für 12½ Gulden ½ Fuder Alantwein. Derselbe Fürst erbat sich 1565 von Kaiser Maximilian II. ein Zollprivileg auf jährlich 40 Fuder Wein aus dem Herzogtum Schlesien, zu und um Guben gekauft, auf 10 Jahre, da er 1562 vom Kaiser Ferdinand ein Zollprivileg auf jährlich 70 Fuder erworben, wovon zwei Jahre noch laufen. Der Wein wurde teils auf der Lubst verladen und dann die Neiße und Oder abwärts nach Stettin gebracht und von dort weiter befördert; mitunter ging er aber auch zu Wagen von Guben aus bis an die Oder, wo ihn ein Schiff aufnahm. 1618 lagen in dem herzoglichen Keller zu Schwerin 185 Ohm Rhein= wein und 75½ Ohm Gubener Wein. Mit dem Jahre 1624 hörten aber diese fürstlichen Weinkäufe auf. Vielleicht hatte der dreißigjährige Krieg den Weinbau

Nach einer photograph. Aufnahme von J. Rothe=Guben.

Guben vom Neißedamm aus gesehen.

geschädigt und den Handelsbeziehungen ein Ende gemacht, oder es waren die Lausitzer Weine von denen vom Rhein und aus Frankreich vom Markte verdrängt worden. Schließlich sei noch bemerkt, daß auch Markgraf Johann von Cüstrin den Gubener als Tischwein getrunken hat.

Nach Loockes Chronik befanden sich in unserer Stadt früher gegen 1000 Wein= berge, auf denen im Durchschnitt 8000 Eimer des begehrten Getränkes geerntet wurden. Seit 1850 nahm der Weinbau und die Kelterei hier immer mehr ab; man fing schon damals an, viel Wein in Trauben zu verkaufen.

Über den Grund des Rückganges herrschen verschiedene Ansichten. Daß der Gubener Wein plötzlich schlechter geworden sein sollte, ist nicht anzunehmen, eher, daß man in früheren Jahrhunderten, wo übrigens der Wein auch oft gewürzt als Glühwein getrunken wurde, im Geschmack nicht so verwöhnt, oder daß der fremde und der Rheinwein damals im Verhältnis teurer war, als später. Man sagt ferner, der Boden sei hier weinmüde geworden, die Kohlengruben hätten den Bergen das Grundwasser zu sehr entzogen, der Wein gedeihe darum nicht mehr so gut, wie früher. Obwohl daran etwas Wahres sein mag, so ist doch wohl der Hauptgrund für den Rückgang ein anderer.

1843 wurde von dem Gubener Bürger A. Feller die erste Tuchfabrik erbaut und in ihr eine große Dampfmaschine aufgestellt, und 1848 veranlaßte er die Bohrungen auf Braunkohle in den Gubener Bergen, die ein erfreuliches Ergebnis hatten. Von sieben Gruben, die bald darauf Kohle förderten, sind heute noch drei im Betriebe: Gottes Hülfe, Am nassen Fleck und Guben=Feller. Von jetzt ab entstand eine Fabrik nach der andern und jede wurde für Dampfbetrieb eingerichtet. Durch die Kohle und die 1844 eröffnete Eisenbahnverbindung mit Berlin erhielten Handel und Industrie einen bedeutenden Aufschwung, und die Lebensweise der Bewohner bekam vielfach eine andere Richtung. Früher hatte fast jede bürgerliche Familie ihren Weinberg gehabt; jetzt entledigten sich gerade die wohlhabenderen mehr und mehr ihrer Grundstücke, die in der Regel in die Hände von minder bemittelten Leuten übergingen. Diese brauchten zunächst Kartoffeln, Roggen, Gemüse für den Haushalt; sie waren außerdem auf regelmäßige Erträge ihrer Grundstücke angewiesen und konnten daher Fehlernten, wie sie der Wein häufig brachte, nicht ruhig hinnehmen. Aber auch die alten Winzer, die infolge der Eisenbahnverbindung mit Berlin für ihr Obst reißenden und lohnenden Absatz fanden, vernachlässigten bald den Weinbau, weil wohl ihr Getränk in der Hauptstadt weniger beliebt war und die Trauben zum Versand sich wenig eigneten: noch heute werden sie, wie die ebenfalls sehr weichen Erdbeeren, von den vielen Obstgroßhändlern nicht aufgekauft. So ist es gekommen, daß seit 1850 der Obstbau, der allerdings auch früher, namentlich in Süßkirschen, schon stark neben der Pflege des Weinstocks vertreten gewesen war, einen immer größeren Aufschwung nahm. Die Weinberge verschwanden, und aus ihnen wurde der Wald von Obstbäumen, der während der Baumblüte das Entzücken jedes Naturfreundes hervorruft. Heute beherrscht Guben neben Werder den Berliner Obst= und Gemüsemarkt. Der Obstbau hat aber seinen Höhepunkt schon wieder überschritten. Immer häufiger kann man beobachten, daß schöne alte Bäume nur deshalb der Axt zum Opfer fallen, um Luft und Sonne für das Gemüse zu bekommen. Derselbe vorerwähnte Grund, nämlich der Wunsch, regelmäßige Ernten zu haben, bringt es dahin, daß der Gemüsebau immer mehr bevorzugt wird. Frühobst und Frühgemüse: das ist neuerdings die Losung für den hiesigen Gartenbau, weil ihm in dieser Beziehung Werder wegen der klimatischen Verhältnisse den Rang nicht ablaufen kann; denn Guben vermag sich in Hinsicht auf Pflanzenentwicklung, auf Blüte= und Reifezeit, mit der oberrheinischen Tiefebene, mit Mittelfrankreich und der Gegend von Wien zu messen. Der Boden, der allerdings stark gedüngt sein muß, wird hier dreimal ausgenützt. Auf den Salat, der zu Pfingsten abgeräumt sein muß, folgen Gurken, darauf Blumenkohl u. a. m. Das Frühbeet, in dem die Pflanzen herangezogen werden, spielt in Guben eine außerordentliche Rolle. Die Mengen von Obst und Gemüse, die in der Umgebung der Stadt erzeugt und von hier versandt werden, sind ungeheure, obwohl es an jeder

26*

genauen Ermittelung fehlt. Es sollen in einem Jahre von den Händlern allein für Fracht 72000 ℳ ausgegeben worden sein. Bezeichnend für die Verdrängung des Weinbaues ist es, daß der Winzerverein 1898 den Namen Obst= und Gemüse= gärtnerverein angenommen hat.

Trotz dieses Wandels der Verhältnisse findet man selbst in neueren geo= graphischen Büchern die Eigenart Gubens immer noch mit den Worten gekennzeichnet: Weinbau und Tuchfabrikation. Betreffs der letzteren hat die Stadt ihren alten Ruf nicht nur bewahrt, sondern noch erhöht. Die Tuchweberei wird hier bereits 1557 und früher erwähnt. Sie blühte vor dem dreißigjährigen Kriege, lag nach ihm aber bis an den Anfang dieses Jahrhunderts darnieder. 1693 befreite Kurfürst Friedrich III. sowohl den Wein als auch die „gubenischen Tücher" von dem Durch= gangszoll in Brandenburg. Bis 1850 wurde auf Handstühlen gewebt, bis in die letzten Jahrzehnte des 18. Jahrhunderts auch auf Handrädern gesponnen. Der Übergang aus dem handwerksmäßigen in den Fabrikbetrieb erfolgte nach dem Freiheitskriege. 1816 stellte die preußische Regierung den Fabrikanten Böhme und Driemel Maschinen zur Benutzung; unterstützte auch den Engländer William Cockerill, der in der Klostermühle die erste Spinnerei anlegte, und da die Wasserkraft nicht ausreichte, eine kleine Dampfmaschine benutzte. Nachdem in den Bergen die Braunkohlen gefunden waren, wurde eine Fabrik nach der andern erbaut und für Dampfbetrieb eingerichtet. Gegenwärtig hat die Stadt elf Tuchfabriken, die gegen 2000 Arbeiter beschäftigen. Guben fertigt halbwollene, sogenannte englische Konfektionsstoffe, ferner gute reinwollene Mittelware, hauptsächlich aber hochfeine Kammgarngewebe und Paletot=Neuheiten.

Verhältnismäßig jung, aber in andauernd aufsteigender Entwicklung ist die Woll= und Haarhutindustrie. Hierin hat Guben die größten Betriebe in ganz Deutschland, von denen mehrere 700 Arbeiter und darüber beschäftigen. Die älteste der sechs Hutfabriken, von denen zwei Aktiengesellschaften sind, wurde erst 1868 von einem schlichten Hutmachermeister gegründet, dessen Sohn heute Millionär und Geh. Kommerzienrat ist. Gegenwärtig sind gegen 2500 Menschen mit der Her= stellung von Hüten beschäftigt.

Auch der Maschinenbau, der jetzt sechs bedeutende Betriebe zählt, ist für Guben von Bedeutung geworden. Außerdem hat die Stadt eine Spinnerei, je eine Flanell=, Haardecken=, Preßhefe=, Goldleisten=, Pappen=, Handschuh= und Spritfabrik, eine große Wassermühle, von der Neiße getrieben, eine Dampfmühle, eine Fabrik für Musikwerke und Automaten, mehrere bedeutende Dampfsägewerke, die das Holz der in der Umgegend befindlichen königlichen Forsten und der etwa 1 Quadratmeile um= fassenden städtischen Heide verarbeiten, ferner zwei Malzfabriken, sechs Brauereien und bedeutende Apfelweinkeltereien, von denen die Ferd. Poetko'sche die bedeutendste in Norddeutschland ist.

Die Bierbrauerei war übrigens schon im Mittelalter für Guben trotz des stark betriebenen Weinbaus von hervorragender Wichtigkeit; nur bestand sie nicht als freies Gewerbe, sondern als Vorrecht bestimmter Hausbesitzer. Für genügenden Absatz des Bieres sorgte der schon in einer Urkunde von 1298 erwähnte Bierzwang innerhalb der Bannmeile („alle Kretſchame binnen der Meile ſollen zerbrochen werden, desgleichen auch alle Maltz= und Gewand= und Kaufhäuſer auswendig der Blanken"); denn 72 Dörfer mußten ihr Bier aus Guben beziehen. Nach Einführung der Gewerbefreiheit ſind die Gerechtſame der Mitglieder der alten Braukommune von den ſtädtiſchen Behörden nach und nach abgelöſt worden, die letzten vor wenigen Jahren. Man braute früher ein, wie es ſcheint, recht gehaltvolles, noch jetzt als „Altgubener" gerühmtes Braunbier, daneben aber auch Dünnbier (Koſent).

Die Entwicklung Gubens iſt eine langſam, aber ſicher aufſteigende geweſen. Die Stadt gewinnt von Jahr zu Jahr an Schönheit und Sauberkeit. Zwar ſind in dem älteren, einſt von den Feſtungsmauern, jetzt von ſchattigen Promenaden umſchloſſenen Teile die Straßen vielfach noch krumm und eng und viele Häuſer unanſehnlich; doch bringt jeder Neubau Verbeſſerungen. Außerhalb dagegen, namentlich in der Bahnhofſtraße, an der Grünen Wieſe und auf den an dieſe an= ſtoßenden Neißebergen, ſind im allgemeinen würdige, vielfach prächtige Bauten ent= ſtanden. Ich nenne aus jüngſter Zeit nur die äußerſt geſchmackvollen Villen von Schemel und Aders, von denen die letztere auf allen Ausſichtspunkten ſofort ins Auge fällt und den Reiz der Landſchaft weſentlich erhöht. Eine Zierde für Guben iſt auch das ſchöne Stadttheater, das, von der großen Neißebrücke aus geſehen, mit ſeiner Umrahmung ein äußerſt anmutiges Bild gewährt. An der Kunſtſtätte ſoll demnächſt eine Gedenktafel für Goethes Freundin, die ausgezeichnete, 1751 in Guben geborene Sängerin und Schauſpielerin Corona Schröter, angebracht werden, deren Name aufs engſte mit Weimars Glanztagen verknüpft bleibt. Von andern öffentlichen Gebäuden aus neuerer Zeit, die viel zur Verſchönerung der Stadt beigetragen haben, erwähne ich das Kaiſerliche Poſtamt, das Königliche Landgericht, die Provinzial= Taubſtummen Anſtalt, das Kreishaus und das vor kurzem fertiggeſtellte Bürgerheim.

An hervorragenden alten Baulichkeiten iſt Guben arm. Außer einigen Reſten der ehemaligen Befeſtigung, dem ſchon erwähnten „dicken Turme", der wohl ſchon vor 1500 erbaut wurde, und deſſen Sagen von einer eingemauerten Nonne, einem Mönche und einem wendiſchen Fürſten darauf hindeuten, daß er einſt als Gefängnis gedient hat, ſowie dem kleineren Jungferuturme und einigen Giebelhäuſern aus dem 17. Jahrhundert ſind nur die Stadt= und Hauptkirche und das Rathaus zu nennen.

Jene iſt eine dreiſchiffige Hallenkirche, eine der größten und höchſten der Niederlauſitz, mit über 1200 Sitzplätzen. Ihr älteſter öſtlicher Teil, bis zur Kanzel reichend, entſtammt dem Anfange des 15. Jahrhunderts. Von 1519 an wurde das Gotteshaus nach Weſten erweitert und mit dem ſchönen, von 15 achteckigen Pfeilern getragenen Netzgewölbe verſehen, ſowie der 61 m hohe, viereckige Turm aufgeführt. Dieſer gelangte 1557 zur Vollendung, ſcheint aber etwas gewaltſam zum Abſchluß gekommen zu ſein; denn der gotiſche Bau trägt eine unverhältnis= mäßig kleine, nicht ſtilgerechte welſche Haube. An der Südoſtſeite zeigen die äußeren Mauern viele der merkwürdigen Schliffrillen und Näpfchenſteine. Nach der Über= lieferung ſind jene von den Säbelhieben, dieſe von den anprallenden Kugeln der Huſſiten entſtanden. Zwei Vorſprünge unter dem Dache der Oſtſeite werden als ein Nonnen= und ein Ziegenkopf gedeutet und ſollen zur Erinnerung an folgende

Begebenheit angebracht worden sein. Eine Nonne flüchtete vor den Hussiten auf den Kirchenboden und nahm sich eine Ziege und ein Bund Heu mit. Dadurch gelang es der Nonne, sich in ihrem Versteck so lange von der Milch des Tieres zu ernähren, bis die Feinde wieder abgezogen waren. Die Südwand der Kirche schmückt eine schlichte Erinnerungstafel an den ehemaligen Gubener Bürgermeister Johann Frank, den Dichter der geistlichen Lieder: „Schmücke dich, o liebe Seele!" und „Jesu, meine Freude".

Noch zwei andere Gotteshäuser sieht der Fremde aus dem Häusergewirr der Stadt emporragen, die evangelische Klosterkirche und die katholische Kirche, die beide erst 1860 erbaut wurden. Erstere, in welche seit alters 15 Landgemeinden eingepfarrt sind, hält die Erinnerung an das verschwundene Jungfrauenkloster wach, das sich neben ihr, wo jetzt das Königliche Amtsgericht steht, befand, und das nur für 12 Nonnen eingerichtet war. Die Hussiten, die es 1429 in Asche legten, konnten ihm dadurch keineswegs den Untergang bereiten; wohl aber geschah das infolge der Reformation, die schon 1524 in Guben Eingang fand. Bereits 1530 war es nicht mehr vollzählig besetzt, 1564 verödete es völlig. Von der Stadt, welche die Schirmvogtei über das Kloster hatte, war die Güterauseinandersetzung 1542 beantragt worden, die 1547 vom Könige Ferdinand bewilligt, aber erst 1563 ins Werk gesetzt wurde. Guben gewann 1602 aus dem Klosterbesitz die Dörfer Reichenbach, Kaltenborn, Reichersdorf, Cummeltitz, Oegeln, Weltho und halb Atterwasch. Die Klostergebäude, die erst 1874 abgebrochen worden sind, wurden teils als Salzsiederei — daher der spätere Name Salzkloster — teils als Krankenhaus benutzt, das sich bis in unser Jahrhundert erhalten hat.

Im engen Zusammenhange mit der Kirche standen die Lehranstalten, wovon Guben z. Z. eine große Zahl besitzt: ein Gymnasium, eine Realschule, zwei höhere Töchterschulen, vier evangelische Volksschulen und eine katholische, eine Provinzial-Taubstummen-Anstalt, eine gewerbliche und eine kaufmännische Fortbildungsschule.

Das Rathaus mit seinem schlanken Turme ist in der gegenwärtigen Gestalt in den Jahren 1671 und 1672 erbaut worden unter Benutzung älterer Reste. Das Erdgeschoß hat zwei gewölbte Säle. Im Treppenhause hängt eine angeblich aus einer verkrüppelten Weinrebe gefertigte Keule. Sie war früher an dem Durchgange des Crossener Thores angebracht, und zwar mit dem Spruche: „Wer seinen Kindern giebt das Brot und leidet später selber Not, den schlage man mit dieser Keule tot!"

Der auf dem Marktplatze befindliche Zwei-Kaiser-Brunnen ist ein Werk der Gegenwart. Wenn er auch in seinen mittelalterlichen Stilformen dem Rathaus und der Kirche angepaßt ist, so wurde er doch erst 1898 zum Andenken Kaiser Wilhelms I. und Kaiser Friedrichs mit einem Kostenaufwande von 25000 ℳ errichtet und am 30. Oktober 1898 enthüllt. Er erinnert daran, wie auch das lebende Geschlecht unermüdlich zur Verschönerung der Stadt und zur Verbesserung der Lebensverhältnisse ihrer Bewohner thätig ist. Die Ausmauerung des Stadtgrabens, das Waisenhaus, die Bewahranstalt für Arbeiterkinder, die gärtnerischen Anlagen am Kriegerdenkmal, das öffentliche Schlachthaus, die Wasserleitung, die

Volksbibliothek, verbunden mit Lesehalle, die Altertümer=Sammlung, die Schiffbar=
machung der Neiße, die elektrische Eisenbahn, das Bürgerheim sind ebenso viele
ehrende Zeugnisse für die städtische Verwaltung der letzten Jahrzehnte. Hoffentlich
gelingt es ihr, diesen Errungenschaften bald die allgemeine Kanalisation und die
langersehnte Eisenbahnverbindung mit Forst anzureihen. Dann werden noch spätere
Geschlechter das gegenwärtige, rastlos vorwärtsstrebende Bürgertum Gubens segnen.

Karl Gander=Guben.

Dupkes Märtine muß in Himmele Schuafe hieten.

Ein Beitrag aus dem Volkshumor der Mark in der Niederlausitzer Mundart des Gubener Kreises.

De Dupkene in Luahme*) wuar mual alleene heeme und flickte Strümpe und
dachte onn iähre Märtine, dar 'r jesturwen wuar. Dua kuam 'n aaldes Battelweiw
zun Huawe rinn und sung verr d'r Stobenthiäre: „Von Himmel hoch dua kuam
ich haar!“ Wie de Dupkene dos heerde, much se de Stobenthiäre uff und suade:
„Na Weiw, dos poßt sich jo scheene, wenn Jähr aus'n Himmele sidd, denn wahrd
'r merr o suajen kenn, wos use Märtine mächt!“ — „I freilich“, suad dos Battel=
weiw, „dan kenn ich Eich gut, dar hüdd Schuafe dua obene; aber 's is'n jo monn
so sehre kaald derbei!“ — „Ach mein Gott,“ suad de Dupkene, denn mächt ich d'r
jeruade use Vatersch Pelz mettjahn; werscht d'r denn o welln dermett truajen?“ —
„I w'rimm denn nich?“ gobb dos Battelweiw zum Bescheede, „jarne, jarne!“ —
„Na dos is m'r liew, bezuahl d'rs d'r liewe Gott!“ suade de Dupkene, und schnall
holde se dan Pelz von Buadene runder und packt'n dan Battelweiwe 'n Korw rinn
und gobb'r oh noch 'ne Matze Knulln**) derzu; denn luhß se iähre Märtine scheene
grießen und luf verr Freede aus d'r Stobe in Guarten und aus'n Guartene in de
Stobe und kunnde 's nich derwuarten, doß iähre Monn von Falde heemkomm, dermett
se 's enn verzellen kunnde. So fix is se no niee bein Thoruffmachene jewast, wie
se heite wuar, wie iähre Gottlob mett'n Plue***) heemjeschleppt komm. „Denk d'r
Gottlob,“ redte se 'n onn, „war heite bei m'r jewast is, 'n Weiw aus'n Himmele,
die use Märtine kennt. Ha muß dua obene Schuafe hieten, und 's is 'n so sehre
kaald derbei. Ich hua'n aber dein' Pelz mettjejahn!“ Gottlob machte 's Maul groß
uff und suade garnischt. Ha wuar jeruade nich eener von villen Riädene, und de

---

*) Frau Dupke in Lahmo, Kreis Guben.
**) Eine Metze Kartoffeln.
***) Pfluge.

Dupkene meende, ha dächte woll, se redd'n wos viär und verzellde no mual von dan Weiwe, wie se jesung'n hädde: „Von Himmel hoch, dua kam ich haar!“ Nu biß aber Gottlob die Ziähne zesomm' und griff nuach d'r Peitsche, doch ha bezwung sich und ha lachte bloß bitter, als ha suade: „Hält's Maul, tummes Luder, so'n Lied steht jo in usen Singebuche!“*) Denn drajde ha sich imm und sponnde seine Farde aus.

Karl Gander-Guben.

Peitz.

Ein gleichmäßiges Bild, arm an landschaftlichen Schönheiten, zeigt sich dem Auge des Wandrers, der auf der vorzüglichen Cottbus=Gubener Chaussee auf dem Stahlroß dahineilt oder vom Eisenbahnwagen der Strecke Cottbus — Frankfurt a/O. aus das Land betrachtet. Sobald die rauchenden Schlote der Fabrikstadt Cottbus im Rücken liegen, fahren wir durch dürre Heidestrecken. Hier und da finden wir wohl auch dazwischen ein Roggen= oder Kartoffelfeld. Nach einiger Zeit tritt jedoch der Wald zurück, und zur Linken liegt eine fast unermeßliche Wiesen=, zur Rechten eine weite Wasserfläche, umrahmt in blauer Ferne von düsterem Nadelwald, dazwischen ein sich von Westen nach Osten weit ausbreitendes Städtchen mit verhältnismäßig vielen Tuchfabriken. Es ist die einzige Stadt im Landkreise Cottbus, die ehemalige Festung Peitz, umgeben von den Laßzinswiesen und den durch ihre Karpfen weit über die Grenzen des Vaterlandes hinaus berühmten Peitzer Teichen. Bedeutende Waldungen bilden die königlich Tauersche Forst. Der nahende Wanderer erinnert sich beim Anblick eines hohen Turmes unwillkürlich des Uhland'schen Wortes: „Noch eine hohe Säule zeugt von verschwundener Pracht.“ Es ist der alles überragende Festungsturm, ein gewaltiger Steinkoloß, fast das letzte Zeichen aus der Zeit, da Peitz die Stärke Brandenburgs und die Stütze seiner Kurfürsten und Könige war. Doch verschwunden ist Ausrüstung und Besatzung, und vor den Schießscharten, aus denen einst schwere Geschütze, die Stadt vor Überfall schützend, steinerne und eherne Kugeln spien, wächst jetzt Gras, wuchern Sträucher; ja, sogar eine Kiefer hat wohl bald nach dem Eingehen der Festung die luftige Höhe zum Standort gewählt, und kein Fremder wird vorüberziehen, ohne auf den recht gut entwickelten Baum, im Volksmunde die „Peitzer Stadtheide“ genannt aufmerksam zu werden.

Wie bei so vielen Orten der Lausitz, ist auch die früheste Geschichte von Peitz in Schleier gehüllt, der wohl ganz kaum gelüftet werden kann, da fast alle Akten durch Brände vernichtet wurden. Es steht aber fest, daß Peitz, als Warte zwischen dem Spreewald und der ähnlichen Jänschwalder Niederung, einst Mittelpunkt aller friedlichen und Ausgangspunkt aller kriegerischen Unternehmungen der Niederlausitzer Wenden gewesen ist, später eine germanische Burg des Malxe=Neißeganes wurde,

---

*) Gesangbuche.

die zu Beginn des 12. Jahrhunderts der unabhängigen Herrschaft der Niederlausitz einverleibt wurde. Im Jahre 1346 finden wir den Namen Sulpitze zum erstenmal in einem Dokument, in der Stiftungsurkunde des Bistums Meißen erwähnt. In späteren Dokumenten und Diplomen tritt dann ein häufiger Wandel des Namens ein. Es heißt dort Pitzne, Pilzne und Pytze. Was dieser Name bedeutet, kann nur vermutet werden. Die größte Berechtigung hat wohl die Annahme, daß der Name Peitz aus dem Wendischen abgeleitet und soviel bedeutet wie Futter am Hügel. That= sache ist ja, daß sich in unmittelbarer Nähe der Stadt sehr fruchtbares Land befindet. Warum sollten nicht die durchziehenden Völker hier gerastet und hier ihr Vieh zur Weide geführt haben. Wie die Deutung des Namens, so sind auch die Nachrichten von den ersten Besitzern der Burg in Dunkel gehüllt.

Nach häufigem Verkauf oder noch häufigerer Verpfändung ist der Ort von 1444 vorläufig und von 1462 ab endgültig, mit Ausnahme der Zeit von 1807 bis 1813, im Besitz der Hohenzollern und seit 1494 dem Verwaltungsbezirk der Neumark überwiesen.

Der in großen Mengen vorhandene Raseneisenstein veranlaßte Johann von Cüstrin, ein Eisenhüttenwerk zu erbauen. Die zum Betriebe desselben und zur Be= wässerung der Karpfenteiche nötigen Wassermassen entnahm er unterhalb Cottbus der Spree und leitete sie in dem teilweis sehr künstlich geführten Hammergraben nach Peitz und von hier aus wieder zur Spree. Der Gesamtlauf des Grabens hat eine Länge von 22 km. Die Ufer liegen teilweise bedeutend höher als die angren= zenden Landschaften, und an einer Stelle geht sogar ein Bach unter dem Hammer= graben hindurch. Der Betrieb des Eisenhüttenwerkes, das einst wöchentlich 50—60 Ctr. Eisen lieferte, wurde vor etwa 6 Jahren ganz eingestellt und ein Teil der bedeutenden Anlagen zu Fabriken umgebaut, die aber jetzt auch leer stehen, bezw. als Wirtschafts= gebäude der Kgl. Domäne Peitz=Hüttenwerk benutzt werden. Hochofen, Schmiede u. s. w. stehen noch als stumme Zeugen einstiger Blüte. Lieferte doch das Werk sogar dem brandenburgischen Heere Geschützrohre. Die Wasserkräfte rauschen jahraus, jahrein ungenutzt dahin. Werden sich wohl alle die gewaltigen Wasserräder noch einmal bewegen, um die Wasserkraft dienstbar zu machen? Die bis zum Eisenhüttenwerk reichenden, die eigentliche Domäne bildenden Karpfenteiche nehmen einen Flächenraum von über 900 ha ein. Ganze Waggonladungen Karpfen gehen von hier aus all= jährlich nach Berlin und Hamburg; ja, selbst über das Vaterland hinaus bis nach England reichen die Abnahmegebiete. Zu besonderen Festtagen gestalten sich die Tage, an denen die Teiche abgelassen und ausgefischt werden. Jede Familie ersteht dann ein Gericht Fische; nach Hunderten zählen die Käufer und Zuschauer, und ein ebenso reges Leben herrscht am Rande des Teiches wie in den ans Ufer gezogenen Netzen.

In der Zeit von 1554 bis 1564 wurden durch Anton di Forno, einem ita= lienischen Baumeister, die Festungswerke, unbeachtet aller Einsprüche der Bürger, erbaut. Am 6. Dezember 1562 wurden die Thore der Stadt zum erstenmal geschlossen. Doch schon 1590 erweiterte der Erbauer Spandaus, Guerini Rochus von Lynar, die Werke.

Nach der Schlacht bei Wittstock, am 24. September 1636, verlegte Georg

Wilhelm die Regierung nach Peitz und zog Anfang Oktober an der Spitze seiner Leibeskadron hier ein. Nach Abzug des Kurfürsten führte Adam von Schwarzenberg noch längere Zeit von Peitz aus die Regierungsgeschäfte, und eine abermalige Erweiterung und Verstärkung wurde vorgenommen. Aber ernste Fehde hatte Peitz nicht zu verspüren. Nach dem Dreißigjährigen Kriege wurde Peitz auch als Verbannungsort benutzt. So war der Königsberger Bürgermeister Hieronimus Rode von 1662 bis zu seinem im Jahre 1678 erfolgten Hinscheiden hier in Haft, und zu Ende des 17. Jahrhunderts weilte der einst allgewaltige, später tief unglückliche Dankelmann als Gefangener hier.

Im Siebenjährigen Kriege sah Peitz zweimal Feinde vor seinen Mauern. In den Jahren 1758 und 1759 wurde es eingenommen, da genügende Besatzung fehlte. Immerhin muß sich die vorhandene Besatzung, die zumeist aus Invaliden bestand, recht tapfer gezeigt haben; denn es wurde ihr in beiden Fällen freier Abzug gewährt. Als Preußen Schlesien endgültig erworben, war auch Peitz als Festung bedeutungslos geworden, und schon 1764 sanken die Mauern der einst mächtigen brandenburgischen Festung in Trümmern. Böse Historiker behaupten, Friedrich der Große hätte Peitz schleifen lassen, weil es nie zu halten war. Nur der Oberfestungsturm blieb als letztes Zeichen jener Zeit durch eine Gnade des großen Königs erhalten. Die Festungsgrundstücke wurden an die Bewohner in Erbpacht gegeben mit der Bedingung, das Land kostenlos herzugeben, wenn Peitz wieder zu einer Festung ausgebaut würde.

Um der Stadt neue Bewohner zuzuführen, siedelte Friedrich 1770 25 Tuchmacherfamilien an, die den Grund legten zu der heutigen Tuchindustrie, die für eine Einwohnerzahl von 3200 Seelen eine ganz bedeutende ist. Im Jahre 1784 fertigten die Tuchmacher zu Peitz 516 Tuche im Werte von 9598 Thalern, 1797 bereits 1741 Stück im Werte von 42797 Thalern, und der Handelskammerbericht vom Jahre 1897 notiert für Peitz 13523 Stück im Werte von 1870000 Mark. — Besonders im Frühlinge, wenn die Teiche angestaut, wenn die Wiesen im saftigen Grün prangen, und allüberall in Busch und Rohr, in Wald und Feld die gefiederten Sänger ihr lustiges Lied erschallen lassen, dann ist das Ziel zahlreicher Cottbuser Ausflügler das schön gelegene, altehrwürdige Peitz.

Paul Fiedler=Frankfurt a/O.

Senftenberger Marie.

Ein Ausflug in die tertiären Urwälder der Lausitz.

Aufatmend verlassen wir in Lübbenau den von der Julihitze durchglühten Zug, um in erquickender Nachtkühle unserem Ziele, dem Senftenberger Grubenbezirke, zuzustreben. Vom Bahnhofe, der tagsüber vom Getümmel der Spreewaldbesucher, von dem munteren Geschwätz der Wendinnen und den Ausrufen der Sauregurkenverkäufer widerhallt, führt die Chaussee, anfangs von herrlichen Eschen eingefaßt, südwärts nach Calau. Den feuchten Niederungen der vielarmigen Spree zu unserer Linken entschweben die würzigen Düfte des Kerbels, des Thymians, der Melisse und, sie alle beherrschend, des kräftigen Dills. In den Dorfgärten lispeln Kirschblatt und Weinlaub den von der Erntearbeit ermüdeten Bauern ein Schlummerlied, und auf den Feldern wiegen, zu Garben vereinigt, die Halme ihre schweren Häupter zum letztenmal im Scheine des Vollmonds. Wie ein riesiger Wegweiser ragt vor uns der gewaltige Turm der Calauer Pfarrkirche aus der allmählich ansteigenden Ebene empor. Endlich ist es erreicht, das trauliche, unter dem Zeichen St. Crispins wacker gedeihende Städtchen. Über das holperige Pflaster der engen Gassen, die murmelnden Brunnen, die alten, im Laubwerk der Weinreben fast begrabenen Fachwerkhäuschen und das ehrwürdige, vom Mondlicht märchenhaft umflossene Gotteshaus hat die Nacht einen Hauch von Poesie gebreitet, der dem Orte sonst fremd ist, und den „des Hauses redlicher Hüter" durch mißtöniges Pfeifen an jeder Straßenecke zu verscheuchen nach Kräften bemüht ist. Noch lange, nachdem wir das Freie wiedergewonnen, verfolgt uns das schrille, die schöne, alte Sitte des Wächterrufs mehr und mehr verdrängende Signal, bis es von dem monotonen Schrei der Kiebitze in den moorigen Wiesengründen abgelöst wird. Langsam ist indessen der fahle Schein der Dämmerung, stetig wachsend, vom nördlichen zum nordöstlichen Horizonte gewandert; der Morgentau fällt, die volle Mondscheibe verblaßt zusehends, und nun schießt blendend der erste Lichtstrahl zum Plateau des Brautbergs hinüber und vergoldet die zahllosen Wipfel der Kiefernheide, durch welche die letzte Strecke unserer Wanderung führt. Die niedrigen, rohrgedeckten Blockhäuschen in den Dörfern, die zwiebelkuppelig gewölbten Heuschober auf den Wiesen und die hier und da auf den Höfen, am Brunnen erscheinenden malerischen Frauentrachten künden altsorbisches Volksgebiet an; und nicht lange, so schlagen auch wendische Laute an unser Ohr. Am südlichen Horizonte tauchen hohe Fabrikschlote auf, Schienen kreuzen den Weg, und vom Bahnhof Groß-Räschen ertönt der Pfiff der Lokomotive: wir sind am Ziel unseres Weges.

Der erste Gang gilt der etwa 10 Minuten hinter Klein-Räschen am Nordrande des riesigen Braunkohlenfeldes gelegenen Grube Marie Nordwestfeld. Nach eingeholter und gern erteilter Erlaubnis folgen wir dem zum Transport des Abraums bestimmten Schienenwege und stehen bald am Rande eines gewaltigen Kessels, dessen Wände teils aus dunkler Kohle, teils aus losen Massen hinabgeschütteten Lehms und Sandes bestehen. Lange Züge mit diesem Material beladener Lowries bewegen sich unausgesetzt am gegenüberliegenden oberen Rande der Grube; ihr von den im Abbau befindlichen Grubenstrecken abgeräumter Inhalt wird zum Ausfüllen der bereits ausgebeuteten Teile des Lagers verwendet. In der Tiefe sehen wir einige Dutzend Arbeiter, die in dem weiten Raume fast verschwinden, mit dem Abbau der Kohle beschäftigt, die hier nicht unterirdisch, sondern von oben her, im „Tagebau", gewonnen wird. Doch zeigen kupferne Leitungsdrähte und elektrische Bogenlampen, daß hier auch echt bergmännisch in Tag- und Nachtschichten gearbeitet werden kann. Auf dem schlüpfrigen Lehmabhange hinabsteigend, gelangen wir auf den mit großen Wasserlachen bedeckten, von einem Schienennetz durchkreuzten Boden

der Grube. Hier wird unsere Aufmerksamkeit vor allem durch eine Anzahl braun=
kohlenähnlicher, aber heller gefärbter Stümpfe von gleicher, etwa 1 m betragender
Höhe gefesselt: wir sehen die Reste gewaltiger Baumriesen, so wohl erhalten, daß
man den Verlauf der Holzfasern und die eng gereihten Jahresringe genau erkennen,
letztere sogar bequem zählen kann. Bei einigen Stämmen lassen sich am Boden auch
die oberflächlich verlaufenden Wurzeln verfolgen. Die Ausmessung der uns zunächst
stehenden ergiebt einen Stammumfang von 6 bis 9 m, also Durchmesser von 2 und
3 m, und andere, leider schon wieder verschüttete Exemplare sollen noch bedeutend
stärker gewesen sein. Sie machen durchaus den Eindruck, als ob sie sämtlich an
Ort und Stelle gewachsen seien. Dafür spricht nicht nur die aufrechte Stellung der
Stümpfe und der Verlauf ihrer Wurzeln im Thonboden, der das Liegende des Kohlen=
flötzes bildet, sondern auch der gegenseitige Abstand der Stämme, der ungefähr
dem Raume entspricht, den Urwaldbäume sich im Verlauf eines Jahrhunderte währen=
den Daseins für Wurzel und Krone zu erkämpfen pflegen. Da ihr Holz, besonders
nach innen zu, so wenig verkohlt ist, daß es sich vorzüglich spalten und schneiden
läßt, so sind sie zur Briquettbereitung, wozu alle hiesige Kohle verwendet wird, nicht
geeignet; sie bleiben, nachdem die umgebende Kohlenschicht hinweggeräumt ist, stehen,
bis sie an der Luft zerfallen oder durch den Abraum verschüttet werden, und an=
scheinend hat noch kein Museum die Kosten erschwingen können, einen dieser ehr=
würdigen Zeugen grauer Vorzeit auszuheben und wohlkonserviert als Prunkstück in
einem Lichthofe der Nachwelt zu überliefern.

Treten wir nun aus der Mitte der Grube näher an die senkrecht aufsteigende
Wand des etwa 20 m hohen Flötzes! Da bietet sich uns ein nicht minder über=
raschender Anblick. Nicht nur schaut in dem Niveau, auf dem wir stehen, hier und
da ein von der Kohle noch halb umhüllter riesiger Stubben hervor; auch in halber
Höhe der Braunkohlenwand sehen wir solche Stümpfe nebst langen, von der Hacke
des Bergarbeiters losgelösten Scheiten, und endlich erscheint nahe dem oberen Rande
des Flötzes eine dritte Reihe aufrecht stehender Stammreste. Ganz ähnliche Ver=
hältnisse zeigen fast alle Gruben, in denen die Betriebsweise den inneren Aufbau des
Lagers sichtbar werden läßt, z. B. die Nachbargrube Viktoria, in der außer dem
Tagbau auch Tiefbau mittels Stollen stattfindet, ferner die unweit von uns gelegene
Grube Ilse, die bedeutend weiter nach Süden liegenden Hörlitzer Werke, die
10 km östlich befindliche Grube Clara u. a. Überall haben sich hier in zwei
Etagen nacheinander Urwälder aufgebaut, deren Entstehung zu erklären der Geologie
anfänglich um so schwerer fiel, als man bisher zumeist annahm, die norddeutschen
Braunkohlenlager verdankten ihren Ursprung kolossalen Anhäufungen zusammen=
geschwemmten Holzes. Mit dieser Anschauung haben nun die Befunde im Senften=
berger Flöz wohl endgültig aufgeräumt.

Die Mehrzahl der aufgedeckten Baumstümpfe gehört nach der anatomischen
Untersuchung des Holzes dem Geschlechte der Sumpfcypressen an, welches gegen=
wärtig nur noch durch die Baldcypresse (Taxodium distichum) in den Südstaaten
der Union und durch den Sabino (Taxodium mexicanum) auf dem mexikanischen
Hochlande vertreten ist, während der Tertiärzeit aber auch in Europa und Asien

weitverbreitet war. Mit der erstgenannten Art scheinen die Urwaldriesen des Senftenberger Kohlenreviers nahe verwandt, wenn nicht gar identisch zu sein, und

Nach einer Photographie von Herm. Meyer-Senftenberg N. L.
Tagebau der Braunkohlengruben bei Groß-Räschen.

sie ist daher um so mehr geeignet, uns eine Vorstellung von den ehemaligen Existenz-bedingungen unserer Sumpfcypresse zu geben, als auch das heutige Klima der südöstlichen Unionsstaaten dem Klima Mitteleuropas während der Tertiärzeit nahe kommen mag. Wärmer war es dazumal wohl kaum; denn die Baldcypresse findet sogar in unserm heutigen Klima fröhliches Gedeihen, trägt Blüten und mit Samen gefüllte Zapfen und wird deshalb in Parkanlagen und botanischen Gärten nicht selten gepflanzt. So stehen prächtige Exemplare im Berliner botanischen Garten, auf der Pfaueninsel, in der Umgegend Potsdams, z. B. ein etwa 100jähriger Baum im Neuen Garten, und auf dem Grillendamm zu Brandenburg a. d. Havel bildet die Sumpfcypresse sogar eine recht stattliche Allee. Oberflächlich betrachtet macht der Baum weit eher den Eindruck einer feinlaubigen Akazie als eines Nadelholzes, zumal er im Winter die Nadeln nebst den begrenzten Sprossen abwirft und reich= liche Streu bildet. In seiner Heimat gedeiht er besonders in den weiten Sumpf= flächen der Golfniederung, den Cypreß=Swamps Louisianas und Süd=Virginias, aus deren schwankender, mit Simsen und Seggen bestandener Rasendecke er sich bis zur Höhe von 30, selbst 40 m erhebt.

Mit diesen amerikanischen Cypressensümpfen haben die ehemaligen Urwälder der Niederlausitz allem Anscheine nach die größte Ähnlichkeit gehabt. Ihre Blüte= zeit fällt in den dritten Abschnitt der Tertiärperiode, das Miocän, vielleicht auch, da scharfe Grenzen fehlen, in die Übergangszeit zwischen ihm und dem vorauf= gehenden Oligocän. Während des Oligocäns zog sich das Meer, das bis dahin den Boden Norddeutschlands bedeckt hatte, allmählich nordwärts in seine gegenwärtigen Grenzen zurück. Hier und da blieben jedoch in Vertiefungen des Bodens seichte Buchten und abflußlose Wasserbecken zurück, die allmählich austrockneten, versumpften und durch Pflanzen aus den umliegenden Landstrichen besiedelt wurden. So ent= standen allmählich riesige, den amerikanischen Swamps ähnliche Sumpfwaldungen — die zwischen Groß=Räschen und Senftenberg gelegene z. B. bedeckte 70 bis 80 qkm. Über einem üppigen Untergrunde von Gras, Rohr, Seggen, Wasserpflanzen, Schling= gewächs und Laubholz breiteten, durch die feuchtwarme Atmosphäre mächtig in ihrem Wachstum gefördert, die Taxodien nebst verwandten Nadelhölzern stolz ihre umfang= reichen Kronen aus. Alljährlich einmal bedeckten sie die Oberfläche des Sumpfes mit den absterbenden Nadeln und Zweigen, die langsam vermoderten, mit dem Laub und den welken Sumpfgräsern auf den Grund des Moores sanken und die Haupt= masse der späteren Braunkohle bildeten. Jahrtausende hindurch ragten sie, noch von keinem Menschenauge bewundert, als die Fürsten des Waldes in ungestörtem Frieden über das vergängliche Volk der niedrigeren Gewächse empor. Zählungen an ver= schiedenen Stellen des Stammdurchmessers ergeben für Bäume von 10 bis 12 m Umfang 3000 bis 5000 Jahresringe, was freilich noch keinen sicheren Schluß auf ein ebenso hohes Jahresalter zuläßt, da in tropischen und den Tropen benachbarten Gebieten während eines Jahreslaufs bisweilen mehrere Ringe gebildet werden; und ein subtropisches Klima dürfte damals in der Lausitz schon geherrscht haben. Endlich erlosch die Lebenskraft auch dieser Riesen, und von den morsch zusammenbrechenden Baumgreisen blieben nur die vom Wasser umgebenen, vor Verwesung geschützten Stümpfe erhalten, während die Stämme schnell vermoderten, und neues Leben aus den Ruinen blühte.

Dieser langsame, jedem Urwalde eigentümliche Erneuerungsprozeß liefert uns jedoch noch keine Erklärung für die auffallend gleichmäßige Höhe der Stammreste, sowie für den Aufbau des Flötzes in zwei, stellenweise drei gleichartig geschichteten Etagen. Den Schlüssel zur Erklärung dieser Verhältnisse finden wir erst bei einer genaueren Betrachtung dieser Schichtenfolge selbst. Da sehen wir zu unterst eine dunkelbraune Kohle, welche die im Liegenden wurzelnden Stümpfe umschließt und stellenweise auch noch lange Bruchstücke horizontal liegender Stämme aufweist. Auf diese ungefähr 3 m dicke Schicht folgt eine zweite, nicht so starke, von schwärzlicher Kohle, die den Eindruck macht, als ob sie wesentlich aus den Resten der Sumpfdecke und des Unterholzes, aus Schilf, Rohr, Binsen und Bruchholz, bestehe; ihr sind ganze Nester von Nüssen, besonders von Haselnüssen, und Bänke von Seggensamen einge= lagert. Über dieser Schicht liegt eine dritte, deren Kohle durch Sand und Thon gefärbt und ver= unreinigt ist und nur wenig Stammholz einschließt. Sie trägt eine Decke von thonhaltigen, mit Kohle vermischten, schwarzbraun gefärbten Sanden, und in dieser wurzelt die zweite Waldschicht, deren Profil — ebenso wie die dritte, oberste Etage des Flötzes — dieselbe Schichtenfolge zeigt, nur mit dem Unterschiede, daß die Sand= und Thondecke der letzten Etage weit mächtiger ist und zugleich das Hangende des ganzen Kohlenlagers bildet.

Nach einem lebenden Zweige aus dem Schloßparke zu Lübbenau photo=
graphiert von Max Feiten=Berlin.

Zweig von Taxodium distichum (Sumpfcypresse).

Diese Unterbrechung des Flötzes durch zwei fremde Schichten läßt sich nur durch die Annahme erklären, daß gewisse Naturereignisse, vielleicht starke Über= schwemmungen des Moores durch Hochwasser, die Sand= und Schlammassen her= beigeführt und auf den Sümpfen abgelagert haben. Diese Massen bedeckten und komprimierten nicht nur die torfähnlichen Ablagerungen auf dem Grunde des Sumpf= moors, sondern ließen wahrscheinlich die ganze Vegetation, also auch die Cypressen= urwälder, ersticken und absterben. Über der undurchlässigen Lehmschicht sammelte sich nun eine neue Wasserdecke, die alle Bedingungen zur Entwicklung eines zweiten, dem untergegangenen völlig gleichenden Waldsumpfes bot. Der Vorgang wieder= holte sich nach Jahrtausenden abermals und abermals, bis die aus hohem Norden vorrückenden Eismassen der Diluvialperiode der tertiären Lebewelt ein Ende machten. Doch muß die Bildung des Senftenberger Kohlenlagers schon vorher zum Abschluß gekommen sein; denn der untere Teil des 2 bis 15 m mächtigen Hangenden, meist grauweißer, plastischer Thon, gehört noch dem Tertiär an, und erst über diesem lagert in verschiedener Dicke die mit nordischen Geschieben und erratischen Blöcken erfüllte Diluvialschicht. — Interessant und für die Zukunft des hiesigen Bergbaues wichtig ist es, daß man 30 bis 40 m unter dem Liegenden, dem Boden, auf dem wir augenblicklich stehen, an mehreren Stellen ein zweites, Glanzkohle enthaltendes Braunkohlenflöz erbohrt hat.

Sämtliche im Senftenberger Bezirke geförderte Kohle wird in Fabriken, die mit den einzelnen Gruben durch Schienenstränge verbunden sind, an Ort und Stelle zu Briquetts verarbeitet, wie auch der feine tertiäre Thon des Hangenden zu guten Bausteinen Verwendung findet. Die Förderwagen transportieren das Material zunächst in die Sortierhäuser, wo es zerkleinert, gesiebt und von der Holzkohle befreit wird. Während letztere den Kesselfeuerungen verfällt, wandert die in 1 bis 1,5 cm starke Körner zerkleinerte Kohle in die oberhalb des Trockenraums liegenden Kohlenböden. Von hier gelangt sie durch mechanischen Transport in ununterbrochenem Zuge auf die Trocköfen, große schmiedeeiserne Pfannen mit doppeltem Boden, auf deren oberer Platte ein Rührwerk kreist. Hier wird die Kohle, die in grubenfeuchtem Zustande gegen 60% Wasser enthält, von drei Vierteln ihres Wassergehalts befreit, nochmals gesiebt, gewalzt und gereinigt. Das Erhitzen der Telleröfen besorgt der durch die Hohlräume der Pfannen geleitete Auspuffdampf der Fabrikmaschinen. Von dem untersten Teller wird die Kohle durch den Sammelraum der Presse zugeführt. Eine Verteilungswalze schiebt genau so viel Material, wie zu einem Briquett nötig ist, in die Form, und der mit der Fabrikmarke versehene Stempel preßt ihn unter dem gewaltigen Druck von etwa 1600 Atmosphären ohne weiteres Bindemittel zu einem festen Stück zusammen. Um die von der Reibung hervorgebrachte starke Erhitzung der Pressenform und die Entzündung der Kohle zu verhindern, wird fortgesetzt mit kaltem Wasser gekühlt. Dennoch verläßt das fertige Briquett die Form um 20° C heißer, als die eingeführte Kohle war, und auf dem Transport entzündet sich, namentlich bei hinzutretender Feuchtigkeit, nicht selten der Inhalt ganzer Bahnlowries.

Ringsum ertönt das Zeichen der Mittagspause. Schweißgebadet verlassen wir die Fabrik, um uns nach kurzer Rast der Senftenberger Chaussee zuzuwenden, die in scharfem Anstiege zunächst an Rauno, einem im Mittelpunkt des Grubenbezirks gelegenen Dorfe, vorüberführt. Hier, wo wir beim Gasthause Hunderte von Mitgliedern der großenteils aus Wenden bestehenden Knappschaft mit den Ihrigen zum Mittagsmahle vereinigt sehen, gipfelt das Plateau in den Raunoer und Reppister Weinbergen, denen sich nach Südwesten zu die Senftenberger und Hörlitzer anschließen. Es ergeben sich weite und interessante Ausblicke auf die grubenreiche Umgebung, auf die zu den Anhaltischen Werken gehörende Marie, die Mariengrube und Henkels Werk zur linken, Friedrich Ernst zur rechten Seite der Chaussee. Schon sind zu beiden Seiten des Weges gewaltige Strecken des Flözes im Verlaufe der 33 Jahre des hiesigen Bergbaues ausgebeutet und mit den Abraummassen wieder ausgefüllt. Munter grünt im Sande die märkische Kiefer, mit ihren Wurzeln denselben Boden durchfurchend, der vor ungezählten Jahrtausenden ihre riesigen tertiären Anverwandten ernährte. So gelangen wir, bergab durch Wald und Gärten schreitend, ins schöne Elsterthal, nach Senftenberg, wo beim Mittagsmahl ein aus heimischem Gewächs gekelterter Schaumwein die stauberfüllten Kehlen reinigt. Er ist besser als sein Ruf, dieser vielgehänselte Senftenberger Sekt, den man anderwärts noch unter weit stolzerer Etikette erhält; aber er wäre zweifelsohne noch besser, wenn er auf besserem Boden, unter sonnigerem Himmel gewachsen wäre, wie die deutsche Urrebe, die Vitis teutonica, die im tertiären Waldmoor vor Zeiten die Riesenstämme kosend umschlang, jetzt aber dazu verurteilt ist, in der „Senftenberger Marie" mitverarbeitet höchst prosaisch unsere Öfen zu erwärmen.

Hermann Berdrow-Berlin.

Dobrilugk.

Wahrscheinlich drangen schon zur Zeit Christi Germanen auf der Jagd in das hiesige Elsterthal; andere folgten, gründeten aber keine Niederlassung; denn die alten Deutschen wohnten lieber auf freien Höhen. Durch die Völkerwanderung wurde es hier wieder menschenleer, bis die Wenden kamen und sich ansiedelten; denn sie liebten Wälder, Gewässer und Wiesen. Alles fand sich hier reichlich; sie bauten einen gewiß (wie meist) hufeisenförmigen Ort und nannten ihn Dobri-Luge, d. h. gute Wiese. 1005 vereinigte bei Dobrolach Heinrich II. sein Heer mit dem eines böhmischen Herzogs, um gegen Boleslav von Polen zu ziehen. Mehrfach aufgefundene Urnenfelder hiesiger Gegend sind Erinnerungen an die Wenden; denn sie bewahrten die Asche ihrer Toten in Urnen auf.

Bekannt ist der Name Dobrilugk besonders durch das Cistercienser-Kloster geworden, dessen älteste Urkunde vom Jahre 1139 herstammt. Zwei Söhne Konrads des Großen werden als Gründer und 1181 als Stiftungsjahr genannt. Die Stiftungsurkunde lautet: „Wir, Dietrich, von Gottes Gnaden, Markgraf der Lausitz, thun allem Volke der Lausitzer Lande kund und zu wissen, daß an der Elster ein Kloster zur Ehre Christi und seiner Mutter, der heiligen Maria, errichtet werden soll. Damit alle, welche dort Christo dienen, keine Beschwernisse noch Not zu leiden haben, soll dem Kloster zur Nutznießung alles Land im Umkreise von 2 Meilen mit allen Erträgnissen des Bodens, mit den Erz- und Salzschätzen der Erde, den Fischen der Gewässer, den vierfüßigen Tieren des Waldes und den Vögeln der Lüfte zu eigen gegeben werden u. s. w." Die Universitätsbibliothek in Jena enthält eine für die Geschichte des Klosters sehr wertvolle Urkundensammlung. Die Mönche brachten den Wenden das Christentum und trieben besonders Viehzucht, Feld-

und Gartenbau, hatten eine Klosterschule u. s. w. Die fast undurchdringliche Wildnis machte es, daß man sich das Klosterleben in Dobrilugk schrecklich dachte. Walter v. d. Vogelweide sagt: „e daz ich lange in solcher dru beklammet wäre, als ich bin nu; ich würde e münch zu Toberlu". Nach und nach ward Dobrilugk das reichste Kloster im Sachsenlande, so daß ein Sprüchlein lautet: „Cell et Buch faciunt unum Doberluch". („Celle und Buch sind erst so reich wie Dobrilugk.") Zu verschiedenen Zeiten und aus mancherlei Gründen kam dieser Reichtum zusammen. So starb 1209 die Gemahlin des Markgrafen Konrad und ward im Kloster begraben. Zu ihrem täglichen Andenken wurden dem Kloster im Dorfe Lubsch 16 Hufen geschenkt, sowie der Zehnt von einem Weinberge in Belgern und einem solchen in Zlauborendorf (Schlabendorf). 1217 bestätigt

Schloß Dobrilugk.

Markgraf Dietrich III. dem Kloster die eingetauschten 12 Hufen in Cucuxsdorf und 7½ Hufen in Münchisdorf und den Ankauf der Dörfer Friedrichsdorf und Kameniz, ebenso Valkenberg und 7 Hufen in Alzena. 1240 übergiebt Markgraf Albrecht der Erlauchte der Kloster das Dorf Gradiß (bei Torgau), 1248 Heinrich der Erlauchte die neue Mühle zu Wahrenbrück zu Lehn, 1253 das Patronatsrecht der Kirche ebendaselbst. 1255 kommt das Dorf Alt-Boren, 1256 das Dorf Werder, 1266 Nozzedil, 1267 Neu-Boren, sowie die Hälfte des Teiches zu Bukewitz, 1271 Schakow, 1279 Dobroztrowe (Dobristro), 1286 noch 1½ Hufen Landes in Münchhausen (Mönchshaus?), 1299 Schollyin und Frankendorf, 1307 Lichtenau, 1323 die Markgrafenheide, die Bodo von Ileburg (auf Sonnewalde) gehörte, 1329 Trebus und Dubrau zum Kloster. Auch die Stadt Lübben gehörte zu Dobrilugk; 1329 wurde es gegen die Dörfer Prizin, Buckewin und Nikrasdorf dem Landesherrn Herzog Rudolf von Sachsen abgetreten. 1335 verkauften die Brüder von Ileburg auf Sonnewalde ihr Dorf Schilden (jetzt Schilda) für 60 Schock

Prager Groschen nach Dobrilugk, um sich aus Gefangenschaft zu lösen. Dem Kloster gehörte auch ein Drittel der Vogtei über Kirchhain, der Zins von vielen Schiffsmühlen, das sogenannte Abthaus zu Luckau, das Patronat zu Übigau und anderen Orten; bis in Berlins Nähe reichten die Besitzungen; die Kloster= forsten waren groß und nahe; in 5 Minuten sind sie noch jetzt von der Stadt aus erreichbar. See, Teiche gaben reichliche Fische zu Fastenspeise; (der Hammer= teich enthält jetzt noch viele Karpfen). Kloster Blesen im Birnbaumschen Kreise war eine Kolonie von Dobrilugk und hieß Klein=Dobrilugk. — 1411 verpfändet König Wenzel von Böhmen sein Kloster Dobrilugk den Herzögen von Sachsen für 4000 Schock.

Viele hierher gehörige Urkunden sind durch den Sekretär der Oberlausitzer Gesellschaft Dr. Neumann im Kgl. Sächs. Staatsarchive zu Dresden aufgefunden worden. 1423 überließ Friedrich der Streitbare Dobrilugk nebst Calau dem Kaiser Sigismund. 1430 ward es von den Hussiten geplündert. 1541 besetzte Kurfürst Johann Friedrich der Großmütige das Klostergebiet, weil er Forderungen an Ferdi= nand hatte. 1546, als der schmalkaldische Krieg ausbrach, versuchte der König Ferdinand das von den Sachsen besetzte Kloster zu nehmen und befahl seinem Feld= obersten Sebast. v. d. Waidmühle, sein Lager davor aufzuschlagen. Nach Besiegung schickte Ferdinand Kommissarien hin, welche das ganze Inventar und die Urkunden des Klosters (viele mögen noch in Prag liegen), insbesondere das „rote Pergamenbuch“, worin die Einkünfte standen und welches in Torgau sein sollte, zurückforderten. 1547 übergab der König das Kloster dem Landvogt Schligk als Pfand wegen Kriegsschulden.

Der katholische Gottesdienst wurde von dem Prior und 4 Mönchen besorgt; die übrigen Geistlichen hatten das Kloster freiwillig verlassen. Die letzten Äbte waren Jakob Rüsch (seit 1535), von Ferdinand 1537 abgesetzt, weil er sehr streit= süchtig und ein Hauptgegner des Kurfürsten von Sachsen war — und Nikolas, der als Luthers Freund die Reformation begünstigte und zuletzt lebenslänglichen Unterhalt bei dem Amtmann zu Dobrilugk, Balthasar von Arras, erhielt. Der Land= vogt ließ keinen päpstlichen Kommissar ins Kloster und verkaufte mit des Königs Erlaubnis viele Güter. 1548 übergab er dem Rat zu Luckau die schon sehr ver= fallene Kurie in dieser Stadt (den Münchhof) für 174 Thaler. 1562 bestimmte Ferdinand dem Jesuiten=Kollegium in Prag jährlich 450 Fl. Einkünfte aus dem Kloster; aber Rudolf II. zahlte 1603 als Ablösung dieser Rente 15000 Schock Meißnisch bar. 1602 verkaufte er Dobrilugk an den Freiherrn von Promnitz. Dessen Söhne verkauften es 1623 an Joh. Georg I. von Sachsen. Nach dessen Tode erhielt sein Sohn Christian I. die Lausitz, wodurch Dobrilugk an Sachsen zu= rückfiel und schließlich 1815 an Preußen überging. 1852 brannte das Kloster ab. Die verschiedenen Besitzungen wurden nun von Privatleuten angekauft; das Schloß, einige Ländereien und Forsten sind noch Staatseigentum.

Die Kirche wurde in den Jahren 1184 bis 1228 von den Cisterciensern aus Mauersteinen im gotischen Stil mit drei Schiffen und einem Querschiff erbaut und bietet im Innern einen erhabenen Anblick. 1676 wurde sie unter dem Herzog

Chriſtian I. von Sachſen für den Schloßbezirk zum evangeliſchen Gottesdienſt ein=
gerichtet und der Stadt der Mitgebrauch geſtattet. Die drei erſten Schloßprediger
liegen darin begraben. In der Kirche iſt auch noch das Bild von der Mutter des
in Dobrilugk geborenen Karl Gottlieb Samuel Heun zu ſehen, der ſich als Schrift=
ſteller H. Clauren nannte, von Platen, Hauf (Parodie: „Der Mann im Monde")
u. a. ſeiner leichtfertigen Richtung wegen ſcharf getadelt wurde und als Preuß.
Geh. Hofrat 1854 in Berlin ſtarb. An Feſttagen ſingt die jetzt 204 Jahre
alte „Kantorei".

1664 wurde das bisherige Dorf Dobrilugk durch Chriſtian I. von Merſe=
burg erweitert, bevölkert, mit einer Mauer umgeben und zur Stadt erhoben. 1864
wurde der 200jährige Gedenktag gefeiert.

Chriſtian I. hielt ſich gern in Dobrilugk auf; denn in den vielen
Forſten gab es reichlich Wild. Aus der Abtei wurde ein Jagdſchloß; der Schloß=
graben und Turm rühren auch von ihm her. Die Häuſer um das Schloß (wie
in Berlin „Schloßfreiheit" genannt) nahmen meiſt Handwerker auf, welche
von den Mönchen herbeigerufen worden waren. Das Dorf Dobrilugk blieb im
Beſitz der Wenden. Eine beſondere In= duſtrie entwickelte ſich nicht (Tabakbau
und Cigarrenfabrikation wäre zu nennen). Als das Kloſter aufgehoben wurde und
ſpäter die Merſeburger ausſtarben, blie=

Inneres der Kirche von Dobrilugk.

ben nur Handwerker übrig, die, weil Chriſtian I. ein Vorwerk verteilen ließ, Ackerbau
treiben konnten und dafür jährlichen Zins zahlten. Schon vom Bahnhof aus bietet die
im Grünen frei liegende Stadt mit Schloß und Kirche und deren Türmen einen an=
mutigen Anblick. Im ganz nahen „Buchenwald" hat man ſchattige Spaziergänge.
Eine wirkliche Zierde des Marktplatzes iſt das Kriegerdenkmal aus Syenit, welches
am 8. Juli 1894 enthüllt wurde und auf der Vorderſeite folgende Inſchrift trägt:

Ihren
im Kampfe
gegen Frankreich
1870/71
ruhmvoll gefallenen Söhnen
die dankbare
Heimat.

Nach Riehl und Scheu von Weiſe=Dobrilugk.

Der Fläming.

Im Süden der Mark Brandenburg liegt zwischen Dahme und Belzig ein kahles Höhenland, der Fläming genannt, das durch die Nuthe, deren Quelle wir auf den Wiesen bei Dennewitz finden, in den hohen und niederen Fläming ge= schieden wird. Der Fläming ist ein Glied des Karpathischen Höhenzuges und bildet, indem er sich an den Lausitzer Grenzwall anschließt, dessen nordwestliche Fortsetzung. Er enthält hauptsächlich Sand und Kies, seltner sind auf ihm Lehm= und Mergel= lager. Darüber liegt gewöhnlich eine 1 bis 1½ Fuß hohe Lehmschicht, welche das Land für den Getreidebau fruchtbar macht, aber das Tiefpflügen verbietet, weil solches das Durchsickern des Regenwassers in den Kies, also leichte Ausdörrung, das sogenannte Verscheinen des Getreides, veranlassen würde. Nur wenige bedeutsamere Erhebungen sind auf dem wellenförmigen Höhenzuge, der 70 bis 170 m über der Ostsee liegt, zu verzeichnen. Der höchste Punkt des Flämings ist der Golm (180 m) bei Stülpe, unweit Baruth, und auf dem hohen Fläming erreicht der Hagelsberg bei Belzig (200 m) die größte Höhe. Innere Schätze hat man bisher im Fläming nicht gefunden, nur einige Erdbohrversuche in der Nähe der Stadt Dahme haben auf Salzlager geführt, die aber sehr tief liegen sollen. Der Flämingsboden eignet sich zum Kornland vorzüglich, und der Flämingsbauer macht fast ausnahmslos recht ergiebige Roggenernten. Bäume ernährt der Boden schwer; denn die eisen= haltige trockene Kieserde giebt den Wurzeln keine Nahrung, verursacht vielmehr ihr Absterben. In den Niederungen und Sümpfen der nördlichen Abdachung des Flämings dagegen standen früher die schönsten Eichenwälder, z. B. in dem jetzt baumlosen Stadtbusche bei Jüterbog und auf dem vom „blanken Teich" daselbst bis nach dem Rittergut Kappan sich erstreckenden Anger. Noch jetzt heißt dort der durch die sogenannte Tränke fließende Bach der „Eichengraben". Die bedeutendste Baumfrucht des Flämings ist die Kirsche.

Der Spruch:

„Fläming, arm an Born, reich an Korn"

charakterisiert treffend die Hochebene. Die Wasserarmut der Gegend machte sich besonders den alten Flämingern recht fühlbar; sie haben sich deshalb meist in den Niederungen angesiedelt und im Dorfe oder in einiger Entfernung von demselben einen Teich (Pfuhl) angelegt, um das Regenwasser darin aufzufangen und zu sammeln. Während heute fast jeder Bauer seinen Brunnen oder seine Pumpe auf dem Hofe hat, gab es früher in jedem Dorfe nur einen tiefen Zieh= oder Windebrunnen. Die Bewohner einiger Ortschaften des hohen Flämings mußten das Wasser sogar weither holen, heute hat man dort Windmotoren und Wasserleitungen.

Nur wenige Bäche entquellen dem Fläming und bewässern ihn. Der bedeu= tendste von ihnen ist die Nuthe, die bei Potsdam in die Havel mündet. In alten Chroniken und Romanen lesen wir für dieses Gewässer die Bezeichnung Aar oder Aarbach, soweit es sich um den Lauf von der Quelle bis ungefähr nach Luckenwalde hin handelt; hier fließt der Aarbach bei Scharfenbrück in die von Baruth her=

kommende eigentliche Nuthe. Schließlich hat man den Aarbach für den Oberlauf der Nuthe angesehen, wohl weil er wegen der daran liegenden Städte Jüterbog, Zinna und Luckenwalde größere Bedeutung hatte, und betrachtete das von Baruth fließende Gewässer als Zufluß der Nuthe. Neuerdings ist von interessierter Seite eine Regelung des Nuthelaufs geplant und die Verbindung mit der Elster durch einen Schiffahrtskanal projektiert.

Am östlichen Rande des Flämings entspringt die Dahme unweit der gleichnamigen Stadt und fließt in nördlicher Richtung der Spree zu. In der Nähe von

Der Wendengott Jutrebog.

Treuenbriehen, in der herrlichen Waldniederung bei Frohnsdorf, liegt die Quelle der Nieplih (früher Sarne). In diesem Bache nähren sich Forellen, die 1535 aus Ziesar hierher verpflanzt sind. Dabei soll, um den Sah noch lebend heranzubringen, ein Pferd totgeritten worden sein. Auf dem Fläming finden wir viele ausgetrocknete Wasserläufe, die sich im Frühjahr bei eintretendem Tauwetter sehr bald füllen und dann für einige Tage den Verkehr ins Stocken bringen, da die Wasserläufe nur selten überbrückt sind.

Ehemals bewohnten die Wenden den Fläming. Als bedeutendste Opfer- und Gerichtsstätte erwählten sie den Ort des späteren Dorfes Neumarkt bei Jüterbog, eine vom höheren Lande in den damals bewaldeten Sumpf hineinlaufende Halbinsel. Dort, wo jetzt der Tanzberg liegt, war der heilige Ort, wo man den lichtbringenden Morgengott Jutrebog verehrte und ihm Opfer brachte, der nach der Darstellung mit einem Strahlenhaupte, einer Sonne in der rechten, einem Vogel in der linken Hand und mit sehr einfacher Kleidung, aber weiblicher Brust, das Bild eines die leuchtende Sonne bringenden Morgengottes giebt. Wahrscheinlich weihte man jedes neue Ehebündnis durch ein Opfer und nachfolgenden Tanz ein; denn noch bis zu Anfang dieses Jahrhunderts zog bei jeder auf dem Neumarkt gefeierten Hochzeit die Hochzeitsgesellschaft auf den Tanzberg, um dort auf das Wohlergehen des Brautpaares einige Rundtänze zu tanzen.

Als die wendischen Lande erobert wurden, und das Erzbistum Magdeburg die Gegend um Jüterbog zugeteilt bekam, ließ der Erzbischof Wichmann Bewohner aus den Niederlanden kommen und wies ihnen Besitzungen auf dem Höhenzuge an, der nach ihnen der Fläming genannt worden ist. An die flämische Ansiedelung erinnern einige in dieser Gegend häufig vorkommende Familiennamen, z. B. Flemming, Brabant, Mechel, Hecht, und auch für einige Ortsnamen läßt sich die holländische Abstammung beweisen, z. B. für Welsigkendorf, Werbig, Rohrbeck, Fröhden, Ilmersdorf. Während die Vorbewohner auf dem wasserlosen Höhenzuge kaum zu wohnen vermocht hatten, wußten die Fläminger ihn besser zu bebauen. Sie verstanden sich auf Tiefbauten, und infolge ihrer mitgebrachten Baukunst hatten sie bald durch Graben und Aufmauern tiefer Brunnen die drückende Wassernot beseitigt. Der Anbau eines neuen Dorfes ward in der Regel unter besonderen Bedingungen einem Unternehmer übertragen, und nicht selten wurde das Dorf nach diesem benannt, z. B. Lipsdorf nach Philipp, Gersdorf nach Gerhard, Alsdorf nach Alex, Wölmsdorf (früher Wilmarsdorf) nach Wilmar, Wiepersdorf nach Wieprecht, Ilmersdorf nach Hilmar, Reinsdorf nach Reinhard.

In jedem Dorfe baute man eine Kirche. Aus ihrer Heimat hatten die Fläminger wohl nur den Ziegelbau mitgebracht; ihre ältesten hiesigen Gebäude wurden also aus hier gebrannten und durch festen Mörtel zusammengefügten Ziegeln errichtet. Bald jedoch lernten sie, wahrscheinlich von mitgekommenen Rheinländern, die auf hiesigen Feldfluren zahlreich liegenden Granitsteine zu fast regelmäßigen Quadern behauen oder spalten und damit erst Thür- und Fensterbogen, dann aber auch ganze Mauern aufführen. Als sie beobachtet hatten, daß mittelst ihres guten Mörtels auch nicht gevierecte Feldsteine zu festen Mauern verbunden werden konnten, nahmen sie meist diese Bauart an. So entstanden die ältesten Kirchen hiesiger Gegend; alle aber nur mit engen, schießschartenartigen Fenstern, so daß sie auch als Kriegszufluchtsort und Verteidigungsburg dienen konnten. Die Kirchen hatten flache Holzdecken, die Eingangsthüren waren rundbogig. Auf der Westseite fügte man auch dem Dache gewöhnlich einen kleinen Turm (Dachreiter) an.

Die Flämingsdörfer machen einen freundlichen Eindruck. Zu beiden Seiten der Dorfstraße reihen sich die Gehöfte dicht aneinander. Die Wohnhäuser waren früher sämtlich mit den Giebeln nach der Straße gebaut, weiß getüncht und mit Stroh gedeckt. Man baute nicht unmittelbar an die Straße, sondern beliebte einen kleinen Vorgarten oder Vorhof zu haben. Heute baut man die Häuser mit der Front nach der Straße. Die Dorfstraße ist immer sehr breit und erweitert sich gewöhnlich nach der einen Seite hin zur Dorfaue. Die Kirche steht in der Regel auf dem höchsten Punkte im Dorfe.

Der Fläminger ist seinem Wesen nach ruhig und ernst und besitzt kirchlichen und rechtlichen Sinn. Er arbeitet sehr fleißig, ist sparsam und mäßig im Trinken, sowie in allen Vergnügungen. An dem Alten und Herkömmlichen hält er fest und zeigt sich gegen jegliche Neuerungen vorurteilsvoll und widerwillig. Daneben sind Egoismus und Neid bei ihm ausgeprägte Charakterzüge. Er spricht das niederländische Deutsch, zum Teil mit dem Niedersächsischen vermischt. Bis ins

17. Jahrhundert hinein hat sich unter den Flämingern die reine holländische Tracht erhalten. Seitdem sind besonders die Eigentümlichkeiten in der Männerkleidung nach und nach geschwunden, nur der bis fast an die Knöchel reichende blaue Rock, die Schildmütze und der blaue Pelerinenmantel wurden vereinzelt noch bis zur Mitte dieses Jahrhunderts getragen. Die weibliche Kleidung, meist farbig und bunt gestreift, war bis vor wenigen Jahrzehnten besonders charakterisiert durch das Auslaufen des schmal gebundenen Kopftuches in zwei möglichst breitgezogene, faltige Flügel und durch die bunte Schürze, die dem Rock an Länge nichts nachgeben,

Nach einer Aufnahme von H. Rohrbeck-Jüterbog.
Mädchen vom Fläming in Festtagskleidung.

Nach einer Aufnahme von H. Rohrbeck-Jüterbog.
Mädchen vom Fläming im Kirchenanzug.

wohl aber einen Finger breit länger sein durfte. Das gab Veranlassung zur Entstehung des geflügelten Wortes:

„Die Schürze ist länger als der Rock,
Das Mädel ist aus Jüterbog."

Die eigenartigen Sitten und Bräuche, die das Volksleben der alten Fläminger aufzuweisen hatte, sind im Laufe der Jahrhunderte bis auf wenige Reste verschwunden. Die Spinnstuben in ihrer alten Gestalt sind längst dahin; es wird zwar noch gesponnen, aber nur, um den Mägden für die langen Winterabende Beschäftigung zu geben. Dazu ist der Flachsbau auf dem Fläming bedeutend zurückgegangen. Die Flachsmärkte in Wittenberg und Jüterbog, die ehemals die Bauern aus allen Flämingsdörfern zusammenführten und „Berge" von Flachs aufzuweisen hatten, sind fast vergessen und werden heut kaum noch besucht.

Dagegen erfreuen sich die meist nur zur Belustigung der Jugend abgehaltenen Jugendmärkte noch in vollstem Maße ihrer alten Bedeutung und Wertschätzung. Mit dem hereinbrechenden Morgen eines solchen Markttages rüsten sich die Dorfschönen zur Marktfahrt. Die besten Kleider werden dazu in Bereitschaft gelegt; denn es gilt, den jungen Bauernsöhnen allgemeines Gefallen abzugewinnen oder gar einen derselben für sich zu entflammen und auf Lebenszeit an sich zu fesseln. Schon in den ersten Vormittagsstunden, wenn der Städter sich kaum den Schlaf aus den Augen gerieben hat, rollen die reichbesetzten Bauerwagen in fast endloser Kette durch alle Thore zur Stadt hinein. Noch einmal wird geputzt und gebürstet, und bald sind die Straßen mit fröhlich dreinschauenden Jünglingen und Jungfrauen belebt. In der größten Ungebundenheit schreiten sie an den Marktbuden entlang, scherzend und plaudernd begleiten die jungen Burschen ihre „Schönen" und bemühen sich, ihnen durch den Kauf von einigen kleinen, auch wohl süßen Geschenken ihre Aufmerksamkeit zu bezeigen. Der eigentliche Belustigungsplatz ist an diesem Tage doch der Tanzsaal. Mit unglaublicher Ausdauer drehen sich hier die Paare — man möchte sagen: stundenlang, eingeengt von der gaffenden Menge. Die Stadtmusikanten müssen vom frühen Morgen bis in den späten Abend hinein spielen, daß ihnen der Schweiß von der Stirne läuft. Mit erhitzten Gesichtern und dickbestaubten Kleidern kommt aus diesem Saale eine Schar junger Leute heraus, aber nicht, um sich zu erholen oder eine Zeit lang frische Luft zu genießen, sondern um den nächsten Tanzboden mit ihren Fußtritten zu beglücken. Dabei wird die Stimmung immer heiterer; und in den Nachmittagsstunden sieht man die Paare auf der Straße oft in der ausgelassensten Fröhlichkeit. Der Bursch schlingt kernig seinen Arm dem Schatz um Hals oder Taille, und unbekümmert um die Umgebung giebt er ihm durch allerlei Zärtlichkeiten seine Liebe kund. Je näher die Abendstunden rücken, desto bunter und scenenreicher wird das Bild des Marktes, bis die sinkende Sonne zum Aufbruch mahnt, und die Heimkehr angetreten wird. Für viele ist es eine glückliche Heimkehr; haben sie doch Herzensbündnisse geschlossen! So ist es bei den Flämingern: Auf dem Jugendmarkte werden die meisten Partien zu stande gebracht.

A. Mariaschk-Jüterbog.

Baruth, Stülpe und der Golm.

Im südlichen Teile der Provinz Brandenburg liegt ungefähr in der Mitte des neuerdings von den Geographen so genannten „Baruther Thales", das sich vom Spreewalde nach dem Havelgebiete bei Potsdam hin erstreckt, 52 km südlich von Berlin das Städtchen Baruth an der Berlin-Dresdner Bahn.

Die zur Zeit wenig über 2000 Einwohner zählende Stadt ist eine alte wendische Niederlassung. Der Name ist wendischen Ursprungs, und auf den Dörfern um das bei Bautzen in der sächsischen Oberlausitz gelegene, gleichnamige Baruth (i. S.) wird heute noch wendisch gepredigt. Das Wort Baruth soll aus dem Namen einer slavischen Gottheit Boruta = Waldgeist entstanden sein, während andere das wendische Borotye = Kampf für namengebend halten. Im Jahre 1147 eroberte ein Ritter von Schlieben die Burg Baruth von den Wenden und erhielt sodann die Herrschaft Baruth als Lehen von den Herzögen von Sachsen. — In einer Urkunde des Klosters Dobrilugk wird 1234 ein „Hildebrand von Baruth" als Besitzer der Herrschaft Baruth genannt, und in derselben Urkunde wird auch schon eine Glashütte bei Baruth erwähnt. Auch v. Klöden erzählt in seiner Geschichte der Mark Brandenburg im dreizehnten Jahrhundert, daß ein Ritter von Baruth mit seinen Reisigen als erster über die Zugbrücke von Lebus geritten sei, als in einer Fehde, welche gegen den damaligen Bischof von Lebus geführt wurde, dieser von seinen Lehens-Leuten gefangen genommen wurde. Wahrscheinlich gehörten der obige Hildebrand von Baruth und auch der Erstürmer von Lebus dem Geschlechte der von Schlieben an, die in jenen Jahrhunderten in der Niederlausitz, wie in der Alt- und Neumark reich begütert waren. Nach ihnen heißt noch heute das im Herzberger Kreise gelegene kleine Städtchen Schlieben, und dies ist vielleicht ihr Stammsitz.

Im Jahre 1582 verkauften die Schlieben die Herrschaft Baruth an den Schloßhauptmann von Trebbin, Obrist von Buch. Derselbe besaß Baruth aber nur bis 1596, in welchem Jahre er seinen Besitz an den Grafen Otto zu Solms abtrat. Letzterer war der Sproß eines bis in die Zeiten Karls des Großen zurückreichenden, rheinischen Grafen- und Fürstengeschlechtes, das am Mittelrheine und der Wetterau und im früher Hessischen und Nassau'schen vielfach begütert und mit dem Hause Nassau-Oranien, wie auch mit den Hohenzollern verwandt ist. Graf Philipp zu Solms-Laubach kaufte 1547 die Grafschaft Sonnewalde von einem Herrn von Minkwitz, der dort bereits die Reformation eingeführt hatte, und begründete die Linie Solms-Sonnewalde. Sein Sohn Graf Otto zu Solms, ein für seine Zeit hervorragend gelehrter und sprachkundiger Herr, der viel mit diplomatischen Sendungen u. s. w. an die Höfe von Kopenhagen und London beauftragt wurde und auch honoris causa Rector magnificus der Universität Marburg war, kaufte die Herrschaft Baruth und verwaltete dieselbe von Sonnewalde aus, so daß zu seinen Lebzeiten ein äußerst lebhafter Verkehr durch reitende Boten zwischen Sonnewalde und Baruth unterhalten werden mußte. Graf Otto starb 1612 und wurde in Sonnewalde, wo er das Schloß neu gebaut, in der Kirche beigesetzt. Nach seinem Tode wurde Graf Johann Georg II. zu Solms-Laubach, der zweite Sohn des Grafen Johann Georg I., der Begründer der jüngsten aller gräflich zu Solmsschen Linien, der „Grafen zu Solms-Baruth". Dieser Graf Johann Georg II. zu Solms wurde 1591 zu Laubach geboren, war ein tapferer Soldat, kaiserlicher Oberst über ein Regiment zu Fuß, dann General der Kavallerie, Ritter des St. Johanniter-Ordens und zuletzt kursächsischer Kommandant von Prag, wo er von den Jesuiten vergiftet wurde. Er ist in der Kreuzkirche in Dresden beigesetzt. Während des Dreißigjährigen Krieges wurde, wie ganz Brandenburg und die Niederlausitz, auch die Herrschaft Baruth entsetzlich verwüstet und entvölkert, wozu die 1631 ausgebrochene Pest das ihrige beitrug. Viele Dörfer, wie Lynow, Schöbendorf, Mückendorf und Dornswalde hatten kaum noch ein paar Einwohner, andere verödeten gänzlich und wurden nach dem Kriege an anderen Stellen wieder aufgebaut, so Paplitz und Kleinziescht, die früher auf dem Fläming selbst lagen und sich jetzt am Fuße desselben befinden. Die Namen „Alt-Klein= ziescht" und „Alt-Paplitz" bezeichnen jetzt Ländereien, die ziemlich entfernt von den heutigen Dörfern Kleinziescht und Paplitz liegen.

Die Witwe Johann Georg II. mußte mit ihren Kindern der kriegerischen Überfälle wegen aus Baruth fliehen, wohnte in der Burg Pritz, von wo sie aber= mals vertrieben, bei der Kurfürstin von Sachsen in Dresden Zuflucht fand. Unter ihren beiden Söhnen Friedrich Siegismund und Joh. Georg III. fand 1673 eine Teilung der Herrschaft Baruth statt. Diese Herren und ihre Nachfolger heilten nach Möglichkeit die Wunden, die der Dreißigjährige Krieg geschlagen hatte, doch blieben die Besitzverhältnisse der Grafen zu Solms-Baruth noch lange Zeit sehr bescheidene, bis nach der Vereinigung beider Anteile der Herrschaft, im Jahre 1821, durch den Grafen Friedrich Heinrich Ludwig zu Solms und die vorzügliche Be= wirtschaftung, namentlich der ausgedehnten Forsten, der Wert der Herrschaft Baruth ein sehr bedeutender wurde. Seit 1888 ist der gegenwärtige Besitzer von Baruth in den erblichen Fürstenstand erhoben worden. Das zu Anfang dieses Jahrhunderts erbaute Schloß mit einem vom Gartendirektor Lenné angelegten Schloßgarten zeichnet sich durch edle Einfachheit und prunklose Vornehmheit aus, im Äußern sowohl als in der innern Einrichtung. Der Schloßgarten bietet reizende Spaziergänge. Die Kirche von Baruth ist ein Backsteinbau im gotischen Stile, der im Jahre 1346 im Auftrage des Erzbischofs Wichmann von Magdeburg durch einen Weihbischof dem heiligen Sebastian geweiht wurde. Im Jahre 1595 zur Zeit des v. Buchschen Besitzes brannte die Kirche im Innern aus. Graf Otto zu Solms und sein Nach= folger im Besitze stellten sie wieder her. Als aber im Jahre 1671 mit dem größten Teile der Stadt die Kirche abermals ausbrannte und auch ihres Turmes verlustig ging, wurde von 1672—1683 nur die innere Einrichtung durch den Grafen Johann Georg VII. und seine Gemahlin Eleonore, eine geb. Anhalt= Dessauische Prinzessin wiederhergestellt. An Stelle des ursprünglichen massiven Turmes wurde nur ein neben der Kirche stehender hölzerner Turm errichtet, der noch steht. Für den Neubau eines massiven Turmes hat jedoch der Fürst zu Solms= Baruth, anläßlich des 300jährigen Besitz-Jubiläums, im Jahre 1896 einen bedeutenden Fonds als Bausumme bereits deponiert.

Zu Zeiten der Herren von Schlieben trug der etwa 10 Minuten von Baruth, in südwestlicher Richtung gelegene, 120 m hohe „Frauenberg" eine Marien-Kapelle, in welcher der Kaplan der St. Sebastiankirche in Baruth die vorgeschriebenen Messen zu lesen hatte. — Noch heute, nachdem Baruth weit über 300 Jahre evangelisch ist, wird der zweite Geistliche der Kirche im Volksmunde „der Kaplan" genannt. — Die Grafen zu Solms errichteten an der Stelle der Marien-Kapelle ein Belvedere, das bis zu Anfang des 19. Jahrhunderts dort stand und dann, der Baufälligkeit halber, abgebrochen wurde. Heute ist der Frauenberg parkartig angelegt, mit hohen Eichen bestanden und bietet von mehreren Stellen, an denen Steinbänke errichtet sind, prächtige Aussichten auf das Baruther Wiesenthal und die dahinter liegenden fürst= lichen und königlichen Forsten.

Seit 1890 ist ein Teil des Berges zur fürstlichen Erbbegräbnisstätte ein=

gerichtet. Ein kunstvolles hohes Eisengitter umschließt einen halbmondförmigen Platz unterhalb des Berggipfels, und ein einfaches Marmorkreuz erhebt sich zwischen Taxus=Pyramiden zu Häupten des Grabhügels der ersten Gemahlin des Fürsten zu Solms, einer geb. Gräfin Telecki=Szeck. Oberhalb dieser Stätte sieht man nach Westen hin in die sich bis nahe an das Dorf Paplitz erstreckenden Baruther Obstberge, die namentlich zur Blütezeit einen herrlichen Anblick gewähren. Verfolgt man die zu Füßen des Frauenberges vorbeiführende Baruth=Luckenwalder=Chaussee, so hat man zur Linken, bis in die Gegend von Luckenwalde, bald ganz nahe, bald etwas weiter zurücktretend, die Nordabhänge des niederen Fläming und zur Rechten das lang=gestreckte Baruther Thal, ehemaligen Meeresboden, jetzt zumeist Wiesenland mit Torfuntergrund, zum Teil auch mit Getreide, Kartoffeln und Rüben bebaut. Das erste nur 2½ km von Baruth entfernte Dorf Paplitz enthält ein fürstlich zu Solms'sches Rittergut, einige Bauerngehöfte und viele kleine Besitzer, sogenannte An=bauer. Etwa 3 km hinter Paplitz liegt das Bauerndorf Schöbendorf, darauf folgt Lynow, das einen großen mit Eichen und Tannen bepflanzten Dorfplatz hat und durch die sich unmittelbar an das Dorf schließende, parkartige Waldanlage einen sehr freundlichen Eindruck macht. Schon vor Lynow sieht man zur Linken den Golm, der mit seinen Nebenbergen einen ganz imponierenden, lang hingestreckten Höhenzug darstellt.

Von Lynow aus führt ein allmählich ansteigender Fahrweg durch Kiefern= und Eichenwald in ¾ Stunden zum Gipfel des Golmes. Da jedoch der Weg, welcher von Stülpe aus auf den Golm führt, auch nicht weiter ist, und das Dorf Stülpe eine reiche historische Vergangenheit hat und gegenwärtig noch viel Sehenswertes bietet, so ist jedem Besucher des Golms anzuraten, den Weg über Stülpe zu nehmen. Bis zu diesem Dorfe hat man auf der linken Seite der Chaussee abwechselnd Wald und fruchtbare Felder und über letztere hinweg stets den interessanten Blick auf den Golm.

Stülpe gehörte nach Berghaus schon im 13. Jahrhundert zu den Besitzungen des alten märkischen Adelsgeschlechtes derer von Rochow, die außer ihren Stamm=sitzen in der Altmark und an der Havel Rochow, Nekahn, Plessow, Potsdam ꝛc. auch die Burg Lug im Walde (Luckenwalde) besaßen. Später gehörte Stülpe vielen verschiedenen Adelsgeschlechtern, die dasselbe als Lehen von den Erzbischöfen von Magdeburg besaßen. Von 1449—1537 hatten die Ritter von Schlieben die Herr=schaft Stülpe mit 5 dazugehörigen Dörfern, nämlich: Holbeck, Ließen, Schmielicken=dorf, Riesdorf und Wahlsdorf im Besitze. Ihnen folgten von da an bis 1648 die v. Hake.

Auf die Nachwelt ist der listige Streich eines Ritters aus diesem Geschlechte gekommen, der möglicherweise der spätere Besitzer von Stülpe oder ein Vorfahr dieses Herrn war. Derselbe nahm auf der Mitte des alten Landweges, der von Luckenwalde nach Trebbin führt, nahe bei dem jetzigen Forsthause Lenzburg, dem bekannten Ablaßkrämer Tetzel seinen Kasten ab, mit dem wertvollen Inhalte des päpstlichen, von Leo X. ausgestellten Ablaßbriefes und dem noch wertvolleren silbernen und goldenen Erlöse für die bereits verkauften Briefe. Da v. Hake sich für alle seine bereits begangenen und auch für die noch zu begehenden Sünden von Tetzel selbst vollen Ablaß gekauft hatte, war nun der letztere der Geprellte, und v. Hake brauchte sich, nach dem Glauben der Zeit, keine Gewissensbisse wegen seiner That zu machen. Tetzelkästen bewahrt man in den Kirchen zu Jüterbog, Wittenberg und Naumburg auf. Welcher von den dreien der echte, ist schwer zu entscheiden.

Im Jahre 1648 kaufte der damalige kurbrandenburgische Schloßhauptmann des aufgehobenen Klosters Zinna, ein Oberst Hans von Rochow, von den v. Hakes die Herrschaft Stülpe zurück für seinen Sohn Daniel von Rochow. Seit dieser Zeit ist Stülpe mit allem Zubehör (den genannten 5 Dörfern und einem Waldkomplex von 4000 ha) im ununterbrochenen Besitze der von Rochows geblieben.

Das stattliche Herrenhaus, im Volksmunde „das Schloß" genannt, liegt seit= wärts von dem Dorfe, welches letztere sich durch viele neue, zum Teil sehr über= trieben luxuriöse Häuser auszeichnet. Über dem Portale des Herrenhauses befindet sich das v. Rochowsche Wappen, das drei neben= und untereinander stehende Pferde= köpfe mit je einem Fuße, ähnlich den „Springern" der Schachfiguren, zeigt. Die drei Schornsteine des Schlosses sind dekorativ behandelt und ungewöhnlich groß, deshalb aber weithin sichtbar. Hinter dem Wirtschaftshause dehnt sich weithin ein Park mit Wiesenflächen und Gartenanlagen aus.

Die jetzige Kirche mit ihrem stattlichen Turme wurde 1562 von einem Christoph v. Hake erbaut, 1690 von Friedrich Wilhelm v. Rochow im Innern und im Dach= stuhl renoviert und im letzten Jahrzehnt von dem gegenwärtigen Besitzer der Herr= schaft, Herrn von Rochow=Plessow, außen und innen abgeputzt, mit neuen blau und weißen Fliesen als Fußboden ausgelegt und durch verschiedene Schmuckgegenstände (Kronleuchter, Altarbekleidung u. a. Gerät) verschönert.

Das dicht an dem die Kirche umgebenden früheren Kirchhofe gelegene Schul= haus ist ein sehr freundlicher, vom Hofmarschall v. Rochow 1858 ausgeführter, ein= stöckiger Rohziegelbau und hat über der Eingangsthür auf weißer Marmortafel die vergoldete Inschrift: „Fürchtet Gott und haltet seine Gebote."

Auf dem alten Kirchhofe stehen rings um die Kirche herum mächtige Tannen und Linden. Die Tannen, deren eine am Fuße $2^1/_2$ m im Umfange hat, erreichen nahezu die Höhe des stattlichen Turmes. Nicht ganz so hoch, aber weit stärker sind die drei Linden, von denen die stärkste eine Sehenswürdigkeit für sich ist. Sie mißt, in der Höhe von $1^1/_2$ m über dem Boden nicht weniger als 7 m und 7 cm im Umfang. — Tritt man von Westen durch den Turm in die Kirche, so erblickt man links und rechts hohe Grabsteine mit lebensgroßen Relief=Darstellungen, links derer von Hake und zur Rechten die Rochows, die Männer in den Ritterrüstungen und ihre Gemahlinnen in den Trachten der Zeit. Über dem Altar, dessen bildliche Darstellungen keineswegs Kunstwerke sind, befindet sich die Kanzel, und auf die Thür der Kanzel ist ein recht schönes Bild Christi in ganzer Figur mit der Dornenkrone und gefesselten Händen gemalt. Wenn der Pastor auf der Kanzel steht, verdeckt er das Bild leider vollständig.

Links vom Altar ist ein sehr wertvoller kleiner Altarschrein angebracht, der aus der alten Marienkapelle stammt, die ehemals auf dem Golm stand und bereits

1562 abgebrochen wurde. In der Mitte ist auf einer Marmortafel in haut-relief die Kreuzigung Christi mit den beiden Übelthätern dargestellt gewesen. Die Gestalten des Heilandes und des Missethäters zur Rechten desselben sind leider nicht mehr vorhanden, dagegen sind die Kreuze und die linke Figur noch erhalten, ebenso zu Füßen des Kreuzes Christi die Mutter Maria mit sehr wohlgebildetem, aber unnatürlich auf den Rücken gebeugtem Kopfe, ferner Maria Magdalena und drei männliche Figuren. Die Flügelthürchen zeigen auf Holz gemalt innen rechts Christus am Ölberg betend und im Hintergrunde Kriegsknechte, die ihn gefangen nehmen wollen, und innen links die Kreuzes=Abnahme. Wenn die Thüren geschlossen sind, sieht man rechts das Abendmahl, links die Fußwäsche. Die Vergoldung des Marmors in der Mitte ist noch so glänzend, als ob das Bild erst wenige Jahrzehnte alt wäre. Der Wert des Ganzen wird von Kunstverständigen auf 6000 Mark geschätzt. Rechts vom Altar ist die herrschaftliche Loge. Darin befinden sich eine Anzahl altertümlicher geschnitzter Stühle mit dem v. Rochowschen und dem v. Hakeschen Wappen. (Von letzteren ist nur ein Stuhl vorhanden, dagegen 11 ganz gleiche in der Herrschaftsloge der Kirche in Petkus, das früher auch den v. Hake, gegenwärtig den v. Lochows gehört.) An der Hinterseite der v. Rochowschen Loge sieht man einen fast die ganze Breite der Wand einnehmenden

Nach einer Zeichnung von R. Mielke=Berlin.

Kirche zu Stülpe.

ebenfalls aus der alten Golmkapelle herrührenden Altarschrein, der in größerem Maßstabe, als der vorhin erwähnte, aber auch wesentlich gröber, fünf farbige Reliefbilder zeigt und zwar in der Mitte die Mutter Maria mit dem Jesuskinde auf dem Arme; rechts neben ihr befindet sich die heilige Katharina mit einem Rade. Dieselbe sollte der Legende nach gerädert werden, als ein Blitz einschlug und Rad und Schwert zerstörte. Links neben der Maria sieht man eine heilige mit dem Modelle eines Domes, wahrscheinlich die heilige Hedwig, Herzogin von Polen, Patronin von Schlesien, Lebus, Frankfurt a/O. Links neben dieser ist eine männliche Figur mit einem Buche, wahrscheinlich ein Bischof (oder Abt von Zinna?), zu sehen und ganz rechts die heilige Barbara mit einem Gefängnisturme. Dieselbe wurde nach der Tradition von ihrem heidnischen Vater eingekerkert und von einem Engel mit den Sakramenten versehen.

Die beiden äußeren Figuren, nämlich die männliche mit dem Buche und die weibliche mit dem Turme, sind genau in derselben Darstellung in die mittlere der drei Glocken des Kirchturmes eingegossen; darunter steht die Jahreszahl 1498. Es ist also wohl anzunehmen, daß diese Glocke ebenfalls aus der alten Golmkapelle hierher gebracht wurde.

In dem v. Rochowschen Archive findet sich noch eine Zeichnung aus dem Jahre 1724, welche das ebenfalls von Christoph von Hake erbaute Schloß darstellt. Das gegenwärtig noch vorhandene ist erst im vorigen Jahrhundert von den Rochows gebaut. Das erstere hatte einen Mittelbau, dessen Front nach Süden gerichtet war, und zwei nach Norden zu sich erstreckende lange Flügel, und zwischen diesen einen schmalen Hof. Das Ganze war rings von einem breiten Graben, über den eine Zug= brücke führte, umgeben und lag mitten in der Wiesenniederung, die seine natürliche Verteidigung bildete, da der Wasserstand damals noch wesentlich höher als heute war.

In weniger als einer Stunde geht man von Stülpe in südlicher und dann südöstlicher Richtung auf allmählich ansteigendem Wege, der anfänglich durch Forst von sehr dürftigem Wachstum, dann aber durch hohes Kiefernholz und an Eichenwald vorbei führt, nach dem 180 m hohen Golmberge. Der Weg ist namentlich in seiner zweiten Hälfte durchaus anmutig. A. F. A. von Rochow von der Linie Rochow= Plessow, der, nachdem er in den Feldzügen von 1813—1815 rühmlichst mitgefochten, seinem jung verstorbenen Vetter Rochus von Rochow seit 1820 im Besitze von Stülpe folgte und 1869 starb, schreibt in seiner Monographie „Schloß Stülpe" über den Golm und die auf demselben befindlich gewesene Kapelle folgendes: „Während der ersten Hälfte des 15. Jahrhunderts erhielt, infolge des erhöhten Eifers, mit dem die Verehrung der Jungfrau Maria sich über die Mark Brandenburg und deren benachbarte Landesteile verbreitete, der zu Stülpe gehörende Golm eine große Be= rühmtheit.

Dieser aus mehreren Höhen bestehende Bergzug bildet den höchsten Teil der Wasserscheide zwischen Elbe und Spree. Von seinem Gipfel schaut man über beide Flüsse, über die Oder und weite Landstrecken hinaus. Es sind die Türme von Berlin, Potsdam, Wittenberg, der Kulm bei Oschatz und der Pimpernellenberg bei Oderberg zu sehen. Der Gesichtskreis von mehr als 12 Meilen Durchmesser ver= breitet sich über etwa 100 Quadratmeilen. Dieser Punkt, der sich 567 Fuß über die Meeresfläche erhebt, wurde erwählt, um darauf eine der Jungfrau Maria ge= weihte Kapelle zu errichten. Eine Urkunde vom 13. August 1437 beweist, daß sie damals kürzlich erbaut war. Neun Bischöfe (Ludovicus Aquilensis, Johannes Surcensis und 7 andere) erteilten jeder an 40 Tagen des Jahres Ablaß von allen auferlegten Bußen an die wahrhaft Bußfertigen, welche nach dem Golm wallfahr= teten, den Messen, Predigten und Gottesdiensten daselbst beiwohnten oder den Notleidenden etwas von ihrem Vermögen vermachten, beim Abendläuten unter Kniebeugung dreimal andächtig das Ave Maria sprächen, oder den Leib Christi (die geweihte Hostie) und das heilige Salböl begleiteten, wenn sie von der Kapelle aus zu den Kranken getragen wurden u. s. w. Da sich hier neun Bischöfe vereinigt hatten, und jeder den Erlaß der Bußen für 40 Tage versprach, konnte die Kapelle während des ganzen Jahres den Wallfahrenden Ablaß erteilen, welche Begünstigung viele Büßer von weit und breit anzog und dem Kloster Zinna, das Eigentümerin der Kapelle war, eine schöne Einnahme lieferte, von welcher der zehnte Teil an den Papst nach Rom gesandt wurde."

Der Golm besteht aus mehreren Bergkuppen, deren höchster, von jener Kapelle so genannt, „der Kirchberg" heißt. Nach Westen und nach Südwesten schließen sich daran: „der kleine Kirchberg", „der Hirschkopf", „der Habichtsberg", „der kahle Berg" und nach Osten der „Wickplan". Das Ganze nimmt einen Flächenraum von 2000 Morgen (500 ha) ein. Die oben vom Hofmarschall von Rochow geschilderte Aussicht ist jetzt leider nicht im gleichen Umfange sichtbar, da nach Norden und Osten hoher Wald den Rundblick vom Gipfel des Kirchberges sehr verdeckt. In den zwanziger Jahren hatte der genannte Herr v. Rochow überdies einen Aussichts=turm von etwa 12 m Höhe erbaut, von dessen Plattform man mit dem Fernrohr die genannten Punkte gut sehen konnte. Der Turm wurde baufällig, und 1888 baute der gegenwärtige Besitzer von Stülpe einen neuen und schöneren. Dieser aber wurde leider in der Pfingstnacht 1890 von ruchloser Hand abgebrannt und ist bis jetzt nicht erneuert. Die Fundamente der alten Marienkapelle sind noch deutlich erkennbar, ein wenig unterhalb des Gipfels nach Südwest hin, ebenso die Reste des Wohnhauses der die Kapelle bedienenden Geistlichen. Auch die beschränkte Aussicht nach Süden, Westen und Nordwesten, die man jetzt von dem Gipfel des Golms ge=nießt, ist noch sehr lohnend. Aus einem Meere von dunkeln Waldungen tauchen die Türme von Dahme, Jüterbog, Luckenwalde, Trebbin, Spremberg und verschiedene Dörfer des Fläming, wie des Baruther Thales im Norden davon auf. Der Nordabhang des Golms hat gemischten Bestand von Eichen, Buchen und Kiefern und im zeitigen Frühjahre besonders eine sehr reiche Flora von weißen Anemonen und Leberblumen, während sich im Sommer das Sammeln von Walderdbeeren lohnt. Bis nach der etwa 20 Minuten in der Richtung nach Lynow hin aus dem Berge hervortretenden Quelle bleibt man beständig im Laubwalde. Auch nach Westen und Südwesten hin sind größere Flächen des Golmgebietes mit Eichen, eine auch mit Tannen, das meiste jedoch mit Kiefern bestanden. Dem Anwachsen der neuerdings angelegten Schonungen wird durch die auch hier überhand nehmende Kaninchenplage sehr geschadet. Es dürfte in ganz Norddeutschland kaum einen zweiten Punkt geben, von welchem aus man so ausgedehnte Waldreviere übersieht, wie vom Gipfel des Golmes. Was das Auge zunächst erblickt, ist von Rochowsche Forst, daran schließen sich die Fürstlich zu Solmsschen Reviere und jenseits des langgestreckten Wiesenthales in weiter Ferne die der königlichen Hofkammer gehörenden Gebiete.

Die letzten größeren Volksansammlungen fanden auf dem hierzu vorzüglich geeigneten Rücken des Kirchberges in den Jahren 1867 und 1868 am 3. Juli, und am 2. September 1895 statt. Der Jahrestag der Schlacht von Königgrätz wurde an ersterem Tage und die 25jährige Wiederkehr des Sedantages an letzterem ge=feiert. 1867 sprach der Hofmarschall von Rochow, der selbst noch bei Belle=Alliance mitgefochten, und dessen Sohn und Majoratserbe, der jetzige Besitzer der Herrschaft Stülpe, Herr Rochus von Rochow, der als Major den Schlachten bei Gitschin, Trautenau und Königgrätz beigewohnt hatte. (Der letztere wurde Generalmajor und starb 1886 als Besitzer von Stülpe.) 1895 waren die Festredner Prof. Scholz aus Berlin, Herr Ferdinand von Lochow-Petkus, selbst ein Mitkämpfer von 1870—1871 und die Pastoren Gebrüder Feller von Merzdorf und Petkus. Letzterer hatte das sehr wohlgelungene patriotische Fest angeregt. Er war dabei vom jetzigen Besitzer von Stülpe, der den Kirchberg zum reichbekränzten Festplatz mit Sitzen für Tausende hergerichtet und auf den Höhen des Hirschberges, des Habichtsberges und des kahlen Berges mächtige Holzstöße hatte anfahren lassen, aufs bereitwilligste unterstützt worden. Zur Zeit, als die Marienkapelle in Blüte, fanden neben dem Gottesdienste in derselben wegen der Volksansammlungen auch Märkte und Lustbarkeiten in großem Stile statt, doch dürften so viele Menschen zu jener Zeit wohl nicht gleichzeitig auf dem Golme gewesen sein, als am 2. September 1895. Die lodernden Feuer auf den Bergen westlich und südwestlich des Golms leuchteten dem Heimzuge der zahllosen Schulen und Kriegervereine aus Baruth, Dahme, Jüterbog, Zinna, Luckenwalde und all den umliegenden Dörfern des Flämings und des Baruther Thals.

F. Hellwig-Baruth.

Kloster Zinna.

Auf den Askanier Albrecht den Bären folgte in der Regierung der Mark Brandenburg im Jahre 1170 sein Sohn Otto I., der sich um sein Land besonders dadurch ein Verdienst erworben hat, daß er die Ansiedelung der Cistercienser förderte. Im ersten Jahre seiner Regierung stiftete der Erzbischof Wichmann von Magdeburg das Cistercienserkloster Zinna, das auf dem überflüssigen Lande des wendischen oder noch sennonischen Dorfes Zinna dicht an den Fluren der Stadt Jüterbog erbaut ward. Und zehn Jahre später ist der Markgraf Otto selbst, nach der Sage durch einen Traum dazu veranlaßt, Gründer von Lehnin geworden. Das Kloster Zinna, in einer fruchtbaren Ebene an der Nuthe gelegen, erfuhr vom Erzbistum Magdeburg besondere Fürsorge und wurde von der Stiftskirche mit der Schenkung einiger Güter bedacht; weitere haben sich die rührigen und fleißigen Mönche durch Kauf erworben oder unter Veräußerung anderer Güter ertauscht. So kaufte man unter anderen im Jahre 1285 Stadt und Burg Luckenwalde von dem edlen Freiherrn von Richow mit elf zugehörenden Dörfern und allen Waldungen für 2500 Mark brandenburgischen Silbers (zirka 50000 Gulden). Die vorhandenen Wasserkräfte wurden von den Mönchen durch Anlage von Mühlenwerken ausgenutzt, welche dieselben durch ihre Halbmönche betreiben ließen. Immer neue Reichtümer und Ankaufsgelder wurden dadurch gewonnen. Außerdem errichteten sie eine Meierei mit Weinberg in Dobbrikow und eine andere mit Eisenhammer in Gattow.

Alle diese Erwerbungen, die ein ziemlich zusammenhängendes und abgerundetes Gebiet bildeten, mochten den unermüdlichen Mönchen noch nicht genügen; denn als um das Jahr 1250 die Lande Barnim und Teltow in den Besitz der Markgrafen von Brandenburg kamen, sind sie um Überlassung eines Landstrichs vorstellig geworden, den sie auch wirklich südwärts von Strausberg angewiesen erhielten. In dem Erbbuche des Klosters ist von demselben als dem neuen Lande die Rede und die Namen der darin liegenden, bald mit Pachtbauern besetzten Dörfer, als: Hohnau, Klosterdorf, Werder, Zinndorf, Rehfeld, Hornsfeld, Hennikendorf, Rüdersdorf, Kogel, Kienbomen und Lichtenau verraten Zinnaische Stiftung. Diese Dörfer sind also wahrscheinlich in einer vorher unbewohnten, von den Mönchen urbar gemachten Wildnis nach der Besitznahme des Landes durch das Kloster entstanden.

Über die Thätigkeit der Mönche finden wir in dem Städtebild aus dem zwölften Jahrhundert: „Die Fläminger" von A. W. Ludwig folgende Schilderung: „Gewundert haben wir uns alle, denn die Mönche sahen nicht so aus, wie wir es sonst gewohnt waren. Sie hatten lange, schwarzweiße Röcke an und trugen auf der Schulter die Axt und in der Hand den Spaten. Des Staunens in der Stadt (Jüterbog) wollte kein Ende nehmen, als sie sagten, sie zögen nicht im Lande umher und predigten, sondern Beten und Arbeiten sei ihre Ordensregel. Das Land, das ihnen der Bischof angewiesen, wurde genau angesehen und ausgemessen; dann kamen Knechte und Halbmönche, und es dauerte gar nicht lange, da entholzten sie eine Insel mitten im Sumpf und bauten ihr Kloster — die Mönche mit den Laien= brüdern immer gemeinsam, und ihr alter Abt Rizo, den sie Theorodikus nennen, immer an der Spitze. Und als das Kloster fertig war, da haben sie am Fluß eine Wassermühle angelegt. Einer der Halbmönche hat die Mühle übernommen. Ihr hättet sehen sollen, was die Wenden für Gesichter gemacht, als die Mühle zum erstenmal in Gang kam, denn sie kannten bis dahin nur Handmühlen. Aber die Mühle geht gut, und manches Schock wendischer Pfennige hat der Bruder Kellner, der auch Schatzmeister ist, schon in die großen Truhen des Klosters gelegt. Es wäre wohl noch mehr geworden, aber der Abt hat zu den Heiden nach Sinnow geschickt und sie gefragt, ob sie ihm nicht das sumpfige Land verkaufen wollten, was nahe am Kloster liegt. Die Wenden haben gelacht und gemeint, einen guten Kauf zu thun; aber als sie sahen, wie die Mönche Gräben durch das Moor zogen, und wie ein Stück des Sumpfes nach dem andern trocken wurde, da sind sie grimmig geworden; den Kauf aber konnten sie nicht mehr rückgängig machen. Auf dem aus= getrockneten Sumpfe haben die Mönche ein Dorf gebaut, und Herr Wichmann hat ihnen sächsische Bauern geschickt, die dort in Grunow (Grüna), so nennen sie die neue Ansiedlung, wohnen und dem Kloster zinsen."

In Strausberg erwarben die Mönche ein Haus zur Wohnung; später jedoch, als durch sie die ergiebigen Kalkbrüche bei Rüdersdorf entdeckt worden waren, aus denen dem Kloster Zinna alljährlich ein Prahm Kalk verabfolgt ward, verlegten sie ihre Wohnung nach Rüdersdorf. Noch 1549 befanden sie sich im Besitze dieses Ländchens, in welchem ein Verwalter die Interessen des Klosters vertrat.

Das Kloster erhob Einkünfte aus mehr als 40 Dörfern und aus annähernd 1200 diesen zugehörigen Hufen Land. Es besaß bedeutende Reichtümer, daneben viele Rechte, und infolgedessen waren die Stimmen der Mönche aus Zinna von großem Einfluß. Seit dem 14. Jahrhundert aber wurden die im glänzenden Wohlstande lebenden Mönche, „gleich den älteren Mönchsorden", so berichtet der

Chronist von Jüterbog, Christian Haftiz, „faule Bäuche und schlossen den weltlichen höheren Ständen sich an, um nun vereint mit diesen die niederen Stände, aus welchen sie doch hervorgegangen waren, möglichst auszubeuten. Schon 1401 ent= blödeten sie sich nicht, bei dem Bischof zu Brandenburg, unter dem Vorwand, durch schlechten Zustand des Landes und andere eingefallene Schäden bis zum Notstand entkräftet zu sein, es auszuwirken, daß sie die Einkünfte der besten Pfarreien ihres Patronats, namentlich der zu Luckenwalde, Pechüle, Bardenitz, Dorf Zinna und Frankenfelde bei nächster Erledigung zum Kloster einziehen, die Stellen aber durch Weltpriester, die Luckenwalder jedoch durch einen Mönch ihres Klosters versehen lassen durften, wogegen sie pünktliche Zahlung bestimmter Bischofsgebühren von diesen Pfarreien gelobten. Ja, 1439 ließen sie auch eine Wallfahrtskapelle, welche 1457 auf dem Golm erbaut worden war, ihrem Kloster einverleiben, wahrscheinlich um das anfangs ziemlich reich ausfallende Opfergeld zu beziehen. Dieses Geld aber kam nicht in die allgemeine Klosterkasse, sondern der Abt nahm es, wie alle neu entstandenen Einkünfte, für seine eigne Person und Ver= wendung, vorzüglich zur Verbesserung seines nun be= sonders geführten Tisches, oder wie man sagte als Tafelgut.“ Über alle seine Dörfer hatte sich das Kloster die Gerichtsbarkeit ver= leihen lassen, wozu es ein besonderes Hochgericht auf dem sogenannten Galgen=

Nach einer photogr. Aufnahme von H. Rohrbeck=Jüterbog.

Klosterkirche zu Zinna.

berg bei Jüterbog unterhielt. Die Ausübung der Erbgerichtsbarkeit lag dem Vogt ob. Über einen vorgekommenen Fall berichtet der märkische Chronist Haftiz folgendes: In der Pfingstzeit 1538 sind zwei Schneidergesellen, welche in der Scheune eines Bauern zu Jänikendorf genächtigt hatten, gefangen und darauf in Zinna als Landfriedensbrecher gerädert worden. Da hat der berüchtigte Michael Kohlhase in der folgenden Nacht die Räder abhauen und die Körper fortschaffen lassen, an den Galgen aber heftete er einen Zettel mit der Aufschrift: „O, ihr Menschenkinder, wenn ihr richten wollt, so richtet recht, damit ihr nicht selbst gerichtet werdet.“ Zugleich bemerkt Haftiz, daß im Zinnaer Klosterlande bei jeder Hin= richtung nach altem Herkommen jeder Hüfner ein Ei, jeder Kossät sechs Pfennige an den Klostervogt habe entrichten müssen, und deutet damit an, daß man, um dieses Einkommen aus den 28 Dörfern zu beziehen, möglichst oft hingerichtet habe. Der angestellte Vogt hatte auch die aus den Klosterdörfern aufgebotene Mannschaft

28*

in den Krieg zu führen. Für den Krieg mußten die Lehnsleute, Schulzen und Hüfner mit tüchtigem Roß, Panzer, Eisenhut, Koller, Schwert und Armbrust die Reiterei bilden, die Kossäten mit Paphosen, Schwert, Bogen und Pfeilen das Fußvolk. Mit dem Schutze gegen äußere Feinde war es im Klosterlande schlecht bestellt, und die kriegskundigen Raubritterscharen der Quitzows, Rochows und Putlitz haben zu Anfang des 15. Jahrhunderts reiche Beute aus den Klosterdörfern geholt, ein Beweis dafür, daß die Bewohner ziemlich wohlhabend gewesen sind. Den Armen wurde alljährlich am Gründonnerstag eine Spende gereicht. Es wurden nämlich acht bis zehn Sack Roggen gemahlen und verbacken und das Brot dann nebst zwei Tonnen Heringen an die Armen verteilt.

Mit dem Abte Valerian war 1547 das ganze Mönchtum aus dem Kloster Zinna fortgewandert, das Kloster wurde verweltlicht und die Verwaltung desselben den von dem Landesherrn angestellten Amtshauptleuten übertragen. Seit 1764 ward die Landwirtschaft des Klosters in Erbpacht gegeben. In den Klostergebäuden hatte noch bis zur Mitte dieses Jahrhunderts das landesherrliche Rentamt seinen Sitz, das Justizamt nur bis 1810.

Neben der Kirche gehörten zu dem Kloster folgende Gebäude: die Abtei, das Konventhaus mit überwölbten Sälen im Unterstock, ein Schlafhaus und ein Siechenhaus. Mönchshaus und Kirche waren durch den nötigen Kreuzgang verbunden. Das Ganze war mit einer schützenden Mauer umschlossen, durch welche nur von der Ostseite ein doppeltes Thor führte. Nordwärts außerhalb der Klostermauer stand eine kleine Kapelle für die Frauen, welche nach der Ordensregel im Kloster nicht zugelassen wurden. In einiger Entfernung vom Kloster lag der Wirtschaftshof Kaltenhausen, die Mühle und die Försterwohnung.

Die Klosterkirche hat der Stifter des Klosters erbauen lassen und 1179 eingeweiht. Der Bau besteht fast durchgängig aus scharf zugehauenen Granitquadern; die oberen Kreuzgewölbe sind aus Sandstein. Der schon in den ersten Jahrzehnten des 19. Jahrhunderts geplante Wiederherstellungsbau der Kirche ist im Jahre 1898 vollendete Thatsache geworden, nachdem bereits 1885 durch ein Allerhöchstes Gnadengeschenk eine Verspreizung des Dachgestühls und Erneuerung der Fenster ermöglicht war. Die Wiedereinweihung geschah durch den Generalsuperintendenten D. Faber in Gegenwart des Prinzen Salm-Horstmar, des durchlauchtigsten Vertreters Sr. Majestät des Kaisers, und des Präsidenten des Königl. Konsistorium D. Schmidt.

Neben dem Kloster wurde 1764 eine neue Stadt, ebenfalls Zinna genannt, angelegt. Die preußische Regierung ließ 150 massive Häuser in regelmäßigen Straßen bauen und verschenkte jedes mit je zwei Morgen zugehörigem Gartenland an einwandernde oberlausitzer Weber.

Stadt-Zinna hat gegenwärtig circa 1800 Einwohner.

A. Mariasch-Jüterbog.

Das Amt Belzig.

Die Stadt Belzig und das Schloß Eisenhardt.

Wie schaut sie ernst vom Berg ins Thal hernieder,
Ein Denkmal alter Ritterherrlichkeit,
Die alte Burg aus Lindengrün und Flieder,
Uns ernst gemahnend an vergangne Zeit!
Wie oft zum Kinderspiel im Frühlingswinde
Hat leisen Sangs gerauscht am Thor die Linde!

Dabei das Kirchlein, wo im Morgengrauen
Sich oft versammelt frommer Beter Schar,
Wie ist voll Milde immer anzuschauen
Das edle Priesterantlitz am Altar.
Manch Wort, das er gesät uns in's Gemüte,
Wuchs mächtig auf und trieb die schönste Blüte.

Martha Kallusky=Schinkler=Belzig.

Wenn der Zug der Berlin=Wetzlarer Bahn den Halteort Derwitz=Potsdam verlassen hat, fährt er fast eine Stunde lang durch eine Gegend, die zu den reiz= losesten der Mark gehört. Sand und Kiefern, Kiefern und Sand, ab und zu ein Dorf mit einigen Laubbäumen, ein paar Wiesen — so etwas neigt nicht zum Beschauen, und der Reisende lehnt sich gelangweilt zurück und vertieft sich in seine Zeitung. Da hält der Zug wieder. „Belzig, 6 Minuten Aufenthalt!" ruft der Schaffner. Der Bahnhof ist nüchtern und eintönig, aber das Bier, was dort verschenkt wird, ist gut. Und der Reisende denkt, als der Zug sich wieder in Be= wegung setzt: „Nun zeige deine Reize weiter, heilige Sandstreubüchse! Ich bin gewappnet." Da bietet sich ihm ein schönes Bild. Unten im Thale, am Fuße sanft ansteigender, bewaldeter Höhen liegt, von Obst= und Laubbäumen umgeben, ein Städtchen, dessen Häuser mit den roten Ziegeldächern sich um den mit einer glockenförmigen Kuppel gekrönten Kirchturm zusammendrängen wie die Küchlein um die Henne. Im Süden der Stadt aber erhebt sich auf einem Hügel zwischen schattigen Gehegen eine altersgraue Burg. Hoch ragt ein Wartturm über die gewaltigen Mauern empor. Das ist Belzig, einst die Hauptstadt des „Ambtes Beltitz" und land= und schriftsässige Grenzstadt des sächsischen Kurkreises Witten= berg, jetzt die Kreisstadt des Kreises Zauch=Belzig, mit seinem Wahrzeichen, dem Schlosse Eisenhardt. Die Stadt liegt an den Ausläufern des Hagelberges, der höchsten Erhebung des Fläming, in einem Thale, das sich nach Nordosten in eine wiesenreiche Ebene erweitert. Den Raum zwischen ihr und dem Bahnhofe füllt das Dorf Sandberg aus. Nur ein Bach, das güldene Kleinod genannt, weil er sieben Mühlen treibt, scheidet beide Ortschaften, die, in der Verwaltung getrennt, zusammen eine Kirch= und Schulgemeinde bilden. Das Innere der Stadt gewährt mit den gut gepflasterten Hauptstraßen und den zahlreichen Giebelhäusern einen freundlichen Anblick. Viele Häuser, besonders in den Nebenstraßen, sind von dichtem Weinlaub umhüllt; vor anderen stehen hochstämmige Rosen, deren Blütenpracht zur

Zeit des Frühsommers das Auge erfreut. Aus kleinen, zierlichen Brunnen erhalten die Einwohner kühles, klares Trinkwasser, das durch eine eiserne Röhrenleitung aus zwei etwa 1½ km entfernten Quellen ihnen zugeführt wird. Das Rathaus mit seinem Glockentürmchen und die auf einer Anhöhe stehende Hauptkirche St. Marien sind einfache Gebäude ohne jeglichen Kunstwert. Beide wurden nach dem dreißigjährigen Kriege, in dem die Stadt vollständig zerstört worden war, erbaut, und die verarmten Einwohner waren nicht im stande, schönere Gebäude zu errichten. Mußten ihnen doch die Mittel zum Bau der Kirche durch eine öffentliche Sammlung im Kurfürstentum Sachsen gewährt werden. In der Umgegend der Stadt sind schöne Spaziergänge. Der schönste, von uralten Akazien beschattete führt zu dem Bricciusberge und der Burg Eisenhardt. Der Bricciusberg, einst ein öder Sandhaufen, giebt mit seinen schattigen Wandelgängen Zeugnis davon, was menschlicher Fleiß vermag, wenn er sich mit Geduld paart. Der ganze Berg ist im Frühling und

Linde im Schloßpark von Belzig.

Sommer von dichtem Grün umhüllt. Auf der Bergebene liegt der Friedhof des Dorfes Sandberg, worauf ein Kirchlein steht, das nach dem Heiligen St. Briccius benannt ist. Davon hat denn auch der Berg seinen Namen erhalten. Eine gewaltige alte Linde beschattet einen Teil der Bergebene. Ihr gegenüber erhebt sich das Schloß Eisenhardt mit seinen zwei vorspringenden, turmartigen Flügeln. Eine steinerne Brücke führt über den Wallgraben zum Thore, durch das man in eine große Halle gelangt. Ihr vielverzweigtes Sternengewölbe wird von einem einzigen Pfeiler gestützt. An den einen Flügel des Schlosses lehnt sich ein zweistöckiges Gebäude, das einst wohl Wohnzimmer enthielt, später als Salzmagazin diente und jetzt unbenutzt ist. Im Schlosse selbst hat das Amtsgericht seinen Sitz. Aus dem Wallgraben steigen mächtige Mauern empor. Sieben runde Mauertürme, die zum Teil Ruinen sind, erheben sich auf ihnen. An der Nordseite ist die Mauer so breit, daß durch sie von einem Turm zum andern ein Gang führt, den ein Mensch beschreiten kann. Im nordöstlichen Wartturm war das Burgverlies. Auf dem Burghofe steht auf einem kegelförmigen, mit Rasen bekleideten Hügel der alte Wartturm. Hinter dem Schloßhofe liegt der parkartige Garten, in dem sich die zweite der drei alten Linden Belzigs befindet. Die dritte ist am Eingange des Stadtfriedhofes gegenüber der St. Gertraudt-Kirche. Unter ihr soll Martin Luther gepredigt haben. Im Schloßgarten findet man altes Mauerwerk, das von dichtem Epheu umrankt ist. Das sind die Trümmer der alten Burg, die im 12. Jahrhundert errichtet wurde. Sie war einst der Sitz eines Gau- und Burggrafen, der

die Gaugrafſchaft Belici, die etwa den Umfang des ſpäteren Amtes Belzig hatte,
beherrſchte. Im 13. Jahrhundert ſchenkte der Graf Bederich dem deutſchen Ritter=
orden im Dorfe Dohnsdorf eine Kommende. Die Ritter, die ſich in Dohnsdorf
niederließen, halfen dem Grafen dem Deutſchtum eine feſte Stätte im Wendenlande
gründen. Noch heute erinnert die Komturmühle an der Plane auf dem Wege von
Belzig nach dem Städchen Niemegk an die ſegensreiche Thätigkeit der tapferen
Ritter im weißen Mantel mit dem ſchwarzen Kreuz. Nach dem Tode Bederichs
fiel die Grafſchaft als erledigtes Lehen an den Herzog von Sachſen zurück, und
nun erhielt die Burg den Namen das weiße Schloß oder das herzoglich=ſächſiſche
Grenzhaus von Beltitz. Sie wurde im 15. Jahrhundert in der Fehde mit dem
Erzbiſchof von Magdeburg zerſtört. Sechzig Jahre ſpäter wurde dann eine neue
Burg erbaut, die von dem Kurfürſten Ernſt den Namen Eiſenhardt erhielt. Sie
war mit einem großen, ſpitzen Turm, vielen Erkern und Türmchen geziert. In

Belzig im Jahre 1492.

den Zeiten des Dreißigjährigen und des Siebenjährigen Krieges verlor ſie all
dieſen Schmuck.

Im Schutze der Burg entſtand aus dem wendiſchen Dorfe Belici allmählich
die Stadt Beltitz. Der Name bedeutet wahrſcheinlich wie Belgard und Belgrad
weiße Stadt, denn die jetzt mit Grün bekleideten Hügel in der Nähe des Ortes
zeigten einſt ſchimmernden weißen Sand. Möglicherweiſe hängt er auch mit dem
Namen des wendiſchen Lichtgottes Belbog zuſammen. Dieſer hatte vielleicht auf
dem Bricciusberge eine Opferſtätte.*) Das Stadtrecht erhielt Beltitz im 13. Jahr=
hundert zugleich mit dem Wappen, das einen runden Turm mit dem herzoglich=
ſächſiſchen Wappen und die Inſchrift hat: Sigill. Burgensium civitatis Beltitz.
Allgemein wurde noch wendiſch geſprochen. Da die herzoglichen Amtsrichter dieſe
Sprache oft nicht verſtanden, ſo wurde ihr Gebrauch im Jahre 1327 vom Herzog
Rudolf verboten, „da ſie die Obrigkeit gleichſam zum Ekel gehabt“. In den
Fehden Sachſens mit Herzog Ludwig von Brandenburg und ein Jahrhundert ſpäter
mit dem Erzbiſchofe von Magdeburg hatte Belzig viel zu leiden. Auch die Huſſiten

---

*) Wanderung durch die Geſchichte der Stadt Belzig, des Schloſſes Eiſenhardt und der
Umgegend von Felix Theodor Mühlmann.

belagerten die Stadt, konnten sie aber nicht einnehmen. Sie verwüsteten aber die Umgegend vollständig, und die Namen mancher Feldmarken erinnern noch an die Dörfer, die ihrem wütenden Deutschenhaß zum Opfer fielen. Als Martin Luther durch kühne That das deutsche Volk von der römischen Zwingherrschaft des Geistes befreite, fielen Belzigs Bürger seiner Lehre zu. Im Jahre 1530 hielt der große Reformator selbst eine Kirchenvisitation in Belzig ab und ordnete dort die Kirchen= und Schulangelegenheiten. Er hielt auch in der Kirche U. L. Frauen (St. Marien= kirche) die Predigt. Nicht viele Kanzeln giebt es, denen solche Auszeichnung zu teil geworden ist.

Im schmalkaldischen Kriege mußten die Bürger für ihren Glauben leiden. Ihre Stadt wurde von den Spaniern erstürmt, gebrandschatzt und angezündet. Das Schwerste aber erduldete sie im dreißigjährigen Kriege, als Sachsen im Jahre 1635 mit dem Kaiser einen Sonderfrieden abgeschlossen hatte. Die Schweden waren nun ihre grimmigsten Feinde. Nachdem sie einen großen Teil der Ein= wohner hingemordet hatten, verbrannten sie Belzig und das Dorf Sandberg. Der Rest der Bewohner flüchtete von den rauchenden Trümmern nach Werder. Aber auch dort waren sie von den Schweden nicht sicher, und ihre Gastfreunde sandten sie deshalb auf 80 Wagen nach Trebbin. Hier trennten sie sich und suchten in den umliegenden Dörfern ein Unterkommen. Viele sahen sich in ihrem Leben nicht wieder.*) Erst im Jahre 1637 kehrten einige der verängstigten Belziger zurück und ließen sich in Sandberg nieder. Von 1638 an erstand auch Belzig wieder nach und nach aus den Trümmern. Der nordische und der siebenjährige Krieg brachten der Stadt manche Drangsale, und in der Zeit der französischen Zwingherrschaft mußte sie die Bundesgenossenschaft ihers Herrschers mit Napoleon teuer bezahlen. Der Besuch des Korsen, der am 10. Juli 1813 eine Parade über die Garnison der Stadt abhielt, konnte sie für die vielen Kriegslieferungen nicht entschädigen. Während dann einige Wochen später auf der Höhe des Hagelberges der Kampf der kurmärkischen Landwehr mit dem Corps des Generals Girard tobte, bebten die Einwohner Belzigs vor einem Überfall der wilden Kosaken, die Hirschfelds Truppen begleiteten. Ihr Anführer Czernitschew wollte nach dem Treffen die Stadt an allen vier Ecken anzünden. Doch rettete sie eine Abordnung der Bürger an den russischen Kriegsmann, an deren Spitze der Superintendent Seiffarth und ein Fräulein von Brandt=Schmerwitz standen, durch fußfälliges Bitten vor der Ausführung dieser Drohung. Im Jahre 1815 kam das Amt Belzig mit Rabenstein an Preußen und wurde mit der Zauche zum Kreise Zauch=Belzig vereinigt. Der bis dahin schriftsässige Magistrat trat seine polizeiliche Gewalt an das Königliche Landratsamt ab; die städische Gerichtsbarkeit wurde einem Land= und Stadtgericht übertragen. Den Belzigern behagte die neue Ordnung der Dinge nicht. Ein Bürger schrieb damals in die alte Familienbibel: „Wir sind preußisch geworden; nun ist Belzig verloren." Damit gab er wohl der

*) Felix Mühlmann schildert die Schreckenstage von Belzig in seinem erwähnten Buche sehr anschaulich. Die Schilderung ist z. T. abgedruckt in der Heimatskunde der Provinz Brandenburg von Hermann Sandt. Berlin. Julius Klinkhardt.

Stimmung der meisten seiner Mitbürger Ausdruck. Aber die böse Prophezeiung erfüllte sich nicht. Belzig gedieh unter der neuen Herrschaft, und seine Bürger wurden aus Mußpreußen, wie sie sich zuerst trotzig nannten, gute Preußen, die in der Liebe zum Vaterlande mit den Altpreußen wetteiferten. Außer der alten Post= säule, die auf der Straße zum Bahnhof im Sandberg steht — eine solche findet man auch noch in der Nachbarstadt Niemegk — erinnert nur noch das Bildnis August's des Starken im Rathaussaale an die alte sächsische Zeit. Dort hängen auch die Bilder Friedrich Wilhelms IV., des großen Kaisers und seines edlen Sohnes. Der prachtliebende, verschwenderische Kurfürst und König, der Nacheiferer des

Nach einer Aufnahme von H. Zernsdorf-Belzig.

Burg Eisenhardt.

französischen Sonnenkönigs, unter den ernsten schlichten Hohenzollerngestalten! Eine eindringliche Predigt von der Wertlosigkeit prunkvollen Scheins und dem Segen treuer Herrscherarbeit!

Belzig, das mit dem Dorfe Sandberg zusammen 3793 Einwohner zählt, hat wenig Industrie. Das einst blühende Leinewebergewerbe ist fast ganz eingegangen. Die Bewohner nähren sich meist vom Ackerbau und vom Handwerk. Einst war das Brauereigewerbe sehr entwickelt. Noch im Jahre 1690 fanden sich 60 „wirkliche Brauer" in der Stadt. Noch nach der Besitznahme durch Preußen waren die brau= berechtigten Bürger die Patrizier. Jeder von ihnen braute der Reihe nach, und die ehrsamen Bürger zogen dann in das Haus, wo der braune Trank verschenkt wurde, und tranken den Vorrat aus. Das war die glückliche Zeit, da die sociale Frage noch nicht die Köpfe erhitzte, und der Bürger im Gefühl des sicheren Friedens nichts Besseres wußte an Sonn= und Feiertagen

> Als ein Gespräch von Krieg und Kriegsgeschrei,
> Wenn hinten, weit in der Türkei,
> Die Völker aufeinander schlagen.

Die Stadt hat außer einer zwölfklassigen Volksschule mit 10 Lehrern keine öffentliche Lehranstalt. Sie ist der Sitz des Landratsamtes, das sein Heim in dem vor dem Wiesenburger Thor erbauten und mit Warmwasserheizung und elektrischem Lichte ausgestatteten Kreishause hat. Wegen der Menge der Beamten sind die besseren Mietswohnungen und die Lebensmittel ziemlich teuer.

Zwei bekannte Männer haben in Belzig das Licht der Welt erblickt: Eberhard, der Dichter des idyllischen Epos „Hannchen und die Küchlein", und der Kapellmeister Reißiger, der sich besonders durch das Melodrama „Die Felsenmühle" und die Kompositionen der Lieder „Der Zigeunerbube" und „Die Grenadiere" als Ton= künstler einen Namen gemacht hat. Beide wurden in dem alten Schulhause am Kirchplatz geboren.

Dem Andenken Reißigers ist eine am Geburtshause angebrachte Gedenktafel gewidmet. Auch der liebenswürdige Dichter Eberhard hat sein Denkmal bekommen, das vielleicht länger währen wird als Stein und Erz. Ihm zu Ehren hat die ehemals in Belzig bestehende litterarische Gesellschaft die Eberhard=Stiftung gegründet, deren Kapital 500 Mark beträgt. Die Zinsen davon werden alljährlich zur An= schaffung von Büchern verwandt, die tüchtigen Kindern bei ihrem Abgange von der Schule geschenkt werden.

Das Amt Belzig ist die südwestliche Ecke des Kreises Zauch=Belzig. Sein südlicher Teil wird vom hohen Fläming und seinen Ausläufern ausgefüllt, zu denen noch die bewaldeten Höhen von Dippmannsdorf gehören.

Das Volk rechnet allerdings zu den Flämingdörfern nur die Ortschaften hinter Niemegk. In völkerkundlicher Hinsicht ist diese Ansicht auch richtig. Die Bewohner dieser Flämingsdörfer sind die Nachkommen der Flamländer, die einst den Höhen= zug besiedelten und ihm den Namen gaben. Ihr Niederdeutsch ist reiner als das der anderen Insassen der Landschaft, die viel wendisches Blut in sich haben. Auch unterschied sie früher eine eigentümliche Tracht, die an die in einigen Gegenden der Niederlande übliche Kleidung erinnerte, von ihren Nachbarn. Die Männer trugen einen langen, blauen Tuchrock mit emporstehendem Kragen und großen, zuweilen silbernen Knöpfen, sowie eine scharlachrote, langschößige Weste. Die Frauen zogen sich möglichst viele Röcke übereinander an. Ihre Kopfbedeckung war eine steife Haube mit flügelartig abstehenden Kopftüchern. In den Flämingdörfern des Amtes Belzig ist diese Tracht nicht mehr gebräuchlich.

Auf dem Fläming entspringt das einzige größere Gewässer der Landschaft, die Plane, der mehrere Bäche zufließen. Sie mündet bei Brandenburg in die Havel. Ihre klaren Fluten treiben viele Mühlen; auch bergen sie einen Edelfisch, die Forelle. Sonst ist der Fläming im allgemeinen wasserarm und unterscheidet sich dadurch von dem nördlichen Landrücken in Preußen, Pommern und Mecklen=

burg, der mit zahlreichen größeren Seen besetzt ist. Zwischen Lütte und Brück liegen an der Plane die Landschaftswiesen, von denen die Bewohner des Fläming oft meilenweit ihr Heu holen müssen. Zur Zeit der ersten Mahd und des Grummets entwickelt sich dann in den an der Straße zu den Wiesen liegenden Dörfern ein reges Leben. Vom Nachmittage bis zum Abend ziehen schwer bepackte Heuwagen hindurch. Viele halten beim Wirtshause an, und Tiere und Menschen ruhen sich ein wenig aus vom schweren Tagewerk und erquicken sich durch einen kühlen Trunk. Die Gewinnung des Heues wird dem Landmann von der Natur meist recht schwer gemacht. Oft kann er nicht mähen, da die Wiesen unter Wasser stehen. Ist der Schnitt glücklich gelungen, dann stören heftige Regengüsse wieder das Einbringen des Heues. An manchen Stellen kann es nur durch Ochsen heraus= geschafft werden, an anderen müssen es sogar die Menschen heraustragen. Naß muß es nach Hause gefahren und dort erst getrocknet werden.

Abgesehen von der Ebene nordöstlich von Belzig ist die Landschaft hügelig, so daß man sie, da auch ausgedehnte Waldungen, wie die Brandtsheide bei Wiesenburg, der Hagen bei Raben, der Werder bei Niemegk und die Forsten bei Dippmannsdorf vorhanden sind, wohl auch Klein=Thüringen nennt. Der Boden ist zwar nicht sehr fruchtbar, aber der im landwirtschaftlichen Vereine über die richtige Behandlung des Ackers belehrte Landmann ringt ihm doch, wenn die Witterung nicht zu ungünstig ist, reiche Ernten ab, so daß der Ertrag, den die Scheunen nicht bergen können, zum Teil in Wiemen oder Mieten auf dem Felde aufgetürmt werden muß. Daher befindet sich hier der Bauernstand nicht im Notstande.

Bemerkenswert ist im Amte Belzig die zahlreiche Menge der Hundefuhrwerke. Auf Schritt und Tritt begegnet man solch einem Gefährt. Jeder „kleine Mann" besitzt so eins. Er bringt darauf den Dünger auf sein kleines Ackerstück und führt darauf den Ertrag der Ernte nach Hause. Zahllose Botenfrauen vermitteln da= durch den Verkehr zwischen Dorf und Stadt. Zur Zeit der Viehmärkte halten wohl gegen hundert solcher Gefährte in Belzig auf dem dazu bestimmten Platze, und in jedem quiekt und grunzt eine kleine Gesellschaft von Ferkeln, die zum Ver= kauf gebracht worden sind. Leider hat der Ziehhund zwar ein nützliches, aber nicht immer schönes Dasein.

Von eigentümlichen Sitten und Gebräuchen ist nicht viel zu vermelden. Die Fastnacht wird allgemein in Dorf und Stadt lustig gefeiert. Am Tage darauf, am Aschermittwoch, gehen an einigen Orten die Kinder, mit Ruten bewaffnet, von Haus zu Haus und „äschnen", wofür sie Backwerk empfangen. Die Polizei will aber auch diesen alten Volksbrauch nicht dulden. Oft wird am Sonntage in diesem oder jenem Dorfe ein Hammel oder irgend ein anderer Wertgegenstand auf der Dorf= straße ausgekegelt, wozu die Dorfjugend im Kreisblatte einlädt. Ein Tanz beschließt das Volksfest. In den Bauerndörfern wird Sonntags zuweilen ein Hahnenreiten ver= anstaltet. Auf besonders gepflegten und geputzten Pferden reiten die Bauernsöhne auf dem Dorfplatze im Kreise hintereinander und versuchen, den auf der Stange befestigten hölzernen Hahn oder Teile davon abzureißen. Inmitten des Kreises sitzen die schön geschmückten Ehrenjungfrauen. Sie verteilen nachher die Preise. Doch kommt diese

Luſtbarkeit nur noch ſelten zu ſtande, da ſchon oft einer der ungeübten Reiter ver=
unglückt iſt.

Außer der Kreisſtadt hat das Amt Belzig noch zwei Städte Brück und Niemegk.
In Brück wurde der berühmte Gregorius von Brück geboren. Er war der Sohn
eines Ackerbürgers und hieß urſprünglich Gregorius Heinze. Seiner Vaterſtadt zu
Ehren nahm er ſpäter den Namen von Brück an. Er wurde der Kanzler der drei
erſten evangeliſchen Kurfürſten von Sachſen, und ihm hatten es die Evangeliſchen zu
verdanken, daß ihr Glaubensbekenntnis öffentlich in Augsburg vorgeleſen wurde, und
ſie der Welt zeigen konnten, daß die evangeliſche Lehre allein auf Gottes Wort
beruhte. Aus Niemegk (Njeme = die Deutſche) ſtammte Anton Niendorf, der Dichter
der Hegeler Mühle und manches anderen trefflichen Sangs. Er war zuerſt Lehrer,
wurde ſpäter Landwirt und Herausgeber der Zeitung für Landwirte und Grundbeſitzer.

P. Quade=Belzig.

Spielreime aus der Umgegend von Belzig.

Knäppnär[1]), Langbeen,
Stött ſich ann Dammſteen,
Hadde rode Strümpe an,
Ging als wie in Erdmann.

Suſe Putthünnicken[2]) ſuſe,
Wu woahnt dänn Peter Kruſe?
Hinger Schultn Huſe,
Wu die ſchmucke Jungens goahn
Un die dreckige Mäkens ſtoahn,
Doa woahnt Peter Kruſe.

Bä, bä, Buck,
Unſe Hänschen, där is ſchmuck.
Hä wärd woll ummer noch ſchmücker wärdn,
Wenne man irſcht wärd grötter wärdn.
Bä, bä, Buck.

Bä, bä, bä,
Kumm morgen wedder hä;
Dänn williwe dej dät wedder jhähn,
Wattiwe dej ſinn ſchüllig geblähn.
Bä, bä, bä.

---

[1]) Storch. [2]) Puthenne. [3]) Klöße.

Weene man nich,
Inne Röhre stoahn Klumpe³)
Die siehste man nich.

Ruh, ruh Reiken,
Kocht dät Kind een Breiken,
Lädd een Stückchen Botter an,
Dät dät Kinneken pappen kann.

Fritze, Stiebelitze, där Vogel is dot,
Aeh liet üngere Banke un zappelt noa Brot.

Mukuh van Halberstadt,
Bringe unse Kinneken wat.
Wat sall si äm dänn bringen?
Een bunten Rock met Klingen,

Een bunten Rock met Klingen dran,
Dät dät Kinneken klingern kann.

Ruh, ruh Rünnicken,
Där Fuchs, där frett dät Hünnicken¹),
Aeh frett et nich alleene
Unse Kinneken kriecht die Beene.

Hinger unse Schüne²)
Weent Kückeriküne³).
So lange wie di Sunne schient,
So lange Kückeriküne weent.

Sunnenrägnk⁴) mokk mej nich natt,
Mokk die olle Froue natt,
Die up Schultn Backen⁵) sitt,
Die Erchten⁶) gefrätn hett.

Sitt een Junge in Schoarsteen un flickt sine Schuh,
Koam n' paar Mäkens un kiken met tu.

Gesammelt von Franz=Lütte.

---

¹ Huhn. ²) Scheune. ³) Eiszapfen. ⁴) Sonnenregen. ⁵) Backofen. ⁶) Erbsen.

Die Brandtsheide.*)

Die Brandtsheide mit ihren prächtigen Laub= und düsteren Nadelwäldern, ihren stattlichen Bauten, Schlössern, Burgen und Gotteshäusern hat ihren Namen von Friedrich von Brandt, welcher die Herrschaft Wiesenburg mit den Ortschaften Wiesenburg, Jeserig, Reetz und Schlamau 1456 von den Gebrüdern Heinz und Albrecht von Kracht kaufte. Nach der Sage hat ein sächsischer Fürst diesen „Zipfel wilder Waldgegend" den Herren von Brandt als Gnadengeschenk gegeben. Wie gewaltig jedoch der Holzbestand dieses „Zipfels wilder Waldgegend" gewesen ist, erhellt daraus, daß der Kurfürst von Sachsen sich nicht getraute, Benno Friedrich dem Reichen seine Heide abzukaufen, wenn er auch nur an jeden Baum ein Ei legen sollte. Die Brandtsheide, welche ca. 4 Quadratmeilen umfaßt, wurde im Laufe der Zeit in vier Gebiete geteilt, wovon das Haus Schmerwitz 22000, Wiesenburg 11500, Glien 6000 und Mahlsdorf 5400 Morgen erhielt. Sie liegt in der westlichen Ecke des Zauch-Belziger Kreises, der zum Regierungsbezirk Potsdam gehört, und grenzt im Süden und Westen an das Herzogtum Anhalt, im Norden an den Regierungsbezirk Magdeburg; im Osten setzt sie sich in den Zauch-Belziger Kreis fort, wo sie von den Ortschaften Raben, Borne und Lübnitz begrenzt wird. Wie der Name schon sagt, ist der größte Teil der Brandtsheide mit Wald bewachsen. Ja, der Wald mit seinen himmel= anstrebenden Fichten, Eichen und Buchen ist der Brandtsheide treuestes Kind. Er ist nicht nur ihr Schmuck und Stolz, sondern auch ihr Schirm und Schutz, ihr freundlicher Ernährer. Mit seinen Fingern zieht er den tränkenden Schatz der eilenden Wolke herab, pocht an die vollen Wasserschläuche, bis sie reißen, sammelt ihren Inhalt und sendet ihn durch mannigfache Quellen und Bäche zur Labung der Lande hinaus. Ja, der Wald drückt der Brandtsheide einen ganz eigentümlichen Charakter auf. Im Laubwalde, sei es ein reiner Eichen= oder Buchenbestand, oder sei er aus Eschen, Hornbäumen, Erlen, Ulmen, Birken und anderen Laubhölzern bunt zusammengesetzt — stets ist der Eindruck auf uns ein mehr wohlthuender, traulicher. Die breiten, weit ausgreifenden Kronen erlauben nicht, daß die Stämme sehr dicht beisammen stehen; deshalb finden wir zwischen ihnen stets eine üppige Busch= und Kräutervegetation, über die hinweg das Auge weit hinein in die Säulen= hallen schweifen kann. Jede Wendung unseres Pfades verändert das schöne Wald= bild; immer neue Baumgruppen, immer kühner und abenteuerlicher geschwungene Äste wechseln unablässig vor unserem Auge und geben unserer Phantasie immer neue Nahrung. So gelangen wir in den Nadelwald, den der Volksmund auch Schwarzwald nennt. Der eintönige, zur Schwermut einladende Charakter desselben ist um so wirksamer, je mehr letzterer als mächtiger geschlossener Bestand, wie er das Auge des Forstmannes am meisten erfreut, seinen Boden als dichtgedrängtes Baumheer beschattet; denn dann erblickt das Auge am Boden, über den der Fuß ohne Hindernis zwischen den Stämmen hindurch wandelt, nur das erstorbene Baum= grau der abgefallenen Nadeln, an lichteren Stellen gemischt mit dem Grauweiß

---

*) Unter Benutzung von Fähndrich „Die Herrschaft Wiesenburg".

einiger Flechten und dem Grün der Moose. Ist die Sprache des Laubwaldes kühne Rede, so ist die des Nadelwaldes melancholischer Gesang; in innigem Zusammenhange damit steht ihr Einfluß auf uns.

Der Laubwald nimmt zwar auch in der Brandtsheide mit der Zeit immer mehr ab, weil der schneller ins Geld wachsende Nadelwald mehr kultiviert wird, aber trotz alledem bleibt der Wald die Brotkammer für den größten Teil der Brandtsheidebewohner. Wenn auch durch die im Laufe der Zeit stattgefundenen Ablösungen eine veränderte Stellung der Bewohner zu ihren Gutsherrschaften entstanden ist, so daß die ersteren, weil sie für ihre Holz-, Streu- und Weidegerechtsame durch Landüberweisungen abgefunden worden sind, keine Rechte mehr haben, in die herrschaftlichen Reviere zu gehen, so wird ihnen doch meistenteils gestattet, aus denselben Erd- und Heidelbeeren zu entnehmen. Zur Zeit der Beerenlese, wozu es besondere Ferien giebt, kommen die Händler des Abends in den Busch, wie in der Brandtsheide der Wald genannt wird, kaufen die Heidelbeeren auf und bringen sie nach dem Wiesenburger Bahnhofe, von wo aus sie nach den großen Städten (besonders Magdeburg) verschickt werden. Da das Liter gewöhnlich mit 10 bis 15 Pfennigen bezahlt wird, und die Leute — Frauen und Kinder — eine große Gewandtheit im Sammeln besitzen, so ist der tägliche Verdienst ziemlich beträchtlich. Auch mit Pilzen (Steinpilz, Pfefferling, Hahnenkamm und Morcheln) wird ein bedeutender Handel nach Berlin betrieben. Ein anderes Produkt des Waldes, das die Einwohner der Brandtsheide verwerten, ist das Birkenreis, das zu Reisbesen verarbeitet wird, die weit verfahren werden und im Winter manche Haushaltung ernähren müssen. Ein Reisbesen kostet 10 bis 12 Pfennige; neuerdings kommen jedoch die Besen von Kokosfasern auch hier in Aufnahme. Die Haupterwerbsquelle für die Brandtsheide ist und bleibt jedoch das Holz in seiner mannigfachen Verwertung. Wenn auch in den letzten 40 bis 50 Jahren sehr viel Holz geschlagen worden ist, so hat dasselbe in dem westlichen Teile (Hinterdorn, Kils, Schleesen u. s. w.) noch sehr ansehnliche Bestände, die zur Zierde der ganzen Gegend dienen.

Da der Ackerbau in der Brandtsheide auch für die großen Güter durchschnittlich nicht allzu ergiebig ist, so finden alljährlich große Holzauktionen statt, auf denen entweder größere Strecken Holz auf dem Stamme an die Holzhändler verkauft werden, die es nun auf eigene Kosten abholzen lassen, oder die Gutsherrschaften thun das letztere selbst und verkaufen das geschlagene Holz an die aus weiter Ferne (Guben, Berlin, Koswig, Magdeburg, Lehnin u. s. w.) herbeieilenden Händler, die es verschiedentlich verwerten. Da ein Verkauf aus freier Hand und zu beliebiger Zeit nicht stattfindet, so muß auch der Brennholzbedarf auf diesen Auktionen, die stets eine Menge Menschen zusammenziehen, gedeckt werden. Aber trotz der großen Holzbestände sind die Holzpreise, namentlich nach Eröffnung der Berlin-Wetzlarer Bahn, nicht so billig, als mancher denkt. Es kostet:

das Meter kiefern Klobenholz 4,00 Mark
das Meter eichen   „   4,00   „
das Meter buchen   „   4,50   „
das Meter birken   „   4,50   „

Andere Holzpreise hatte die Brandtsheide allerdings noch vor ca. 100 Jahren. Da während des Siebenjährigen Krieges das Holz fast die alleinige Geldquelle für die Gutsherrschaften war, so sahen sich dieselben öfter genötigt, größere Holzlieferungskontrakte abzuschließen. So kontrahierte der General von Brandt 1749 auf 24000 Klafter und 1752 auf 3000 Klafter kiefern Klobenholz mit der Rothenburger Gewerkschaft, wobei die Klafter Kloben mit $1^1/_4$, die Knüppel mit $^1/_2$ Thaler berechnet waren. Eine sehr schwere Bürde legte der Hauptmann von Brandt zu Schmerwitz seinen Nachkommen durch einen mit dem Mansfeldischen Bergamte abgeschlossenen Kontrakt auf. Laut desselben versprach er „für alle Zeiten" alljährlich 3000 Klafter gutes kiefern Klobenholz für den unveränderlichen Preis von 1 Thaler zu liefern. Ja, durch Geldverbindlichkeiten, welche der Hauptmann von Brandt sich gegen die Gewerkschaft zugezogen hatte, stieg das abzuliefernde Quantum sogar auf 5000 Klafter. Da aber die Schmerwitzer Forsten bei einer rücksichtslosen Durchführung des Kontraktes zu Grunde gegangen sein würden, so nahm die Gewerkschaft die ganze Strenge ihres Rechtes nicht in Anspruch. Da der Hüttenbetrieb im Laufe der Zeit ein ganz anderer wurde, so verkaufte sie ihre Rechte am 1. November 1861 gegen eine Entschädigungssumme von 300000 Mark und eine noch einmalige Lieferung von 4000 Klafter Durchforstungshölzern. Damit hörte das früher so bedeutsame und umfangreiche Kohlenschwelen bis auf ein Minimum, wie es der Privatgebrauch der Schmiede erfordert, in der Brandtsheide auf.

Doch kehren wir nach dieser Abschweifung wieder zur Gegenwart zurück. In den auf den Auktionen erstandenen Holzschlägen entwickelt sich alsbald ein reges Leben und Treiben. Die verschiedenen Hölzer werden von den Rustschneidern zu Bohlen, Brettern, Latten, Balken, Sparren u. s. w. geschnitten. Da in neuerer Zeit jedoch vier große Dampfschneidemühlen arbeiten, so sind die früher so zahlreichen Rustschneider etwas in Vergessenheit geraten. Dafür gewährt aber die Fortschaffung der Hölzer aus den Schlägen nach den Schneidemühlen und von dort nach den verschiedenen Bestimmungsorten so manchem Fuhrwerksbesitzer lohnenden Verdienst. Die Brennhölzer gehen teils mit der Bahn fort, teils werden sie (besonders die geringeren Sorten) von den Bewohnern der Brandtsheide und der Umgegend gekauft. Große Quantitäten gehen nach Görzke und Ziesar, wo sie in den zahlreichen Töpfereien Verwendung finden. Die letzte Arbeit im Holzschlage ist das mühsame, Winterarbeit bietende Ausroden der Stubben, die gewöhnlich von den Ziegeleien angekauft werden. Bald danach geht der Forstpflug über die leergewordenen Stätten, die, falls sie nicht mit Pflänzlingen bepflanzt, mit Samen angesäet werden. Diese Verrichtungen bieten den Frauen und größeren Kindern im Frühjahre eine mehrere Wochen andauernde Beschäftigung. „Dieser und anderer Anpflanzungen wegen, welche sich in den letzten Jahren auch auf seltene, ausländische Waldbäume erstrecken — und zwar mit gutem Erfolge — sind in der Brandtsheide an verschiedenen Orten von den Gutsherrschaften sogenannte „Pflanzgärten" zur Zucht der jungen Pflanzen angelegt worden, z. B. bei Wiesenburg, Schmerwitz und Medewitzerhütten. Infolge dieser sehr ausgedehnten und sehr mannigfaltigen Industrie hat sich sogar ein schwunghafter Handel mit den Produkten dieser Pflanzgärten entwickelt. Die fast das ganze Jahr in den Pflanzgärten fortgehende Arbeit bietet für Männer, Frauen und Kinder reichlichen Verdienst". Neuerdings wird zur Weihnachtszeit auch ein bedeutender Handel mit Weihnachtsbäumen nach den Großstädten getrieben. Um die Brandtsheidebewohner vom Stehlen der Bäumchen abzuhalten, werden die einzelnen Exemplare für 5 bis 10 Pfennig abgegeben. Schließlich sei noch einer anderen Verdienstquelle gedacht. Es ist das gewöhnlich um Pfingsten stattfindende, etwa drei Wochen dauernde, meist von Schulkindern nach der Schulzeit verrichtete Weidenschälen. Mit einer Holzschere, welche an der Innenseite mit starkem Draht besetzt ist, wird der grüne Bast der jungen Weiden abgeschält. Den Bericht über die Holzindustrie in der Brandtsheide abzuschließen, muß noch bemerkt werden, daß sich auch so manche Familie von der Anfertigung und dem Verkaufe von allerhand Stellmacherholz, Spatenhölzern, Mulden, Schippen und dergl. ernährt.

In einer Waldgegend, wie es die Brandtsheide ist, hat natürlich auch die Jagd von jeher eine große Rolle gespielt. „Als ehemals die Kurfürsten von Sachsen noch zur Jagd nach Wiesenburg kamen, da waren allerdings andere Zeiten für dieselbe. Damals bot die Jagd auch noch abenteuerliches Interesse, denn es kamen fast jährlich Wölfe hier vor. In den Jahren 1704 und 1705 hatten dieselben um Belzig sehr großen Schaden gethan, und es wurden deshalb mehrere Jagden angestellt, die auch durch die Wiesenburger Reviere gingen. Interessant waren auch die Sauhatzen. Im Jahre 1646 hatte sich der Kurfürst von Sachsen nebst seinen Söhnen dazu bei den Herren von Brandt angemeldet; hierzu sollten die ganzen Unterthanen aufgeboten werden. — Wie sehr die Jagd in alten Zeiten ins Große getrieben wurden, sehen wir unter anderem aus der Masse von verschiedenen Sau-, Reh-, Hasen-Netzen, für die in Wiesenburg ein eigenes Netzhaus war. Das Jahr 1800 weist für das Wiesenburger und Setzsteiger Revier eine Schußrechnung von 12 Hirschen, 46 Rehen, 103 Hasen, 4 Rebhühnern, 7 Schnepfen, 3 Enten und außerdem den Fang von 10 Schock und 38 Vögeln nach. Auch jetzt finden zur Winterszeit alljährlich viele Jagden in den verschiedenen hiesigen Revieren statt, nach deren Abhaltung das Wild wieder sorgsam geschont wird. Dadurch, daß einige dörfliche Jagdreviere zeitweise von den Dorfbewohnern selbst oder ihren Jagdpächtern beschossen werden, hat augenblicklich der Wildstand große Einbuße erlitten. Von den Schmerwitzer Revieren sind bedeutende Teile mit Wildgattern umgeben, in denen zeitweise bis 1200 Stück Hochwild vorhanden sind. Zur Herbstzeit wird auch der so verderbliche Krammetsvögelfang ausgeübt. In den siebziger Jahren sind in Wiesenburg und Schmerwitz auch größere Fasanerien mit weiten Eingatterungen und Wärterhäusern angelegt worden, die aber nach dem Tode des Herrn Benno von Brandt für Schmerwitz wieder eingegangen sind. Dagegen hat die Wiesenburger Fasanerie immer größere Ausdehnung angenommen, wovon die in den Jahren 1873—1878 abgehaltenen Fasanenjagden mit ihren hohen Besuchern beredtes Zeugnis ablegen. Am 17. und 18. November 1873 war Prinz August von Württemberg K. H., Kommandeur der Garde, zur Jagd anwesend; am 22. bis 24. November 1874 Se. K. Hoh. Prinz Friedrich Karl von Preußen, welcher reiche Beute machte; dann am 4. und 5. November 1877 der regierende Herzog von

Anhalt nebst Gefolge; am 12. September 1878 der Herzog Paul von Mecklenburg, welcher in Rüdigke in Quartier lag und in Wiesenburg einen Besuch machte.

„In alten Zeiten spielten auch die Teer= oder Pechhütten eine große Rolle, in denen aus den Kiefern= oder Kien=Stubben Teer und dergl. gebrannt wurde. Um sie herum siedelten sich allmählich ganze Ortschaften an, die von diesen Hütten ihren Namen erhielten (Jeseriger, Medewitzer, Reetzer, Neue Hütten). Diese Teer= Industrie hat jedoch gänzlich aufgehört und vor etwa 46 Jahren in Altehelle ihr Ende erreicht."

Der Ackerbau in der Brandtsheide, deren Boden nur von mittlerer Güte ist, beschränkt sich hauptsächlich auf Roggen, Hafer Gerste, Kartoffeln, Runkel= und Kohlrüben und etwas Futterkräuter. Der Kartoffelbau wird, weil sich der Boden hierzu besonders eignet und mehrere Brennereien und Stärkefabriken vorhanden sind, in großem Maßstabe betrieben. Weizen= und Gerstebau ist geringer. Dagegen ist die Lupine als Dünge= und Futtermittel seit 1856 immer mehr in Aufnahme gekommen; jedoch scheint ihr Anbau durch Anwendung des künstlichen Düngers, sowie Abschaffung der Schafzucht jetzt nachgelassen zu haben. Wiesen sind zwar nicht im Überflusse vorhanden, aber immerhin soviel, daß der Bedarf an Heu ge= deckt wird; ist jedoch einmal Aushilfe nötig, so wird das fehlende Futter von den Elbwiesen bei Koswig bezogen. Da die Entwertung unserer Bodenerzeugnisse durch die massenhafte Einfuhr fremdländischer Produkte, die hohen Löhne der Arbeiter u. s. w. immer mehr überhand nimmt und den Reingewinn verringert, so muß der Land= mann alles aufbieten, dem Boden den höchstmöglichen Ertrag abzuringen. Infolge= dessen hat sich auch der Ackerbau der Brandtsheide in den letzten Jahren bedeutend gehoben. Da jetzt allgemein anerkannt wird, daß der Obstbau immer mehr und mehr eine Quelle nationalen Wohlstandes zu werden verspricht, so hat derselbe auch in der Brandtsheide erfreuliche Fortschritte gemacht. Erleichtert wird der Anbau durch die in der Nähe des Wiesenburger Bahnhofes angelegte herrschaftliche Baum= schule, in der die verschiedensten Obstsorten zu billigen Preisen zu haben sind. Doch eignen sich für die Brandtsheide — ihrer etwas kalten Temperatur wegen — nur die härteren russischen Sorten. Wie groß der Temperaturunterschied infolge der großen Waldbestände ist, merkt man am besten im Winter. Wenn es in dem 10 km von Wiesenburg entfernten Belzig nur wenig oder gar nicht geschneit oder getaut hat, so hat die Brandtsheide beides massenhaft und bedeutend länger aufzuweisen.

Etwas dürftig ist im allgemeinen die Viehzucht. Pferdezucht wird nur in sehr vereinzelten Fällen getrieben. Dagegen nimmt die Schweinezucht immer größeren Aufschwung; während nach der Ablösung größtenteils polnische Schweine gekauft wurden, befleißigt man sich jetzt selbst der Aufzucht. Kühe und Schafe werden nur von den Ritter= und Bauerngutsbesitzern gehalten, während sich die Arbeiter meistens mit einigen Ziegen begnügen. Da fast das Gros der Bevölkerung Arbeiter sind, welche entweder kein oder nicht genügend viel Ackerland haben, so erhalten sie von den Gutsherrschaften resp. Bauern und Kossäten etwas Land zum Kartoffelbau, auf das sie ihren Dünger bringen, wofür sie zur Handarbeit in der Erntezeit ver= pflichtet sind.

Da sich auf den in der Brandtsheide liegenden Rittergütern Wiesenburg, Schmerwitz, Glien und Mahlsdorf auch viele Beamten befinden, so ist auch der Handwerkerstand reichlich vertreten. Ein eigentümlicher Erwerbszweig ist der Wachs= handel. Die betreffenden Handelsleute durchziehen fast ganz Deutschland, um die Bienenraten (Raaß), d. h. die ihres Honigs entleerten Bienenzellen, aufzukaufen, welche dann gekocht und ausgepreßt werden.

Alles zusammengenommen ergiebt sich von selbst, daß der durchschnittliche Vermögenszustand der Brandtsheidebewohner nicht allzu glänzend genannt werden kann. Dagegen steht die Brandtsheide in sittlicher und kirchlicher Hinsicht keiner andern Gegend nach. Dies ist um so höher anzuschlagen, wenn man bedenkt, daß die meisten Bewohner oft von Montag früh 6 Uhr bis Sonnabend abend 7 Uhr auf den Gütern arbeiten müssen.

Daß die neue Zeit mit ihren Freiheiten und Rechten, ihrer Vergnügungssucht, ihrer Beförderung der Genüsse, des Luxus und des Verkehrs auch an dem sorglosen und leichtlebigen Brandtsheidenvolke nicht spurlos vorübergegangen ist, ist wohl selbstverständlich. Aber trotzdem kann über Trunk= und Spielsucht, Unzucht, Be= trügerei u. s. w. nicht allzu sehr geklagt werden; kirchlicher Sinn und Pietät ist jedenfalls mehr vorhanden, als in so mancher anderen Gegend.

Die Sprache der gewöhnlichen Bevölkerung in ihrem Verkehre untereinander ist das Plattdeutsche, wie es etwa auf dem Fläming gesprochen wird. An Sprach= merkwürdigkeiten und eigentümlichen Redensarten seien folgende genannt:

Schießel für Vogelscheuche,	Backen für Backofen.
Gatze für Gasse,	Wische für Wiese,
Schitzel für Schippe zum Broteinsetzen,	die Ploch für der Pflug,
Kachelkrücke für Ofengabel,	in Unstreit für in Streit,
foorts für sofort,	unbegampern für unbequem,
tängene für nebenan,	uf'n Plutz für plötzlich, augenblicklich,
einführig für unfreundlich,	Äde für Egge,
up en nah für beinahe,	ballstierig für auffahrend, heftig,
träschieren für peinigen,	aisch für ungezogen,
nonnich nich für noch nicht,	verbulgen für unbändig,
hellig für ausgetrocknet,	alleboft für jedesmal,
vergetzen für vergeßlich,	mohrensteen alleene für ganz allein.

Er hat sich verbrochen = er hat sich Schaden gethan, verhoben. Diese Frau hat schon zwei Männer tot = es sind ihr schon zwei Männer gestorben. Sie handelt mit blauem Zwirn und scheuert die Klinken = sie bekommt keinen Tänzer.

Was nun etwaige Eigentümlichkeiten in Sitten, Gebräuchen, Festlichkeiten u. s. w. anbetrifft, so ist etwas Besonderes kaum zu nennen. An Stelle der früher gebräuch= lichen Fastnacht= und Pfingstgelage sind jetzt Bälle und Konzerte getreten, zu denen die Musici oft aus Zerbst, Ziesar, Karlsbad u. s. w. herbeigeholt werden. Da den Brandtsheidebewohnern eine unverkennbare musikalische Anlage eigen ist, so giebt es

29*

in den meisten Ortschaften auch Gesangvereine, in denen neben der edlen Musika allerdings auch die Tanzkunst zu ihrem Rechte kommt.

Die in der Brandtsheide herrschenden Schulverhältnisse sind — wenn das Volk im allgemeinen auch auf Schule und Schulbesuch hält — nicht allzu günstig. Die überfüllten Klassen, die beschränkte Schulzeit, die mangelhaften Lehrmittel, die häusliche Inanspruchnahme, die dürftige Vorstellungs= und Lebewelt und besonders die plattdeutsche Mundart der Kinder sind Hindernisse, die der beste Wille, die größte Begeisterung selten ganz zu überwinden vermögen.

Wenn auch die geförderte Schulbildung, Zeitungslektüre und Volksbibliotheken dem Aberglauben kräftig entgegenarbeiten, so ist er besonders bei den alten Weibern noch lange nicht ausgestorben; insbesondere tritt er in der Form des Büßens oder Besprechens bei Krankheiten von Menschen und Tieren auf. Auch an das Behexen des Viehes wird noch mannigfach geglaubt. In der Walpurgisnacht

Nach einer Aufnahme von H. Zernsdorf=Belzig.

Das Hagelsberger Denkmal.

(1. Mai) werden vielfach drei Kreuze an die Stallthüren gemacht, um den Hexen die Macht über das Vieh zu nehmen. Verhängnisvoll erscheint es, wenn bei einem Begräbnisse das Grab „nachfällt“, 13 Personen am Tische sitzen, die Braut bei der Trauung den Ring verliert u. s. w. Die Pfingstmaien spielen eine ebenso große Rolle, als der Weihnachtsbaum. In der Adventszeit finden öfters Verkleidungen und das Herstellen des sogenannten „Schimmels“ seitens der Jugend statt. In manchen Ortschaften wird Heiligabend der heilige Christ herabgeläutet, in den Pausen werden Weihnachts= und Neujahrslieder gesungen. Vielfach werden in der Neujahrsnacht die Obstbäume behufs reicherer Obsternte mit einem Strohbande umwunden. Neujahr und Ostern spielen die Bündel (plattdeutsch Püngel) eine große Rolle. Es sind Gaben an Honigkuchen, Äpfeln, Stollen, Eiern und Nüssen, die den Kindern bis zum 12 Jahre von ihren Taufpaten in jenen Festtagen gegeben und ihnen in Tücher eingebunden werden. Ähnliche Bündel bringen die Taufpaten zur Kindtaufe mit; dieselben enthalten aber nur Semmel, welche bei der Mahlzeit mit gekochten Pflaumen belegt und den Zuhausegebliebenen, sowie Nachbarn und

Freunden als Pflaumensemmel mitgenommen werden. Vornehmere geben dafür auch Torten. Außerdem bekommt der Täufling von den Paten etwas „eingebunden", d. h. jeder Taufpate giebt ihm nach der Taufe ein sauber in Papier gewickeltes Geldgeschenk von 5 bis 10 Mark, welches dem Täufling unter den Kopf gelegt wird. Schön ist es, daß jeder Pate am Tauftage beim Eintritt in das Taufhaus Vater und Mutter mit einem frommen Spruche oder Wunsche begrüßt. Die allzugroßen Tauf- und mehrtägigen Hochzeitsfeste sind nicht gebräuchlich, wohl aber die Unsitte, am Polterabende zu „poltern", d. h. alte Töpfe u. s. w. vor dem Brauthause zu zerschlagen.

Nach einer photogr. Aufnahme von H. Zernsdorf-Belzig.

Schloß Wiesenburg.

Das Terrain der Brandtsheide ist meist wellenförmig; im Süden und Norden findet sich ein Hügelzug, der in seiner Mitte ein Tiefland hegt, das sich nach Westen zu wieder etwas erhebt. Die nördliche Erhöhung ist die Fortsetzung des hart angrenzenden 208 m hohen Hagelberges, auf dem eine aus Sandstein gearbeitete kolossale Borussia steht, deren Seiten von zwei 1870 erbeuteten französischen Festungskanonen flankiert werden; die südliche ist der Ausläufer des Flämings, der in dem benachbarten, südöstlich gelegenen Rabensteine mit interessanter Burg und prächtiger Umgebung einen hervorragenden Punkt hat. Man nennt jenen höheren Südrand der Brandtsheide den Frauenberg, auf dem die Frau Gräfin von Fürstenstein 1898 einen ca. 35 m hohen Aussichtsturm hat errichten lassen.

Im großen und ganzen ist die Brandtsheide wasserreich, mehrere Teiche befinden sich bei Wiesenburg. Der den Abfluß derselben aufnehmende Jeseriger Teich führt den Namen „See", jedoch ist die Fischerei heutzutage nicht von Belang.

Von den wichtigsten Ortschaften der Brandtsheide seien genannt: Wiesen= burg. Der Glanzpunkt desselben ist das herrschaftliche Schloß, welches an der Westseite des Dorfes auf einem mäßigen Hügel liegt, der west= und ostwärts ziemlich schroff abfällt, südwärts aber in ein künstliches, mit festem Mauerwerk ver= sehenes Plateau ausläuft, das prächtige Teppichbeete enthält. In der Mitte des Plateaus befindet sich eine wundervolle Halle mit Majolika geschmückt; sie trägt den großen Balkon des Schlosses, zu dem man von beiden Seiten auf Freitreppen empor= steigen kann. Das Schloß besteht aus vier Flügeln, die einen viereckigen, an drei Seiten mit breiten, ehrwürdigen Kastanien bepflanzten Hof umschließen. Inmitten desselben, eine Seltenheit in norddeutschen Schlössern, erhebt sich ein überaus zier= liches Brunnenhaus in Form eines von vier schlanken Pfeilern getragenen Baldachins, reich mit figürlichem und ornamentalem Schmuck bedeckt. Gleich zur rechten Hand des Schloßhofes befindet sich ein ehrwürdiger, etwa 50 m hoher Turm mit überaus dicken Mauern; seine Erbauung fällt gewiß in die Zeit, in der die ganz ähnlichen Türme zu Belzig und Rabenstein erbaut sind. Zu beiden Seiten der Schloßbrücke liegt der Wirtschaftshof, der vom Schlosse durch eine mit hohen Tannen bewachsene Schlucht getrennt ist. Auf den Wirtschaftshof gelangt man von der Dorfstraße her durch das „Männchenthor", das oben die Figur eines Ritters, der sich auf seinen Schild lehnt, trägt. An der Süd=, West= und Nordseite liegt der Schloßgarten, dessen durch Natur und Kunst herbeigeführte Schönheit schon manchen überrascht hat. Vor dem schon erwähnten Plateau befindet sich eine halb= kreisförmige, mit prächtigen Teppichbeeten versehene Anlage, welche von einer eigentümlichen aus großen Feldsteinen und (aus der Gegend von Kösen bezogenem) Tuffstein gebildete, von Berliner Arbeitern mühsam und felsenartig konstruierten Ein= fassung umgeben ist, die sich allmählich mit allerhand niedlichem Schlinggewäch über= ziehen. Zu beiden Seiten dieser Anlage dehnt sich der prachtvolle Park aus. Lange Alleen von Baumwiesen wechseln mit Wiesenflächen, Bosquets und Blumen= partien. Dazwischen befindet sich eine Fülle der seltensten und originellsten An= pflanzungen, so trifft man z. B. überall die herrliche, aber sehr empfindliche Douglas= tanne, so breiten sich anstatt des sonst üblichen grünen Unterholzes weitgedehnte Bosquets blühender Rhododendron unter den Baumpartien aus. Stundenlang kann man in diesem köstlichen Parke, wie er sich in einem Privatbesitze kaum noch finden dürfte, lustwandeln. Kaum merklich vollzieht sich der Übergang vom Park in den uralten Laub= und Nadelwald.

Ungefähr 4 km nordöstlich von Wiesenburg liegt das Rittergut Schmerwitz, das 1736 von dem Hauptmann von Brandt erbaut wurde. Im Geschmacke jener Zeit errichtete er ein einstöckiges Schloß mit zwei Flügeln, vor demselben legte er die nötigen Wirtschaftsgebäude, hinter demselben einen Garten an. In den Jahren 1870—1872 wurde der rechte, früher meist zu Wirtschaftszwecken benutzte, ein= stöckige Flügel abgebrochen und zweistöckig zu Wohnungsräumen aufgebaut. Die im linken Flügel liegende, 1740 eingerichtete Kapelle wurde in den siebziger Jahren ebenfalls renoviert und mit einem schönen Harmonium versehen. Desgleichen wurden 1868 südwärts vom Dorfe stattliche Treibhäuser zu schöner Blumenzucht, früher auch zu Ananastreiberei errichtet. Da der linke Flügel vor einigen Jahren ein Raub der Flammen wurde, so wurde vis-a-vis vom Schlosse ein neues schönes Gotteshaus erbaut. Dadurch, sowie durch verschiedene andere Anlagen hat Schmer= witz gegen früher ein ganz anderes Aussehen erhalten.

Auf der Mitte des Weges zwischen Wiesenburg und Belzig, ungefähr 5 km

Nach einer photogr. Aufnahme von H. Zernsdorf=Belzig.

Teppichbeete im Schloßparke Wiesenburg.

von jedem Orte entfernt, liegt das Dorf Klein=Glien, welches zwischen 1660 und 1670 zu einem Rittersitz eingerichtet wurde. 1838 wurde das jetzige stattliche Wohnhaus erbaut; da außerdem nach und nach auch noch verschiedene andere Ver= schönerungen an Wegen, Gärten, Alleen, an Gut und Dorf angebracht wurden, so gehört Klein=Glien, wenn es auch nicht allzu groß ist, doch zu den angenehmsten Ortschaften der Umgegend, wozu hauptsächlich auch die schöne Lindenallee beiträgt, welche einen Teil der Dorfstraße ziert. Zu den Annehmlichkeiten von Klein=Glien gehören außer sorglich gepflegten Obstbaumalleen noch zwei bedeutende Hügel. Und zwar zuerst der sogenannte Petersberg, 5 Minuten vor Glien rechts hart an der Chauffee nach Belzig. Auf ihm stehen in einem Kreise sieben Eichen zum Andenken an Herrn und Frau von Miltitz auf Siebeneichen bei Meißen. Man hat von dort einen herrlichen Überblick nach Osten über Belzig und die dahinter gelegene dörferreiche Landschaft. Auf der nördlichen Seite des Hügels führt die Belziger Chauffee in die Höhe; dicht neben derselben war sonst eine nicht unbedeutende Schlucht, in die schon mancher Wagen hinabgestürzt ist; 1856 wurde sie zugeschüttet. Ein anderer Hügel, südlich von Glien, ist der sogenannte Weinberg, nördlich mit Buschpartien, südlich früher mit Wein bewachsen und auf seiner Höhe früher ein kleines Lusthaus tragend. Dieser Weinberg ist jedoch, wie die früheren bei Belzig, eingegangen.

Das Dorf Mahlsdorf, welches ursprünglich nur aus Vorwerk und Schäferei bestand, ist erst allmählich zum Rittergute herangewachsen. Das Wohnhaus, anfänglich nur aus einer Stube, zwei Kammern und einer Küche bestehend, erfuhr nach und nach bedeutende Umgestaltungen und wurde mit den ausgesuchtesten Kunstgegenständen ausgestattet. Außerdem wurden 1866—1868 sämtliche Scheunen und Wirtschaftsgebäude weggerissen und der dadurch gewonnene Platz größtenteils zu schönen Parkanlagen umgestaltet, die sich in den südwärts von dem Hause schon früher befindlichen, kunstsinnig angelegten, mit Springbrunnen, schönen Marmor-Hemichklien u. s. w. geschmückten Garten fortziehen. Anfangs der fünfziger Jahre wurde einige Kilometer nördlich von Mahlsdorf ein ehrwürdiges Erbbegräbnis angelegt, das seiner idyllischen Lage wegen von keinem Besucher der Brandtsheide umgangen wird.

Auf dem Windmühlenberge bei Reetz sind vor einiger Zeit Urnen mit kleinen Waffen und verschiedenen Schmuckgegenständen aus der heidnischen Vorzeit ausgegraben worden, welche in Mahlsdorf aufbewahrt werden.

Fr. Bamberg=Ragösen.

Nach einer Zeichnung von W. Werner-Berlin.
Kirchgang in Burg.

Der Spreewald und seine Bewohner.

Wer von Berlin mit der Eisenbahn nach Görlitz fährt, gelangt nach ein- und einhalbstündiger Fahrzeit hinter der Station Lübben, dem Wirkungs- und Begräbnisort des Liederdichters Paul Gerhardt, in eine liebliche, zur Sommerzeit saftiggrüne Aue, die den Reisenden über Lübbenau hinaus bis Vetschau in östlicher Richtung begleitet. Dies ist die vier bis fünf Quadratmeilen große Spreewald= fläche. Freilich von einem eigentlichen Walde gewahrt der Passagier heute nichts mehr. Der Wald ist seit Anfang bis Mitte dieses Jahrhunderts bis auf einen kleinen im Osten der Aue sich erstreckenden Teil geschwunden.

Früher war die ganze, weite Niederung von einem gewaltigen Urwalde voll herrlicher Eichen, Buchen, Eschen und Erlen bestanden. Derselbe hatte mit dem halb Deutschland bedeckenden herzynischen Walde Verbindung und war der eigent= liche Rest des letzteren. Mächtig, majestätisch und schier undurchdringlich erhob er sich aus der moorigen Niederung. Nur ungern wagten sich die Randbewohner desselben in ihn hinein. Zu Fuß war er überhaupt nicht zu durchwandern, da der sumpfige Untergrund den kühnen Eindringling festgehalten und mit unrettbarem Tode bedroht hätte. Mancher Anwohner mag in ihm seinen Untergang gefunden haben, wie aus den schaurigen Märchen, die in den Kinder= und Spinnstuben er= zählt werden, zu entnehmen ist. Nach diesen sollen es freilich böse Zauberer und Kobolde, ja der Satan selbst gewesen sein, die in ihm hausten und Tod und Ver= derben verbreiteten. Nur auf Booten, die meistens aus einem starken Baum ge= zimmert, also Hohl= oder Einbäume waren, wie die Kanoes der Indianer, und „Plaunika“ genannt wurden, war es möglich, die vielen, mehr als als 300 Fluß= arme zu durchfurchen. Solche versunkene Fahrzeuge werden heute noch hin und wieder im Moorgrund aufgefunden. Die große Menge von Flußarmen mag das Hochwasser, das in der Niederung oft lange stand und keinen rechten Abzug hatte, sich selbst geschaffen haben. Erst die spätere Zeit hat zahlreiche Kanäle hervor= gerufen, welche die Wasserkalamität einigermaßen beseitigten.

Wie groß der Holzreichtum im Spreewalde war, geht daraus hervor, daß noch heute der Boden unter der Wiesendecke mit mächtigen umgesunkenen Eichen gleichsam gepflastert ist. Diese Erscheinung kann namentlich im Hochsommer bei niedrigem Wasserstande an den Flußufern recht deutlich wahrgenommen werden. Hin und wieder ragen die Waldkolosse sogar weit in das Wasser hinein und werden für den Kahnfahrer zur heimtückischen Nixe.

Da, wo jetzt freundliche, helle, grüne Wiesen sich ausbreiten, standen uralte, sturmgebeugte, knorrige Baumriesen wild durcheinander, grüne Gewölbe und geheimnisvolle Dome bildend. Noch 1460 war der Wald so mächtig, daß seine Vernichtung als Unmöglichkeit erschien, wie aus einer Belehnung des Schloßherrn von Seese durch den Kurfürsten Friedrich II. von Brandenburg hervorgeht. Dieser Schloßherr erhielt nämlich „eine ewige Freiheit in dem Walde Zcu Lubenau allerley holtz Zcu hawen, Zcu bauen vnd Zcu bornen (Brunnen), nyder Zcu legen odir von stunde weg Zcu furen, wie Jn das am bequemsten sein wirt." Doch schon 1591 mußte der Schloßherr von Lübbenau, der Besitzer des großen Lübbenauer Spreewaldes, eine Waldordnung erlassen, wonach den vierundvierzig holzberechtigten Ortschaften eine Einschränkung auferlegt wurde. Immerhin aber hatte noch jeder Eigentümer dieser Gemeinden das Recht, von Michaelis bis Walpurgis (29. Sept. bis 1. Mai) „Reis- und Zaunstangen an Werften (Haarweide) und Erlenreis und Holz, so viel sie zur Behegung ihrer Äcker und Gehöfte bedürfen, zu hauen." Außerdem aber durften Bürger und Bauern, „wanns im Winter verselt (zufriert), daß man in den Wald kann, und so (wer) die ewige Miete aufs Haus Lübbenau giebt", vierzehn Tage starkes Holz fällen. Doch war hierbei die Beschränkung auferlegt, nur eine Axt und einen Schlitten zu gebrauchen und nicht länger, als von Sonnenaufgang bis zu Sonnenuntergang arbeiten zu wollen. Nach Ausgang der vierzehn Tage erhielten die Berechtigten noch extra einen Schlitten Eschenholz, einen Schlitten Erlenstangen und einen starken Baum zu einer Krippe. Auch wurde das stark betriebene Holzflößen, „worauf sich einige Dörfer ganz gelegt", verboten, weil dadurch „der Ackerbau versäumt und der Wald verwüstet" würde. Jedem Gastwirt in allen den vierundvierzig Ortschaften sollten fünf Klafter „frei passirt werden, damit die frembden und Wandersleute nicht allein mit einer warmen Stube, sondern auch mit notdürftigem Bier versehen werden". Auch Bauholz wurde den Unterthanen des Schloßherrn zu holen erlaubt. Dasselbe wurde durch das Waldzeichen, eine „Greifs-Klawe", kenntlich gemacht. Wer mehr nahm, wurde als Dieb bestraft. Noch um 1800 wurden zu Lübbenau, wie Merkel in seiner „Erdbeschreibung Kursachsens" meldet, jährlich tausend Klafter Holz geschlagen.

Im preußischen Anteil des Spreewaldes, in welchem außer den Städten Cottbus und Peitz auch sämtliche angrenzende Dörfer holzberechtigt waren, war die Verwüstung des Waldes eine noch gewaltigere. In der Stadt Cottbus hatte jeder Bürger das Recht, acht Klafter Holz zu fordern, welches eine Summe von 26752 Klafter Holz pro Jahr für diese eine, allerdings größte Ortschaft repräsentierte. Dem preußischen Spreewald wurde deshalb auch früher das Ende bereitet, als dem sächsischen. Der Landesvater selbst, Friedrich der Große, trug nicht wenig dazu bei, den herrlichen

Urwald zu lichten. Nach Beendigung des Siebenjährigen Krieges wollte dieser Monarch nämlich, wie im Oderbruch, so auch hier ein Stück, seiner Meinung nach unwirtliches, Land ohne Schwertstreich erobern. Er gab deshalb an seine treuen, bewährten Unteroffiziere als Pension Teile des Spreewaldes zur Urbarmachung aus. Jeder derselben erhielt zehn bis achtzehn Morgen. Auf diese Weise entstand die Kolonie Burg, die dem Spreewald ungefähr tausend Hektar entzogen hatte. Mit Riesenschritten ging jetzt der Wald dem gänzlichen Untergange entgegen. Der Lübbenauer Spreewald bestand sechzig bis achtzig Jahre länger. Dann schlug auch seine Stunde, und er fiel allmählich, eines langsamen Todes sterbend, der vernichten= den Axt zur Beute.

In Kriegszeiten diente der gewaltige, undurchdringliche Wald den Bewohnern der benachbarten Städte und Dörfer oft als rettender Hort. Nahte eine feindliche Schar, so flüchteten sie mit ihrem Vieh und ihrer Habe auf Kähnen hinein und waren vor jeder Gefahr gesichert und geborgen, da keines fremden Ruhestörers Fuß ihnen in die Wildnis zu folgen wagte. Im Dreißigjährigen Kriege schlugen die Bürger von Lübben und Lübbenau sogar im Walde Hütten auf und richteten sich häuslich ein. Eine gewaltige, vor 35 Jahren erst gefällte Eiche wurde von den Lübbenauer Bürgern in jenem Kriege als Gotteshaus benutzt. Unter ihrem ge= heimnisvollen Rauschen wurden die heiligen Sakramente gespendet und das Wort Gottes verkündigt.

Drei Jahrhunderte lang diente der grüne Wald auch als blutiger Kampfplatz um das Mein und Dein. Zwischen den beiden Schwesterstädten Lübben und Lübbenau, die aus der uralten, mächtigen Wendenfeste Lubin hervorgewachsen waren, bestand keine feste Grenze. Da sich die Bürger der jungen Rivalinnen um eine solche nicht einigen konnten, wurde von der Mitte des 13. Jahrhunderts bis zum Jahre 1535 grausam um dieselbe gerungen. Die Lübbenauer Mannen waren all= mählich, Lübben an den Rand des Abgrundes und Unterganges drängend, bis hart vor den Mauern dieser Stadt erschienen. In ihrem jammervollen, tiefen Weh schrie die stolze Schwester, die, auf eigene Kraft vertrauend, so lange ungebeugt wie eine Löwin gekämpft hatte, verzweiflungsvoll zum Kaiser um Hilfe. Derselbe beauftragte seinen Bruder, den späteren König Ferdinand, die ewige Fehde zu schlichten und eine Grenze anzuordnen.

Heute finden wir von dem einstigen großen Walde nur noch auf königlichem und Straupitzer Revier am Ostrande des alten Urwaldes die Überreste desselben, ungefähr eine Drittelquadratmeile Waldfläche. Doch ist auf Lübbenauer Territorium durch den Grafen Max zu Lynar wieder mit Neupflanzung begonnen worden. Auch der Forstfiskus bringt seit dem Jahre 1886 dem allgemeinen Interesse für Erhaltung des letzten Stückchen Waldes ein großes Opfer, indem er auf Anregung des Regierungspräsidenten von Heyden=Cadow zu Frankfurt a. O. fortan die von den Touristen am meisten besuchte Strecke auf der Südseite zwischen der „Kanno= mühle" und der „Eiche" ungeschlagen, also zum Urwald wachsen läßt. So muß die Gegenwart wieder gut zu machen suchen, was die Vergangenheit gesündigt.

Aus der Zeit des einst so gewaltigen Urwaldes sind nur noch vereinzelte

Baumriesen übrig geblieben, die beredtes Zeugnis von der Üppigkeit und Frucht=
barkeit der Niederung ablegen. Zu diesen gehört in erster Linie die sogenannte
Florentineneiche bei Straupitz, die wohl mindestens ein tausendjähriges Alter hat.
Da ihr Umfang neun Meter beträgt, dürfte sie wohl einer der stärksten Bäume
Deutschlands sein. In ihrer Nachbarschaft stehen noch mehrere fast ebenso starke
Eichen. Auch diejenigen drei Eichen, welche vor dem Forsthaus „Eiche" stehen,
müssen als letzte stolze Säulen der vergangenen Pracht genannt werden.

Ist auch der Spreewald heute bei weitem das nicht mehr, was er in alten
Zeiten gewesen ist, so ist er doch immer noch ein hochgepriesenes, gottbegnadetes

Nach einer Zeichnung von Willy Werner=Berlin.

Spreewaldfahrt.

Fleckchen Erde, das jährlich viele tausend
Besucher anzieht und diese mit hoher
Wonne erfüllt. Professor Virchow sagt
in seiner, den Anthropologen im Jahre
1880 gewidmeten Schrift „Der Spree=
wald" mit Recht: „Die Erle ist der
eigentliche Repräsentant des Spreewaldes;
kaum irgendwo in Deutschland wächst
sie in gleicher Schönheit und Größe.
Trotz der Abholzung ist noch so viel
landschaftlicher Reiz erhalten, und dieser
ist von so ausgeprägter Eigenart, daß
kaum eine andere Gegend von Deutsch=
land ein Vergleichsobjekt darbietet." Wie
bezaubernd wirkt das stille, leise plät=
schernde Hingleiten des Kahnes in dem
Waldesdunkel. Im Schatten der schlanken,
himmelanstrebenden Erlen, fern vom
lauten Getriebe der geschäftigen Welt,
glaubt der Reisende durch ein Märchen=
reich zu schweben. Tritt dann gar an
dem Ostrande des Waldes das lieb=

liche Straupitzer Gelände mit dem nach Schinkelschem Entwurf gebauten Doppel=
turm und dem kegelförmigen Weinberg aus dem Grün hervor, dann wächst die
Schönheit des Bildes zu einer ungeahnten Fülle.

Einen anderen Charakter nimmt die Landschaft in Burg, dem an Umfang
Berlin gleich großen Ort, an. Die „Kolonie" und „Kaupen" zu Burg bilden kein
zusammenhängendes Ganze. In Entfernungen von einem halben bis zu einem ganzen
Kilometer erheben sich an dem Flußlabyrinth aus dem Wiesengrund kleine Hütten,
die von einem lieblichen Hain umsäumt sind. Schmale Fußsteige führen hier von
einem Nachbar zum andern. Über die Flußarme hinweg sind primitive Holzbrücken
im rohesten Rialtostil gelegt, welche Banken genannt werden. Um den Kahnverkehr
nicht zu stören, ruht nämlich auf hohen, eingerammten Pfählen ein Balken, zu dem von
beiden Ufern treppenartige Stiegen hinaufführen. Nur eine einzelne Person kann eine

solche „Bank" passieren, da ein Ausweichen auf derselben unmöglich ist. An den meisten Übergängen ist an der einen Seite eine Stange zum Anhalten für ängstliche Naturen befestigt. Trotzdem ist die Passage für Personen, die solche Verkehrswege nicht gewohnt sind, eine bedenkliche. Vor jedem Gehöft erhebt sich aus dem Wasser ein Fischkasten, in dem die gefangenen Fische zum Sonntags= oder Festmahl eingesetzt werden.

Ein ganz anderes Bild bietet der Spreewald zur Winterszeit. Die Herbst= regen füllen die Niederung bald so sehr mit Wasser an, daß es über die Flußufer tritt und sich auf die Wiesen= und Waldflur ergießt. Der schöne Spreewald er= scheint dann wie ein großer See. So weit das Auge reicht, erblickt es nur eine weite Wasserfläche. Doch ist diese nicht eintönig, sondern wird malerisch von Bäumen,

Nach einer photogr. Aufnahme der Spreewaldbuchhandlung in Lübbenau.

Forsthaus Eiche im Winter.

Sträuchern, grünbemoosten Hütten und schwimmenden Fahrzeugen unterbrochen. Bis hart an die Hausschwelle der Häuser tritt das Wasser, ja geht zuweilen unter den luftig gebauten Wohnstätten hinweg. Ein Ausflug ins Freie, selbst nur bis zum nächsten Nachbar, ist jetzt nur zu Kahne möglich. Überzieht aber der Frost die stille Wasserflut mit einer Eisdecke, dann beginnt für den Spreewaldbewohner ein neues, großartiges, reges Leben. Jung und alt, zarte Kinder und Greise holen die Schlittschuhe von dem Boden und tummeln sich auf dem Eise. In solcher Zeit giebt es im Spreewalde keine Entfernungen. Wohin sonst der lang= same Kahn nicht gleiten wollte, dahin sausen die flügelgeschwinden Stahlrosse. Auf meilenweite Fernen werden Besuche abgestattet. Jetzt zieht auch der Stadtbewohner in das Eismeer. Touren von fünf bis acht Meilen, von Lübbenau nach Straupitz,

Byhleguhre, ja selbst bis Peitz und zurück werden spielend ausgeführt. Nicht nur die Bewohner der Spreewaldstädte Lübben, Lübbenau, Vetschau und Cottbus wetteifern mit den Eingeborenen auf der spiegelglatten Fläche, sondern auch Sportsmen aus Berlin, Dresden, Görlitz u. s. w. treffen zum herrlichen Vergnügen hier ein. Eine Eisfahrt im Spreewald ist ohnegleichen schön. Wendische Jünglinge und Mädchen in ihrer malerischen Spreewaldtracht wechseln aufs lieblichste mit eleganten Herren und Damen der Städte ab. Wie im Kaleidoskop, so treten immer neue Bilder vor das Auge. Auch das Ohr wird der jauchzenden Freudenrufe im wendischen und deutschen Idiom nicht müde.

Nur die Zeit, in welcher das Eis noch nicht hält, oder durch den Auftau bereits gelitten hat, so daß weder eine Eis- noch Wasserfahrt möglich ist, wird für

Nach einer photogr. Aufnahme von Römmler & Jonas, Dresden.

Häuser in Leipe.

den Spreewaldbewohner eine peinvolle und ängstliche. Dann ist derselbe nicht nur von der Post und Kirche, sondern auch von dem Arzt und der Apotheke abgeschnitten. Wehe zu solcher Zeit dem armen Kranken oder der ächzenden Wöchnerin! Erheischt es die Not, so muß auf eisenbeschlagenen, mit Kufen versehenen Kähnen von kühnen Männern die mühsame Fahrt gewagt werden. Tritt zu der erwähnten Zeit ein Todesfall ein, so ist die männliche Bevölkerung des Orts verpflichtet, mit Äxten eine Fahrstraße in das Eis bis nach Lübbenau zu bahnen, um die Leiche zu Kahne zur letzten Ruhestatt auf den Kirchhof dieser Stadt schaffen zu können. Es ist schon vorgekommen, daß der Briefträger acht Tage lang mit seinem Kahne nicht in den Spreewald einzudringen vermochte. Doch glücklicherweise dehnt sich dieser Übelstand nur in seltenen Fällen so lange aus. Meistens ist er in einigen Tagen gehoben.

Mit dem Walde ist auch das zahlreiche Wild geschwunden. Zu Ende des vorigen Jahrhunderts fand man noch Wildkatzen und Wildschweine, namentlich letztere in großer Fülle. Hirsche waren in solcher Masse vorhanden, daß im Jahre 1784 bei dem Dorfe Raddusch nach dem Frühjahrsauftau in einer Herde 293 Stück gezählt wurden. In der Jagdfreiheit 1848 fand auch diese edle Jagdbeute ihren Untergang. Im 16. Jahrhundert barg der Urwald noch Wölfe, Bären, Auerochsen und Elentiere. Um die Mitte des 17. Jahrhunderts ward der letzte Bär erlegt. Auch die Uhus, die den einsamen Nachtfahrer auf seinem Kahne oft erschreckten, sind im Laufe dieses Jahrhunderts mit den alten, hohlen Bäumen, die ihnen Brutstätten boten, vollständig geschwunden. Nur Wildenten und Singvögel beleben noch den Spreewald reichlich. Der Zeisig jedoch, der vorzüglich Erlenwaldungen liebt, wird nur noch vereinzelt angetroffen. Sein Schwinden ist sicherlich auch dem Umstand zuzuschreiben, daß die Bäume vor dem Hohlwerden geschlagen werden. In früherer Zeit war der Zeisig im Spreewald so stark vertreten, daß sein Fang den Bürgern Lübbenaus zu einer Erwerbsquelle gereichte; denn als der Kanarienvogel in Deutschland noch nicht bekannt war, mußte der Zeisig seine Stelle als Stubensänger vertreten.

Die heute von den Touristen besuchtesten Punkte des Spreewaldes sind der Kirchgang der Wenden in Burg, das Dorf Leipe, die Polenzschänke, die Straupitzer Buschmühle, die Forsthäuser „Eiche", „Kannomühle" und „Schützenhaus"; die Spreewaldperle Wotschofska und endlich das Lagunendorf Lehde, welches bei den Touristen und Malern unter dem Namen „Spreewald=Venedig" bekannt ist. Großartig wirkt das bunte, malerische Bild des Kirchgangs zu Burg auf den Großstädter. In schillernden Farben, den Kopf durch große, weiße Tücher verhüllt, erscheinen die Frauen und Mädchen aus allen Himmelsrichtungen vor der Kirche, um hier vor Beginn des Gottesdienstes einander Freud und Leid zu offenbaren, da manche Verwandte, die zwei bis drei Wegstunden von einander entfernt wohnen, sich die ganze Woche nicht treffen. Während des wendischen Geplauders der hübschen, frischen Mädchen in ihren seidenen Gewändern hat der Fremde Zeit genug, die feinen Stoffe und die freundlichen Gesichter zu bewundern. Die Männer tragen kein Nationalkostüm mehr; an ihnen verdient nur beobachtet zu werden, daß sie sämtlich rasiert, also bartlos einherschreiten. — Die Kannomühle liegt, wie Dornröschens Schloß, in tiefer Waldeinsamkeit versteckt da. Dem von Burg und der „Eiche" Kommenden steigt sie, die früher eine wirkliche Wald= und Wassermühle war, jetzt aber das Heim eines königlichen Försters geworden ist, mit ihrem roten Dach urplötzlich aus dem grünen Laube des majestätischen Waldes wie hingezaubert hervor. Die Waldpracht und die himmlische Ruhe nehmen all unser Sinnen gefangen. Wir scheinen aus dem Geräusche dieser Welt in eine andere, lieblichere versetzt zu sein. Wer einmal auf dem leise hingleitenden Kahn diese Spreewald= landschaft, den glückseligen Waldfrieden genossen hat, der behält das Bild Zeit seines Lebens in seiner Seele. — Die Spreewaldperle Wotschofska liegt ähnlich schön und versteckt, wie die Kannomühle. Sie wird nach dreißig bis fünfzig Jahren wohl der schönste und gepriesenste Spreewaldpunkt werden, wenn der heutige prächtige, junge Eichenwald, der sie so treulich schirmt und umschließt, erst groß geworden sein wird. Schon heute jubelt hier die Seele: O ihr heiligen Hallen, wie träumt sich's in eurem Schatten so süß! — Wotschofska heißt zu deutsch

Wasserwirtschaft. Hier stand früher ein gräflich zu Lynarsches Forsthaus, das wahrscheinlich den Holzhauern, denn an Touristen war damals noch nicht zu denken, Speise und Trank spendete. Das jetzige neue Etablissement ist erst im Frühjahr 1894 errichtet worden. — Besonders idyllisch liegt das Lagunendorf Lehde unter hohen, gewaltigen Erlenbäumen da. Die alten Blockhäuser mit ihren vielfach grünbemoosten Rohr- und Schilfdächern haben schon mehr als ein Vierteljahrtausend über sich dahinrauschen sehen. Die Balken sind bei frohem wendischen Geplauder zusammengefügt worden; doch heute umschwirren sie nur deutsche Laute. Fast jedes

Gehöft ist hier von Wasserarmen inselartig abgeschlossen, so daß ein Nachbar den andern nur zu Kahne besuchen kann. Selbst die Kinder können nur mit diesem Fahrzeug zur Schule gelangen. Der Ort verdient also mit Recht die Bezeichnung „Lagunendorf", oder „Spreewald-Venedig". Im Gasthause ist man vorzüglich aufgehoben, und unter den stattlichen Erlenbäumen desselben läßt sich's auch nicht übel ruhen. Überall im Spreewald, sofern die Mücken dem Besucher das Vergnügen nicht verderben, ist es schön, und man möchte an jedem Punkte ausrufen: Ich weiß nicht, wohin mit all' der Lust und Freud! — —

Eigenartig, wie die Landschaft, sind auch die Bewohner des Spreewaldes. Mitten in deutschen Landen leben sie, ein im Aussterben stehendes fremdes Volk, das heute nur noch im südlichen Teile der Mark Brandenburg, im nordwestlichen der Provinz Schlesien und im östlichen

Nach einer photogr. Aufnahme von Römler & Jonas, Dresden.
Waldpartie zwischen Eiche und Kannomühle.

des Königreichs Sachsen spärlich Wurzeln zu schlagen vermag. Es sind dies die Reste des einst großen, mächtigen Volkes der Wenden, das sich zwischen der Elbe und Oder, von den Quellen dieser Flüsse bis zu deren Mündungen, ausgebreitet hatte. Ja, einzelne Wellen ergossen sich noch weit über diese natürlichen Grenzen hinaus bis nach Südtirol, dem Rhein, Thüringen und dem „Grenzort" Delitzsch.

Zu Ende des vierten Jahrhunderts unserer Zeitrechnung erfaßte verschiedene Stämme der alten Germanen ein Wandertrieb. Sie zogen nach Italien, Frankreich, Spanien und bis nach Nordafrika. Die verlassenen Wohnplätze wurden allmählich von einem Volke eingenommen, das aus Asien kam und sich hier inmitten Deutsch-

lands seßhaft machte. Dies waren die Sorben oder Wenden. Doch nicht sämtliche
Germanen waren ausgewandert, sondern ein Teil derselben blieb im Lande zurück.
Diese mußten jedoch der eindringenden Übermacht weichen und mit den schlechtesten
Wohnplätzen, meistens auf sandigen Hügeln, vorlieb nehmen. Sie bildeten im
Laufe der folgenden Jahrhunderte unter der wendischen Bevölkerung die unter=

Ältere Spreewälder.

gebenen dienstpflichtigen, kleinen Leute, die Ludky, oder wie die Sage sie bezeichnet,
Luttchen. Sie sollen erst untergegangen sein, als die Glocken, d. h. das Christentum,
ins Land kamen. Durch das Christentum und die diesem folgende Germanisierung
der Wenden verschmolzen sie mit letzteren. Dieser Prozeß vollzog sich verhältnis=
mäßig schnell, da eben noch deutsche Reste als unzählige kleine Sprachinseln unter
den Wenden vorhanden waren. Daß dies wirklich der Fall war, beweisen geschicht=

liche überlieferung, Sagen und manche Ausdrücke und Namen für Gegenstände und Spiele, die die Wenden von den Deutschen entlehnten.

Die Wenden waren ein fleißiges, betriebsames und handeltreibendes Volk. Ihnen verdanken wir, wie die vielen Urnenfriedhöfe beweisen, die Gründung des seßhaften Lebens und die Anlage der meisten Ortschaften, die heute noch die ihnen nach Lage oder Umgebung treffend beigelegten slavischen Namen tragen und nur hin und wieder, wie Grabin, ein finsterer Wald, in Finsterwalde, übersetzt worden sind.

Drei Jahrhunderte lang lebten die Wenden und Deutschen friedlich unter- und nebeneinander. Während dieser Zeit, also während des 5., 6. und 7. Jahrhunderts, blühten die Wenden zu einem mächtigen, reichen und herrlichen Volke empor. Ihr Handel hatte sich lebhaft entwickelt. In ihrem Hafenort Wineta an der Odermündung sollen oft dreihundert Schiffe zu gleicher Zeit vor Anker gelegen haben. Aus Dänemark, Schweden, Deutschland, aus allen slavischen Ländern, ja sogar aus dem Orient, wie noch mancherlei Funde beweisen, strömten die Völker hier zusammen, um ihre Tauschgeschäfte zu besorgen. In dieser ihrer Blütezeit mögen die Wenden auch die meisten der heute noch existierenden Ortschaften angelegt haben. Da in den damaligen Zeiten von Straßen und Wegen noch nicht die Rede war, so gründeten sie selbstverständlich ihre Wohnstätten am liebsten an den natürlichen Verkehrsstraßen, an Flüssen. Auch die alte Stadt Lübben muß auf diese Weise und um diese Zeit entstanden sein. Allmählich hatte dieselbe sich von dem heutigen Lübben bis nach Lübbenau, also ungefähr eine Meile weit, an den Ufern der Spree entlang ausgedehnt. An beiden Seiten des Flusses war der mächtige, herrliche Urwald abgeholzt worden, so daß eine liebliche Flußaue, die von dem tiefdunklen Waldesgrün eingerahmt war, sich gebildet hatte. Diese Aue, in der in kleinen Entfernungen voneinander die Wenden ihre Blockhäuser errichtet hatten, gab dem Orte den Namen „Lubin". Lubin, aus dem später Lübben entstanden ist, heißt das Tiefe, also in niedrigem Wiesengrund am Flußlaufe entlang Erbaute.

Auf die goldene, drei Jahrhunderte umfassende Friedenszeit der Wenden folgten vier Jahrhunderte des blutigsten Krieges. Nachdem nämlich die Deutschen Christen geworden waren, betrachteten sie die Wenden nicht mehr als fleißige, friedliche Nachbarn, sondern als Heiden und Feinde, die auf alle Fälle ausgetilgt oder zum Christentum geführt werden müßten. Wie tief der Groll der Deutschen gegen die Wenden entfacht war, ersehen wir aus aller Schmach, die sie diesen anthaten. Sie dichteten ihnen nicht nur den Elternmord an, obwohl gerade bei den Wenden die Eltern- und Kindesliebe tief wurzelten, sondern behandelten sie überhaupt wie Hunde, denen man ein gegebenes Wort nicht zu halten brauche. Welcher Abscheu mußte sich da der Wenden gegen die Deutschen bemächtigen, da erstere nichts mehr haßten und verachteten, als den Dieb und Lügner! Auch gebildete Deutsche hatten ein Vorurteil gegen die Wenden. So schreibt Dietmar von Merseburg ums Jahr 1000: „Wenn der Slave gehorchen soll, muß man ihn Heu fressen lassen, wie einen Ochsen und prügeln, wie einen Esel." Selbst der heilige

Bonifacius läßt nicht ein gutes Haar an den Wenden und nennt sie Lumpen=
gesindel — foedissimum genus. Daß die gute alte Zeit vielfach Roheiten im
Gefolge hatte, ist geschichtlich ja bekannt, da doch selbst der sonst edle Markgraf
Gero soll dreißig wendische Ritter heimtückisch haben hinmorden lassen; doch sind
sicher auch hier nur die Splitter in dem Auge des Feindes gesehen worden, nicht
aber die Balken in dem eigenen. Es entspann sich deshalb ein gewaltiger Kampf,
ein Jahrhunderte andauerndes schweres, blutiges Völkerringen um Sein oder Nicht=
sein. Endlich im Jahre 1143, mit dem Tode des zum Christentum übergetretenen
Wendenfürsten Pribislav, der sein Land an Albrecht den Bären vermacht hatte,
war das Wendentum gebrochen. Doch fehlte

es durchaus nicht an noch einzelnen Er=
hebungen, um das verhaßte deutsche Joch
abzuschütteln. Suchte doch der Wenden=
fürst Jaczo, ein Verwandter des verstor=
benen Pribislav, im Jahre 1157 das ver=
lorene Wendenland Albrecht dem Bären
wieder zu entreißen. — Auch um Magde=
burg dauerte das blutige Ringen noch
schwer und hart fort. Von hier aus, wo das
Heidentum sich am längsten hielt, sollte auch
der großen Stadt Lubin der Todesstoß
versetzt werden. Ein Zinnascher Abt er=
zählte in einer alten Jüterboger Chronik,
daß im Jahre 1179 oder 1180 Wenden=
horden über Jüterbog gekommen und alles
verwüstet, den Abt in Zinna erschlagen, des
Markgrafen Heer zerstreut, den Dietrich von
Beyersdorf getötet und sengend und mor=
dend ihren Weg bis Lubin fortgesetzt hätten.
Was sollte dieser Zug bedeuten, in dem
Wenden gegen Wenden mordend zogen? Es
war ein Rachezug der zähen Wenden gegen
die abtrünnigen, gegen die deutsch und

Nach einer phot. Aufn. d. Spreewaldbuchhlg. in Lübbenau.

Spreewälderin am Spinnrocken.

christlich gewordenen. Lubin hatte jedenfalls in jener Zeit das Christentum ange=
nommen, mit dessen Verbreitung in der Gegend der heutigen Stadt Forst im
Jahre 920 der Anfang gemacht wurde. Diesen Übertritt zum christlichen Glauben
mußte unsere Spreewaldstadt mit ihrem Untergang besiegeln. Doch neues Leben
blühte aus den Ruinen. Gleich einem Phönix erstanden neuverjüngt aus der einen
Stadt deren zwei, die beiden Schwesterstädte Lubin und Lubinnow, Neu=Lübben,
das heutige Lübbenau. Lübbenau ist aus dem uralten, großen Lubin hervorgegangen.
Auf der jetzt verödeten Fläche zwischen Lübbenau und Lübben hat also einst recht
fröhliches Wendenleben gewaltet und glückliche und trübe Tage an sich vorüberziehen
sehen. Noch treten einzelne Erhöhungen, die künstlich geschaffen sind, hier deutlich

zu Tage, am meiſten jedoch der alte Opfer= und Begräbnisplatz, der über vier Hektare große Barzelin, auf dem die Urnen noch bis in die fünfziger Jahre dieſes Jahr=
hunderts unter= und nebeneinander wie gepflaſtert ſtanden.

Hier auf dieſer heiligen, ehrwürdigen Fläche umzieht den Spreewäldler ein
geheimes Wehen, ein Rauſchen und Grüßen der Väter aus grauer Vorzeit. Hier
ſieht er oft noch zu Tages= und Nachtzeiten Geſtalten aus längſt vergangenen
Jahrhunderten in wunderlichen Trachten an ſich vorüberwandeln. —

Seit der Niederlage der Wenden durch die Deutſchen iſt auch der Niedergang
derſelben unaufhaltſam fortgeſchritten. Wir ſtehen nicht mehr fern von dem Zeit=
punkt, an welchem der letzte Wende einſam und unverſtanden in Trauerliedern ſein
geſchwundenes Volk beklagen wird. Es erfüllte ſich allmählich das Wort eines
ihrer Geſchichtsforſcher: „Unſere Nationalität, Sitte und Sprache ſind wie die
Felſen von Helgoland, von welchem die ſpülende Meereswoge jährlich ein Stück
nach dem andern abreißt, bis endlich das unglückliche Eiland verſchwinden wird.“
Seit dem zwölften und dreizehnten Jahrhundert ſchmolz der rieſige Eisblock des
Wendentums unaufhörlich weiter und weiter. Den einwirkenden Strahlen der
germaniſchen Geiſtesſonne, die ſich mächtiger, als vorher Feuer und Schwert zeigten,
vermochte er nicht zu widerſtehen. Mit Beginn des fünfzehnten Jahrhunderts
waren die Städte der Niederlauſitz vollſtändig deutſch. Sämtliche Gerichtsverhand=
lungen wurden in deutſcher Sprache geführt. Der Gottesdienſt für die umliegenden
Dörfer wurde jedoch noch lange, bis zur Mitte des vorigen Jahrhunderts, ja
teilweiſe, wie in Vetſchau, Cottbus und Burg, bis heute wendiſch beibehalten. Am
meiſten wurde ſeit Mitte des vorigen Jahrhunderts am Untergange des Wenden=
tums gearbeitet, wie aus einem Ausſpruch des zu Ende des vorigen und im Anfang
dieſes Jahrhunderts zu Lübbenau amtierenden Geiſtlichen Hellwig hervorgeht.
Dieſer wünſchte, „daß man mit dem Vertilgen der wendiſchen Sprache langſam
und menſchenfreundlich zu Werke gehen möchte. Es ſei grauſam, den armen Wenden,
die durch vorzüglich fleißiges Kirchengehen ſich vorteilhaft auszeichnen, und die,
auch wenn ſie über die Gegenſtände des gewöhnlichen Lebens ſich deutſch ausdrücken
können, doch nicht im ſtande ſind, einem zuſammenhängenden Vortrag zu folgen,
gewaltſam und auf einmal die Freude zu rauben, die Predigt des Evangeliums
in der Mutterſprache zu hören“. Der Anfang mit Ausrottung des Wendiſchen
ward in den Spreewalddörfern hauptſächlich mit Gründung der Schulen nach dem
Jahre 1700 gemacht. Im Spreewalddorfe Lehde ward 1719 der erſte Lehrer an=
geſtellt. Dieſer geriet mit ſeiner Gemeinde, die ihm mancherlei vorzuenthalten ſuchte,
in Streit. Um ihn wieder loszuwerden, ſchützte dieſe in einer Klage an den Patron
vor, ihre Kinder lernten bei dem Katecheten, ſo wurden die erſten Lehrer genannt,
nicht genügend Deutſch. In ſeiner Verteidigungsrede ſagt der Angeklagte, „daß er
den Kindern ſowohl den deutſchen, als den wendiſchen Katechismum lerne, wiewohl
mit dieſem Unterſchied, daß er diejenigen Kinder, ſo wenig zur Schule kämen, mehr
an den wendiſchen Katechismum, als an den deutſchen gewöhne. Im übrigen gäbe
es ja die Erfahrung, daß die Kinder in Lehde ziemlich Deutſch könnten, und wäre
daher offenbar, daß ſie ſolches von ihm gelernt haben müſſen, weilen ſonſt niemand

im Dorfe sei, der der deutschen Sprache mächtig wäre." Heute ist in Lehde fast
keine Spur des Wendischen mehr anzutreffen.

Der Germanisierungsprozeß schreitet langsam, aber unaufhaltbar weiter. Im
abgeschlossenen wald- und wasserreichen Spreewald hat das Wendentum und die
wendische Tracht sich noch am längsten erhalten. Doch ist auch hier jetzt die Axt
den Bäumen an die Wurzel gelegt durch den in allen Schulen eingeführten deutschen
Unterricht. Friedlich schreitet nun das Geschick im Wendenlande seine Bahn. „Es
ist", schreibt Andree, „ein allmähliches Einschlafen, dem die slavische Sprache hier
unterliegt; sanft gleitet sie hinüber in das Deutsche, und dem germanisierten Slaven

Spreewaldmädchen
im Sonntagsstaat,   als Braut,   in Trauer,   als Brautjungfer

eröffnet sich dadurch ein weiterer Horizont. Aus der engen Beschränktheit des
wendischen Dorflebens, aus einer kleinen Insel, tritt er hinaus in die weite Welt,
in das frische Kulturleben." Es ist heute nicht mehr nötig, bei Todesstrafe den
Gebrauch der wendischen Sprache zu untersagen, wie es im dreizehnten Jahrhundert
häufig geschah. 1293 verbot Bernhard II. von Anhalt das Wendische als Gerichtssprache. In Altenburg verlor sich die wendische Sprache erst nach 1327, nachdem
Landgraf Friedrich dieselbe bei Todesstrafe verboten und jeden Wenden zur Ausübung eines Amtes für untüchtig erklärt hatte. Ebenfalls in demselben Jahre ward
auch das Wendische in Leipzig und Zwickau verboten. In Meißen schwand es erst
nach 1424. Auf Rügen starb die letzte wendische Frau, Namens Gülz, 1404.

In der Stadt Lübbenau finden wir im Jahre 1430 ebenfalls die deutsche Sprache als Gerichtssprache bereits eingeführt. Doch muß in der Bürgerschaft immer noch mancher Wende seßhaft gewesen sein, da bis zur Mitte des vorigen Jahrhunderts den Handwerkslehrlingen in den Lehrbrief geschrieben wurde, daß sie guten „teutschen Geblüts und nicht wendischer Nation" seien. Man sieht hieraus, daß auch in den kleinen Spreewaldstädten den Wenden zur Unterdrückung ihrer Nationalität allerlei Beschwerden in den Weg gelegt wurden, die sie an ihrem Fortkommen hindern sollten. Sie wurden weder als Beamte, noch als Handwerker in die Innungen aufgenommen.

Wie im politischen Leben Bewegung und Gegenbewegung sich folgen, so lassen auch in der Geschichte des Niederganges der Wenden sich ähnliche Erscheinungen nachweisen. Gerade unmittelbar nach den ernstesten Anstrengungen im vorigen Jahrhundert, sie ganz zu verdeutschen, erhielten sie im Jahre 1761 ihre erste und vorzügliche Grammatik durch den vielsprachigen Oberpfarrer Hauptmann zu Lübbenau, der zehn Sprachen fließend sprach. Auch gab derselbe ein wendisches Gesangbuch heraus. Doch konnte hierdurch die begonnene, vorwärtsschreitende Germanisierung nur verzögert, nicht aufgehalten werden; denn die Wenden kamen selbst immer mehr und mehr zu der Überzeugung, daß für das weitere Fortkommen ihrer Kinder der Unterricht im Deutschen eine große Wohlthat sei, weshalb sie auch mit dem deutschen Charakter ihrer Schulen sich von Jahr zu Jahr mehr befreundeten.

Es sei hier noch ein statistischer Nachweis der Abnahme des Wendentums in diesem Jahrhundert beigefügt. Im Jahre 1843 betrug die Zahl der preußischen Wenden 135 700; im Jahre 1861, also achtzehn Jahre später, nur noch 83 441. Sie hatten in dieser kurzen Spanne Zeit um 52 209 Seelen abgenommen, also in jedem Jahre durchschnittlich um 3000. Im Jahre 1882 ließ der preußische Kultusminister eine Statistik sämtlicher schulpflichtigen Kinder der Monarchie aufnehmen. Aus derselben ergab sich, daß die Anzahl dieser Kinder fast genau 22 Prozent der Gesamtbevölkerung betrug. Unter diesen Kindern waren 6600, die nur wendisch verstanden, während 6000 vorhanden waren, die sowohl wendisch wie deutsch sprachen. Schließt man hieraus auf die wendische Bevölkerung, so ergiebt sich, daß im Jahre 1882 einschließlich der Kinder 30 000 echte Wenden, und 27 273 solche, die bereits auch das Deutsche verstanden, existierten. Zählen wir beide Gruppen zusammen, so erhalten wir immer nur eine Zahl von rund 57 000 Wenden. Die Nation ist mithin von 1861 bis 1882, also in 21 Jahren, abermals um mehr denn 26 000 Personen geringer geworden. Durch den erhöhten Verkehr, durch die Eisenbahnen, die in die Wendengaue einschneiden, und durch die deutschen Schulen sind die Stunden der wendischen Sprache gezählt. Im Jahre 2000 dürften sicherlich die letzten Reste geschwunden sein. Die Wendensprache wird dann als tote nur noch von einzelnen Gelehrten aus Büchern erlernt werden. Das fleißige, betriebsame Volk aber, das ein und ein halbes Jahrtausend unser Gast war, wird neugeboren und im Deutschtum aufgegangen weiter die alten Marken bewohnen. — Nicht unerwähnt soll hier bleiben, daß gerade Germanen die letzten Träger des Wendentums im Spreewald sind. Nach Beendigung des Siebenjährigen Krieges sandte König Friedrich II. von Preußen alte, abgediente Unteroffiziere in den Cottbuser Teil des urwaldlichen Spreewaldes, der nach seiner Meinung als unwirt= liches Land keinen Wert hatte. Jeder derselben erhielt eine Fläche von sechzehn Magdeburger Morgen angewiesen, die er urbar machen und gegen einen jährlichen kleinen Erbzins als Eigentum besitzen und bewohnen sollte. Diese Leute haben, da rund um sie her alles wendisch war, sich ebenfalls dieser Sprache angeschlossen. Heute aber sind sie es gerade, die auf ihren einsamen Höfen am zähesten und festesten an der alten, schönen Slavensprache hängen und sie hegen und pflegen. — Mit der Sprache schwanden auch die Lieder, die Sitten und Gebräuche der Wenden. Ein großes Verdienst haben sich darum Haupt und Schmaler erworben, die um 1840 die wendischen Lieder, Sagen, Märchen, Sprichwörter, Sitten und Gebräuche, wie auch Kinderspiele sammelten und herausgaben. Leider ist das statt= liche Werk vergriffen und im Buchhandel nicht mehr zu haben. Einzelne der Lieder sind auch von deutschen Dichtern bearbeitet worden, wie z. B. das folgende von Hoffmann von Fallersleben, das ich hier in der Übersetzung von Haupt und Schmaler wiedergebe:

Unzertrennliche Liebe.

Abends, des Abends war's finster gar sehr,
niemand im Dörfelein leuchtete mehr.
Niemand mehr leuchtet im Dörfelein,
sang keine Lerche mehr dort am Rain.
Heim führt der Bursche sein Mägdelein,
führt vorbei sie am grünen Hain;
führt sie am Weidengebüsche vorbei,
redet so viel und so mancherlei.
Vieles erzählten dort beide sich,
klagten die Not sich so bitterlich.
„Wirst du gescholten, mein Liebchen, um mich,
werd ich hingegen gescholten um dich.
Möge die Liebe sich trennen geschwind,
so wie wir früher vereiniget sind;
mög' sie sich trennen mit Regen und Wind,
so wie wir früher vereiniget sind;
möge sie sich mit dem Winde verwehn
und in dem fließenden Regen zergehn!
Fest ist der Stahl und das Eisen gar sehr,
unsere Liebe ist fester noch mehr.
Eisen und Stahl trennt der Hammer gar bald,
unsere Liebe weicht keiner Gewalt.
Eisen und Stahl, sie verschwinden, vergehn,
unsere Liebe wird ewig bestehn." — —

Besonders innig und sinnig und das tieffühlende Gemüt der Wenden kenn= zeichnend ist folgendes Lied:

Die Wiederkehr.

Dort unten in dem grünen Thal
steht eine Linde schön und grün.
Zwei schöne Kinder saßen da,
versprachen sich mit Herz und Mund
der ehelichen Treue Bund.
„Mein Lieb', nun reis' ich fort fürwahr,
noch muß ich wandern sieben Jahr."
„„Und mußt du wandern sieben Jahr,
will ich dir bleiben treu fürwahr!""
Vergangen sind die sieben Jahr,
dazu vier Wochen noch, fürwahr.
Wohl in dem Garten saß in Leid
dort unterm Rosenstrauch die Maid.
Dort saß und weinte sie gar sehr;
Das Warten ward ihr doch so schwer.
Da ritt ein Reiter nah vorbei,
der fragte so das Mägdelein:
„Weswegen weinst du, Mägdelein?
Starb Vater oder Mutter dir?
Hast etwa einen bösen Mann?"
„„Nicht Vater starb, nicht Mutter mir,
und einen Mann, den hab ich nicht.
Mein Liebster wandert weit umher
und hat versprochen Wiederkehr.""
„Bin gestern durchgeritten dort,
wo seine Hochzeit war im Ort.
Willst du ihm sagen lassen was,
mitnehmen will ich gerne das."
„„Ich wünsche viel des Glückes ihm,
ich gönne alles Gute ihm,
ich wünsch' ihm eine gute Nacht,
die meiner ihn vergessen macht!""
Ab zog der Reiter ein Ringelein
und warf's ihr in den Schoß hinein.
Das Mägdlein da ins Weinen kam,
Das Ringlein in den Thränen schwamm.
Hervor zog er ein Tüchlein fein
und warf's ihr in den Schoß hinein.
„Hier hast du, Mädchen, ein Tüchelein,
wisch ab dir deine Thränelein
und laß das bittre Weinen sein!
Ich wollte nur versuchen dich,
ob du noch treulich liebtest mich.
Du liebst mich noch so treu und rein;
drum sollst du auch die Meine sein." — —

Besonders glühend und phantasiereich sind die wendischen Märchen; derb und
doch tiefen Sinnes die Sprichwörter. —

Wichtig und für spätere Geschlechter interessant sind auch die 1889 im Spree=

wald gesammelten und aufgekauften Trachten und Hausgeräte, die in Berlin im Museum für Volkstrachten niedergelegt sind. — —

Land und Volk des Spreewaldes sind also außerordentlich sehenswert und interessant. Wohl mehr als 30000 Touristen aus allen Ländern der Welt strömen deshalb alljährlich, vorzüglich im Sommer, doch bei gutem Eise auch im Winter in die idyllische Landschaft. Auch unsere Könige sind gekommen, die eigenartige Landschaft in Augenschein zu nehmen. Friedrich Wilhelm IV. besuchte den Spree= wald im Jahre 1844; Wilhelm I. war als Prinz von Preußen in demselben. Nach ihm erhielt der Spreearm, der von Lübbenau nach Leipe führt, den Namen „Prinz Wilhelms Fließ". Friedrich III. war ebenfalls als Kronprinz im Spreewald. — —

Ich schließe nun mit dem mir von Herrn Major v. P. zugesandten Rätsel: Die erste schlängelt sich in Wiesengründen, mitunter auch durchs zweite hin. Das Ganze ist im deutschen Reich zu finden; ganz eigenartig schaut es aus darin. Es stellen Land und Leute sich dort dar, wie du es nirgend sonst wohl wirst gewahr. — — —

P. Fahlisch=Lübbenau.

Die Mark.

Wie lieb' ich dich, du vielgeschmähte Mark
Mit deinen föhr'numrauschten stillen Seen!
Mit deinen Buchen, Eichen, knorrig stark,
Die trotzig fest auf deinem Sande stehn!

Nicht Hochgebirge schuf dir die Natur,
Wo hoch der Geier und der Adler haust,
Wo kühn der Jäger folgt der Gemse Spur,
Und wo der Wildbach schäumend niederbraust.

Nur Hügel sind dein eigen, Wiesengrün,
Einsame Weiher, träumerisch umhaucht,
Wo Rosen drauf und weiße Lilien blühn,
Und die Libelle kosend niedertaucht.

An Ährenfeldern schreitet hin der Fuß,
Die wogend beugen sich dem lauen Süd';
Statt wilder Geier Schrei des Kuckucks Gruß,
Der Lerche Jubeln, Finken Lied um Lied. —

O Spreewald du, so sagenreich und alt,
Durch deine Einsamkeit der Friede weht,
Der allezeit mit seiner Allgewalt
Des Menschen Seele mahnet zum Gebet!

Als meiner Heimat Perle grüß' ich dich!
Du traumverlor'ne Stätte, sag' woher?
Vergaß der Schöpfer zu entführen dich,
Als er die Berge teilte, Sand und Meer?

Wie herrlich, wenn das Rohr dem Wind sich neigt
Und bleiches Mondlicht deine Wasser säumt,
Wenn sich kein Störer mehr dem Auge zeigt,
Und alles Leben in dir ruht und träumt!

So schaust du aus, mein märk'sches Heimatland!
Von wen'gen nur in deinem Reiz verehrt —
Laß fremde spotten über deinen Sand,
Bist mir in deiner Schlichtheit doppelt wert! —

Goldacker.

(Aus dem Fremdenbuche des Gasthofes „Zur Bleiche" zu Burg im Spreewalde.)

Brandenburger Lied.

Herz der deutschen Lande, Brandenburger Mark,
Zwischen Sumpf und Sande, arm, doch treu und stark!
Groß durch deine Siege, treues Heimatland,
Neuen Reiches Wiege, vorwärts unverwandt.

Laß dir nimmer grauen deiner Feinde Schar,
Über dir im Blauen schwebt der Zollernaar!
Seiner Schwingen Rauschen schreckt den Erdenball,
Seiner Stimme lauschen rings die Völker all.

Ja, in deinem Lande hat er seinen Horst,
Zwischen Sumpf und Sande, zwischen See und Forst;
Mögen sie doch schmähen kahl dich, ohne Zier,
Deine Söhne stehen treu und fest zu dir.

Ihrer Thaten Größe ist dein Ehrenkleid,
Deiner Armut Blöße blitzend Krongeschmeid.
Herz der deutschen Lande, Brandenburger Mark,
Zwischen Sumpf und Sande, arm — doch treu und stark!

Dichter unbekannt.

Julius Klinkhardt,
Leipzig.